Lexikon des Islam

Thomas Patrick Hughes

Lexikon des Islam

Orbis Verlag

ISBN 3-572-01016-0

Übersetzung aus dem Englischen von Norbert Geldner

Lektorat: Herbert Schopper
Illustrationen: Imke Sönnicksen, Markus Stauffenberg, Maria Wichmann-Wöhr
Satz: MECO Buchproduktion, Dreieich
Typographische Gestaltung: Bernd Heun
Druck: Ebner, Ulm

817 2635 4453 62
05 04 03 02

BENUTZERHINWEISE

TRANSKRIPTION UND AUSSPRACHE DER ARABISCHEN WÖRTER

Um eine anschaulichere Vorstellung von der Aussprache der in diesem Nachschlagewerk vorkommenden arabischen Namen und Wörter zu vermitteln, haben wir die Sonderzeichen, die in der wissenschaftlichen Transkription verwendet werden, wie folgt wiedergegeben:

Ḏ ḏ	als	*dh*	Aussprache: wie »th« in *there*
Ḍ ḍ	als	*d*	Aussprache: etwa wie »d« (emphatisch)
Ǧ ǧ	als	*dsch*	Aussprache: wie »dsch« in *Dschungel*
Ġ ġ	als	*gh*	Aussprache: etwa wie »r« (stimmhafter velarer Reibelaut)
Ḥ ḥ	als	*h*	Aussprache: etwa wie »h« (stark behaucht)
Ḫ ḫ	als	*kh*	Aussprache: wie »ch« in *Bach*
Š š	als	sch	Aussprache: wie »sch« in Schule
Ṣ ṣ	als	s	Aussprache: etwa wie »s« (emphatisch stimmlos)
Ṯ ṯ	als	th	Aussprache: wie »th« in thing
Ṭ ṭ	als	*t*	Aussprache: etwa wie »t« (emphatisch)
Ẓ ẓ	als	z	Aussprache: etwa wie »s« (emphatisch stimmhaft)
ʻain	als	ʻ	Aussprache: keine Entsprechung vorhanden (Kehlpreßlaut)
ʼhamza	als	ʼ	Aussprache: Stimmabsatz

Durch dieses Transkriptionssystem wird in einigen Fällen der Unterschied zwischen im Arabischen verschiedenen Lauten verwischt: so kann man beispielsweise einem im Text vorkommenden »d«, einem »h« oder einem »s« nicht ansehen, ob es aus *d* oder *ḍ*, *h* oder *ḥ* oder *s* oder *ṣ* hervorgegangen ist.

Ferner beachte man noch:

q	Aussprache: etwa wie »k« (niemals wie »q« in *Quelle*)
z	Aussprache: wie »s« (niemals wie »z« in *Zahl*)

Die Vokallänge bei ā, ī und ū wird nicht bezeichnet.

Wenn in der arabischen Originalschrift eine Konsonantenverdoppelung vorkommt, so wird diese in Fällen, in denen die beteiligten Konsonanten mit mehr als einem Zeichen transkribiert werden müssen, zugunsten des Schriftbildes mit einer einzigen Zeichenfolge wiedergegeben. Also: »Hadsch« statt »Hadschdsch«.

Trotz weitestgehender Anlehnung der Schreibweise an das klassische Arabisch (also *'Idu'l-Fitr* statt *'Id al-Fitr*) wird bei dem Namensbestandteil *ibn* aus Gründen der Deutlichkeit hierauf verzichtet. Man wird also stets die Form *Muhammad ibn al-Hasan* statt *Muhammadu'bnu'l-Hasan* vorfinden. Aus dem gleichen Grund konnte auch die Schreibweise *Muhammad b. al-Hasan* keinen Eingang in das Lexikon finden.

Sonstiges

Der arabische Artikel »Al« sowie dessen in diesem Nachschlagewerk vorkommenden Assimilationsformen »Ad«, »Adh«, »An«, »Ar«, »As«, »Asch«, »At« und »Az« bleiben bei der alphabetischen Abfolge der Stichwörter unberücksichtigt.

Die Koranzitate lehnen sich im wesentlichen an die Übersetzung von Lazarus Goldschmidt an und in einigen wenigen Fällen an diejenige von Max Henning.

Verzeichnis der verwendeten Abkürzungen

A. H.	Anno Hegirae (im Jahr der Hidschra)	*Lev.*	Leviticus
arab.	arabisch	*Mark*	Markus
Dan	Daniel	*Matt*	Matthäus
desh.	deshalb	*Neh*	Nehemia
Deut.	Deuteronomium	*Num.*	Numeri
Ex.	Exodus	*o. ä.*	oder ähnlichen
Gen.	Genesis	*s. o.*	siehe oben
hebr.	hebräisch	*vgl.*	vergleiche
Joh	Johannes	*wörtl.*	wörtlich

A

Aaron
Arabisch *Harun.* Die Darstellung Aarons nach dem Koran. →*Moses*
In der 19. Sure wird die Jungfrau Maria als Schwester Aarons bezeichnet. →*Maria*

Abad
Ewigkeit, die kein Ende hat. →*Azal* (ohne Anfang)

'Abasa
»Er war mürrisch«. Der Titel der 80. Sure des Korans.
Ein armer Blinder namens 'Abdu'llah ibn Umm Maktum unterbrach einst Mohammed, der sich gerade mit einigen Führern der Koreischiten unterhielt. Der Prophet nahm jedoch keine Notiz von dem Alten, sondern wandte sich nur mürrisch ab. In den ersten vier Versen dieser Sure wird er von Gott für dieses Verhalten getadelt:
»Er war mürrisch und wandte sich ab, als der Blinde zu ihm kam. Was weißt du, ob er sich nicht reinigen wollte? Oder sich ermahnen lassen, und die Ermahnung ihm nützen würde?«

'Abbas
Der Sohn des →*'Abdu'l-Muttalib* und Onkel Mohammeds väterlicherseits. Er war der berühmteste der »Gefährten« und der Begründer der Dynastie der →*'Abbasiden*, die das Kalifat 509 Jahre, von 749 bis 1258 n. Chr., in ihren Händen hielt. Er starb im Jahre 653 n. Chr.
Auch sein Sohn Ibn 'Abbas war eine Autorität auf dem Gebiet der islamischen Traditionen und des Gesetzes. →*'Abbasiden,* →*Ibn 'Abbas*

'Abbasiden
Arabisch *'Abbasiya.* Kalifendynastie, die sich von →*'Abbas* herleitet, dem Sohn des →*'Ab-*

du'l-Muttalib und somit dem Onkel Mohammeds väterlicherseits. Die 'Abbasiden hatten wegen ihrer engen verwandtschaftlichen Beziehung zum Propheten während der Phase der Einführung des Islam unter den Arabern stets höchste Wertschätzung genossen und schon zu einem frühen Zeitpunkt die Eifersucht der Umaiyaden-Kalifen erregt, die nach der Niederlage 'Alis die Herrschaft über Arabien übernommen hatten.

Die 'Abbasiden hatten schon lange ihren Anspruch auf das Kalifat angemeldet, bis es 749 n. Chr. zur offenen Auseinandersetzung kam. Marwan II., der letzte Kalif der Umaiyaden, wurde von Abu'l-'Abbas geschlagen, der danach als erster 'Abbaside das Kalifat übernahm. 37 Kalifen der 'Abbasiden-Dynastie herrschten von 749 n. Chr. bis 1258 n. Chr. über das mohammedanische Reich. →*Kalif*

Abdal

»Stellvertreter«, Plural von *Badal*. 70 Personen, von denen 40 in Syrien, 30 in anderen Ländern leben und durch die Gott die Erde weiterbestehen läßt. Niemand kennt ihre Namen außer Gott. Stirbt einer von ihnen, so ernennt Gott einen neuen Stellvertreter. Am Jüngsten Tag werden die *Abdal* Syrien verlassen (Mischkat 23 3).

Abdschad

Bezeichnung einer arithmetischen Anordnung des Alphabets, bei der den einzelnen Buchstaben Zahlen von 1 bis 1000 zugeordnet werden. Bis zur Zahl 400 folgt das System dem hebräischen Alphabet, die übrigen sechs Zeichen wurden mit arabischen Buchstaben besetzt. Es ergeben sich insgesamt acht »magische« Merkwörter, wenn die Konsonanten durch Stützvokale verbunden werden: *Abdschad*, *Hawwaz*, *Hutti*, *Kalaman*, *Sa'fas*, *Qaraschat*, *Thakhadh*, *Dazigh*. Der Verfasser des arabischen Lexikons, Al-Qamus, behauptet, die ersten sechs Wörter seien die Namen berühmter Könige der Midianiter (Nomaden der syrisch-arabischen Wüste), und die beiden letzten seien von den Arabern hinzugefügt worden. Einige meinen, es handele sich um die Namen der acht Söhne des Erfinders der arabischen Schriftzeichen, Muramir ibn Murra. Beide Deutungsversuche sind unwahrscheinlich. →*Exorzismus*, →*Schrift*, *arabische*

'Abdu'llah

Mohammeds Vater, jüngster

Sohn des ‘Abdu’l-Muttalib. Während der Schwangerschaft seiner Frau Amina befand er sich auf einer Handelsreise nach Gaza im Süden Palästinas, und auf der Rückreise wurde er krank und starb in Medina, noch ehe sein Sohn zur Welt gekommen war.

‘Abdu’llah ibn Sa‘d

Einer von Mohammeds Sekretären. Von ihm (und anderen falschen Propheten) heißt es in der 6. Sure, Vers 94: »Wer aber kann frevelhafter sein als der, welcher eine Lüge über Gott erdichtet, oder als der, welcher sagt: ›Mir wurde etwas offenbart!‹ « Als nämlich Mohammed ihm den Text der 23. Sure diktierte (»Wir haben den Menschen aus Lehm und einem Samentropfen geschaffen«) rief ‘Abdu’llah aus: »Gelobt sei Gott, der beste Schöpfer!«, und Mohammed wies ihn an, auch diese Worte aufzuschreiben. Daraufhin brüstete sich ‘Abdu’llah damit, daß er durch einen Satz inspiriert worden sei, der Bestandteil des Korans wurde.

‘Abdu’l-Muttalib

Großvater Mohammeds und zwei Jahre lang auch Vormund, starb 578 n. Chr. im Alter von 82 Jahren. Außer ‘Abdu’llah, dem Vater Mohammeds, hatte er noch 6 Söhne: Al-Harith, Az-Zuhair, Abu Talib, Abu Lahab, Al-‘Abbas und Hamza.

‘Abdu’l-Qadir al-Dschilani

Der berühmte Gründer des Derwischordens der Qadiriya; auch Pir Dastagir genannt. Starb im Jahre 1172 n. Chr. in Bagdad.

‘Abdu’r-Rahman ibn ‘Auf

Einer der Gefährten Mohammeds, der ihn in jeder Schlacht begleitete und bei Uhud zwanzigmal verwundet wurde. Er starb im Jahre 653 n. Chr. mit 72 oder 75 Jahren und wurde in Medina beerdigt.

Abel

Arabisch *Habil*, hebr. *Hebel.* Im Koran heißen Adams Söhne Habil wa Qabil. In der 5. Sure, Vers 28 ff. heißt es: »Erzähle ihnen die Geschichte der zwei Söhne Adams, wie sie sich in Wahrheit zutrug. Als sie ihr Opfer darbrachten, und das Opfer des einen angenommen und das des anderen nicht angenommen wurde, sagte Qabil (Kain): ›Dich bring ich um!‹ Abel antwortete ihm: ›Gott nimmt nur das Opfer der Frommen an. Solltest du deine Hand ausstrecken, um mich zu erschlagen, so will ich die meinige nicht ausstrecken, um dich umzubringen, denn ich fürchte Gott, den Herrn der Welten. Ich wünsche nur, daß du meine und deine Sünden trägst und auf ewig im Höllenfeuer schmorst, denn das ist der Lohn der Ungerechten.‹ Doch Kains Herz war so verhärtet, daß er seinen Bruder auf der Stelle erschlug, und so gehörte er nun zu den Verlorenen. Da schickte Gott einen Raben, der in der Erde scharrte, um Kain zu lehren, wie er den Leichnam seines Bruders verbergen könne. Da sagte Qabil: ›Wehe mir, ich bin ja noch nicht einmal so geschickt wie dieser Rabe, um den Leichnam meines Bruders verbergen zu können.‹ Und jetzt bereute er seine Untat. Also haben wir den Kindern Israels verkündet und aufgetragen: Wer mutwillig auch nur einen Menschen umbringt (außer im Krieg oder zur Vergeltung), der hat symbolisch die ganze Menschheit gemordet; wer aber einem einzigen Menschen das Leben rettet, der hat symbolisch das Leben aller Menschen erhalten.«

Abiq

Ein entlaufener Sklave. Die Ergreifung eines entflohenen Sklaven ist eine lobenswerte Tat, und die Person, die ihn festgenommen hat, soll ihn zur Obrigkeit bringen und eine Belohnung in Empfang nehmen.

Abraham

Arabisch *Ibrahim*. Einer der sechs großen Propheten, denen Gott besondere Gesetze übergab. Da Abraham zwanzig Abschnitte (*Sahifa*) der Heiligen Schrift offenbart wurden, lautet sein Ehrenname *Khalilu'llah* (Freund Gottes).

Abraham wird im Koran sehr häufig erwähnt, so in der 6. Sure, wo es von ihm heißt (Vers 75-81): »Erinnere dich, wie Abraham zu seinem Vater Azar sprach: ›Betest du etwa Götzenbilder an? Ich sehe doch ganz deutlich, daß du und dein Volk einem schweren Irrtum verfallen seid.‹ Darauf zeigten wir dem Abraham die Reiche der Himmel und der Erde, damit er zu denen gehöre, die fest in ihrem Glauben sind. Als die Nacht hereinbrach, sah er einen Stern (wahrscheinlich die Venus), und er sprach: ›Das ist mein Herr.‹ Als dieser aber unterging, sagte er: ›Ich liebe nicht die, welche untergehen.‹ Als er den Mond aufgehen sah, sprach er: ›Wahrlich, das ist mein Herr.‹ Als aber auch dieser unterging, sagte er: ›Wenn mein Herr mich nicht leitet, so bin auch ich wie dieses irrende

Volk.‹ Als Abraham dann die Sonne aufgehen sah, da sagte er: ›Seht, das ist mein Gott, denn dies ist das allergrößte Wesen.‹ Als am Abend die Sonne unterging, da sprach er: ›O mein Volk, mit eurem Götzendienst will ich fortan nichts mehr zu tun haben! Ich wende mein Gesicht dem zu, der Himmel und Erde geschaffen hat, als Mann des rechten Glaubens will ich nicht mehr zu den Götzendienern gehören.‹ Das Volk wollte mit ihm streiten, er aber sagte: ›Was wollt ihr mit mir über Gott streiten? Er hat mich bereits auf den rechten Weg geführt, die Wesen, die ihr anbetet, fürchte ich nicht, da sie nur etwas vermögen, wenn er es so will, denn er ist der Allumfassende, der Allwissende. Wollt ihr das nicht einsehen?‹ «

Auch in der 19. Sure tritt Abraham als überzeugter und mutiger Streiter für den Glauben an den einen wahren Gott auf. Wir lesen in den Versen 42-47: »Bedenkt auch, was im Koran über Abraham steht; denn er war ein gerechter Mann und ein Prophet. Einst sagte er zu seinem Vater: ›Warum, Vater, betest du Wesen an, die weder hören noch sehen und dir überhaupt nicht nützen können? Glaube mir, Vater, mir ist etwas offenbart worden, das dir nicht zuteil wurde; darum folge mir, und ich will dich auf den rechten Weg führen. O Vater, diene doch dem Satan nicht, denn der hat sich gegen den Allmächtigen empört. Ich fürchte, Vater, die Strafe Gottes könnte dich treffen und du zum Gefährten Satans werden.‹ «

In der 21. Sure wird der mutige Kampf Abrahams gegen die Idole geschildert, er tritt hier als erster Bilderstürmer der Geschichte auf; die Darstellung seines lebensgefährlichen Kampfes ist der hebräischen Tradition entlehnt. Wir lesen in den Versen 52-72: »Schon vordem haben wir auch dem Abraham die richtige Maßregel an die Hand gegeben, denn wir erkannten, daß er ihrer würdig war. Als er zu seinem Vater und dessen Volk sagte: ›Was sind das denn für Standbilder, die ihr so eifrig verehrt?‹, da antworteten sie ihm: ›Schon unsere Väter haben sie verehrt.‹ Da sagte er verächtlich: ›So seid ihr demselben Irrtum verfallen, der schon eure Väter gefangenhielt.‹ Sie erwiderten: ›Meinst du das im Ernst, oder machst du nur einen Scherz?‹ Er antwortete: ›Wahrlich, euer Herr ist der Herr der Himmel und der Erde, denn er hat sie geschaffen, und ich gehöre zu denen, die euch Zeugnis davon geben.

Bei Gott, ich werde gegen eure Götzen vorgehen, sobald ihr ihnen den Rücken zugekehrt habt.‹ Und als sie fort waren, schlug er ihre Götzen in Stücke, mit Ausnahme des größten, damit sie die Schuld auf diesen schieben sollten. Sie fragten: ›Wer hat das unseren Göttern angetan? Gewiß ein gottloser Schurke.‹ Einige von ihnen erinnerten sich und sagten: ›Wir hörten, wie ein junger Mann verächtlich von ihnen sprach; sein Name ist Abraham.‹ Daraufhin riefen alle: ›Bringt ihn vor das Volk, damit man gegen ihn zeuge.‹ Und dann befragte man ihn: ›Hast du, Abraham, unseren Göttern dies angetan?‹ Er erwiderte: ›Ich war es nicht, sondern der Höchste von ihnen hat es getan. Fragt sie doch selbst, wenn sie sprechen können.‹ Diese Worte verfehlten ihre Wirkung nicht, und einige kamen zur Besinnung und erkannten, daß sie gottlose Menschen waren. Schon bald verfielen sie aber wieder in ihren Aberglauben und sagten zu ihm: ›Du weißt doch genau, daß diese nicht sprechen können und wollen.‹ Da rief er voller Häme: ›So wollt ihr wirklich statt Gott Götzen anbeten, die euch weder nützen noch schaden können? Schande über euch und über die, welche ihr statt Gott anbetet. Ihr habt wirklich nichts im Kopf.‹ Ergrimmt schrien sie nun: ›In den Feuerofen mit ihm, dort soll er schmoren und den Frevel bereuen, den er unseren Göttern angetan hat!‹ Wir aber sagten zum Feuer: ›Werde kalt und schade dem Abraham nicht!‹ Sie wollten eine List gegen ihn ersinnen, aber wir machten, daß sie nur sich selbst schadeten. So erretteten wir ihn und Lot und brachten sie in das Land Palästina, in welchem wir alle Geschöpfe segneten. Wir gaben ihm Isaak und Jakob und machten sie alle zu rechtschaffenen Männern.«

Schließlich noch Vers 262 aus der berühmten 2. Sure (*Al-Baqara*), die wiederum eine Geschichte aus Genesis I nacherzählt: »Dann sprach Abraham: ›O Herr, zeige mir, wie du die Toten zum Leben erweckst!‹ Ich antwortete: ›Glaubst du etwa nicht?‹ – ›Doch!‹ erwiderte er. ›Ich frage nur, um mein Herz zu beruhigen.‹ Darauf sagte ich: ›Nimm vier Vögel und zerteile sie, bringe je ein Stück von ihnen auf vier verschiedene Berge, dann rufe sie, und eilends werden sie zu dir kommen und du wirst wissen, daß Gott allmächtig und weise ist.‹ «

Abstinenz

Arabisch *Taqwa*. Wird sehr oft im Koran erwähnt. Im allgemeinen bezieht sich das Wort auf Abstinenz von Götzendienst, bedeutet aber auch ein frommes Leben. Allerdings wird im Koran ein asketisches, extrem abstinentes Leben verurteilt; und die Christen werden gescholten, weil sie das Leben in Klöstern erfunden hätten (57. Sure, Vers 27).

Abtreibung

Arabisch *Isqat*. Wird im Koran nicht erwähnt, ist jedoch nach dem *Fatawa 'Alamgiri* (Bd. IV, Abschnitt 238) verboten, wenn sich aus dem Embryo bereits der Fötus entwickelt hat (ca. 13. Woche der Schwangerschaft), das Kind im Mutterleib also erkennbare Form angenommen hat. Mohammed soll Gebete angeordnet haben, die über dem abgetriebenen Fötus gesprochen werden sollten, wobei auch um Vergebung und Gnade für Vater und Mutter gefleht wurde.

Abu 'Abdi'llah

Muhammad ibn Isma'il al-Bukhari, Autor der bekannten Sammlung von Traditionen, die von den Sunniten als höchste Autorität anerkannt wird. →*Al-Bukhari*

Abu 'Abdi'llah Muhammad ibn al-Hasan

Bekannt als Imam Muhammad, Schüler des großen Imams Hanifa und des Imams Malik, denen er nicht in allen Einzelheiten folgt. Er starb im Jahre 805 n. Chr. in Rai.

Abu Bakr

Eigentlich 'Abdu'l-Ka'ba (was Mohammed zu 'Abdu'llah änderte). Er war der erste Kalif und Nachfolger Mohammeds. Wird wegen seines reinen Lebenswandels gepriesen. Sein Ehrenname war »der Aufrichtige«. Er regierte nur zwei Jahre und starb im August 634. n. Chr.

Abu Da'ud

Sulaiman ibn al-Asch'ath as-Sidschistani wurde in Basra im Jahre 818 n. Chr. geboren und starb 888. Kompilator eines der sechs »richtigen« Bücher der sunnitischen Tradition, desh. Sunnan Abi Da'ud genannt (enthält 4800 Traditionen von ursprünglich 500000).

Abu Dschahl

War ein unversöhnlicher Gegner Mohammeds. Sein richtiger Name war 'Amr ibn Hischam, sein Beiname bedeutet »Vater der Narrheit«. Wahrscheinlich spielt die 22. Sure auf ihn an, wo es im 4. Vers heißt: »Es gibt einen Mann, der Gott und seine Allmacht anzweifelt, aber ohne jede Kenntnis ist und so dem Aufrührer Satan folgt und daher auch die Stafe des ewigen Höllenfeuers gewärtigen muß.«

Abu Hanifa an-Nu'man

Bedeutendster sunnitischer Imam und Rechtsgelehrter, Gründer der Hanafi-Rechtsschule. Sein Vater war Seidenhändler in Kufa, wo Hanifa im Jahre 699 n. Chr. geboren wurde; er starb im Alter von 70 Jahren in Bagdad. Man achtet ihn als größte Autorität der sunnitischen Rechtslehre, seine Rechtsgrundsätze und die seiner Schüler, Imam Abu Yusuf und Imam Muhammad, sind weithin gültiges islamisches Recht. Hanifa soll ein so scharfsinniger Logiker gewesen sein, daß es heißt, er habe durch die Kraft seiner Argumentation beweisen können, eine hölzerne Säule sei tatsächlich aus purem Gold (Imam Malik).

Abu Huraira

War einer der treuesten Gefährten Mohammeds und konnte deshalb viele Aussprüche und Handlungen des Propheten überliefern. Sein eigentlicher Name ist unbekannt, weil er aber ein Kätzchen über alles liebte, wurde er »Vater des Kätzchens« genannt. Er starb im Alter von 78 Jahren im Jahre 677 oder 679 n. Chr.

Abu Lahab

War einer der Söhne des 'Abdu'l-Muttalib, also ein Onkel Mohammeds. Auch er war ein erbitterter Feind des Propheten und widersetzte sich mit all seiner Kraft der islamischen Bewegung. Sein eigentlicher Name war 'Abdu'l-'Uzza, wurde aber von Mohammed Abu Lahab, »Vater der Flamme«, genannt. Als Mohammed seine nächsten Angehörigen um sich versammelt hatte und ihnen erzählte, er sei ein Prophet Gottes, rief Abu Lahab verächtlich: »Mögest du untergehen! Hast du Großmaul uns deshalb zusammengerufen?« Dann nahm er wutentbrannt einen Stein und wollte diesen auf Mohammed schleudern. Auf dieses Ereignis hin entstand die 111. Sure des Korans, in der es heißt: »Vergehen sollen die Hände des Abu Lahab und er selbst. Sein Vermögen und alles, was er sich erworben hat, sollen ihm nichts helfen. Verbrennen soll er im lodernden Feuer, mit ihm sein Weib, die Holz herbeiträgt und am Hals ein Seil hängen hat, das aus Fasern einer Palme gemacht ist.«

In der Schlacht von Badr wurden Abu Lahab und seine Anhänger geschlagen, es heißt, er sei sieben Tage später »aus Gram und Schmach über die Niederlage« gestorben. Sein Leichnam wurde erst mehrere Tage später begraben.

Abu'l-Hudhail Zufar

Bekannt als Imam Zufar, Zeitgenosse und Freund des bedeutenden Abu Hanifa. Starb im Jahre 775 n. Chr. in Basra.

Abu'l-Qasim

»Vater Qasims«. Einer der Beinamen Mohammmeds, den er bei der Geburt seines Sohnes Qasim annahm, der aber schon als Kleinkind starb.

Abu Talib

Mohammeds Onkel und Vormund und Vater →*'Alis (2.)*. Obwohl es von ihm heißt, er habe nie so recht an die Mission des Neffen geglaubt, war er doch 40 Jahre lang ein treuer Freund und Vormund. Er starb drei Jahre vor der Hidschra.

Abu 'Ubaida ibn al-Dscharrah

War ein treuer Gefolgsmann Mohammeds und nahm an allen Schlachten teil. Zeichnete sich aus in der Schlacht von Uhud. Wurde von Mohammed zu einem der zehn Patriarchen des muslimischen Glaubens ernannt ('Aschara). Er starb 58jährig im Jahre 639 n. Chr.

Abu Yusuf

Auch bekannt als Ya'qub ibn Ibrahim. Geboren zu Bagdad im Jahre 731 n. Chr. Schüler Abu Hanifas (mit Imam Zufar und Imam Muhammad), nicht selten dem Lehrer und seiner Doktrin gegenüber kritisch eingestellt. Starb im Jahre 798 n. Chr.

'Ad

Ein mächtiger alter Stamm im Süden der arabischen Halbinsel. Über ihn heißt es in der 7. Sure des Korans (Vers 66 ff.): »Zum Stamm 'Ad schickten wir ihren Bruder Hud (in Gen. 10 24 Heber genannt, also Stammvater der Hebräer). Dieser sprach: ›Oh mein Volk, verehrt nur Gott, ihr habt ja keinen anderen Gott als ihn, wollt ihr ihn nicht fürchten?‹ Die ungläubigen Scheichs aus seinem Volk antworteten ihm: ›Wir vermuten, du bist nicht ganz richtig im Kopf oder bist ein aufdringlicher Lügner.‹ Er aber erwiderte: ›O mein Volk, mitnichten spricht Wahnsinn aus mir, sondern ich bin ein Bote des Herrn aller Bewohner der Welt, von ihm bringe ich euch Kunde.‹ «

Auch in der 89. Sure (Verse 6-8) wird der Stamm ʻAd erwähnt: »Hast du noch nicht beobachtet, wie dein Herr mit ʻAd, dem Volk von Iram, verfuhr, wo der Turm entstand, der nicht seinesgleichen im Land hatte?«

Adab
Bedeutet »Disziplin, Haltung, gutes Benehmen, Höflichkeit«. Ein Gutteil der Traditionen ist Mohammeds Äußerungen über richtiges Benehmen gewidmet, so in der Mischkat, 12. Buch, mit den Kapiteln über 1. Begrüßungen, 2. Fragen, ob man eintreten dürfe, 3. Händeschütteln und Umarmen, 4. Aufstehen, 5. Sichhinsetzen, Gehen, Schlafen, 6. Niesen und Gähnen, 7. Lachen, 8. Namen, 9. Dichtung und Rhetorik, 10. Verleumdung und Beschimpfung, 11. Versprechen, 12. Scherze, 13. Prahlerei und Parteinahme.

Adam
Der erste Mensch, gilt bei den muslimischen Autoren als erster Prophet, dem Teile der Heiligen Schrift offenbart wurden. Sein Ehrentitel ist *Safiyu'llah* (»der von Gott Erwählte«).
In der 2. Sure, Vers 28-35 heißt es: »Dann sprach Gott zu den Engeln: ›Ich will auf Erden einen Statthalter einsetzen.‹ Sie fragten: ›Willst du dort einen einsetzen, der zerstört und wütet und Blut vergießt? Wir aber singen dir Lob und preisen dich.‹ Er aber erwiderte: ›Ich weiß, was ihr nicht wißt.‹ Daraufhin lehrte er Adam die Namen aller Dinge und Wesen, und zeigte sie den Engeln, worauf er sagte: ›Nennet mir die Namen dieser Dinge, wenn ihr recht habt.‹ Sie antworteten: ›Lob sei dir! Wir wissen nur das, was du uns gelehrt hast, denn nur du bist der Allwissende und Allmächtige.‹ Dann sprach er: ›Adam, sage du ihnen die Namen.‹ Als dieser sie genannt hatte, fuhr er fort: ›Habe ich euch nicht gesagt, daß ich alle Geheimnisse der Himmel und der Erde kenne und weiß, was ihr bekennt und was ihr verheimlicht.‹ Darauf sagten wir zu den Engeln: ›Fallt auf die Knie vor Adam!‹ Und sie taten es alle, bis auf Iblis; er weigerte sich und war hochmütig, denn er war ein Ungläubiger.«
Auch in der 7. Sure erscheint dieser Konflikt zwischen Gott und dem Satan wegen Adam, der zum Sündenfall führt. Dort heißt es in den Versen 10-26: »Wir haben euch erschaffen, dann gebildet und darauf zu den Engeln gesagt: ›Fallet vor Adam nieder!‹ Und sie fielen

nieder, bis auf Iblis, der sich weigerte, Adam zu verehren. Gott fragte ihn: ›Was hindert dich daran, ihn zu verehren, wie ich es auch dir befahl?‹ Dieser antwortete: ›Weil ich besser bin als Adam, hast du mich doch aus Feuer und ihn nur aus Erde geschaffen.‹ Gott erwiderte: ›Fort von hier, deinen Hochmut darfst du hier nicht zeigen, darum hinaus mit dir, denn wahrlich, du bist der Niedrigen einer.‹ Da sagte Iblis: ›Oh, gib mir doch Aufschub bis zum Tag des Jüngsten Gerichts.‹ Und Gott erwiderte: ›Siehe, du sollst zu denen gehören, die einen Aufschub erhalten.‹ Dann sprach Iblis: ›Weil du mich von hier verjagt hast, will ich den Menschen auf dem rechten Weg auflauern und sie von vorn und von hinten überfallen und von rechts und von links, so daß du die allermeisten undankbar finden sollst.‹ Gott antwortete ihm und sprach: ›Fort mit dir, du sollst verachtet und verstoßen sein! Wenn einer von ihnen dir folgen wird, dann will ich die Hölle mit euch allen füllen. Du aber, Adam, bewohne das Paradies mit deinem Weib, und genießt seine Früchte; nur diesem Baum nähert euch nicht, sonst gehört ihr zu den Gottlosen.‹ Der Satan aber flüsterte ihnen zu, er wolle ihnen entdecken, was ihnen verborgen sei, nämlich ihre Nacktheit. Also sagte er: ›Euer Herr hat euch nur deshalb diesen Baum verboten, weil ihr sonst Engel und unsterblich würdet. Wahrlich, ich bin euch ein guter Ratgeber.‹ Und so betörte und täuschte er sie. Als sie nun vom Baum gekostet hatten, da gewahrten sie ihre Nacktheit und sie nahmen Blätter und machten sich einen Lendenschurz. Da rief Gott ihr Herr ihnen zu: ›Habe ich euch nicht diesen Baum verboten? Und habe ich euch nicht vor dem Satan, eurem Feind, gewarnt?‹ Da antworteten sie: ›O Herr, wir haben unsere Seelen versündigt, wenn du uns nicht verzeihst und dich unserer nicht erbarmst, so gehören wir zu den Verlorenen.‹ Gott aber sprach: ›Hinaus mit euch aus dem Garten Eden! Fortan sei einer des anderen Feind. Auf der Erde sei von nun an eure Wohnung und Nahrung auf unbestimmte Zeit. Auf der Erde sollt ihr leben und auf ihr sterben und dereinst aus ihr wieder hervorgehen.‹ «

In der muslimischen Tradition heißt es, daß Adam und Eva vom siebten (dem höchsten) Himmel auf die Erde hinabgeworfen wurden, dabei sei Adam auf der Insel Ceylon oder Sarandib (heute Sri Lanka), Eva in der Nähe von der Hafenstadt Dschidda in Arabien gelandet. Nach einer Trennung, die 200 Jahre dauerte, habe der Engel Gabriel den reuigen Adam auf den Berg 'Arafat bei Mekka geführt, wo er dann Eva wiederfand. Später seien beide nach Ceylon gezogen.

Aderlass

Die beiden medizinischen Universalmittel, die Mohammed empfahl, waren der Aderlaß und das Trinken von Honig.

Adhabu'l-Qabr

Bedeutet »Strafe des Grabes«; ein wichtiges Dogma der muslimischen Religion ist der Glaube, daß alle Toten in ihren Gräbern gestraft werden, seien sie nun Gläubige oder nicht. Abu Huraira beschreibt die Sache im folgenden →*Hadith*: »Wenn ein Leichnam in sein Grab gelegt wird, dann kommen zwei schwarze Engel mit blauen Augen zu ihm. Einer heißt Munkar, der andere Nakir, und beide befragen den Toten über den Propheten Gottes. Wenn jener ein Muslim ist, wird er von dem *einen* Gott und der Mission Muhammads Zeugnis ablegen. Daraufhin werden die Engel sagen: ›Wir wußten, du würdest so reden‹, und sein Grab wird sich um siebzig mal siebzig Meter in der Länge und um siebzig mal siebzig Meter in der Breite vergrößern. Dann wird das Grab mit einem Licht versehen und sie werden sagen: ›Schlafe!‹ Dann wird der Tote fragen: ›Soll ich zu meinen Brüdern zurückkehren und ihnen hiervon erzählen?‹ Darauf werden die Engel sagen: ›Schlafe wie der Bräutigam, bis Gott dich am Tage der Auferstehung aus dem Grabe emporheben wird.‹ Wenn aber der Leichnam eines Ungläubigen befragt wird: ›Was sagst du über den Propheten?‹, und er antwortet: ›Ich kenne ihn nicht‹, dann werden die Engel sagen: ›Wir wußten, du würdest so reden‹, und dann wird dem Erdreich befohlen werden, es möge ihn einschließen, und es wird seine Flanken brechen und seine rechte Seite zu seiner linken machen, und er wird ewige Qualen erleiden, bis Gott ihn erlöst.«

In einer anderen Tradition, die von Anas überliefert wurde, heißt es: »Die Unseligen werden mit einer Zuchtrute geschlagen, und sie werden brüllen vor Schmerz, und ihr Geschrei wird von allen Tieren gehört, die in der Nähe sind, nicht aber von den Menschen und den Dschinnen.« (Mischkat, 1. Buch, Kapitel 5)

Alle orthodoxen muslimischen Theologen, Sunniten wie Schiiten, glauben an die buchstäbliche Bestrafung der Toten in ihren Gräbern (entsprechend den obigen Traditionen), die sofort nachdem die Trauergemeinde den Friedhof verlassen hat, beginnen soll.

Adhan

Ruf zum Gebet durch den Muezzin (Rufer, Ankündiger), bei kleinen Moscheen an der Tür oder Seite des Gebäudes, bei großen vom Turm (Minarett). Der Adhan wird eingeleitet mit den (viermal wiederholten) Worten: »Allahu akbar!« (»Gott ist unermeßlich groß!«) Dann folgt: »Ich bezeuge, daß es nur den einen Gott gibt!« (zweimal), »Ich bezeuge, daß Muhammad der Prophet Gottes ist!« (zweimal), »Kommt zum Gebet!« (zweimal), »Kommt zur Rettung!« (zweimal), »Gott ist unermeßlich groß!« (zweimal),» Es gibt keinen Gott außer Gott!«

Dem Adhan muß jedermann mit Ehrerbietung Folge leisten, wer gerade geht, sollte stillstehen, wer gerade liegt, sich aufsetzen. Mit dem Adhan wird fünfmal am Tag zu den vorgeschriebenen Gebeten gerufen, entweder von einem Gemeindemitglied oder von dem (bezahlten) Muezzin. Er muß dabei sein Gesicht nach Mekka wenden, die Fingerspitzen liegen dabei auf den Ohröffnungen, und den Ruf mit lauter Stimme rezitieren. (Heutzutage häufig durch Tonkonserven ersetzt!) Lane konnte im 19. Jhd. noch schreiben: »Die meisten der Muezzins in Kairo haben harmonische, volltönende Stimmen, die sie bis zu den höchsten Höhen strapazieren, und doch ist in ihrem Singsang eine einfache, feierliche Melodie, die, vor allem in der Stille der Nacht, einen tiefen Eindruck auf den Hörer nicht verfehlt.« (Modern Egyptians)

ʿAdiyat

»Die schnellen Rosse«. Titel der 100. Sure.

Adʿiyatu'l-Ma'thura

Die »tradierten Gebete« sind Gebete, die von Mohammed zusätzlich zu den regulären liturgischen gesprochen wurden. Sie stehen in verschiedenen Teilen der Traditionen (Arabisch *Ahadith*).

ʿAdl

Recht, Benennen dessen, was gerecht ist, gleich behandeln. Wichtiger Ausdruck, der zwölfmal im Koran vorkommt, zum Beispiel in der 4. Sure, Vers 130:

Es kann nicht sein, daß ihr alle eure Frauen gleich liebt, wenn ihr es auch wolltet; nur wendet euch nicht von einer mit sichtbarer Abneigung ab, laßt sie hierüber lieber im Ungewissen.

AL-'ADL
»Der Gerechte«. Einer der 99 Beinamen oder eines der 99 Attribute Gottes. Kommt nicht im Koran vor, aber in der Liste der Attribute in der Tradition (Mischkat, Buch 10).

'ADN
Der Garten Eden, das Paradies; wird, wie in anderen Religionen, für einstige und zukünftige Glückseligkeit gebraucht.

ADOPTION
Ein Adoptivkind, dessen Herkunft bekannt ist, besitzt kein Erbrecht gegenüber seinen Adoptiveltern und deren Verwandten, weil das muslimische Recht dies nicht anerkennt. Ein Adoptivkind kann jedoch zu Recht beanspruchen, was ihm in einem gültigen Testament vermacht ist.

ADSCHAL
Bezeichnet den von Gott vorherbestimmten Zeitpunkt des Todes; so in der 35. Sure, Vers 45: »Gott sieht den Menschen bis zu einem bestimmten Zeitpunkt nach, und wenn der kommt, dann wird Gott wahrlich auf seine Diener achten.«

AESOP
Der Luqman des Korans wird von europäischen Gelehrten im allgemeinen für Aesop gehalten. →*Luqman*

'AFU
Bedeutet »löschen, tilgen«; dies bezieht sich vor allem auf die Tilgung von Sünden. Einer der 99 Beinamen oder eines der 99 Attribute Gottes lautet daher »Al-'Afu«, »Der Vergebende«. Vgl. Sure 4 49.

ÄGYPTEN
Arabisch *Misr*. Das Land Ägypten wird im Koran mehrmals erwähnt, und zwar im Zusammenhang mit Moses und Joseph.

Im Jahr 628 n. Chr. sandte Mohammed eine Botschaft an Al-Muqauqis, den römischen Prokurator in Ägypten, der die Botschaft freundlich aufnahm und Mohammed mit zwei koptischen Sklavinnen beschenkte.

ÄGYPTISCHE PLAGEN
Die zehn ägyptischen Plagen werden im Koran wie folgt beschrieben:

Sure 8 127-135: »Nun straften wir die Leute Pharaos durch

Hungerjahre und Fruchtmangel, auf daß sie eingedenk seien. Wenn ihnen Gutes kam, sprachen sie: ›Dies ist unser‹, wenn aber Böses sie traf, nannten sie es verhängt von Moses und denen, die mit ihm waren. War denn ihr Verhängnis nicht nur bei Gott? Aber die meisten ihrer wissen es nicht. Und sie sprachen: ›Was du uns auch für Zeichen bringest, uns damit zu bezaubern, wir sind doch nicht Gläubige deiner.‹ Und wir sandten über sie Sintflut, Heuschrecken, Läuse, Frösche und Blut, unterschiedliche Zeichen. Aber sie waren hochmütig und ein sündhaftes Volk. Und als über sie ein Strafgericht kam, sprachen sie: ›O Moses, rufe für uns deinen Herrn an, da er mit dir einen Bund geschlossen. Wendest du von uns das Strafgericht ab, ganz gewiß glauben wir an dich und entlassen mit dir die Kinder Israels.‹ Und als wir von ihnen das Strafgericht abwandten bis zu einer Frist, die sie einhalten sollten, da brachen sie ihr Versprechen. Da rächten wir uns an ihnen und ertränkten sie im Meer, dieweil sie unsre Zeichen lügenhaft nannten und ihrer unbeachtend waren. Und das Volk, das mißhandelt wurde, ließen wir erben den Osten des Landes und den Westen, das wir gesegnet. Und erfüllt wurde das herrliche Wort deines Herrn an den Kindern Israels, weil sie geduldig waren. Und wir zerstörten, was Pharao und sein Volk errichtet und was sie erbaut hatten. Die Kinder Israels aber führten wir über das Meer, und sie kamen zu einem Volk, das Bildwerken ergeben war. Da sprachen sie: ›O Moses, mache uns einen Gott, wie diese Götter haben.‹ Er erwiderte: ›Wahrlich, ihr seid ein törichtes Volk. Fürwahr, zu zertrümmern ist, was diese da haben, Eitles ist, was sie tun.‹ «

In Sure 17 103-104 werden sie als »neun offenbare Wunderzeichen« bezeichnet, was von manchen Kommentatoren als die Gebote des Moses verstanden wird: »Wir gaben Moses einst neun offenbare Wunderzeichen. Frage nur die Kinder Israels. Als er zu ihnen kam, sprach Pharao zu ihm: ›Ich halte dich, o Moses, für verhext.‹ Er sprach: ›Du weißt bereits, daß offenbar niemand als der Herr der Himmel und der Erde dies gesandt. Und ich halte dich, o Pharao, für verloren.‹ «

Ahadiya

Bedeutet in der Mystik der → *Sufis* »vollkommene Versenkung des Geistes« bei der Meditation.

Ahlu'l-Kitab
Bedeutet »Völker des Buches« und wird im Koran für Juden und Christen verwendet, weil beide an eine Offenbarungsreligion glauben. Einige Sekten der Schiiten schließen auch die Madschusi (Magier) ein.

Ahmad
»Der Gepriesene«. Der Name, unter dem Mohammed für sich in Anspruch nimmt, daß Jesus sein Kommen vorhergesagt habe. In der 61. Sure, Vers 7 heißt es: »Und Jesus, der Sohn der Maria, sagte: ›Ihr Kinder Israels, wahrlich, ich bin ein von Gott zu euch Gesandter, der die Thora bestätigt, die ihr schon von mir erhalten habt, und ich bringe frohe Botschaft über einen Gesandten, der nach mir kommen wird und dessen Name Ahmad lautet.‹ «
Mohammed war zweifellos die Stelle im Johannesevangelium (16 7) bekannt, wo Jesus einen *Parakletos* vorhersagte. Dieses Wort verstand er, wahrscheinlich wegen der Ähnlichkeit des Klanges, als *Periklytos* (»der Gepriesene«) und bezog die Prophezeiung auf sich selbst, da Ahmad und Mohammed dieselbe Bedeutung haben.

Ahqaf
Suratu'l-Ahqaf, »Sure von Al-Ahqaf«, ist der Titel der 46. Sure des Korans.

al-Ahzab
»Die Verbündeten«. Der Titel der 33. Sure des Korans; er bezieht sich auf das 5. Jahr nach der →*Hidschra*, als sich jüdische Stämme mit Arabern aus Mekka im sogenannten Grabenkrieg gegen Mohammed verbündet hatten, der damals (627 n. Chr.) mit seinen Leuten 20 Tage lang in Medina belagert wurde.

A'immatu'l-Asma'
»Die hauptsächlichen Namen« Die sieben häufigsten Beinamen oder Attribute Gottes, nämlich 1. der Lebendige, 2. der Allwissende, 3. der Planvolle, 4. der Mächtige, 5. der alles Sehende, 6. der alles Hörende, 7. der Redner.

'A'ischa
Die Tochter des Abu Bakr und Lieblingsfrau Mohammeds, der sie im zarten Alter von neun Jahren heiratete. Sie überlebte ihren Mann um viele Jahre und starb im Jahre 678 n. Chr.; sie ist in Medina begraben. Beiname: Ummu'l-Mu'minin, »Mutter der Gläubigen«.

Akhir
Bedeutet »der Letzte« und ist

einer der 99 Beinamen oder eines der 99 Attribute Gottes.

Akhir-i Tschahar-i Schanbah
Wird der letzte Mittwoch im Monat Safar genannt. Als Mohammed während seiner schweren Krankheit eine Besserung verspürte, nahm er ein Bad – es sollte sein letztes werden, denn er starb am 12. Tag des Folgemonats. In einigen Gebieten ist es Brauch, einige Verse des Korans, die sieben Salams genannt, am Morgen dieses Gedenktages mit Tinte auf Papier oder Pergament zu schreiben, dann die Tinte abzuwaschen und als Zauber gegen böse Einflüsse zu trinken! Dieser Brauch findet sich nicht bei den Wahhabiten und ist auch sonst nicht allgemein verbreitet.

Akhund
oder →*Maulawi* bedeutet »Lehrer«, ein Ehrentitel, der hervorragenden Imamen verliehen wird, so dem »Akhund von Swat«, einem großen religiösen Führer, der in Nordwestindien lebte und 1875 starb.

Al
Wörtl. »Nachkomme, Nachkommenschaft«. Wird in muslimischen Werken für die Nachkommenschaft Mohammeds benutzt.

Al ʻImran
Bedeutet »die Familie ʻImran (oder ʻAmran)«; so nennt Mohammed den Vater der Jungfrau Maria, die aber gleichzeitig als Schwester Aarons und Mosis bezeichnet wird, was nach biblischer Tradition ein Anachronismus ist. Wahrscheinlich verwechselt Mohammed sie mit Miriam, der Schwester der beiden alttestamentarischen Brüder. Al ʻImran ist der Titel der 3. Sure.

al-Aʻla
»Der Allerhöchste«. Titel der 87. Sure, wo es heißt: »Der Name deines Herrn, des Allerhöchsten, sei gepriesen!«

ʻAlam
Bedeutet »Universum, Welt, Zustand«.

ʻAlamatu'n-Nubuwa
Als »Zeichen der Prophezeiung« werden die angeblichen Wunder und andere Beweise für Mohammeds Sendung bezeichnet. Titel eines Kapitels in den Traditionen (Mischkat 21 6).

ʻAlamatu's-Saʻa
Bedeutet »die Zeichen der Stunde«, das heißt die Zeichen der Zeit des Jüngsten Gerichts und des Tages der Auferstehung (Mischkat 23, Kapitel 3).

ʻAlaq

»Geronnenes Blut«. Der Titel der 96. Sure, wo es heißt: »Lies im Namen deines Herrn, der alles geschaffen hat und der den Menschen aus geronnenem Blut erschuf.« Dies ist wahrscheinlich die älteste aller Suren.

Alchimie

Arabisch *Al-Kimiya'*. Das Wort ist wahrscheinlich vom griechischen *Chymos* abgeleitet, was »Flüssigkeit« bedeutet und darauf hinweist, daß das Wort ursprünglich das Studium von Essenzen und Pflanzenextrakten bezeichnete (Chemie).

Später wurde der Begriff aber speziell auf die Geheimwissenschaft der »Goldmacherkunst« angewandt, dem Versuch, aus wertlosen Materialien auf chemische Weise Gold oder Silber herzustellen oder den »Stein der Weisen«, ein universelles Heilmittel für alle Krankheiten, zu finden. In der Zeit vom 13. bis zum 17. Jahrhundert stand diese Pseudowissenschaft in hohem Ansehen, besonders bei den Sarazenen. Der erste Muslim von Bedeutung, der sich mit diesem Gegenstand befaßte, war Khalid, ein Sohn des Kalifen Yazid (683 n. Chr.), und der erste, der darüber ein Buch verfaßte, war Dschabir ibn Abban as-Sufi, ein Schüler Khalids.

Hadschi Khalfa, der berühmte Autor des *Kaschfu'z-Zunun*, sagt: »Das Wort *Kimiya'* kommt aus dem Hebräischen und bedeutet ›von Gott‹. Diese Wissenschaft ist sehr umstritten. Viele Leute glauben nicht an ihre Existenz, unter ihnen der berühmte Philosoph Scheich ʻAli ibn Sina' und Yaʻqub al-Kindi. Andere aber glaubten an ihre Existenz.«

Ahlu Kimiya' bezeichnet nicht nur einen Alchimisten, sondern auch einen Betrüger und auch einen Liebenden.

Al-Kimiya'u'l-Akbar ist der »Stein der Weisen«, ein universelles Heimittel.

Alexander der Grosse

Wird im Koran (Sure 18, Vers 84) erwähnt als *Dhu'l-Qarnain*, das heißt »der mit den zwei Hörnern«, weil er so auf Münzen abgebildet wurde. Einige wollten ihn sogar in den Rang der Propheten erheben, Mohammed sagt jedenfalls im Vers 85 der 18. Sure: »Wir (das heißt Gott) richteten sein Reich auf Erden ein, und wir gaben ihm die Mittel, alle seine Wünsche zu erfüllen.«

ʻAli

1. Al-ʻAli ist einer der 99 Beina-

men oder eines der 99 Attribute Gottes; bedeutet »der Erhabene«.
2. 'Ali war der Sohn des Abu Talib und ein leiblicher Vetter Mohammeds, der ihn adoptierte. Er heiratete Fatima, Mohammeds Tochter, und hatte drei Söhne von ihr, Hasan, Husain und Muhassin. 'Ali war der 4. Kalif und regierte von 655 bis 660 n. Chr. In Kufa wurde er von einem vergifteten Schwert verletzt und starb drei Tage darauf im Alter von 59 Jahren. Das Schisma der Schiiten beruht darauf, daß 'Ali nach dem Tod Mohammeds das Kalifat übernahm und die Ansprüche Abu Bakrs, 'Umars und 'Uthmans nicht zum Zuge kamen.

Alif, Lam, Mim

Entsprechen unseren Buchstaben A, L, M. Diese drei »magischen Zeichen« finden sich (direkt nach der Einleitungsformel: »Im Namen Gottes, des Allbarmherzigen«) zu Beginn der berühmten 2. Sure, aber auch der 3., 7. und 10. Sure, und haben zu mancherlei Deutung Anlaß gegeben. Sie könnten bedeuten: »Ich bin der allwissende Gott«, oder für »Gott, Latif, Madschid« stehen, das heißt »Gott, der Geheimnisvolle und Glorreiche«, oder auch die Zahl 71 ergeben (→*Abdschad*) und darauf hinweisen, daß der Islam nach Anfangsschwierigkeiten 71 Jahre nach Abfassung der 2. Sure triumphierte. Oder, ganz ohne symbolische Bedeutung, könnten sie für die Initialen eines der Sekretäre Mohammeds stehen, der den Namen Amar li Muh trug. Mystiker des Sufismus hingegen betonten die Unerklärbarkeit dieser Zeichen, die durch Gottes Willen eingesetzt wurden, um den Leser daran zu erinnern, daß es Mysterien gibt, die der Verstand des Menschen nicht zu enträtseln vermag.

'Alim

Plural *'Ulama'*. Bedeutet »Gelehrter« und bezeichnet alle Autoritäten auf religiösem und moralischem Gebiet, wie Imame, Muftis, Kadis und Maulawis.
»Al-'Alim« bedeutet »der Wissende, Weise« und ist einer der 99 Namen Gottes.

Allah

Aus »al« (der) und »ilah« (Gott), vgl. hebr. »eloah«. Hebt deutlich hervor, daß der Islam den Glauben an einen Gott (Monotheismus) fordert (im Gegensatz zu den Götzen und Idolen der sogenannten primitiven Völker und dem Polytheismus der Griechen und Römer). →*Gott*

ALLAHU AKBAR

»Gott ist unermeßlich groß.« Dieser Ausruf (→*Takbir*) leitet die täglichen liturgischen Gebete ein und wird auch bei Bestattungen und beim Schlachten von Tieren gesprochen.

ALMOSEN

Das Geben von Almosen wird im Koran häufig verlangt, so in der 2. Sure, Vers 275: »Die von ihrem Vermögen Almosen geben, bei Tag und bei Nacht, insgeheim und öffentlich, können sicher sein, daß ihr Herr sie belohnt, und weder Furcht noch Trauer wird sie bedrücken.« In den überlieferten Aussprüchen Mohammeds ein Zentralthema, zum Beispiel: »Die besten Almosen sind die, welche ein Mann von bescheidenen Mitteln gibt, der von dem abgibt, was er durch seiner Hände Arbeit verdient hat, und soviel gibt, wie er nur kann.« – »Beginnt mit dem Geben von Almosen bei euren Verwandten.« – »Ein Kamel, das Milch gibt, auszuleihen heißt, Almosen zu geben, eine Tasse Milch am Morgen und am Abend ist Almosen.« Weiter gefaßt ist der Begriff in folgenden Aussprüchen: »Gerechtigkeit zu stiften zwischen zwei Parteien heißt Almosen, einem Mann auf seinen Esel zu helfen heißt Almosen, gute Worte sind Almosen.« – »Dein Lächeln, das du deinem Bruder zuwendest, ist Almosen, den Blinden beistehen ist Almosen.« (Mischkat)

ALTES UND NEUES TESTAMENT

Die Verweise des Korans auf die heiligen Schriften des Judentums und der Christenheit sind sehr zahlreich, und in allen Fällen bringt Mohammed diesen Schriften den höchsten Respekt entgegen. Er räumt ihre Inspiriertheit ein und benutzt sie zur Unterstützung seiner eigenen Mission. Die folgenden Koranzitate sind in chronologischer Reihenfolge geordnet.

Sure 53 37-40: »Oder ist ihm nicht verkündet, was in den Schriften Moses? Und über Abraham, der (seine Pflicht) treu erfüllte? Daß keine beladene (Seele) die Last einer andren trägt? Und da dem Menschen nichts ist, als was er erstrebt.«

Sure 32 23-25: »Wir gaben einst Moses die Schrift, sei nicht im Zweifel über ihre Erteilung, und machten sie zur Rechtleitung für die Kinder Israels. Und wir erweckten unter ihnen Führer, die sie nach unsrem Befehl rechtleiten sollten; denn sie waren geduldig und vertrauten auf unsre Zeichen. Wahrlich, dein Herr wird am Tag der Auferstehung unter ihnen entscheiden, worüber sie gestritten.«

Sure 14 15-16: »Den Kindern Israels gaben wir die Schrift einst und Weisheit und Prophetie, und wir versorgten sie mit Gutem und bevorzugten sie allen Weltbewohnern. Und wir gaben ihnen deutliche Kenntnis der Sache, sie aber wurden uneinig, erst nachdem ihnen die Erkenntnis geworden, aus Streitsucht untereinander.«

Sure 37 34-36: »Sagt man zu ihnen: ›Es gibt keinen Gott außer Gott‹, so sind sie hochmütig. Und sie sagen: ›Sollten wir unsre Götter verlassen wegen des besessenen Dichters?‹ Nein, er kommt mit der Wahrheit und bestätigt die (früheren) Abgesandten.«

Sure 37 114-116: »Und gnädig waren wir einst auch gegen Moses und Aaron. Und wir retteten sie und ihr Volk aus großer Not. Wir halfen ihnen, und so waren sie die Sieger. Und ihnen beide gaben wir die deutliche Schrift. Und wir führten sie den rechten Weg.«

Sure 46 28-29: »Dann sandten wir zu dir eine Schar von den Geistern, daß sie den Koran anhören. Als sie ihm nahten, sprachen sie: ›Seid still‹, und als es zu Ende war, kehrten sie zu ihrem Volk zurück als Warner. Sie sprachen: ›Unser Volk, wir hörten ein Buch, nach Moses geoffenbart, das bestätigt, was schon vorhanden, es rechtleitet zur Wahrheit und zum geraden Weg.‹ «

Sure 6 20: »Diejenigen, denen wir die Schrift gegeben, kennen ihn, wie sie ihre Kinder kennen. Die sich selber vernichten, sie glauben nicht. Wer ist frevelhafter als der, der über Gott Lüge ersinnt oder seine Verse als lügenhaft bezeichnet? Wahrlich, die Frevler werden kein Glück haben.«

Sure 6 89-93: »Sie sind es, denen wir die Schrift gegeben und die Weisheit und die Prophetie; aber sollten diese sie verleugnen, so haben wir bereits damit ein Volk betraut, das hierin nicht ungläubig sein wird. Diese sind es, die Gott rechtgeleitet und ihrer Rechtleitung folgen. Sprich: ›Ich verlange von euch dafür keine Belohnung; dies ist nichts als eine Ermahnung für die Weltbewohner.‹ Sie schätzen Gott nicht in seiner richtigen Macht, wenn sie sagen, nie habe Gott einem Fleischwesen etwas geoffenbart. Sprich: ›Wer offenbarte das Buch, mit dem Moses kam, ein Licht und eine Rechtleitung für die Menschen, das ihr zu Papier bringt und manches bekannt gebt und manches verheimlicht, wodurch euch gelehrt worden ist, was ihr nicht wußtet und nicht eure Väter?‹ Sprich: ›Gott.‹ Dann laß sie in ihrem törichten Gerede geifern. Dieses Buch, das wir geoffenbart, das gesegnete, ist eine Bestätigung dessen, was bereits vorhanden, daß du ermahnest die Mutterstadt (Mekka) und was sie umgibt. Und die an das Jenseits glauben, die werden an dieses glauben, und auf ihr Gebet werden sie sorgsam achten. Und wer ist frevelhafter als der, der über Gott Lüge erdichtet? Oder sagt: ›Mir ward geoffenbart‹, und nichts ist ihm geoffenbart worden. Oder sagt: ›Ich werde dergleichen offenbaren, was Gott geoffenbart.‹ Sähest du doch die Frevler in der Todesverwirrung, wenn die Engel ihre Hände austrecken: ›Lasset aus eure Seelen. Heute werdet ihr mit Strafe der Schmach belohnt, dieweil ihr über Gott Unwahres geredet und gegen seine Verse hoffärtig waret.‹ «

Sure 6 114: »Sollte ich einen andren Richter als Gott verlangen, und er ist es, der euch das deutliche Buch gesandt? Und die, denen wir die Schrift gegeben, wissen, daß es von deinem Herrn herabgesandt ist in Wahrheit. So sei nicht der Zweifler einer.«

Sure 6 124: »Und wenn ihnen ein Vers kommt, sagen sie: ›Wir glauben nicht eher, bis wir dasselbe erhalten, was die Gesandten Gottes erhalten haben.‹ «

Sure 6 155-158: »Wir gaben Moses die Schrift, eine Vollendung für den, der recht handelt, eine Erörterung für alle Dinge, Rechtleitung und Barmherzigkeit, daß sie an das Zusammentreffen mit ihrem Herrn glauben. Und nun offenbarten wir dieses Buch, das gesegnete; folget ihm und seid gottesfürchtig, auf daß ihr Erbarmen findet. Daß ihr nicht saget: ›Nur zwei Volksscharen vor uns ward die Schrift geoffenbart, wir aber sind ihrer Forschung unkundig.‹ Oder ihr sprechet: ›Wäre uns die Schrift geoffenbart worden, sicherlich hätten wir uns besser leiten lassen als jene.‹ Nun ist euch die deutliche Lehre von eurem Herrn gekommen, eine Rechtleitung und Barmherzigkeit. Doch wer ist frevelhafter als der, der die Verse Gottes lügenhaft nennt und von ihnen abweicht? Vergelten werden wir denen, die sich von unsren Versen abgewandt, mit übler Strafe, dieweil sie sich abgewandt.«

Sure 28 43: »Dann gaben wir Moses die Schrift, nachdem wir die früheren Menschengeschlechter vernichtet hatten.«

Sure 28 47-49: »Und damit sie nicht, wenn ein Unglück sie trifft ob dem, was ihre Hände vorgewirkt, sagen: ›Herr unser, hättest du uns Gesandte geschickt, wir würden deinen Versen gefolgt sein und wären von den Gläubigen.‹ Und als ihnen von uns die Wahrheit kam, sprachen sie: ›Wenn ihm nicht gegeben wird dasselbe, was einst Moses empfing.‹ Aber leugnen sie denn nicht, was früher Moses gegeben worden ist? Sie sagen: ›Zwei Zauberwerke, einander unterstützend.‹ Und sie sagen: ›Traun, wir leugnen alles.‹ Sprich: ›So bring doch eine Schrift von Gott, die besser rechtleitet als diese beiden, und ich folge ihr, wenn ihr wahrhaftig seid.‹ «

Sure 28 53: »Und wenn es ihnen vorgelesen wird, sprechen sie: ›Wir glauben daran, denn es ist die Wahrheit von unsrem Herrn; wahrlich, wir waren zuvor schon ergebene Gottbekenner.‹ «

Sure 17 2-7: »Wir gaben Moses die Schrift und machten sie zur Rechtleitung für die Kinder Israels: ›Daß ihr nicht nehmet einen Beistand außer mir.‹ Nachkommen derer, die wir mit Noah trugen; wahrlich, er war ein dankbarer Diener. Und wir entschieden über die Kinder Israels in der Schrift: ›Ihr sollt Unheil stiften auf Erden zweimal, ihr sollt euch hoch erheben.‹ Und als von beiden die erste Verheißung kam, entsandten wir über euch unsre Diener, Leute von gewaltiger Macht; sie durchsuchten das Innere der Wohnstätten, und erfüllt war die Verheißung. Dann gaben wir euch wieder die Herrschaft über sie, stärkten euch an Besitz und Kindern, und machten euch größer an Volkszahl. Tut ihr Gutes, ihr tut es für eure Seelen, tut ihr Böses, es gilt ihnen. Als nun des andren Verheißung kam, da verschlechterten sich eure Gesichter; und sie drangen in die Anbetungstätte ein, wie sie das erste Mal in diese drangen, in Zerstörung vernichtend, was sie eroberten.«

Sure 7 156-158: »Denen, die den Gesandten folgen, dem Propheten aus dem Volk, den sie bei sich in der Thora beschrieben finden und im Evangelium. Er wird ihnen Fug gebieten und sie vom Schlechten zurückhalten, die guten (Speisen) erlauben und das Unreine verbieten. Nehmen wird er von ihnen ihre Bürde und das Joch, das auf ihnen war. Denen die an ihn glauben, ihm helfen, ihm beistehen und dem Licht folgen, das mit ihm herabgesandt ist. Diese sind die Glückhabenden. Sprich: ›Ihr Menschen, traun, ich bin der

Gesandte Gottes an euch allesamt. Dessen, dem die Herrschaft der Himmel ist und der Erde. Es gibt keinen Gott außer ihm, er belebt und tötet. So glaubet an Gott und an seinen Gesandten, den Propheten aus dem Volk, der an Gott glaubt und seine Worte, und folget ihm, auf daß ihr rechgeleitet werdet.‹ «

Sure 7 166-169: »Und als sie (die Juden) trotzig waren inbetreff dessen, was ihnen verwehrt wurde, sprachen wir zu ihnen: ›Werdet ausgestoßene Affen.‹ Dann tat dein Herr kund, er werde über sie jemand entsenden, der sie bis zum Tag der Auferstehung mit böser Strafe bedrängen wird. Wahrlich, dein Herr ist schnell in der Bestrafung, aber er ist auch allverzeihend und allbarmherzig. Und wir verteilten sie auf Erden in Volksstämme, unter ihnen rechtschaffene, und unter ihnen solche, die es nicht sind. Wir prüften sie mit Gutem und mit Bösem, auf daß sie umkehren möchten. Nach ihnen folgte ein Nachwuchs; sie erbten die Schrift, greifen aber nach dem Gut des Zeitlichen und sagen: ›Es wird uns verziehen werden.‹ Und kommt ihnen ein zeitliches Gut gleicherweise, wiederum greifen sie danach. Ist nicht mit ihnen ein Bund der Schrift geschlossen worden, über Gott nichts andres zu reden als die Wahrheit? Und sie forschten, was darin steht. Aber besser ist der Aufenthalt im Jenseits für die, die gottesfürchtig sind. Begreift ihr dies nicht?«

Sure 2 1-5: »Dieses Buch, kein Zweifel darin, ist eine Rechtleitung für die Gottesfürchtigen. Die an das Unwahrnehmbare glauben, das Gebet verrichten und von dem, womit wir sie versorgt, Almosen spenden. Die da glauben an das, was dir geoffenbart worden, an das, was vor dir geoffenbart worden, und auf das Jenseits vertrauen. Diese sind auf der Rechtleitung seitens ihres Herrn, diese, sie sind die Glückhabenden.«

Sure 2 38-39: »O Kinder Israels, gedenket der Huld, die ich euch erwiesen; haltet mein Bündnis, so will ich das Bündnis mit euch halten; nur mich fürchtet und glaubet an das, was ich geoffenbart, zur Bestätigung dessen, was schon bei euch ist. Seid nicht der Leugnenden ersten und erkauft nicht für meine Verse einen geringeren Preis; nur mich fürchtet. Kleidet nicht die Wahrheit in Falschheit; ihr verheimlicht die Wahrheit, und ihr wißt es.«

Sure 2 71-72: »Treffen sie mit denen zusammen, die glauben, so sagen sie: ›Wir glauben‹, sind sie aber allein untereinander, so sprechen sie: ›Wollt ihr etwa mit ihnen reden über das, was Gott euch eröffnet, damit sie darüber mit euch vor eurem Herrn streiten?‹ Begreift ihr es nicht? Ob sie denn nicht wissen, daß Gott bekannt ist, was sie verheimlichen und was sie verhüllen?«

Sure 2 79: »Wollt ihr denn einen Teil der Schrift glauben und einen Teil lügenhaft heißen? Der Lohn dessen, der unter euch dies tut, ist nur Schmach im Leben hienieden, und am Tag der Auferstehung wird er zu schwerer Pein verstoßen werden. Und Gott ist nicht übersehend dessen, was ihr tut.«

Sure 2 81: »Bereits hatten wir Moses die Schrift verliehen und darauf die Gesandten folgen lassen, dann ließen wir Jesus, dem Sohn Marias, deutliche Wunder werden und stärkten ihn mit dem Heiligen Geist.«

Sure 2 83-86: »Und als ein Buch von Gott zu ihnen gelangte, zur Bestätigung dessen, was sie schon hatten, sie flehten vorher um Beistand gegen die, die ungläubig sind, als sie aber erreichte, was sie erkannten, sie glaubten doch nicht daran. Der Fluch Gottes über die Ungläubigen. Schlimmes ist es, wofür sie verkauft haben ihre Seelen, denn sie leugnen, was Gott geoffenbart, aus Neid, daß Gott in seiner Gnade es geoffenbart hat einem ihm erwünschten unter einen Dienern. Zorn auf Zorn ziehen sie sich zu, schmähliche Strafe den Ungläubigen. Sagt man zu ihnen: ›Glaubet an das, was Gott geoffenbart‹, so antworten sie: ›Wir glauben nur an das, was uns geoffenbart ist.‹ Sie verleugnen das, was hinterher folgte, und doch ist dies die Wahrheit, zur Bestätigung dessen, was sie schon haben. Sprich: ›Weshalb erschlaget ihr die Propheten Gottes, wenn ihr Gläubige seid?‹ Und nachdem Moses zu euch mit deutlichen Wundern gekommen war, wandtet ihr euch später dem Kalb zu. Frevler seid ihr.«

Sure 2 95: »Und als ein Gesandter von Gott zu ihnen kam, zur Bestätigung dessen, was sie schon hatten, warf ein Teil von denen, die die Schrift empfingen, das Buch Gottes hinter ihren Rükken, als wüßten sie es nicht.«

Sure 2 107: »Die Juden sagen, die Christenschaft beruhe auf nichts, die Christen sagen, die Judenschaft beruhe auf nichts; beide lesen die Schrift; ähnlich sprechen diejenigen, die sie nicht kennen, ihren Worten gleich.«

Sure 2 130: »Sprecht: ›Wir glauben an Gott und an das, was uns geoffenbart worden ist, was Abraham, Ismael, Isaak, Jakob und den Stammesvätern geoffenbart worden ist, was Moses und Jesus überliefert worden ist, und was Propheten von ihrem Herrn überliefert worden ist; wir unterscheiden unter niemand von ihnen, und nur ihm sind wir ergebene Bekenner.‹ «

Sure 2 139-141: »Wir sahen dich dein Gesicht gegen den Himmel richten, nun wollen wir es dir nach einer Richtung wenden, dir genehm. Wende dein Gesicht nach der Richtung der heiligen Anbetungsstätte; und wo ihr euch auch befindet, euer Gesicht wendet nach dieser Richtung. Siehe, diejenigen, die die Schrift empfingen, wissen auch, daß dies die Wahrheit ist von ihrem Herrn. Und Gott ist nicht übersehend dessen, was sie tun. Aber denen, die die Schrift empfingen, könntest du mit noch so vielen Versen kommen, sie folgen deiner Gebetsrichtung doch nicht. Sei aber auch du nicht Anhänger ihrer Gebetsrichtung, denn auch unter ihnen sind die einen nicht Anhänger der Gebetsrichtung der andren. Folgst du aber ihrem Willen, nachdem dir die Erkenntnis geworden, fürwahr, du bist der Frevler einer. Diejenigen, denen wir die Schrift verliehen, kennen ihn, wie sie ihre Kinder kennen und siehe, doch hat ein Teil von ihnen die Wahrheit verheimlicht, und sie wissen es.«

Sure 2 169-171: »Wahrlich, diejenigen, die verheimlichen, was Gott in der Schrift geoffenbart, und dafür einen geringen Preis erkaufen, diese werden in ihrem Innern nur Feuerqual verzehren. Nicht anreden wird Gott sie am Tag der Auferstehung und nicht reinigen; qualvolle Strafe ist ihnen. Diejenigen, die Irrtum für Rechtleitung erkaufen, Strafe für Vergebung, welches Unglück werden sie im Höllenfeuer ertragen! Dies, weil Gott das Buch in Wahrheit geoffenbart, diese aber über das Buch stritten, zur unendlichen Spaltung.«

Sure 2 209: »Einen einheitlichen Glauben hatten die Menschen, und Gott entsandte die Propheten, Heil verkündend und ermahnend, und offenbarte durch sie die Schrift in Wahrheit, um unter den Menschen zu entscheiden, worüber sie strittig waren; aber aus Streitsucht stritten diejenigen, denen sie gegeben wurde, untereinander, nachdem ihnen deutliche Wunder geworden. Aber nach seinem Willen leitet Gott diejenigen, die glauben, darin, worüber sie um die Wahrheit streiten. Und Gott leitet, wen er will, auf den rechten Weg.«

Sure 2 254: »Unter den Gesandten bevorzugten wir die einen mehr als die andren, unter ihnen manche, mit denen Gott redete, andere aber erhob er eine Stufe höher. So verliehen wir Jesus, dem Sohn Marias, Wunderkraft und stärkten ihn mit dem Heiligen Geist. Wollte es Gott, seine Nachfolger würden einander nicht bekämpft haben, nachdem ihnen deutliche Wunder geworden waren. Aber sie streiten; mancher unter ihnen, der glaubt, und mancher unter ihnen, der nicht glaubt. Wollte es Gott, sie würden einander nicht bekämpft haben, aber Gott tut, was er will.«

Sure 2 285: »Es glaubt der Gesandte an das, was ihm von seinem Herrn geoffenbart worden ist, und die Gläubigen allesamt glauben an Gott, seine Engel, sein Buch und seine Gesandten. Wir unterscheiden keinen seiner Gesandten. Sie sprechen: ›Wir hören und wir gehorchen. Deine Vergebung, Herr unser, zu dir unsre Zuflucht.‹ «

Sure 57 18: »Und die an Gott glauben und seinen Gesandten, diese sind die Wahrhaftigen und die Bezeuger bei ihrem Herrn. Ihnen ihr Lohn und ihr Licht. Die aber ungläubig sind und unsre Verse lügenhaft nennen, diese sind Genossen des Feuerpfuhls.«

Sure 57 25-29: »Wir sandten bereits unsre Gesandten mit deutlichen Beweisen, und mit ihnen sandten wir die Schrift und die Waage nieder, auf daß die Menschen in Gerechtigkeit dastehen. Auch sandten wir das Eisen nieder, darin gewaltiges Unheil für die Menschen und Nutzen auch, und damit Gott erkenne, wer ihm beisteht und seinem Gesandten im Verborgnen. Wahrlich, Gott ist stark und gewaltig. Einst entsandten wir Noah und Abraham, und setzten unter ihre Nachkommen die Prophetie und die Schrift; unter ihnen manche rechtgeleitet, doch viele ihrer sind Missetäter. Dann ließen wir unsre Gesandten folgen auf ihren Spuren; wir ließen Jesus folgen, den Sohn Marias, und gaben ihm das Evangelium; und in die Herzen derer, die ihm folgten, legten wir Güte und Barmherzigkeit. Und das Mönchtum, das sie geschaffen, schreiben wir ihnen nicht vor, nur aus Verlangen nach dem Wohlgefallen Gottes; doch beobachteten sie es nicht in richtiger Beobachtung. Und denen von ihnen, die gläubig waren, gaben wir ihren Lohn, doch viele ihrer sind Missetäter. Ihr, die ihr glaubt, fürchtet Gott und glaubet an seinen Gesandten; er gibt euch Doppeltes von seiner Barmherzigkeit, er setzt euch ein Licht, in dem ihr wandelt, und verzeiht euch. Und Gott ist allverzeihend und allbarmherzig. Damit doch die Schriftleute erkennen, daß sie nichts über die Gnade Gottes vermögen, und daß die Gnade in der Hand Gottes ist, die er gibt, wem er will. Und Gott ist Eigner der großen Gnade.«

Sure 98 1-6: »Die ungläubig sind von den Schriftleuten und die Götzendiener waren nicht eher schwankend, als bis ihnen kam der klare Beweis. Ein Gesandter von Gott, der vorliest die geläuterten Schriften, worinnen fromme Vorschriften. Und die die Schrift empfingen, spalteten sich erst dann, nachdem ihnen der klare Beweis geworden. Und nicht anders ist ihnen befohlen, als daß sie Gott verehren, ihm rechtgläubig die Religion rein haltend, das Gebet verrichten und den Armenbeitrag entrichten. Und dies ist die wahrhafte Religion. Wahrlich, die ungläubig sind von den Schriftleuten und die Götzendiener (kommen) ins Höllenfeuer, ewig darinnen zu verweilen. Diese, sie sind der Geschöpfe üble. Wahrlich, die gläubig sind und gute Werke üben, diese, sie sind der Geschöpfe Bestes.«

Sure 62 5: »Das Gleichnis derer, die mit der Thora beladen wurden und sie dann nicht tragen wollen, ist das Gleichnis eines Esels, der Bücher trägt. Wie schlimm ist das Gleichnis der Leute, die die Verse Gottes lügenhaft genannt! Und Gott rechtleitet nicht das Volk der Frevler.«

Sure 48 29: »Mohammed ist der Gesandte Gottes, und die mit ihm, streng sind sie gegen die Ungläubigen und barmherzig untereinander. Verbeugt siehst du sie und kniefällig, Gnade von Gott erstrebend und Wohlgefallen. Das Gepräge ihrer Gesichter aus Spuren von Kniefälligkeit. Dies ihr Gleichnis in der Thora und ihr Gleichnis im Evangelium: Wie die Saat ihren Halm hervorbringt und ihn gedeihen läßt, daß (die Ähre) anschwillt und auf ihrem Schaft sitzt, den Säer entzückend. Daß sich an ihnen ärgern die Ungläubigen. Verheißen hat Gott denen von ihnen, die gläubig sind und gute Werke üben, Verzeihung und großen Lohn.«

Sure 41 6: »Und einst sprach Jesus, der Sohn Marias: ›Kinder Israels, ich bin ein Gesandter Gottes an euch, Bestätiger dessen, was schon vor mir war von der Thora, und Verkünder eines Gesandten, der nach mir kommen wird, dessen Name Achmed.‹ «

Sure 4 47-50: »Siehst du nicht jene, die einen Teil der Schrift empfingen? Sie erkaufen Irrtum und wünschen, daß auch ihr vom Pfad abirret. Aber Gott kennt eure Feinde, und es genügt, in Gott einen Beistand zu haben, es genügt in Gott einen Helfer zu haben. Manche von denen, die Juden sind, verdrehen Worte von ihrer richtigen Stelle und sagen: ›Wir hören und gehorchen nicht‹, oder: ›Höre, ohne zu verstehen, und schau auf uns.‹ Verdrehung auf ihrer Zunge und Spott über die Religion. Wollten sie doch sagen: ›Wir hören und gehorchen‹, oder: ›Höre und schau auf uns.‹ Besser wäre dies für sie gewiß und richtiger. Aber verflucht hat sie Gott ob ihres Unglaubens; sie werden nicht glauben, nur wenige. Ihr, die ihr die Schrift empfangen, glaubet an das, was wir geoffenbart, zur Bestätigung dessen, was ihr schon habt, bevor wir die Gesichter zerstören und sie rückwärts drehen, oder euch verfluchen, wie wir die Sabbatschänder verflucht. Und was Gott befiehlt, es ist getan.«

Sure 4 49: »Siehst du nicht jene, die einen Teil der Schrift empfingen? Sie glauben an Dschibt und Taghut (Idole), doch sagen sie von denen, die ungläubig sind, diese seien des Wegs besser geleitet als diejenigen, die glauben.«

Sure 4 63: »Siehst du jene nicht, die vorgeben zu glauben, was dir geoffenbart worden und was vor dir geoffenbart worden? Sie wollen um Recht streiten vor Taghut, und doch ist ihnen befohlen, ihn zu verleugnen. Satan will sie in weite Irreleitung verführen.«

Sure 4 130: »Gottes ist, was in den Himmeln ist und was auf Erden. Bereits verpflichteten wir diejenigen, die vor euch die Schrift empfingen, und auch euch, Gott zu fürchten; wenn ihr aber ungläubig seid, wahrlich, Gottes ist, was in den Himmeln ist und was auf Erden.«

Sure 4 135: »O ihr, die ihr glaubt, glaubet an Gott, an seinen Gesandten, an die Schrift, die er seinem Gesandten geoffenbart, und an die Schrift, die er zuvor geoffenbart. Wer aber Gott verleugnet und seine Engel und seine Schriften und seine Gesandten und den Jüngsten Tag, bereits ist er in einer weiten Irreleitung.«

Sure 4 149-152: » Wahrlich, die Gott verleugnen und seinen

Gesandten und zwischen Gott und seinem Gesandten scheiden möchten und sprechen: ›Das eine glauben wir und verleugnen das andre‹, die einen Weg zwischendurch nehmen wollen: Diese sind in Wahrheit Ungläubige; und schändende Strafe haben wir den Ungläubigen bereitet. Diejenigen aber, die an Gott glauben und an seine Gesandten und zwischen keinem von ihnen unterscheiden, diesen werden wir dereinst ihren Lohn geben, und Gott ist allverzeihend und allbarmherzig. Die Schriftleute werden von dir verlangen, daß du ihnen ein Buch vom Himmel herabbringest. Mehr als dies verlangten sie bereits von Moses.«

Sure 4 160-162: »Aber den in der Erkenntnis Standhaften unter ihnen, den Gläubigen, die glauben an das, was dir geoffenbart worden und was vor dir geoffenbart worden, die das Gebet verrichten und den Armenbeitrag entrichten, die an Gott glauben und an den Jüngsten Tag, diesen werden wir herrlichen Lohn geben. Wahrlich, wir offenbarten uns dir, wie wir uns Noah offenbarten und den Propheten nach ihm, wie wir uns Abraham, Ismael, Isaak, Jakob, den Stammesvätern, Jesus, Hiob, Jonas, Aaron und Salomon offenbarten; und wir inspirierten David die Psalmen. Von manchen Gesandten erzählten wir dir bereits früher, von andren erzählten wir dir aber nichts. Mit Moses sprach Gott mündlich.«

Sure 4 169: »O Schriftleute, überschreitet nicht eure Religion und saget von Gott nichts als die Wahrheit. Wahrlich, der Messias, Jesus, der Sohn Marias, ist der Gesandte Gottes und sein Wort, das er getan hat in Maria, und ein Geist von ihm. So glaubet an Gott und an seine Gesandten, und saget nicht: ›Dreiheit‹. Lasset dies, euch zum Guten. Wahrlich, Gott ist ein Einheitsgott; zu erhaben ist er, einen Sohn zu besitzen. Sein ist, was in den Himmeln ist und was auf Erden, und es genügt, in Gott einen Vertrauensfreund zu haben. Nie weigert sich der Messias, ein Knecht Gottes zu sein, auch nicht die Engel.«

Sure 3 1-3: »Gott, es gibt keinen Gott außer ihm. Er ist der Lebendige, der Ewige. Er offenbarte dir das Buch in Wahrheit zur Bestätigung dessen, was schon vorhanden. Bereits vorher offenbarte er die Thora und das Evangelium, als Rechtleitung für die Menschen, und nun offenbarte er dir die Erlösung. Wahrlich, die die Verse Gottes leugnen, schwere Pein

ist ihnen. Und Gott ist allmächtig und rächend.«
Sure 3 17: »Diejenigen, die die Schrift empfingen, gerieten in Streit, nachdem ihnen die Erkenntnis gekommen, aus Streitsucht untereinander.«
Sure 3 22-23: »Sahest du nicht auf die, die einen Teil aus der Schrift empfingen, sie wurden auf die Schrift Gottes verwiesen, daß sie unter ihnen entscheide, dann aber drehte sich ein Teil von ihnen um, sie blieben abgewandt. Dies, weil sie sagen: ›Das Feuer wird uns nur eine Anzahl von Tagen umfangen.‹ Sie betören sich in ihrem Glauben, den sie sich erdichtet.«
Sure 3 43-44: »Er (Gott) wird ihn (Jesus) die Schrift lehren und die Weisheit und die Thora und das Evangelium, und als Gesandten schicken zu den Kindern Israels: ›Ich komme zu euch mit einem Wunderzeichen von eurem Herrn: ich forme euch aus Ton das Gebild eines Vogels und hauche hinein, und mit dem Willen Gottes wird es ein (wirklicher) Vogel werden. Auch will ich mit dem Willen Gottes die Blinden und die Aussätzigen heilen und die Toten beleben. Ich will euch verkünden, was ihr esset und in euren Häusern aufspeichert. Wahrlich, hierin ist euch ein Wunderzeichen, wenn ihr Gläubige seid. Zur Bestätigung dessen, was schon aus der Thora (bekannt) ist, und euch zu erlauben einen Teil von dem, was euch verboten war.‹ «
Sure 3 58-59: »O Schriftleute, streitet nicht über Abraham; die Thora und das Evangelium sind erst nach ihm geoffenbart worden. Begreift ihr dies nicht? Wenn ihr schon über das streitet, worin ihr Kenntnis habt, weshalb aber streitet ihr über das, worin ihr keine Kenntnis habt? Und Gott weiß es, ihr aber wißt nichts.«
Sure 3 62-66: »Es wünscht mancher der Schriftleute euch irrezuleiten, aber nur sich selbst leiten sie irre und verstehen es nicht. Schriftleute, weshalb leugnet ihr die Verse Gottes, müßt ihr sie ja bezeugen. Schriftleute, weshalb kleidet ihr die Wahrheit in Nichtigkeit, verhüllt die Wahrheit, wo ihr sie doch kennt? Manche unter den Schriftleuten sagen: ›Glaubet bei Tagesbeginn an das, was denen, die glauben, geoffenbart worden, und leugnet es später; ob sie vielleicht umkehren. Aber glaubt nur dem, der eurer Religion folgt.‹ Sprich: ›Wahrlich, die (wahre) Religion ist nur die Rechtleitung Gottes, wenn sie auch irgendeinem gleich euch verliehen wird.‹

Oder streiten sie mit euch vor eurem Herrn? Sprich: ›Wahrlich, die Gnade ist in der Hand Gottes, er spendet sie, wem er will. Und Gott ist allumfassend und allkundig.‹ «
Sure 3 72: »Und siehe, unter ihnen ist ein gewisser Teil, die ihr Gerede in die Schrift verdrehen, daß ihr glauben könntet, es sei aus der Schrift, es ist aber nicht aus der Schrift. Sie sagen, es sei von Gott, es ist aber nicht von Gott. So reden sie über Gott Lügenhaftes, und sie wissen es.«
Sure 3 73: »Es steht einem Fleischwesen nicht an, daß Gott ihm Schrift, Weisheit und Prophetie verleihet, und es dann zu den Menschen sagt: ›Seid meine Verehrer außer Gott.‹ Aber wie folgt: ›Seid gottesgelehrt, daß ihr die Schrift verstehet, und auf daß ihr euch in sie vertiefet.‹ «
Sure 3 75: »Als Gott den Prophetenbund schloß (sprach er): Nun habe ich euch die Schrift und Weisheit verliehen, später wird ein Gesandter zu euch kommen, zur Bestätigung dessen, was ihr bereits habt; glaubt fest an ihn und steht ihm bei.«
Sure 3 87: »Alle Speisen, ausgenommen das, was Israel sich selber verboten hatte, waren den Kindern Israels erlaubt, bevor die Thora geoffenbaret wurde. Sprich: ›So bringt doch die Thora herbei und leset sie vor, wenn ihr recht habt.‹ «
Sure 3 93-94: »Sprich: ›Schriftleute, weshalb leugnet ihr die Verse Gottes, und Gott ist ja Zeuge dessen, was ihr tut?‹ Sprich: ›Schriftleute, weshalb haltet ihr den, der glaubt, vom Pfad Gottes zurück, wollt Verdrehung, wo ihr doch selber Bezeuger seid?‹ «
Sure 3 109-110: »Sie sind aber nicht gleich. Und unter den Schriftleuten gibt es eine rechtschaffene Gemeinde, die zur Nachtstunde die Verse Gottes lesen und ihn anbeten. Die an Gott glauben und an den Jüngsten Tag, Fug gebieten, Böses verhindern und im Gutem eifrig sind. Diese sind die Rechtschaffenen. Und was ihr des Guten tut, ihr werdet es nicht verleugnen, denn Gott ist kundig inbetreff der Gottesfürchtigen seiner Diener.«
Sure 3 179-181: »Die da sagen: ›Siehe, Gott schloß mit uns ein Bündnis, daß wir keinem Gesandten vertrauen, bis er uns mit einem Brandopfer kommt, das das Feuer verzehrt.‹ Sprich: ›Bereits sind zu euch Gesandte vor mir gekommen mit deutlichen Beweisen und mit dem, was ihr fordert; weshalb habt ihr sie getötet, wenn ihr aufrichtig seid?‹ Zeihen sie dich

der Lügenhaftigkeit, so ziehen sie der Lügenhaftigkeit bereits die Gesandten vor dir, die zu ihnen mit deutlichen Beweisen kamen, mit den Schriften und dem erleuchtenden Buch.«

Sure 3 184-185: »Dann schloß Gott ein Bündnis mit denen, die die Schrift empfingen: ›Daß ihr sie ja den Menschen verdeutlicht und sie nicht verheimlicht.‹ Da warfen sie sie hinter ihren Rücken und erkauften dafür einen geringen Preis; wie schlecht ist, was sie erkauft haben! Man glaube nicht von denen, die sich freuen dessen, was sie getan, und gelobt zu werden wünschen für das, was sie nicht begehen, so glaube nicht ihres Entkommens der Pein; qualvolle Strafe ist ihnen.«

Sure 3 198-199: »Und siehe, auch die unter den Schriftleuten, die an Gott glauben und an das, was euch geoffenbart worden, und an das, was ihnen geoffenbart worden, die Gott unterwürfig sind und nicht für die Verse Gottes einen geringen Preis erkaufen. Diesen ist ihr Lohn bei ihrem Herrn, denn wahrlich, Gott ist schnell des Berechnens.«

Sure 5 14-16: »Weil sie aber ihren Bund brachen, verfluchten wir sie und machten ihre Herzen verstockt. Sie verrückten (Schrift-) Worte von ihren Stellen und vergaßen einen Teil von dem, wozu sie ermahnt worden. Du aber höre nicht auf, die Treulosigkeit unter ihnen aufzudecken, bis auf wenige unter ihnen. Verzeihe ihnen und vergib, denn wahrlich, Gott liebt die Liebfrommen. Auch mit manchen von denen, die sagen, sie seien Christen, schlossen wir einen Bund, sie aber vergaßen einen Teil von dem, wozu sie ermahnt worden. Darum erregten wir Feindschaft unter ihnen und Haß bis zum Tag der Auferstehung. Dann wird Gott ihnen verkünden, was sie getan. Schriftleute, bereits ist unser Gesandter zu euch gekommen, der euch vieles verdeutlicht, was ihr der Schrift verberget, vieles aber übergeht. Schon ist euch Licht von Gott gekommen und ein deutliches Buch, womit Gott den, der nach seinem Wohlgefallen strebt, auf die Pfade des Heils leitet. Er wird sie nach seinem Willen aus der Finsternis zum Licht bringen und auf den geraden Weg führen.«

Sure 5 45: »O du Gesandter, es sollen dich nicht betrüben, die dem Unglauben zueilen, von denen, die mit ihrem Mund sprechen: ›Wir glauben‹, deren Herzen aber nicht glauben, und von denen, die Juden sind, auf

Lügen Horchende, auf andere Leute hörend, die nicht zu dir kommen. Sie verdrehen die Worte von ihrer rechten Stelle und sagen: ›Empfanget ihr dies, so haltet es, und empfanget ihr es nicht, so seid vorsichtig.‹ «
Sure 5 47-54: »Wieso aber sollten sie dich zum Richter machen, wo sie doch die Thora haben, worin der Entscheid Gottes ist? Dann wenden sie sich hinterher ab, denn diese sind keine Gläubigen. Siehe, wir haben die Thora offenbart, darin eine Rechtleitung ist und ein Licht; nach dieser richteten die Propheten, die gottergeben waren, den Juden, ebenso die Rabbinen und die Schriftgelehrten, gemäß dem, was ihnen vom Buch Gottes anvertraut wurde, und sie waren Zeugen dessen. So fürchtet nicht die Menschen, sondern mich fürchtet, und erkaufet nicht für meine Verse einen geringen Preis. Und wer nicht richtet danach, was Gott geoffenbart, diese sind Ungläubige. Wir haben ihnen darin vorgeschrieben: Leben um Leben, Auge um Auge, Nase um Nase, Ohr um Ohr, Zahn um Zahn, für Wunden Vergeltung, und wenn jemand es erläßt, so ist dies seine Sühne. Und wer nicht richtet danach, was Gott geoffenbart, diese sind Frevler. Wir ließen Jesus, den Sohn Marias, auf ihren Spuren folgen, zur Bestätigung dessen, was von der Thora schon vorhanden war. Wir gaben ihm das Evangelium, darin eine Rechtleitung ist und ein Licht und eine Bestätigung dessen, was von der Thora vorhanden war; eine Rechtleitung und eine Ermahnung für die Gottesfürchtigen. Die Leute des Evangeliums sollen richten danach, was Gott darin geoffenbart. Und wer nicht richtet danach, was Gott geoffenbart, diese sind Missetäter. Dir aber haben wir das Buch geoffenbart in Wahrheit zur Bestätigung dessen, was schon in der Schrift vorhanden ist, und darüber Wächter zu sein. Entscheide zwischen ihnen nach dem, was Gott geoffenbart, und folge nicht ihren Wünschen, daß du von der Wahrheit abgehst. Jedem von euch gaben wir Gesetz und Bahn. Wollte es Gott, ganz gewiß würde er euch ein einziges Volk gemacht haben, aber er will euch prüfen durch das, was er euch gegeben. So wetteifert um das Gute, denn zu Gott ist eure Rückkehr allesamt, sodann wird er euch verkünden über das, worüber ihr gestritten. Daß du ihnen aber entscheidest nach dem, was Gott geoffenbart, und nicht folgest ihren Wünschen. Sei vorsichtig

vor ihnen, daß sie dich nicht abbringen von einem Teil dessen, was dir Gott geoffenbart. Wenden sie sich ab, so wisse, daß Gott sie ganz gewiß für einen Teil ihrer Sünden treffen will. Wahrlich, viele der Menschen sind Missetätter.«
Sure 5 64: »Sprich: ›Ihr Schriftleute, ihr verwerft uns wohl nur deshalb, weil wir an Gott glauben und an das, was uns geoffenbart worden und was früher geoffenbart worden und weil die meisten von euch Missetäter sind?‹ «

Alwah
Bedeutet »die Tafeln (des Gesetzes)«, die Moses von Gott erhielt; siehe 7. Sure, Vers 146: »Darauf schrieben wir ihm auf die Tafeln Belehrungen über alle Dinge und Entscheidungen über alle Fälle und sprachen: ›Nimm diese mit Ehrerbietung und befiehl deinem Volk, es solle sich nach den darin enthaltenen Geboten und Lehren verhalten.‹ «
Muslimische Kommentatoren sind sich nicht einig, wie viele Tafeln es waren (sieben oder zehn) und welche Gebote sie enthielten.

Amin oder Amen
Gebetsschluß, von den Christen übernommen, wird besonders am Ende der 1. Sure (→*Al-Fatiha*) gesprochen.

Amina
Mohammeds Mutter. Sie war die Frau 'Abdu'llahs und Tochter von Wahb ibn 'Abdi Manaf. Sie starb, ehe Mohammed sich zum Propheten erklärte und ist begraben in Al-Abwa', zwischen Mekka und Medina.

Amir
»Emir«. Bedeutet »Befehlshaber, Fürst, Herrscher, Leiter«, so bezeichnet *Amiru'l-Hadsch* den Leiter des Pilgerzuges nach Mekka.
Amiru'l-Mu'minin, »Herrscher der Gläubigen«, war der Ehrenname der Kalifen, zunächst dem 'Abdu'llah ibn Dschahsch nach seiner Nakhla-Expedition verliehen, seit →*'Umar* Beiname der Kalifen, später auch der Sultane der Türkei.

'Amr ibn al-'Asi
Einer von Mohammeds treuen Gefährten, berühmt durch seine Eroberung Syriens, Palästinas und Ägyptens. Starb im Jahre 663 n. Chr.

Amulette
Arabisch *Hama'il* (»etwas, das hängt«). Amulette, obwohl heidnischen Ursprungs, erfreuen sich in muslimischen Län-

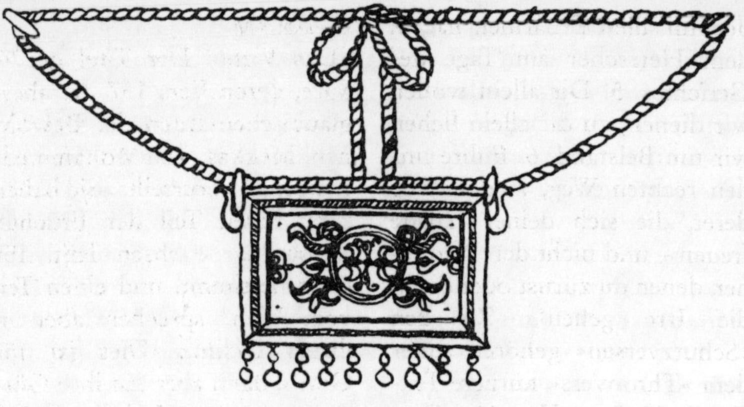

Ein kleiner Koran als Amulett aufgehängt

dern großer Beliebtheit. Als Amulette werden häufig benutzt: ein kleiner Koran, in Leder oder Seide gebunden und um die Schulter gehängt; eine Sure (bzw. ein Vers einer Sure) auf Papier geschrieben und umhüllt von Leder oder Samt; oder ebenso einige der 99 Namen Gottes bzw. die entsprechenden Zahlen (→*Abdschad*), oder die Namen der Propheten oder der Heiligen bzw. die entsprechenden Zahlen, oder das muslimische Glaubensbekenntnis, in Stein oder Silber graviert. Dieses Glaubensbekenntnis – auch »Thronvers« genannt – ist Vers 256 der 2. Sure und lautet: »Gott ist Gott, außer ihm gibt es keinen Gott. Er ist der aus sich selbst Lebendige, der Ewige. Ihn ergreift nicht Schlaf noch Schlummer. Sein ist, was in den Himmeln, sein, was auf Erden ist. Wer kann bei ihm ohne seinen Willen fürsprechen und vermitteln? Er weiß, was ist, was war und was sein wird, und die Menschen begreifen von seiner hehren Allwissenheit nur, soweit es ihm gefällt. Über den Himmeln und der Erde steht sein Thron, Herrschaft und Wacht sind ihm keine Bürde. Er ist der Erhabene und Mächtige!« Häufig werden für Amulette auch folgende Suren gewählt: 1, 6, 18, 36, 44, 55, 67, 78.

Hier der Wortlaut der 1. Sure, »Al-Fatiha« genannt:
1. Im Namen Gottes, des Barmherzigen! 2. Lob und Preis sei Gott, dem Herrn aller Weltenbewohner, 3. dem Gnädigen,

der mit allen Erbarmen hat, 4. dem Herrscher am Tage des Gerichtes. 5. Dir allein wollen wir dienen, zu dir allein flehen wir um Beistand. 6. Führe uns den rechten Weg, 7. den Weg derer, die sich deiner Gnade freuen – und nicht den Pfad jener, denen du zürnst oder die in die Irre gehen!« Zu den »Schutzversen« gehören außer dem »Thronvers« kürzere Texte, wie 12. Sure, Vers 65: »Gott ist der beste Beschützer, und er ist der Allbarmherzige.«
Besonders schön ist Vers 12 der 13. Sure: »Ein jeder Mensch hat seine Engel, die sich einander abwechseln und die vor und hinter ihm hergehen und ihn auf Gottes Befehl bewachen; und Gott verändert seine Gnade gegen die Menschen nicht, es sei denn, sie hätten zuerst ihre Gedanken von Gott abgewendet.«
Die Amulette (Talismane) werden am Arm oder Bein befestigt oder hängen um den Hals und sollen den Träger gegen das Böse schützen. Sie werden auch an Tieren (besonders Kamelen) und Häusern befestigt, heutzutage natürlich auch an Autos, kurz, an allem, was dem Besitzer lieb und teuer ist und vor Gefahren durch Magie besonders geschützt werden soll. →*Exorzismus*, →*Da'wa*

AL-AN'AM

»Das Vieh«. Der Titel der 6. Sure, deren Vers 137 die abergläubischen Riten der Bewohner Mekkas zu Mohammeds Lebzeiten verurteilt: »Sie haben zwar einen Teil der Früchte, welche er wachsen läßt, für Gott bestimmt, und einen Teil vom Vieh, sprechen aber in ihrem Irrsinn: ›Dies ist für Gott!‹, dann aber (an ihre Götzen gewandt): ›Und dies ist für unsere Gefährten!‹ «

ANANIYA

»Ichbezogenheit«. Dieser Ausdruck wird im Sufismus (→*Sufis*) für die Existenz des Menschen verwendet.

ANAS IBN MALIK

War der letzte der Gefährten Mohammeds und einer der wichtigsten Überlieferer. Er starb etwa 712 n. Chr. 103jährig in Basra.

ANBETUNG

Die Haltung des Körpers und der Gebärden beim Beten der Muslime ähneln denen der Juden des Alten Testaments und bestehen aus *Ruku'*, dem Beugen des Körpers, wobei die Hände auf den Knien liegen, und *Sudschud*, dem Niederwerfen auf die Erde, wobei die Stirn den Boden berühren muß.

Die Anbetung des schwarzen Steins zu Mekka (→*Ka'ba*) bildet einen Höhepunkt im Leben eines muslimischen Gläubigen auf der Pilgerfahrt. →*Hadsch*

ANBIYA'

Plural von *Nabi*, bedeutet »Propheten«. Titel der 21. Sure.

AL-ANFAL

»Die Beute«. Titel der 8. Sure, so genannt, weil es wegen der Beute, die in der Schlacht bei Badr gemacht wurde, Streit gab: Die aktiven jungen Kämpfer wollten die Beute für sich allein behalten, die Alten, die nicht mitgekämpft hatten, sondern bei den Fahnen geblieben waren, beanspruchten ebenfalls einen Anteil. Mohammed ergreift in Vers 2 die Initiative und spricht: »Die Verteilung der Beute ist Sache Gottes und seines Gesandten; darum fürchtet Gott und legt den Streit friedlich bei und gehorcht Gott und seinem Gesandten, wenn ihr wahre Gläubige sein wollt.«

AL-'ANKABUT

»Die Spinne«. Der Titel der 29. Sure, weil es dort in Vers 42 heißt: »Die statt Gott einen Götzen anbeten, gleichen der Spinne, welche sich ein Haus baute, aber das Haus der Spinne ist das schwächste von allen Häusern. Könnten sie das doch einsehen!«

AL-ANSAR

»Die Helfer«. War die Bezeichnung für die frühen Konvertiten zum Islam in Medina, später für alle Bewohner der Stadt.

ANSTAND

Zurückhaltung im Umgang der Geschlechter ist im muslimischen Recht fest verankert. So ist es einem Mann nicht gestattet, eine Frau anzuschauen außer ihre Hände und ihr Gesicht. Ein Arzt jedoch kann den Erfordernissen seines Berufes ohne jede Einschränkung nachkommen.

APOSTAT

Abtrünniger, vom Glauben Abgefallener. Nach muslimischen Recht ist ein männlicher Apostat zum Tode zu verurteilen, wenn er nicht widerruft, eine Abtrünnige hingegen soll so lange gefangengehalten werden, bis sie widerruft. Wenn ein Ehepartner abtrünnig wird, ist damit die Ehe aufgelöst, die Frau hat Anspruch auf ihren gesamten Brautpreis, aber ein Scheidungsurteil ist unnötig. Wenn beide Eheleute abtrünnig werden, ist im allgemeinen die Ehe nicht aufgelöst, obwohl Imam Zufar sie für nichtig ansieht. Wird ein Minderjähriger abtrünnig, soll er bis zur Volljährigkeit gefangengehalten werden, falls er dann dabei bleibt, ist er hinzurichten. Geistesgestörte und Trunksüchtige können wegen Apostasie nicht zur Rechenschaft gezogen werden. Wird jemand gezwungen, vom Glauben abzufallen, ist er weder von seiner Frau zu scheiden noch ist sein Landbesitz verfallen, wird jemand gezwungen, Muslim zu werden, soll er nicht zum Tode verurteilt werden, wenn er später wieder abfällt.

Das Testament eines männlichen Apostaten ist ungültig, das eines weiblichen ist gültig.

Als der Kalif →*'Ali (2.)* einige Abtrünnige bei lebendigem Leib verbrannte, tadelte →*Ibn 'Abbas* den Grausamen, da Mohammed gesagt hatte: »Strafet nicht mit der Strafe Gottes, wenn jemand vom Glauben abfällt, sondern tötet ihn mit dem Schwert.« (Sahihu-Bukhari)

Apostel

Das arabische Wort →*Rasul* wird im Koran für Mohammed verwendet, während →*Hawari* die Apostel Jesu Christi bezeichnet.

al-'Aqaba

Eine Schlucht bei Mina, in der am 21.4.621 zwanzig Männer der Stämme Aus und Khazradsch Mohammed den Treueschwur leisteten: »Wir werden niemanden außer Gott anbeten; wir werden nicht stehlen, nicht Ehebruch begehen, unsere Kinder nicht töten, unseren Nächsten nicht verleumden, und wir werden dem Propheten Gottes gehorchen.« Einige Monate später fand dort wiederum ein Treuegelöbnis statt, diesmal legten es 73 Männer und 2 Frauen ab. Mohammed ernannte 12 von ihnen zu Führern und sprach: »Moses wählte zwölf Führer aus seinem Volk aus. Ihr sollt die Bürgen sein für die übrigen, so wie die Apostel Jesu, und ich bin Bürge für mein Volk.« Darauf antwortete die Menge: »Amen, so sei es.«

'Aqib

»Nachfolger«. Al-'Aqib ist einer der Titel Mohammeds und bedeutet »der letzte der Propheten«.

'Aqiqa

Nennt man die Sitte der Araber, Neugeborenen am siebten Tag nach der Geburt das Haar auf dem Kopf zu rasieren und ein Fest zu feiern, bei dem Tiere geopfert werden, nämlich zwei Schafe für einen Knaben, ein Schaf für ein Mädchen. An diesem Tag erhält der Säugling seinen Namen, wobei für Jungen Muhammad (Türkisch Mehmet), Achmed oder Mustafa am gebräuchlichsten sind; bei den Schiiten auch Namen aus der Familie des Propheten, wie 'Ali, Hasan, Husain. Häufige Mädchennamen sind Fatima, 'A'ischa, Miriam. Bei der »Taufe« flüstert man dem Säugling das muslimische Credo (Vers 256 der 2. Sure, Wortlaut: → *Amulette*) ins Ohr.

AQSA

Al-Masdschidu'l-Aqsa, wörtlich »die entfernteste Moschee«. Der von Salomon errichtete Tempel in Jerusalem, auch *Al-Baitu'l-Muqaddas* (»das heilige Haus«) oder *Sakhra* (»Felsen«) genannt, von dem Mohammed nach muslimischem Glauben bei seiner nächtlichen Reise (→*Mi'radsch*) zum Himmel aufstieg.

AL-AQSA-MOSCHEE →*Aqsa*

ARABER

Von den sagenhaften »verlorenen Arabern« der Frühzeit finden sich im Koran und in den Traditionen noch einige Namen von Stämmen und deren Oberhäuptern wie →*'Ad*, Thamud, Dschadis, Tasm (die alle von Sem abstammen, das heißt im eigentlichen Wortsinn Semiten waren). 'Ad und sein Stamm siedelten sich nach der Tradition in der großen Wüste Al-Ahqaf an, kurze Zeit nach der babylonischen Sprachverwirrung. Sein Sohn Schaddad vergrößerte sein Reich und vollbrachte große Taten: Die Sage berichtet von einer prächtigen Stadt (in der 89. Sure, Vers 7 »Iram« genannt), die er in der Wüste 'Adan erbauen ließ. Im Zentrum habe sich der luxuriöse Palast befunden, dessen goldene und silberne Ziegel in der Sonne blitzten, ebenso wie die Perlen und Juwelen des goldenen Daches, und in dessen kühlen Gärten die schönsten Blumen und Bäume wuchsen und metallene Vögel die köstlichsten Wohlgerüche Arabiens ausatmeten. Aber dies Paradies auf Erden sollte eine Fata Morgana bleiben. Gerade, als Schaddad und sein Gefolge alles bewundernd inspizierten, kam ein fürchterliches Donnergrollen und vernichtete alle. So strafte Gott den Stolz und die Verschwendungssucht der Menschen; als Zeichen seiner Gerechtigkeit soll die Stadt, für Menschenaugen unsichtbar, noch irgendwo in der Wüste existieren. Die 'Aditen sollen übrigens, wie die vom Stamm Thamud, Riesen gewesen sein,

deren kleinster 60, und deren größter 100 Ellen gemessen habe.
Die Thamuditer waren so stark, daß sie, wenn sie mit dem Fuß aufstampften, bis zu den Knien im Boden versanken, und wäre er auch noch so hart gewesen. Sie wohnten in Höhlen oder im Innern der Gebirge, die sie für sich als Wohnstatt ausgehöhlt hatten. (Unschwer sind die Troglodyten oder Thamudeni des Diodorus, Plinius und Ptolemäus in ihnen zu erkennen.)
Die Stämme Dschadis und Tasm sollen gemeinsam zwischen Mekka und Medina gewohnt haben, aber von ihnen ist nichts Genaueres bekannt, daher nennen Araber etwas, dessen Wahrheitsgehalt bezweifelt wird, eine »Fabel von Tasm«, und etwas Uraltes wird, nach der obengenannten Sagengestalt als »so alt wie König ʻAd« bezeichnet.
Die »reinen« Araber sind diejenigen, die beanspruchen, von Joktan (oder Qahtan) abzustammen. Die Söhne dieses Patriarchen, Yaʻrub und Dschurhum, sollen die beiden Königreiche Jemen (Al-Yaman) bzw. Hedschas (Al-Hidschaz) gegründet haben. Ihre Namen tauchen zwar nicht in den heiligen Schriften auf, es wird jedoch vermutet, daß sie Dscherah und Hadoram der Genesis 10, 26 sind und dort zu den 13 Gründern Arabiens zählen.
Die Araber ähneln den Juden besonders in der Unterteilung ihres Volkes in Stämme. Schon von sehr alter Zeit haben sie darauf bestanden, als separate und unabhängige Familien oder Clans anerkannt zu werden. Dieses Selbstbewußtsein war natürlich einer Entwicklung zum Zentralismus bzw. einer Konsolidierung der Macht abträglich. In den Ahnentafeln und Genealogien von Sale, Gagnier und Ahmad Khan finden sich fast sechzig verschiedene Stämme echter Araber, von denen viele sich bis in die Zeit vor Mohammed zurückverfolgen lassen. Die »gemischten« Araber behaupten, von Ismael und der Tochter des Al-Mudad, König von Hedschas und in der 9. Generation Nachkomme des Dschurhum, abzustammen. Da Mohammed aus dieser Linie stammt, ist es für die (muslimischen) Araber wichtig, diese Abstammung zu achten und zu bewahren. Der Mangel einer »reinen« Ahnenreihe wird, ihrer Einschätzung nach, mehr als aufgewogen durch die Würde einer so heiligen Verbindung, denn sie rühmen sich, ebenso wie die Juden direkt von Abraham abzustammen.

Von hier aus ist es auch zu verstehen, daß die alten Götzendiener und Riesen (ʻAd) der Vernichtung anheimfielen, um Platz zu schaffen für eine von Gott begünstigte Rasse, und daß die Vorsehung jene strafte, die wagten, in das geheiligte Gebiet einzudringen.
Die Geschichte der Vertreibung und Rettung →*Ismaels*, des verehrten Stammvaters der Araber, ist in der Bibel so dargestellt: Er war dem →*Abraham* von →*Hagar*, einer ägyptischen Sklavin, geboren worden. Als er vierzehn war, wurde seinem Vater →*Isaak* geboren, und dadurch wurden alle seine Zukunftsaussichten vernichtet, und Hagar und das Kind wurden verstoßen. Nur eine Flasche mit Wasser und etwas zum Essen trugen sie beide aus dem Zelt Abrahams mit sich. Die Mutter wollte zurück in das Land, wo sie geboren wurde, und so kamen sie in das trockene Gebiet um Berscheba, wo ihnen bald die Kräfte schwanden. Sie legte ihren entkräfteten Sohn unter einen Busch und »setzte sich einen Bogenschuß weit weg, denn sie sagte, laß mich nicht sehen, wie mein Kind stirbt. Und sie setzte sich ihm gegenüber, erhob klagend ihre Stimme und weinte.« (Gen. 21 16). Da erschien ihr ein Engel und führte sie zu einem Brunnen in der Nähe, und so wurde ihrer beider Leben gerettet.
Die Araber behaupten, daß Ismael in Hedschas wohnte, und daß Mekka, zu jener Zeit eine trockene Einöde, der Ort war, wo beide auf so wundersame Weise gerettet wurden, und daß dort auch Hagar starb und begraben wurde. Der vom Engel gezeigte Brunnen, so glauben sie, ist der berühmte →*Zamzam*, aus dem alle Mekkapilger bis heute trinken. Um an die wunderbare Rettung Ismaels zu erinnern, habe Abraham auf Gottes Geheiß die Kaʻba erbaut und Ismael das dazu nötige Material besorgt. Muslimische Autoren berichten über Ismael und seine Nachkommen: Ismael wurde Fürst und erster Hoherpriester Mekkas und predigte den ungläubigen Arabern fünfzig Jahre lang den rechten Glauben. Im Alter von 137 Jahren starb er, 48 Jahre nach seinem Vater, und wurde im Grab seiner Mutter Hagar beigesetzt.
Bald nach seinem Tode putschten die Dschurhumiten, stürzten die Regierung und beherrschten den Tempel, aber dann vernichteten Seuchen und die Krummschwerter der wieder erstarkten Ismaeliten die Aufsässigen. Ehe sie Mekka räumten, begingen sie jedoch

alle möglichen Schändlichkeiten und Sakrilegien in Mekka: sie versenkten die Schätze und Heiligtümer (den schwarzen Stein, die Schwerter und Rüstungen von Qala'a) im Brunnen Zamzam und füllten ihn dann mit Steinen und Sand auf. In den folgenden Jahrhunderten aber beherrschten die Nachfahren Ismaels das größte Heiligtum Arabiens. Mohammeds Vorfahren herrschten über Hedschas und lassen sich namentlich bis zu 'Adnan (122 v. Chr.) zurückverfolgen. 208 n. Chr. erscheint Fihr oder Quraisch, 241 n. Chr. Ghalib, 274 n. Chr. Luwaiy, 307 n. Chr. Ka'ab, 340 n. Chr. Murra, 373 n. Chr. Kilab, 406 n. Chr. Qusaiy, 439 n. Chr. 'Abd Manaf, 472 n. Chr. Haschim, 505 n. Chr. 'Abdu'l-Muttalib, 538 n. Chr. schließlich Abdu'l-lah, der Vater des Propheten. Die Zeitspanne zwischen Ismael und 'Adnan soll zehn Generationen betragen haben (nach Abu'l-Fida').

Arabien

Südwestliche Halbinsel Asiens, zwischen Rotem Meer im Westen, Persischem Golf im Nordosten und Arabischem Meer (Teil des Indischen Ozeans) im Südosten gelegen, ca. 2,7 Mill. Quadratkilometer groß, eine nach Osten abfallende Hochscholle, deren Inneres ca. 600 bis 1000 m hoch liegt, deren Ränder (Hedschas, 'Asir, Jemen, Hadramaut, Oman) aber Höhen von ca. 2500 m erreichen. Höchste Erhebung ist Hadur Schu'aib im Jemen (3760 m). Binnenland wüstenhaft, Oasenwirtschaft, Küstengebiete z. T. feuchtheiß, im SW (Jemen) daher Anbau von Südfrüchten, Kaffee, Mais; in Trockengebieten auch Myrrhe. In alter Zeit herrschten Animismus (Grotten und Steine, Berge und Bäume wurden verehrt) und Polytheismus (Götzendienst) vor, also primitive Religionen, dann aber setzten jüdische und christliche Ideen den Glauben an den einen, wahren, unsichtbaren Gott (Monotheismus) durch, den auch Mohammed (geboren um 570 n. Chr.) übernahm. Alte Kulte (zum Beispiel Verehrung und Wallfahrt zum schwarzen Meteoritenstein, der →*Ka'ba* in Mekka) wurden beibehalten (Synkretismus). Ptolemäus teilte Arabien in Arabia petraea (Ruinenstadt Petra im heutigen Jordanien), Arabia deserta (das Wüstenland →*Nadschd* um die heutige Hauptstadt Saudi-Arabiens, Ar-Riyad) und in Arabia felix (»glückliches Arabien«, Jemen mit Hauptstadt San'a') ein.

Arabisch

Die arabische Sprache gehört wie das Hebräische (Iwrit) zu den semitisch-hamitischen Sprachen und ist in ganz Nordafrika und Arabien und auch nördlich des Euphrat (in Syrien und dem Irak) verbreitet. Sie ist in viele Dialekte aufgesplittert, einheitlich ist nur das Schriftarabische der Literatur und Wissenschaft. Die arabische Schrift verläuft von rechts nach links, Vokalzeichen werden meist über oder neben die Konsonanten gesetzt oder auch weggelassen. Nicht nur der Koran, sondern auch die Traditionen sind in diesem klassischen Arabisch (*Al-Lugha*, die Sprache) abgefaßt, siehe Sure 16, Vers 105: »...die Sprache des Korans ist reines Arabisch.« Häufig nennen die Araber sie »Sprache der Ma'add« oder »Sprache der Mudar«.

Sie stellt eine Mischung dar aus vielen verschiedenen Dialekten, die schon vor Mohammeds Auftreten auf der arabischen Halbinsel gesprochen wurden. Durch häufige Fehden war bis dahin eine einheitliche Sprache nicht zustande gekommen, durch die Existenz der heiligen Monate, in denen alle Feindseligkeiten verboten waren, und durch die jährlich stattfindende Pilgerfahrt sowie den Jahrmarkt zu 'Ukaz, bei dem Erzähler und Barden der verschiedenen Stämme miteinander wetteiferten, war die Notwendigkeit eines allen verständlichen Idioms jedoch offenbar geworden. Nach Qatada ist der Stamm Quraisch (Koreischiten) derjenige gewesen, in dem das reinste Arabisch gesprochen wurde, und zu ihm gehörte ja auch Mohammed.

Arabische Lexika

Das erste arabische Lexikon war das von Al-Khalil »Kitabu'l-'Ain«, unter den späteren ragt das »Sihah« von Al-Dschauhari (starb im Jahre 1008 n. Chr.) heraus, weil es »korrekt und zuverlässig sei« (Lane); Lanes Arabic-English Lexicon (1863-82) blieb unvollständig; heute noch ein vielzitiertes Werk ist das Englisch-Arabische Lexikon von Steingass, 1882.

al-A'raf

Bedeutet »Zwischenmauer, Scheidewand«. Titel der 7. Sure, weil dort von der Mauer die Rede ist, welche das Paradies von der Hölle trennt. Im Sufismus bezeichnet der Begriff den Zustand bei der Meditation.

'Arafat

oder *'Arafa* heißt »der Berg der Erkenntnis«, ca. 20 km von Mekka entfernt. Hier rasten die

Pilger am 9. Tag der Pilgerschaft und sprechen die Mittags- und Nachmittagsgebete und hören die →*Khutba* (Predigt). →*Adam*

ARCHE NOAH

Wird zweimal im Koran erwähnt; so spricht Gott in Sure 11 zum Patriarchen (Vers 38/39): »Mache dir eine Arche in aller (und unserer) Öffentlichkeit und sprich mir nicht weiter von den Ungerechten, denn sie sollen ertrinken.« Er machte nun die Arche, und sooft die Leute bei ihm vorbeikamen, lachten sie über ihn. In Sure 36, Vers 42 lesen wir: »Es sei ihnen ein Zeichen, daß wir ihre Nachkommen in →*Noahs* beladener Arche sicher getragen haben.«

Al-Baidawi schreibt, Noah habe zwei Jahre zum Bau gebraucht, die Arche sei 300 Ellen lang, 30 breit, und 50 tief gewesen und habe aus indischem Platanenholz bestanden, das unterste Deck sei für Tiere, das mittlere für Männer und Frauen (getrennt voneinander) und das obere für Vögel bestimmt gewesen. Nach der Sintflut sei die Arche auf dem Berg →*Dschudi* gelandet.

ARCHITEKTUR

Oft wird der Ausdruck »sarazenisch« für muslimische Architektur verwendet. Mohammed ließ die Moschee in Medina erbauen, aber sie war ein äußerst bescheidener Bau. Nach den großen Eroberungen des Islam blühte die sararazenische Architektur auf, so in Spanien (Moschee von Cordoba, 786 n. Chr. von Kalif 'Abdu'r-Rahman begonnen) und in Konstantinopel, wo die Kathedrale Hagia Sophia zur Hauptmoschee umgewandelt und zum architektonischen Vorbild wurde. Die älteste Moschee (*'Amr*) in Ägypten steht in Kairo; ihre ältesten Teile stam-

Torbogen im Stil islamischer Baukunst – Im Tadsch Mahal, Agra

Torbogen im Innern eines Hauses in Peschawar

men aus dem Jahre 642. Der alte sarazenische Stil blieb zwar die Grundlage, wurde aber häufig durch byzantinische Einflüsse verändert. In Persien zeigen muslimische Bauwerke noch deutliche Elemente des alten persischen Baustils, und in Indien paßten sich die sarazenischen Architekten geschickt den vorhandenen Stilen der jeweiligen Völker an, hier ist das »Tadsch Mahal« in Agra von weltberühmter Schönheit.

Ferguson in seiner »History of Indian Architecture« unterscheidet mindestens zwölf verschiedene muslimische Baustile in Zentral- und Südasien. Ein charakteristisches Merkmal der frühen muslimischen Architektur ist der hufeisenförmige Bogen, der später abgelöst wurde durch Spitzbögen oder muschelförmige Bögen. Die Säulen sind gewöhnlich sehr schlank und scheinen fast zerbrechlich, man könnte meinen, daß hier die Zelte der Nomaden Vorbild waren. Zur Verzierung im Spätstil diente Gitterwerk (zum Teil auch aus Gips) und Maßwerk analog zur europäischen Gotik. Neben den genannten Stilmerkmalen stechen im Sakralbau Gewölbe, Kuppeln und Minarette als Hauptmerkmale ins Auge.

'ARIYA
Bedeutet Verkauf von Baumfrüchten, die noch am Baum hängen, das heißt noch nicht geerntet wurden.

ARSCH
Ein juristischer Terminus, bedeutet Entschädigung, Abfindung, Geldstrafe, aber auch Bestechung (eines Richters).

'ARSCH
Wird im Koran verwendet, um den Thron Gottes zu bezeichnen; so heißt der letzte Satz der 9. Sure: »Es gibt keinen Gott außer Gott, auf ihn vertraue ich und er ist der Herr des mächtigen Thrones.« Der Kommentator Husaini meint, der Thron ruhe auf 8000 Pfeilern, und der Abstand zwischen jedem von ihnen betrage drei Millionen Meilen.

ARZNEI
Die einzige Arznei, die der Koran empfiehlt, ist Honig. Siehe Sure 16 70-71: »Und der Biene gab dein Herr ein: ›Bau dir in den Bergen Häuser, in den Bäumen und in dem, was (die Menschen) errichten. Dann iß von allen Früchten und ziehe unterwürfig die Wege deines Herrn.‹ Aus ihren Leibern kommt ein Saft von mannigfacher Farbe, in dem Heilung ist für die Menschen. Wahrlich, hierin ist ein Zeichen für Leute, die nachsinnen.«

'ASABA
Bedeutet »Agnat, Verwandter väterlicherseits«.

ASAF
War der Wesir des Königs →*Salomon*. Von ihm heißt es in der 27. Sure, Vers 41: »Ein Schriftgelehrter sagte: ›Ich will dir den Thron bringen, schneller als du auf etwas schauen und dann

wegblicken kannst.‹ Als Salomon nun den Thron vor sich stehen sah, sprach er: ›Dies ist eine Gnade meines Herrn, der mich prüfen will, ob ich dankbar bin oder nicht.‹ «

‘Ascharatu‘l-Mubaschara

»Die zehn, welche die frohe Kunde erhielten«. Die zehn treuesten und berühmtesten der Gefährten des Propheten. Ihre Namen sind: Abu Bakr, ‘Umar, ‘Uthman, ‘Ali, Talha, Az-Zubair, ‘Abdu’r-Rahman, Sa‘d ibn Abi Waqqas, Sa‘id ibn Zaid, Abu ‘Ubaida. Diesen zehn hat Mohammed den den absolut sicheren Einzug ins Paradies vorausgesagt (Mischkat 24 20).

al-Asch‘ariya

Eine Sekte, die von Abu’l-Hasan ‘Ali ibn Isma‘il al-Asch‘ari (geb. 874 n. Chr.) gegründet wurde. Dieser bestritt die Auffasssung der →*Mu‘tazila*, der Mensch könne kraft seiner Vernunft zur Erkenntnis des Guten und des Bösen gelangen. Nach Al-Asch‘ari kann der Verstand des Menschen nicht sichergehen, ob im Jenseits die Guten belohnt und die Bösen bestraft werden, Gottes Gnade allein entscheidet, ob ein reuiger Sünder erlöst wird oder nicht, denn er steht weit über allen menschlichen Gesetzen.

‘Aschura’

Der 10. Tag des Monats →*Muharram*, ein freiwilliger Fastentag, der von Mohammed befolgt, von Juden und Christen respektiert wurde (Mischkat 7, Kapitel 7). Dies ist der einzige Fastentag des Muharram, der von den Sunniten befolgt wird, denn es heißt, Gott habe an diesem Tag Adam und Eva, Himmel und Hölle erschaffen.

Ashab

Plural von Sahib, bezeichnet die Gefährten oder Kameraden Mohammeds, das heißt alle Jünglinge und Männer, die dem Islam beigetreten waren und Mohammed begleitet oder auch nur gesehen hatten. Es heißt, Mohammed sei mit 10000 Ashab nach Mekka, mit 12000 nach Hunain und auf der letzten Pilgerfahrt mit 40000 nach Mekka gezogen; bei seinem Tod seien es 144000 Gefährten gewesen.

Abu’l-Fida’ teilt die Ashab in dreizehn Gruppen ein:
1. diejenigen, die als erste dem Islam beitraten, also Khadidscha, ‘Ali, Zaid, Abu Bakr, 2. diejenigen, die an ihn glaubten, nachdem seine Mission erfüllt war, wie ‘Umar, 3. diejenigen, die nach Abessinien flohen, 4. die ersten Gefährten von ‘Aqaba, usw. bis 13. diejenigen, die

den Propheten in ihrer Kindheit gesehen hatten.

Ashabu'l-Fil
Bedeutet »Führer oder Begleiter des Elefanten« und ist der Titel der 105. Sure.
Sie lautet: »Hast du denn nicht gesehen, wie dein Herr mit dem Führer des Elefanten verfuhr? Hat er nicht ihre Kriegslist scheitern lassen und einen Schwarm Vögel gegen sie gesandt, die kleine Steine auf sie herabwarfen? So machte er sie den abgeweideten Halmen einer Weide gleich.«
Abraha ibn as-Saba', der christliche Vizekönig von Abessinien und Arabia Felix (Jemen), war im Jahre der Geburt Mohammeds (ca. 570 n. Chr.) mit seinem Heer und 13 Elefanten von →*San'a'* nach →*Mekka* gezogen, um die →*Ka'ba* zu zerstören. Als sie nicht mehr weit von Mekka entfernt waren, verdunkelte sich der Himmel, von der Küste zogen Tausende von Vögeln über das Heer und ließen glühende Steine auf Mensch und Tier herabregnen, so daß alle umkamen. Soweit die Sage, tatsächlich soll das Heer durch die Blattern umgekommen sein; die Krankheit wird im Arabischen mit dem gleichen Ausdruck, »kleine Steine« bezeichnet.

Ashabu'l-Kahf
Bedeutet »die Kameraden der Höhle«, ist der Titel der 18. Sure, wo die Legende von den sieben christlichen Jünglingen aus Ephesus erzählt wird, die vor der grausamen Verfolgung des Kaisers Decius in eine Höhle flüchteten und dort sieben, nach anderen Überlieferungen 187 Jahre schliefen.

Asiya
Die Gemahlin des →*Pharao*, die angeblich das Leben des →*Moses* rettete, siehe Sure 28 10 und auch Sure 66 12, wo sie selbst zu Worte kommt: »Herr, baue mir ein Haus bei dir im Paradies und errette mich von dem Übeltäter Pharao und seinem frevelhaften Volk.« Asiya zählt, mit der Jungfrau Maria, Fatima und Khadidscha, zu den 4 »vollkommenen Frauen«.

Asl
»Am Anfang«. Die »prima causa«, das Grundprinzip.

'Asr
Das Nachmittagsgebet. Titel der 103. Sure.

Astrologie
Wurde von Mohammed und folglich im Islam als ungesetzlich angesehen; Gott habe die Sterne geschaffen erstens als

Zierde des Himmels, zweitens, um mit ihnen die Teufel zu vertreiben (Sure 67, Vers 6), und drittens, um Reisende durch Wälder und Seeleute über das Meer zu leiten.

ASYL →*Kirchenasyl*

ATHAR
Bedeutet »erzählen, wiedergeben, als Tradition weitergeben« und bezeichnet einen →*Hadith*, der von einem Gefährten Mohammeds stammt, im Gegensatz zu Mohammeds eigenen Aussprüchen.

AL-ATHARU'SCH-SCHARIF
Eine heilige Reliquie. Ein Haupt- oder Barthaar Mohammeds oder ein Fußabdruck des Propheten. Eine dieser heiligen Reliquien (ein Barthaar Mohammeds) wird in der großen Moschee zu Dehli, eine andere in der Moschee von Kaschmir aufbewahrt.

ATHEIST →*Dahri*

AUFERSTEHUNG
Der Glaube an den »letzten Tag«, den Tag der Auferstehung der Toten, ist ein fester Bestandteil der mohammedanischen Religion. Die Begriffe, die dafür im Koran benutzt werden, sind aus der Tabelle unten ersichtlich.
Es gibt in den poetischen Suren des Korans sehr bildhafte Darstellungen des letzten Tages. Die folgenden fünf Suren stammen aus einer sehr frühen Periode der Mission Mohammeds.
Sure 75 1-40:
1. »Ich schwöre nicht beim Tag der Auferstehung. 2. Und ich schwöre nicht bei der sich anklagenden Seele: 3. Denkt der Mensch, wir sammeln nicht seine Gebeine? 4. Ja, imstande sind wir, zusammenzufügen seine Fingerspitzen. 5. Ja, der Mensch will die Zeit vor ihm leugnen.

Begriff	**Übersetzung**	**Sure**
Yaumu'l-Qiyama	»Tag des Aufstehens«	2 79
Yaumu'l-Fasl	»Tag der Trennung«	77 14
Yaumu'l-Hisab	»Tag der Abrechnung«	40 28
Yaumu'l-Ba'th	»Tag des Erwachens«	30 56
Yaumu'd-Din	»Tag des Gerichts«	1 3
Yaumu'l-Muhit	»der einschließende Tag«	11 85
As-Sa'a	»die Stunde«	8 186

6. Er fragt: ›Wann nun ist der Tag der Auferstehung?‹ 7. Wenn das Auge blitzgeblendet, 8. Der Mond versenkt, 9. Und Sonne und Mond zusammenkommen, 10. Dann spricht der Mensch: ›Wo ist der Zufluchtsort?‹ 11. Keineswegs, es gibt keine Zuflucht. 12. Vor deinem Herrn ist dann der Stand. 13. Verkündet wird dem Menschen dann, was er zuerst und zuletzt getan. 14. Ja, gegen sich selber ist der Mensch Beweis, 15. Und wenn er auch Entschuldigungen vorbringt. 16. Bewege nicht deine Zunge, um damit zu eilen. 17. Wahrlich, uns liegt seine Zusammentragung ob und seine Lesung. 18. Und wenn wir ihn vorlesen, folge seiner Verlesung. 19. Dann liegt uns wahrlich ob seine Erklärung. 20. Keineswegs. Nein, ihr liebt das Dahineilende. 21. Und lasset das Jenseits. 22. Gesichter sind dann glänzend. 23. Auf ihren Herrn schauend. 24. Gesichter sind dann finster. 25. Sie denken, ihnen geschehe Unglück. 26. Keineswegs. Wenn (die Seele) gelangt zur Kehle. 27. Und gefragt wird: ›Wer ist der Zauberer?‹ 28. Und er denkt, dies sei nun die Scheidung. 29. Und Schenkel an Schenkel sich bindet. 30. Zu deinem Herrn ist dann die Treibung. 31. Denn er vertraute nicht und betete nicht. 32. Aber er leugnete und wandte sich ab. 33. Dann ging er zu seinen Angehörigen, stolz schreitend. 34. Wehe dir, wehe! 35. Dann (nochmals): wehe dir, wehe! 36. Denkt denn der Mensch, er sei sich selber überlassen? 37. War er nicht ein Samentropfen, verspritzt? 38. Dann ward er eine Blutmasse, die (Gott) bildete und formte. 39. Und er machte daraus ein Paar, den Mann und das Weib. 40. Er sollte nicht imstande sein, die Toten zu beleben?«

Sure 81 1-19:

1. »Wenn sich faltet die Sonne. 2. Wenn zerstieben die Sterne. 3. Wenn wandern die Berge. 4. Wenn vernachlässigt werden die Zuchtkamele. 5. Wenn sich sammeln die wilden Tiere. 6. Wenn versengen die Meere. 7. Wenn verbunden werden die Seelen. 8. Wenn gefragt wird die lebendig Begrabene, 9. Um welche Sünde sie getötet wurde. 10. Wenn aufgeschlagen sind die Bücher. 11. Wenn abgetragen ist der Himmel. 12. Wenn loh brennt der Feuerpfuhl. 13. Wenn herangebracht ist das Paradies. 14. Da weiß die Seele, was sie hergebracht. 15. Ich schwöre nicht bei den Planeten. 16. Den wandelnden, sich verbergenden. 17. Und der Nacht, wenn sie schleicht. 18. Und der Morgenröte, wenn sie auf-

leuchtet: 19. Es ist das Wort eines ehrwürdigen Gesandten.«

Sure 82 1-19:

1. »Wenn sich spaltet der Himmel. 2. Wenn zerstreut sind die Sterne. 3. Wenn überflutet sind die Meere. 4. Wenn aufgerissen sind die Gräber. 5. Da weiß die Seele, was sie vorausgeschickt und was sie versäumt. 6. O du Mensch, was hat dich gegen deinen erhabenen Herrn betört? 7. Der dich gebildet und gestaltet und gerichtet. 8. Und dich nach dem Bild, das ihm gefiel, gefügt. 9. Keineswegs. Ja, lügenhaft nennt ihr das Weltgericht. 10. Und wahrlich, über euch sind Wächter. 11. Ehrwürdige, schreibende. 12. Die wissen, was ihr tut. 13. Wahrlich, die Frommen in der Wonne (Stätte). 14. Und wahrlich, die Frevler im Feuerpfuhl. 15. In dem sie braten am Tag des Gerichts. 16. In dem sie keine Abwesenden sein werden. 17. Was lehrt dich, was der Tag des Gerichts ist? 18. Dann (wiederum) was lehrt dich, was der Tag des Gerichts ist? 19. An diesem Tag vermag keine Seele etwas für eine Seele, und Gottes ist dann der Befehl.«

Sure 83 4-20:

4. »Denken diese nicht daran, daß sie aufgeweckt werden. 5. Zum großen Tag? 6. Dem Tag, an dem die Menschen stehen werden vor dem Herrn der Weltbewohner. 7. Keineswegs. Wahrlich, das Buch der Frevler ist in Sidschin. 8. Was lehrt dich, was Sidschin ist? 9. Ein geschriebenes Buch. 10. Wehe dann den Leugnern! 11. Die lügenhaft nennen den Tag des Gerichts. 12. Aber lügenhaft nennt ihn jeder sündhafte Übertreter nur. 13. Werden ihm unsre Verse vorgelesen, er spricht: altväterliche Fabeln. 14. Keineswegs. Ja, überwältigt hat ihre Herzen, was sie begangen. 15. Keineswegs. Sie werden dann von ihrem Herrn ausgeschlossen. 16. Dann braten sie im Feuerpfuhl. 17. Dann wird zu ihnen gesagt: ›Das ist das, was ihr lügenhaft genannt.‹ 18. Keineswegs. Wahrlich, das Buch der Frommen ist in ‘Illiyun. 19. Was lehrt dich, was ‘Illiyun ist? 20. Ein geschriebenes Buch.«

Sure 84 1-19:

1. »Wenn sich spaltet der Himmel. 2. Und seinem Herrn gehorcht pflichtgezwungen. 3. Wenn sich dehnt die Erde. 4. Und auswirft, was in ihr, und sich leert. 5. Und ihrem Herrn gehorcht pflichtgezwungen. 6. O du Mensch, strebend strebst du zu deinem Herrn, und du findest ihn. 7. Was nun den betrifft, der sein Buch in seiner Rechten hält. 8. Ihm wird ge-

rechnet eine leichte Rechenschaft, 9. Und frohgemut kehrt er zu seinen Angehörigen zurück. 10. Und was den betrifft, der sein Buch hinter seinem Rücken hält, 11. Er wird Untergang herbeirufen. 12. Und braten wird er im Höllenfeuer. 13. Denn frohgemut war er unter seinen Angehörigen. 14. Er meinte, er werde nicht zurückkehren. 15. Ja, sein Herr war traun dessen schauend. 16. Ich schwöre nicht beim Abendrot. 17. Und bei der Nacht und was sie zusammenbringt. 17. Und beim Mond, wenn er voll wird: 18. Ihr kommt von Zustand zu Zustand. 19. Was ist ihnen, daß sie nicht glauben?«

Die nachfolgende Beschreibung stammt aus einer viel späteren Zeit und wurde in Medina kurz vor Mohammeds Tod verfaßt.

Sure 22 1-7: »Ihr Leute, fürchtet euren Herrn; wahrlich, das Erdbeben der Stunde ist eine große Sache. An jenem Tag, da ihr es sehen werdet, wird jede Säugende den Säugling vergessen, und abwerfen wird jede Schwangere ihre Leibesfrucht; du wirst die Menschen berauscht sehen, ohne daß sie trunken sind. Ja, die Strafe Gottes ist gewaltig. Und von den Menschen mancher, der über Gott streitet ohne Kenntnis und jedem widerspenstigen Satan folgt. Über den geschrieben ist, wer ihm folgt, den leite er irre und führe ihn zur Strafe des Höllenfeuers. O ihr Leute, seid ihr im Zweifel über die Auferweckung – wahrlich, wir schufen euch aus Staub, dann aus einem Samentropfen, dann aus einer Blutmasse, dann aus einem Fleischklumpen, ausgebildet und nicht ausgebildet, um es euch zu verdeutlichen. Wir lassen im Mutterleib verbleiben, was wir wollen, bis zu einer bestimmten Frist, alsdann lassen wir euch als Kindchen hervorkommen und eure Vollkraft erreichen. Unter euch mancher, der (jung) stirbt, und mancher, der zum tiefsten Lebensalter gelangt, so daß er nichts mehr weiß, nachdem er Kenntnis hatte. Und du siehst die Erde dürre, und wenn wir über sie das Wasser niedersenden, regt sie sich und schwillt an und läßt allerlei schöne Arten hervorsprießen. Dies, daß Gott die Wahrheit ist, und daß er die Toten belebt, und daß er über alle Dinge mächtig ist. Und daß kommen wird die Stunde, an der kein Zweifel ist, und daß Gott auferwecken wird, die in den Gräbern.«

In allen Büchern der Traditionen gibt es ausführliche Beschreibungen der Auferstehung und der Zeichen, die ihr voran-

gehen werden. Es folgt eine Auswahl.
Es ist die einhellige Meinung aller Autoren, daß am Tage der Auferstehung der Körper des Menschen wiederhergestellt und mit der Seele vereinigt wird. Dies geschieht dadurch, daß ein Teil des Körpers, nämlich der untere Abschnitt der Wirbelsäule, der von den Arabern »die Wurzel des Körpers« genannt wird, von der Verwesung verschont bleibt und als Samen des zukünftigen Körpers dient. Gott wird einen vierzigtägigen Regen senden, der die Menschen aus diesen Samen wie Pflanzen aufsprießen lassen wird.
Der Zeitpunkt der Auferstehung ist allein Gott bekannt. Selbst der Engel Gabriel mußte einräumen, daß er ihn nicht kennt, als Mohammed ihn danach fragte. Aber es gibt gewisse Anzeichen, woran man das nahe Bevorstehen des Tages der Auferstehung erkennen kann. Diese Vorzeichen sind unterteilt in die kleineren und die größeren Zeichen.
Die kleineren Vorzeichen sind: 1. Der Verfall des Glaubens unter den Menschen. 2. Die geringsten Menschen werden in die höchsten Ämter gelangen. 3. Eine Dienerin wird die Mutter ihrer Herrin. (Was entweder heißen soll, daß die Menschen am Ende der Zeit sich ungezügelt der Sinnlichkeit hingeben oder daß die Mohammedaner dann viele Gefangene machen werden.) 4. Aufstände und Revolutionen. 5. Ein Krieg mit den Griechen oder Römern. 6. Es herrscht großes Leid in der Welt, so daß jemand, der am Grabe eines anderen vorbeikommt, sagen wird: »Gott wollte, daß ich an seiner Stelle wäre.« 7. Die Provinzen Irak und Syrien verweigern den Tribut. 8. Die Gebäude Medinas werden sich bis Mekka erstrekken.
Die größeren Zeichen sind folgende: 1. Die Sonne wird im Westen aufgehen (wie sie es nach Meinung einiger ursprünglich getan hat). 2. Das Auftauchen des →*Dabbatu'l-Ard*, einer Bestie, die entweder im heiligen Bezirk von →*Mekka* oder auf dem Berg Safa aus der Erde kommen wird. Sie soll sechzig Ellen hoch und eine Mischung aus verschiedenen Tieren sein: der Kopf eines Bullen, die Augen eines Schweines, die Ohren eines Elefanten, das Geweih eines Hirsches, der Hals eines Straußes, der Brustkorb eines Löwen, die Farbe eines Tigers, der Rücken einer Katze, der Schwanz eines Widders, die Beine eines Kamels

und die Stimme eines Esels. Das Untier wird dreimal an verschiedenen Orten auftauchen und, da es so schnell ist, daß niemand ihm entgehen kann, allen Gläubigen das Wort *mu'min*, »gläubig«, ins Gesicht schreiben und allen Ungläubigen das Wort *kafir*, »ungläubig«. 3. Krieg mit den Griechen oder Römern, und Konstantinopel wird von 700000 Nachfahren Isaaks eingenommen, die die Stadt nicht mit Waffen erobern, sondern nur, indem sie rufen: »Es gibt keinen Gott außer Gott! Gott ist groß!« 4. Das Auftreten des Antichrists. Er ist einäugig und trägt auf der Stirn die Buchstaben KFR, was *kafir*, »ungläubig« bedeutet. Er wird zunächst in Syrien oder Irak auftreten, wird auf einem weißen Esel reiten und 70000 Juden aus Isfahan im Gefolge haben. Er wird vierzig Tage auf der Erde bleiben, von denen einer die Länge eines Jahres, ein anderer die eines Monats und die restlichen die Länge eines normalen Tages haben wird. Er wird alles verwüsten, kann aber Mekka und →*Medina* nicht betreten, da diese Städte von Engeln bewacht werden. Am Ende wird er von Jesus getötet. 5. Die Wiederkunft Jesu. Er wird am weißen Tor im Osten von Damaskus erscheinen, wenn die Krieger von der Einnahme Konstantinopels zurückkehren. Er wird sich zum Islam bekehren, heiraten, Kinder bekommen, den Antichrist töten und nach vierzig (oder auch vierundzwanzig) Jahren sterben und in Medina im Grab Mohammeds begraben werden. Zu seiner Zeit wird Frieden und Wohlstand auf der Welt herrschen. 6. Krieg zwischen den Mohammedanern und den Juden, in dem letztere vernichtet werden. 7. Das Erscheinen von →*Gog und Magog*. Diese barbarischen Völker werden, nachdem allein die Vorhut ihrer riesigen Armee den See Tiberias leergetrunken hat, nach Jerusalem kommen und dort auf Jesu Bitte von Gott vernichtet werden. Ihre Bögen, Pfeile und Keulen werden sieben Jahre lang brennen. Am Ende wird Gott einen großen Regen schicken, um die Erde wieder zu reinigen. 8. Rauch wird die ganze Welt erfüllen. 9. Eine Mondfinsternis. Mohammed soll gesagt haben, daß vor der letzten Stunde drei Mondfinsternisse zu beobachten sein werden, eine im Osten, eine im Westen und eine in Arabien. 10. Der Rückfall der Araber in die Verehrung ihrer alten Götzen, nachdem jeder gestorben sein wird, in dessen Herzen auch nur ein Senfkorn des wahren Glaubens war, und nur die schlimmsten der Menschen überlebt haben werden. Denn Gott wird einen kühlen, duftenden Wind senden, der die Seelen der Gläubigen und auch den Koran selbst fortwehen wird, so daß die Menschen für hundert Jahre in tiefster Ignoranz zurückbleiben. 11. Die Entdeckung einer riesigen Menge Gold und Silber im Euphrat, was für viele ihren Untergang bedeutet. 12. Die Zerstörung der Ka'ba in Mekka durch die Äthiopier. 13. Tiere und unbelebte Dinge können sprechen. 14. Der Ausbruch von Bränden in der Provinz Hidschaz oder im Jemen. 15. Das Auftreten eines Mannes, der die Menschen mit einem Stab vor sich hertreibt. 16. Das Auftreten des Mahdis, über den Mohammed gesagt hat, daß die Welt nicht zu Ende gehen werde, bis nicht einer seiner Nachkommen das arabische Reich beherrscht hätte. 17. Ein Wind, der die Seelen der Gläubigen fortweht (wie schon in Punkt 10 erwähnt).

Diese Anzeichen für den bevorstehenden Tag der Auferstehung lassen den genauen Zeitpunkt des Ereignisses immer noch offen. Das unmittelbare Zeichen für den Anbruch der Stunde ist der erste Trompetenstoß, dem zwei weitere folgen werden. Dieses erste Erklingen der Trompete, der »Trompetenstoß der Bestürzung«, wird von allen Wesen auf der Erde gehört werden und den größten Schrecken verbreiten. Die Wirkung wird geradezu verheerend sein. Es wird ein gewaltiges Erdbeben geben, alle Gebäude werden einstürzen, die Berge werden eingeebnet werden, die Himmel werden schmelzen, sie Sonne wird sich verdunkeln, Sonne, Mond und Sterne werden ins Meer stürzen, und dieses wird austrocknen.

Diesem ersten Trompetenstoß wird ein zweiter folgen, der »Trompetenstoß der Prüfung«, nach dem alle Kreaturen auf der Erde und im Himmel sterben oder ausgelöscht werden, außer denen, die Gott von diesem Schicksal ausnimmt. Der letzte, der sterben wird, wird der Engel des Todes sein.

Vierzig Jahre (in denen der oben erwähnte Regen fallen wird) danach wird der dritte »Trompetenstoß der Auferstehung« zu vernehmen sein, wobei die Trompete von →*Israfil* geblasen werden wird, der, zusammen mit Gabriel und Michael kurz vorher wieder zum Leben erweckt und auf dem Tempelfelsen von Jerusalem stehend, auf Gottes Befehl die Gebeine aller Toten zum Gericht ruft. Durch den Klang der Trompete werden auch die Seelen aller Toten zusammengerufen, in die Trompete geworfen und mit dem letzten Ton wieder hinausgestoßen werden, so daß sie davonfliegen wie die Bienen und in ihre jeweiligen Körper zurückkehren werden, die dann wiedererweckt werden. Der erste, der auferstehen wird, wird Mohammed selbst sein.

Über die Länge des Tags des Gerichts macht der Koran an zwei Stellen verschiedene Angaben. Nach Sure 32 4 soll er tausend Jahre dauern, nach Sure 70 4 fünfzigtausend. Die Kommentatoren versuchen diesen Widerspruch dadurch zu erklären, daß diese Zeitangaben nicht wörtlich, sondern nur figurativ gemeint seien oder daß wir nicht den Maßstab kennen würden, nach dem Gott diese Zeit mißt.

Der Koran lehrt, daß die Auferstehung allgemein sein wird und alle Kreaturen, Engel, Dämonen, Menschen und Tiere, umfassen wird (Sure 81).

Bei der Auferstehung werden diejenigen, denen die ewige Glückseligkeit bestimmt ist, sich in froher Erwartung erheben, diejenigen aber, auf die ewige Verdammnis wartet, werden mit bösen Vorahnungen auferstehen. Alle Menschen werden in dem Zustand auferstehen, in dem sie aus dem Mutterleib kamen, das heißt barfüßig, nackt und unbeschnitten. Als Mohammed diesen Umstand seiner Frau →*'A'ischa* beschrieb, fürchtete sie, daß die Schicklichkeit verletzt werden könnte, wenn sich Männer und Frauen in diesem Zustand gegenseitig anschauen dürften, aber er antwortete ihr, daß das Geschehen dieses Tages zu ernst und bedeutend sei, als daß jemand von dieser Möglichkeit Gebrauch machen würde.

Mohammed lehrt, daß die Menschheit am letzten Tag in drei Klassen eingeteilt würde: die erste sind die, die zu Fuß gehen, die zweite die, die reiten, die dritte die, die auf dem Bauch kriechen. Die erste Klasse besteht aus den Gläubigen, die wenige gute Taten vollbracht haben, die zweite aus denen, die bei Gott größere Ehre eingelegt haben, und die dritte aus den Ungläubigen.

In bezug auf den Ort des Gerichts stimmen Koran und Traditionen darin überein, daß er sich auf der Erde befinden wird, aber über die genaue Lokalisierung besteht keine Einigkeit. Einige sagen, der Prophet habe Syrien genannt, andere glauben, es handele sich um ein weißes, leeres und völlig ebenes Land. →*Al-Ghazzali* meint, es sei eine zweite Erde, die aus reinem Silber bestehe, andere wiederum, es sei eine zweite Erde, die nichts mit der unseren gemein habe außer dem Namen.

Wenn sich die gesamte Menschheit am Gerichtsort versammelt hat, wird die Versammlung von den Engeln nach Rang und Verdienst geordnet, während sie auf das Gericht wartet. Diese Wartezeit soll vierzig, siebzig, dreihundert oder gar fünfzigtausend Jahre dauern, und alle Wartenden, die Gerechten und die Ungerechten, erleiden dabei Qualen, jedoch mit großen Unterschieden im Ausmaß, denn die Leiden der Gerechten sollen wesentlich geringer sein als die der Ungerechten.

Wenn nun diese Wartezeit verstrichen ist, wird Gott erscheinen, die Menschen zu richten. Gott schwebt auf Wolken nieder, von Engeln umgeben, und liest aus den Büchern der Taten die guten und schlechten Handlungen eines jeden Menschen vor, die dessen Schutzengel darin aufgezeichnet hat. Dann wird jeder zu seinen Taten und Worten befragt, über alles, was er im Leben getan und gesprochen hat. Nach dieser Befragung werden die Taten und Worte der Geschöpfe gewichtet und gegeneinander aufgerechnet, und am Ende wird jeder zur ewigen Seligkeit oder zur Höllenstrafe verurteilt.

AUFSTEHEN →*Al-Qiyama*

AUGEN

Wenn jemand einem anderen so auf das Auge schlägt, daß es herausspringt, dann kann keine Vergeltung geübt werden, denn es ist unmöglich, ein Auge auf genau dieselbe Weise zu extrahieren. Wenn aber das Auge an Ort und Stelle bleibt, jedoch die Sehkraft verliert, dann ist Vergeltung vorgeschrieben, da in diesem Fall Gleichheit hergestellt werden kann, indem man die Sehkraft des entsprechenden Auges des Angreifers mit einem glühenden Eisen auslöscht. Nach Malik beträgt der Schadenersatz für ein zerstörtes Auge fünfzehn Kamele.

AUSGESTOSSENER

1. Ein Abtrünniger vom Islam ist ein Ausgestoßener und vogelfrei, wenn er in ein anderes Land flieht.

2. Einer, der Unzucht treibt; dieser sollte für ein volles Jahr aus seinem Land verstoßen werden.

AUSSPUCKEN →*Spucken*

AUSSTEUER →*Dschihaz*

AUTAD
»Stützpfeiler«. Wird von den →*Sufis* für die vier Heiligen benutzt, die die vier Ecken der Welt stützen.

AWWAL
Bedeutet »der Erste« und ist einer der 99 Beinamen oder eines der 99 Attribute Gottes.

AYA
Eigentlich »Zeichen, Wunder«, bezeichnet die Unterteilungen der einzelnen Suren, also »Verse«. Im Koran gibt es ca. 6200 Verse.

AL-A'YANU'TH-THABITA
Die Essenz, das Wesen einer Sache. Der Begriff wird bei den →*Sufis* für symbolische Zeichen der Namen Gottes verwendet.

AYATU'L-FATH
Wörtlich »der Siegesvers«, der 59. Vers der 6. Sure: »Bei Gott sind die Schlüssel der Geheimnisse, die niemand kennt außer ihm. Er weiß, was auf dem trockenen Land und was im Meer ist. Es fällt ohne sein Wissen kein Blatt vom Baum. Es gibt kein Samenkorn in der dunklen Erde, nichts Grünes und nichts Dürres, das nicht in seinem großen Buch verzeichnet wäre.« Viele glauben, dieser Vers besäße eine solche Zauberkraft, daß jeder, der die magischen Worte immer und immer wiederholt, sich jeden Wunsch erfüllen könne.

AYATU'L-HIFZ
Bedeutet »Schutzverse«, →*Amulette*

AYATU'L-KURSI
Bedeutet »Thronvers«, →*Amulette*
Im Mischkat heißt es von ihm: »'Ali hörte, wie Mohammed auf der Kanzel stand und sagte: ›Wer den Thronvers nach jedem Gebet wiederholt, der wird wahrlich nur so lange daran gehindert, ins Paradies zu gelangen, bis er das irdische Leben vollendet, wer ihn als Nachtgebet spricht, den beschützt Gott und mit ihm seine Familie, sein Gesinde, sein Haus und das seines Nachbarn.‹ «

AYATU'L-MAWARITH
Bedeutet »der Vers der Erbschaften«, es ist Vers 12 der 4. Sure und handelt vom →*Erbrecht*

AYYAMU'L-QARR
Die Ruhetage nach dem Tag des

Opfers bei der Pilgerfahrt. →*Hadsch*

AYYAMU'N-NAHR
Die Opferzeit während der →*Hadsch*

AYYIM
Juristischer Begriff für eine Frau, die keinen Ehemann hat, sei sie Jungfrau oder Witwe.

AZAL
Ewigkeit ohne Anfang, im Gegensatz zu →*Abad*

AZAR
Im Alten Testament Terah, →*Abrahams* Vater.

AL-AZARIQA
Eine Sekte von Häretikern, gegründet von Nafi' ibn al-Azraq, die →*'Ali (2.)* als Ungläubigen ansehen und behaupten, seine Ermordung sei Rechtens gewesen.

AL-'AZIM
»Al-'Azim« ist einer der 99 Beinamen oder eines der 99 Attribute Gottes, bedeutet »der Großartige«.

'AZIMA
Bedeutet »Beschwörung, Zauberformel«. →*Exorzismus*

AL-'AZIZ
»Al-'Aziz« ist einer der 99 Beinamen oder eines der 99 Attribute Gottes, bedeutet »der Mächtige«.

'AZRA'IL
Der Todesengel, wird in der 32. Sure, Vers 12, mit dem Beinamen Malaku'l-Maut erwähnt: »Der Todesengel, welcher über euch gesetzt ist, wird euch sterben lassen, und dann werdet ihr zu eurem Herrn zurückgebracht.«

B

Babel

Arabisch *Babil.* Das antike Babylon, wird nur einmal im Koran erwähnt; in der 2. Sure, Vers 103 steht: »...die Teufel lehrten die Menschen Trug und Magie und böse Zauberei, also das, was den beiden Engeln →*Harut und Marut* zu Babel enthüllt worden war.« Babel wird bei den Muslimen als Quelle der Magie angesehen. Die beiden Engel hatten den Frevel begangen, sich in irdische Mädchen zu verlieben – zur Strafe wurden sie von Gott in einer Felsenschlucht bei Babel an den Füßen aufgehängt und unterrichteten trotz ihrer unbequemen Lage jeden Wißbegierigen, der sie darum bat, in der Kunst der Magie. Bei dem sogenannten Turm zu Babel (1. Buch Mose, 11) handelte es sich um einen Hochtempel des Marduk, den der Perserkönig Xerxes im Jahre 480 v. Chr. zerstören ließ.

Babu'l-Abwab

Bedeutet »Tor der Tore«, wird von den →*Sufis* als Bezeichnung für die Reue verwendet.

Babu'n-Nisa'

Bedeutet »Tor der Frauen« und bezieht sich auf Mohammeds Frauen bzw. deren Gemächer, die sich alle auf einer Seite der Moschee zu Medina befanden und zu denen der Prophet einen privaten Zugang hatte. Heute noch trägt das Osttor diesen Namen.

Babu's-Salam

Bedeutet »Tor des Friedens« und ist der Eingang zur heiligen Moschee zu Mekka, durch den Mohammed eintrat, als er, von den Koreischiten dazu auserkoren, entscheiden sollte, welcher Clan des Stammes den schwarzen Stein an die richtige Stelle hieven sollte. Burkhardt meint, es gebe heute zwei Eingänge dieses Namens, Burton (Pilgrimage, vol. 2, p. 174) schreibt: »Der Babu's-Salam ähnelt wegen seiner Isolierung einem Triumphbogen und ist aus behauenen Steinen gefertigt.«

BAD

Der arabische Begriff für ein gewöhnliches Bad ist *Ghasl*, für die religiöse Reinigung des ganzen Körpers *Ghusl*. Da vor jedem Gottesdienst eine Reinigung vorgeschrieben ist, finden sich in oder bei jeder großen Moschee entsprechende Einrichtungen. →*Ghusl*

BADAWI

So werden die beduinischen Araber bzw. die Araber der Wüste genannt; »Beduinen« ist lediglich eine korrumpierte Form des Plurals dieses Wortes, das von *Badiya* (»Wüste«) abgeleitet ist.

BADHIQ

Bezeichnet ein (verbotenes) alkoholisches Getränk aus gekochten Weintrauben nach Verdampfung von ca. zwei Dritteln der Flüssigkeit.

AL-BADIʿ

Einer der 99 Namen oder eines der 99 Attribute Gottes, bedeutet »Schöpfer«. Der Ausdruck erscheint im Koran in Sure 2 117: »Er ist der Schöpfer der Himmel und der Erde; hat er etwas beschlossen, so spricht er nur: ›Sei!‹ und es ist.‹ «

BADR

Der Ort, wo im →*Ramadan* (März) 624 n. Chr. die erste Schlacht zwischen Mohammed und seinen Anhängern einerseits und den Koreischiten andererseits stattfand. Viele der Führer der Koreischiten wurden dabei getötet, darunter →*Abu Dschahl*
Als dessen Kopf dem Propheten vor die Füße rollte, sagte er: »Der ist mir willkommener als das schönste Kamel Arabiens.« Nach Husain verloren die Koreischiten 70 Männer durch Tod und 70 durch Gefangenschaft, wobei einige noch zu Tode gequält wurden. Der Sieg von Badr festigte Mohammeds Macht, und muslimische Historiker betrachten ihn als eines der wichtigsten Daten der Geschichte.
Im April 626 n. Chr. fand die zweite Schlacht von Badr statt, diesmal war es ein Sieg Mohammeds ohne Blutvergießen. →*Mohammed*

BAHIRA

1. Ein nestorianischer Mönch (eigentlich Sergius oder Georgius), den Mohammed auf der

Rückreise von Syrien nach Mekka traf und der an verschiedenen Zeichen erkannte, daß Mohammed wirklich ein Prophet war. Nach Sprenger soll er sich Mohammed angeschlossen haben.
2. Bezeichnet eine Kamelkuh, die zehn Kamelkälber geworfen hat und von den (heidnischen) Arabern als besonders wertvolles Opfertier angesehen wurde. Die abergläubischen Riten wurden von Mohammed verboten, so in Sure 5, Vers 104.

BAI'
»Verkauf, Handel, Tausch«. Gewöhnlich teilt man Dinge in bewegliche und unbewegliche ein, zu den letzteren (»Immobilien«) gehören Häuser und Grundbesitz. Diese Unterscheidung spielt im muslimischen Recht keine große Rolle, denn der Verkauf von Land unterscheidet sich in keiner Weise von anderen Verkäufen. Wichtiger ist (bei den Muslimen) der Unterschied zwischen *Mithli* und *Kammi*, wobei *Mithli* Dinge bezeichnet, welche im Fall ihres Verderbs durch eine ebensogroße Menge ähnlicher Dinge ersetzt werden müssen, während verdorbene Dinge der Kategorie *Kammi* durch Wertausgleich (Geld) abgegolten werden. Diese zwei Kategorien wurden von Hamilton, dem Übersetzer des →*Hidaya*, zutreffenderweise mit »ähnlich« bzw. »unähnlich« bezeichnet. →*Dirhams* und →*Dinare*, die einzigen Münzprägungen, die den Arabern damals bekannt waren, wurden als »gleichgewichtig« angesehen. Das muslimische Recht unterscheidet genau zwischen »Gewicht/Kapazität« und allen anderen Besitzständen: Wenn ein gewogener Artikel/Gegenstand gegen einen anderen getauscht (oder verkauft) werden soll, muß der Austausch von beiden unmittelbar von Hand zu Hand stattfinden. Eine Verzögerung der Auslieferung wäre ungesetzlich und verboten. Diese beiden Bedingungen konstituieren das *Reba*- oder *Riba*-Prinzip, das typisch ist für das muslimische Verkaufsrecht. *Reba* bedeutet sowohl »gutes Geschäft« als auch »Zins«, aber auch »Wucher«, aber es war von Mohammed und seinen Nachfolgern ausdrücklich verboten, Zinsen für verliehenes Geld zu nehmen. Wenn jedoch der Schuldner dem Gläubiger freiwillig eine gewisse Summe über die ursprüngliche Schuld hinaus zahlt, dann wird dies nicht als ein Fall von →*Riba* angesehen. Dies war der Fall, als Mohammed selbst einmal der Schuld-

ner war und seinem Gläubiger etwas mehr zurückzahlte, als er eigentlich schuldete. Eine solche Mehrleistung ist ein Geschenk, das der Schuldner aus freien Stücken leistet und ist daher nicht verboten. Der Grund für das Verbot, Zinsen zu nehmen, ist zweifellos dem Mitgefühl für notleidende Schuldner entsprungen. Heutzutage hat sich natürlich auch in allen muslimischen Staaten das aus Europa stammende System von Zins und Zinseszins durchgesetzt. Anscheinend hat der Prophet aber schon diese globale Tendenz vor mehr als 1300 Jahren vorhergesehen, sagte er doch (nach Abu Dawud, Sunan 22 3): »Es wird eine Zeit kommen, wo es keinen Menschen mehr gibt, der nicht *Riba* schlucken wird, und falls doch, dann wird dessen Staub auch ihn einnebeln.«
In der Hidaya werden mehr als zwanzig Arten von *Bai'* aufgezählt, von diesen sollen hier vier erwähnt werden: 1. *Muqayada* ist der Tausch bestimmter Dinge gegen andere, 2. *Sarf* ist der Tausch oder Verkauf von Silber- oder Goldbarren (gegen Dinare oder Dirhams), 3. *Salam* bedeutet Vorschuß, Vorauszahlung, und nur Dinge, die zur Kategorie *Mithli* gehören, dürfen auf dieser Basis verkauft werden, 4. *Qard* bedeutet Leihgabe, Kredit, wobei der Entleiher/Kreditnehmer die Übereinkunft einzuhalten hat, die Waren oder den Kredit zum vereinbarten Termin vollständig und unbeschädigt zurückzugeben. Auch hier gilt das Verbot, Profit zu machen! Natürlich gab es immer schon Methoden, dies strikte Verbot zu umgehen, so war es durchaus Rechtens, ein Pfand zu nehmen, um die Rückzahlung einer Schuld zu sichern, dieses Pfand konnte entweder mobil oder immobil sein, war letzteres der Fall, konnte der Pfandnehmer zusätzlichen Vorteil daraus ziehen, daß er auf dem verpfändeten Stück Land etwa seine Herde weiden ließ etc.

AL-BA'ITH

»Al-Ba'ith« ist einer der 99 Namen Gottes, bedeutet »der Erwecker« (am Jüngsten Tag, dem Tag der Auferstehung der Toten).

BAITU'L-HAMD

Bedeutet »Haus des Lobes« und bezieht sich auf eine Stelle in der Mischkat, wo die Seele eines früh verstorbenen Kindes so genannt wird.

BAITU'L-HARAM

»Das heilige Haus«. Beiname der großen Moschee zu Mekka.

BAITU'L-HIKMA
»Haus der Weisheit«. So wird von den →*Sufis* das Herz dessen genannt, der sich ernsthaft bemüht, Gott zu suchen.

BAITU'LLAH
»Das Haus Gottes«. Bezeichnung für die große Moschee zu Mekka.

BAITU'L-MAL
Bedeutet wörtlich »Haus des Besitzes« und bezeichnet den Staatsschatz eines muslimischen Landes, den der Herrscher nicht für seine privaten Ausgaben, sondern nur für das Gemeinwohl verwenden darf. Nach der →*Hidaya* (Band I, Abschnitt 452) gibt es folgende Einnahmequellen:
1. Steuer (*Zakat*) auf Landbesitz, Vermögen und Waren,
2. ein Fünftel der Beute, die im Krieg gemacht wurde,
3. Schatzfunde und Förderung aus Minen,
4. herrenlose Besitztümer,
5. *Dschizya*, Steuer, die von den Ungläubigen zu entrichten ist.

AL-BAITU'L-MUQADDAS
»Das heilige Haus«. Bezeichnung für den Tempel zu Jerusalem.

BAITU'L-QUDS
»Das Haus der Heiligkeit«. Bezeichnet bei den →*Sufis* das Herz des Gottsuchers, wenn dieser meditiert.

AL-BAIYINA
»Der deutliche Beweis«. Titel der 98. Sure.

BA'L
Kommt aus dem Hebräischen und bedeutet »Herr«. Dieses Wort bezeichnet die höchste Gottheit der alten Syrer und Phönizier; für die Muslime war Ba'l ein Abgott, der zu Zeiten des Propheten →*Elisa* angebetet wurde.

BALAAM (BAL'AM)
Hebräisch *Bileam*, der auf den Vers 176 der 7. Sure anspielt:
»Erzähle ihnen auch die Geschichte dessen, dem wir unsere Zeichen gaben, der sich aber von ihnen abwandte, weshalb ihm der Satan folgte, bis er verführt wurde.«
Siehe auch 4. Buch Mose, 22-25.

BALAD
»Landschaft«. Al-Balad (die heilige Landschaft um Mekka) ist der Titel der 90. Sure des Korans.

BALIGH
Volljährigkeit, Erwachsenenstatus. →*Pubertät*

BALYA IBN MALKAN →*Al-Khidr*

BANKROTT

Im muslimischen Recht gibt es keine Maßgabe, eine Person für bankrott, also zahlungsunfähig, zu erklären und sie dadurch dem Zugriff der Gläubiger zu entziehen; allerdings kann der Richter (Kadi) einen Schuldner als insolvent erklären und ihn von der Verpflichtung befreien, Steuer (→*Zakat*) zu zahlen und Almosen zu geben.

BANU ISRA'IL

»Die Kinder Israel«. Titel der 17. Sure, die auch *Suratu 'l-Mi'radsch* genannt wird.

BANUN

Plural von *Ibn*, bedeutet »Söhne, Nachkommen, Stamm«. In der Überlieferung spielen folgende Stämme der Frühzeit des Islam eine wichtige Rolle: Banu Quraisch, Banu'n-Nadschar, Banu Quraiza, Banu'n-Nasr, Banu Bakr (Bekr), Banu Asad, Banu Umaiya und Banu Isra'il.

AL-BAQARA

»Die Kuh«. Name der 2. Sure, wo es in Vers 68-72 heißt: »Als Moses zu seinem Volk sprach: ›Gott gebietet euch, ihm eine Kuh zu opfern, weder zu alt, noch zu jung, aber ausgewachsen, gelbrot, dem, der sie ansieht, ein Vergnügen, nicht gebeugt vom Joch oder ausgemergelt, sondern gesund, tadellos und ohne Fehl.‹ Darauf antworteten sie: ›Jetzt rückst du endlich mit der Wahrheit heraus‹, und opferten schließlich die Kuh, aber ungern, denn am liebsten hätten sie es nicht getan.«

AL-BAQI

»Al-Baqi« ist einer der 99 Namen Gottes, bedeutet »der Bleibende, der Ewige«. Auch Name des Friedhofs zu Medina, den Mohammed oft nachts aufsuchte, um für das Seelenheil der Toten zu beten.

AL-BARA' IBN 'AZIB

War einer der Gefährten Mohammeds in der Schlacht vom Graben und in vielen nachfolgenden Kämpfen, so in der Schlacht des Kamels im Jahre 656 n. Chr. mit dem Kalifen →*'Ali (2.)*.

BARA'A

Bedeutet »Immunität, Sicherheit«. Titel der 9. Sure, wird auch *Suratu 't-Tauba* (»die Buße«) genannt. Diese Sure ist die einzige, bei der die Eröffnungsformel »Im Namen Gottes, des Gnädigen, des Barmherzigen« fehlt. Es werden verschiedene Gründe für diese

Auslassung vermutet; einige Kommentatoren sind der Auffassung, die Formel passe nicht zu einer Sure, in der in erster Linie von Gottes Zorn die Rede ist.

BARAH-I WAFAT
Von *Barah* (Urdu) »zwölf«, der zwölfte Tag des Monats →*Rabi'u'l-Awwal*. Der Gedenktag an Mohammeds Tod, der von den Muslimen Indiens eingeführt wurde, aber von anderen, namentlich von den Wahhabiten, nicht begangen wird, da er eine Neuerung darstellt.

BARIQA
»Strahlender Glanz, Blitz«. Wird von den →*Sufis* für die Erleuchtung der Seele dessen gebraucht, der als strenggläubiger Muslim stets Gott sucht.

BARMHERZIGKEIT
Das Attribut der Barmherzigkeit wird im Koran als eines der wichtigsten Charakteristika des göttlichen Wesens dargestellt. So beginnt jede Sure (außer der 9.) mit den Einleitungsworten: *Bismi'llahi'r-Rahmani'r-Rahim*, »Im Namen Gottes, des Allerbarmers, des Allbarmherigen.« Einige Kommentatoren sind der Auffassung, daß das Wort *Ar-Rahman* nur auf Gott allein anwendbar, während *Ar-Rahim* sowohl für Gott als auch jedes andere Wesen benutzt werden könne. Die →*Dschalalan* jedoch meinen, daß beide Begriffe synonym seien, und aus diesem Grunde würden sie gemeinsam benutzt. Al-Baidawi bemerkt, daß das Attribut der Barmherzigkeit »Milde des Herzens« und »Hinwendung zu einer Person in Zuneigung und Güte« ausdrücke, und dies sei die Art Gottes, der Menschheit zu begegnen, obwohl solche Begriffe nur unvollkommen auf ein ewiges Wesen anwendbar seien.
Nach den Traditionen soll Mohammed gesagt haben: »Als Gott die Welt erschuf, schrieb er ein Buch, das auf seinem höchsten Thron liegt, und in diesem Buch steht geschrieben: ›Wahrlich, meine Barmherzigkeit übertrifft meinen Zorn.‹ « Und an anderer Stelle: »Wahrlich, Gott besitzt hundert Barmherzigkeiten; eine Barmherzigkeit hat er den Menschen herabgesandt, die anderen neunundneunzig aber hat er aufgehoben, um mit ihnen sein Volk zu erfreuen.«
Die 55. Sure des Korans trägt den Titel *Suratu'r-Rahman*, »Sure des Barmherzigen«.

BARNABASEVANGELIUM
Apokryphes Evangelium. Die

Muslime behaupten, es habe im Arabischen ein Evangelium des Barnabas gegeben, und einige glauben, Mohammed habe seine Kenntnis des Christentums von diesem Evangelium bezogen. Sale schreibt: »Die Morisken in Nordafrika haben eine spanische Übersetzung dieses Evangeliums, und die Bibliothek des Herzogs Eugen von Savoyen enthält ein recht altes Manuskript, in dem sich die italienische Übersetzung des Barnabasevangeliums befindet, wahrscheinlich für Renegaten bestimmt. Dem Anschein nach handelt es sich hierbei nicht um eine Fälschung der Muslime, obgleich sie in der Folgezeit zweifellos Einschübe und Änderungen vorgenommen haben, damit es ihren Intentionen besser entspräche. Insbesondere wurde der Beiname des Hl. Geistes, *Paraklet* (Tröster, Helfer, Fürsprecher) (Johannesevangelium 14 16+26) von den Muslimen zu *Periklyt* (der Berühmte, der Erhabene) umgeformt und auf den Propheten Mohammed bezogen, der als →*Ahmad* (was genau dasselbe bedeutet) in der 61. Sure, Vers 7 erscheint: ›Und Jesus, der Sohn der Maria, sagte: O ihr Kinder Israels, wahrlich, ich bin der von Gott zu euch Gesandte und bestätige die Thora, welche ihr schon vor mir erhalten habt, und ich bringe frohe Botschaft über einen Gesandten, der nach mir kommen und dessen Name Ahmed sein wird.‹ « Sale fährt fort: »Aus solchen und ähnlichen Fälschungen zitieren die Mohammedaner häufig Textstellen, von denen sich nicht die Spur im Neuen Testament findet. Das Evangelium des Barnabas enthält eine umfassende Darstellung des Lebens Jesu Christi, von der Geburt bis zur Himmelfahrt, und die meisten Tatsachen erscheinen so, wie sie aus den vier bekannten Evangelien vertraut sind, jedoch sind viele, oft sehr geschickt, zugunsten der muslimischen Lehre und Tradition verändert worden. Von der gesamten Anlage her und den häufigen Einschüben, in denen Mohammed als Bote Gottes genannt und sein Wirken als Vollendung der Sendung Christi vorhergesagt wird, ist das Ganze als freche Fälschung offensichtlich. Vor allem ein Detail läßt mich vermuten, daß der Text von einem abtrünnigen Christen verfaßt wurde, der nicht als Muslim aufwuchs, sondern seinen neuen Glauben erst später angenommen hat, nämlich die wiederholte Bezeichnung Messias für Mohammed, während im Koran die arabische Form,

→*Al-Masih*, eindeutig für Jesus Christus, nie jedoch für den Propheten Mohammed verwendet wird.«
Nach dem apokryphen Barnabasevangelium wird nicht Jesus Christus, sondern Judas verhaftet, verurteilt und gekreuzigt: »Judas ging zu den Leuten, die bei Jesus waren; und als Er den Lärm hörte, ging Er ins Haus, in dem Seine Jünger schliefen. Und Gott sah die Furcht und die Gefahr Seines Dieners und befahl Gabriel, Michael, Rafael und Asrail, Ihn von der Erde fortzuführen. Und sie kamen eilends und trugen Ihn aus dem Fenster, das nach Süden geht. Und sie brachten Ihn in den dritten Himmel, wo Er in der Gemeinschaft der Engel wohnen und Gott loben wird, bis der Jüngste Tag anbricht. Sie schleppten ihn (Judas) zum Kalvarienberg, wo sie Verbrecher hinrichteten, und zogen ihm die Kleider aus, um die Schande zu vermehren. Da schrie er immerfort: ›O mein Gott, warum hast Du mich verlassen, daß ich ungerechterweise sterben soll, weil der wirkliche Übeltäter entkommen ist?‹ «

AL-BARR

»Al-Barr« ist einer der 99 Namen Gottes, bedeutet »der Wohltäter«.

BART

Der Bart wird bei den Muslimen als Zeichen der Manneswürde angesehen. Der Prophet selbst soll gesagt haben (Mischkat 20 4): »Macht das Gegenteil der Götzendiener, und laßt euren Bart lang wachsen.« Bartwuchs wurde von jedem Propheten gepflegt und gehört daher zu den Bräuchen, die →*Fitra* genannt werden.

BARZAKH

Bedeutet »Grenze, Hindernis, Scheidewand«. Im konkreten Sinne in Sure 25 54: »Er ist es, der die beiden Meere auseinanderhält, von denen eines frisch und süß, das andere salzig und bitter ist. Zwischen beiden machte er eine Kluft zur Scheidewand.«
Im übertragenen Sinn kommt das Wort in Sure 23, Vers 101 vor: »Die Worte, die er (gemeint ist ein toter Ungläubiger) spricht, sind vergebens; denn hinter ihnen ist eine Barriere (das Grab) bis zum Tage der Auferstehung.« So spricht auch der Kommentar des Al-Dschalalain vom *Hadschiz*, dem Hades der Griechen: Im Reich der Toten sollen die muslimischen Gläubigen ungestört in ihren Gräbern ruhen, während »für das Grab des Ungläubigen 99 Schlangen bestimmt sind, die

ihn bis zum Tage der Auferstehung beißen sollen«. (Mischkat 1. Buch 5 12)

al-Basir
»Al-Basir« ist einer der 99 Namen Gottes, kommt häufig im Koran vor mit der Bedeutung »der Allsehende; der, welcher alles sieht«.

Basira
Bedeutet wörtlich »Durchdringung« und bezeichnet die Erleuchtung des Herzens, das innere Auge, im Gegensatz zum Sehen mit den Augen.

al-Basit
»Al-Basit« ist einer der 99 Namen Gottes mit der Bedeutung »der, welcher großzügig verteilt«, so in der 13. Sure.

Ba'th
Bedeutet wörtlich »Erwecken, Aufwecken« und bezeichnet
1. den Jüngsten Tag,
2. die Sendung des Propheten.

Batil
Bezeichnet eine theologische Irrlehre, einen Irrtum der Dogmatik.

al-Batin
1. In der Theologie eine verborgene oder esoterische Bedeutung (etwa einer Textstelle).
2. Einer der 99 Namen Gottes mit der Bedeutung »der Verborgene; der, welcher verborgene Dinge kennt«.

Batul
Bedeutet »die Jungfrau«. Beiname Fatimas, der Tochter Mohammeds.

Ba'uth
Ist ein syrisches Wort und bedeutet im Lexikon *Al-Qamus* 1. »Regengebet« aber auch 2. »Ostern« (christl. Fest).

Beauftragter
Arabisch *Wakil.* Es ist legal, wenn jemand einen anderen beauftragt, in seinem Namen Kauf- oder Heiratsverträge zu schließen; so braucht zum Beispiel eine Frau nicht vor Gericht zu erscheinen, wenn sie einen Beauftragten hinschickt. Selbst ein Sklave oder Minderjähriger könnte für einen freien Mann stellvertretend handeln.

Bedachtsamkeit
Arabisch *Ta'anni.* Mohammed soll gesagt haben: »Bedachtsamkeit in deinem Tun erfreut Gott, Übereilung erfreut den Teufel.«

Bedecken des Kopfes
Es gibt weder im Koran noch in den Traditionen eine Vorschrift,

daß während des Gottesdienstes ein Mann seinen Kopf bedekken solle, obwohl es allgemein als bescheiden und korrekt gilt, wenn er dies tut. Was Frauen anbetrifft, ist die Vorschrift in der Tradition eindeutig, denn →*'A'ischa* berichtet, daß Mohammed gesagt habe: »Gott erhört nur die Gebete einer erwachsenen Frau, wenn deren Kopf bedeckt ist.« (Mischkat 4) Das Kopftuch der Frauen wird als Schador bezeichnet.

Beleidigungen

Sind nach muslimischem Recht verboten und nach Gutdünken des Kadi zu bestrafen. Zu dem Problem äußert sich Abu Hanifa wie folgt: »Wenn jemand einen Muslim beleidigt, indem er ihn Esel oder Schwein nennt, dann ist er nicht zu bestrafen, weil diese Ausdrücke keinesfalls diffamierend für die Person sind, an die sie gerichtet sind, und es offensichtlich ist, daß es sich bei ihr weder um einen Esel noch um ein Schwein handelt.« Im 19. Jahrhundert hat sich die rechtliche Beurteilung allerdings geändert, so daß es sich nun doch um Beleidigung handelt. Andere Rechtsgelehrte hielten es nur dann für eine Beleidigung, wenn der so Titulierte ein Würdenträger war. Nach Abu Hanifa ist die Höchststrafe für Beleidigung 39 Streiche mit der Rute.
Mohammed soll gesagt haben: »Einen Muslim zu beleidigen, heißt Gott gegenüber ungehorsam sein«. (Mischkat 22 2)

Benjamin

Arabisch *Binyamin*. Benjamin war der jüngste Sohn →*Jakobs*. Er wird nicht namentlich im Koran erwähnt, aber in der Sure 12 70-71 gibt es einen Hinweis auf ihn: »Als sie nun vor Joseph kamen, da nahm er seinen Bruder (Benjamin) zu sich und sagte: ›Wahrlich, ich bin dein Bruder, sei nicht traurig über das, was jene (die Ägypter) mir Böses getan haben.‹ «
→*Joseph*

Bescheidenheit

Arabisch *Haya'*. Bescheidenheit wird den Gläubigen häufig in Mohammeds Aussprüchen empfohlen, zum Beispiel:
»Bescheidenheit ist ein Teil des Glaubens.«
»Wahrlich, Bescheidenheit und der Glaube gehören zusammen.«

Beschneidung

Arabisch *Khitan.* Die Beschneidung stammt wahrscheinlich aus vorislamischer Zeit und war schon seit langem in den arabischen Ländern und bei den Israeliten Brauch. Sie wird nicht im Koran erwähnt, wohl aber in den Traditionen. So heißt es bei Bukhari, Abraham sei erst im 80. Lebensjahr beschnitten worden, was aus dem A. T. bekannt ist. Für Asch-Schafi'i ist es obligatorisch, daß beim Jungen oder Mann die gesamte Vorhaut abgeschnitten wird, so daß die Eichel des Penis völlig entblößt ist.

Die Beschneidung ist ein barbarisches Ritual aus uralter Zeit, sagen die einen, sie ist eine hygienische Maßnahme, sagen die anderen, auf jeden Fall ist sie bei den Muslimen wie bei den Juden ein Initiationsritual, ein unauslöschliches Zeichen der Zugehörigkeit zum Judentum bzw. zum Islam, »ein Zeichen des Bundes zwischen Gott und den Menschen«.

In Mekka wird das Ritual der Beschneidung *Tahar* genannt; dort werden die Kinder zwischen drei und sieben Jahren beschnitten. Am Vorabend der Beschneidung wird der kleine Junge in kostbare Samtgewänder gekleidet und feierlich zu Pferde durch die Straßen der Stadt geführt. Er wird von Dienern begleitet, die ihn beschirmen und ihn des öfteren mit einem parfümierten Tuch erfrischen. Die Vorhut bilden Männer mit kleinen und großen Trommeln, die damit ihren Gesang, *Dhikr* genannt, begleiten. Direkt hinter dem Jungen schreitet eine Magd aus seines Vaters Haus, die ein Kohlenbecken auf dem Kopf trägt, das, mit Spezereien, Salz und Harz gefüllt, würzige Düfte verbreitet. Am Schluß dieser Prozession reiten die weniger begüterten Freunde des Initianden. Auf welch primitive Art die Beschneidung vor hundert Jahren vorgenommen wurde, schildert folgender Bericht: »Mit einem kleinen Stück Holz sondiert der Barbier, der die Beschneidung vornehmen soll, ob das Frenum normal ist oder ob etwa eine Phimose vorliegt. Dann wird die Vorhaut mit einer Art Zwinge aus Bambus, der am hinteren Ende mit einer Schnur zusammengebunden ist, auf eine Länge von 3 bis 4 cm auf der Oberseite und 2 bis 2,5 cm auf der Unterseite des Penis gestreckt, was naturgemäß sehr schmerzhaft ist, und dann mit einem schnellen Schnitt mit dem Rasiermesser abgetrennt. Die folgende relativ schwache Blutung wird durch Asche und verbrannte Lumpen rasch gestillt.«

BESTATTUNG

Arabisch *Dschanaza*. Der Ausdruck *Dschanaza* wird sowohl

für die Totenbahre als auch für das Begräbnisritual verwendet. Das Ritual selbst unterscheidet sich nur wenig in den einzelnen muslimischen Ländern: in Ägypten und Buchara zum Beispiel gehen die männlichen Verwandten und Freunde des Toten dem Leichnam voran, während die weiblichen Trauergäste ihm folgen. In Indien und Afghanistan nehmen Frauen im allgemeinen nicht am Begräbnis teil; die Freunde und Verwandten folgen der Bahre. Nach einer anderen Tradition wiederum darf niemand vor dem Leichnam gehen, da dieser Platz den Engeln vorbehalten sein soll. Es wird als verdienstvoll angesehen, an einer Beerdigung teilzunehmen, noch verdienstvoller aber ist es, die Bahre auf den Schultern zu tragen, was von vier Männern, Freunden oder Verwandten des Toten, getan wird. Die Trauerfeier findet nicht auf dem Friedhof, sondern in der Moschee statt, wo sich die Trauernden mit dem Gesicht nach Mekka gewandt (*Qibla*) gegenüber dem Toten aufstellen und zuhören, wie der Imam die vorgeschriebenen Gebete (*Takbir*) spricht, bzw. mit halblauter Stimme mitbeten. Dann setzen sich die Trauergäste auf den Boden, heben die Hände in stillem Gebet für die Seele des Verstorbenen und wenden sich dann an die Angehörigen mit den Worten: »Gott hat es so beschlossen.« Ihnen antwortet der nächste Hinterbliebene: »Ich bin zufrieden mit Gottes Willen.« Anschließend gibt er die Erlaubnis, daß diejenigen, die nicht mit zum Friedhof gehen wollen, nach Hause gehen können. Die anderen begleiten den Toten auf dem letzten Gang. Der Leichnam wird mit dem Rücken ins Grab gelegt, der Kopf zeigt nach Norden, das Gesicht nach Mekka, die Füße nach Süden. Die Beteiligten sprechen bei der Grablegung den Satz: »Wir übergeben dich der Erde im Namen Gottes und in der Religion des Propheten.« Dann werden die Bänder des Leichentuches gelöst, die Nischen des Grabes mit Lehmziegeln aufgefüllt und alles mit Erde zugedeckt. In einigen Ländern (aber nicht bei den Wahhabiten) wird dabei Vers 56 der 20. Sure gesprochen: »Aus Erde haben wir euch geschaffen, zu ihr lassen wir euch zurückkehren, und aus ihr werden wir euch dereinst hervorbringen.«
Nach der Beerdigung sprechen alle zu Ehren des Toten die 1. Sure (→*Fatiha*): »Lob und Preis sei Gott, dem Herrn aller Wel-

tenbewohner.« Nach vierzig Schritten folgt eine zweite Fatiha, denn von dieser Stelle, heißt es, überprüfen die Todesengel →*Munkar und Nakir* den Glauben des Verstorbenen. Anschließend wird – als Sühneopfer für Gott – an Fakire und Bettler Eßbares verteilt. Obwohl im Hadith untersagt, findet man auf allen muslimischen Friedhöfen auch Gräber aus gebrannten Ziegeln und häufig tragen sie auch Inschriften (Koranverse). Am dritten Tag nach der Bestattung ist es üblich, daß die Angehörigen das Grab besuchen und Verse bzw. ganze Suren aus dem Koran rezitieren. Wer es sich leisten kann, bestellt Schriftgelehrte (*Maulawis*), die den ganzen Koran gegen Entgelt vortragen.

Bestechung

Im Koran wird Bestechung nicht erwähnt. In der *Fatawa 'Alamgiri* heißt es, es gebe verschiedene Arten von Geschenken an Staatsdiener; wenn zum Beispiel ein Geschenk gemacht werde, um eine Freundschaft zu begründen, sei dies gesetzlich, wenn es aber geschehe, um einen Richter im Sinne des Schenkenden zu beeinflussen, dann sei es ungesetzlich. Auch heißt es (Hidaya, 3. Band, Abschnitt 332), es sei legitim, einem Richter aus dem Gefühl der Angst heraus ein Geschenk zu machen, aber illegitim, es anzunehmen.

Betragen →*Verhaltensformen*

Betreten von Häusern

Das plötzliche und unangemeldete Eindringen in eine Privatwohnung gilt in allen östlichen Ländern als große Unzivilisiertheit. Für Mohammedaner ist es eine religiöse Pflicht, sich vor dem Betreten eines Hauses bemerkbar zu machen. Der Brauch beruht auf einer ausdrücklichen Anweisung des Korans, Sure 24 57-61:

»O ihr Gläubigen! Lasset euch dreimal um Erlaubnis um Eintritt bitten von euren Sklaven und denen, die noch nicht die Reife erlangt haben: vor dem Morgengebet, zur Zeit am Mittag, wenn ihr eure Kleider ablegt, und nach dem Abendgebet – dies sind die drei Zeiten eurer Privatheit. Es ist jedoch keine Sünde, weder für sie noch für euch, wenn sie außerhalb dieser Zeiten ohne Erlaubnis eintreten. So macht euch Gott seine Zeichen deutlich, und Gott ist allwissend und weise.

Und wenn eure Kinder die Reife erlangt haben, so sollen sie euch um Erlaubnis bitten, wie die, die vor ihnen waren, um

Erlaubnis gebeten haben. So macht euch Gott seine Zeichen deutlich, und Gott ist allwissend und weise.
Und ältere Frauen, die keine Kinder mehr gebären können, begehen keine Sünde, wenn sie ihre Oberbekleidung ablegen. Doch besser ist es für sie, wenn sie sich dessen enthalten, und Gott ist hörend und wissend.
Es ist kein Vergehen für den Blinden und für den Lahmen und für den Kranken, an euren Tischen zu essen; ebenso begeht ihr selbst kein Vergehen, wenn ihr in eurem eigenen Hause eßt oder in den Häusern eurer Väter oder eurer Mütter, in den Häusern eurer Brüder oder Schwestern, in den Häusern eurer Onkel und Tanten, ob väterlicherseits oder mütterlicherseits, oder in Häusern, von denen ihr einen Schlüssel besitzt, oder im Hause eines Freundes. Ihr begeht keine Sünde, ob ihr nun allein oder in Gesellschaft eßt.
Und wenn ihr ein Haus betretet, so begrüßet einander mit einem Gruß Gottes, einem guten und gesegneten. So macht euch Gott seine Zeichen deutlich, und Gott ist allwissend und weise.«
Es folgen die Aussagen, die die Traditionen zu diesem Thema machen. Mohammed soll gesagt haben: »Erlaube niemandem, dein Heim zu betreten, ehe er nicht den Friedensgruß entrichtet hat.« ʿAbdu'llah ibn Masʿud berichtet, der Prophet habe gesagt: »Das Zeichen, daß du eintreten kannst, sei, daß du den Vorhang hebst und eintrittst, wenn ich es dir nicht verwehre.« ʿAbdu'llah ibn Busra sagt: »Wenn der Prophet an eine Haustür kam, stand er nicht direkt vor der Tür, sondern an ihrer Seite und sagte: ›Der Friede Gottes sei mit dir!‹ «
ʿAta' ibn Yasar berichtet, der Prophet habe ihn angewiesen, sogar dann um Eintrittserlaubnis zu bitten, wenn er das Zimmer seiner eigenen Mutter betreten wollte.

Betrügerei

Die Koreischiten beschuldigten Mohammed in der Frühzeit seiner Mission der Betrügerei. Die folgenden Koranstellen beziehen sich auf diesen Vorwurf:
Sure 25 5-7: »Die ungläubig sind, sagen: ›Dies ist Lüge nur, die er ersonnen, wobei ihm fremde Leute geholfen. Sie kommen mit Frevel und Falschheit.‹ Sie sagen: ›Altväterliche Fabeln, die er niederschreiben ließ; es wird ihm morgens und abends vorgelesen.‹ Sprich: ›Geoffenbart hat es, der das Ge-

heimnis in den Himmeln kennt und auf Erden.‹ «
Sure 69, 40-43: »Daß dies die Rede ist eines ehrwürdigen Gesandten. Und nicht die Rede eines Dichters – nur wenige, die ihr glaubet. Und nicht die Rede eines Wahrsagers – nur wenige, die ihr euch ermahnen lasset.«

Betteln

Wenn jemand genügend Nahrung für einen Tag und eine Nacht besitzt, dann ist seine Bettelei illegal. Mohammed soll sich darüber wie folgt geäußert haben (Mischkat, 6. Buch, 5. Kapitel): »Es ist besser, ein Mann bringt ein Bündel Holzscheite und verkauft sie, als daß er bettelt.« – »Wenn jemand ständig bettelt, wird er am Jüngsten Tag nur noch einen Schädel ohne Fleisch aufweisen.«

Beute

Fai' heißt die Beute, die in einem Land gemacht wurde, daß sich dem Islam freiwillig unterworfen hatte, im Unterschied zu *Ghanima*, Beute, die durch Plünderung gemacht wurde. Der Kalif →*'Umar* sagte, daß es das besondere Privileg des Propheten war, Anspruch auf beide Arten von Beute zu haben, ein Privileg, das kein anderer Prophet je besessen hatte.
'Auf Ibn Malik sagt, daß der Prophet die Beute noch am selben Tage, an dem sie gemacht worden war, aufzuteilen pflegte, und daß ein verheirateter Mann den doppelten Anteil bekam wie ein unverheirateter (Mischkat 17).

Beweis

Arabisch *Schahada*. In den muslimischen Gesetzbüchern ist die Beweispflicht sehr ausführlich und klar definiert, und es ist interessant, das Gesetz Moses in dieser Hinsicht mit dem muslimischen Recht zu vergleichen. Im Pentateuch werden mindestens zwei Zeugen verlangt, um eine Anklage zuzulassen (Num. 35, 30), und ein Zeuge, der die Aussage verweigerte, machte sich schuldig (Lev. 5 1), verleumderische Zeugenaussagen waren streng verboten (Ex. 23 1; Lev. 19 16). Falsche Aussagen wurden mit der Strafe belegt, zu der die erfolgreiche Anklage des falsch Beschuldigten geführt hätte (Deut. 19 16). Nach Flavius Josephus waren Frauen und Sklaven als Zeugen nicht zugelassen.
Das sunnitische Recht ähnelt dem mosaischen Gesetz in vieler Hinsicht:
Es ist die Pflicht eines Zeugen auszusagen, und es ist ihm

nicht erlaubt, die Zeugenaussage zu verweigern, wenn eine der betroffenen Parteien sie von ihm verlangt. Denn es heißt im Koran, Sure 2, 282: »Und die Zeugen dürfen ihre Aussage nicht verweigern, wenn sie von ihnen verlangt wird.« Und kurz darauf: »Und verhehlt nicht euer Zeugnis, denn wer das tut, ist ein Übeltäter.«

In Fällen, die als Strafe körperliche Züchtigung zur Folge haben können, steht es den Zeugen frei, ob sie aussagen wollen oder nicht, denn in einem solchen Fall steht der Zeuge im Zwiespalt zwischen zwei lobenswerten Handlungen: nämlich der Durchsetzung der Strafe und dem Schutz des Täters, wobei es vorzuziehen ist, wenn über die Laster eines Menschen der Mantel des Schweigens gebreitet wird, denn der Prophet hat einmal zu jemandem gesagt, der eine Zeugenaussage gemacht hatte: »Wahrlich, es wäre besser für dich gewesen, wenn du das verschwiegen hättest«, und in einem anderen Fall: »Wer die Laster eines Mitmuslims verschweigt, über dessen Sünden wird in beiden Welten von Gott ein Schleier gelegt werden.« Darüber hinaus hat der Prophet seinen Anhängern dringlich nahegelegt, körperliche Strafen zu verhindern, und das ist ein evidentes Argument dafür, in einem solchen Falle die Aussage zu verweigern. Im Falle von Diebstahl jedoch ist der Zeuge zur Aussage verpflichtet, soweit es um den Besitz einer Sache geht, und er muß, um die Rechte des Besitzers zu schützen, bezeugen, daß »eine bestimmte Person eine Sache *nahm*«, wobei er das Wort *stehlen* nicht benutzen darf, damit es möglich bleibt, die Straftat noch zu verschleiern.

Um einen Fall von Hurerei zu beweisen, sind vier Zeugen nötig, wie es der Koran in Sure 24 3 vorschreibt, und das Zeugnis einer Frau wird in einem solchen Fall nicht zugelassen, weil Az-Zuhri sagt: »In der Zeit Mohammeds und seiner beiden direkten Nachfolger galt die eherne Regel, daß die Zeugenaussage von Frauen in Fällen, die Strafe oder Vergeltung zur Folge hatten, ausgeschlossen war«, und weil die Aussage einer Frau immer mit einem gewissen Zweifel belastet ist, denn die Aussage einer Frau ist immer nur eine Ersatzaussage, die nur akzeptiert wird, wenn keine Aussage eines Mannes verfügbar ist.

In sonstigen Fällen von Schwerkriminalität wird gemäß dem Koran die Aussage von zwei Männern verlangt, und die Aussagen von Frauen sind nicht zugelassen, wie oben dargestellt. Bei allen anderen Strafsachen sind als Zeugen zwei Männer oder ein Mann und zwei Frauen nötig. Die Zeugenaussage einer Frau ist in Fällen zugelassen, die die Geburt eines Kindes betreffen (zum Beispiel, wenn eine Frau erklärt, daß eine Mutter ein bestimmtes Kind zur Welt gebracht hat). Ebenso reicht die Aussage einer Frau aus, wenn es um die Jungfräulichkeit einer anderen Frau oder um die Integrität von Körperregionen, die den Blicken der Männer verborgen sind, geht. Diese Vorschriften beruhen auf einer traditionell überlieferten Aussage des Propheten: »Das Zeugnis einer Frau ist gültig in bezug auf solche Dinge, die zu überprüfen es dem Manne nicht ziemt.«

Bei der Zeugenaussage ist es absolut notwendig, das Wort *aschhadu* (ich gebe Zeugnis) zu benutzen. Wenn ein Zeuge beispielsweise »Ich weiß« oder »Ich bin mir völlig sicher« sagt, ohne das Wort *aschhadu* zu gebrauchen, ist die Aussage ungültig. Außerdem muß die Redlichkeit des Zeugen außer Frage stehen, denn im Koran, Sure 65 2, steht geschrieben: »Und nehmt als Zeugen zwei gerechte Männer.« Außerdem beeinflußt die Redlichkeit der Zeugen die Wahrscheinlichkeit der Wahrheit ihrer Aussage.

Bezweifelt ein Angeklagter die Aufrichtigkeit der Zeugen, kann der Richter eine Untersuchung des Leumunds derselben anordnen. Denn es ist ebenso unwahrscheinlich, daß ein gläubiger Muslim einen anderen falsch beschuldigt, wie es unwahrscheinlich ist, daß er seine Ehrlichkeit anzweifelt.

Es ist ungesetzlich, wenn jemand über etwas eine Zeugenaussage macht, das er nicht tatsächlich gesehen hat, ausgenommen Aussagen über Geburt, Tod, Hochzeit und Beischlaf.

Wenn jemand jedoch in einem der oben genannten Fälle eine Aussage nach glaubwürdigem Hörensagen abgibt, dann muß er die Aussage in direkter Form formulieren. Er muß zum Beispiel sagen: »Ich bezeuge, daß A. der Sohn von B. ist«, und nicht: »Ich bezeuge dies und dies, weil ich es gehört habe.« In letzterem Fall kann der Richter die Aussage nicht akzeptieren.

Das Zeugnis jeder Person, die Besitz eines anderen ist – ein Sklave also –, ist nicht zugelassen, da eine Zeugenaussage ein

autoritativer Vorgang ist. Da ein Sklave keine Autorität über seine eigene Person hat, kann er *a fortiori* keine Autorität über andere haben.
Eine Person, die wegen übler Nachrede bestraft worden ist, kann nicht mehr als Zeuge zugelassen werden, denn in Sure 24 4 des Korans heißt es: »Diejenigen, die verheiratete Frauen der Hurerei bezichtigen und danach nicht vier Zeugen beibringen können, die geißelt mit achtzig Peitschenhieben, und nehmt nie mehr ihr Zeugnis an, denn sie sind Frevler, es sei denn, sie bereuten, was sie getan haben.«
Zeugenaussagen zugunsten des Sohnes oder Enkels, des Vaters oder Großvaters sind nicht zulässig. Außerdem hat der Prophet gesagt: »Wir sind nicht in der Lage, die Aussage einer Frau über ihren Mann oder die eines Mannes über seine Frau zu bewerten.«
Obwohl die Imame →*Asch-Schafi'i*, Yusuf und Muhammad der Überzeugung sind, daß ein falscher Zeuge gegeißelt und zu einer Haftstrafe verurteilt werden muß, ist Abu Hanifa der Meinung, daß er nicht mit Schlägen zu bestrafen ist, sondern stigmatisiert werden sollte, indem alle seine Nachbarn, Freunde und Bekannten im Auftrag des Richters informiert werden, daß diese Person der falschen Zeugenaussage überführt sei und sich alle vor ihr hüten sollten, aber die Imame Asch-Schafi'i, Yusuf und Muhammad sind der Überzeugung, daß er gegeißelt und zu einer Haftstrafe verurteilt werden muß.
Wenn ein Zeuge seine Aussage widerruft, ehe der Richter ein Urteil gefällt hat, wird sie ungültig. Wenn aber eine Zeugenaussage nach der Urteilsverkündung widerrufen wird, wird dadurch das Urteil nicht ungültig.
Die Widerrufung einer Aussage ist nur in Gegenwart des Richters möglich.

BIDA'A
Anteil an einem kaufmännischen Geschäft oder Besitz, der einem Dritten in Kommission überlassen wird.

BILADU'L-ISLAM
Auch →*Daru'l-Islam*. Bedeutet »islamische Länder«.

BILAL
War der erste, von Mohammed ernannte →*Muezzin* (Rufer zum Gebet). Er war ein großer dunkelhäutiger Sklave, der von →*Abu Bakr* freigelassen wurde und aus Abessinien stammte.

Mohammed achtete ihn sehr und nannte ihn »die beste Frucht Abessiniens«.

Bilder

Mohammed verfluchte den Maler oder Zeichner von Menschen und Tieren (Mischkat 12 1, 1), und folglich gelten Bilder als ungesetzlich.

Bilqis

Name der Königin von Saba, die König Salomon besuchte und eine seiner Gemahlinnen wurde. Was über sie im Koran berichtet wird, findet man unter dem Stichwort →*Salomon*

Bint Labun

Bedeutet »Tochter einer Gesäugten« und bezeichnet eine zweijährige Kamelkuh, deren Mutter dann schon ein neues Junges ernährt. Von einer Herde zwischen 36 und 45 Kamelen ist eine solche als →*Zakat* abzugeben.

Bint Makhad

Bedeutet »Tochter einer Trächtigen« und bezeichnet eine einjährige Kamelkuh, weil deren Mutter dann schon wieder trächtig ist. Ein einjähriges weibliches Kalb ist als →*Zakat* abzutreten, wenn die Kamelherde zwischen 25 und 35 Tiere zählt.

Biographen Mohammeds

Zwar kann der Koran als Hauptquelle für die Biographie des Propheten angesehen werden, andererseits fehlt eine chronologische Anordnung der historischen und persönlichen Entwicklung des Islam und seines Gründers. Die Traditionen (*Ahadith*) bilden das wichtigste Material aller Geschichten, die vom Leben Mohammeds erzählen.

Der erste Biograph Mohammeds war Az-Zuhri (er starb im Jahre 742 n. Chr.), sein (nicht erhaltenes) Werk wird von Ibn Khallikan, der im Jahre 1282 n. Chr. starb, lobend erwähnt. Die Biographien Al-Bukharis (aus dem Jahr 870 n. Chr.) und At-Tabaris (922 n. Chr.) sind die bekanntesten aus der klassischen Epoche des Islam. Das wichtigste Werk aus späterer Zeit, die im (christlichen) Mittelalter (im Jahre 1332 n. Chr.) erschienene Biographie des Isma'il Abu'l-Fida', wurde 1723 n. Chr. von J. Gagnier, dem ersten Professor für Arabisch in Oxford, ins Lateinische, und später von W. Murray, einem Geistlichen der episkopalischen Kirche in Schottland, ins Englische übertragen. Dr. Sprenger begann eine nicht vollendete Biographie Mohammeds auf Englisch zu verfassen, deren erster Teil 1851 in Allahabad in Indien erschien, das Gesamtwerk wurde 1869 auf Deutsch veröffentlicht. Als wichtigstes Werk mit hohem wissenschaftlichen Anspruch darf das vierbändige Opus von Sir William Muir, LL. D. gelten: Life of Mahomet, vier Bände, London 1858-61.

Bi'r Ma'una
Der Brunnen von Ma'una, wo eine Gruppe von Mohammeds Gefolgsleuten von den Banu 'Amir und den Banu Sulaim erschlagen wurde. Dieser Brunnen liegt vier Tagesreisen von Mekka entfernt.

Bi'r Zamzam
Die Quelle oder der Brunnen von →*Zamzam*.

Bischar'
Wörtlich »ohne das Gesetz«. Dieser Ausdruck bezieht sich auf jene Mystiker, die die Lehren des Korans völlig mißachten.

Bismi'llah
Wörtlich »im Namen Gottes«. Exklamation, kurzes Stoßgebet, das zu fast jeder Gelegenheit gesprochen wird. Es gibt zwei Arten von Bismi'llah:

1. »Bismi'llahi'r-rahmani'r-rahim« bedeutet »Im Namen Gottes, des Mitleidigen und Gnädigen« und wird vor dem Essen gesprochen, vor dem Anlegen neuer Kleidung, vor dem Beginn einer neuen Arbeit, vor dem Lesen eines Buches. Dieser Ausdruck leitet auch jede Sure des Korans, mit Ausnahme der neunten, ein.
2. »Bismi'llahi'llahi'l-akbar« bedeutet »Im Namen des unsagbar großen Gottes«. Diese Formel wird vor dem Schlachten von Tieren und beim Beginn einer Schlacht gesprochen, wobei dem Anlaß entsprechend nicht von Mitleid und Gnade die Rede ist.

Blasphemie
Arabisch *Kufr*, wörtlich »Verbergen« (der Wahrheit). Das Leugnen der wesentlichen Dogmen des Islam. Ein Muslim, der wegen Blasphemie verurteilt wird, hat in den muslimischen Ländern mit der Todesstrafe zu rechnen.

Blinde
Müssen nicht am →*Dschihad*, dem Heiligen Krieg teilnehmen.

Blut
Der Verkauf von Blut ist ungesetzlich.

Blutfluss →*Mustahada*

Blutrache

Sie oblag im jüdischen wie im muslimischen Recht im Falle eines vorsätzlichen Mordes den nächsten Verwandten, bei den Juden (»Auge um Auge, Zahn um Zahn«) mußte der Rächer den Mörder töten, im Koran setzt sich eine weniger starre, vernünftigere und flexiblere Reaktion durch, so in Sure 2 179-180:

»O Gläubige, die ihr meint, euch sei bei Mord Vergeltung vorgeschrieben, ein Freier für einen Freien, ein Sklave für einen Sklaven, eine Frau für eine Frau! Verzeiht aber der Bruder dem Mörder, so soll dieser jenem gerechterweise und gutwillig ein Sühnegeld zahlen. Diese Milde und Gnade kommt von Gott, eurem Herrn.«

Boden

Einige der wichtigsten muslimischen Gesetze, die sich auf das Bodenrecht beziehen, sind:

1. Auf alles, was auf dem Boden produziert wird, wird der Zehnte erhoben, gleichgültig, ob der Boden durch jährliche Überschwemmungen großer Ströme oder durch periodischen Regenfall bewässert wird. Ausgenommen sind Holz, Bambus oder Gras, die dem Zehnten nicht unterliegen. Wird der Boden mit Eimern oder durch Maschinerien künstlich bewässert, ist nur die Hälfte des Zehnten zu entrichten.

2. Eroberter Boden wird Besitz des Staates. Boden, der Juden, Christen oder Feueranbetern gehört, verbleibt ihnen, wenn sie Tribut zahlen.

3. Der Verkauf von Boden ist erlaubt. In einem solchen Fall sind die Bäume im Verkauf eingeschlossen, aber weder das Getreide, das auf dem Boden wächst, noch die Früchte, die auf den Bäumen gedeihen, sind eingeschlossen, es sei denn, es wäre anders vereinbart. Die im Boden eingesäte Saat ist nicht eingeschlossen.

4. Boden kann verliehen werden, und der Leihende darf auf diesem Land bauen, aber wenn das Land an den Besitzer zurückfällt, kann dieser verlangen, daß die Bauten beseitigt werden.

5. Verschenkter unkultivierter Boden darf nicht zurückgefordert werden, wenn bereits darauf Häuser gebaut oder Bäume gepflanzt wurden. Wenn der Beschenkte jedoch eine Hälfte dieses Bodens verkauft, darf der Schenkende die andere Hälfte für sich beanspruchen.

6. Boden darf verpachtet werden, wobei die Pachtzeit vereinbart werden muß, weil sonst

die Pacht von Tag zu Tag erhoben werden kann. Außerdem muß festgelegt werden, welches Produkt der Pächter auf dem Land anbauen will, und nach Ablauf des Pachtvertrages muß es wieder in den ursprünglichen Zustand gebracht werden. Der Pächter ist nicht verantwortlich für Naturkatastrophen.

7. Die Kultivierung von wüstem und unerschlossenem Boden ist erlaubt, wenn sie mit der Genehmigung des Herrschers des Landes geschieht und dieser den Kultivator mit einem Besitzanspruch auf den Boden versieht. Wenn der Boden aber drei Jahre nach der Inanspruchnahme nicht mehr kultiviert wurde, kann er wieder vom Staat zurückgefordert werden. →*Miete*

Böser Blick

Arabisch *Isabatu'l-'Ain.* Mohammed glaubte an den unheilvollen Einfluß des bösen Blicks. Asma Bint 'Umais überliefert, sie habe zu ihm gesagt: »O Prophet, die Familie des Dscha'far steht im Banne des bösen Blicks. Darf ich Sprüche benutzen, um ihn zu bekämpfen?« Der Prophet antwortete: »Ja, denn wenn es irgend etwas auf der Welt gibt, das stärker ist als das Schicksal, dann ist es der böse Blick.« (Mischkat 21)

Bozorg

ist ein persisches Wort und bedeutet »groß«. Ehrentitel einer gläubigen, bejahrten oder vornehmen Person.

Brautpreis

Arabisch *Mahr.* Einige Rechtsgelehrte sind der Auffassung, daß der Brautpreis eine Auswirkung des Heiratsvertrages ist, die dem Mann durch das Gesetz als Zeichen des Respekts für das Objekt des Vertrages, die Frau, auferlegt wird. Andere betrachten ihn lediglich als Gegenleistung für den Nießbrauch der Ehefrau. In jedem Falle ist er absolut unerläßlich; sogar wenn kein Brautpreis im Ehevertrag erwähnt wird, ist der Mann doch zur Zahlung verpflichtet, denn das Gesetz leitet diese Verpflichtung schon aus der reinen Existenz dieses Vertrages ab. In einem solchen Fall wird die Höhe des Brautpreises durch den Rang der Frau und durch die in der Familie ihres Vaters üblichen Beträge definiert. Besondere Schönheit oder andere Qualitäten können jedoch in einem solchen Fall zu einem noch höheren Brautpreis führen, als er mit Vertrag üblich wäre.

Es gibt keine Begrenzung nach oben für die Höhe des Brautpreises; es kann sich um einen sehr hohen Betrag handeln, abhängig von der Stellung und den Lebensverhältnissen des Bräutigams, aber er ist nie niedriger als 10 Dirhem; wird im Einzelfall ein niedrigerer Betrag festgesetzt, korrigiert das Gericht ihn auf diese Höhe.

Der Brautpreis muß nicht notwendigerweise in Geld gezahlt werden, alles außer Aas, Blut, Wein und Schweinen ist erlaubt. Auch die Arbeitskraft des Bräutigams wird vom Gesetz für einen guten Brautpreis gehalten.

Der Brautpreis wird üblicherweise in zwei Teile geteilt, einen bei Inkrafttreten des Vertrages fälligen und einen, der nur bei seiner Auflösung zu zahlen ist. Obwohl der erste Teil fällig wird und auch manchmal bezahlt wird, ist es doch eine weitverbreitete Praxis, ihn nicht zu bezahlen und ihn so als beständige Forderung an den Ehemann fortbestehen zu lassen. Auf diese Weise wird die ausstehende Schuld als ständige Garantie benutzt, daß der Mann seine Ehefrau gut behandelt und sich nicht von ihr scheiden läßt. Denn im Falle der Scheidung wird die volle Summe des Brautpreises fällig.

Briefe

Die Briefe von Muslimen sind durch einige Besonderheiten charakterisiert, die von den Regeln der Höflichkeit bestimmt sind. »Das Briefpapier ist dick, weiß und glatt, manchmal ist es mit goldenen Blumenornamenten geschmückt. Die obere Hälfte des Blattes wird leer gelassen, und die Rückseite bleibt immer unbeschrieben. Wenn der Briefschreiber niedriger gestellt oder gleichrangig ist, erscheint der Name des Adressaten üblicherweise im ersten Satz des Briefes, eingeleitet von mehreren Ehrentiteln, wobei der Name oft ein wenig über der normalen Schriftlinie steht; manchmal wird er in goldener oder roter Tinte geschrieben. Ein hochgestellter Mann, der an einen Abhängigen schreibt, setzt gewöhnlich seinen Namen und sein Siegel auf den Briefkopf. Das Siegel (meistens mit Hilfe eines Ringes erzeugt, der am kleinen Finger der rechten Hand getragen wird) enthält den Namen der Person, gewöhnlich mit dem Zusatz ›Sein (das heißt Gottes) Diener‹ oder anderer Worte des Gottvertrauens. Jemand, der an einen Höhergestellten, einen Gleichgestellten oder sogar an einen Niedrigergestellten, dem er Respekt erweisen möchte, schreibt, unterschreibt den Brief links unten auf dem Blatt und setzt sein Siegel unmittelbar rechts neben seinen Namen; wenn der Schreiber jedoch Demut zum Ausdruck bringen will, setzt er sein Siegel unter seinen Namen, so daß es nicht mehr vollständig auf das Blatt paßt.« (Lane's Arabian Nights, Band 1, Seite 28)

Brunnen

Arabisch *Bi'r*, Plural *Abar*. Wenn jemand einen Brunnen für den allgemeinen Gebrauch gräbt, dann erlischt nach Imam Mohammed das Besitzrecht des Brunnenbauers an diesem Brunnen, sobald andere daraus getrunken haben. Abu Hanifa jedoch vertritt die Auffassung, daß der Brunnen so lange in seinem Besitz bleibt, bis der Magistrat ein entsprechendes Dekret erlassen hat.

Wenn jemand einen Brunnen auf einer öffentlichen Straße gräbt (wo niemand dazu berechtigt ist), muß er ein Bußgeld zahlen, wenn jemand in den Brunnen fällt.

Wenn ein Tier oder ein anderer unreiner Gegenstand in einen Brunnen fällt, muß erst alles im Brunnen befindliche Wasser abgepumpt werden, ehe er wieder benutzt werden darf; wenn dies unmöglich ist, müssen mindesten 300 Eimer Wasser abgeschöpft werden. Wenn das in den Brunnen gefallene Tier bereits in Verwesung übergegangen ist, darf der Brunnen frühestens nach drei Tagen wieder benutzt werden, sonst bereits nach Ablauf eines Tages.

Bu'ath

Die Schlacht von Bu'ath fand ungefähr sechs Jahre vor Mohammeds Flucht aus Mekka zwischen den Banu Khazradsch und den Banu Aus statt.

Bücher Moses →*Taurat*

Bücherdiebstahl

Die Hand eines Bücherdiebes soll nicht abgehackt werden, da sich der Diebstahl ja nur auf den Inhalt des Buches bezieht und nicht das Buch selbst meint. →*Diebstahl*

Buhtan

Bedeutet »Verleumdung, falsche Beschuldigung«. Das Wort kommt zweimal im Koran vor, in der Sure 4, Vers 112, und in Sure 24, Vers 15.

Buka'

Weinen und Klagen um Verstorbene. Unmäßige Lamentationen und Totenklagen wurden vom Propheten Mohammed eindeutig mißbilligt, der zu diesem Thema gesagt haben soll: »Was von den Augen kommt (Tränen) und vom Herzen (Kummer), ist von Gott, was aber von den Händen und von der Zunge ist, kommt vom Teufel. Enthaltet euch des lauten Klagens, o ihr Frauen, welches ein Teufelsding ist.«

AL-BUKHARI

Der Kurztitel der berühmten Sammlung der sunnitischen Traditionen von Abu 'Abdu'llah Muhammad ibn Isma'il ibn Ibrahim ibn al-Mughira al-Dschu'fi al-Bukhari, der im Jahre 810 n. Chr. in Buchara geboren wurde und 870 n. Chr. im Dorfe Khartang bei Samarkand in Mittelasien starb. Seine Sammlung umfaßt mehr als siebentausend Überlieferungen der Taten und Aussprüche des Propheten Mohammed, die er aus über sechshunderttausend Traditionen auswählte. Sein Werk heißt Sahih des Al-Bukhari, und er soll sechzehn Jahre daran gearbeitet haben. So groß soll seine Ergebenheit an seine historisch-philologische Arbeit gewesen sein, daß er jedesmal, wenn er sich an die Arbeit machte, Gott den Allmächtigen auf Knien anflehte, ihn zu erleuchten, eine glaubwürdige Überlieferung zu Papier zu bringen.

BUND

Der Bund zwischen Gott und den Menschen wird in der siebten Sure erwähnt: »Als dein Herr die Söhne der Söhne Adams fragte: ›Bin ich nicht euer Herr?‹, da antworteten sie: ›Ja, das bezeugen wir.‹ Dies geschah, damit ihr am Auferstehungstage bekennen müßt: ›Wir haben dein Gebot mißachtet‹, und damit ihr nicht sagt: ›Nur unsere Väter haben die Götzen angebetet, aber nicht wir, ihre Nachkommen. Willst du uns wohl verderben, für das, was unbelehrbare Götzendiener getan haben?‹ «

BUNDESLADE

In der 2. Sure spricht der Prophet Samuel (Vers 249):
»Das Zeichen seiner Herrschaft wird die Bundeslade sein, in der euer Herr ist (Schechina), sie wird zu euch kommen, auch die Reliquien, die Moses und Aarons Familie hinterließen. Engel werden sie tragen.«
Die Reliquien sind der Stab Mosis und seine Schuhe, →*Aarons* Stirnband, ein Gefäß mit →*Manna* und die zerbrochenen Gesetzestafeln. Nach Dschalalu'd-Din enthielt die Lade jedoch die Bildnisse der Propheten, sie sei Adam vom Himmel herabgesandt worden und schließlich zu den Juden gelangt, die sie in allen Kriegen mitführten, bis sie von den

Amalekitern erobert wurde. Hilfreiche Engel hätten sie aber jenen wieder abgenommen und zu den Füßen →*Sauls* (Talut) niedergelegt, der daraufhin einstimmig zum König proklamiert wurde. Die Exegeten sagen, die Bundeslade in der obigen Sure stehe für ein friedliches, gotterfülltes Herz.

BURAQ

»Der Glänzende«. Das Tier, auf dem Mohammed seine →*Mi'radsch* genannte nächtliche Reise unternommen haben soll. Es war ein etwa eselsgroßes weißes Wesen mit Flügeln, das eine gewisse Ähnlichkeit mit dem assyrischen Gryphon hat.

BÜRGERRECHTE

In einem orthodoxen muslimischen Staat besitzen nur die Personen, die dem islamischen Glauben anhängen, die vollen Bürgerrechte; alle anderen müssen eine Kopfsteuer (→*Dschizya*) entrichten, die ihnen Sicherheit (*Aman*) garantiert.
Von den Bewohnern eines muslimischen Landes, die keine Mohammedaner sind, wird erwartet, daß sie Kleidung tragen, an der man sie erkennen kann, und daß sie in einem bestimm-

Der assyrische Gryphon

ten Viertel des Ortes oder der Stadt wohnen, wo sie zu Hause sind. Sklaven, die zum islamischen Glauben übertreten, erhalten nicht automatisch die Bürgerrechte, außer wenn ihr Herr ein Ungläubiger ist. In einem solchen Fall hat der Übertritt zum Islam ihre alsbaldige Freilassung zur Folge.
→*Dhimmis*, Nichtmuslime in einem muslimischen Staat, können nicht gegen einen Muslim als Zeugen aussagen.

Burudsch

»Die Türme«. Der Titel der 85. Sure, wo es heißt: »Bei dem Himmel mit seinen Türmen.« Gemeint sind die zwölf Sternzeichen des Zodiakus.

Buschra

Bedeutet »gute Nachricht, frohe Botschaft, Evangelium« und bezieht sich auf den Glauben an den Islam und seine weltweite Verbreitung.

C

CAESAR

Die arabische Form des lateinischen *Caesar* lautet *Qaisar*, also wie das deutsche Wort »Kaiser.« Das Wort erscheint in den Traditionen des *Sahihu'l-Muslim*, wo es sich auf den byzantinischen Kaiser Heraklius (ca. 575 bis 641 n. Chr.) bezieht, der im Jahre 628 n. Chr. auf seinem Weg nach Jerusalem in Edessa einen Brief Mohammeds erhielt, der ihn zum Übertritt zum Islam aufforderte.

CHERUBIM

Arabisch *Qarubiyun*, wörtlich »die nahe (bei Gott) stehen«. Mit diesem Ausdruck bezeichnet Al-Baidawi die Engel, die um Gottes Thron stehen und unaufhörlich Gottes Lob sprechen und Vergebung für die Gläubigen erbitten.

CHRISTENTUM

Arabisch *Nasraniya*. *Nasrani* (Plural *Nasara*) oder *'Isawi* bedeutet »Christ«.

Zu Lebzeiten Mohammeds war das Christentum auf der arabischen Halbinsel weit verbreitet. Nach Caussin de Perceval existierten christliche Gemeinden bei den Banu Taghlib in Mesopotamien, den Banu Ghassan in Syrien, den Banu Harith in Nadschran und bei anderen Stämmen zwischen Medina und Kufa. Der Historiker Philostorges berichtet in seiner »Historia Ecclesiae«, I, Kapitel 3, ein Mönch namens Theophilus, Bischof in Indien, sei vom Kaiser Konstantin im Jahre 342 n. Chr. zum König von Jemen gesandt worden und habe dort drei Kirchen für die ansässigen Christen bauen lassen, eine in Zafar, eine in 'Aden und eine in Hormuz am Persischen Golf. Ein Wunder jener Zeit sei die Kirche zu San'a' im Jemen gewesen, zu deren Bau das Material und die Arbeiter vom oströmischen Kaiser und vom Vizekönig von Abessinien zur Verfügung gestellt wurden. Der letztere beging den Fehler, den Arabern des Jemen zu befehlen, zu dieser neuen Kirche anstatt zur →*Ka'ba* nach Mekka zu pilgern. Dieses Edikt soll Anlaß für den »Elefantenkrieg« gegeben haben, als der Vizekönig von Jemen, Abraha, schwor, er würde den Tempel in Mekka zerstören und, an der Spitze seines Heeres auf einem Elefanten reitend, fast schon vor dem Stadttor Mekkas, plötzlich von Vögeln angegriffen wurde, die glühende Steine auf ihn und sein Heer warfen. Dieser Sieg der Araber über das Christentum ist Thema der 105. Sure, die den Namen »Al Fil«, »Der Elefant«, trägt, und soll sich um die Zeit von Mohammeds Geburt zugetragen haben.

Es fällt auf, daß Mohammed, der nur eine flüchtige Vorstellung vom Christentum hatte, im Koran kein Zitat aus dem Neuen Testament benutzte, sondern nur recht eigenwillige Darstellungen aus dem Alten Testament brachte, zum Beispiel wird Miriam (Maria, die Schwester des Moses und des Aaron) gleichgesetzt mit Maria, der Mutter Christi; ein Gegenbeweis für die Gottheit Christi sei in der Tatsache zu sehen, daß er und seine Mutter Nahrung zu sich nahmen; ebenso wird der Kreuzestod Christi geleugnet. Die folgende Auswahl aus dem Koran soll eine kurze Übersicht bieten, wie christliche Lehren im Koran interpretiert werden. Es fällt auf, daß fast alle Hinweise auf das Christentum in den mekkanischen Suren zu finden sind.

Sure 5 83: »Du wirst finden, daß unter allen Menschen die Juden und Götzendiener den Gläubigen am meisten feind sind; du wirst ferner finden, daß den Gläubigen noch die am besten gesinnt sind, welche sagen: ›Wir sind Christen.‹ Das kommt daher, weil sie Priester und Mönche haben und auch weil sie nicht hochmütig sind.«

Sure 2 105-114: »Sie sagten, niemand komme ins Paradies, wenn er nicht Jude ist oder Christ. Dies ist nur ihre Hoffnung. Sprich: ›Bringet euren Beweis herbei, wenn ihr recht habt.‹ Ja, wer unterwürfig sein Gesicht Gott zuwendet und liebfromm ist, dem wird eine Belohnung bei seinem Herrn zuteil. Keine Furcht über sie, sie sollen nicht betrübt sein. Die Juden sagen, die Christenschaft beruhe auf nichts, die Christen sagen, die Judenschaft beruhe auf nichts; beide lesen die Schrift; ähnlich sprechen diejenigen, die sie nicht kennen, ihren Worten gleich. Gott aber wird am Tag der Auferstehung unter ihnen entscheiden über das, worüber sie streiten. Wer ist frevelhafter als der, der es verhindert, daß in den Bethäusern Gottes dessen Name genannt wird, und sie zu zerstören sich bestrebt? Diese können sie nur in Furcht betreten. Schmach über sie hienieden, schwere Pein ist ihnen im Jenseits. Und Gottes ist Ost und West, und wohin immer ihr euch wendet, da ist auch das Gesicht Gottes, denn wahrlich, Gott ist allumfassend und allwissend. Sie sagen, Gott habe einen Sohn erzeugt. Erhaben ist er darüber. Nein. Sein ist, was in den Himmeln ist und was auf Erden, alles ist ihm gehorchend. Er ist Schöpfer der Himmel und der Erde; hat er etwas beschlossen, so spricht er nur: ›Sei!‹ und es ist. Es sprechen diejenigen, die nicht wissen: ›Wenn doch Gott zu uns spräche oder du uns ein Wunderzeichen zeigtest!‹ Ähnlich sprachen diejenigen, die vor ihnen waren, ihren Worten gleich; ihre Herzen gleichen einander. Aber bereits haben wir einem vertrauenden Volk Wunderzeichen erwiesen. Siehe, wir senden dich in Wahrheit als Verkünder und Ermahner, du aber sollst für die Genossen des Feuerpfuhls nicht verantwortlich sein. Doch werden nicht Juden und nicht Christen mit dir zufrieden sein, bis du ihrem Bekenntnis folgest. Sprich: ›Wahrlich, die Rechtleitung Gottes ist die richtige Leitung.‹ Aber ganz gewiß, folgst du ihrem Begehren, nachdem die Erkenntnis dir geworden, es soll dir von Gott aus nicht Beistand und nicht Helfer sein.«

Sure 4 154-156: »Ob ihres Brechens des Vertrages, ob ihres Leugnens der Verse Gottes, ob ihres Tötens der Propheten ohne Recht, ob ihres Sagens: ›Unsere Herzen sind unbeschnitten‹ – ja, versiegelt hat sie Gott in ihrem Unglauben, denn nur wenige glauben. Ob ihres Leugnens und ob ihres schwere Verleumdungen Redens über Maria. Und ob ihres Sagens: ›Wahrlich, wir haben den Messias, Jesus, den Sohn Marias, den Gesandten Gottes, getötet‹ – jedoch nicht getötet haben sie ihn und nicht gekreuzigt, nur ähnlich schien er ihnen. Aber wahrlich, die darüber streiten, sind darin in einem Zweifel; sie haben hiervon keine Kenntnis und folgen nur einer vorgefaßten Meinung. Wirklich aber haben sie ihn nicht getötet, vielmehr hat Gott ihn zu sich erho-

ben, denn Gott ist stark und allweise.«
Sure 2 129-132: »Sie sagten: ›Seid Juden oder Christen, ihr seid dann rechtgeleitet.‹ Sprich: ›Nein, das Bekenntnis Abrahams, des Rechtgläubigen, der nicht war der Götzendiener einer, (ist unsre Religion.‹) Sprecht: ›Wir glauben an Gott und an das, was uns geoffenbart worden ist, was Abraham, Ismael, Isaak, Jakob und den Stammesvätern geoffenbart worden ist, was Moses und Jesus überliefert worden ist, und was Propheten von ihrem Herrn überliefert worden ist; wir unterscheiden unter niemandem von ihnen, und nur ihm sind wir ergebene Bekenner.‹ Glauben sie dasselbe, was auch ihr glaubt, sind sie rechtgeleitet, wenden sie sich aber ab, sind sie in der Ketzerei. Aber Gott wird dich vor ihnen schützen; und er ist der Allhörende, der Allwissende. Es ist die Religion Gottes, und was ist besser als die Religion Gottes? Ihm sind wir Diener.«
Sure 5 73-78: »Wahrlich, das sind Ungläubige, die sagen, Gott sei Christus, der Sohn der Maria. Sagt ja Christus selbst: ›O ihr Kinder Israel, dient Gott, meinem und Euerem Herrn.‹ Wer Gott irgendein Wesen zugesellt, den schließt Gott vom Paradies aus, und seine Wohnung wird das Höllenfeuer sein, und die Gottlosen werden keinen Helfer haben. Auch das sind Ungläubige, welche sagen: ›Gott ist einer von dreien‹ – denn es gibt nur einen einzigen Gott. Enthalten sie sich nicht, so zu sprechen, wird diese Pharisäer eine schwere Strafe treffen. Sollten sie daher nicht zu Gott zurückkehren und ihn um Verzeihung bitten? Denn Gott ist versöhnend und barmherzig. Christus, der Sohn Marias, ist nur ein Gesandter, so wie ihm Gesandte auch vorangegangen sind, seine Mutter war eine wahrhaftige Frau und beide aßen gewöhnliche Speisen (hatten Bedürfnisse wie alle Menschen). Seht, wir bewiesen ihnen deutlich die Einheit Gottes, doch seht nun, wie sie von der Wahrheit abweichen. Sage ihnen: ›Wollt Ihr außer Gott etwas verehren, was Euch weder Schaden noch Nutzen bringen kann?‹ Gott hört alles und weiß alles. Sage ihnen: ›O ihr Schriftbesitzer, überschreitet doch nicht gegen die Wahrheit die Grenzen eurer Religion und folgt nicht dem Verlangen der Menschen, welche schon früher geirrt und manchen verführt haben, denn sie sind von der rechten Bahn abgewichen.‹ «
Sure 5 17-21: »Auch mit man-

chen von denen, die sagen, sie seien Christen, schlossen wir einen Bund, sie aber vergaßen einen Teil von dem, woran sie ermahnt worden. Darum erregten wir Feindschaft unter ihnen und Haß bis zum Tag der Auferstehung. Dann wird Gott ihnen verkünden, was sie getan. O Schriftleute, bereits ist unser Gesandter zu euch gekommen, der euch vieles verdeutlicht, was ihr der Schrift verberget, vieles aber übergeht. Schon ist euch Licht von Gott gekommen und ein deutliches Buch, womit Gott den, der nach seinem Wohlgefallen strebt, auf die Pfade des Heils leitet. Er wird sie nach seinem Willen aus der Finsternis zum Licht bringen und auf den geraden Weg führen. Die sind bereits ungläubig, die da sagen: ›Siehe, Gott, das ist der Messias, der Sohn der Maria.‹ Sprich: ›Wer vermöchte etwas gegen Gott, wollte er den Messias, den Sohn Marias, vernichten, seine Mutter, und was auf Erden allesamt?‹ Gottes ist die Herrschaft über Himmel und Erde und was zwischen ihnen. Er schafft, was er will, und Gott ist über alle Dinge mächtig. Da sagen die Juden und die Christen: ›Wir sind Kinder Gottes und seine Lieblinge.‹ Sprich: ›Warum denn straft er euch ob eurer Sünden?‹ Nein, ihr seid Fleischwesen unter andren, die er schuf. Er verzeiht, wem er will, und er straft, wen er will, denn Gottes ist die Herrschaft über Himmel und Erde und was zwischen ihnen, und zu ihm ist die Rückkehr.«

Sure 5 56: »O ihr, die ihr glaubt, nehmet nicht Juden oder Christen zu Freunden, denn Freunde sind sie nur gegeneinander. Und wer sie von euch als Freunde nimmt, wahrlich, er gehört zu ihnen. Wahrlich, Gott rechtleitet nicht das Volk der Frevler.«

Sure 22 17: »Wahrlich, die gläubig sind und die Juden, Sabäer, Christen, Magier und Götzendiener, entscheiden wird Gott zwischen ihnen am Tag der Auferstehung. Fürwahr, Gott ist für alle Dinge Bezeuger.«

Sure 5 112-116: »Dann sprachen die Apostel: ›Jesus, Sohn Marias, vermag dein Herr uns einen Tisch vom Himmel herabzusenden?‹ Er erwiderte: ›Fürchtet Gott, wenn ihr Gläubige seid.‹ Sie sprachen: ›Wir wollen von diesem essen, daß sich unsre Herzen beruhigen, damit wir wissen, daß du uns die Wahrheit gesagt, und damit wir Zeugen dessen seien.‹ Da sprach Jesus, der Sohn Marias: ›Gott, Herr unser, sende uns einen Tisch vom Himmel hernieder, daß uns ein Fest sei, dem ersten unter uns und dem letzten, und ein Zeichen von dir. Und versorge uns, denn du bist der Beste der Versorger.‹ Und Gott sprach: ›Siehe, ich will ihn euch niedersenden; wer aber von euch hernach leugnet, wahrlich, ich strafe ihn mit einer Strafe, mit der ich keinen der Weltbewohner strafe.‹ Gott sprach: ›O Jesus, Sohn Marias, hast du den Menschen gesagt: nehmet mich und meine Mutter als zwei Götter neben Gott?‹ Er erwiderte: ›Preis dir, es steht mir zu sagen nicht zu, was mir nicht Wahrheit ist. Hätte ich dies gesagt, du wüßtest es bereits. Du weißt, was in meiner Seele, ich aber weiß nicht, was in deiner Seele, wahrlich, du bist der Wisser der Geheimnisse.‹ «

Sure 19 35-38: »Das ist Jesus, der Sohn Marias, das Wort der Wahrheit, über den sie zweifeln. Es kommt Gott nicht zu, einen Sohn zu zeugen. Preis ihm! Hat er etwas beschlossen, so spricht er nur: ›Sei!‹ und es ist. Wahrlich, Gott ist mein Herr und euer Herr, so verehret ihn; das ist der gerade Weg. Die Zünfte aber stritten untereinander, und wehe denen, die ungläubig sind, vor der Versammlung des großen Tages.«

Die einzigen Personen des Neuen Testaments, die im Koran namentlich erwähnt werden, sind – neben Jesus und seiner Mutter Maria – Johannes der Täufer und Zacharias.

Es gibt in den Traditionen (Mischkat) sechs Aussprüche des Propheten, die offensichtlich an das Neue Testament angelehnt sind. Ob es sich dabei allerdings um originale Zitate handelt oder ob sie auf die Überlieferung zurückgehen, ist nicht zu entscheiden.

Abu Huraira sagt, der Prophet habe gesagt: »Zu den sieben Menschen, die Gott am Tage des Gerichts zu sich in den Himmel aufnehmen wird, gehört der, der Almosen gibt und dies im verborgenen tut, dessen linke Hand nicht weiß, was die rechte tut.« (Vgl. Matt 6 3)

Und: »Gott erhört nicht die Gebete derer, die in langen Gewändern beten.« (Vgl. Matt 12 38)

Und: »Die Tore des Himmels werden sich ihnen (den Gottlosen) nicht öffnen, ehe nicht ein Kamel durch ein Nadelöhr gegangen ist.« (Vgl. Mark 10 25)

Abu Umama überliefert, daß der Prophet gesagt habe: »Gesegnet sei der, der mich gesehen hat. Und gesegnet sei der, der mich nicht gesehen hat, aber trotzdem glaubt.« (Vgl. Joh 20 29)

Mu'adh sagt, der Prophet habe gesagt: »Tue anderen das, was du wünscht, daß es dir getan wird, und füge anderen nichts zu, was du nicht möchtest, daß es dir zugefügt werde.« (Vgl. Matt 7 12)

Abu Huraira überliefert, der Prophet habe gesagt: »Gott wird am Jüngsten Tag sprechen: ›Ihr Menschenkinder, ich war krank, und ihr habt mich nicht besucht.‹ Und die Menschen werden antworten: ›Wie konnten wir dich besuchen? Du bist der Herr des Universums und bist frei von Krankheit.‹ Und Gott wird sagen: ›Wußtet ihr nicht, einer meiner Diener war krank, und ihr habt ihn nicht besucht.‹ « usw. (Vgl. Matt 25 21)

Obwohl es schwierig wäre, dies aus dem Text des Korans heraus zu begründen, ist es die allgemeine Überzeugung der Muslime, daß die Christen sich nicht im Stande des Heiles befinden, und daß →*Laza*, das »lodernde Feuer« der Hölle, das in Sure 70 15 erwähnt wird, auf sie wartet.

Christen, die in einem muslimischen Land leben, haben den Status von →*Dhimmis*, nichtmuslimischen Subjekten einer muslimischen Regierung, die dem jüdischen, christlichen oder sabatäischen Glauben angehören und durch Zahlung einer Kopfsteuer (→*Dschizya*) Sicherheit der Person und des Besitzes in dem muslimischen Land genießen. Sie dürfen ihre Kirchen restaurieren, aber keine neuen bauen, denn, wie Abu Hanifa sagt, »der Bau von Kirchen und Synagogen auf muslimischem Boden ist von der Tradition verboten«. Auch sonst gibt es Unterschiede zwischen Muslimen und *Dhimmis*. So ist es letzteren verboten, Pferde zu reiten, Waffen zu tragen und die gleiche Kleidung zu tragen wie die Muslime. Der Grund dafür ist, sagt Abu Hanifa, »daß den Mohammedanern Respekt entgegengebracht werden muß und den *Dhimmis* nicht«.

Die Frauen der *Dhimmis* müssen auf der Straße und in öffentlichen Bädern von denen der Muslime ferngehalten werden. Die Türen der Häuser der *Dhimmis* sollten gekennzeichnet sein, damit ein muslimischer Bettler, der bei ihnen vorspricht, nicht für sie betet!

Einige Gelehrte sind der Auffassung, daß *Dhimmis* überhaupt nicht reiten dürfen, außer im Falle absoluter Notwendigkeit, und daß sie in einem solchen Falle absteigen müssen, wenn sie einem Muslim begegnen.

Wenn ein Richter einem Chri-

sten einen Eid abzunehmen hat, muß er ihn die Formel sprechen lassen: »Ich schwöre bei Gott, der Jesus das Evangelium offenbart hat.«
Eine einzigartige Regelung des muslimischen Gesetzes ist die Vorschrift, daß der Anspruch auf Elternschaft eines Christen Vorrecht vor dem Anspruch auf Besitz eines Muslims hat. Abu Hanifa sagt: »Wenn ein Junge im gleichzeitigen Besitz von zwei Personen ist, einem Muslim und einem Christen, und der Christ versichert, daß der Junge sein Sohn ist, dann muß der Junge zum Sohn des Christen erklärt werden und die Freiheit erhalten, denn obwohl der Islam die höherrangige Religion ist, kann es keine Gleichwertigkeit des Anspruchs auf Verwandtschaft und des Anspruchs auf Besitz geben.«

CHRISTUS →*Jesus*

CREDO
Arab. *Kalima*. Das muslimische Glaubensbekenntnis lautet: »Ich bezeuge, daß es keinen Gott gibt außer Gott und daß Mohammed der Gesandte (Prophet, Apostel) Gottes ist.« Das Sprechen dieses Credos ist die erste der fünf Säulen des Islam, ein Konvertit muß diesen Vers sprechen, die Bedeutung voll verstehen, ihn in seinem Herzen verstehen, ihn korrekt zitieren und ihn bis zu seinem Tod häufig wiederholen.

D

Dabbatu'l-Ard
Wörtlich »das Reptil aus der Erde«. In der 27. Sure heißt es in Vers 83, daß am Jüngsten Tag ein Ungeheuer aus den Tiefen der Erde emporsteigen und den Menschen zurufen wird:
»Wahrlich, ihr Menschen habt nicht fest genug an unsere Zeichen geglaubt.«
Gemäß der Tradition ist es das dritte Zeichen, das die kommende Auferstehung ankündigt (Mischkat, Kapitel 23). →*Auferstehung*

Dabur
Bedeutet »der Westwind«. Dieser Ausdruck wird von den →*Sufis* verwendet, um die Fleischeslust und deren überwältigende Macht über den Menschen zu bezeichnen.

Dadschal
Wörtlich »falsch, verlogen«. So heißen im →*Hadith* religiöse Schwindler, die im Laufe der Geschichte auftreten sollen. Mohammed soll gesagt haben, es seien ungefähr dreißig, von denen der letzte, der vor dem Jüngsten Tag erscheinen wird, von Mohammed der »verlogene Christus« (Masihu'd-Dadschal, der Antichrist) genannt wird. →*Al-Masihu'd-Dadschal*

Dahha
Die zehn Tage des Monats Muharram, während der die Schiiten öffentlich den Tod 'Alis und seiner Gefährten beklagen.

ad-Dahr
Bedeutet »großer Zeitraum« und ist Titel der 76. Sure des Korans, wo es im ersten Vers heißt: »Ging nicht hin über den Menschen eine geraume Zeit, in der er etwas war, woran man nicht denkt? Wahrlich, wir schufen den Menschen aus einem Mischtropfen, um ihn zu

prüfen, und machten ihn hörend und sehend.«

Dahri

Die Bezeichnung für einen Atheisten, der an die unendliche Dauer der Materie und des Universums glaubt, den Jüngsten Tag und die Auferstehung aber leugnet.

Dain

Bezeichnet eine Schuld, die bis zu einem festgesetzten Termin zurückzuzahlen ist, während →*Qard* für eine Schuld steht, deren Rückzahlungstermin offen ist.

Dalala

»Irrtum«. Das Wort erscheint häufig im Koran, zum Beispiel Sure 2 15: »Sie sind diejenigen, die Irrtum für Rechtleitung erkauften; aber nicht gewinnbringend ist ihr Handel, sie sind nicht die Rechtgeleiteteten.«

Damaskus

Arabisch *Dimaschq*. Damaskus ist die Hauptstadt Syriens und wurde erstmals Mitte des 15. Jhds. v. Chr. erwähnt, war von 950-800 v. Chr. Hauptstadt eines Reiches der Aramäer (einst ein semitisches Nomadenvolk), wurde 732 von den Assyrern erobert, anschließend babylonisch, später persisch und seleukidisch. 64 n. Chr. wurde es mit ganz Syrien zur römischen Provinz und blieb es einige Jahrhunderte, bis es 635 n. Chr. von den Muslimen erobert wurde. Im Jahre 1400 wurde Damaskus von den Mongolen unter Timur erobert und zerstört; 1516 kam es unter türkische Herrschaft; nach dem ersten Weltkrieg wurde es unter französisches Mandat gestellt, ehe es seit 1946 die Hauptstadt der Republik Syrien wurde. Heute ungefähr 500000 Einwohner. Zahlreiche Moscheen, Universität. Besonders berühmt die alte Waffenschmiedekunst (»Damaszenerklingen«) sowie die feinen Gewebe aus Seide, Leinen und Baumwolle (»Damast«).

Dämonen

Arab. *Dschinn* und *Dschann.* Mohammed glaubte fest an die Existenz von guten und bösen Geistern, und im Koran trägt die 72. Sure den Namen *Suratu'l Dschinn*, »Sure von den Dämonen«. Sie beginnt:
»Sprich: ›Es ward mir geoffenbart, eine Schar von den Geistern habe zugehört und gesprochen: Wahrlich, wir hörten einen Koran wundersam. Er leitet zum Rechtwandel; so glauben wir an ihn, und nie gesellen wir unsrem Herm jemand bei. Und hocherhaben ist

die Herrlichkeit unsres Herrn; er nahm keine Ehegenossin und keinen Sohn. Und doch sprach ein Tor unter uns über Gott arge Lüge. Und wir meinten, nicht Mensch und nicht Geist spricht Lüge über Gott. Und unter den Menschen waren Männer, die Zuflucht nahmen zu Männern von den Geistern; doch sie mehrten ihre Bosheit nur. Und sie meinten, wie auch ihr meintet, Gott werde niemand auferwecken. Und wir betasteten den Himmel, fanden ihn aber voll gewaltiger Wächter und Feuerflammen. Und wir saßen dort auf manchem Sitz, um zu lauschen; doch wer jetzt noch lauscht, findet eine lauernde Feuerflamme auf sich gerichtet.‹ «

Nach einer auf den Propheten zurückgehenden Tradition werden die Dämonen in fünf Gruppen eingeteilt: *Dschanns* (die am wenigsten Macht besitzen), *Dschinnen*, *Schaitane* (oder Teufel), *'Ifrits* und *Marids*. Letztere besitzen die größte Macht, und die Dschanns sind verwandelte Dschinnen, wie bestimmte Affen und Schweine verwandelte Menschen sind.

Es ist zu beachten, daß die Begriffe *Dschinn* und *Dschann* gewöhnlich undifferenziert für die ganze Spezies benutzt werden, wobei damit auch kein Unterschied zwischen guten und bösen Geistern gemacht wird und der erstere der geläufigere ist. Auch der Begriff →*Schaitan* bezeichnet üblicherweise jeden bösen Dämon. Ein →*'Ifrit* ist ein mächtiger böser Dämon, ein *Marid* ein böser Dämon der mächtigsten Klasse. In einer vom Propheten stammenden Tradition heißt es: »Die Dschanns wurden aus rauchlosem Feuer geschaffen.« Und im Koran, Sure 15 27, ist zu lesen: »Die Geister aber bildeten wir zuvor aus dem Feuer der Gluthitze (das heißt aus rauchlosem Feuer).« Das Wort Dschann bedeutet an anderen Stellen des Korans auch »Schlange«, und es wird im Koran immer als Synonym für Dschinn gebraucht.

Al-Qazwini sagt, daß die Dschinnen Luftwesen mit transparenten Körpern seien, die die verschiedensten Formen annehmen könnten. Alle diese Wesen seien gewöhnlich für Menschen unsichtbar, aber wenn sich ihre Gestalt verdichtet, würden sie sichtbar.

Man sagt, daß die Dschanns (oder Dschinnen) 2000 Jahre vor Adam erschaffen wurden (nach manchen Autoren noch früher) und daß es unter ihnen, genau wie bei den Menschen,

Gläubige und Ungläubige und jede Sekte gebe. Einige Autoren sagen, daß ein Prophet namens Yusuf zu den Dschinnen geschickt worden sei; andere glauben, daß es bei ihnen nur Prediger und Mahner gegeben habe; wieder andere sind der Ansicht, daß vor Mohammed siebzig Apostel zu ihnen geschickt worden seien. Nach allgemeiner Auffassung wurden die voradamitischen Dschinnen von vierzig (oder zweiundsiebzig) Königen regiert, die alle von den arabischen Autoren Sulaiman (oder Salomon) genannt werden, deren letzter, der auch die ägyptischen Pyramiden gebaut haben soll, Dschann ibn Dschann hieß und zum Namensgeber für das ganze Geschlecht wurde.

Al-Qazwini schreibt über die voradamitischen Dschinnen: »Es wird berichtet, daß in alten Zeiten, noch vor der Erschaffung Adams, ein Geschlecht von Dschinnen die Erde bevölkerte, das Land und das Meer, die Ebenen und die Berge, und die Gnade Gottes lag auf ihnen, und sie hatten eine Regierung, Prophetie, Religion und Gesetz. Aber sie lehnten sich gegen ihre Propheten auf und machten die Erde zu einem Ort der Gottlosigkeit. Darauf schickte Gott, sein Name sei gepriesen, ein Heer von Engeln gegen sie, und sie besetzten die Erde und vertrieben die Dschinnen in die Gegend der Inseln und machten viele von ihnen zu Gefangenen, und unter diesen war ʻAzazil, der später →*Iblis* genannt wurde. ʻAzazil war damals noch jung, und er wuchs unter den Engeln auf (und wurde wahrscheinlich deshalb für einen solchen gehalten), lernte ihr Wissen und wurde schließlich ihr Herrscher. Und so ging es fort für lange Zeit, bis zu jenem Zwischenfall mit Adam, als Gott, gepriesen sei sein Name, die Engel aufforderte, vor Adam niederzufallen und alle Engel außer Iblis gehorchten.« →*Teufel;* →*Adam*

Einer anderen Autorität zufolge wurde Iblis als Statthalter auf die Erde geschickt und herrschte dort 1000 Jahre lang über die Dschinnen. Danach wurde er in den Himmel aufgenommen und verbrachte die Zeit bis zur Erschaffung Adams in Verehrung der Gottheit. Sein Name war ursprünglich (wie oben erwähnt) ʻAzazil, anderen Quellen zufolge Al-Harith; sein Patronym ist Abu Munna oder Abu'l-Ghimr. Es ist auch strittig, ob er ein Engel war oder zu den Dschinnen gehörte. Zu diesem Punkt gibt es drei

Meinungen: 1. Nach einer von →*Ibn 'Abbas* stammenden Tradition war er ein Engel; 2. Er gehörte zu den Schaitanen (oder den bösen Dschinnen), wie im Koran dargestellt; dies ist die Meinung von Al-Hasanu'l-Basri und die verbreitetste Auffassung; 3. Er war weder ein Engel noch ein Dschinn, sondern wurde einzeln aus Feuer erschaffen.

Ibn 'Abbas findet seine Meinung durch dieselbe Koranstelle bestätigt wie Al-Hasanu'l Basri. In Sure 2 35 heißt es: »Darauf sagten wir zu den Engeln: ›Fallt auf die Knie vor Adam!‹ Und sie taten es alle, bis auf Iblis; er weigerte sich und war hochmütig, denn er war ein Dschinn.« Ibn 'Abbas argumentiert, die höchsten der Engel würden Dschinnen genannt, weil sie den Augen der anderen Engel verborgen seien, und Iblis sei einer dieser Dschinnen. Er hätte die Herrschaft über den untersten Himmel und die Erde innegehabt und wäre der *Tawus* (wörtlich »Pfau«) der Engel genannt worden. Aber als er sich dann weigerte, sich vor Adam zu demütigen, habe Gott ihn in einen Schaitan verwandelt.

Es gibt eine Tradition, nach der Iblis und alle sonstigen Schaitane sich von den anderen Dschinnen durch eine längere Existenz unterscheiden. Die Schaitane seien Kinder des Iblis und würden nur mit ihm zusammen sterben, während die anderen Dschinnen vor ihm stürben, obwohl sie Jahrhunderte leben könnten. Aber dies stimmt nicht ganz mit der allgemeinen Auffassung überein, daß Iblis und viele andere böse Dschinnen zwar die Menschheit überleben werden, daß sie aber vor der Auferstehung sterben müssen, was sogar für die Engel gilt, wobei →*'Izra'il*, der Engel des Todes, der letzte sein wird.

Aber nicht alle bösen Dschinnen leben so lange. Viele von ihnen werden durch Sternschnuppen getötet. Deshalb rufen Araber, wenn sie eine Sternschnuppe sehen, oft aus: »Möge Gott den Feind des Glaubens durchbohren!« Viele werden von anderen Dschinnen getötet, einige sogar von Menschen. Das Feuer, aus dem die Dschinnen geschaffen sind, zirkuliert anstelle von Blut in ihren Adern, und wenn ihnen eine tödliche Wunde zugefügt wird, wird dieses Feuer freigesetzt und verbrennt sie zu Asche.

Die Dschinnen essen und trinken und pflanzen ihre Art fort, manchmal sogar durch die Vereinigung mit Menschen. In die-

sem Falle erbt der Nachwuchs die Charakteristika beider Elternteile.
Zu den bösen Dschinnen gehören die fünf Söhne des Iblis: Tir, der für Verluste, Verletzungen und Schwierigkeiten aller Art verantwortlich ist; Al-A'war, der zu Ausschweifungen verführt; Sut, der Lügen einflüstert; Dasim, der Zwietracht zwischen Mann und Frau sät, und Zalambur, der an verkehrsreichen Orten Unheil anrichtet.
Es seien noch einige auf den Propheten zurückgehende Traditionen bezüglich der Gestalt und des Aufenthaltsortes der Dschinnen erwähnt: Diese haben verschiedenes Aussehen und können die Gestalt von Schlangen, Skorpionen, Löwen, Wölfen, Schakalen usw. haben. Es gibt drei Arten von Dschinnen, nämlich solche, die auf der Erde, solche, die im Wasser, und solche, die in der Luft leben. Es gibt vierzig Heere von Dschinnen, wobei jedes Heer aus 6 Millionen Einzelwesen besteht. Es gibt drei Arten von Dschinnen, die einen haben Flügel und können fliegen; die anderen sind Schlangen und Hunde; die dritten bewegen sich wie Menschen fort.
Der Prophet hat seine Anhänger angewiesen, Schlangen und Skorpione dann zu töten, wenn sie während des Gebetes eindringen. Bei einer anderen Gelegenheit scheint er aber verlangt zu haben, daß die Eindringlinge erst aufgefordert werden müßten, sich zu entfernen, und sie erst dann zu töten, wenn sie dieser Aufforderung nicht Folge leisten. So wird berichtet, daß →*'A'ischa*, die Lieblingsfrau Mohammeds, einst eine Schlange in ihrer Kammer getötet habe. Danach aber kamen ihr, ausgelöst durch einen Traum, Zweifel, ob sie nicht einen muslimischen Dschinn getötet haben könnte, da er nicht eingedrungen war, als sie unbekleidet war, und sie zahlte zur Buße ein Almosen von 12000 Dirham, das Blutgeld für einen Muslim.

Daniel

Arabisch *Daniyal.* Gilt bei den Mohammedanern als Prophet, der die Gabe der Traumdeutung besitzt. Er wird weder im Koran noch in den Traditionen erwähnt, aber die Qisasu'l-Anbiya' berichteten, daß Daniel zur Zeit der Herrschaft Bukhtu Nassars (Nebukadnezar) ins Gefängnis geworfen wurde. Als der König hörte, daß Daniel ein Traumdeuter sei, ließ er ihn zu sich rufen und fragte ihn nach einem Traum, den er in einer der vorhergehenden Nächte geträumt, aber dann wieder vergessen hatte. Daniel konnte den Traum tatsächlich wiedergeben: »Er sah eine große Statue, deren Kopf aus purem Gold bestand, der Rumpf vom Nabel aufwärts war aus Silber, abwärts aus Kupfer, die Beine aus Eisen und die Füße aus Ton. Plötzlich fiel ein Stein vom Himmel auf die Statue und zermalmte sie, so daß alle Substanzen vermischt und schließlich vom Wind weggeweht wurden. Der Stein aber wurde immer größer, bis er die ganze Erde bedeckte.« Daniels Interpretation des Traums: Die Statue symbolisierte die verschiedenen Nationen; das Gold war das Reich Nebukadnezars, das Silber das Reich seines Sohnes, das Kupfer das römische Reich, das Eisen das persische Reich, und der Ton stellte den Stamm Zauzan dar, von dem die Könige Persiens und Roms abstammen sollten. Der große Stein versinnbildlichte eine Religion, die sich in den letzten Tagen der Menschheit über die ganze Welt verbreiten sollte.

DAR
Bedeutet »Haus, Wohnung, Land«. Dieses Wort wird in verschiedenen Kombinationen gebraucht, z. B. *Ad-Dar* bezeichnet Medina, *Ad-Darain* das irdische und das ewige Leben, *Daru'l-Baqa'* den Himmel, wörtlich »die Wohnstatt, die bleibt«, während *Daru'l-Fana'*, »die Wohnstatt, die vergeht«, die Erde bezeichnet.

AD-DARR
Bedeutet »der Betrübende« und ist einer der 99 Beinamen oder eines der 99 Attribute Gottes. Im Koran wird das Wort als Bezeichnung des Teufels benutzt.
Sure 58 11: »Die heimlichen Gespräche sind vom Satan nur, um zu betrüben, die gläubig sind; doch kann man ihnen kein Leid zufügen, es sei denn mit dem Willen Gottes. Und auf Gott vertrauen sollen die Gläubigen.«
Gott wird insofern als »Betrübender« bezeichnet, als alles Übel dem Menschen nur mit Gottes Willen widerfährt.

DARU'L-BAWAR
Bezeichnet in der 14. Sure die Hölle. Der Vers 29 lautet: »Hast du noch nicht die beobachtet, welche die Gnade Gottes mit dem Unglauben vertauscht und verursacht haben, daß ihr Volk in die Wohnung des Verderbens hinabsteigen muß?«

DARU'L-HARB
Wörtl. »Land des Krieges«. Be-

zeichnet ein Land, das den Ungläubigen gehört und noch nicht vom Islam unterworfen wurde. Es kann unter der Bedingung, daß dort die islamischen Gesetze eingeführt werden, zu einem →*Daru'l-Islam* werden.

Nach Abu Hanifa kann unter drei Bedingungen aus einem *Daru'l-Islam* wieder ein *Daru'l-Harb* werden: 1. wenn in einem Land die Gesetze der Ungläubigen Gültigkeit haben und die Gesetze des Islam unterdrückt werden, 2. wenn das fragliche Land an ein *Daru'l-Harb* angrenzt und kein anderes muslimisches Land zwischen ihnen liegt (das heißt, wenn das muslimische Land zum *Dschihad* (zum Heiligen Krieg) verpflichtet wäre, aber seine Kräfte dazu nicht ausreichen), 3. wenn den Muslimen kein *Aman* (Schutz durch den islamischen Eroberer) gegeben wird. →*Dschihad*

Daru'l-Islam

Wörtl. »Land des Islam«. Bezeichnet ein Land, in dem die muslimischen Gesetze volle Geltung haben.

In einem Land, das unter muslimische Herrschaft gekommen ist, sind diejenigen, die den neuen Glauben nicht uneingeschränkt übernehmen, gewissen Benachteiligungen ausgesetzt. Sie können Gott auf ihre eigene Weise verehren (vorausgesetzt, sie sind keine Götzenanbeter), aber nur in aller Stille. Nach den Traditionen ist die Errichtung einer christlichen Kirche oder einer Synagoge widerrechtlich, es sei denn, eine bereits bestehende oder auch zerstörte würde wieder aufgebaut. Heidnische Tempel müssen jedoch in allen muslimischen Ländern zerstört werden, wenn der Tradition Genüge getan werden soll. →*Daru'l-Harb*

Daru'l-Qarar

Wörtl. »der bleibende Aufenthalt«. Ein Ausdruck, der in der 40. Sure des Korans, Vers 39 erscheint: »O mein Volk! Das gegenwärtige Leben ist nur eine vergängliche Freude, aber das zukünftige Leben wird ein bleibender Aufenthalt sein.«

Daru's-Salam

Bedeutet »Wohnung oder Land des Friedens« und bezeichnet in der sechsten Sure, Vers 126 den Himmel.

David

Arabisch *Dawud*. König Israels und ein Prophet, dem Gott das →*Zabur*, das Buch der Psalmen, offenbart hat.

Da'wa

Wörtlich »Einladung der Geister, Ruf, Anrufung«. Ein Begriff, der ein System von Beschwörungen beschreibt, das von orthodoxen Muslimen für gesetzlich gehalten wird, während *Sihr* (→*Magie*) und *Kahana* (Wahrsagerei) als ungesetzlich gelten. →*Exorzismus*

Derwisch

Darvesch, *Darwisch*. Ein persisches Wort, das einen frommen Bettler bezeichnet, wörtlich »jemand, der von Tür (*Dar*) zu Tür geht«. Die arabische Bezeichnung ist →*Faqir*

Dhabh

Arabische Lexikographen definieren das Wort als den Vorgang des Kehledurchschneidens. In der Sprache des Gesetzes bezeichnet es die Schlachtung eines Tieres nach den gesetzlichen Vorschriften. Werden diese Bestimmungen nicht eingehalten, ist das Fleisch des Tieres ungesetzlich und für den menschlichen Genuß nicht erlaubt. Siehe Koran, Sure 2 167-168: »O ihr, die ihr glaubt, genießet des Guten, mit dem wir euch versorgt, und danket Gott, daß ihr nur ihm dienet. Nur Verendetes, Blut, Schweinefleisch, und das, worüber ein anderer außer Gott angerufen worden ist, sei euch verboten. Wer jedoch gegen seinen Willen gezwungen wird, nicht Übertreter ist er, keine Sünde haftet ihm an, denn siehe, Gott ist allverzeihend und allbarmherzig.«
Wenn ein Mann ein Tier schlachtet, muß er dies nach den rituellen Vorschriften tun, indem er dem Tier in Richtung Mekka gewendet die Kehle durchschneidet und dabei ausruft: »Im Namen Gottes, Gott ist groß!« Wenn ein Jäger mit einem Bogen oder einem Gewehr auf Wild schießt, müssen die Worte »Im Namen Gottes, Gott ist groß!« in dem Moment ausgesprochen werden, wenn der Pfeil die Sehne des Bogens oder die Kugel den Lauf des Gewehres verläßt. Wird das Wild durch den Schuß getötet, ist das Fleisch gesetzlich, wird es nur verwundet, muß es wieder rituell geschlachtet werden. Wild, das von einem Pfeil ohne scharfe Spitze getötet wurde, ist nicht gesetzlich. Dasselbe gilt für mit Steinen erlegte Tiere.
Wild, das von Magiern, Apostaten oder Götzenanbetern erlegt wurde, ist nicht gesetzlich, von Juden oder Christen erlegtes Wild ist gesetzlich.
Läßt der Schlachtende die Worte »Im Namen Gottes, Gott ist groß!« vorsätzlich aus, ist das Fleisch des Schlachttieres unge-

setzlich, vergißt er die Anrufung Gottes nur, ist das Fleisch gesetzlich, obwohl es in diesem Punkt bei sunnitischen Gelehrten andere Auffassungen gibt. Asch-Schafi'i glaubt, daß das Fleisch in beiden Fällen gesetzlich ist, der Imam Malik vertritt die Ansicht, daß es in beiden Fällen ungesetzlich ist. Abu Yusuf erklärt, daß ein Tier, das unter vorsätzlicher Weglassung der Anrufung geschlachtet wird, gänzlich ungesetzlich ist und daß die Obrigkeit den Verkauf dieses Fleisches verbieten muß. Der korrekte Schnitt, mit dem das Schlachttier getötet wird, muß zwischen Kehle und Brustbein geführt werden und muß die Luftröhre, die Speiseröhre und die beiden Drosseladern durchtrennen.

DHABIHA
Wörtlich »der Länge nach geteilt«. Ein Tier, das nach den gesetzlichen Bestimmungen geschlachtet wurde, ein Opfer. →*Dhabh*

DHA'FIRANIYA
Eine muslimische Sekte, die die Meinung vertritt, daß der Koran etwas Erschaffenes sei, während die orthodoxe Schule lehrt, daß das Wort Gottes nicht erschaffen wurde, sondern von jeher existiert habe.

DHAKIR
Einer, der an Gott denkt, indem er seine Namen und Lobpreisungen rezitiert. Der Rezitator eines →*Dhikr*

DHANB
Plural *Dhunub*, »Sünde, Verbrechen, Schuld«. Das Wort erscheint häufig im Koran, zum Beispiel Sure 26, 13: »Und auf mir lastet eine Schuld wider sie, und ich fürchte, sie bringen mich um.«

ADH-DHARIYAT
Suratu'dh-Dhariyat, »Sure von den Ausstreuenden«, ist der Titel der 51. Sure des Korans.

DHARRA
»Atom, Winzigkeit«. Das Wort erscheint im Koran in Sure 99 6-8: »Dann kommen die Menschen zerstreut herbei, um ihre Weke zu schauen. Wer nur das Gewicht eines Stäubchens (*Dharra*) Gutes getan hat, wird es sehen. Und wer das Gewicht eines Stäubchens Böses getan hat, wird es sehen.«

DHAT
Plural *Dhawat*, von *Dhu*, »Besitzer«, wovon *Dhat* das Femininum ist. Der Begriff bezeichnet das innerste Wesen einer Sache. Er wird benutzt, um das Wesen oder die Essenz Gottes

zu bezeichnen. *Allah* ist der *Ismu'dh-Dhat*, der »wesentliche Name Gottes«. *Dhatu'llah*, »das Wesen Gottes«, ist ein Begriff der scholastischen Theologie. Im muslimischen Recht bezeichnet *Dhat* die Gesamtheit von Leib und Seele im Gegensatz zum rein materiellen Körper.

DHIKR

Wörtlich »Gedenken«. Eine Andachtsübung oder religiöse Zeremonie, die von den verschiedenen Derwischorden zelebriert wird und sehr verschiedene Formen haben kann.

DHIMMA

Plural *Dhimam*. Ein Vertrag, dessen Nichteinhaltung zu Sanktionen führt. Das Wort ist synonym mit *Aman* im Sinne von »Sicherheit oder Schutz des Lebens und Besitzes«. Demzufolge ist *Ahlu'dh-Dhimma* oder einfach *Adh-Dhimma* ein Volk, mit dem ein solcher Vertrag geschlossen wurde, speziell die Kitabis, die Völker des Buches, das heißt Juden, Christen und Sabatäer, die eine Kopfsteuer (→*Dschizya*) bezahlen und auf diese Weise persönliche Sicherheit, Freiheit und religiöse Toleranz erkaufen. →*Dhimmi*
Im Koran erscheint das Wort im Sinne von »Treue«.
Sure 9 7-10: »Wie sollten die Götzendiener ein Bündnis mit Gott haben und mit seinen Gesandten? Die ausgenommen,

Derwische bei einer Andachtsübung (Dhikr), die bis zur Trance gehen kann

mit denen ihr bei der heiligen Anbetungsstätte ein Bündnis geschlossen. Und soweit sie euch aufrichtig sind, seid auch ihr ihnen aufrichtig; wahrlich, Gott liebt die Gottesfürchtigen. Wenn sie gegen euch auftreten können, beachten sie nicht Blutsverwandtschaft und nicht Bundestreue. Gefällig sind sie euch mit ihrem Mund, doch weigern sich ihre Herzen. Die meisten ihrer sind gottlos. Sie erkauften für die Verse Gottes einen geringen Preis und wandten sich ab von seinem Pfad. Wahrlich, schlimm ist, was sie tun. Nicht Blutsverwandtschaft beachten sie bei einem Gläubigen und nicht Bundestreue. Diese, sie sind Bundesbrecher.« Im modernen Sprachgebrauch hat das Wort häufig die Bedeutung »Bewußtsein«.

Dhimmi

Ein nichtmuslimischer Untertan einer muslimischen Regierung, der dem jüdischen, christlichen oder sabatäischen Glauben angehört und durch Zahlung einer Kopfsteuer (→*Dschizya*) Sicherheit der Person und des Besitzes in einem muslimischen Land genießt. →*Dhimma*
Eine der wichtigsten Pflichten, die Mohammed den Muslimen auferlegte, war der →*Dschihad*, der heilige Krieg zur Ausbreitung des Islam unter den Ungläubigen außerhalb Arabiens. So wurde die Welt gesehen als aufgeteilt in zwei Bereiche, in →*Daru'l-Harb*, das Gebiet des Krieges, und →*Daru'l-Islam*, das Gebiet des Friedens. Diese beiden Weltteile, deren einer als Land des Unglaubens und der Dunkelheit und der andere als Land des Glaubens und des Lichts galt, wurden als in einem ständigen offenen oder latenten Kriegszustand befindlich angesehen, bis der Glauben den Unglauben besiegt haben würde. Es gibt jedoch verschiedene Grade von Unglauben. Seine schlimmste Form ist die Idolatrie, das heißt die Verehrung von verschiedenen Götzen anstelle des einen wahren Gottes. Und dies ist besonders für Araber ein verabscheuungswürdiges Verbrechen, »denn der Prophet wurde zu ihnen gesandt und hat sich ihnen offenbart, und der Koran wurde in ihrer Sprache enthüllt«. Von ähnlicher Abscheulichkeit ist der Unglaube von Apostaten, »denn sie haben den Unglauben gewählt, nachdem sie auf den Weg des Glaubens geführt worden waren und seine Vortrefflichlichkeit kennenlernen konnten«. Für diese Ungläubigen also gibt es keine Nachsicht; sie müssen zum Islam zurückkeh-

ren oder ihr Verbrechen mit dem Tode bezahlen.
In bezug auf nichtarabische Götzendiener, womit in der Zeit des frühen Islam in erster Linie die Bewohner des persischen Reiches gemeint waren, vertritt →*Asch-Schafi'i* die Meinung, daß auch sie getötet werden müßten, aber alle anderen Autoritäten sind der Auffassung, daß es dem Gesetz Genüge tue, wenn sie lediglich versklavt würden, um ihnen so die Möglichkeit zu geben, daß Gott sie noch auf den rechten Weg leite und dem Islam zuführe.
Die am wenigsten verdammenswerte Form des Unglaubens ist in den Augen der Muslime der Unglaube der Kitabis oder der Völker des Buches, das heißt der Juden, die das Alte Testament bzw. die Thora besitzen, und der Christen, denen darüber hinaus noch das Neue Testament (→*Indschil*) offenbart wurde. Da sie nicht der vollständigen Verleugnung der Wahrheit schuldig sind, sondern diese nur teilweise pervertiert haben, trifft sie auch nur ein Teil der Strafe für Unglauben, und sie werden mit einem Tribut belegt, einer Kopfsteuer, durch die sie sich Schutz ihres Besitzes, ihre persönliche Freiheit und religiöse Toleranz von der muslimischen Regierung erkaufen. Dasselbe Privileg genießen die Sabatäer, deren spezielle religiöse Gebräuche von Mohammed und den Vertretern der Tradition milder beurteilt wurden als die der Götzendiener Persiens und Arabiens.
Wenn ein Land, das von solchen Ungläubigen bewohnt wird, von einer muslimischen Armee erobert wird, gilt theoretisch, daß alle Einwohner, einschließlich Frauen und Kindern, Beutegut und damit Besitz des Staates sind, und es würde dem Gesetz entsprechen, sie zu Sklaven zu machen. In der Praxis aber wurde meist der milderen Variante der Vorzug gegeben, und durch Zahlung der Kopfsteuer erwarben die Unterworfenen den Status von Dhimmis, freie Subjekte der Eroberungsmacht, deren Stellung nur geringfügig unter der der muslimischen Mitbürger rangiert.
Die Beziehungen eines Fremden, der aus einem Land der Ungläubigen kommt, zu einem muslimischen Gemeinwesen, das er in Friedenszeiten des Handels wegen oder aus anderen legitimen Gründen besucht, werden durch die unantastbaren Rechte und Pflichten der Gastfreundschaft geregelt, wie sie schon im alten Arabien gal-

ten, wonach es die Pflicht eines Gastgebers war, sogar seinen Todfeind zu ehren und zu verteidigen, wenn dieser auch nur durch Zufall die Schwelle seines Zeltes überschritten hatte.
Hat ein Fremder das muslimische Land betreten, kann er von dem ersten Muslim, den er trifft, und sei dieser der geringste Bauer, den Schutz des Gastrechts verlangen, und hat er diesen einmal bekommen, hat er das Recht, für die Dauer eines ganzen Jahres unbelästigt in dem Land zu bleiben. Die Obrigkeit jedoch muß ihm innerhalb dieses Jahres Mitteilung darüber machen, daß nach Ablauf des Jahres die Kopfsteuer fällig wird, und in dieser Mitteilung kann auch seine Aufenthaltszeit auf einige Monate begrenzt werden, wenn dies aus bestimmten Gründen opportun erscheint. Überschreitet der Fremde die volle oder die ihm zugebilligte Aufenthaltszeit, so wird *ipso facto* die Kopfsteuer fällig, und wenn er nun das Land verlassen will, kann er daran gehindert werden, da er nun den Status eines Dhimmi besitzt und an einen Vertrag mit der muslimischen Obrigkeit gebunden ist. →*Dhimma*
Dhimmis sind nicht dem islamischen Gesetz unterworfen, weder in religiöser Hinsicht, wie Fasten und Gebete, noch in Hinsicht auf weltliche Handlungen, die dem muslimischen Gesetz widersprechen, wie der Verkauf von Wein oder Schweinefleisch. Die Errichtung von religiösen Kultstätten auf muslimischem Territorium ist ihnen verboten, außer in ihren eigenen Häusern, aber sie dürfen Kirchen und Synagogen, die ursprünglich in ihrem Besitz waren und die zerstört wurden oder im Verfall begriffen sind, renovieren und neu errichten. Diese Regelung gilt nur für Städte. Auf dem Lande und in Dörfern dürfen Christen und Juden ungehindert Kirchen und Synagogen bauen.
Jede Ehe, die zwischen zwei Muslimen gültig ist, ist auch zwischen zwei Dhimmis gültig. Von ungültigen Ehen zwischen zwei Muslimen gibt es verschiedene Arten. Dazu gehört eine Eheschließung ohne Zeugen. Wenn ein Dhimmi eine Dhimmiya ohne Zeugen heiratet, dann ist diese Ehe gültig, wenn sie nach ihrer eigenen Religion gültig ist. Das heißt, daß diese Ehe auch noch Bestand hätte, wenn beide später zum Islam konvertieren würden. Auch könnte kein Kadi die Ehe für ungültig erklären, wenn einer der beiden Partner dies verlangen würde.

Eine Ehe ist auch ungültig, wenn ein Muslim eine Frau während ihrer →*'Idda* (Wartezeit) wegen eines früheren Ehemannes heiratet. Wenn ein Dhimmi eine Frau während ihrer *'Idda* wegen ihres früheren Mannes heiratet, und dieser war ein Muslim, dann ist die Ehe ebenfalls ungültig, auch wenn die Religion der Frau diese Ehe anerkennt. Wenn aber der frühere Mann ein Ungläubiger war, dann ist die Ehe gültig, wenn ihre Religion eine Eheschließung während der *'Idda* zuläßt.

Wenn ein Dhimmi eine Dhimmiya heiratet und der Brautpreis besteht aus Schweinen oder Wein und einer von ihnen oder beide bekehren sich zum Islam, bevor die Frau den Brautpreis in Besitz genommen hat, dann ist die Frau nach Abu Hanifa berechtigt, den Brautpreis *in natura* zu übernehmen, wenn sie »eindeutig festgelegt« war, andernfalls soll sie einen entsprechenden Gegenwert in Geld bekommen.

Wenn ein Ehepartner eines ungläubigen Paares sich zum Islam bekehrt, wird der Islam auch dem anderen angeboten; und wenn der andere akzeptiert, ist alles in Ordnung. Wenn nicht, müssen sie getrennt werden. Wenn der andere Partner schweigt, wiederholt der Kadi das Angebot dreimal. Wenn einer der Partner zu jung ist, muß gewartet werden, bis er ein Alter erreicht hat, in dem hinreichende Einsicht erwartet werden darf.

Generell kann ein Ungläubiger nicht von einem Gläubigen erben und ein Gläubiger nicht von einem Ungläubigen, aber ungläubige Bürger eines muslimischen Staates können voneinander erben. Es spielt dabei keine Rolle, ob sie derselben Religionsgemeinschaft angehören oder nicht; denn alle Ungläubigen werden in dieser Hinsicht als einer Klasse zugehörig angesehen. Ein Muslim kann aber einem Dhimmi oder einem anderen Ungläubigen ein Legat vermachen und umgekehrt, wenn es sich nicht um feindliche Fremde handelt. Die Testamente von Dhimmis unterliegen den gleichen Beschränkungen wie die von Muslimen, so daß Legate an erbberechtigte Personen nicht zulässig sind und Legate, die ein Drittel der Erbmasse überschreiten, ungesetzlich sind. Das Testament eines Dhimmi ist in weltlichen Dingen gültig. Von nicht weltlichen Belangen gibt es vier Arten: Erstens jene, die dem Weg zum Allmächtigen dienen. Sie sind auch für Dhimmis gültig. Wenn also ein

Kitabi in seinem Testament die Anweisung gibt, seine Sklaven auf seine Kosten freizulassen, daß ein Teil seines Besitzes den Armen und Kranken zugute kommen soll oder daß auf seine Kosten eine Lampe im Tempel von Jerusalem entzündet werden soll, so sind diese Vermächtnisse gültig.
Zweitens gibt es Zwecke, die sowohl für Muslime als auch für Dhimmis sündhaft sind, und Legate für solche Zwecke sind gültig, wenn sie für genau bestimmte Personen ausgesetzt sind und wenn sie als Geschenke deklariert sind und keinen Bezug zu dem Zweck haben; sind die Empfänger nicht genau spezifiziert, ist das Legat ungesetzlich. Wenn also ein Dhimmi ein Drittel seines Vermögens gefallenen Frauen oder Sängern o. ä. vermachen will, ist das Legat gültig, wenn die Namen der Empfänger genau genannt sind, wenn nicht, ist es ungültig.
Drittens gibt es Zwecke, die für Muslime gesetzlich sind, für Dhimmis aber sündhaft. Wie im vorigen Fall muß hierbei das Legat als Geschenk deklariert sein und bestimmten Personen zukommen, um gültig zu sein. Wenn beispielsweise ein Dhimmi einem Muslim als Legat die Kosten seiner Pilgerreise nach Mekka vermachen will, so ist dies gültig, wenn der Empfänger genau bezeichnet ist und ihm das Legat als Geschenk vermacht wird, an das keine Bedingung geknüpft ist, daß er also die Pilgerreise machen kann oder auch nicht.
Viertens gibt es Zwecke, die für einen Muslim sündig sind und für einen Dhimmi dem Gesetz entsprechend oder gar verdienstvoll, und solche Legate sind nach Abu Hanifa gültig, ob sie spezifiziert sind oder nicht, aber nach anderen Autoritäten ungültig, wenn sie nicht spezifiziert sind. Wenn zum Beispiel ein Dhimmi ein Drittel seines Vermögens für den Bau einer Kirche oder Synagoge spendet, ist dieses Vermächtnis nach diesen Autoritäten ungesetzlich, da es in den Augen von Muslimen sündig ist, gleichgültig, ob die Empfänger spezifiziert sind und es als Geschenk deklariert ist, aber nach Abu Hanifa ist es in jedem Falle gesetzlich.

Dhu'l-Dschalali wa'l-Ikram
Bedeutet »der Herr der Majestät und Gnade« und ist einer der 99 Beinamen oder eines der 99 Attribute Gottes.

Dhu'l-Fiqar
Wörtlich »der Herr des Rückgrats«. Der Name des berühm-

ten Schwertes, das Mohammed seinem Schwiegersohn →*'Ali (2.)* schenkte.

Dhu'l-Hidscha

Der Monat der Pilgerschaft; der letzte Monat des muslimischen Kalenders. In diesem Monat muß die vorgeschriebene Pilgerreise nach Mekka stattfinden. →*Hadsch*

Dhu'l-Kifl

Wörtlich »der Mann des Anteils«. Eine Persönlichkeit, die im Koran, Sure 21 85, erwähnt wird: »Auch Ismael und Idris und Dhu'l-Kifl, sie alle waren von den Geduldigen. Wir führten sie ein in unsere Barmherzigkeit, denn sie waren von den Rechtschaffenen.« Al-Baidawi sagt, er wurde so genannt, weil er Anteil an Gott, dem Allerhöchsten, hatte oder weil er die doppelte Mühe und die doppelten Verdienste wie die anderen Propheten seiner Zeit hatte. Er wird von manchen Autoren für →*Elias*, Josua oder →*Zacharias* gehalten, andere halten ihn für Obadiah oder Ezechiel.

Dhu'l-Qa'da

Der »Herr des Friedens«, der elfte Monat des muslimischen Jahres; wurde von den vorislamischen Arabern so genannt, weil in diesem Monat kriegerische Unternehmen verboten waren und man sich mit friedlichen Dingen beschäftigte.

Dhu'l-Qarnain

Wörtlich »der mit den zwei Hörnern«. Eine Persönlichkeit, die in der 18. Sure des Korans erscheint und im allgemeinen für →*Alexander der Große* gehalten wird, obwohl einige muslimische Autoritäten ihn für einen Zeitgenossen Abrahams halten.
Al-Qastalani, der Kommentator →*Al-Bukharis*, sagt: »Dhu'l-Qarnain war ein König mit dem Namen Sakandar und ein Zeitgenosse Abrahams, des Freundes Gottes, mit dem er die Ka'ba in Mekka besucht hat. Es gibt verschiedene Meinungen darüber, ob er ein Prophet war, aber alle Gelehrten sind sich einig, daß er ein Mann des Glaubens und der Frömmigkeit war.«
Al Baidawi sagt: »Er war Sakandar ar-Rumi, König von Persien und Griechenland.«
Al-Kamalain sagt: »Er war Sakandar ar-Rumi, aber er war ein Zeitgenosse Abrahams und nicht der Sakandar, der drei Jahrhunderte vor Christus lebte, dieser war ein Ungläubiger.«
Die Darstellung des Korans gibt auch nicht viel mehr Klarheit.

Sure 18, 82-96: »Und sie werden dich über den Zwiegehörnten fragen. Sprich: ›Ich will euch Nachricht über ihn geben.‹ Wir machten ihn mächtig auf der Welt und gaben ihm Mittel über alle Dinge; und er ging seines Weges. Bis er zum Untergang der Sonne gelangte; er fand sie in eine schlammige Quelle untergegraben, und daselbst fand er ein Volk. Wir sprachen: ›O Zwiegehörnter, du magst sie strafen, du magst ihnen Gutes erweisen.‹ Er erwiderte: ›Wer frevelt, den werde ich bestrafen, dann wird er zu seinem Herrn zurückgebracht, und er straft ihn mit einer schweren Strafe. Und wer gläubig ist und Gutes tut, dem ist der schönste Lohn, wir werden ihm von unseren Befehlen Angenehmes gebieten.‹ Dann ging er weiter seines Wegs. Bis er zum Anfang der Sonne gelangte, und er fand sie über einem Volk aufgehen, dem wir keinen Schutz gegen sie gegeben. So war es; und wir haben Kenntnis über das, was bei ihm war. Dann ging er weiter seines Weges. Bis er zwischen zwei Berge gelangte, und hinter ihnen fand er ein Volk, das kaum eine Rede verstand. Sie sprachen: ›O Zwiegehörnter, siehe, Yadschudsch und Madschudsch (→*Gog und Magog*) sind Unheilstifter auf Erden, sollen wir dir nur Tribut zahlen, auf daß du zwischen uns und ihnen eine Schranke errichtest?‹ Er erwiderte: ›Worin mein Herr mich eingesetzt, ist besser. Doch unterstützet mich mit Kraft, so errichte ich zwischen euch und ihnen einen Wall. Holt mir Eisenstücke.‹ Und als er zwischen den beiden Bergabhängen ausgefüllt, sprach er: ›Blaset nun.‹ Und als er es feuerglühend gemacht, sprach er: ›Holt mir Gußerz, daß ich es darüber gieße.‹ Und nun vermochten sie es nicht zu übersteigen, auch konnten sie es nicht durchbohren. Er sprach: ›Dies ist eine Barmherzigkeit von meinem Herrn.‹ «
Es gibt verschiedene Meinungen, warum er »der Zwiegehörnte« genannt wird. Einige glauben, er bekam den Namen, weil er der König des Ostens und des Westens gewesen sei oder weil er Expeditionen in die extremen Weltgegenden unternommen hätte. Andere meinen, er habe ein Diadem mit zwei Hörnern getragen oder er habe zwei Haarlocken auf der Stirn gehabt, die hornartig hochgestanden hätten.

DHU'N-NUN

Wörtlich »Mann des Fisches«. Bezeichnung für den Propheten →*Jonas* im Koran, Sure 21 87.

DHU'R-RAHIM

Plural *Dhawu'l-Arham*, wörtlich »Besitzer des Leibes«. Blutsverwandter. Erscheint zweimal im Koran.

Sure 8 76: »Und die erst später gläubig geworden und die mit euch ausgewandert und gestritten, diese auch sind der eurigen. Die Blutsverwandten aber sind einander die (nächsten) Schutzverwandten, gemäß der Schrift Gottes. Wahrlich, Gott ist aller Dinge wissend.«

Sure 33 6: »Näher ist der Prophet den Gläubigen als sie selbst. Mütter sind ihnen seine Frauen. Und näher sind die Blutsverwandten einander, gemäß dem Buch Gottes, als die (übrigen) Gläubigen und Ausgewanderten, wenn ihr überhaupt nach Billigkeit handelt gegen eure Verwandten. So ist es im Buch niedergeschrieben.«

DICHTUNG →*Schrifttum, muslimisches*; →*Poesie*

DIEBSTAHL

Arabisch *Sariqa*. In der Sprache des Gesetzes bezeichnet *Sariqa* die Wegnahme des Besitzes eines anderen zu einem Zeitpunkt, wenn dieser Besitz in Verwahrung ist.

Es gibt zwei Arten von Verwahrung: Erstens durch den Ort, zum Beispiel ein Haus oder ein Geschäft; zweitens durch persönliche Obhut. Stiehlt ein geistig gesunder Erwachsener aus unbezweifelbarer Verwahrung einen Betrag von zehn Dirham oder eine Sache im selben Wert, dann schreibt das mohammedanische Gesetz die Amputation einer Hand vor, denn im Koran steht (Sure 5 42): »Wenn ein Mann oder eine Frau stehlen, dann schneidet ihnen die Hände ab.«

Was die Strafe für Diebstahl betrifft, gibt es keinen Unterschied zwischen einem freien Muslim und einem Sklaven, und die Hand des Sklaven wird ebenso abgeschlagen wie die des Freien.

Der Diebstahl muß durch die Aussage zweier Augenzeugen belegt sein, wobei die Obrigkeit die Zeugen genau nach Zeit, Ort und Ablauf des Diebstahls zu befragen hat. Der Verdächtige muß bis zum Ende der Befragung der Zeugen in Haft gehalten werden.

Wenn eine Gruppe einen Diebstahl begeht und jeder Angehörige der Gruppe zehn Dirham erhält, wird jedem die Hand abgeschlagen.

In folgenden Fällen erfolgt keine Amputation der Hand:

Wenn es sich beim Diebesgut um geringwertige Dinge handelt, zum Beispiel Holz, Bam-

bus, Gras, Fische, Vögel oder Gartengewächse;
wenn es sich um leicht verderbliche Dinge handelt wie Milch oder Früchte;
wenn es sich um ein alkoholisches Getränk handelt, denn der Dieb könnte zu seiner Verteidigung sagen: »Ich habe es nur genommen, um es wegzuschütten«;
wenn es sich um eine Laute oder ein Tamburin handelt, denn diese Dinge dienen lediglich dem eitlen Vergnügen;
wenn es sich um einen Koran handelt;
wenn es sich um die Tür einer Moschee handelt;
wenn es sich um ein Kruzifix oder ein Schachbrett handelt, denn der Dieb könnte sagen: »Ich habe es nur genommen, um es zu vernichten«;
wenn es sich um ein frei geborenes Kind handelt, denn ein freier Mensch kann kein Besitz sein (der Diebstahl eines Sklavenkindes hat dagegen die Amputation der Hand zur Folge);
wenn es sich um einen erwachsenen Sklaven handelt, da eine solche Handlung nicht unter die Definition des Diebstahls fällt, es handelt sich dabei um Betrug oder widerrechtliche Aneignung;
wenn es sich um ein Buch handelt, weil das Objekt des Diebstahls nur der Inhalt des Buches ist und nicht dessen Besitz;
wenn es sich um einen Straßenhund handelt, denn ein solches Tier ist allgemeines Eigentum;
wenn es sich um Gegenstände aus Holz handelt;
wenn man die öffentliche Kasse bestiehlt, denn sie ist Allgemeingut aller Muslime.
Die rechte Hand des Diebes wird am Ansatz des Handgelenks abgetrennt und der Stumpf danach ausgebrannt. Für den zweiten Diebstahl wird der linke Fuß abgetrennt, und für jeden Diebstahl darüber hinaus muß der Dieb ins Gefängnis.

DINAR

Der Dinar war ursprünglich eine Goldmünze mit dem Gewicht von 96 Gerstenkörnern. Das Durchschnittsgewicht der römischen Denare war am Ende der Kaiserzeit 60 Körner. Der Dinar wird nur einmal im Koran erwähnt: »Und einige

Ein Golddinar der Stadt Ghazni

von ihnen werden den Dinar, den du ihnen anvertraut hast, nicht zurückgeben« (zweite Sure).
Heute ist der Dinar Währungseinheit in vielen Ländern, zum Beispiel im Irak, in Jordanien, in Jugoslawien, in Tunesien und Algerien.

DIRHAM

Das Wort stammt aus dem Griechischen (Drachme). Ursprünglich ähnelte die Form dieser Silbermünze einem Dattelkern. Während des Kalifats von →*'Umar* wurde die runde Form eingeführt, seit Zubair wurden die beiden Worte »Gott« und »Baraka« (»Segen«) aufgeprägt. Hadschadsch ließ sogar die 112. Sure des Korans (»Gott ist der alleinige, einzige und ewige Gott. Er zeugt nicht und ist nicht gezeugt, und kein Wesen ist ihm gleich«) auf die Dirhem prägen. Das Gewicht der Münze schwankte stark im Laufe der Jahrhunderte. Auch der Dirham wird nur einmal im Koran erwähnt: in der zwölften Sure heißt es von →*Joseph*: »Und sie verkauften ihn, um geringen Preis, für einige Dirhem; denn sie schlugen seinen Wert nicht hoch an.«

DIRRA

Auch »Durra« genannt, ist ein Züchtigungsinstrument entweder in Form eines langen Ledergürtels oder einzelner geflochtener Riemen. Der Sittenrichter (Arabisch *Muhtasib*) züchtigt mit dieser Peitsche minder schwere Vergehen wie Auslassen der vorgeschriebenen täglichen Gebete, Hurerei, Verleumdung und Trunkenheit. Der Kalif →*'Umar* soll seinen Sohn (wegen Trunkenheit) so lange mit der Dirra geschlagen haben, bis jener qualvoll starb.

DIWAN

Im muslimischen Recht bedeutet dieses Wort 1. eine Sammlung von Gerichtsakten, 2. Gericht, 3. Staatsminister, Finanzminister und 4. Gedichtsammlung.

DIYA

Eine finanzielle Entschädigung für jede Art von Persönlichkeitsverletzung. →*Geldbuße*

DOKUMENTE

Es gibt nach dem muslimischen Gesetz drei Arten von geschriebenen Dokumenten: 1. die regulären Dokumente, auf Papier ausgestellt und mit korrektem Titel und Unterschrift versehen, die einer mündlichen Aussage gleichgestellt sind, sei der Verfasser anwesend oder nicht; 2. irreguläre Dokumente, die zum Beispiel auf das Blatt eines Baumes, eine Wand oder auf ein Papier, das keinen Titel und keine korrekte Unterschrift besitzt, geschrieben sind; 3. Schriften, die in keinem normalen Sinne Dokumente sind, wie zum Beispiel Zeichen, die von einem Geistesschwachen in die Luft oder ins Wasser geschrieben werden.

DONNER

Arabisch *Ra'd*. Im Koran heißt es in Sure 13 13-14: »Er ist es, der euch zeigt den Blitz, zur Furcht und zur Hoffnung, und aufsteigen läßt schwere Wolken. Der Donner preist sein Lob, und die Engel in Furcht vor ihm. Er entsendet die Donnerschläge und trifft damit, wen er will. Sie streiten über Gott, und er ist an Macht gewaltig.«

DREIEINIGKEIT

Arabisch *Tathlith*, »Heilige Dreieinigkeit«. Hinweise auf die christliche Lehre der Dreieinigkeit erscheinen im Koran in zwei Suren, die beide in der Endphase des Wirkens Mohammeds in Medina entstanden sind.

Sure 4 169: »O Schriftleute, überschreitet nicht eure Religion und saget von Gott nichts als die Wahrheit. Wahrlich, der Messias, Jesus, der Sohn Marias, ist der Gesandte Gottes und sein Wort, das er getan hat in Maria, und ein Geist von ihm. So glaubet an Gott und seine Gesandten, und saget nicht: ›Dreiheit.‹ Lasset dies, euch zum Guten. Wahrlich, Gott ist ein Einheitsgott; zu erhaben ist er, einen Sohn zu besitzen. Sein ist, was in den Himmeln ist und was auf Erden, und es genügt, in Gott einen Vertrauensfreund zu haben.«

Sure 5 77-79: »Auch das sind Ungläubige, welche sagen: ›Gott ist einer von dreien.‹ Denn es gibt nur einen einzigen Gott. Enthalten sie sich nicht, so zu sprechen, wird diese Pharisäer eine schwere Strafe treffen. Sollten sie daher nicht zu Gott zurückkehren und ihn um Verzeihung bitten? Denn Gott ist versöhnend und barmherzig. Christus, der Sohn Marias, ist nur ein Gesandter, so wie ihm Gesandte auch vorangegangen sind, seine Mutter war eine wahrhaftige Frau und beide aßen gewöhnliche Speisen (hatten Bedürfnisse wie alle Menschen).«

Sure 5 116: »Gott sprach: ›Jesus, Sohn Marias, hast du den Menschen gesagt: nehmet mich und meine Mutter als zwei Götter neben Gott?‹ «

Al-Baidawi sagt in seinen Bemerkungen zu Sure 4 169, die christliche Trinität bestünde aus *Allah*, *Al-Masih* und *Maryam*, und Dschalalu'd-Din vertritt dieselbe Auffassung. Al-Baidawi verweist allerdings auf eine andere, von einigen Christen seiner Zeit vertretene Sichtweise der Dreieinigkeit, nämlich *Vater*, das Wesen Gottes, *Sohn*, das Wissen Gottes, und *Ruhu'l-Quds*, das Leben Gottes. In der geläufigen muslimischen Auffassung tritt jedoch Maria als dritte Person der Trinität auf.
Es ist deutlich, daß weder Mohammed noch seine späteren Gefolgsleute eine exakte Vorstellung von der Idee der christlichen Dreieinigkeit hatten, und daß in ihren Darstellungen der Heilige Geist eliminiert wurde, ist nicht verwunderlich, wenn man sich daran erinnert, daß Mohammed den Engel Gabriel für den →*Heiligen Geist* hielt. →*Gabriel*

DRUSEN

Die Drusen sind eine häretische mohammedanische Sekte von Mystikern, die zu Beginn des elften Jahrhunderts in den Bergen Syriens entstand. Heute findet man sie noch in einigen Teilen des Libanon und in der Nähe der syrischen Hauptstadt Damaskus. Die Sekte wurde von Al-Hakim, dem fanatischen Kalifen, der in Kairo regierte, und zwei Persern namens Hamza und Ad-Darazi gegründet, wobei aus dem Namen des letzteren sich der Name der Sekte ableitet.
Ihr Glaube kann folgendermaßen beschrieben werden: Sie erkennen nur einen Gott an und versuchen nicht, die Natur seines Wesens und seiner Attribute zu ergründen; sie glauben, daß er weder durch Worte erfaßt werden kann noch sinnlich erfahrbar ist; sie glauben, daß sich das göttliche Wesen Menschen zu verschiedenen Zeiten unter menschlicher Form offenbart hat, aber ohne die Schwächen und Unvollkommenheiten menschlicher Existenz.
Zuletzt habe sich in der Gestalt des Hakim Amru'llah, der im Jahre 1018 n. Chr. verschwand, dieses göttliche Wesen gezeigt, und nach ihm sei keine andere Manifestation zu erwarten, dies sei geschehen, um die an ihn Glaubenden zu prüfen und die Heuchler zu entlarven, die nur um weltlicher Belohnungen willen die wahre Religion angenommen hatten. Er würde aber bald wiederkommen, voller Ruhm und Majestät, und alle seine Feinde besiegen, sein

Reich auf der ganzen Erde zu errichten und seine getreuen Gefolgsleute auf ewig beglükken.

DSCHABALU MUSA
Der »Berg des Moses«, der Berg Sinai. Wird im Koran in Sure 2 60 als *At-Tur*, »der Berg«, bezeichnet.

AL-DSCHABARIYA
Eine muslimische theologische Schule, die den freien Willen des Menschen leugnet.

DSCHABBAR
Bedeutet »der Absolute« und ist einer der 99 Beinamen oder eines der 99 Attribute Gottes.

DSCHABIR
Der Sohn eines armen Bürgers aus Medina, der bei →*Uhud* gefallen war. Er bekehrte sich zum Islam und begleitete Mohammed in vielen Schlachten. Er starb 697 n. Chr. im Alter von 94 Jahren.

DSCHABR
Der christliche Diener der Familie des Hadramaut, eines Konvertiten zum Islam, von dem die Koreischiten behaupteten, daß er Mohammed theologischen Unterricht gegeben habe. Im Koran, Sure 16 105, heißt es: »Wir wissen bereits, daß sie sagen: ›Ein Fleischwesen nur belehrte ihn.‹ Doch die Sprache dessen, dem sie zuneigen, ist eine fremde, diese Sprache aber die deutliche arabische.«
Husain sagt, daß Dschabr wohlbelesen in der →*Thora* und im →*Evangelium* gewesen sei und daß Mohammed sich von ihm aus diesen Büchern vorlesen ließ, wenn er dessen Haus besuchte.

DSCHA'FAR
Sohn des →*Abu Talib* und ein Cousin Mohammeds. Er war ein großer Freund der Armen und wurde von Mohammed *Abu'l-Masakin*, »Vater der Armen«, genannt. Er starb in der Schlacht von Mu'ta im Jahre 630 n. Chr.

DSCHA'FARU'S-SADIQ
Abu 'Abdi'llah Dscha'far ibn Muhammad ibn 'Ali ibn al-Husain ibn 'Ali ibn Abi Talib war einer der zwölf wahren Imame der Schiiten. →*Imam*, →*Schiiten*
Er trug den Beinamen *As-Sadiq*, »der Glaubwürdige«, wegen der Geradheit seines Charakters. Er war ein gelehrter Mann, und sein Schüler Abu Musa soll ein zweitausendseitiges Werk verfaßt haben, das die Forschungsergebnisse seines Lehrers zusammenfaßte.

Ein Dschai-i Namaz oder Gebetsteppich,
wie er in Peschawar gebräuchlich ist

Dscha'far wurde 700 n. Chr. geboren und starb 765 n. Chr. und wurde in Medina begraben.

Dschaifar
Ein König von Oman, dem Mohammed 630 n. Chr. eine Botschaft schickte, in der er ihn zur Konversion zum Islam aufforderte. Nach anfänglichem Zögern kam er dieser Aufforderung nach.

Dschaihun
Einer der Flüsse des Gartens →*Eden*.

Dscha-i Namaz
Persisch »der Ort des Gebets«. Ein Ausdruck, der in Asien für einen kleinen Gebetsteppich gebraucht wird.
Arabisch *Sudschuda* oder →*Musalla*. Der Teppich ist knapp zwei Meter lang und besitzt eine Markierung im Teppichmuster, das die Stellen der Verneigungen bezeichnet.

al-Dschalal
Bedeutet »der Majestätische« und ist einer der 99 Beinamen oder eines der 99 Attribute Gottes.

al-Dschalalan
»Die beiden Dschalals«. Eine Sammelbezeichnung für zwei Kommentatoren, die beide den Namen *Dschalalu'd-Din* trugen und deren gemeinsames Werk den Namen *Tafsiru'l-Dschalalain* trägt. Der erste Teil dieses Buches wurde von Scheich *Dschalalu'd-Din al-Mahalli* kompiliert (gestorben 1460 n. Chr.), der Rest von *Dschalalu'd-Din as-Suyuti* (gestorben 1505 n. Chr.).

Dschalut →*Goliath*

al-Dschami'
Bedeutet »der Sammler« und ist einer der 99 Beinamen oder eines der 99 Attribute Gottes.

Dschamra
Wörtlich »Kies, kleine Kieselsteine«.
1. Die drei Säulen bei →*Mina* in der Nähe von Mekka, die die Pilger mit je sieben Kieselsteinen bewerfen. →*Hadsch*
Nach den muslimischen Autoren bezeichnen diese Säulen die Stellen, an denen der Teufel in der Verkleidung eines alten Scheichs nacheinander Adam, Abraham und Ismael erschien und dadurch vertrieben wurde, daß diese ihn auf den Rat Gabriels hin mit sieben Steinen bewarfen.
Die Säulen, die etwa 2,5 m hoch und 0,8 m breit sind, tragen die Namen *Dschamratu'l-Ula*, *Al-*

Der Schaitanu'l-Kabir

Wusta und *Al-'Aqiba*, wobei der letztere auch *Schaitanu'l-Kabir*, »großer Teufel«, genannt wird.
2. *Dschamra* bedeutet auch »Lebenskohle« und ist ein astronomischer oder meteorologischer Begriff, der die Erwärmung der Elemente am Ende des Winters bezeichnet. Nach dieser Theorie gibt es drei *Dschamarat*: eine, die dreißig Tage vor dem Frühlingsäquinoktium die Luft erwärmt, eine, die sieben Tage später die Gewässer erwärmt, und die dritte, die sechzehn Tage vor der Tagundnachtgleiche die Erde wiederbelebt.

DSCHANABA
Zustand der Unreinheit. Menstruation, Geschlechtsverkehr, Geburt eines Kindes, nächtlicher Samenerguß, Kontakt mit Toten und die Verrichtung der Notdurft führen zum Zustand der Unreinheit. →*Reinigung*

DSCHANN
Der Vater der →*Dschinnen.*

DSCHANNA
Plural *Dschannat*, wörtlich »Garten«. Bezeichnung für den Ort der himmlischen Glückseligkeit. →*Paradies*

DSCHANNATU 'ADN
Die Gärten Edens. →*Paradies*

DSCHANNATU'L-FIRDAUS
Die Gärten des →*Paradieses.*

DSCHANNATU'L-KHULD
Die Gärten der Ewigkeit. →*Paradies*

DSCHANNATU'L-MA'WA
Die Gärten der Zuflucht. →*Paradies*

DSCHANNATU'N-NA'IM
Die Gärten der Freude. →*Paradies*

AL-DSCHATHIYA
Wörtlich »die Knienden«. Titel der 45. Sure des Korans, wo es in Vers 26-27 heißt: »Und Gottes ist die Herrschaft über Himmel und Erde und am Tag, an dem die Stunde eintrifft; verloren sind dann die Nichtigen.

Und sehen wirst du jedes Volk kniend; jedes Volk wird zu seinem Buch gerufen: Heute soll euch gelohnt werden, was ihr getan.«

DSCHEHENNA →*Hölle*

DSCHIBT
Ein Idol der Koreischiten, das im Koran in Sure 4 54 erwähnt wird: »Siehst du nicht jene, die einen Teil der Schrift empfingen? Sie glauben an Dschibt und →*Taghut,* doch sagen sie von denen, die ungläubig sind, diese seien des Wegs besser geleitet als diejenigen, die glauben.« Die →*Dschalalan,* die Kommentatoren, sagen, daß bestimmte Juden die Idole verehrten, um den Koreischiten zu schmeicheln.

DSCHIHAD
Wörtlich »Bemühung, Kampf«. Der »Heilige Krieg«. Ein religiöser Krieg im Auftrage Mohammeds gegen die Ungläubigen. Er ist eine zwingende religiöse Pflicht, die im Koran und in den Traditionen als göttliches Gebot begründet ist. Er dient vor allem dem Zweck, den Islam zu verbreiten und die Muslime vor fremder Gewalt zu schützen.
Wenn ein muslimischer Herrscher ein von Ungläubigen bewohntes Land erobert, haben die Einwohner dieses Landes drei Möglichkeiten:
1. Übertritt zum Islam. In diesem Falle werden die Besiegten zu vollwertigen Mitgliedern des islamischen Staates.
2. Zahlen einer Kopfsteuer. →*Dschizya*
Dadurch werden die Ungläubigen unter den Schutz der Obrigkeit gestellt, vorausgesetzt, sie gehören nicht zu den arabischen Götzendienern.
3. Tod durch das Schwert für diejenigen, die sich weigern, die Kopfsteuer zu zahlen.
Die Pflicht zum Heiligen Krieg (die nach der einhelligen Meinung aller Kommentatoren zu jeder Zeit besteht) ist im Koran in folgenden Versen verankert, die bemerkenswerterweise alle in medinischen Suren stehen, die also in einer Zeit entstanden sind, als Mohammed sich als Machthaber etabliert hatte und in der Lage war, seinen Feinden Bedingungen zu diktieren.
Sure 9 5-6: »Sind die heiligen Monate vorüber, dann tötet die Götzendiener, wo ihr sie auch findet, fanget sie ein, belagert sie und stellet ihnen nach aus jedem Hinterhalt. Wenn sie sich aber bekehren, das Gebet verrichten und den Armenbeitrag entrichten, so lasset ihnen ihren Weg. Wahrlich, Gott ist allver-

zeihend und allbarmherzig. Und wenn dich ein einzelner von den Götzendienern um Schutz bittet, so schütze ihn, daß er das Wort Gottes höre; dann laß ihn einen sicheren Ort erreichen. Dies, weil sie Leute sind, die nicht verstehen.«
Sure 9 29: »Bekämpfet die an Gott nicht glauben und an den Jüngsten Tag, die nicht heilig halten, was Gott geheiligt und sein Gesandter, und nicht anerkennen die Religion der Wahrheit, von denen, die die Schrift empfingen, bis sie Tribut aus der Hand zahlen und gering sind.«
Sure 4 76-79: »Aber für den Pfad Gottes kämpfen sollen nur diejenigen, die das Leben hienieden für das zukünftige verkaufen. Und wer für den Pfad Gottes kämpft und getötet wird oder siegt, herrlichen Lohn geben wir ihm dereinst. Was habt ihr, daß ihr nicht kämpfet für den Pfad Gottes, für die Schwachen der Männer, für die Frauen und für die Kinder, die da sprechen: ›Herr unser, führe uns aus dieser Stadt, deren Bewohner Sünder, und gib uns deinerseits einen Beistand, und gib uns deinerseits einen Helfer.‹ Die glauben, sie kämpfen für den Pfad Gottes, die aber ungläubig sind, sie kämpfen für den Pfad des Taghut. So kämpfet gegen die Freunde Satans, denn wahrlich, die List Satans ist schwach. Siehst du nicht jene, denen gesagt wurde: ›Lasset eure Hände; verrichtet nur das Gebet und entrichtet den Armenbeitrag.‹ Als ihnen aber der Kampf vorgeschrieben wurde, fürchtete ein Teil von ihnen die Menschen, wie sie Gott fürchten, ja noch mehr, und sprachen: ›Herr unser, weshalb hast du uns den Kampf vorgeschrieben, hättest du uns doch bis zum nahen Lebensziel gefristet!‹ Sprich: ›Der Besitz hienieden ist gering, besser ist das Jenseits für den, der gottesfürchtig ist; ihr sollt nicht um eine Dattelfaser übervorteilt werden.«
Sure 2 214-215: »Sie werden dich inbetreff des Kriegs im heiligen Monat befragen. Sprich: ›Der Krieg in diesem ist schlimm, aber sich vom Pfad Gottes abwenden, ihn und die heilige Anbetungsstätte verleugnen und sein Volk aus dieser vertreiben ist vor Gott noch schlimmer. Die Verführung ist schlimmer als das Töten.‹ Und sie werden euch zu bekämpfen nicht aufhören, bis sie euch von eurer Religion abgebracht haben, wenn sie es können. Und wer von euch von seiner Religion abfällt und als Ungläubiger stirbt, dessen Taten sind ver-

wirkt hienieden und jenseits. Diese sind Genossen des Höllenfeuers, ewig verweilen sie darin. Wahrlich die glauben und die ausziehen und für den Pfad Gottes streiten, diese mögen auf die Barmherzigkeit Gottes hoffen. Und Gott ist allverzeihend und allbarmherzig.«

Sure 8 39-42: »Sprich zu denen, die ungläubig sind: Stehen sie ab, er wird ihnen verzeihen, was bereits geschehen, wenn sie aber rückfallen, bereits ist das Verfahren an den Früheren vollzogen. Und so bekämpfet sie, bis keine Verführung mehr ist und die Religion ganz Gottes. Stehen sie ab, wahrlich, Gott ist dessen schauend, was sie tun. Kehren sie aber um, so wisset, daß Gott euer Beschützer ist. Wie schön ist der Beschützer, wie schön ist der Helfer! Und wisset, was ihr an Dingen erbeutet, ein Fünftel Gott und seinem Gesandten, sowie seiner Verwandschaft, den Waisen, den Armen und den Wandrern, wenn ihr an Gott glaubt und an das, was wir unsrem Diener geoffenbart am Tag der Erlösung, am Tag, da beide Heere zusammentrafen. Und Gott ist über alle Dinge mächtig.«

Es folgen nun Aussprüche Mohammeds zum Thema Heiliger Krieg, die in den Traditionen überliefert sind:

»Gott unterstützt den, der für den Pfad Gottes kämpft. Wenn er überlebt, kehrt er mit Ehren und Beute beladen nach Hause zurück. Wird er aber getötet, wird er ins Paradies gelangen.«

»Ich schwöre bei Gott, daß ich auf dem Pfad Gottes getötet werden möchte, dann wieder zum Leben erweckt und wieder getötet und wieder zum Leben erweckt und nochmals getötet, so daß ich jedesmal neue Verdienste erlangen könnte.«

»Die Grenzen des Islam nur einen einzigen Tag zu bewachen ist mehr wert als die ganze Welt und alles, was in ihr ist.«

»Das Feuer der Hölle wird nicht die Füße desjenigen versengen, der mit dem Staub der Schlacht für den Pfad Gottes bedeckt ist.«

»Jemand, der einen anderen im Kampf für den Pfad Gottes mit Waffen unterstützt, ist wie der Kämpfer selbst und hat Anteil an den Belohnungen. Und jener, der zurückbleibt, um sich um die Familie des Kämpfers zu kümmern, ist dem Kriegsheld ebenbürtig.«

»In den letzten Tagen werden die Wunden der Kämpfer für den Pfad Gottes offenbar werden, und Blut wird ihnen entströmen, aber es wird wie Moschus duften.«

»Im Kampf für den Pfad Gottes

getötet zu werden löscht alle Sünden aus.«
»Wer stirbt und nie für die Religion des Islam gekämpft hat und nie auch nur in seinem Herzen zu sich gesprochen hat: ›Wollte Gott, daß ich ein Held wäre und für den Pfad Gottes sterben könnte‹, der ist einem Heuchler gleich.«
»Für den Pfad Gottes zu kämpfen oder dazu entschlossen sein ist eine göttliche Pflicht. Wenn dein Imam dir befiehlt, in den Kampf zu ziehen, dann gehorche ihm.«
Im folgenden werden die wichtigsten sunnitischen Vorschriften den Heiligen Krieg betreffend dargestellt (Quelle: Hidaya):
»Die gesetzlichen Vorschriften bezüglich des Heiligen Krieges sind erfüllt, wenn dieser von einer Teilgruppe von Muslimen geführt wird. Die restlichen Gläubigen sind dann von dieser Pflicht befreit. Dies gilt deshalb, weil es sich hier nicht um einen positiven Auftrag handelt, denn Krieg ist seinem Wesen nach mörderisch und zerstörerisch, sondern weil er nur dem Zweck dient, den wahren Glauben zu verbreiten und Übel von den Dienern Gottes abzuwehren. Wenn also zur Erreichung dieser Ziele eine begrenzte Anzahl von Muslimen ausreicht, ist diese Verpflichtung für den Rest nicht mehr bindend. Wenn sich allerdings kein einziger Muslim fände, der der Kriegspflicht nachkommt, dann würde sich die Gesamtheit aller Muslime der Sünde der Pflichtverletzung schuldig machen.«
»Wenn aber Ungläubige islamisches Territorium angreifen und der derzeitige Imam einen allgemeinen Aufruf zum Kampf erläßt, dann wird die Kriegspflicht zu einem positiven Auftrag und jeder Muslim in diesem Gebiet, ob Mann oder Frau, ist verpflichtet, in den Kampf zu ziehen, und wenn die Einwohner dieses Gebietes nicht in der Lage sind, sich des Angriffs zu erwehren, dann wird diese Pflicht für alle islamischen Nachbarländer gültig, und wenn dies schließlich nicht ausreicht, wird die Kriegspflicht für alle Muslime der Welt bindend.«
»Kinder unterliegen nicht der Kriegspflicht, denn sie sind Objekte des Mitleids. Dasselbe gilt für Sklaven und Ehefrauen, denn die Rechte des Herrn oder des Ehemannes gehen vor; ebenso für Blinde, Krüppel und Altersschwache, denn sie sind unbrauchbar. Bei einem Angriff der Ungläubigen auf muslimisches Territorium jedoch ist

dessen Verteidigung die Pflicht eines jeden Muslims, und die Ehefrau und der Sklave dürfen in den Kampf ziehen, ohne daß ihr Mann bzw. der Herr eingewilligt haben, denn der Krieg wird dann zu einem positiven Auftrag, und ein Besitzanspruch (auf einen Sklaven oder eine Frau) kann nicht mit einer positiven Anweisung konkurrieren.«

»Es ist nicht gesetzlich, Krieg zu führen gegen ein Volk, das nie zuvor zum wahren Glauben gerufen wurde, ohne ihm vorher Gelegenheit zu geben, sich zu bekehren, weil der Prophet es seinen Heerführern so befohlen hat und damit das Volk weiß, daß es aus Glaubensgründen angegriffen wird und nicht, um ausgeplündert und versklavt zu werden. So wird den Ungläubigen die Möglichkeit gegeben, dem Ruf zu folgen und sich die Mißhelligkeiten eines Krieges zu ersparen.«

»Wenn ein Muslim Ungläubige angreift, ohne sie vorher zum Glauben zu rufen, dann ist er ein Aggressor, denn dies ist verboten. Wenn er es trotzdem tut und sie tötet und ihren Besitz raubt, so ist er allerdings weder zu Sühnegeld noch zu Schadenersatz verpflichtet, denn das, was sie schützen würde (nämlich der Islam), existiert bei ihnen nicht, und die reine Übertretung eines Verbotes rechtfertigt weder ein Sühnegeld noch Schadenersatz. In gleicher Weise ist die Tötung von Frauen oder Kindern von Ungläubigen verboten, hat aber nicht die Verhängung eines Sühnegeldes zur Folge.«

»Wenn die Ungläubigen, nachdem sie den Ruf zum Glauben erhalten haben, diesen nicht befolgen und sich auch weigern, die Kopfsteuer zu zahlen, ist es die Pflicht der Muslime, Gott um Hilfe anzurufen und die Ungläubigen mit Krieg zu überziehen, denn Gott hilft denen, die ihm dienen, und er vernichtet seine Feinde, die Ungläubigen. Die Muslime müssen nun die Ungläubigen mit allen verfügbaren Kriegsmaschinen angreifen, ihre Häuser in Brand setzen, sie mit Wasser überschwemmen, ihre Felder verwüsten und das Getreide vernichten, denn das schwächt die Feinde und ihre Macht wird gebrochen. Alle diese Maßnahmen sind deshalb vom Gesetz geheiligt.«

»Es ist erlaubt, Pfeile oder andere Geschosse gegen die Ungläubigen abzuschießen, obwohl man einwenden könnte, daß durch sie auch ein zufällig unter den Ungläubigen weilender Muslim getroffen werden könnte. Aber das Abschießen von Pfeilen oder anderen Geschossen bekämpft ein allgemeines Übel an der Gesamtheit des Körpers der Muslime, während die Tötung eines einzelnen Muslims nur ein begrenztes Übel darstellt, und ein solches muß in Kauf genommen werden, um ein allgemeines Übel zu bekämpfen. Auch wenn die Ungläubigen in einer Schlacht einen Schild aus muslimischen Kindern oder Gefangenen aufbauen würden, um sich vor Geschossen zu schützen, so wäre dies kein Grund, auf Schußwaffen zu verzichten. Es ist jedoch erforderlich, daß die Muslime mit ihren Schußwaffen ausschließlich auf die Ungläubigen zielen. Auch wenn es nicht möglich ist, genau zu treffen, kommt es doch dabei hauptsächlich auf die Absicht an.«

»Es ist den Kriegern nicht verboten, ihren Koran und ihre Frauen mitzuführen, wenn es sich um eine große Streitmacht handelt, die ihnen genug Schutz bietet. Wenn die Streitmacht jedoch klein ist und nicht hinreichend Sicherheit vor dem Feind gewährleistet, ist das Mitführen der Frauen verboten, denn sie würden dem Risiko der Entehrung ausgesetzt, und Korane dürfen nicht mitgeführt werden, denn der Feind könnte sie schänden; die Ungläubigen pflegen nämlich auf Korane zu spucken, um die Muslime zu beleidigen. Dies ist die wahre Bedeutung des Ausspruchs des Propheten: ›Tragt nicht euren Koran in das Gebiet des Feindes!‹ «

»Es entspricht dem Gesetz, wenn ältere Frauen eine Armee begleiten, um ihnen angemessene Aufgaben zu verrichten, wie Mahlzeiten zu bereiten, Wasser zu holen oder Kranke und Verwundete mit Medizin zu versorgen. Junge Frauen sollten jedoch lieber zu Hause bleiben, denn ihre Anwesenheit könnte Unruhe und Mißverständnisse erzeugen. Die Frauen sollen sich jedoch nicht am Kampf beteiligen, denn das könnte beim Feind den Eindruck von Schwäche erwecken. Frauen dürfen daher nicht unmittelbar in den Kampf eingreifen, es sei denn, es wäre unbedingt erforderlich. Eine Ehefrau darf ohne Erlaubnis ihres Mannes nicht am Kampf teilnehmen, ebenso kein Sklave ohne Einverständnis seines Herrn, außer ein Angriff des Feindes würde dies notwendig machen.«

»Es ziemt sich nicht für Muslime, Verträge zu brechen, sich beim Plündern unkorrekt zu verhalten oder Menschen zu entstellen (durch Abschneiden von Ohren und Nase). Ebenso ziemt es sich nicht für Muslime, Frauen, Kinder, alte Männer, Bettlägrige oder Blinde zu töten, denn der Kampf ist die einzige Gelegenheit, bei der Töten erlaubt ist, und diese Personen sind zum Kampf nicht in der Lage. Aus dem gleichen Grund dürfen auch Gelähmte nicht getötet werden und auch nicht diejenigen, denen eine Hand oder eine Hand und ein Fuß abgeschnitten wurde. Der Prophet hat das Töten von Kindern und Einzelpersonen verboten, und einmal, als er sah, wie eine Frau erschlagen wurde, hat er ausgerufen: ›Wehe, diese Frau hat nicht gekämpft. Weshalb wurde sie erschlagen?‹ Aber wenn jemand aus diesem Personenkreis ein Anführer ist oder eine Frau eine Königin, dann darf sie getötet werden, denn sie könnte den Dienern Gottes zur Last fallen. Auch wenn eine dieser Personen in den Kampf eingreift, darf sie getötet werden, denn der Kampf macht Töten gesetzlich.«

»Ein Geisteskranker darf nicht getötet werden außer im Kampf, da eine solche Person nicht verantwortlich für ihren Glauben ist, nimmt er aber am Kampf teil, ist es notwendig, ihn zu töten, um das Übel zu bekämpfen. Es muß weiter beachtet werden, daß Kinder und Geistesgestörte getötet werden dürfen, solange sie kämpfen, wenn sie aber in Gefangenschaft geraten sind, dürfen sie nicht mehr getötet werden, im Gegensatz zu den anderen, die auch nach ihrer Gefangennahme getötet werden dürfen, denn sie sind für ihren Glauben verantwortlich.«

»Es ist verabscheuenswürdig für einen Muslim, gegen seinen Vater zu kämpfen, der unter den Ungläubigen sein könnte, und er ist nicht verpflichtet, ihn zu töten, denn Gott hat im Koran gesagt: ›Ehre deinen Vater und deine Mutter‹, und weil der Sohn die Pflicht hat, das Leben des Vaters zu erhalten. Wenn der Sohn in der Schlacht auf seinen Vater trifft, darf er ihn nicht selbst erschlagen, sondern er muß ihn im Auge behalten, bis ein anderer kommt, der ihn tötet, denn so wird dem Gesetz Genüge getan, ohne daß der Sohn seinen Vater tötet, was eine Gesetzesübertretung wäre. Wenn aber der Vater versucht, seinen Sohn zu töten, und dieser ihn nicht anders abwehren kann, als ihn seinerseits zu erschlagen, so darf er dies ohne Zögern tun, denn seine Absicht ist lediglich, sich seines Vaters zu erwehren, und das ist erlaubt.«

Dschihaz
1. Die Aussteuer einer muslimischen Ehefrau. Diese Haushaltsgegenstände und Wäscheausstattungen, die die Braut in das Haus ihres zukünftigen Mannes mitbringt, bleiben für immer ihr persönlicher Besitz.
2. Das Wort wird ebenso als Bezeichnung für das Totenhemd eines Verstorbenen benutzt.

Dschinaya
Zusammenfassender Rechtsbegriff für alle Angriffe auf die körperliche Unversehrtheit eines Menschen, wie Mord, Körperverletzung, Ertränken usw.

Dschinn
Suratu'l-Dschinn, »Sure von den Geistern«, ist der Titel der 72. Sure des Korans. →*Dämonen*

Dschiran →*Nachbarn*

Dschizya
Die Kopfsteuer, die muslimische Herrscher von Untertanen erheben, die einer anderen Religion angehören, aber den Schutz des Staates beanspruchen. Sie beruht auf einer direkten Anweisung des Korans: »Führt Krieg gegen die Schriftleute, die nicht an Gott und die letzten Tage glauben und nicht verbieten, was Gott und seine Propheten verboten haben, und die nicht das Bekenntnis der Wahrheit bekennen, bis sie Tribut (*Dschizya*) zahlen und erniedrigt sind.«
Es gibt zwei Arten von *Dschizya*: eine, die freiwillig, und eine andere, die zwangsweise gezahlt wird. Die Höhe der ersteren wird frei ausgehandelt. Die zweite wird vom →*Imam* in eroberten Ländern den dortigen Bewohnern auferlegt und beträgt für einen reichen Mann vier Dirhem im Monat, für einen normal Begüterten zwei Dirhem im Monat und für einen Armen einen →*Dirham* im Monat. Die Steuer wird nur von Juden, Christen und Magiern erhoben, die arabischen Götzendiener und Glaubensabtrünnige müssen getötet werden. Nach Abu Hanifa wird sie nur von Männern verlangt, nach Asch-Schafi'i auch von Frauen und Kindern.
Jemand, der die Kopfsteuer zahlt und dadurch unter dem Schutz des muslimischen Staates steht, wird →*Dhimmi* genannt.

Dschudi
Der Berg, auf dem die Arche Noah nach der Sintflut strandete. (Nicht identisch mit dem Berg Ararat!)

AL-DSCHUMʿA

Suratu'l-Dschumʿa, »Sure vom Freitag«, ist der Titel der 62. Sure des Korans.

DSCHUMADA'L-UKHRA

Der sechste Monat des muslimischen Jahres. →*Monat*

DSCHUMADA'L-ULA

Der fünfte Monat des muslimischen Jahre. →*Monat*

DSCHUNUB

Wörtlich »jemand, der abgetrennt ist«. Ein Unreiner. Eine Person, die sich im Stande der rituellen Unreinheit befindet und deshalb keine religiösen Handlungen verrichten und nicht an religiösen Versammlungen teilnehmen darf.

DSCHUWAIRIYA

Eine der Frauen Mohammeds, eine Witwe, die Tochter des Harith, dem Herrscher der Banu →*Mustaliq*. Mohammed zahlte neun Unzen Gold Lösegeld für sie.

→*ʿA'ischa* soll über sie gesagt haben: »Keine Frau war je ein solcher Segen für ihr Volk wie diese Dschuwairiya.«

DUʿA'

»Gebet«, »Flehen«. Bezeichnet das private, informelle Gespräch mit Gott, im Gegensatz zu →*Salat*, dem öffentlichen Gebet in der Moschee, dem Gottesdienst.

Dazu heißt es in der 14. Sure: »O Herr, nimm mein Flehen an, vergib mir und meinen Eltern und den Gläubigen am Tage der Rechenschaft.«

DUʿA'-I MA'THUR

Wörtlich »aufgezeichnetes Gebet«. Bezeichnet Gebete, die vom Propheten benutzt und durch die Traditionen überliefert wurden.

DUʿA'U'L-QUNUT

Bedeutet »Gebet im Stehen« und wird meist nachts gesprochen, von einigen Sekten aber auch am frühen Morgen. Sein Text, wie er in den Traditionen überliefert ist, lautet: »O Gott, wir flehen dich um Hilfe an und um Vergebung der Sünden. Wir glauben an dich und vertrauen dir. Wir loben dich. Wir danken dir. Wir sind nicht undankbar. Wir trennen uns von dem und verstoßen den, der dir nicht gehorcht. Nur dir dienen wir, und nur dich beten wir an. Zu dir kommen wir und werfen uns vor dir auf die Knie und dienen dir. Wir hoffen auf deine Gnade. Wir fürchten deine Strafen. Wahrlich, dein Richtspruch wird die Ungläubigen treffen.«

Duha

1. Der Teil des Tages, der in der Mitte zwischen Sonnenaufgang und Mittag liegt.
2. Eine Periode des freiwilligen Gebets.
3. *Ad-Duha*, »der helle Tag«, ist der Titel der 93. Sure des Korans, die mit den Worten »Beim hellem Tag« beginnt.

Dukhan

Suratu'd-Dukhan, »Sure vom Rauch«, ist der Titel der 44. Sure des Korans, in der es in Vers 9 heißt: »So also erwarte den Tag, an dem der Himmel deutlich sichtbar in Rauch aufgeht .«

Duldul

Name des Esels des Propheten, den er →*'Ali* (2.)geschenkt hat.

Durud

Ein Segensgebet. Es ist Teil der vorgeschriebenen Gebete und wird direkt nach dem →*Taschahhud* und in derselben Haltung wie dieser gesprochen.
Der Text lautet folgendermaßen: »O Gott, habe Gnade mit Mohammed und seinen Nachkommen, wie du mit Abraham und seinen Nachkommen Gnade gehabt hast! Du bist rühmenswert, und du bist groß! O Gott, segne Mohammed und seine Nachkommen, wie du Abraham und seine Nachkommen gesegnet hast! Du bist rühmenswert, und du bist groß!«
Dieses Gebet wird als sehr verdienstvoll eingeschätzt, denn nach Anas hat der Prophet gesagt: »Wer dieses Gebet spricht wird zehnmal gesegnet sein, zehn Sünden werden ihm vergeben werden, und er wird um zehn Stufen erhöht werden.«
→*Gebet*

E

Eden

Arabisch *'Adn*. Das Wort wird im Koran nicht als Bezeichnung für den Aufenthaltsort unserer Stammeltern benutzt, vielmehr bezeichnet der Begriff *Dschannatu 'Adn* (von *Al-Dschanna*, »der Garten«) den vierten Himmel oder die vierte Stufe der himmlischen Glückseligkeit. →*Paradies*

Geht man also nach dem Koran, so scheint es klar zu sein, daß *Dschannatu 'Adn* als ein Platz im Himmel anzusehen ist und nicht als irdisches Paradies, und es besteht die Schwierigkeit, wo der Garten Eden zu lokalisieren ist, aus dem Adam und Eva vertrieben wurden. Ist es derselbe Ort wie der vierte Himmel? Oder handelte es sich um einen Garten, der an einer bestimmten Stelle der Erde existierte? Al-Baidawi sagt, daß einige Leute glauben, daß sich dieser Garten Eden im Land der Philister befunden habe oder zwischen Faris und Kirman. Aber so fügt er hinzu, der Garten Eden sei der *Daru 'th-Thawab*, »das Haus der Belohnung«, eine der Stufen des himmlischen Paradieses. Als Adam und Eva aus dem Paradies verstoßen wurden, fielen sie auf die Erde hinab, und Adam fand sich in Ceylon wieder und Eva nahe Dschidda in Arabien. Nachdem sie 200 Jahre getrennt waren, führte der Engel →*Gabriel,* da Adam sich reuig zeigte, ihn zu einem Berg in der Nähe Mekkas, wo er Eva wiedertraf und sie zu seiner Frau machte. Danach kehrten beide nach Ceylon zurück, wo sie fortfuhren, ihre Spezies zu verbreiten.

Ehe

Der feierliche Abschluß des Ehekontrakts wird *Nikah* genannt, die Hochzeitsfeierlichkeiten *'Urs*, persisch *Schadi*.

Die Ehe ist die Pflicht jedes Muslims, und Ehelosigkeit wird von Mohammed wiederholt verurteilt und als niedrigere Lebensform im Vergleich zum Ehestand bewertet; so soll der Prophet nach den Traditionen gesagt haben:

»Wenn ein Diener Gottes heiratet, erfüllt er die Hälfte seiner Religion.«

Als Mohammed einmal einen Mann fragte, ob er verheiratet sei, und dieser verneinte, fragte der Prophet ihn weiter: »Bist du denn gesund?« Als dieser bejahte, erwiderte der Prophet: »Dann bist du einer der Brüder des Teufels.«

Weiter wird überliefert, daß, als einer der Gefährten des Propheten namens ʻUthman ibn Mazʻun den Wunsch äußerte, ein zölibatäres Leben zu führen, Mohammed es ihm verbot. Folglich sind auch die Mitglieder der muslimischen asketischen Orden in der Regel verheiratet.

Es folgen einige Aussprüche des Propheten zum Thema Ehe:

»Die beste Ehe ist die, die die wenigsten Schwierigkeiten und die geringsten Kosten verursacht.«

»Die schlechtesten Feste sind Hochzeitsfeste, zu denen die Reichen eingeladen sind und die Armen draußen gelassen werden, und derjenige, der eine Einladung widerruft, mißachtet Gott und seinen Propheten.«

»Eheliche Verbindungen (zwischen Familien oder Stämmen) fördern die Freundschaft mehr als alles andere.«

»Heiratet Frauen, die ihre Männer lieben und viele Kinder zur Welt bringen, denn ich wünsche, daß ihr zahlreicher sein sollt als andere Völker.«

»Wenn jemand deine Tochter zur Frau begehrt und du bist mit seiner Stellung und seinem Glauben einverstanden, dann gib sie ihm, denn wenn du es nicht tust, wird Streit und Zwietracht in der Welt herrschen.«

»Eine Frau kann wegen ihres Geldes, ihres Rufes, ihrer Schönheit oder wegen ihres Glaubens geheiratet werden: Suche nach einer religiösen Frau, denn wenn du eine andere heiratest, hast du vielleicht einen Mißgriff getan.«

»Alle jungen Männer, die die Pubertät erreicht haben, sollten heiraten, denn die Ehe schützt vor der Sünde. Jemand, der nicht heiraten kann, sollte fasten.«

»Wenn ein Muslim heiratet, erfüllt er die Hälfte seiner Religion. Um die andere Hälfte zu erfüllen, sollte er Abstinenz üben.«

»Hütet euch davor, Frauen große Vermächtnisse zu machen, denn wenn diese ein Grund für Größe in der Welt und für Rechtschaffenheit vor Gott wären, dann würde der Prophet Gottes sie sicher machen.«
»Wenn jemand von euch eine Frau ehelichen möchte, dann sollte er es möglichst so einrichten, daß er sie vorher sieht.«
»Eine Frau in reifem Alter sollte nach ihrer Zustimmung zur Ehe gefragt werden, und wenn sie schweigt, dann ist das eine Zustimmung, und wenn sie sich weigert, so soll sie nicht gezwungen werden.«
»Eine Witwe darf nicht verheiratet werden, ohne vorher gefragt zu werden, und auch eine Jungfrau darf nicht verheiratet werden, bevor sie nicht gefragt wurde.«
Die Gefährten fragten: »Worin besteht die Zustimmung einer Jungfrau?« Er antwortete: »Ihre Zustimmung besteht in ihrem Schweigen.«
»Wenn eine Frau ohne die Zustimmung ihres Vormunds heiratet, dann ist diese Ehe null und nichtig, null und nichtig, null und nichtig. Wenn die Ehe bereits vollzogen ist, dann soll die Frau ihren Brautpreis nehmen. Wenn ihre Vormünder über ihre Ehe streiten, dann ist der König ihr Vormund.«

A. Die Gültigkeit der Ehe

Muslime dürfen bis zu vier freie Frauen heiraten und daneben soviele Sklavinnen als Konkubinen haben, wie sie wollen, siehe Sure 4 3 des Korans: »So heiratet von den Weibern, soviel euch beliebt, zwei, drei oder vier; fürchtet ihr aber, nicht gerecht zu handeln, dann eine, oder (Sklavinnen) die unter eurer Hand stehen. Solches schützt euch eher vor Ungerechtigkeit.« →*Ehefrau*
Ehen auf Zeit (→*Mut'a*) sind vom Propheten sanktioniert worden, aber nach dem sunnitischen Recht hat er diese Erlaubnis später widerrufen. Nach dem schiitischen Recht sind sie bis heute erlaubt.
Nach dem mohammedanischen Gesetz ist die Ehe ein gewöhnlicher Zivilvertrag, und die Gültigkeit dieses Vertrages hängt nicht von irgendeiner religiösen Zeremonie ab. Seine Gültigkeit beruht allein auf dem Einverständnis, *Idschab* und *Qabul*, »Erklärung« und »Einwilligung«, der beiden vertragschließenden Parteien (wobei nicht einmal die schriftliche Form zwingend vorgeschrieben ist), der Anwesenheit zweier männlicher Zeugen (oder einem männlichen und zwei weiblichen) und einem Brautpreis in Höhe von mindestens zehn

Dirham, welcher der Braut ausgesetzt wird. Eine fehlende Aussetzung des Brautpreises macht den Vertag jedoch nicht ungültig, denn die Frau hat in jedem Falle Anspruch auf den gesetzlichen Brautpreis.

Eine Frau, die die Pubertät erreicht hat, hat das Recht, einen bestimmten Mann als Ehemann zu akzeptieren oder abzulehnen, unabhängig von dem Willen ihres Vormundes, der nicht berechtigt ist, sie gegen ihren Willen in eine Ehe zu zwingen, und ein Mädchen, das vor der Pubertät von seinem Vormund verheiratet wurde, hat das Recht, unmittelbar nach der Erreichung der Volljährigkeit diesen Ehevertrag zu bestätigen oder aufzulösen. Wenn eine erwachsene und geistig gesunde Frau sich entschließt, durch einen Heiratsvermittler (*Wakil*) verheiratet zu werden, ermächtigt sie diesen in Gegenwart von verläßlichen Zeugen, dem Bewerber ihr Einverständnis mitzuteilen. Der Vermittler muß sie zu diesem Zweck nicht persönlich sehen, sondern es genügt, daß die Zeugen ihm versichern, daß die Braut *explizit* oder *implizit* ihre Zustimmung gegeben hat. So wird bei einer Jungfrau Schweigen als Zustimmung gewertet, ebenso ein Lächeln oder Lachen.

B. Gesetzliche Ehehindernisse

Es gibt neun Ehehindernisse:

1. Blutsverwandtschaft, das heißt Mutter, Großmutter, Schwester, Nichte, Tante usw.
2. Angeheiratete Verwandtschaft, das heißt Schwiegermutter, Schwiegertochter, Schwägerin usw.
3. Milchverwandtschaft. Ein Mann darf nicht seine Amme heiraten, und seine Milchschwester nur dann, wenn sie nicht gleichzeitig gestillt wurden. Ein Mann darf jedoch die Mutter seiner Milchschwester oder die Amme seiner Schwester heiraten.
4. Ein Mann darf nicht die Schwester seiner Frau heiraten, solange diese lebt, es sei denn, er ist von ihr geschieden.
5. Ein Mann, der mit einer freien Frau verheiratet ist, darf keine Sklavin heiraten.
6. Ein Mann darf eine Witwe oder geschiedene Frau erst heiraten, wenn die gesetzliche Wartezeit (→*'Idda*) abgelaufen ist.
7. Ein Muslim darf keine Götzendienerin oder Polytheistin heiraten. Er darf jedoch eine Jüdin oder Christin heiraten.
8. Die Ehe mit einer Frau kann aus Gründen des Besitzes verboten sein, so darf zum Beispiel ein Mann nicht seine eigene Sklavin heiraten.

Hochzeitszug in Afghanistan – Hinterer Teil

Hochzeitszug in Afghanistan – Vorderer Teil

9. Die Ehe mit einer Frau kann aus Gründen einer Scheidung verboten sein. Wenn ein Mann sich dreimal von seiner freien Frau oder zweimal von einer Sklavin geschieden hat, dann darf er sie nicht wieder heiraten, ehe sie nicht mit einem anderen Mann rechtmäßig verheiratet war und danach verwitwet oder geschieden ist.

C. Die Hochzeit

Das muslimische Recht schreibt keine spezifische Zeremonie für die Schließung einer Ehe vor. Rechtlich ist der Ehevertrag gültig und bindend, wenn zwei vertragsfähige Personen vor Zeugen ihr Einverständnis erklären. Und nach dem schiitischen Recht kann sogar auf die Zeugen verzichtet werden.

So bleibt die Form der Eheschließung ganz dem jeweiligen Kadi überlassen, und folglich gibt es keinen einheitlichen Ritus. Einige Kadis rezitieren nur die →*Fatiha* (1. Sure des Korans) und sprechen einen Segen. Im folgenden wird jedoch eine etwas feierlichere und relativ verbreitete Form der Eheschließungszeremonie beschrieben:

Der Kadi, der Bräutigam, der Vertreter der Braut und die Zeugen versammeln sich an einem geeigneten Ort (aber nie in der Moschee) und verhandeln erst über die Höhe des Brautpreises. Danach spricht der Bräutigam dem Kadi folgende Texte nach:

1. Den →*Istighfar*, »Ich erflehe Gottes Vergebung«.
2. Die vier *Quls*. Die vier Suren des Korans, die mit dem Wort »*qul*« beginnen (109., 112., 113. und 114. Sure). Diese vier Suren haben inhaltlich nichts mit dem Thema Ehe zu tun und werden wahrscheinlich nur wegen ihrer Kürze gewählt.
3. Die →*Kalima*, das Glaubensbekenntnis, »Es gibt keinen Gott außer Gott, und Mohammed ist sein Prophet.«
4. Das *Sifwatu'l-Iman*, das Bekenntnis des Glaubens an Gott, die Engel, die Schriften, die Propheten, die Auferstehung und die Prädestination.

Danach fordert der Kadi den Verteter der Braut auf, die Hand des Bräutigams zu nehmen und zu sprechen: »Für die Tochter des Soundso ist in Anwesenheit ihres Vertreters und von zwei Zeugen für eine Ehe mit dir ein Brautpreis in der und der Höhe festgelegt worden. Bist du damit einverstanden?« Und der Bräutigam antwortet: »Mit ganzem Herzen und ganzer Seele stimme ich der Ehe mit dieser Frau und dem festgesetzten Brautpreis zu. Ich stimme zu, ich stimme zu, ich stimme zu.«

Danach hebt der Kadi die Hände und spricht folgendes Gebet: »O großer Gott! Gewähre, daß gegenseitige Liebe herrsche zwischen diesem Paar, wie sie bestand zwischen Adam und Eva, Abraham und Sara, Joseph und Zalikha, Moses und Zippora, seiner Hoheit Mohammed und ‘A'ischa und seiner Hoheit ‘Ali al-Murtada und Fatimatu'z-Zahra.«
Nun ist die Zeremonie vorüber, und der Bräutigam umarmt seine Freunde und empfängt ihre Glückwünsche.
Nach allen Schulen des muslimischen Rechts ist der Bräutigam berechtigt, seine zukünftige Frau vor der Hochzeit zu sehen, aber nach östlichem Brauch ist dieses Recht in den seltensten Fällen durchzusetzen, und man kann im allgemeinen sagen, daß der Bräutigam seine Frau zum ersten Mal sieht, wenn er sie in das Brautgemach führt.
Das eigentliche Hochzeitsfest hat nichts mit den zivilen oder religiösen Zeremonien zu tun und wird je nach Land, Region, Wohlstand der Familien und Person der Braut in sehr verschiedener Weise gefeiert. So wird die Eheschließung einer Witwe oder geschiedenen Frau wesentlich diskreter begangen als die einer Jungfrau, und natürlich wird die erste Hochzeit eines reichen Mannes anders aussehen als die eines armen Bauern. Generell läßt sich nur sagen, daß das Fest im allgemeinen drei Tage dauert und daß es üblich ist, die Braut am zweiten Tag des Festes, wenn auch die gesetzliche Eheschließung stattfindet, in einer Prozession von ihrem Haus abzuholen und in einer verschlossenen Sänfte in das Haus ihres Bräutigams zu bringen.

Ehebruch

Arabisch *Zina'*. Schließt auch Hurerei mit ein, jedoch ist die Strafe für beide Vergehen unterschiedlich. Ehebruch wird dem Kadi angezeigt, entweder durch Geständnis oder durch Beweis. Um Ehebruch zu beweisen, sind vier Zeugen nötig, die aussagen, sie hätten das betreffende Paar beim Akt selbst beobachtet. Erst dann kann der Kadi das Urteil fällen. Zu Beginn von Mohammeds Mission wurden Frauen, die des Ehebruchs oder der Hurerei überführt waren, tatsächlich eingemauert, später wurde diese Strafe symbolisch vollzogen. Hierzu heißt es in der 4. Sure, Vers 16: »Wenn eure Frauen sich durch Unzucht versündigen und vier Zeugen aus eurer Mitte dies bezeugen, dann ker-

kert sie in eurem Hause ein, bis der Tod sie befreit oder Gott ihnen einen Ausweg zeigt.«
Auch Homosexualität ist strafbar; Sure 4, Vers 17 sagt dazu: »Wenn zwei Männer miteinander Unzucht treiben, so straft beide; wenn sie aber bereuen und sich bessern, dann laßt ab von ihnen, denn Gott ist barmherzig und gütig.«
Vielfach wurden Ehebrecher (wie bei den Juden) gesteinigt (wobei erst die Zeugen, dann der Kadi, dann die übrigen Zuschauer die grausame Hinrichtung vornahmen); die übliche Strafe für Unzucht (Hurerei oder Homosexualität) waren 100 Rutenstreiche und ein Jahr Verbannung. Wenn ein betrogener Ehemann (Hahnrei) seine Frau mit ihrem Liebhaber beim Beischlaf überraschte, konnte er sie – ohne rechtliche Folgen – beide töten. Besonders grausam rächte sich einst ein Perser an seiner untreuen Frau, die er und seine Helfer lebendig schächteten und ihre Haut zur Abschreckung an die Wand des Hausflurs hingen.
Wenn aber ein Kalif oder sonstiger Würdenträger Ehebruch begeht, so ist er nicht so streng zu bestrafen.
Im Gegensatz zum mosaischen Recht (Deut. 23 22; Lev. 19 20) wird eine verlobte Frau im Islam nicht für Ehebruch bestraft, wenn sie neben ihrem Verlobten einen Liebhaber hat.

Ehefrau

Arabisch *Zaudsch*, Plural *Azwadsch*; auch *Zaudscha*, Plural *Zaudschat*. Obwohl Mohammed für sich das Vorrecht von elf legitimen Ehefrauen in Anspruch nahm, begrenzte er für seine Gefolgsleute die Anzahl der Ehefrauen auf vier, wobei er daneben soviele Konkubinen oder häusliche Sklavinnen gestattete, wie der Mann besaß. Siehe Koran 4 3: »So heiratet von den Weibern, soviel euch beliebt, zwei, drei oder vier; fürchtet ihr aber, nicht gerecht zu handeln, dann eine, oder (Sklavinnen) die unter eurer Hand stehen.« →*Hochzeit*
Nach den Schiiten sind auch Ehen auf Zeit erlaubt. →*Mut'a*
Der Koran gibt dem Mann absolute Gewalt über seine Ehefrau.
Sure 4 38: »Die Männer sind höherstehend als die Weiber, weil jene vor diesen ausgezeichnet und weil sie ihr Vermögen aufwenden. Die Ehrbaren sind gehorsam, ein Geheimnis bewahrend, weil Gott sie bewahrt; diejenigen aber, deren Widerspenstigkeit ihr fürchtet, vermahnet, verlasset ihr Lager und schlaget sie. Gehorchen sie

dann, so suchet gegen sie keinen Weg.« →*Frauen*
Es folgen die Lehren Mohammeds zu diesem Thema, wie sie in den Traditionen überliefert sind:
»Der ist der beste Muslim, dessen Charakter der beste ist, und der ist der beste von euch, der seine Frauen am besten behandelt.«
»Wenn ein Mann zwei Frauen hat und sie nicht gleich behandelt, wird ihm am Tage der Auferstehung die Hälfte seines Körpers abfallen.«
»Wenn ein Mann seine Frau ruft, so hat sie zu kommen, auch wenn sie am Herd steht.«
»Der Prophet widmete sich seinen Frauen gleichmäßig und pflegte zu sagen: ›O Herr, ich teile unparteiisch, was du in meine Macht gegeben hast.‹ «
»Behandle deine Frauen mit Freundlichkeit, denn sie sind aus einer gebogenen Rippe geschaffen. Wenn du sie geradebiegen willst, so wird sie brechen, und wenn du sie in Ruhe läßt, wird sie immer gebogen bleiben.«
»Niemand darf eine Ehefrau so auspeitschen, wie man einen Sklaven auspeitscht.«
»Ein Muslim darf seine Frau nicht hassen, denn wenn ihm eine schlechte Eigenschaft an ihr nicht gefällt, so erfreue er sich an einer ihrer guten Eigenschaften.«
»Ein Muslim kann nichts Besseres gewinnen als eine liebenswerte und schöne Frau, die gehorcht, wenn ihr Mann ihr etwas zu tun aufträgt, die glücklich ist, wenn ihr Mann sie anschaut, die, wenn er bei ihr schwört, ihn wahr schwören läßt, und ihm, wenn er abwesend ist, Ehre macht mit ihrer Person und ihrem Besitz.«
Die rechtliche Stellung der Ehefrau bei den Sunniten (wobei es nur geringfügige Unterschiede zu den Schiiten gibt) läßt sich wie folgt zusammenfassen:
Ihre Zustimmung zur Eheschließung ist notwendig.
Sie hat kein Einspruchsrecht dagegen, eine von vier Ehefrauen zu sein.
Sie kann auch nicht gegen eine unbegrenzte Anzahl von Konkubinen Einspruch erheben.
Sie hat Anspruch auf einen Brautpreis, der ihr im Falle einer Trennung oder Scheidung ausgezahlt werden muß.
Sie kann sich weigern, zu ihrem Ehemann zu ziehen, wenn der Brautpreis noch nicht hinterlegt ist.
Sie kann jederzeit, ob mit oder ohne Grund, von ihrem Mann geschieden werden.
Sie kann sich mit dem Einver-

ständnis ihres Mannes von ihm scheiden lassen.
Sie darf von ihrem Mann gezüchtigt werden.
Sie darf nicht vor Gericht gegen ihren Mann als Zeugin aussagen. Bei den Sunniten darf sie vor Gericht auch nicht für ihren Mann aussagen, bei den Schiiten ist dies erlaubt.
Ihr Mann darf ihre Abschließung von der Öffentlichkeit verlangen.
Wenn sie Witwe wird, muß sie die gesetzliche Trauerzeit von vier Monaten und zehn Tagen einhalten. →*Hidad*
Im Falle des Todes ihres Mannes hat sie Anspruch auf einen Teil des Vermögens ihres Mannes zusätzlich zu dem ihr zustehenden Brautpreis, wobei der Brautpreis Vorrang vor allen anderen Erbansprüchen hat.
Es gibt im muslimischen Recht spezielle Anordnungen, die die Aufteilung der Zeit betreffen, die der Ehemann mit seinen Ehefrauen zu verbringen hat, wenn er deren zwei oder mehr hat. Denn Mohammed soll gesagt haben: »Ein Mann, der zwei oder mehr Frauen hat und mehr Zeit bei einer verbringt als mit den anderen, wird am Tag des Gerichts halbseitig gelähmt sein.« Und →*'A'ischa* berichtet, der Prophet habe gesagt: »O Herr, ich versuche meine Zeit zwischen meinen Frauen so aufzuteilen, wie es in meiner Macht liegt. Rechne mir deshalb nicht das an, was nicht in meiner Macht liegt, nämlich die Liebe.« Es gilt deshalb die Regel, daß die älteren Ehefrauen und die neuen absolut den gleichen Anspruch auf die Zeit haben, die der Ehemann ihnen zu widmen hat. Die Verteilung dieser Zeit liegt dabei allerdings beim Mann. Wenn ein Mann eine freie und eine unfreie Frau heiratet, wird seine Zeit in drei Teile aufgeteilt, und der freien Ehefrau stehen dann zwei Teile und der unfreien nur ein Teil zu. Wenn der Mann auf Reisen geht, haben seine Frauen keinen Anspruch, ihn auf diese Reisen zu begleiten, und es bleibt ihm gänzlich überlassen, ob und wen er auf die Reise mitnimmt. Die Zeit der Reise wird in der Gesamtbilanz der den Frauen jeweils zustehenden Zeiten nicht berücksichtigt, und er ist deshalb den Frauen gegenüber, die er auf die Reise nicht mitgenommen hat, zu keinem Ausgleich verpflichtet. Auch ist es vom Gesetz erlaubt, daß eine Ehefrau zugunsten einer ihrer Mitfrauen auf die ihr zustehende Zeit verzichtet. Wenn sie dies aber tut, hat sie kein Recht, diesen Verzicht rückgängig zu machen.

Die Stellung der Frau in bezug auf das Scheidungsrecht. → *Scheidung*

Fakir Dschani Muhammad As'ad gibt folgende Ratschläge für den Umgang mit Ehefrauen:

Die Wahl einer Ehefrau

Die beste Ehefrau wäre gesegnet mit Verstand, Keuschheit, gutem Willen, Mäßigkeit, Sanftmut des Herzens, guten Sitten, Gehorsam ihrem Ehemann gegenüber und würdigem Auftreten. Außerdem sollte sie fruchtbar sein. Eine freie Frau ist einer unfreien vorzuziehen, denn durch sie gewinnt der Mann neue Freunde und Verbindungen, alte Feindschaften können ausgeräumt werden und gemeinsame Interessen besser verfolgt werden. Aus demselben Grund ist niedere Geburt nicht zu empfehlen. Ein junges Mädchen ist vorzuziehen, denn es wird sich eher von ihrem Mann leiten lassen, und wenn eine junge Frau noch mit den drei Qualitäten gute Familie, Besitz und Schönheit gesegnet ist, dann entspricht sie weitgehend dem Ideal einer perfekten Ehefrau.

Aus diesen drei Qualitäten können jedoch auch Gefahren entspringen, vor denen es sich zu hüten gilt. Familienbewußtsein nämlich macht eitel, und wenn Frauen schwach sind, dann werden sie wahrscheinlich zögern, sich dem Willen ihres Ehemanns zu unterwerfen, und sie werden ihn im Lichte ihrer Familie sehen, was zu einer Umkehrung der Beziehung führen kann. Auch Besitz und Schönheit kann dieselbe Wirkung haben, und da Frauen nur geringe Urteilsfähigkeit besitzen, kann dies zu endlosen Mißhelligkeiten führen.

Der Umgang mit einer Ehefrau

Drei Dinge müssen eingehalten werden und drei vermieden. Die drei Dinge, die eingehalten werden müssen, sind:

1. *Würde*. Der Ehemann sollte ständig eine würdige Haltung gegenüber seiner Frau bewahren, was sie davon abhalten wird, seine Anweisungen und Verbote zu mißachten. Würde ist das wichtigste Mittel der Herrschaft, und sie kann dadurch verstärkt werden, daß er seine Verdienste ins rechte Licht rückt und seine Mängel vor ihr verbirgt.

2. *Entgegenkommen*. Er sollte seiner Frau so weit entgegenkommen, daß sie immer das Gefühl hat, daß sie seine Zuneigung und sein Vertrauen besitzt. Wenn sie nämlich das Gefühl hat, daß sie dies verloren hat, dann wird sie dazu neigen, sich seinem Willen zu widerset-

zen. Zu diesem Zweck sollte er sie von allen Personen fernhalten, die nicht zu seinem Harem gehören, sollte mit ihr in entgegenkommendem Ton sprechen und sie in alle Entscheidungen in einer Weise einbeziehen, die ihn ihrer Zustimmung versichert.

3. Gegenüber ihren Freunden und Verwandten soll er sich achtungsvoll, höflich und herzlich verhalten, und er sollte auf keinen Fall eine weitere Frau nehmen, die nicht nach Familie, Besitz und Persönlichkeit einen höheren Rang als diese hat. Denn die Eifersucht und der Hochmut gehören wie die Schwäche der Urteilsfähigkeit zum Wesen der Frauen und verleiten sie zu Fehlverhalten und Ungehorsam. Außer im Falle von Königen, die heiraten, um zahlreichen Nachwuchs zu haben, und denen gegenüber den Frauen nichts anderes übrig bleibt, als gehorsam zu sein, ist eine Vielzahl von Ehefrauen nicht zu rechtfertigen. Und sogar im Falle von Königen wäre Vorsicht angebracht; denn Mann und Frau sind wie Herz und Körper, und wie ein Herz nicht zwei Körper versorgen kann, kann auch nicht ein Mann zwei Frauen angemessen zufriedenstellen und seine Zuneigung zu ihnen gleichmäßig zwischen ihnen aufteilen.

Die drei Dinge, die vermieden werden müssen, sind:

1. *Übermäßige Liebe*
Sie führt zu einer Vormachtstellung der Frau und damit zu einem widernatürlichen Zustand. Wenn die Herrschaft beherrscht wird und dem Befehlshaber befohlen wird, dann ist unfehlbar jede Ordnung dahin. Wenn jemand unter einem Überfluß an Zuneigung leidet, dann sollte er ihn wenigstens vor seiner Frau verbergen.

2. Er sollte sie nicht in Dingen von wirklicher Bedeutung um Rat fragen, er sollte sie nicht mit seinen Geheimnissen vertraut machen und sie sollte nicht die Größe seines Vermögens kennen, denn andernfalls wird die Schwäche ihrer Urteilsfähigkeit unfehlbar alles zum Schlechten lenken.

3. Er sollte ihr keine Musikinstrumente erlauben und keine auswärtigen Besuche, er sollte ihr verbieten, bei Erzählungen von Männern zuzuhören, und den Umgang mit Frauen, von denen solches bekannt ist, besonders, wenn in letzter Zeit Verdacht aufgekommen ist.

Fünf Dinge sind es, die Ehefrauen beherzigen sollten:

1. Sie sollen tugendhaft sein.
2. Sie sollen sich anständig betragen.
3. Sie sollen die Würde ihres

Mannes achten und ihn respektvoll behandeln.
4. Sie sollen den Anweisungen ihres Mannes gehorsam sein.
5. Sie sollen ihren Mann in den Momenten der Fröhlichkeit erheitern und ihn nicht mit vorlauten Bemerkungen stören.

EHELOSIGKEIT →*Zölibat*

EHEMANN
Ein Ehemann besitzt keine Rechte gegenüber seiner Frau, die über die normalen Eherechte hinausgehen; er ist aber auch zu nicht mehr verpflichtet, als sie angemessen zu ernähren, sie zu kleiden und unterzubringen. Er kann allerdings wegen Vernachlässigung dieser Grundpflichten eingekerkert werden.
Eine gerichtliche Zeugenaussage eines Ehemannes in bezug auf seine Frau wird von den Sunniten nicht anerkannt, nach dem schiitischen Recht ist sie zugelassen.
Das mohammedanische Recht verlangt, daß ein muslimischer Ehemann sich gleichermaßen seinen Frauen widmet, es sei denn, eine Frau verzichtet zugunsten einer anderen.

EHESCHEIDUNG
Arabisch *Talaq*. Im ursprünglichen Sinne bedeutet das Wort »Entlassung«, aber im muslimischen Recht bezeichnet es eine Erleichterung der Ehefesseln.
Das muslimische Scheidungsrecht beruht sowohl auf Textstellen des Korans als auch der Traditionen und seine Regeln nehmen in den Werken der muslimischen Rechtsprechung einen breiten Raum ein.
A. Die Lehren des Korans über die Scheidung:
In der zweiten Sure lesen wir: »Diejenigen, welche beabsichtigen, sich von ihren Frauen zu trennen, sollten es vier Monate bedenken; treten sie dann von ihrer Absicht zurück, so ist Gott gnädig und barmherzig.
Bestehen sie aber schließlich auf der Ehescheidung, hört und weiß Gott es auch.
Die geschiedene Frau muß dann das Ergebnis so lange abwarten, bis sie dreimal ihre Periode hatte; sie darf nicht verheimlichen, was Gott in ihrem Leibe geschaffen hat, sofern sie an Gott und den Jüngsten Tag glaubt. Es ist billiger, daß der Mann sie wieder zurücknimmt, falls sie schwanger ist, und sie sich miteinander guten Willens versöhnen; dem Manne steht hierbei jedoch das Vorrecht zu. Gott ist mächtig und weise.
Ein solches Ehescheidungsverlangen ist zweimal erlaubt. Dann müßt ihr die Frau endgültig versöhnt behalten oder

sie gütlich entlassen. Es ist euch nicht erlaubt, etwas von dem zu behalten, was ihr dieser Frau zuvor geschenkt habt; es sei denn, daß beide Teile fürchten, die Gebote Gottes nicht erfüllen zu können. Befürchten sie aber wirklich, die Bestimmungen Gottes nicht erfüllen zu können, so ist es keine Sünde, wenn die Frau sich ihre Freiheit mit ihrem Vermögen erkauft. Dies sind die Vorschriften Gottes, übertretet sie nicht! Wer sie übertritt, gehört zu den Frevlern.

Trennt sich der Mann zum dritten Mal von der Frau, so darf er sie nicht wieder nehmen; oder sie müßte zuvor einen anderen Mann geheiratet und auch dieser sich von ihr getrennt haben; dann ist es keine Sünde, wenn sie sich erneut vereinigen; aber sie müssen überzeugt sein, die Gebote und Schranken Gottes einhalten zu können. Dies sind die klaren Vorschriften Gottes, die er dem Volke bekannt machte und die jeder versteht.

Wenn ihr euch nun von euren Frauen trennt und die hierfür bestimmte Frist abgelaufen ist, so müßt ihr sie entweder in Güte behalten oder nach Billigkeit entlassen. Haltet sie aber nicht mit Gewalt zurück. Wer das tut, der sündigt. Wenn ihr euch von euren Frauen scheidet und ihre bestimmte Zeit gekommen ist, dann hindert sie nicht, einen anderen Mann zu nehmen, wenn sich beide einig sind.

Ist eine geschiedene Frau Mutter von kleinen Kindern, so soll sie ihre Kinder zwei volle Jahre säugen, wenn der Vater will, daß die Säugung die volle Zeit dauern soll. Dem Vater des Kindes obliegt es, der Mutter Nahrung und Kleidung nach ihrem Bedarf zu geben. Niemand ist aber gezwungen, über sein Vermögen zu leisten. Weder Vater noch Mutter soll hierzu der Kinder wegen gezwungen sein noch werden. Für Erben des Vaters (Vormund) gilt dasselbe. Soll das Kind vor dieser Zeit – nach gemeinschaftlicher Beratung – entwöhnt werden, so begehen sie damit kein Vergehen. Und wenn ihr wollt, so könnt ihr auch eine Amme für das Kind nehmen, wenn ihr den vereinbarten Lohn an sie zahlt.«

Und in der 65. Sure, die auch den Beinamen »Die Ehescheidung« (*At-Talaq*) trägt, heißt es:

»O Prophet, wenn ihr eure Ehe scheidet, scheidet euch zu ihrer bestimmten Zeit und berechnet die Zeit genau und fürchtet Gott, euren Herrn. Vertreibt eure Frauen nicht aus ihrer

Wohnstatt, welche sie vor der ihnen bestimmten Zeit nicht verlassen dürfen; es sei denn, sie hätten sich offenbarer Schandtat (Ehebruch) schuldig gemacht. Dies sind Verordnungen Gottes, wer sie übertritt, der handelt sündhaft gegen seine eigene Seele. Man kann ja auch nicht wissen, ob nicht in der vorgeschriebenen Zeit (von drei Monaten) irgend etwas eintritt, wodurch sich die Gemüter versöhnen und von der Scheidung abstehen.

Wenn nun die bestimmte Frist abgelaufen ist, dann behaltet sie oder trennt euch von ihnen auf gerechte und vorschriftsmäßige Weise und nehmt dazu zwei rechtschaffene Männer aus eurer Mitte als Zeugen und laßt es ein wahrhaftiges Zeugnis vor Gott sein.

Denjenigen eurer Frauen, welche wegen ihres Alters nicht mehr sicher sind, die Periode zu haben, denjenigen gebt drei Monate Zeit, wenn ihr selbst daran zweifelt; dieselbe Zeit gewährt jenen, die ihre Menstruation noch nie hatten. Die Zeit für Schwangere ist bis zum Moment ihrer Entbindung. Wer Gott fürchtet, dem wird er seine Anordnungen erleichtern.

Die Frauen, von welchen ihr euch scheidet, laßt wohnen, wo ihr wohnt, nach Maßgabe der Wohnstätte, die ihr besitzt, und tut ihnen keine Unbill, daß ihr sie nicht in ängstliche Sorge versetzt (obdachlos zu werden). Sind sie schwanger, so sorgt für das, was sie nötig haben, bis sie ihr Kind geboren haben. Stillen sie ihre Kinder für euch, gebt ihnen ihren Lohn (Nahrung, Unterhalt und Kleidung) und findet euch nach Billigkeit miteinander ab. Erhebt sich aber hierin eine Schwierigkeit und eine andere Frau muß für ihn das Kind säugen, so möge der, welcher viel Vermögen besitzt, viel geben, und auch der nur kümmerlich versorgt ist, gebe im Verhältnis zu dem, was ihm Gott verlieh.«

B. Die Lehren Mohammeds über die Ehescheidung im allgemeinen werden in den Traditionen wie folgt dargestellt:

»Das, was zwar gesetzlich ist, aber von Gott nicht geliebt wird, ist die Scheidung.«

»Der Frau, die von ihrem Mann grundlos die Scheidung verlangt, ist es verwehrt, die Düfte des Paradieses zu riechen.«

»Es gibt drei Dinge, die, ob sie nun im Spaß oder im Ernst getan werden, als von höchster Bedeutung angesehen werden müssen, nämlich Heirat, Scheidung und das Zurücknehmen einer Frau.«

»Jede Scheidung ist gesetzlich,

nur nicht die eines Verrückten.« »Verflucht sei der zweite Ehemann, der die geschiedene Frau für den ersten Mann wieder gesetzlich macht, und verflucht sei der erste Mann, für den sie wieder gesetzlich gemacht wird.« (Mischkat 13 u. 15)

C. Das sunnitische Scheidungsgesetz:

Die Scheidung wird vom Mann ausgesprochen oder schriftlich niedergelegt. Dies kann für die Gegenwart oder für einen bestimmten zukünftigen Zeitpunkt gelten und kann vor oder nach dem Vollzug der Ehe geschehen.

Die Worte, mit der die Scheidung ausgesprochen wird, können entweder *sarih*, »ausdrücklich«, formuliert sein, etwa: »Du bist geschieden«, oder aber *kinaya*, »metaphorisch«, zum Beispiel: »Du bist frei.« – »Suche dir einen anderen!« – »Verhülle dich!« usw.

Scheidung wird unterschieden in *Talaqu's-Sunna*, wie sie dem Koran und den Traditionen entspricht, und *Talaqu'l-Badi'*, eine irreguläre Art der Scheidung, die zwar als gesetzlich gilt, aber nicht als religiös angesehen wird.

Talaqu's-Sunna ist entweder *ahsan* (»höchst lobenswert«) oder *hasan* (»lobenswert«). *Talaqu'l-Ahsan*, die »höchst lobenswerte« Methode, besteht darin, daß der Ehemann einmal zu seiner geliebten, aber nicht schwangeren Frau den Satz »Du bist geschieden!« sagt, während sie sich in einer Phase der Reinheit befindet, in der er keine körperlichen Beziehungen zu ihr unterhält, und sie danach verläßt, um die vorgeschriebene Wartezeit von drei Monaten hinter sich zu bringen. Bis zum Ende dieser Frist ist die Scheidung widerrufbar, aber danach ist sie nicht mehr rückgängig zu machen, es sei denn durch eine vollständig neue Eheschließung. Aber dabei ist zu beachten, daß es dazu nicht wie bei den anderen Formen der Scheidung nötig ist, daß die Frau zuerst einen anderen Mann heiratet und sich von ihm scheiden läßt, um ihren ersten Mann heiraten zu können.

Talaqu'l-Hasan, die »lobenswerte« Methode, besteht darin, daß der Ehemann in jeder der drei Phasen der Reinheit der Frau jeweils eine Scheidungsformel, ausdrücklich oder metaphorisch, ausspricht.

Talaqu'l-Badi', die irreguläre Form der Ehescheidung, besteht darin, daß der Ehemann die Scheidungsformel, ausdrücklich oder methaphorisch, dreimal hintereinander ausspricht, zum Beispiel: »Du bist geschieden! Du bist geschieden! Du bist geschieden!« Sogar wenn der Mann nur drei Finger hochhält oder drei Steine auf die Erde fallen läßt, wird das für ausreichend gehalten, daß die Scheidung rechtskräftig wird. Der Muslim, der sich auf eine solche Weise von seiner Frau trennt, wird zwar für einen Gesetzesbrecher gehalten, das ändert jedoch nichts daran, daß die Scheidung rechtsgültig ist.

Für beide dieser Scheidungsmethoden, *Badi'* oder *Hasan*, gilt, daß die Scheidung widerrufbar ist, ehe die Scheidungsformel das dritte Mal ausgesprochen ist, danach ist sie irreversibel. In beiden Fällen darf die Frau unter keinen Umständen zu ihrem Mann zurückkehren, wenn sie nicht vorher einen anderen Mann geheiratet und sich wieder von ihm geschieden hat. Die muslimischen Schriftgelehrten meinen, dieses (etwas unerfreuliche) Verfahren sei eingeführt worden, um möglichst Scheidungen zu verhindern, die nicht *Talaqu'l-Ahsan* sind.

Ein Ehemann kann sich von seiner Frau scheiden, ohne daß irgendein Verschulden von ihrer Seite vorliegt. Die Scheidung jedes Mannes ist gültig, wenn er volljährig und bei geistiger Gesundheit ist.

Es folgen nun einige Scheidungsgründe, die aber im allgemeinen ein Urteil des Richters (Kadi) erfordern:

1. Wenn der Ehemann durch Kriegsfolgen oder Unfall entmannt wird, kann die Frau die Scheidung verlangen, falls der Verlust vor der Ehe geschah. Fälle von offensichtlichem Wahnsinn oder Lepra werden auf die gleiche Weise behandelt. Die Scheidung erfolgt sofort.
2. Bei Impotenz eines der beiden Partner kann der Richter ein Jahr Probezeit festsetzen.
3. Eine Frau kann nicht gezwungen werden, einen Mann zu heiraten, der einem minderwertigen Stamm angehört; die Ältesten des ranghöheren Stammes können in diesem Fall die Scheidung der Ehe verlangen.
4. Falls der vereinbarte Brautpreis nicht auf Verlangen ausgehändigt wird, gilt die Ehe als geschieden.
5. Wenn nur einer der Ehepartner dem Islam angehört, soll der Richter dem anderen dreimal den Beitritt zum Islam anbieten; falls er auch dann nicht beitritt, ist die Scheidung auszusprechen.
6. Wenn ein Ehemann seine Frau bezichtigt, Ehebruch begangen zu haben, wird diese Anschuldigung vom Richter

überprüft. Selbst wenn es keinen eindeutigen Beweis gibt und die Frau ihre Unschuld beteuert, der Mann jedoch schwört, daß seine Frau ihn betrogen habe, so muß die Scheidung dennoch ausgesprochen werden.

7. Wenn ein Ehemann einen Eid leistet, im Zeitraum von vier Monaten keinen Geschlechtsverkehr mit seiner Frau gehabt zu haben, und bei diesem bleibt, so ist eine endgültige Scheidung auszusprechen.

8. Falls ein Ehemann zum Besitzer seiner Frau, einer Sklavin, wird, oder umgekehrt die Frau zum Besitzer ihres Mannes, eines Sklaven, wird die Scheidung ausgesprochen.

9. Ungültig ist eine Ehe auch dann, wenn die Heiratszeremonie unvorschriftsmäßig oder unvollständig war oder die Ehepartner in einem zu engen Verwandtschaftsverhältnis zueinander stehen.

10. Eine Ehe wird auch dann geschieden, wenn sich ein Partner weigert, ein nichtislamisches Land (→*Daru'l-Harb*) zu verlassen und sich in einem islamischen (→*Daru'l-Islam*) niederzulassen.

11. Wenn einer der beiden Partner sich vom Islam abwendet, der andere aber der Religion treu bleibt, gilt die Ehe auch ohne richterliche Entscheidung als aufgelöst; sollten jedoch beide Partner abtrünnig werden, bleibt die Ehe bestehen.

D. Das schiitische Scheidungsgesetz:
Es unterscheidet sich nur in einigen Details von dem sunnitischen. So ist die Wahl der Scheidungsformel nicht so frei wählbar, sie darf nicht metaphorisch, sondern muß ausdrücklich formuliert sein, und sie muß mündlich erfolgen. Außerdem muß die Scheidung in Gegenwart von zwei Zeugen ausgesprochen werden.

Eid

Arabisch *Yamin*, Plural *Yaminat*, *Aiman*. Die Lehren des Koran in bezug auf das Schwören drücken sich in folgenden Versen aus:

Sure 2 224-225: »Machet Gott nicht zum Gegenstand eurer Schwüre; daß ihr fromm, gottesfürchtig und friedensstiftend unter den Menschen seid. Und Gott ist allhörend und allwissend. Gott wird euch wegen einer losen Rede in euren Schwüren nicht strafen, aber strafen wird er euch für das, was euer Herz begeht. Und Gott ist verzeihend und sanftmütig.«

Sure 5 91: »Gott wird euch wegen einer losen Rede in euren Schwüren nicht strafen, aber strafen wird er euch für einen Schwur, den ihr im Ernst geleistet habt. Die Sühne dafür soll sein, daß ihr zehn Arme mit derselben Nahrung speist, die auch eure Familie bekommt, oder daß ihr einen Sklaven freikauft. Der, der dafür keine Mittel hat, soll drei Tage lang fasten.«

Sure 16 96: »Und gebraucht eure Eide nicht zur Trügerei unter euch, daß der Fuß nicht strauchle, nachdem er fest gestanden, und ihr das Übel kostet, dieweil ihr abgewichen seid vom Pfade Gottes und euch schwere Strafe ist.«

Es folgen die Lehren Mohammeds zu diesem Thema, wie sie in den Traditionen überliefert sind:

»Wenn jemand etwas schwört und hinzusetzt: ›Wenn es Gott gefällt‹, und er tut das Gegenteil, dann begeht er keine Sünde.«

»Schwört nicht bei Götzen und eurem eigenen Vater.«

»Schwört nicht bei Gott, außer ihr sagt die Wahrheit.«

»Wer bei Gebeten schwört oder bei den Fasten oder bei der Pilgerschaft, der ist kein Muslim.«

Es gibt drei Arten von Meineiden:

1. Ein Eid, der sich auf etwas bezieht, das vergangen ist, und in dem der Schwörende absichtlich die Unwahrheit sagt. Ein solcher Eid ist in hohem Maße verwerflich, und der Prophet hat dazu gesagt: »Wer wissentlich falsch schwört, wird zur Hölle verdammt werden.«

2. Ein Eid, der sich auf die Zukunft bezieht und in dem der Schwörende etwas verspricht, was er danach nicht einhält. In diesem Falle ist der Schwörende zur Entsühnung verpflichtet.

3. Ein Eid, der sich auf etwas bezieht, das vergangen ist und in dem der Schwörende unabsichtlich die Unwahrheit sagt, das heißt, daß er das, was er bezeugt, nicht richtig kennt oder falsch verstanden hat. In diesem Falle hängt es von der göttlichen Gnade ab, ob der Schwörende verdammt wird oder nicht.

Eier

Nach Abu Hanifa steht einer Person, die Eier gekauft hat und nach dem Öffnen derselben feststellt, daß sie faul sind, die Erstattung des vollen Kaufpreises zu.

Eifersucht

Arabisch *Ghaira.* Mohammed soll gesagt haben: »Es gibt eine Art von Eifersucht, die Gott liebt, und es gibt eine Art von Eifersucht, die er verdammt.

Die Eifersucht, die Gott liebt, ist die, wenn ein Mann den Verdacht hat, daß seine Frau oder seine Sklavin zu einem Fremden geht und bei ihm sitzt; die Eifersucht, die Gott mißbilligt, ist die, wenn ein Mann ohne jeden Grund eine schlechte Meinung von seiner Frau in seinem Herzen hegt.« (Mischkat 13 15)

Eintrittserlaubnis in Häuser

Unangemeldetes und unerwartetes Eindringen in das Haus oder die Privaträume einer Person gilt als große Unhöflichkeit, und sowohl im Koran als auch in den Traditionen gibt es dezidierte Vorschriften in dieser Hinsicht. Sure 24 27-29: »O ihr, die ihr glaubt, tretet nicht in andre Wohnungen als eure, bis ihr um Erlaubnis gefragt und ihre Bewohner gegrüßt. Dies ist für euch besser, daß ihr eingedenk seid. Und wenn ihr darin niemand findet, tretet nicht hinein, bis es euch erlaubt wird. Und wenn euch gesagt wird: ›Zurück‹, so kehret um. Dies ist schicklicher für euch. Und Gott ist kundig dessen, was ihr tut. Doch ist es von euch kein Vergehen, wenn ihr in unbewohnte Häuser tretet, in denen ihr Nutzung habt. Und Gott weiß, was ihr kundtut und was ihr verschweiget.«

Die Traditionen überliefern zahlreiche Aussagen Mohammeds zu diesem Thema:

Ein Mann fragte den Propheten: »Muß ich um Erlaubnis fragen, wenn ich das Zimmer meiner Mutter betreten will?« Mohammed antwortete: »Ja.« Der Mann erwiderte: »Aber ich lebe im selben Haus mit ihr.« Der Prophet sagte: »Du mußt auch um Erlaubnis fragen, wenn du mit ihr im selben Haus lebst.« Darauf sagte der Mann: »Aber ich versorge sie.« Und Mohammed: »Wie! Willst du sie etwa nackt sehen? Du mußt um Erlaubnis fragen.«

Der Kalif →*'Umar* sagt, daß der Prophet gelehrt habe, daß, wenn man dreimal vor einem Haus den Friedensgruß entboten und keine Antwort bekommen habe, man sich entfernen müsse.

Nach →*Abu Huraira* hat der Prophet gesagt: »Wenn dich jemand zu sich ruft, dann darfst du sein Haus ohne Erlaubnis betreten.«

Eisen

Arabisch *Hadid*, »Sure vom Eisen« ist der Titel der 57. Sure des Korans, wo es in Vers 25 heißt: »Auch sandten wir das Eisen nieder, darin gewaltiges Unheil für den Menschen und Nutzen auch, und damit Gott erkenne, wer ihm beisteht und seinem Gesandten im verborgenen.« Zamakhschari sagt, daß Adam aus dem Paradies fünf Dinge aus Eisen mitgebracht habe: einen Amboß, eine Zange, einen kleinen und einen großen Hammer und eine Nadel.

ELEFANT

Das Jahr des Elefanten ist das Jahr 570 n. Chr., in dem Mohammed geboren wurde. In diesem Jahr zog Abrahatu'l-Aschram, ein abessinischer Christ und Vizekönig des Königs von San'a' im Jemen, mit einem großen Herr und einer Anzahl Elefanten gegen Mekka, um die Ka'ba zu zerstören. Er wurde auf eine so plötzliche Weise geschlagen und sein Heer vernichtet, daß dies Ereignis Anlaß für die Legende wurde, die in der 105. Sure des Korans, die den Namen »Der Elefant« trägt, erwähnt wird. →*Ashabu'l-Fil*

ELEMENTE

Die vier Elemente Feuer, Luft, Wasser und Erde, aus denen alles auf der Welt besteht. Folgende Eigenschaften werden ihnen zugeordnet: Das Feuer ist heiß und trocken, die Luft heiß und kalt, das Wasser kalt und naß und die Erde kalt und trocken. →*Da'wa*

ELIAS

Arabisch *Ilyas*. Biblischer Prophet, der in den folgenden Versen des Korans erwähnt wird:
Sure 37 123: »Wahrlich, Elias war ein Gesandter, als er zu seinem Volk sprach: ›Fürchtet ihr euch nicht, da ihr Baal anruft und den besten Schöpfer, den Gott eurer Vorväter, mißachtet?‹ Aber sie nannten ihn einen Lügner, wahrlich, sie werden angeklagt werden.«
Sure 6 85: »Und Zacharias und Johannes und Jesus und Elias, alles rechtschaffene Männer.«
Al-Baidawi sagt: »Einige glauben, daß Elias derselbe sei wie Idris, der Vorvater Noahs, während andere der Meinung sind, er sei ein Sohn des Yasin und stamme von Aaron, dem Bruder des Moses, ab.«

ELISA

Arabisch *Al-Yasa'*. Elisa wird zweimal im Koran erwähnt.
Sure 38 48: »Und denkt an Ismael und Elisa und Dhu'l-Kifl, denn sie waren rechtschaffen.«
Sure 6 85: »Und Zacharias und Johannes und Jesus und Elias, alles rechtschaffene Männer, und Ismael und Elisa und Jona und Lot, sie haben wir der Welt vorgezogen.«

ELOQUENZ

Das arabische Wort *Al-Bayan*,

das als »fließend und wohlgesetzt sprechen« definiert ist, erscheint einmal im Koran in Sure 55 3: »Er schuf den Menschen und lehrte ihn, und er lehrte ihn fließend zu sprechen.«
Das Wort erscheint auch in den Traditionen, und dabei ist bemerkenswert, daß der Prophet allem Anschein nach die Eloquenz verachtet, obwohl der Koran in gebundener Sprache und in einem höchst artifiziellen Stil geschrieben ist. →*Ibn ʿUmar* sagte, der Prophet habe gesagt: »Sollen die doch zur Hölle gehen, die ihre Worte ausschmücken.« Und nach Abu Umama soll der Prophet auch gesagt haben: »Eloquenz ist eine Art von Magie.«
Nach Ibn Masʿud sagte der Prophet: »Leeres Gerede und wohlgesetzt sprechen sind zwei Arten der Heuchelei.« Und nach ʿAmr ibn al-ʿAsi sagte der Prophet: »Mir ist befohlen worden, wenig zu sprechen, und wahrlich, es ist das beste, wenig zu sprechen.«

Elster
Nach Abu Hanifa ist das Fleisch der Elster neutral, aber der Imam Yusuf hält es für verboten.

Eltern
Die Pflichten der Kinder ihren Eltern gegenüber werden im Koran häufig erwähnt, zum Beispiel Sure 17 24-25: »Und bestimmt hat dein Herr, daß ihr ihm nur dienet und daß ihr an den Eltern gut handelt, wenn sie bei dir ein hohes Alter erreichen, eins von ihnen oder beide. Sage nicht ›Pfui!‹ zu ihnen, schilt sie nicht, sondern sprich zu ihnen in ehrerbietiger Weise. Senke ihnen den Arm der Unterwürfigkeit aus Liebe und sprich: ›O Herr, sei ihnen barmherzig, wie sie mich von Kind auf erzogen.‹ «

Engel
Arabisch *Mala'ika.* →*Ibn Madscha* sagt über sie: »Man glaubt, daß Engel aus einfacher Substanz bestehen, das heißt aus Licht geschaffen wurden, und daß sie Leben, Sprache und Vernunft besitzen. Sie sind artverschieden von den Dschinnen und Schaitanen und sind gefeit gegen Fleischeslust und Wutanfälle. Sie widersetzen sich niemals Gottes Befehlen, sondern tun, was er ihnen aufträgt. Ihre Nahrung ist, Gottes Ruhm zu preisen, ihr Getränk, seine Heiligkeit zu verkünden, ihre Unterhaltung, seiner stets zu gedenken, ihr Vergnügen, ihn anzubeten. Sie sind von unterschiedlicher Gestalt und haben verschiedene Kräfte.« Vier von

ihnen sind Erzengel, arabisch *Qarubiyun*, hebräisch Cherubim: Dschibril (Gabriel), der Engel der Offenbarung; Mika(i)l (Michael), Schutzheiliger der Israeliten; Israfil, der die Trompete am Jüngsten Tag blasen wird, und 'Azra'il, der Engel des Todes.

Es heißt, Engel seien niedriger im Rang als die Propheten der Menschen, da sie, auf Gottes Geheiß, vor Adam nierderfielen. Nur Iblis, der hochmütige →*Teufel,* weigerte sich (2. Sure, Vers 35). →*Adam*

Ferner heißt es, jeder Gläubige werde von zwei Engeln begleitet, von denen einer die guten, der andere die schlechten Taten aufschreibt.

Es soll auch zwei Engel, →*Munkar und Nakir*, geben, die die Toten in ihren Gräbern aufsuchen. Der Engel, der die Aufsicht in der Hölle führt, heißt →*Malik (2.)*, seine Untergebenen →*Zabaniya* (Wärter).

Die Engel legen Fürsprache für die Menschen ein (42. Sure, Vers 6) und beschützen sie (13. Sure, Vers 12, →*Amulette*), so auch in Sure 3, Vers 126: »Wenn ihr Gott fürchtet, so wird er 3000 Engel zu eurer Verstärkung senden, wenn der Feind euch plötzlich überfällt.«

Auf acht Engeln ruht Gottes Thron am Tag des Gerichts (Sure 69, Vers 18), und neunzehn Engel sind die Wächter der Hölle (74. Sure, Vers 31).

ENOCH →*Uhnukh*

ERBE →*Erbrecht*

ERBRECHT

»Erbe« oder »Erbschaft« heißt →*Fara'id* oder *Mirath*, das Erbrecht wird *'Ilmu'l-Fara'id* oder *'Ilm-i Mirath* genannt. Im Koran werden in Sure 4 12-16 die Grundlagen des Erbrechts festgelegt:

»Gott hat euch hinsichtlich eurer Kinder bestimmt: Ein Mann erhalte einen ebensolchen Anteil wie zwei Weiber. Sind nur Weiber da, mehr als zwei, so gehöre es ihnen, während ein Drittel zurückbleibe. Ist nur eines da, so erhalte sie die Hälfte. Von den Eltern erhalte jeder ein Sechstel, falls ein Kind da ist, und wenn kein Kind da ist und sein Vater ihn beerbt, so erhalte die Mutter ein Drittel. Hat er Brüder, so erhalte seine Mutter ein Sechstel. Nachdem davon die Legate verteilt sind oder Schulden. Eure Eltern und eure Kinder, ihr wißt nicht, wer von ihnen euch mehr Nutzen gewährt. Diese Vorschrift ist von Gott, und wahrlich, Gott ist allwissend und allweise. Ihr sollt die Hälfte von dem erhalten, was eure Weiber zurücklassen, falls sie kein Kind hinterlassen; wenn sie aber ein Kind hinterlassen, dann ein Viertel von dem, was sie hinterlassen. Nachdem davon die Legate verteilt sind oder Schulden. Sie sollen ein Viertel von dem erhalten, was ihr zurücklasset, falls ihr kein Kind hinterlasset; wenn ihr aber ein Kind hinterlasset, dann ein Achtel von dem, was ihr zurücklasset. Nachdem davon die Legate verteilt sind oder Schulden. Wenn ein Mann einen entfernten Verwandten erben läßt, ebenso eine Frau, und einen Bruder oder eine Schwester hat, so erhalte jeder von ihnen ein Sechstel; sind aber deren mehr vorhanden, so sind sie alle Teilhaber eines Drittels. Nachdem davon die Legate verteilt sind oder Schulden. Ohne zu verletzen, eine Bestimmung von Gott. Und Gott ist allwissend und sanftmütig.«

Das Erbrecht gilt selbst in den Augen muslimischer Rechtsgelehrter als außerordentlich kompliziert.

Vom Nachlaß eines verstorbenen Muslims müssen an erster Stelle die Beerdigungskosten bezahlt werden, an zweiter Stelle müssen seine Schulden beglichen werden, und drittens werden die testamentarisch festgelegten Legate bis zu einer Gesamthöhe von einem Drittel des Erbes ausgezahlt. Die restlichen zwei Drittel und der möglicherweise verbleibende Rest des ersten Drittels stehen seinen Erben zu. Ein Muslim kann also über nicht mehr als ein Drittel seines Vermögens testamentarisch frei verfügen.

An erster Stelle der Erbberechtigten stehen diejenigen Verwandten des Verstorbenen, denen das Gesetz einen festgelegten Anteil zuspricht und die deshalb *Dhawu'l-Furud*, »Anteilseigner«, genannt werden.

In den meisten Fällen wird nach der Befriedigung der ersten Erbengruppe noch ein Überschuß übrigbleiben, und dieser fällt an eine andere Gruppe von Erbberechtigten, die *'Asaba*, »Resterben«, heißen.

In seltenen Fällen kann es vorkommen, daß ein Erblasser keine Erbberechtigten hinterläßt, die zu einer dieser beiden Gruppen gehören. Für diesen Fall sieht das Gesetz vor, daß Personen das Erbe antreten dürfen, die zur Gruppe der sogenannten *Dhawu'l-Arham*, der »entfernten Verwandtschaft«, gehören.

In aller Regel geht das muslimische Erbrecht sowohl bei den Sunniten als auch bei den Schiiten von der Annahme aus, daß

kein Testament vorliegt. Während seiner Lebenszeit kann ein Muslim über sein Vermögen absolut frei verfügen, ob er es ererbt oder selbst erworben hat. Er kann damit tun, was er will. Aber solche Akte der Verfügung über sein Vermögen müssen so angelegt sein, daß sie bei seinem Tode abgeschlossen sind. Wenn also jemand einem anderen ein Geschenk macht, dann darf er es nicht von seinem Tode abhängig machen, denn dann verliert es seine Gültigkeit. Ein nicht testamentarisch festgelegtes Legat, das nach dem Tode des Schenkenden ausgezahlt werden soll, ist also nicht rechtmäßig. Testamentarisch festgelegte Legate dürfen ein Drittel des Vermögens nicht überschreiten.
Diese Einschränkung der testamentarischen Macht führt dazu, daß der größte Teil des Vermögens eines Verstorbenen so verteilt wird, als ob kein Testament gemacht worden wäre, was wiederum zur Folge hat, daß die Muslime in der Regel kein Testament machen.

ERBSCHAFT →*Erbrecht*

ERDBEBEN
Arabisch *Az-Zalzala*. Titel der 99. Sure des Korans, in der es heißt, daß ein Erdbeben den Beginn der letzten Tage ankündigen wird.

ERDE
Arabisch *Ard*. Mohammed lehrte, daß , wie es sieben übereinander liegende →*Himmel* gebe, auch sieben Erden existierten, eine über der anderen angeordnet, wobei der Abstand zwischen jeder dieser Regionen fünfhundert Jahresreisen betrüge (Mischkat 24).
Im Koran wird gesagt, daß die Erde wie ein Teppich oder ein Bett sei, was von den alten Kommentatoren so verstanden wurde, daß die Erde eine riesige, jedoch runde Ebene sei. In den Augen Gottes sei sie nur eine Handvoll (Sure 39 67), die in den letzten Tagen in eine andere Erde verwandelt werden würde (Sure 14, 49).
Die alten muslimischen Gelehrten glauben, daß die Erde von einem großen Ozean umgeben sei, der am →*Qaf*-Gebirge beginne. Die Größe der Erde entspreche 500 Jahresreisen, wobei 200 Jahresreisen auf das Meer entfielen, 200 auf die unbewohnte Wüste, 80 auf die Länder →*Gog und Magog* und der Rest auf die zivilisierte Welt. In bestimmten unbekannten Gebieten des Qaf-Gebirges lebten die Dschinnen bzw. die →*Dämonen.*

Einige Autoritäten sind der Auffassung, daß →*Mekka* das Zentrum der Erde darstelle, andere glauben das von →*Jerusalem*. Der westliche Teil des großen Ozeans wird »Meer der Dunkelheit« genannt, und im südwestlichsten Zipfel der Erde gebe es den Brunnen des Lebens, von dem →*Al-Khidr* trank, der deshalb noch lebe und bis zum Tag des Jüngsten Gerichts leben werde. Das Qaf-Gebirge, das den großen Ozean von der Erde trennt, bildet eine natürliche Barriere um die gesamte Welt. Es soll aus grünem Chrysolith bestehen, dessen Farbe, wie der Prophet sagt, der Farbe des Himmels einen grünlichen Stich verleiht. Die allgemeine Auffassung ist, daß das Qaf-Gebirge die Grenze der Erde ist, aber einige vertreten die Meinung, daß es noch andere Länder hinter dem Gebirge gebe, wobei jedes Land 1000 Jahresreisen groß sei.

Die sieben Erden, die je 500 Jahresreisen voneinander entfernt sind, liegen übereinander, und jede dieser Erden hat besondere Bewohner. Die erste Erde wird von Menschen, Dämonen und Tieren bewohnt. Die zweite wird von dem erstickenden Wind beherrscht, der den abtrünnigen Stamm von →*'Ad* vernichtete (Sure 69 6). Die dritte ist gefüllt mit den Steinen der Hölle, die im Koran, Sure 2 22 und 66 6, erwähnt werden. Die vierte ist mit dem Schwefel der Hölle angefüllt, die fünfte mit den Schlangen der Hölle und die sechste mit den Skorpionen der Hölle bevölkert. Die siebte Erde schließlich bewohnen der Teufel und seine Gefolgschaft.

Unsere Erde soll von einem Engel auf den Schultern getragen werden, der auf einem Felsen aus Rubin steht, der von einem riesigen Bullen getragen wird, welcher viertausend Augen und dieselbe Anzahl Ohren, Nasen, Mäuler, Zungen und Füße besitzt. Der Name dieses Bullen ist *Kujuta*, und dieser steht wiederum auf einem gewaltigen Fisch, der *Bahamut* heißt.

Erlösung

Das arabische Wort *Nadschat*, »Erlösung«, erscheint nur ein einziges Mal im Koran, Sure 40 44: »Und o mein Volk, was mich betrifft, ich rufe euch zur Erlösung, ihr aber ruft mich zum Höllenfeuer.« Das Wort erscheint auch kaum in theologischen Werken, obwohl die orthodoxe Hauptgruppe der Muslime sich als →*Nadschiya*, »die Erlösten«, bezeichnet.

Nach den Lehren des Islam gelangt ein Mensch zur Erlösung,

wenn er die →*Kalima*, das Glaubensbekenntnis, gesprochen hat. Ist er ein Sünder, muß er die Qualen des Feuers erdulden, ehe er erlöst wird. Hat er sich aber nie zum muslimischen Glauben bekannt, ist er zur ewigen Höllenqual verdammt.

Erstgeburt

Obwohl die muslimische Rechtsprechung sich in vielen Aspekten an das mosaische Gesetz anlehnt, gibt es im muslimischen Gesetz keinerlei Erstgeburtsrecht, das ja im Pentateuch eine große Rolle spielt. Im muslimischen →*Erbrecht* bekommen alle Söhne den gleichen Anteil des Erbes, während nach dem mosaischen Gesetz der älteste Sohn den doppelten Anteil erhält.
Bei der Thronfolge gilt normalerweise die Regel, daß der älteste Sohn die Nachfolge antritt, doch hängt dies ausschließlich von seiner Befähigung für das Amt ab.

Ertränken

Es ist eine merkwürdige Anomalität im islamischen Recht, daß nach der Lehre Abu Hanifas jemand, der den Tod einer anderen Person dadurch verursacht, daß er sie unter Wasser hält, bis sie stirbt, sich nicht des Mordes schuldig macht und nicht der Vergeltung (→*Qisas*) anheimfällt. Die Argumentation des Gottesgelehrten ist folgende: Erstens ist Wasser ein Analogon eines kleinen Stokkes, wie er selten oder nie für Mord verwendet wird. Nun heißt es in den Traditionen, daß, wenn mit einem solchen Stöckchen der Tod eines Menschen verursacht wird, es sich dabei nicht um Mord, sondern nur um Totschlag handelt und lediglich eine Geldbuße erhoben wird. So also auch hier. Zweitens verlange Vergeltung eine perfekte Gleichheit. Aber zwischen Ertränken und Verwunden gebe es keine Gleichheit, da es beim ersten keine Verletzung des Körpers gebe.

Erziehung

Erziehung ohne Religion ist nach muslimischer Auffassung eine Anomalie. In allen Büchern der Traditionen gibt es Kapitel, die sich mit der Aneignung von Wissen beschäftigen, aber nur insofern, als es sich um das Wissen von Gott und über »Gottes Buch« handelt.
Das Hauptziel der islamischen Erziehung ist es deshalb, Wissen über die Religion Mohammeds zu gewinnen, und alles, was darüber hinaus geht, wird als überflüssig, wenn nicht als gefährlich angesehen. Unter den

Unterrichtsstunde an einer Koranschule

mohammedanischen religiösen Führern hat es immer zwei Klassen gegeben: zum einen diejenigen, die sich einem asketischen und streng religiösen Leben der Entsagung verschrieben, wie die sufitischen Mystiker und die Fakire, zum anderen jene, die durch sorgfältiges Studium des Korans, der Traditionen und anderer theologischer Werke eine hohe Reputation wegen ihrer Gelehrsamkeit erlangten und 'Ulemas oder Maulawis genannt werden.

Allgemein wird unter Muslimen die Kenntnis säkularer Wissenschaften aller Zweige als Gefahr für den Glauben angesehen, und so wird ihr Studium von religiösen Eiferern auch gern hintertrieben. Andererseits glauben liberalere Muslime, daß Mohammed das Studium weltlicher Wissenschaft gebilligt und gar gefördert habe, weil es im Koran, Sure 2 272, heißt: »Er gibt Weisheit dem, dem er sie geben möchte, und wem er Weisheit gegeben hat, dem ward viel Gutes gegeben.«

Jeder Moschee von Bedeutung ist eine Schule angeschlossen, deren Aufgabe entweder die

Kindererziehung ist, oder die sich der Ausbildung von Theologiestudenten widmet. Ein Kind, das in diese Schule geht, lernt zunächst das arabische Alphabet, das auf kleine Tafeln geschrieben wird. Dann wird es mit den numerischen Werten der Buchstaben vertraut gemacht. →*Abdschad*

Danach lernt das Kind, die 99 Namen Gottes und andere einfache Wörter aus dem Koran zu schreiben. →*Gott*

Wenn es die Probleme des Buchstabierens von Wörtern gemeistert hat, lernt es, das erste Kapitel des Korans zu lesen, danach das letzte Kapitel, und arbeitet sich so durch den gesamten arabischen Text des Korans, ohne gewöhnlich auch nur ein einziges Wort davon zu verstehen. Nachdem der Koran abgeschlossen ist, was als unabdingbare religiöse Pflicht angesehen wird, lernt der Schüler einige Grundlagen der Grammatik und vielleicht einige simple Regeln der Arithmetik. Der normale Lehrer an einer solchen Schule verfügt über eine geringe Bildung. Der gelehrte →*Maulawi* widmet sich gewöhnlich dem Studium der göttlichen Dinge und nicht der Erziehung der Jugend.

Der Studiengang für die Theologiestudenten, die *Talabatu'* (Singular *Talib*) *l-'Ilm* (»Wissenssucher«) genannt werden, verläuft normalerweise folgendermaßen: Grammatik, Syntax, Logik, Arithmetik, Algebra, Rhetorik und Verskunst, Jura, Korankommentare, scholastische Theologie (→*'Ilmu'l-Kalam*), Traktate über Exegese und die Prinzipien und Regeln der Interpretation des islamischen Gesetzes, die Traditionen und ihre Kommentare. Diese verschiedenen Themenschwerpunkte werden im allgemeinen je als gesondertes Studiengebiet betrachtet, und es kommt selten vor, daß ein Maulawi auf allen Gebieten gleichermaßen bewandert ist. So kann zum Beispiel ein Gelehrter eine Autorität im Bereich der Traditionen sein, während er auf dem Gebiet der Jurisprudenz Schwächen zeigt.

Beim Unterricht sitzt der Lehrer gewöhnlich auf dem Boden, und die Schüler sitzen im Kreis um ihn herum. Der Unterricht in den Moscheen findet meist am frühen Morgen, nach dem Morgengebet, statt und dauert 3 oder 4 Stunden. Nach dem Mittagsgebet wird er für kurze Zeit wieder aufgenommen.

Die Studenten in Moscheen werden üblicherweise von der Gemeinde der Moschee unterstützt (zu jeder Moschee gehört ein bestimmter Bezirk, eine Gemeinde). So sorgt sie für das Essen aller Bewohner der Moschee. Häufig werden der Moschee Legate gemacht, damit die Professoren bezahlt werden können.

Esel

Nach Abu Hanifa ein unreines Tier, dessen Fleisch und dessen Milch zu verzehren ungesetzlich ist.

Essen

Nach den Traditionen hat der Prophet seine Anhänger angewiesen, in Gottes Namen zu essen, Dank zu sagen, mit der rechten Hand zu essen, beim Essen keine Schuhe zu tragen und den Teller nach der Mahlzeit abzulecken. Im folgenden einige genauere Aussagen Mohammeds zu dem Thema:

»Der Teufel hat Macht über das Essen, das gegessen wird, ohne Gott zu gedenken.«

»Wiederhole den Namen Gottes. Iß mit der rechten Hand, und iß das, was vor dir steht.«

»Wenn ein Mann zur Essenszeit in ein Haus kommt und sich des Namens Gottes erinnert, dann sagt der Teufel zu seiner Gefolgschaft: ›Hier ist für uns heute kein Platz, und es gibt auch nichts zu essen für uns.‹ «

»Wenn jemand gegessen hat, darf er sich nicht die Hände waschen, bevor er nicht die Finger abgeleckt hat.«

»Wer einen Teller leer ißt und ihn nachher ableckt, dem wird der Teller vor Gott dankbar sein.«

»Wenn dir Essen vorgesetzt wird, so iß es, nachdem du deine Schuhe ausgezogen hast. Deine Füße werden es dir danken.«

Fakir Muhammad As'ad gibt folgende allgemeinen Richtlinien bezüglich des Essens:

»Zuerst sollte man sich die Hände waschen, den Mund ausspülen und die Nase putzen. Vor Beginn der Mahlzeit sollte man sagen: ›Im Namen Gottes‹, und an ihrem Ende: ›Ruhm sei Gott.‹

Man soll nicht hastig mit dem Essen beginnen, es sei denn, man ist der Gastgeber. Man vermeide es, seine Finger, seine Kleidung oder das Tischtuch zu beschmutzen. Man esse nicht mit mehr als drei Fingern, und man öffne den Mund nicht zu weit. Man nehme nicht zu große Stücke, und man schlucke weder zu schnell noch zu langsam. Bevor das Essen nicht beendet ist, soll man seine Finger nicht ablecken, aber danach muß man es, denn so steht es in der Schrift.

Händewaschung vor dem Essen

Man schaue nicht von Teller zu Teller, noch rieche man am Essen und suche sich die besten Stücke aus. Wenn etwas besser sein sollte als das andere, sei man nicht gierig darauf, sondern biete es den anderen an. Man soll beim Kauen nicht auf seine Nachbarn starren. Man soll von dem essen, was direkt erreichbar ist, außer bei Früchten, die darf man sich von überall nehmen. Was einmal im Mund ist, muß gegessen werden, verirrt sich einmal ein Knochen dorthin, so entferne man ihn ungesehen.

Wenn man Gast ist, beende man immer die Mahlzeit vor dem Gastgeber; immer wenn die anderen aufhören zu essen, tue man dasselbe, außer man ist in seinem eigenen Haus.

Wenn man während des Essens trinkt, so tue man es geräuschlos. Man stochere nicht in seinen Zähnen, wenn die anderen es sehen können, noch schlucke man das hinunter, was die Zunge oder ein Zahnstocher möglicherweise zwischen ihnen hervorholt, sondern man werfe es diskret weg.

Wenn man sich nach dem Essen

Mahlzeit im islamischen Kulturkreis

die Hände wäscht, lasse man höchste Sorgfalt bei der Reinigung der Finger und Fingernägel walten. Ebenso verfahre man bei der Reinigung des Mundes, der Lippen und der Nase.«

Essen mit Juden und Christen

In mohammedanischen Ländern, in denen es kein Kastendenken gibt wie bei den Hindus, haben Muslime normalerweise keine Bedenken mit Juden oder Christen zu essen, vorausgesetzt, die Getränke und die Speisen sind nach dem muslimischen Gesetz nicht verboten, denn im Koran (Sure 5 7) heißt es: »Erlaubt sind euch die guten Dinge und das Essen der Völker des Buches (das heißt der Juden und Christen), und eure Nahrung ist ihnen erlaubt.«

Eucharistie

Es ist eine einzigartige Auslassung des Korans, daß die christliche Institution der Feier des letzten Abendmahles Jesu darin keine Erwähnung findet. Es gibt jedoch christliche Autoren, die folgende Passage aus dem Koran, Sure 5 112-114, für einen Hinweis auf die Eucharistie halten:

»Und die Jünger sprachen: ›O Jesus, Sohn der Maria, ist dein Herr imstande, einen Tisch vom Himmel zu uns herabzusenden?‹ Er sprach: ›Fürchtet Gott, wenn ihr Gläubige seid.‹ Sie sagten: ›Wir wollen davon essen, und unsere Herzen sollen in Frieden sein, und wir wollen wissen, ob du uns wirklich die Wahrheit gesagt hast, und wir wollen Zeugnis dafür ablegen.‹ Und Jesus, der Sohn der Maria, sagte: ›O Gott, unser Herr, schicke einen Tisch vom Himmel herab, daß uns ein Festtag werde, für den ersten und den letzten von uns, und ein Zeichen von dir. Und nähre uns, denn du bist der beste Ernährer.‹ «

Die muslimischen Kommentatoren sind sich über die Interpretation dieser Textstelle nicht einig, aber keiner von ihnen hält das letzte Abendmahl für die Erklärung.

'Ammar ibn Yasir sagt, der Prophet habe gesagt, es sei Brot und Fleisch gewesen, was vom Himmel herabgesandt wurde. Aber weil die Christen, für die es bestimmt war, ungläubig waren, wurde es wieder weggenommen, und sie verwandelten sich in Schweine und Affen!

→*Ibn 'Abbas* ist der Meinung, daß der Tisch, gedeckt mit sieben Brotlaiben und sieben Fischen, nach einem dreißigtägigen Fasten vom Himmel herabgesandt wurde, und die ganze Jüngerschaft Jesu wurde satt.

Eunuchen

Im ganzen Orient war es über Jahrhunderte bei wohlhabenden Muslimen üblich, sich eine gewisse Anzahl von Eunuchen zu halten, um die weiblichen Bewohner des Hauses zu bewachen, obwohl es von Mohammed streng verboten worden war, sich selbst oder jemanden anderen zu einem Eunuchen zu machen.

'Uthman ibn Maz'un kam zum Propheten und fragte ihn: »O Prophet, erlaube mir, ein Eunuch zu werden.« Mohammed antwortete: »Derjenige gehört nicht zu meinem Volk, der sich oder einen anderen zu einem Eunuchen macht. Die Art, auf die mein Volk zu Eunuchen wird, sind strenge Fastenübungen.« (Mischkat 4)

Eva

Arabisch *Hawwa'*. →*Adam*

Evangelium

Arabisch →*Indschil*. Der Begriff bezieht sich auf das gesamte →*Neue Testament*.

Ewigkeit der Höllenstrafe

Die mohammedanische Religion lehrt, daß alle Moslems (d.h. Anhänger des Propheten) letztendlich gerettet werden, obwohl sie für ihre begangenen Sünden eine bestimmte Zeit in einer purgatorischen Hölle verbringen müssen. Doch diejenigen, die den Islam nicht angenommen haben, werden ewige Qualen »im Feuer« erleiden müssen.
Sure 2 37: »Wer aber nicht glaubt und unsere Zeichen verleugnet, der soll zum Gefährten der Hölle werden und ewig darin bleiben.«
Sure 11 108-109: »Was die Elenden angeht, so sollen sie im Feuer seufzen und stöhnen. Ewig sollen sie darin bleiben, so lange, wie Himmel und Erde dauern.«
Al-Baidawi sagt, daß der Ausdruck »solange, wie Himmel und Erde dauern« ein figurativer Ausdruck des Arabischen sei, der die Ewigkeit umschreibe.

Exogamie

Verwandte ersten Grades dürfen keine Ehe eingehen, hierzu zählen, von männlicher Seite aus gesehen: Mutter, Tochter, Tante (väter- und mütterlicherseits), Nichte, Großmutter, Enkelin, Schwiegermutter, Stiefmutter, Schwägerin und deren Tochter. Genauso wie Blutsverwandtschaft zählt hier der (relativ häufige) Fall einer Pflegekindschaft. Häufig (und erwünscht) ist jedoch die Eheschließung zwischen einem Mann und der Witwe seines (gefallenen) Bruders, allerdings verbietet die 4. Sure, Vers 20, »Frauen sich gegen ihren Willen durch Erbschaft anzueignen«.
Vers 23 lautet: »Ihr dürft auch keine Frau heiraten, die euer Vater heiratete – es sei denn, dies sei vor sehr langer Zeit (gemeint ist: vor der Abfasssung des Korans) geschehen. Denn solches Tun ist abscheulich und gemein.«
Und Vers 25 ergänzt den Katalog von Heiratsverboten: »Ihr dürft auch keine freien, bereits verheirateten Frauen nehmen; nur eure Sklavinnen machen eine Ausnahme. So schreibt Gott es euch vor. Alles übrige, was hier nicht verboten ist, ist erlaubt. Ihr könnt euch je nach eurem Vermögen Frauen nehmen, nur keine schlechten und liederlichen.«

Exorzismus

Arabisch *Da'wa*, bedeutet eigentlich »Anrufung (Gottes), Magie«. Der Ausdruck wird verwendet für ein System von Beschwörungen, die von orthodoxen Muslimen als erlaubt angesehen werden, weil man annimmt, daß auch Mohammed ihren Gebrauch sanktionierte, solange nur Namen Gottes und Namen guter Engel und Genii (Dschinnen) dabei verwendet wurden. Diese Geheimlehre hat sich jedoch im Laufe der Zeit so weit verselbständigt, daß sie mit der Lehre des Propheten kaum mehr in Einklang zu bringen ist. Zweck des *Da'wa* ist es, wenn man dem indischen Werk Dschawahiru'l-Khamsa aus dem 16. Jh. folgt: 1. Freundschaft oder Feindschaft zwischen zwei Personen zu stiften. 2. Heilung, Krankheit oder gar den Tod einer Person zu verursachen. 3. Die Erfüllung von Wünschen zu gewährleisten. 4. Den eigenen Sieg oder die Niederlage des Gegners zu sichern.

Der Adept (*'Amil*) dieser okkulten Wissenschaft muß sich allergrößter Reinlichkeit befleißigen, damit die Magie wirken kann. Kein Fremder, kein Haustier darf seine Wohnung betreten, die er durch das Verbrennen von Aloeholz und Räucherstäbchen desinfiziert und parfümiert. Der Exorzist muß ständig die vorgeschriebenen Waschungen vornehmen und 40 Tage fasten. Er soll auf einer Matte schlafen – und zwar sowenig wie möglich; auch darf er sich nicht an banalen Gesprächen beteiligen. Oft zieht sich der Exorzist auch in eine Höhle zurück oder geht in die Wildnis, um nicht von den Umtrieben der Zivilisation abgelenkt zu werden. Die Nahrung des Exorzisten hängt ab von den Namen (*Asma'*) Gottes, die er verwenden will. Wenn er zum Beispiel die »schrecklichen« Attribute des Allmächtigen anrufen will, darf er weder Fleisch noch Fisch, Eier oder Honig zu sich nehmen, will er die »freundlichen« Attribute beschwören, darf er weder Butter noch Quark, weder Käse noch Essig essen. Will er gar beide gegensätzlichen Attribute beschwören, muß er sich von Zwiebeln, Knoblauch und übelriechender Asa foetida fernhalten. Ehe die Namen oder Attribute Gottes sowie die der Schutzengel angerufen werden, um Freundschaft oder Feindschaft zwischen Personen herzustellen, ist es nötig, die Anfangsbuchstaben des Namens

des oder der »Kunden« zu wissen, da sie mit den zwölf Zeichen des Tierkreises, den sieben Planeten und den vier Elementen in Beziehung stehen.
Nach dem →*Abdschad* erhält jedes Phonem des hamito-semitischen Alphabets eine Zahl, also steht die 1 für Alif (a, i, u am Wortanfang), die Zahl 2 für Ba, die Zahl 3 für Dschim (dsch), 4 für Dal, und so weiter. Gleichzeitig werden die verschiedenen Namen Gottes und ihre Einteilung in »freundlich« oder »schrecklich«, sowie die Elemente und Planeten und schließlich die Namen der Schutzengel und Geister den für die Initialen stehenden Zahlen zugeordnet.
Um zu verstehen, wie das Orakel wirkt und die magischen Kräfte beschworen werden, wollen wir annehmen, daß zwei Liebende, Akram und Rahima, die Ehe schließen wollen und natürlich gespannt sind, ob ihre Verbindung glücklich sein wird. Dazu ist es nötig, die Attribute der magischen Kräfte, die mit beiden Partnern in Beziehung stehen, zu vergleichen. Nach den Tabellen ergibt sich für beide eine positive Verbindung sowohl der Initialen der Namen (beide stehen für Freundschaft) und auch die Attribute der Namen Gottes gleichen sich (Allah und Rabb gehören beide zu den »schrecklichen« Attributen). Die jeweiligen Planeten, Saturn und Merkur, können sowohl freundschaftliche als auch feindliche Verhältnisse oder auch Indifferenz zeigen. Das Tierkreiszeichen von Akram ist der »Widder«, das von Rahima »Jungfrau« und beide können einen Wechsel zwischen Freund- und Feindschaft ergeben. Die ihnen zugeordneten Elemente, Feuer und Erde, lassen allerdings auf Feindschaft schließen. Schwarze Aloe ist der Duftstoff, der Akram zugeordnet ist, während seiner Geliebten Rosenduft entspricht; ihre Schutzengel tragen die Namen Israfil bzw. Amwakil, ihre bösen Geister Qayupusch bzw. Rahusch. Es ist also nach diesem Orakel wahrscheinlich, daß gegen eine Ehe dieser beiden Menschen kaum etwas spricht und ihre Verbindung glücklich sein wird. Am Tage der Hochzeit wird der Exorzist ihre Wohnung entsprechend dem Orakel erst mit dem Verbrennen von Aloe desinfizieren, danach mit dem Versprühen von Rosenwasser parfümieren. →*Magie*, →*Da'wa*

F

AL-FADSCHR

Suratu'l-Fadschr, »Sure vom Tagesanbruch«, ist der Titel der 89. Sure des Korans, in deren erstem Vers das Wort erscheint.

FAHNEN →*Standarten*

FAKIR

Persisch *Darwesch*. Derwisch. Das arabische Wort *Faqir* bedeutet »arm«, wobei nicht materielle Armut, sondern arm in den Augen Gottes, arm an Gnade gemeint ist. Das persische Wort *Darwesch* ist von *Dar* (»Tür«) abgeleitet, es bezeichnet jene, die von Tür zu Tür gehen. Beide Begriffe werden im allgemeinen auf Personen bezogen, die ein religiöses Leben führen. Die Fakire werden in zwei Hauptgruppen eingeteilt: die *Ba-schar'* (»mit dem Gesetz«), diejenigen, die sich in ihrem Verhalten an den Regeln des Islam ausrichten, und die *Be-schar'* (»ohne Gesetz«), diejenigen, die sich in ihrer Lebensführung an keinerlei Grundsätze irgendeiner Religion halten, obwohl sie sich selbst Muselmanen nennen. Die

Ägyptischer Fakir

ersteren werden *Salik* genannt, »Reisende auf dem Weg zum Himmel«, die letzteren entweder *Azad* (»frei«) oder *Madschdhub* (»entrückt«). Zu den →*Salik* gehören die verschiedenen Orden, die →*Dhikrs* (»Rezitationen«) durchführen.

Die *Madschdhub*-Fakire gehen vollständig in religiösen Träumereien auf. Die *Azad* rasieren sich Bart, Schnurrbart, Koteletten, Augenbrauen und -wimpern und leben zölibatär. Beide Gruppen können kaum als Mohammedaner bezeichnet werden, da sie weder die vorgeschriebenen Gebete verrichten noch sich an die Verhaltensregeln des Islam halten, und gehören deshalb nicht in den Rahmen dieses Werkes.

Die *Salik*-Fakire sind in eine Unzahl von Untergruppen aufgesplittert, wobei der Hauptunterschied zwischen diesen in ihrer →*Silsila*, ihrer Abstammungsfolge, von einem der großen Lehrer, den Kalifen →*Abu Bakr* und →*'Ali (2.)*, besteht. Die Prinzipien der Derwisch-Orden sind die der sufitischen Mystiker, und ihre religiösen Zeremonien bestehen aus *Dhikrs*, Rezitationen.

Zur Geschichte der Derwisch-Orden. Im Jahre 622 n. Chr., im Jahr der →*Hidschra*, schlossen sich 45 Bürger von Mekka zusammen und zogen wie viele andere nach Medina. Sie leisteten einen Treueeid auf die Lehren des Propheten und gründeten eine Sekte oder Bruderschaft, die sich verpflichtete, täglich bestimmte Rituale auszuüben. Um sich von den anderen Anhängern Mohammeds zu unterscheiden, nannten sie sich →*Sufis*.

Ägyptischer Fakir

Dieser Name, der später auf die fanatischsten Eiferer des Islam bezogen wurde, bezeichnet ursprünglich jeden frommen Muslim, der sich von der Welt zurückzieht, um zu studieren, sein Leben in frommer Kontemplation zu verbringen oder sich strenger Askese zu unterwerfen. Zum Namen Sufi fügte diese Bruderschaft noch das Wort »Fakir« hinzu, denn es war ihre Maxime, den Gütern und Freuden der Welt zu entsagen und damit den Worten des Propheten *»Al-Fuqru Fakhri«* (»Armut ist mein Stolz«) zu folgen.

Ihrem Beispiel folgend gründeten Abu Bakr und 'Ali noch zu Lebzeiten Mohammeds und unter seinen Augen religiöse Orden, deren Oberhaupt sie waren. Von diesen ersten religiösen Bruderschaften spalteten sich im Laufe der Zeit immer mehr Untergruppierungen ab.

Im Jahre 657 n. Chr. gründete ein Einsiedler namens Uwais al-Karani, der aus dem Jemen stammte, den ersten Anachoretenorden. Er behauptete, der Erzengel →*Gabriel* sei ihm im Traum erschienen und habe ihm im Namen des ewigen Gottes befohlen, sich von der Welt zurückzuziehen und sich einem Leben der Kontemplation und Buße zu weihen. Weiter habe ihm Gabriel die Regeln seines Ordens mitgeteilt. Diese bestehen in ständiger Abstinenz, Rückzug aus der Gesellschaft, Verzicht auf auch die harmlosesten Freuden und in der ständigen Rezitation bestimmter Gebete. Uwais selbst ging über diese Vorschriften noch hinaus. Er ging so weit, sich alle seine Zähne zu ziehen, um damit Mohammed zu ehren, der zwei seiner Zähne in der berühmten Schlacht bei →*Uhud* verloren hatte. Er forderte seine Schüler auf, dasselbe Opfer zu bringen. Er behauptete, daß alle diejenigen, die vom Himmel auserwählt seien und sich den Ordensregeln wahrhaft unterworfen hätten, ihre Zähne auf übernatürliche Weise verlieren würden: Ein Engel würde ihnen die Zähne ziehen, während sie im tiefsten Schlaf liegen würden. Solche Forderungen führten freilich dazu, daß die Anhängerschaft Uwais' immer beschränkt blieb. Etwa im Jahre 766 n. Chr. gründete Scheich Alwan, ein für seine religiöse Strenge bekannter Mystiker, den ersten eigentlichen Fakirorden, heute bekannt unter dem Namen *Alwaniya*, mit seinen spezifischen Regeln und religiösen Übungen.

Diese gesamte Entwicklung steht in direktem Gegensatz zu Mohammeds strikter Forderung: »Duldet kein Mönchstum im Islam!«

Von nun an kamen in jedem Jahrhundert neue Orden hinzu, die nach ihren jeweiligen Gründern genannt wurden. Heutzutage gibt es eine unüberschaubare Menge von Orden und Mystikervereinigungen.

Die folgende Liste kann nur einen Überblick über die bedeutendsten und ältesten Fakirorden geben:

Name des Ordens	Gründer	Ort seines Grabes	Gründungsjahr n. Chr.
Alwaniya	*Scheich Alwan*	*Dschidda*	*766*
Adhamiya	*Ibrahim ibn Adham*	*Damaskus*	*777*
Bastamiya	*Bayasid Bastami*	*Dschabal Bastam*	*874*
Saqatiya	*Sirri Saqati*	*Bagdad*	*907*
Qadiriya	*'Abdu'l-Qadir Dschilani*	*Bagdad*	*1165*
Rufa'iya	*Saiyid Ahmad Rufa'i*	*Bagdad*	*1182*
Suhrwardiya	*Schihabu'd-Din*	*Bagdad*	*1205*
Kabrawiya	*Nadschmu'd-Din*	*Khawazim*	*1220*
Schaziliya	*'Abu'l Hasan*	*Mekka*	*1285*
Maulawiya	*Dschalalu'd-Din Rumi*	*Konya*	*1273*
Badawiya	*'Abu'l-Fitan Ahmad*	*Tanta*	*1276*
Naqschbandiya	*Pir Muhammad*	*Qasri Arifan*	*1319*
Sadiya	*Sadu'd-Din*	*Damaskus*	*1335*
Bakhtaschiya	*Hadschi Bakhtasch*	*Kir Scher*	*1357*
Khalwatiya	*'Umar Khalwati*	*Caesarea*	*1397*
Zainiya	*Zainu'd-Din*	*Kufa*	*1438*
Babaiya	*'Abdu'l-Ghani*	*Adrianopel*	*1465*
Bahramiya	*Hadschi Bahrami*	*Angora*	*1471*
Aschrafiya	*Aschraf Rumi*	*Chin Iznik*	*1493*
Bakriya	*Abu Bakr Wafai*	*Aleppo*	*1496*
Sunbuliya	*Sunbul Yusuf Bulawi*	*Konstantinopel*	*1529*
Gulschaniya	*Ibrahim Gulschani*	*Kairo*	*1533*
Ighit Baschiya	*Schamsu'd-Din*	*Magnesia*	*1544*
Umm Sunaniya	*Scheich Umm Sunan*	*Konstantinopel*	*1552*
Dschalwatiya	*Pir Uftadi*	*Brusa*	*1580*
Aschaqiya	*Hasanu'd-Din*	*Konstantinopel*	*1592*
Schamsiya	*Schamsu'd-Din*	*Medina*	*1601*
Sunan Ummiya	*'Alim Sunan Ummi*	*Alwali*	*1668*
Niyaziya	*Muhammad Niyaz*	*Lemnos*	*1694*
Muradiya	*Murad Schami*	*Konstantinopel*	*1719*
Nuruddiniya	*Nuru'd-Din*	*Konstantinopel*	*1733*
Dschamaliya	*Dschamalu'd-Din*	*Konstantinopel*	*1750*

Ein Bastami-Scheich

Drei der Orden aus der vorhergehenden Liste gehen auf die von Abu Bakr, dem ersten Kalifen, gegründete Bruderschaft zurück: die Bastamiya, die Naqschbandiya und die Bakhtaschiya. Alle anderen stammen von 'Ali, dem vierten Kalifen,

Maulawi oder »tanzender Derwisch« zu Beginn des Rituals

ab. Jeder Orden kann also seine Herkunft von einem dieser großen Gründerväter ableiten.
Die *Naqschbandiya* ist ein sehr mitgliederstarker Orden. Sie pflegt in erster Linie die *Dhikr-i Khafi*, die stille Verehrung. Die erste Pflicht jedes Ordensmitglieds ist die tägliche mehrmalige Verrichtung bestimmter Gebete. Dazu kommen die →*Dhikr* genannten Zeremonien.
Das Symbol der *Bakhtaschiya* ist der mystische Gürtel, den sie siebenmal an- und ablegen und dabei sprechen:
»1. Ich binde die Habgier und löse die Großzügigkeit.

2. Ich binde den Zorn und löse die Sanftmut.
3. Ich binde den Geiz und löse die Frömmigkeit.
4. Ich binde die Unwissenheit und löse die Gottesfurcht.
5. Ich binde die Leidenschaft und löse die Liebe zu Gott.
6. Ich binde den Hunger und löse die (geistige) Sättigung.
7. Ich binde den Satanismus und löse die Göttlichkeit.«

Die *Maulawiya* ist einer der populärsten Fakirorden. Von den Europäern werden sie »tanzende Derwische« genannt. Ihre

»Tanzender Derwisch« bei den ersten zeremoniellen Drehungen

Maulawi während des Tanzes

Treffen in der *Takya* (Konvent) finden mittwochs und sonntags statt. Dazu erscheinen die Mitglieder mit hohen Filzkappen auf dem Kopf und in braunen Umhängen. Auf ein Zeichen hin fallen sie zunächst flach auf ihr Gesicht, erheben sich wieder und schreiten langsam im Kreis, die Arme vor der Brust verschränkt, verbeugen sich und drehen sich langsam dabei. Dann werfen sie ihre Umhänge fort und stehen in langen Glockenröcken und Jäckchen da und beginnen nun zu tanzen und sich dabei zu drehen, alles mit außerordentlicher Geschwindigkeit.

Die →*Qadiriya* praktiziert sowohl *Dhikr-i Dschali* als auch *Dhikr-i Khafi.* Die meisten sunnitischen Fakire Nordwestindiens gehören diesem Orden an.

Die Schiiten werden vorzugsweise Mitglieder des *Tschischtiya*-Ordens, der besonderen Wert auf Vokalmusik legt, weil ihr Ordensgründer Banda Nawaz, genannt *Gisu Daraz*, der Auffassung war, daß Singen Nahrung für die Seele sei.

Die *Dschalaliya* wurde von Saiyid Dschalalu'd-Din aus Bukhara gegründet und ist vor allem in Zentralasien verbreitet.

Der populärste Orden in Indien ist die *Murdariya*, gegründet von dem Syrer Zinda Schah Murdar. Von ihr stammen die →*Malang*-Fakire ab, die ihr Haar zu einem Knoten gebunden tragen.

Ein ebenfalls in Indien verbreiteter Orden ist die *Rufa'iya*, die einer der strengsten Orden ist und dessen Mitglieder sich zur Läuterung selbst geißeln. Sie ist auch bekannt unter dem Namen »heulende Derwische«.

Ein Rufa'i in Ekstase

Ein Qalandar

Ein anderer bekannter Derwisch-Orden ist die *Qalandariya*, die »wandernden Derwische«. Er wurde von Qalandar Yusuf al-Andalusi, einem Spanier, gegründet. Er war eine Zeitlang Mitglied der Bakhtaschiya, wurde dann aus diesem Orden ausgeschlossen und gründete den Orden der »wandernden Derwische«, dessen Mitglieder die Pflicht haben, ständig auf der Wanderschaft zu sein.

Jeder Orden ist auf verschiedenen Grundsätzen aufgebaut und hat seine spezifischen Regeln, Gesetze und Riten. Dies gilt auch für die Kleidung. So hat jeder Orden seine speziellen Gewänder, wobei es dabei nicht nur darauf ankommt, sich von den Mitgliedern anderer Orden zu unterscheiden, sondern daß der Unterschied zwischen dem Scheich, dem Oberhaupt des Ordens, und einem gewöhnlichen Ordensmitglied auch in der Kleidung zum Ausdruck kommt. Die Unterschiede zeigen sich im →*Turban*, im Schnitt des Mantels, in den Farben und der Art des Stoffes, woraus diese gefertigt sind. Die Scheichs tragen Gewänder aus weißem oder grünem Leinen, die noch manchmal mit Pelz abgesetzt sind.
Wenige Derwische tragen Leinenkleidung, schwarze oder weiße Filzstoffe sind am gebräuchlichsten. Schwarzen Filz tragen die Dschalwattis und die Qadiris. Letztere tragen auch Filzschuhe und Turbane aus Musselin. Manche, wie die Maulawis und die Bakris, tragen →*Kulahs* genannte hohe Filzkappen, andere, wie die Rufa'is, tragen flachere Kappen, die *Takiyah* genannt werden. Die Bezeichnung der Kopfbedeckungen fast aller anderen Derwische ist →*Tadsch*, was »Krone« bedeutet. Diese Turbane sind von verschiedener Form und bestehen meistens aus Musselin.
Allgemein tragen alle Derwische Bärte und Schnurrbärte. Einige Orden, Qadiris, Rufa'is, Khalwatis, Ghulschanis, Dschalwatis und die Nuraddins, tragen lange Haare zur Erinnerung an die Praxis des Propheten und seiner Schüler. Einige lassen ihre Haare auf die Schulter fallen, andere binden sie hoch und verbergen sie unter dem Turban.
Wenn jemand in einen Orden eintreten möchte, wird er von der Versammlung der Bruderschaft unter dem Vorsitz ihres →*Scheichs* empfangen, welcher ihn bei der Hand nimmt und ihm die Worte »La ilaha illa 'llah« (»Es gibt keinen Gott außer Gott«) ins Ohr flüstert und ihn anweist, diese Worte 101mal, 151mal oder 301mal täglich zu wiederholen. Diese Zeremonie wird *Talqin* genannt. Der gehorsame Novize verpflichtet sich, sein Leben in absoluter Zurückgezogenheit zu verbringen und dem Scheich seine Träume und Visionen, die er in der Zeit seines Noviziats haben wird, zu berichten. Diese Träume dienen nicht nur dazu, die Heiligkeit seiner Berufung

Der Scheich der tanzenden Derwische

und seine geistlichen Fortschritte zu beweisen, sondern sie sollen auch dem Scheich Hinweise geben, wie er den Kandidaten zu leiten hat. Diese Läuterungsübung des Kandidaten heißt *Tschilleh* (»vierzig Tage«), weil sie etwa so lange dauert, je nach Eignung des Novizen manchmal allerdings auch länger. Wenn er die letzte Stufe des Noviziats erreicht hat, wird der

Neuling feierlich in den Orden aufgenommen. Während seiner Novizenzeit trägt der Kandidat den Namen →*Murid* (»Schüler«), und der Scheich, der seine geistliche Karriere begleitet, trägt den Titel →*Murschid* (»geistlicher Führer«).
Die Aufnahmeprüfung bei den Maulawis ist noch einiges strenger. Der Aspirant muß 1001 Tage lang die niedrigsten Arbeiten im Konvent des Ordens verrichten. Fehlt er auch nur einen Tag oder eine einzige Nacht, beginnt diese Zeit wieder von vorne. In dieser Zeit wird er *Karra Kolak* (»Schakal«) genannt. Nach dieser Prüfungszeit präsentiert der Küchenchef (bei den Maulawis einer der höchsten Würdenträger) den Aspiranten dem Scheich, der auf einem Sofa sitzt und ihn im Kreis der Vollversammlung des Ordens empfängt. Der Kandidat küßt die Hand des Scheichs und setzt sich vor ihm auf den Boden. Der Küchenchef legt seine rechte Hand in den Nacken und die linke auf die Stirn des Novizen, während der Scheich seine Kopfbedeckung abnimmt und sie über seinen Kopf hält und dabei folgenden Vers spricht: »Es ist wahre Größe und wahres Glück, das Herz allen menschlichen Leidenschaften zu verschließen; die Entsagung von den Nichtigkeiten dieser Welt ist die glückliche Folge der siegreichen Kraft, die uns durch die Gnade unseres heiligen Propheten gegeben wurde.« Danach bedeckt der Scheich den Kopf des neuen Derwischs, der nun aufsteht und sich zusammen mit dem Küchenchef in die Mitte des Raumes begibt, wo beide die demütigste Haltung einnehmen: die Arme vor der Brust gekreuzt, der linke Fuß auf dem rechten, der Kopf zur linken Schulter geneigt. Der Scheich richtet nun an den Küchenchef die folgenden Worte: »Möge der Dienst dieses Derwischs, deines Bruders, Wohlgefallen finden vor dem Thron des Ewigen und in den Augen unseres →*Pir* (des Ordensgründers); möge seine Zufriedenheit, sein Glück und sein Ruhm wachsen in diesem Nest der Demütigen, in der Klause der Armen. Laßt uns ›Er!‹ ausrufen zur Ehre dieses Maulawi.« Alle antworten: »Er!«, und der neue Derwisch küßt wieder die Hand des Scheichs, der ihm bei dieser Gelegenheit einige väterliche Ratschläge in bezug auf die Pflichten seines neuen Standes gibt und dann alle Anwesenden auffordert, ihren neuen Bruder zu umarmen.

al-Falaq
Suratu'l-Falaq, »Sure von der Morgenröte«, ist der Titel der 113. Sure des Korans. Das Wort bedeutet »Spaltung« und bezeichnet die Trennung des Lichtes von der Dunkelheit.

Falken
Die Jagd mit Falken ist gesetzlich, wenn diese dazu ausgebildet sind. Ein Falke gilt als ausgebildet, wenn er auf die Stimme seines Besitzers hört.

Falsches Zeugnis →*Zeugenaussagen*

Fana'
»Auslöschung«. Das letzte Stadium der sufitischen Reise. →*Sufis*

Faqih
Ein mohammedanischer Rechtsgelehrter oder Theologe. →*Fiqh*

Faqr
Das Leben eines →*Fakirs* oder Asketen.

Fara'
Das Erstgeborene eines Kamels, eines Schafes oder einer Ziege, das die arabischen →*Heiden* den Götzen zum Opfer darbrachten. Dieser Brauch wurde von Mohammed zu Beginn seiner Mission geduldet, später aber verboten.

Fara'id
Plural von *Farida*, »Erbschaft«. Bezeichnung für das muslimische Erbrecht. Das Wort bezeichnet wörtlich einen göttlichen Befehl, und dieser Zweig des muslimischen Gesetzes hat deshalb diese Bezeichnung erhalten, weil er vollständig im Koran, Sure 4, abgehandelt ist. →*Erbrecht*

Fard
Das, was obligatorisch ist, die Pflicht. Ein Begriff, der für die Vorschriften und Gesetze der Religion benutzt wird, von denen man annimmt, daß sie von Gott selbst erlassen wurden, im Unterschied zu denen, die aus den Lehren und dem Beispiel des Propheten abgeleitet worden sind und die →*Sunna* genannt werden.

Fard Kifa'i
Eine Vorschrift, die für alle Muslime gilt, wobei es aber genügt, wenn eine einzige Person aus einer Gruppe von acht oder zehn stellvertretend für alle anderen ihr Folge leistet. Davon gibt es nach allgemeiner Auffassung fünf:

1. einen Gruß erwidern; 2. einen Kranken besuchen und sich

nach seinem Befinden erkundigen; 3. einem Toten bis zum Grabe folgen; 4. einer Einladung zum Essen Folge leisten; 5. auf ein Niesen Glück wünschen. →*Niesen*

Die Zahl der *Fard Kifa'i* kann aber auch sechs oder sieben betragen, wenn man wahlweise eine oder zwei der folgenden Vorschriften den oben genannten hinzufügt: 1. Rat geben, wenn man darum gefragt wird; 2. einem Muslim bei der Erfüllung eines Eides helfen; 3. jemandem in der Not beistehen. Abu Haqq sagt, die letzte Vorschrift gelte in allen Fällen, gleichgültig, ob es sich um einen Muslim oder einen Ungläubigen handelt (Mischkat 5 1).

FARSAKH

Persisches Längenmaß (6720 m), das in den mohammedanischen Gesetzbüchern benutzt wird.

FARWA

Ein Araber vom Stamm der Banu Dschudham und Herrscher von 'Amman, der von den Traditionen als einer der ersten →*Märtyrer* des Islam angesehen wird. Er soll, nachdem er zum Islam konvertiert war, von den Römern gekreuzigt worden sein.

FASIQ

Ein Ausdruck, der im islamischen Recht für ein verkommenes Subjekt benutzt wird, das in Kleidung und Verhalten jeden Anstand vermissen läßt. Ein solche Person kann nicht als Zeuge vor Gericht auftreten. Sie wird nicht als muslimischer Bürger angesehen, auch wenn sie sich zum islamischen Glauben bekennt.

FASTEN

Arabisch →*Saum*. Fasten wurde von Mohammed als Buße für die Sünden in hohem Maße empfohlen. Folgende Fastentage gründen sich auf das Beispiel des Propheten und werden von frommen Muslimen eingehalten:

1. Die dreißig Tage des Monats Ramadan. Dieser Fastenmonat gilt als göttliche Einrichtung (Koran, Sure 2 180) und ist deshalb obligatorisch. →*Ramadan*

2. Der Tag →*'Aschura'*, der zehnte Tag des Monats →*Muharram*. Es handelt sich um einen freiwilligen Fastentag, doch er wird von fast allen Muslimen eingehalten, weil Abu Qatada überliefert, daß der Prophet gesagt habe, daß Fasten an diesem Tage alle Sünden des folgenden Jahres abdecken würde.

3. Die sechs Tage, die dem Ra-

madan folgen. Der Prophet soll gesagt haben: »Wer den Monat Ramadan fastet und auch noch 6 Tage des Monats →*Schawwal*, der wird die Belohnung für fortgesetztes Fasten bekommen.«

4. Der Montag und der Donnerstag jeder Woche. →*Abu Huraira* berichtet, der Prophet habe gesagt: »Die Handlungen der Diener Gottes werden am Montag und am Donnerstag vor Gottes Thron berichtet.« Diese Tage werden nur vonenggläubigen Muslimen eingehalten.

5. Der Monat →*Scha'ban*. 'A'ischa überliefert, der Prophet habe diesen Monat manchmal zur Hälfte und manchmal ganz gefastet. Dieser Fastenmonat wird heute selten beachtet.

6. Der 13., 14. und 15. jedes Monats. Diese Tage werden »die hellen Tage« genannt und wurden von Mohammed selbst regelmäßig eingehalten, ebenso von frommen Muslimen.

7. Verschiedene andere Tage, von denen Mohammed gesagt hat, daß König →*David* an ihnen gefastet habe.

In den Traditionen wird Fasten von Mohammed mit folgenden Worten empfohlen:

»Jede gute Tat eines Menschen erhält zehn bis siebenhundert Belohnungen. Aber die Belohnungen für Fasten sind grenzenlos, denn das Fasten ist allein für Gott, und die Belohnungen kommen von Gott.«

»Es gibt beim Fasten zwei Freuden, einmal, wenn der Fastende das Fasten beendet, und dann in der anderen Welt, wenn der Fastende seinen Herrn trifft. Der Geruch aus dem Munde eines Menschen, der die Fasten einhält, ist für Gott angenehmer als Moschus.«

»Fasten ist ein Schild.«

AL-FATH

1. »Der Sieg«. Der Name der 48. Sure des Korans, in deren ersten beiden Versen es heißt: »Wir haben dir einen offensichtlichen Sieg geschenkt, daß Gott deine früheren und späteren Sünden vergeben wird.« Nach Auffassung aller Kommentatoren bezieht sich dies auf die Sünden, die Mohammed vor und nach seiner Berufung zum Gesandten Gottes begangen hat.

2. Wörtlich »Öffnung«. Ein Begriff, der von Sufi-Mystikern (→*Sufis*) gebraucht wird, um die Ewigkeit der Materie und ihre Entwicklung im Schöpfungsprozeß zu beschreiben.

AL-FATIHA

»Die Öffnende«. Name der ersten Sure des Korans, auch

»Kapitel des Lobpreises« genannt. Sie genießt bei den Mohammedanern höchste Verehrung, und kann in ihrer Bedeutung mit dem Vaterunser der Christen verglichen werden. Sie wird als Heilmittel am Bett von Kranken gesprochen und als Totengeleit rezitiert, und sie erscheint in jeder →*Rak'a* des täglichen Gebets. Mohammed soll gesagt haben, sie sei die bedeutendste Sure des Korans. Nach Angaben des Propheten soll sie zweimal offenbart worden sein, einmal in Mekka und einmal in Medina. Am Ende dieses Gebets wird immer das *Amin* gesprochen.

Der Wortlaut der siebenversigen Sure ist: »Lob sei Gott, dem Herrn der Welten, dem Barmherzigen und Gnädigen! Dem König des Jüngsten Gerichts! Dich verehren wir und schreien zu dir um Hilfe! Führe uns den rechten Weg! Den Weg derer, denen du gnädig bist! Nicht derer, denen du zürnst und die in die Irre gehen.«

FATIMA

Tochter Mohammeds mit seiner ersten Frau →*Khadidscha.* Sie heiratete →*'Ali (2.),* den Cousin Mohammeds, mit dem sie drei Söhne hatte: →*Hasan,* →*Husain* und →*Muhsin,* der letztere starb bereits als Kind. Von den beiden anderen Söhnen stammen die Nachkommen des Propheten ab, die als →*Saiyiden* bekannt sind. Fatima starb 6 Monate nach ihrem Vater. Der Prophet spricht von ihr als eine der 4 vollkommenen Frauen, und sie wird auch →*Batul,* »die Jungfrau«, genannt, womit gemeint ist, daß sie sich von der Welt abgewandt hat.

In den Traditionen werden drei Frauen erwähnt, die den Namen Fatima tragen: 1. die Tochter Mohammeds, 2. die Mutter 'Alis, 3. die Tochter →*Hamzas,* dem Onkel Mohammeds.

FATIMIDEN

Eine Dynastie von Kalifen, die von 908 bis 1171 n. Chr. in Ägypten und Nordafrika herrschte. Sie erhielt ihren Namen von Abu Muhammad 'Ubaidu'llah, der für sich in Anspruch nahm, ein →*Saiyide* zu sein und somit von →*Fatima,* der jüngsten Tochter des Propheten, und →*'Ali (2.)* abzustammen. Seine Gegner behaupteten, er sei der Enkel eines Juden. Es gab vierzehn Kalifen dieser Dynastie:

1. *'Ubaidu'llah*, der erste fatimidische Kalif, wurde 882 n. Chr. geboren. Nachdem er das Mißfallen des herrschenden →*'Abassiden* Al-Muktafi erregt hatte, mußte er in verschiede-

nen Gegenden Afrikas Zuflucht suchen, bis er durch glückliche Umstände im Jahre 910 n. Chr. aus einem Gefängnis in Segelmessa heraus zu souveräner Macht aufstieg. Er beanspruchte den Titel →*Mahdi* für sich. Er unterwarf die nordafrikanischen Emire, die sich in der Zeit der Abassidenherrschaft unabhängig gemacht hatten, und dehnte seinen Herrschaftsbereich vom Atlantik bis zur ägyptischen Grenze aus. Er gründete die Stadt Mahadi an der Stelle des antiken Aphrodisium, etwa hundert Kilometer südlich von Tunis, und machte sie zu seiner Hauptstadt. Seine Flotten verwüsteten die Küsten von Italien und Sizilien, und seine Armeen drangen mehrfach in Ägypten ein, jedoch ohne dauerhaften Erfolg.

2. *Al-Qa'im* wurde 933 n. Chr. der Nachfolger seines Vaters. Während seiner Regierungszeit gelang es einem religiösen Betrüger, Abu Yazid, einem ehemaligen äthiopischen Sklaven, obskuren religiösen Lehren in ganz Nordafrika Verbreitung zu verschaffen, und seine militärischen Operationen waren so erfolgreich, daß Al-Qa'im sich in Mahadi, seiner Hauptstadt, verbarrikadieren mußte. Er starb zu dem Zeitpunkt, als Abu Yazid die Stadt belagerte.

3. Nach dem Tode seines Vaters im Jahre 946 n. Chr. trat *Al-Mansur* dessen Nachfolge an. Durch seine Umsicht und Tapferkeit gelang es ihm, den Usurpator Abu Yazid zu besiegen und den größten Teil des Imperiums seines Großvaters 'Ubaidu'llah zurückzugewinnen. Er legte die Grundlagen dazu, daß sein Sohn Al-Mu'izz Ägypten erobern konnte.

4. *Al-Mu'izz* (955 n. Chr.) war der mächtigste Herrscher der Fatimidendynastie. Er blieb Sieger in einem Seekrieg mit Spanien, und ihm gelang es, Sizilien einzunehmen, aber sein größter Triumph war die Eroberung Ägyptens im Jahre 972. Zwei Jahre danach verlegte er seinen Regierungssitz nach Ägypten, und er gründete Kairo. Seine Armeen eroberten ganz Palästina und Syrien bis Damaskus.

5. *Al-'Aziz* (978 n. Chr.)
Die Eroberungen des Fatimiden Al-Mu'izz wurden durch die weise Regentschaft seines Sohnes Al-'Aziz konsolidiert. Er heiratete eine christliche Frau, deren Brüder er zu Patriarchen von Alexandria und Jerusalem machte.

6. *Al-Hakim* war erst elf Jahre alt, als er im Jahre 996 n. Chr. die Nachfolge seines Vaters antrat. Er nimmt selbst unter ori-

entalischen Despoten hinsichtlich von Grausamkeit und Exzentrizität eine Sonderstellung ein. Seine Tyrannei erzeugte ständige Aufstände in Kairo. Er verfolgte die Juden und Christen und brannte ihre Kultstätten nieder. Auf seinen Befehl wurde die Auferstehungskirche in Jerusalem zerstört (1009 n. Chr.). Seine Verfolgung der Christen veranlaßte diese, an ihre westlichen Glaubensbrüder zu appellieren, und dies war eine der Ursachen der Kreuzzüge. Er ging so weit, eine neue Religion gründen zu wollen, wonach er das wahre Abbild Gottes gewesen sei. Im Jahre 1021 n. Chr. fiel er einem Attentat zum Opfer, und sein Sohn wurde sein Nachfolger.

7. *Az-Zahir* (1021 n. Chr.) war nicht so grausam wie sein Vater, aber er war dem süßen Leben zugetan und übertrug alle Regierungsgeschäfte an seine Ratgeber. In seiner Regierungszeit begann die Macht der fatimidischen Kalifen zu verfallen. Schließlich besaßen sie nur noch die äußeren Insignien der Macht; abgeschlossen in ihrem Harem, waren sie die Sklaven ihrer Wesire, die sie nicht mehr absetzen konnten und denen zu widersprechen sie nicht mehr wagten. Zusätzlich zu den Mängeln der Regierung wurde Ägypten in der Regierungszeit Az-Zahirs von einer der schlimmsten Hungersnöte heimgesucht, die das Land jemals erlebt hat.

8. *Al-Mustansir* (1037 n. Chr.) trat als Knabe von neun Jahren die Nachfolge seines Vaters an. Während seiner Regentschaft eroberten die Türken Syrien und Palästina und nahmen Damaskus und Jerusalem ein (1076 n. Chr.), wo die Prinzen des Hauses von Ortok, eine türkische Familie, ein unabhängiges Königreich begründeten. Sie drangen bis zum Nil vor, in der Absicht, Ägypten zu erobern, wurden aber zurückgeschlagen.

9. *Al-Musta'li* (1094 n. Chr.), der zweite Sohn des Al-Mustansir, wurde von dem allmächtigen →*Wesir* Afzal inthronisiert, der während der gesamten Regierungszeit Al-Musta'lis die Fäden der Macht in den Händen hielt. Die Einnahme Kleinasiens durch die Kreuzritter im Jahre 1097 n. Chr. erschien Afzal eine günstige Gelegenheit, Jerusalem zurückzuerobern. Er verweigerte den Türken jede Unterstützung gegen die Kreuzfahrer und nahm Jerusalem im Jahre 1098 n. Chr. wieder ein und beendete die zwanzigjährige Unabhängigkeit der Ortok-Prinzen. Aber

seine Herrschaft über Jerusalem war nur von sehr kurzer Dauer, denn es wurde bereits im nächsten Jahr (1099 n. Chr.) von den Kreuzrittern eingenommen. Afzal versuchte noch einmal, den Verlust rückgängig zu machen, und er führte im selben Jahr ein gewaltiges Heer gegen Jerusalem, doch er wurde bei Askalon vernichtend geschlagen.

10. *Al-Amir* (1101 n. Chr.)
11. *Al-Hafiz* (1129 n. Chr.)
12. *Az-Zafir* (1149 n. Chr.)
13. *Al-Fa'iz* (1154 n. Chr.)

Während der Herrschaft dieser vier Kalifen verfiel die Macht der Fatimiden zusehends.

14. *Al-'Adid* (1160 n. Chr.) war der letzte Kalif der Fatimidendynastie. Am Beginn seiner Regierungszeit war Ägypten in zwei Lager gespalten, deren Köpfe, Dargham und Schawir, sich um die Wesirswürde stritten. Schawir gewann die Unterstützung von Nuru'd-Din, der eine Armee unter Führung des Schirkuh nach Ägypten schickte, die Dargham besiegte. Schawir aber wurde eifersüchtig auf die Macht, die Nuru'd-Din nun in Ägypten besaß, und er versicherte sich des Beistandes von Amauri, des Königs von Jerusalem, der in Ägypten einmarschierte und Schirkuh vertrieb. Kurz darauf schickte Nuru'd-Din erneut ein Heer nach Ägypten, wieder unter der Führung Schirkuhs, begleitet von seinem Neffen, dem berühmten Salahu'd-Din (Saladin). Schirkuh hatte wieder keinen Erfolg und mußte sich zurückziehen. Schawir, dem der Erfolg Amauris nicht geheuer war, wandte sich nun an Nuru'd-Din um Hilfe, der Schirkuh ein drittes Mal mit einem großen Heer nach Ägypten schickte. Er vertrieb die Christen, tötete den verräterischen Wesir und übernahm selbst dessen Amt. Jedoch starb er kurz darauf, und Saladin übernahm die Wesirswürde. Da Nuru'd-Din mit den Interessen der 'Abbasiden verflochten war, proklamierte er den 'Abbasiden Al-Mustahdi zum Kalifen und beendete damit die Ära der Fatimiden. Al-'Adid, der zu diesem Zeitpunkt auf dem Krankenbett lag, starb einige Tage später. →*'Abbasiden*, →*Kalif*

Fatra

Wörtlich »Müdigkeit« oder »Unterbrechung«.

1. Der Zeitraum zwischen der vermuteten Offenbarung der 96. Sure des Korans und der Sure 74 und 93. In dieser Periode soll die Kraft der Inspiration des Propheten nachgelas-

sen haben, und er soll erwogen haben, Selbstmord zu begehen, indem er sich vom Berg →*Hira'* herabstürzen wollte. Die Berichte über diesen Zeitraum sind unklar und widersprüchlich, und die Angaben über seine Dauer reichen von sieben Monaten bis zu sieben Jahren.

2. Der Begriff wird ebenfalls für den Zeitraum zwischen dem Verschwinden eines Propheten und dem Auftreten eines neuen benutzt.

3. Der Begriff wird von Sufi-Mystikern (→*Sufis*) benutzt, um eine Krise im geistigen Leben zu bezeichnen.

AL-FATTAH
Bedeutet »der Öffnende« und ist einer der 99 Beinamen oder eines der 99 Attribute Gottes.

FATWA
Eine religiöse oder juristische Entscheidung, die vom Kalifen, einem →*Mufti* oder einem Richter gefällt wird. Sie wird gewöhnlich in schriftlicher Form abgefaßt.

FAUDSCHDAR
Kriminalrichter.

FAUTU'L-HADSCH
Das Ende der Pilgerreise. →*Hadsch*

FEHLGEBURT →*Ghurra*

FEIGE
Arabisch *At-Tin*. Name der 95. Sure des Korans. So genannt, weil Mohammed in den ersten Versen den Allmächtigen bei dieser Frucht schwören läßt. Al-Baidawi sagt, Gott schwöre auf die Feige, weil sie so nützlich sei. Sie sei eßbar und gut verdaulich, wenn sie entkernt ist, beseitige Schleim und Steine aus den Nieren, behebe Leberstörungen und heile Hämorrhoiden und Gicht.

FELDZEICHEN →*Standarten*

FELSENDOM →*As-Sakhra*

FESTTAGE
Die großen Feste der Mohammedaner sind der →*'Idu'l-Fitr* und der →*'Idu'l-Adha*
Die sonstigen wichtigen Festtage sind →*Schab-i Barat*, der fünfzehnte Tag des →*Scha'ban*, →*Nou Ruz*, der Neujahrstag, →*Akhir-i Tschahar-i Schanbah*, der letzte Mittwoch des Monats →*Safar*, Lailatu'r-Ragha'ib, der erste Freitag im Monat →*Radschab*, und →*Maulid*, der Geburtstag Mohammeds.

FEUER
1. Der Begriff →*An-Nar*, »das Feuer«, wird im Koran und in

den Tradititionen allgemein als Bezeichnung der →*Hölle* benutzt.
2. Im Koran (Sure 37 29) wird Gottes Macht damit beschrieben, daß er »aus einem grünen Baum Feuer schlagen kann«.
3. Die Verbrennung von Menschen als Todesstrafe wird von Mohammed verdammt, der gesagt hat: »Es strafe niemand mit der Strafe des Feuers außer Gott.«

FIDSCHAR
Wörtlich »das, was ungesetzlich ist«. Bezeichnung für eine Reihe von gotteslästerlichen Kriegen, die in der Jugendzeit Mohammeds zwischen den Koreischiten und den Banu →*Hawazin* stattgefunden haben (580-590 n. Chr.).

FIDYA
Von *fida* (»erlösen«, »ersetzen«). Sühne für eine →*Sünde* oder für unerfüllte Pflichten. →*Sühne*

AL-FIL →*Elefant*

FINDELKIND
Arabisch *Laqit*, »das, was aufgegriffen wurde«. Die Person, die das Kind gefunden hat, wird *Multaqit* genannt. Das Aufnehmen eines Findelkindes wird als lobenswerte und großherzige Handlung angesehen, und wenn es offensichtlich ist, daß das Leben des Kindes in Gefahr ist, ist es eine zwingende religiöse Pflicht (Hidaya).
Der Unterhalt des Findelkindes wird aus öffentlichen Mitteln bestritten.

FIQH
Die dogmatische Theologie der Muslime, Werke über das islamische Gesetz, sowohl religiöses als auch Zivilrecht.
Die wichtigsten sunnitischen Bücher sind: *Hidaya*, geschrieben von einem Gelehrten namens ʻAli ibn Abi Bakr (1197 n. Chr.), *Durru'l-Mukhtar* von ʻAla'u'd-Din (1677 n. Chr.), *Scharhu'l-Wiqaya* von ʻUbaidu'llah ibn Masʻud (1344 n. Chr.), *Raddu'l-Muhtar* von Saiyid Muhammad Amin ibn ʻAbidi'd-Din, *Fatawa ʻAlamgiri*.
Die Hauptschriften der Schiiten sind: *Kitabu'sch-Scharaʻi* von Abu'l-Hasan ʻAli (938 n. Chr.), *Muqni fi'l Fiqh* von Abu Dschaʻfar (971 n. Chr.), *Scharaʻi'u'l-Islam* von Scheich Nadschmu'd-Din (1280 n. Chr.), *Dschamiʻu'l-ʻAbbasi* von Baha'u'd-Din (1622 n. Chr.).

FIRASCH
Wörtlich »Sofa«. Im islamischen Recht eine Ehefrau.

FIRDAUS

Die höchste Stufe der himmlischen Glückseligkeit. →*Paradies*

FISCHE

1. Fische, die tot auf dem Wasser schwimmen, sind nach Abu Hanifa ungesetzlich. Asch-Schafi'i und Malik halten sie für neutral. Abu Hanifa lehrt, daß Fische, die durch eine äußere Ursache gestorben sind, gesetzlich, solche aber, die von selbst gestorben sind, ungesetzlich seien.

2. Nach dem Handelsgesetz ist es nicht erlaubt, Fisch zu verkaufen, der noch nicht gefangen ist, und es ist ebensowenig erlaubt, Fisch zu verkaufen, den der Verkäufer nach dem Fang in einem großen Tank aufbewahrt hat.

3. Während die Tötung von Tieren aller Art, außer Schädlingen, während der Hadsch, der großen Pilgerreise, verboten ist, wird das Fischen im Meer vom Koran gestattet. Sure 5 97: »Erlaubt ist euch die Jagd des Meeres.«

FITAN

Plural von *Fitna*, »Unruhen, Aufstände, Kriege«. Der Begriff wird speziell für jene Unruhen und Auseinandersetzungen benutzt, die der →*Auferstehung* vorangehen sollen.

Mohammed soll gesagt haben: »Es wird nach mir Kalifen geben, die nicht den rechten Weg gehen werden, den ich gegangen bin, und die nicht meinem Beispiel folgen werden. Aber in jenen Tagen werden die Herzen von Teufeln in menschlichen Körpern wohnen.«

→*Hudhaifa* soll darauf zu ihm gesagt haben: »O Prophet, was soll ich tun, wenn ich in dieser Zeit noch lebe?«

Und der Prophet antwortete: »Gehorche dem, der die Herrschaft über dich innehat, sogar dann, wenn er deinen Rücken peitscht und dir dein Geld abnimmt.«

FITRA

Wörtlich »Natur«. Gewisse von Mohammed nicht verbotene Praktiken der Propheten, die vor seiner Zeit gelebt haben.

→*'A'ischa* berichtet, der Prophet habe gesagt: »Es gibt zehn Dinge, die allen Propheten gemein sind: Sie stutzen ihren Schnurrbart, so daß er nicht bis zum Mund reicht; sie rasieren oder schneiden ihren Bart nicht; sie putzen ihre Zähne; sie reinigen bei den üblichen Waschungen ihre Nase mit Wasser; sie schneiden ihre Nägel; sie reinigen ihre Fingergelenke; sie reißen die Haare in den Achselhöhlen aus; sie rasieren die

Schamhaare; sie waschen sich nach dem Urinieren mit Wasser; sie spülen bei den Waschungen ihren Mund mit Wasser aus.«
Die Nase muß deshalb mit Wasser gereinigt werden, weil man annimmt, daß der Teufel sich in der Nacht in ihr aufhält.

FLEISCH →*Nahrung*

FLÜCHTLING

1. Ein entflohener Sklave, ob männlich oder weiblich, wird →*Abiq* genannt. Die Gefangennahme eines entflohenen Sklaven gilt als lobenswerte Tat, und dem, der den Sklaven eingefangen hat, steht eine Belohnung von 40 Dirham zu.
2. Ein Flüchtling aus religiösen Gründen wird →*Muhadschir* genannt. Besonderer Lohn wird dem versprochen, der seine Heimat verlassen muß, weil er Muslim ist.

Sure 4 101: »Wer für den Pfad Gottes flüchtet, er wird auf der Erde genug Zuflucht und Fülle finden.«
Sure 22 57: »Und die ausgewandert sind für den Pfad Gottes, da, getötet worden sind oder gestorben, wird Gott gewißlich mit einer herrlichen Versorgung versorgen.«

FLUSS →*Nahr*

FRAUEN

Arabisch *Nisa'*.

1. Die Stellung der Frauen in der Zeit vor Mohammed

Obwohl die Stellung der Frauen nach dem muslimischen Gesetz höchst unbefriedigend ist, muß eingeräumt werden, daß Mohammed eine erhebliche Verbesserung derselben einleitete im Verhältnis zu den Lebensbedingungen der Frauen im vormohammedanischen Arabien.
Bei den Bewohnern der arabischen Halbinsel war die Stellung der Frauen extrem untergeordnet, denn für den bäuerlichen Araber war die Frau reiner Besitz. Sie war integraler Bestandteil des Eigentums ihres Vaters oder Ehemannes, und beim Tod des letzteren ging die Witwe dem Erbrecht entsprechend in den Besitz seines Sohnes oder seiner Söhne über. Später wurden diese absolut üblichen Verbindungen von Stiefsöhnen und Schwiegermüttern vom Islam verboten und als *Nikahu'l-Maqt*, »abscheuliche Ehen«, bezeichnet.
Die vorislamischen Araber gingen in ihrer Abneigung gegen Frauen so weit, daß sie ihre weiblichen Kinder töteten, indem sie sie lebendig begruben. Obwohl die Engel »Töchter Gottes« genannt wurden, war weiblicher Nachwuchs im

höchsten Grade unerwünscht. Auf diesen schrecklichen Brauch bezieht sich der Koran in Sure 6 138: »Ebenso ließen ihre Götzen viele von den Götzendienern das Töten ihrer Kinder wohlgefallen, um sie zu vernichten.« Und Sure 16 60-61: »Wird ihrer einem eine Tochter verkündet, schwarz beschattet ist sein Gesicht, er ist grollend. Er verbirgt sich vor den Leuten ob des Schlimmen, das ihm verkündet worden: ob er sie zur Demütigung behalte oder im Sand verscharre. Ist nicht schlimm, was sie entscheiden?«
Einige alte arabische Sprichwörter mögen die Stellung der Frauen illustrieren:
»Ein Mann kann alles ertragen, nur nicht die Erwähnung seiner Frauen.«
»Frauen sind die Peitschen Satans.«
»Traue keinem König, keinem Pferd und keiner Frau.«
»Was hat eine Frau zu tun mit den Beschlüssen einer Nation?«
»Wenn man auf eine Frau hört, wird man es bereuen.«

2. Die Lehren des Korans

Oft wird von europäischen Autoren behauptet, nach den Lehren des Islam besäßen Frauen keine Seele. Das ist jedoch nicht richtig. Was der Koran zum Thema Frauen zu sagen hat, ist im folgenden zusammengefaßt.
Sure 4 1: »O ihr Leute, fürchtet euren Herrn, der euch aus einem einzigen Lebewesen erschaffen; aus diesem erschuf er sein Weib, und aus beiden ließ er Männer und Weiber sich verbreiten. Fürchtet Gott, zu dem ihr bittet, und (ehret) die Verwandtschaft, denn wahrlich, Gott ist euer Wächter.«
Sure 4 38: »Die Männer sind höherstehend als die Weiber, weil Gott jene vor diesen ausgezeichnet und weil sie ihr Vermögen aufwenden. Die Ehrbaren sind gehorsam, ein Geheimnis bewahrend, weil Gott sie bewahrt; diejenigen aber, deren Widerspenstigkeit ihr fürchtet, vermahnet, verlasset ihr Lager und schlaget sie. Gehorchen sie euch dann, so suchet gegen sie keinen Weg. Wahrlich, Gott ist erhaben und allmächtig.«
Sure 4 127-129: »Wenn eine Frau von ihrem Ehemann Zwistigkeit befürchtet oder Abneigung, so ist es von ihnen kein Vergehen, wenn sie untereinander Frieden herstellen. Der Friede ist besser. Und die Menschen neigen zum Geiz. Wenn ihr aber gut seid und gottesfürchtig – wahrlich, Gott ist kundig dessen, was ihr tut. Ihr könnt euren Weibern nicht gleich zugetan sein, wenn ihr es auch begehrtet, immerhin aber

zeiget nicht die ganze Zuneigung; lasset sie wie im Zweifel. Und wenn ihr Frieden haltet und gottesfürchtig seid, wahrlich, Gott ist allverzeihend und allbarmherzig. Wenn sie sich voneinander trennen, so wird ihnen Gott das Ganze seiner Fülle gewähren. Und Gott ist allumfassend und allweise.«

Sure 24 4-9: »Und die züchtige Frauen verleumden und keine vier Zeugen beibringen, ihnen verabreicht achtzig Streiche, und nimmer nehmet von ihnen Zeugnis an. Diese sind Missetäter. Die ausgenommen, die nachher bereuen und sich bessern; denn wahrlich, Gott ist allverzeihend und allbarmherzig. Und wenn manche ihre Frauen beschuldigen und keine andren Zeugen als sich selbst haben, so sei das Zeugnis des einen vier Bezeugungen bei Gott, daß er die Wahrheit redet. Und eine fünfte, daß der Fluch Gottes auf ihm sei, wenn er Lügner ist. Von ihr aber wendet es die Strafe ab, wenn sie vier Bezeugungen bei Gott ablegt, daß er Lügner ist. Und eine fünfte, daß der Zorn Gottes auf ihr sei, wenn er die Wahrheit redet.«

Sure 33 35: »Wahrlich, gottergebene Männer und gottergebene Frauen, gläubige Männer und gläubige Frauen, gehorchende Männer und gehorchende Frauen, wahrhaftige Männer und wahrhaftige Frauen, geduldige Männer und geduldige Frauen, demütige Männer und demütige Frauen, almosengebende Männer und almosengebende Frauen, fastende Männer und fastende Frauen, ihre Keuschheit bewahrende Männer und bewahrende Frauen, Gottes häufig gedenkende Männer und gedenkende Frauen, ihnen hat Gott Vergebung bereitet und herrlichen Lohn.«

Sure 24 31: »Sage auch den gläubigen Frauen, sie möchten ihre Blicke niederschlagen, ihre Keuschheit bewahren und ihre Reize nicht enthüllen, bis auf das, was sichtbar ist. Sie möchten ihre Schleier um ihren Busen schlagen und ihre Reize vor niemand entblößen als vor ihren Männern, ihren Vätern, den Vätern ihrer Männer, ihren Söhnen, den Söhnen ihrer Männer, ihren Brüdern, den Söhnen ihrer Brüder, den Söhnen ihrer Schwestern, ihren Mägden, ihren Sklaven; über die ihre Hände verfügen, und ihrem Gefolge, soweit es Männer ohne Bedürfnis sind, oder Kindern, die Frauenblöße nicht gewahren. Auch sollen sie nicht ihre Beine werfen, daß man merke, was verborgen ist von ihren Reizen. Bekehret euch zu

Gott allesamt, o ihr Gläubigen, auf daß ihr Glück habet.«

Sure 60 10-12: »O ihr, die ihr glaubt, wenn gläubige Frauen, ausgewanderte, zu euch kommen, so prüfet sie. Gott kennt gar wohl ihren Glauben. Und habt ihr sie als Gläubige erkannt, so schicket sie nicht zurück zu den Ungläubigen. Sie sind nicht erlaubt jenen, noch sind jene erlaubt ihnen. Doch gebt jenen zurück, was sie aufgewendet. Und kein Vergehen ist es von euch, sie zu heiraten, wenn ihr ihnen ihre Morgengabe gebt; aber haltet die Ungläubigen nicht in Schutz zurück. Fordert zurück, was ihr aufgewandt; und auch jene mögen zurückfordern, was sie aufgewandt. Das ist die Entscheidung Gottes, die er zwischen euch entschieden. Und Gott ist allwissend und allweise. Und wenn von euren Frauen manche zu den Ungläubigen entkommen, und ihr dann Beute macht, so gebt denen, deren Frauen entlaufen sind, soviel sie aufgewandt. Und fürchtet Gott, an den ihr glaubet. O Prophet, wenn die gläubigen Frauen zu dir kommen und dir schwören, Gott nichts beizugesellen, nicht zu stehlen, nicht zu huren, ihre Kinder nicht zu töten, keine Verleumdung vorzubringen, die sie zwischen ihren Händen und Füßen ersinnen, und dir nicht ungehorsam zu sein in Gebührlichem, so nimm ihren Schwur an und bitte für sie Gott um Vergebung. Wahrlich, Gott ist vergebungsreich und barmherzig.«

3. Die Lehren Mohammeds nach der Tradition

Folgende Zitate werden von den Traditionen Mohammed zugeschrieben:

»Ich habe keine Unbill schädlicher für die Menschheit gefunden als Frauen.«

»Ein schlechtes Omen findet sich in einer Frau, in einem Haus und in einem Pferd.«

»Die besten Frauen sind die, die auf Kamelen reiten, und die tugendhaften Frauen der Koreischiten sind jene, die zärtlich zu den Kindern sind und sparsam mit dem Besitz ihres Mannes umgehen.«

»Die Welt und alle Dinge in ihr sind wertvoll, aber am wertvollsten ist eine tugendhafte Frau.«

»Achte darauf, was du tust, und halte dich fern von der Welt und von den Frauen, denn die erste Sünde, die die Kinder Israels begingen, ging auf die Rechnung von Frauen.«

»Gott belohnt den Muslim, der die Augen schließt, wenn er weibliche Schönheit erblickt.«

»Besuchet nicht die Häuser von

Männern, wenn sie nicht zu Hause sind, denn der Teufel kreist in euren Adern, wie es das Blut tut. Es wurde gesagt: ›O Prophet, in deinen Adern auch?‹ Er antwortete: ›In meinen Adern auch! Aber Gott hat mir Macht über den Teufel gegeben, und ich bin frei von Bosheit.‹ «

»Zwei Frauen sollen nicht zusammensitzen, denn die eine könnte die andere ihrem Mann beschreiben, so daß man sagen könnte, daß er sie persönlich gesehen habe.«

»Schaue eine Frau nicht zum zweiten Mal an, denn der erste Blick ist entschuldbar, der zweite jedoch ist ungesetzlich.«

4. Durch das mohammedanische Gesetz geschützte Rechte der Frauen

Eine erwachsene Frau ist frei, ohne die Zustimmung ihres Vormunds eine Ehe zu schließen, und eine erwachsene Jungfrau darf nicht gegen ihren Willen verheiratet werden. Eine verwitwete oder geschiedene Frau kann eine beliebige neue Ehe eingehen. Sie muß mit Respekt behandelt werden, und ein Richter ist nicht berechtigt, mehr von ihr zu sehen als ihr Gesicht und ihre Handflächen. Sie sollte nur verschleiert ausgehen. Sie ist nicht verpflichtet, an einem Krieg teilzunehmen, obwohl ihr Mann berechtigt ist, sie zu einer militärischen Operation mitzunehmen. Ihr steht dann aber kein Anteil am Beutegut zu. Sie darf im Krieg nicht getötet werden.

Geldbußen für eine Frau betragen die Hälfte des Betrages, der für einen Mann gültig ist, und die Zeugenaussagen von zwei Frauen haben nur das Gewicht der Aussage eines einzigen Mannes, außer im Falle einer Geburt, wo die Aussage einer einzigen Frau akzeptiert wird.

Wenn sie vom Islam abfällt, wird sie nicht getötet, sondern nur ins Gefängnis geworfen, bis sie zum wahren Glauben zurückgekehrt ist, denn Abu Hanifa ist der Meinung, daß Mohammed das Töten von Frauen generell verboten hat, ohne einen Unterschied zu machen, ob es sich um Glaubensabtrünnige oder um ursprünglich Ungläubige handelt. Bei Ehebruch jedoch wird auch eine Frau zu Tode gesteinigt, weil hierzu eine ausdrückliche Anweisung des Korans vorliegt.

Eine Frau ist berechtigt, das Richteramt auszuüben, außer in einigen Ausnahmefällen. Es gibt auch keine Vorschrift, die verbietet, daß eine Frau die Regierungsgeschäfte eines muslimischen Staates führen würde.

Freigebigkeit

Freigebigkeit wird nach der Tradition von Mohammed besonders empfohlen:

»Der Freigebige ist Gott nah, nahe dem Paradies und weit entfernt von der Hölle. Der Geizhals ist weit entfernt von Gott, weit entfernt vom Paradies, weit entfernt von den Menschen und nahe dem Feuer. Ein unwissender, aber freigebiger Mensch wird von Gott weit mehr geliebt als ein Geizhalz, der ein Verehrer des wahren Gottes ist.«

»Drei Menschen werden nicht ins Paradies gelangen: ein Betrüger, ein Geizhals, und einer, der Forderungen stellt, nachdem er gegeben hat.«

»Jeden Morgen schickt Gott zwei Engel, und der eine sagt: ›O Gott, gib dem Freigebigen etwas, das aufwiegt, was er weggegeben hat!‹ Und der andere sagt: ›O Gott, vernichte den Besitz des Geizhalses.‹ «

»Der Geizhals und der Freigebige sind wie zwei Männer, die einen Mantel tragen, der fest wie ein Panzer und so eng ist, daß ihre Arme unter ihm fest eingeklemmt sind. Der Freigebige steht auf, wenn er Almosen gibt, und der Panzer weitet sich für ihn. Der Geizhals steht auf, wenn er um Almosen gebeten wird, und der Panzer wird noch enger.«

Freilassung von Sklaven

Der Prophet empfiehlt die Freilassung von Sklaven, doch diese Empfehlung bezieht sich ausschließlich auf Sklaven muslimischen Glaubens. Der Prophet soll gesagt haben: »Wer einem muslimischen Sklaven die Freiheit gibt, den wird Gott Glied für Glied aus dem Höllenfeuer auslösen.«

Freitag

Arabisch *Dschum'a*, »Tag der Versammlung«. Der mohammedanische →*Sabbat,* an dem sich die Gläubigen zur Zeit des Mittagsgebets in der Hauptmoschee versammeln, um zu beten und der Predigt zu lauschen. Nach den Traditionen hat Mohammed den Freitag auf göttlichen Befehl zum Tag der Verehrung erklärt.

Er sagt: »Gott gab sowohl den Juden als auch den Christen den Befehl, den Freitag als Tag der Verehrung zu feiern. Aber sie mißachteten diesen Auftrag, und die Juden legten den Samstag und die Christen den Sonntag fest.«

In derselben Tradition heißt es: »Der Freitag ist der beste Tag, an dem die Sonne aufgeht, der Tag, an dem Adam ins Paradies kam und es wieder verließ, der Tag, an dem er bereute, und der Tag, an dem er starb. Auch der

Tag der Auferstehung wird ein Freitag sein.«
Mohammed hat gesagt: »Wer am Freitag badet und dann pünktlich zum Gebet kommt, wer zu Fuß kommt und sich in die Nähe des Imams setzt und der Predigt lauscht, nichts Leichtfertiges sagt, sondern still dasitzt, dem wird der Lohn für ein ganzes Jahr Andacht und der Lohn für ein ganzes Jahr Fasten und der Lohn für ein ganzes Jahr nächtlichen Gebets zuteil.«
»Man kann drei Typen von Menschen beschreiben nach der Art, wie sie den Freitag begehen. Der eine kommt zur Moschee und spricht überflüssige Dinge. Und das ist das, was er anstelle von Lohn bekommen wird. Der zweite kommt, um Gott um etwas zu bitten. Und wenn Gott will, wird er ihm die Bitte erfüllen, und wenn er nicht will, erfüllt er sie ihm nicht. Der dritte lauscht der Predigt, schweigt und stört niemanden, und dieser Freitag deckt seine Sünden bis zum nächsten zu und noch drei Tage darüber hinaus; denn Gott sagt: ›Wer eine gute Tat begeht, der wird den Lohn für zehn empfangen.‹ «

Freundschaft mit Juden oder Christen

Wird für Muslime im Koran, Sure 5 56 verdammt: »O ihr, die ihr glaubt, nehmet nicht Juden oder Christen zu Freunden, denn Freunde sind sie nur gegeneinander. Und wer sie von euch als Freunde nimmt, wahrlich, er gehört zu ihnen. Wahrlich, Gott rechtleitet nicht das Volk der Frevler.«

Friedensgruss

Arabisch *As-Salam*, »Frieden«. →*Grüßen*

Früchte der Erde

Werden im Koran als Beweis für Gottes Liebe und Fürsorge für die Kreatur dargestellt. Sure 6 142: »Er ist es, der Gärten entstehen ließ, angelegte und nicht angelegte, Palmen und Getreide, von mannigfacher Speiseart, Oliven und Granatäpfel, einander ähnlich und unähnlich. Esset von ihren Früchten, wenn sie fruchten, und gebet das Zukommende am Tag der Ernte. Und verschwendet nicht, denn wahrlich, er liebt die Verschwender nicht.«
Sure 13 3-4: »Er ist es, der die Erde gedehnt, auf dieser Berge und Flüsse geschaffen, und von allen Früchten auf ihr zwei Paare gemacht. Er läßt die Nacht und Tag bedecken. Wahrlich, hierin sind deutliche Zeichen für nachdenkende Leute. Auf der Erde sind benachbarte

Landstriche, Weingärten, Getreide und Palmen, aus einer Wurzel und aus mehreren Wurzeln. Mit einem Wasser werden sie getränkt, doch zeichneten wir einen vor den andren zur Nahrung aus. Wahrlich, hierin sind Zeichen für Leute, die begreifen.«

Fünf Säulen des Islam

Arabisch *Arkanu'l-Islam*.
1. *Schahada*, Zeugnis geben, daß es keine Gottheit außer Gott gibt; 2. *Salat*, die Einhaltung der fünf vorgeschriebenen Gebetszeiten; 3. *Zakat*, die jährliche Entrichtung der vorgeschriebenen Almosen; 4. *Saum*, das Fasten während des gesamten Monats Ramadan; 5. *Hadsch*, die Pilgerreise nach Mekka einmal im Leben.
Diese Pflichten werden auch »die fünf Säulen des Handelns« genannt, im Unterschied zu den »sechs Säulen des Glaubens«.

Fünf Schlüssel des geheimen Wissens

Sind nur Gott bekannt; sie sollen im letzten Vers der 31. Sure des Korans zu finden sein (Vers 34): »Wahrlich, bei Gott nur ist 1. die Kenntnis der Stunde. 2. Er nur sendet den Regen hernieder, und 3. er weiß, was im Mutterschoß. Keine Seele weiß, 4. was sie morgen begehen wird, keine Seele weiß, 5. in welchem Land sie sterben wird. Wahrlich, Gott ist allwissend und allkundig.«

Fünf Sinne

Den mohammedanischen Autoren zufolge gibt es fünf externe und fünf interne Sinne. Die ersteren sind Sehen, Hören, Riechen, Schmecken und Fühlen; die letzteren der gesunde Menschenverstand, die Phantasie, der Intellekt, der Instinkt und das Gedächtnis.

Furat

Der Fluß Euphrat. Soll einer der Flüsse des Gartens →*Eden* sein.

al-Furqan

Das Unterscheidende zwischen gut und böse, gesetzlich und ungesetzlich.
1. Titel der 25. Sure des Korans. 2. Eine der Bezeichnungen des Korans. 3. Bezeichnung für das, was Moses von Gott offenbart wurde. 4. Der Sieg am Tage der Schlacht von →*Badr.* 5. Ein Begriff, der von den sufitischen Mystikern (→*Sufis*) für den Unterschied von Wahrheit und Irrtum benutzt wird.

Fürsprache

Es herrscht unter den Musli-

men die allgemeine Auffassung, daß ihr Prophet für jeden von ihnen ein ständiger Fürsprecher vor dem Thron Gottes ist. Die →*Wahhabiten* jedoch meinen, daß ihr Prophet nur am letzten Tag und nur mit Gottes Einverständnis Gelegenheit zur Fürsprache finden wird und es bis zum Tag des Gerichts keine Fürsprache geben wird. Die Lehren des Korans und der Traditionen scheinen für die letztere Sichtweise zu sprechen.
Sure 2 256: »Wer kann vor ihm fürbitten, es sei denn, es ist sein Wille?«
Sure 19 90: »Sie werden keine Fürsprache erlangen, außer wer mit dem Allerbarmer ein Bündnis geschlossen.«
Sure 20 108: »An jenem Tag nützt keine Fürsprache, es sei denn, daß der Allerbarmer es einem erlaubt und die Rede ihm wohlgefällig ist.«
Sure 34 22: »Und keine Fürsprache nützt bei ihm, dessen ausgenommen, dem er es hat erlaubt.«
Sure 39 45: »Deines Herrn ist die Fürsprache insgesamt.«
Sure 78 38: »Am Tag, an dem dastehen der Geist und die Engel reihenweise, dürfen sie nicht reden, außer dem es erlaubt hat der Allerbarmer; und er spricht das Rechte.«
Die Aussagen Mohammeds zu diesem Thema, wie sie in den Traditionen erscheinen, sind die folgenden:
»Der kann sich meiner Fürsprache am Tag des Gerichts glücklich schätzen, der von Herzen und ohne jeden Anflug von Heuchelei gesagt hat: ›Es gibt keinen Gott außer Gott.‹ «
»Ich werde Fürsprecher für diejenigen sein, die sich großer Sünden schuldig gemacht haben.«
»Drei Gruppen werden am Tag des Gerichts Fürsprecher sein: die Propheten, die Gelehrten und die Märtyrer.«

FUSSILAT

Suratu'l-Fussilat, »Sure von den Dargelegten«, ist der Titel der 41. Sure des Korans, in deren zweitem Vers das Wort vorkommt. Die Sure wird auch *Hamim as-Sadschda* genannt.

G

GABRIEL

Arabisch *Dschabra'il,* im Koran Dschibril. Der Engel, der das Medium der Offenbarung des Korans an Mohammed gewesen sein soll. Er wird nur zweimal namentlich im Koran erwähnt.

Sure 2 91: »Sprich: ›Wer ist ein Feind Gabriels?‹ Denn wahrlich, er sandte mit dem Willen Gottes die Offenbarung in dein Herz, eine Bestätigung dessen, was schon vorhanden, Rechtleitung und Verheißung für die Gläubigen.«

Sure 66 4: »Wenn ihr euch Gott zuwendet, so haben eure Herzen sich geneigt, wenn ihr euch aber gegen ihn verbindet, so ist wahrlich Gott sein Schutzfreund, und Gabriel und die Engel sind ihm nach diesem Helfer.«

Der Bericht, wie Gabriel zum erstenmal Mohammed erschien, wird von Abu'l Fida' wie folgt überliefert: »Mohammed pflegte sich jedes Jahr für einen Monat zum Berg →*Hira'* zurückzuziehen. Als das Jahr seiner Sendung kam, ging er im Monat →*Ramadan* mit seiner Familie zum Berg Hira'. Und als die Nacht kam, in der es Gott gefiel, ihn zu segnen, erschien Gabriel vor ihm und sprach: ›Rezitiere!‹ Und Mohammed fragte: ›Was soll ich rezitieren?‹ Gabriel erwiderte: ›Rezitiere im Namen deines Gottes, der geschaffen hat!. Der den Menschen aus Blutstropfen geschaffen hat. Rezitiere! Denn der Herr ist sehr wohltätig. Er hat euch den Gebrauch der Feder gelehrt. Hat den Menschen Dinge gelehrt, die er nicht wußte.‹ Danach ging der Prophet zum Gipfel des Berges und hörte dort eine Stimme vom Himmel, die sprach: ›Du bist der Gesandte Gottes, und ich bin Gabriel.‹ « →*Koran*

Gähnen

Nach den Traditionen wird Gähnen als ein Übel angesehen, denn →*Abu Huraira* berichtet, daß Mohammed gesagt habe: »Gott liebt das →*Niesen* und haßt das Gähnen, es ist vom Teufel. Wenn deshalb jemand von euch gähnen muß, dann suche er dies mit aller Kraft zu unterdrücken. Wenn ihm das nicht gelingt, dann halte er den Rücken seiner Hand vor den Mund; denn, wahrlich, wenn jemand mit offenem Munde gähnt, dann lacht der Teufel.«

Gastfreundschaft

Es ist überliefert, daß Mohammed gesagt hat (Mischkat 19 2): »Wer an Gott und den Tag der Auferstehung glaubt, muß seinen Gast achten.«

Auch der Koran schreibt Gastfreundschaft vor.

Sure 4 40: »Dienet Gott und gesellt ihm nichts bei. Zu den Eltern seid lieb, sowie zu Verwandten, Waisen, Armen, dem Nachbarn, der nahe ist, und dem Nachbarn, der ferne ist, dem Genossen an der Seite, dem Wandrer und zu denen, die unter eurer Hand stehen. Wahrlich, Gott liebt nicht den, der stolz ist und Prahler.«

Gebet

Arabisch *Salat*, Plural *Salawat*. Persisch *Namaz*, Plural *Namazha*.

Das Gebet ist die zweite Säule der praktischen Religion des Islam, und jeder Muslim ist verpflichtet, sich mindestens fünfmal am Tag in dieser Form seinem Gott zuzuwenden, nämlich am frühen Morgen, am Mittag, am Nachmittag, am Abend und in der Nacht.

Die allgemeine Pflicht zum Gebet wird im Koran häufig erwähnt, aber es ist bemerkenswert, daß nicht in einer einzigen Passage diese fünf Gebetsperioden gleichzeitig erwähnt werden.

Siehe Sure 30 16-17: »Preis sei Gott zur Zeit des Abends und zur Zeit des Morgens. Ihm Lobpreis in den Himmeln und auf Erden abends und zur Mittagszeit.«

Sure 11 116: »Verrichte das Gebet an der Tagesgrenze und dem Nachtbeginn. Wahrlich, die guten Werke verbannen die bösen.«

Sure 20 130: »So sei geduldig bei dem, was sie sagen, und preise deines Herren Lob vor Aufgang der Sonne und vor ihrem Niedergang, auch in den Stunden der Nacht preise und an den Tagesgrenzen, auf daß du wohlgefallest.«

Sure 17 80-81: »Verrichte das Gebet beim Niedergang der

Sonne bis zum Anbruch der Nacht, und den Koran lies bis zum Tagesanbruch. Wahrlich, das Koranlesen bei Tagesanbruch wird bezeugt. Und von der Nacht einen Teil wache, dir zur freiwilligen Guttat; vielleicht, daß dich der Herr zu einem ehrenvollen Stand erweckt.«

Sure 2 42: »Suche Hilfe in Geduld und Gebet.«

Den Traditionen entsprechend hat Mohammed nach eigenen Angaben während seiner Nachtreise zum Himmel (→*Mi'radsch*) die Anweisung erhalten, sein Volk fünfmal am Tag beten zu lassen.

Dort heißt es: »Danach erhielt ich den göttlichen Befehl, fünfzig Gebete am Tag zu verrichten. Dann kehrte ich um, und als ich an Moses vorbeikam, fragte er mich: ›Welchen Befehl hast du bekommen?‹ Und ich erwiderte: ›Fünfzig Gebete am Tag.‹ Darauf erwiderte er: ›Wahrlich, dein Volk wird es nicht schaffen, fünfzig Gebete am Tag zu verrichten. Ich schwöre dir bei Gott, ich habe das selbst schon versucht. Ich habe diesen Befehl den Kindern Israels weitergegeben, aber das Ergebnis war nicht wie erwünscht. Kehre zu deinem Herrn zurück, und bitte ihn um Erleichterung.‹ Ich kehrte an den Hof des Herrn zurück, und mir wurden zehn Gebete erlassen. Darauf ging ich wieder zu Moses, und er sprach wie zuvor. Ich kehrte an den Hof des Herrn zurück, und mir wurden zehn Gebete erlassen. Darauf ging ich wieder zu Moses, und er sprach wie zuvor. Ich kehrte an den Hof des Herrn zurück, und mir wurden zehn Gebete erlassen. Darauf ging ich wieder zu Moses, und er sprach wie zuvor. Ich kehrte an den Hof des Herrn zurück, und mir wurden zehn Gebete erlassen. Darauf ging ich wieder zu Moses, und er sprach wie zuvor. Ich kehrte an den Hof des Herrn zurück, und mir wurden fünf Gebete am Tag aufgetragen. Darauf ging ich wieder zu Moses, und er fragte mich: ›Wie viele sind dir aufgetragen?‹ Und ich erwiderte: ›Fünf Gebete am Tag.‹ Darauf erwiderte er: ›Wahrlich, dein Volk wird es nicht schaffen, fünf Gebete am Tag zu verrichten. Ich schwöre dir bei Gott, ich habe diesen Befehl den Kindern Israels gegeben und die größten Schwierigkeiten bekommen. Kehre zu deinem Herrn zurück, und bitte ihn um Erleichterung.‹ Ich aber erwiderte. ›Ich habe so lange gebeten, daß ich mich schon schäme. Ich kann nicht zu ihm zurückkehren. Ich bin

Der Muezzin beim Gebetsruf vom Minarett

auch zufrieden und lege die Mühen meines Volkes in die Hände Gottes.‹ Als ich den Ort verließ, erscholl eine Stimme, die ausrief: ›Ich habe meine Gebote gegeben, und ich habe sie für meine Diener leicht gemacht.‹ «

Das Gebet ist einer der bedeutendsten Aspekte des muslimischen Glaubenslebens, und die Vorschriften dazu in den Traditionen sind äußerst zahlreich. Es gibt verschiedene kleinere Unterschiede in der Gebetspraxis der verschiedenen muslimischen Richtungen und Sekten, aber die Grundregeln sind überall gleich. Hier wird die muslimische Gebetspraxis am Beispiel der hanafitischen Richtung der Sunniten erläutert.

Es ist absolut erforderlich, daß die Gebete in arabischer Sprache gesprochen werden. Der Körper und die Kleidung des Beters sollen sauber sein, und der Gebetsort muß von jeder Unreinheit frei sein. Gebete können allein gesprochen werden, in Gesellschaft oder in der →*Moschee,* wobei letzteres allerdings verdienstvoller ist.

Den vorgeschriebenen Gebeten muß immer eine Waschung des Gesichts, der Hände und der Füße vorausgehen. →*Waschungen*

Wenn die Zeit des vorgeschriebenen Gebets gekommen ist, besteigt der →*Muezzin*, der »Rufer zum Gebet«, das →*Minarett* oder stellt sich direkt neben den Eingang der Moschee und ruft oder singt den »Ruf zum Gebet«, →*Adhan*, der folgenden Wortlaut hat:

Die Niya

»Gott ist groß! Gott ist groß! Gott ist groß! Gott ist groß! Ich bezeuge, daß es keinen Gott gibt außer Gott! Ich bezeuge, daß es keinen Gott gibt außer Gott! Ich bezeuge, daß Mohammed der Prophet Gottes ist! Ich bezeuge, daß Mohammed der Prophet Gottes ist! Kommt zum Gebet! Kommt zum Gebet! Kommt zum Heil! Kommt zum Heil! (Die Schiiten fügen noch hinzu: »Kommt zu guten Taten!«) Gott ist groß! Gott ist groß! Es gibt keinen Gott außer Gott!«

Am frühen Morgen folgt noch der Zusatz: »Das Gebet ist besser als der Schlaf!«

Wenn das Gebet gemeinschaftlich oder in der Moschee verrichtet wird, beginnt es mit der *Iqama*, die dieselben Worte wie der obige Gebetsruf hat mit dem Zusatz: »Die Betenden sind zum Gebet bereit!« Danach beginnt das eigentliche Gebet mit der *Niya*, die im Stehen gesprochen wird, die Hände an die Seite des Körpers angelegt: »Meine Absicht ist es, heute morgen (mittag, abend) reinen Herzens und mit nach Mekka gewandtem Gesicht zwei (oder mehr) →*Rak'as* Gebete zu verrichten.«

Dann folgt der *Takbir-i Tahrima*, wobei die geöffneten Hände zu beiden Seiten des Kopfes hoch gehalten werden und die Daumen die Ohrläppchen berühren: »Gott ist groß!«

Der Takbir-i Tahrima

Dann folgt der *Qiyam*, die stehende Position, wobei die Arme vor den Körper gelegt werden und die rechte Hand über der linken liegt und die Augen gesenkt sind. Dabei wird gesprochen:
»Heiligkeit dir, o Gott!
Und Preis sei dir!
Groß ist dein Name!
Groß ist deine Größe!
Es gibt keine Gottheit außer dir!«
Danach wird der *Ta'awwudh* gesprochen:
»Ich suche Zuflucht beim Herrn vor dem verfluchten Satan.«
Dann wird die *Tasmiya* wiederholt:
»Im Namen Gottes, des Allerbarmers, des Allbarmherzigen.«
Danach wird die *Fatiha*, die erste Sure des Korans, rezitiert:
»Lob sei Gott, dem Herrn der Welten, dem Barmherzigen und Gnädigen! Dem König des Jüngsten Gerichts! Dich verehren wir und schreien zu dir um Hilfe! Führe uns den rechten Weg! Den Weg derer, denen du gnädig bist! Nicht derer, denen du zürnst und die in die Irre gehen.«

Der Qiyam

Danach kann der Betende so viele Suren des Korans sprechen, wie er wünscht. Er sollte zumindest einen langen und zwei kurze Verse aufsagen. Gewöhnlich wird die 112. Sure gesprochen:
»Sprich: Er ist der einzige Gott.
Der unwandelbare Gott.
Er zeugt nicht

und ward nicht gezeugt.
Und niemand ist ihm gleich.«
Es schließt sich der *Takbir-i Ruku'* an, der mit gebeugtem Oberkörper gesprochen wird:
»Gott ist groß!«
Auch der *Tasbih-i Ruku'* wird in dieser Stellung gesprochen:
»Ich preise die Heiligkeit meines Herrn, des Großen!
(Die Schiiten fügen hier noch hinzu: »und seinen Ruhm«.)
Ich preise die Heiligkeit meines Herrn, des Großen!
Ich preise die Heiligkeit meines Herrn, des Großen!«

Die Gebetshaltung des Takbir-i Ruku' und des Tasbih-i Ruku'

Der Tasmi'

Der *Tasmi'* wird wieder in aufrechter Haltung, mit den Armen an der Seite des Körpers, gesprochen. Der Imam sagt laut (wenn jemand die Gebete allein verrichtet, spricht er auch diesen Satz):

»Gott hört die, die ihn preisen!«
Und die Gemeinde erwidert:
»Gepriesen seist du, o Herr!«
Danach fällt der Betende auf die Knie und neigt sich mit dem Kopf nach vorn, wobei er zu-

erst mit der Nase und dann mit der Stirn den Boden berührt. Dabei spricht er den *Takbiru's-Sidschda*:

»Ich preise die Heiligkeit meines Herrn, des Allerhöchsten! Ich preise die Heiligkeit meines Herrn, des Allerhöchsten! Ich preise die Heiligkeit meines Herrn, des Allerhöchsten!«

Die zwei Phasen des Takbiru's Sidschda – zunächst berührt der Gläubige den Boden mit der Nase (Bild oben), dann mit der Stirn (Bild unten)

Der Takbir-i Dschalsa

Dann hebt der Gläubige wieder seinen Oberkörper und läßt sich auf seine Fersen zurücksinken, legt seine Hände auf die Oberschenkel und spricht den *Takbir-i Dschalsa* (die Schiiten lassen an dieser Stelle den →*Takbir* weg und sagen stattdessen: »Ich erhebe mich und setze mich durch die Macht Gottes«):
»Gott ist groß!«
Dann verneigt sich der Betende wie zuvor und spricht während des Niederbeugens:
»Gott ist groß!«

Dann wiederholt er den *Takbiru's-Sidschda*:
»Ich preise die Heiligkeit meines Herrn, des Allerhöchsten!
Ich preise die Heiligkeit meines Herrn, des Allerhöchsten!
Ich preise die Heiligkeit meines Herrn, des Allerhöchsten!«
Dann wiederholt er den *Takbir-i Tahrima*:
»Gott ist groß!«
Damit ist eine →*Rak'a*, eine Gebetsfolge, abgeschlossen. Die nächste *Rak'a* beginnt wieder mit der →*Fatiha*, der ersten Sure des Korans. Am Ende von je zwei *Rak'as* wird die *Tahiya* rezitiert, wobei der Gläubige auf dem Boden kniet, den linken Fuß untergeschlagen, auf dem er sitzt, die Hände auf den Oberschenkeln (die Schiiten lassen dieses Gebet aus):
»Gott gebührt die Verehrung durch die Zunge und die Verehrung durch den Körper und das Almosengeben!
Friede sei dir, o Prophet, mit der Gnade Gottes und seinem Segen!
Friede sei uns und Gottes rechtschaffenen Dienern!«

Die Tahiya als Abschluß von je zwei Rak'as

Der Taschahhud

Dann hebt der Betende den Zeigefinger seiner rechten Hand und spricht den →*Taschahhud*: »Ich bezeuge, daß es keine Gottheit außer Gott gibt, und ich bezeuge, daß Mohammed der Diener Gottes ist und sein Prophet!«

Je zwei *Rak'as* enden mit dem *Taschahhud*. Dann wird in derselben Haltung der *Darud* gesprochen:

»O Gott, sei gnädig Mohammed und seiner Nachkommenschaft, wie du gnädig warst Abraham und seiner Nachkommenschaft! Du bist der Gepriesene, und du bist der Große! O Gott, segne Mohammed und seine Nachkommenschaft, wie du gesegnet hast Abraham und seine Nachkommenschaft! Du bist der Gepriesene, und du bist der Große!«
Dann folgt der *Du'a'*: »O Gott unser Herr, gib uns die Segnungen dieses Lebens und auch die Segnungen des ewigen Lebens! Errette uns von den Qualen des Feuers!«
(Die Schiiten lassen dieses Gebet weg und beten stattdessen: »Friede sei dir, o Prophet, mit der Gnade Gottes und seinem Segen! Friede auch uns und Gottes rechtschaffenen Dienern!«)
Den Abschluß bildet der *Salam*. Indem der Betende den Kopf nach rechts wendet, spricht er: »Der Frieden und die Gnade Gottes seien mit dir!«
Danach wendet er den Kopf nach links und sagt: »Der Frieden und die Gnade Gottes seien mit dir!«
Danach kann der Gläubige noch zusätzliche Gebete ver-

Die zwei Phasen des Salam

richten (→*Munadschat*), die dem Koran oder den Traditionen entnommen sind.
Alle diese täglichen Gebete sind entweder *Fard*, *Sunna*, *Nafl* oder *Witr*. *Fard* sind Gebete, die von Gott vorgeschrieben sind, *Sunna* solche, die auf der Praxis Mohammeds beruhen, *Nafl* ist das freiwillige Beten von zwei *Rak'as* oder mehr, *Witr* ist eine ungerade Zahl von *Rak'as*, eine, drei, fünf oder sieben, die nach dem Nachtgebet gesprochen werden. Alle diese Gebetsgruppen sind in sich geschlossene Einheiten, die mit der *Niya* beginnen. Der Betende kann sich nach jeweils einer Einheit ausruhen, darf aber in der Zeit nicht über weltliche Dinge sprechen. Die →*Wahhabiten* meinen, daß man die *Sunna*-Gebete zu Hause und die *Fard*-Gebete in der →*Moschee* verrichten sollte.

Der Munadschat

Gesamtübersicht der Gebetshaltungen

Die fünf täglichen Gebetszeiten sind:
1. *Fadschr*, zwischen Dämmerung und Sonnenaufgang,
2. *Zuhr*, mittags, wenn die Sonne den Höhepunkt ihrer Laufbahn überschritten hat,
3. *'Asr*, in der Mitte zwischen 2 und 4,
4. *Maghrib*, einige Minuten nach Sonnenuntergang,
5. *'Ischa'*, wenn die Nacht angebrochen ist.

Außerdem gibt es noch zusätzlich drei freiwillige Gebetszeiten:
1. *Ischraq*, wenn die Sonne schon hoch steht,
2. *Duha*, etwa 11 Uhr morgens,
3. *Tahadschud*, nach Mitternacht.

'Abdu'llah ibn 'Umar überliefert, daß der Prophet gesagt habe: »Die Zeit der *Zuhr*-Gebete beginnt, wenn die Sonne sich nach Westen wendet, und endet, wenn der Schatten eines Menschen die Länge seiner Körpergröße erreicht hat. Dann beginnt die Zeit der *'Asr*-Gebete, die bis zu dem Zeitpunkt dauert, wenn die Sonne eine gelbe Farbe angenommen hat. Die Zeit der *Maghrib*-Gebete ist der Zeitraum, in dem nach Sonnenuntergang der Himmel noch gerötet ist. Die Zeit der *'Ischa'*-Gebete reicht von diesem Zeitpunkt bis Mitternacht. Und die Zeit der *Fadschr*-Gebete liegt kurz vor Tagesanbruch, denn wenn die Sonne schon aufgegangen ist, dann darfst du das Morgengebet nicht verrichten, denn die Sonne geht auf zwischen den Hörnern des Teufels.«

Es ist üblicher Brauch bei den Muslimen, ihre Gebete mit bloßen Füßen zu verrichten, aber strenggenommen ist es nach den Traditionen vorgeschrieben, die Füße beim Gebet mit Schuhen oder Stiefeln zu bekleiden, vorausgesetzt, daß sie sauber sind. So berichtet Schaddad ibn Aus, daß der Prophet gesagt habe: »Tut beim Gebet das Gegenteil von dem, was die Juden tun, denn sie beten nicht in Schuhen oder Stiefeln.«

Beim Gebet die Augen umherschweifen zu lassen, geistig abwesend zu sein, zu husten oder sonst irgend etwas zu tun, was nicht ausdrücklich vorgeschrieben ist, muß tunlichst vermieden werden; andernfalls muß der Beter von vorn beginnen und sich dabei der angemessenen Andacht befleißigen.

Der Gläubige kann die fünf Tagesgebete an jedem Ort verrichten, an dem er sich gerade befindet, zu Hause, im Geschäft, auf der Straße, aber besonderer Segen liegt auf dem Gebet in der Gemeinschaft.

Zusätzlich zu den täglichen Gebeten gibt es noch folgende Gebete zu besonderen Gelegenheiten:

Salatu'l-Dschum'a, »Das Freitagsgebet«. Es besteht aus zwei *Rak'as* im Anschluß an das tägliche Mittagsgebet.

Salatu'l-Musafir, »Das Gebet für einen Reisenden«. Zwei *Rak'as* anstelle der üblichen Zahl beim Mittags-, Abend- und Nachtgebet.

Salatu'l-Khauf, »Das Gebet der Angst«. Wird in Kriegszeiten verrichtet. Es besteht aus zwei *Rak'as*, die nacheinander von den militärischen Einheiten verrichtet werden.

Salatu't-Tarawih. 20 *Rak'as*, die im Monat Ramadan jeden Abend unmittelbar nach dem 5. Tagesgebet verrichtet werden.

Salatu'l-Istikhara. Das Gebet um Erfolg oder Beistand. Jemand, der vor einem besonders schwierigen Problem steht, verrichtet zwei *Rak'as* und legt sich dann schlafen. Im Schlaf erhofft er sich die Eingebung, die ihm zur Lösung seines Problems verhilft.

Salatu'l-Khusuf. Zwei *Rak'as*, die bei einer Mondfinsternis gesprochen werden.

Salatu'l-Kusuf. Zwei *Rak'as*, die bei einer Sonnenfinsternis gesprochen werden.

Salatu'l-Istisqa'. Gebet zur Zeit einer Dürre, bestehend aus zwei *Rak'as*.

Salatu'l-Dschanaza. Das Gebet bei einer Beerdigung.

Die Form der Gottesdienste der Muslime ist nicht im Koran festgelegt, sondern sie beruht auf einer Vielzahl von Aussprüchen Mohammeds, die in den Traditionen festgehalten sind. Es folgt eine Auswahl:

»Was ein Geschöpf in den Unglauben treibt, ist die Vernachlässigung des Gebetes.«

»Niemand von euch soll sein Gebet in einem Gewand verrichten, das nicht den ganzen Körper bedeckt.«

»Gott nimmt das Gebet einer Frau, die die Pubertät erreicht hat, nicht an, wenn sie nicht ihren Kopf bedeckt hat.«

»Die Leute sollen ihre Augen nicht erheben, wenn sie beten, denn sonst werden sie blind.«

»Der Lohn für die Gebete, die in einer Gemeinschaft verrichtet werden, liegt um 27 Stufen höher als die, die allein verrichtet werden.«

»Die Gebete einer Person, die ihre Waschung nicht vollendet hat, werden nicht angenommen werden, wenn sie die Waschung nicht wiederholt.«

»Wer auch nur ein Haar ungereinigt läßt, wenn er sich verunreinigt hatte, wird seinen Lohn in der Hölle erhalten.«

»Weise deine Kinder im Alter von sieben Jahren an, die vorgeschriebenen Gebete zu verrichten, und wenn sie zehn Jahre alt sind und die Gebete nicht sprechen, dann schlage sie.«

»Wenn du beim Gebet stehst, dann spucke nicht vor dich, denn du befindest dich dann in Gottes Gegenwart. Spucke auch nicht zu deiner rechten Seite, denn dort steht ein Engel. Spucke also zur linken Seite oder unter deine Füße und wirf Erde darüber.«

»Wer zwölf *Rak'as Sunna*-Gebete am Tag und in der Nacht verrichtet, der errichtet sich ein Haus im Paradies.«

»Wer fünfmal am Tage badet, dem wird kein Schmutz mehr anhaften. In gleicher Weise reinigen die fünf Gebete am Tag den Gläubigen von allen kleinen Sünden.«

Gebete für die Toten

Nach der Lehre Mohammeds ist es die Pflicht jedes gläubigen Muslims, für die Toten zu beten. In den Traditionen heißt es:

»Wenn Gott den Rang eines seiner Diener im Paradiese erhöht und dieser fragt: ›Wem verdanke ich diese Erhöhung, o Herr?‹, dann antwortet dieser: ›Diese Erhöhung verdankst du deinen Kindern, die für dich gebetet haben.‹ «

»Der Prophet ging an den Gräbern von Medina vorbei, wandte sich ihnen zu und sprach: ›Seid gegrüßt, ihr Bewohner der Gräber, möge Gott euch und uns vergeben. Ihr seid uns vorausgegangen, und wir werden euch folgen.‹ «

»Ein Toter in seinem Grabe ist wie jemand, der bis zum Hals im Wasser steht und die Vorübergehenden bittet, ihm eine Hand zu reichen; denn der Tote hat die Hoffnung, daß sein Vater, seine Mutter oder sein Bruder für ihn beten.«

Und im Koran heißt es:

Sure 71 29: »Und Noah sprach: ›O mein Herr, vergib mir und meinen Eltern!‹ «

Sure 9 114-115: »Nicht steht es dem Propheten zu und denen, die glauben, daß sie um Verzeihung bitten für die Götzendiener, und wären sie auch Anverwandte, nachdem ihnen klar geworden, daß diese Genossen des Feuerpfuhls sind. Und auch die Fürbitte Abrahams für seinen Vater geschah nur wegen eines Versprechens, das er ihm gegeben; als ihm jedoch klar geworden, daß er ein Feind Gottes war, sagte er sich von ihm los. Wahrlich, Abraham war zärtlich und sanftmütig.«

Es wird in den Traditionen berichtet, daß der Prophet das Grab seiner Mutter besuchte und so weinte, daß auch alle Umstehenden weinen mußten. Und der Prophet sprach: »Ich habe meinen Wohltäter um Erlaubnis gebeten, um Vergebung für meine Mutter zu bitten, die mir verwehrt wurde. Ich habe dann um die Erlaubnis gebeten, das Grab meiner Mutter besuchen zu dürfen, und sie wurde mir gegeben. Deshalb besucht die Gräber, denn sie erinnern euch an den Tod.«

Gebetsrichtung →*Qibla*

Gebetsstunden

Die gesetzlich vorgeschriebenen Zeiten des täglichen mohammedanischen Gebetes, fünf an der Zahl: 1. *Fadschr*, bei Tagesanbruch, 2. *Zuhr*, wenn mittags die Sonne zu sinken beginnt, 3. *'Asr*, am Nachmittag, 4. *Maghrib*, am Abend, 5. *'Ischa'*, wenn die Nacht angebrochen ist.

Mohammed behauptete, er habe den Befehl, fünfmal am Tage zu beten, während der →*Mi'radsch*, der nächtlichen Reise in den Himmel, erhalten. Gott habe ihn zunächst angewiesen, fünfzigmal am Tage zu beten, aber darauf habe Moses ihm den Rat gegeben, den Allmächtigen um die Reduzierung dieser Pflichtgebete auf fünf zu bitten, da er (Moses) es selbst bei seinem Volk mit fünfzig Gebeten versucht habe, aber der Erfolg sei mäßig gewesen.

Es ist bemerkenswert, daß es nur eine Koranstelle gibt, wo die vorgeschriebenen Gebetsstunden erwähnt werden, und dort sind es nicht fünf, sondern vier. Sure 30 16-17: »Preist Gott am Abend und am Morgen. Lobpreist ihn in den Himmeln und auf Erden nachmittags und mittags.« Aber die Kommentatoren sagen einhellig, daß mit »am Abend« sowohl Abend als auch Nacht gemeint sei, so daß damit beide Gebetsstunden zusammengefaßt wären.

Gebote

Die zehn Gebote des Alten Testamentes werden in der sechsten Sure des Korans zitiert. Dort heißt es in Vers 152 ff: »Kommt heran, ich will euch vorlesen, was euch geboten und verboten ist: Ihr sollt keine Götzen neben Gott haben; euren Eltern sollt ihr Gutes tun; ihr sollt eure Kinder nicht aus Furcht vor Armut töten, denn wir wollen schon für euch und sie Sorge tragen; ihr sollt euch nicht schändlichen Verbrechen nähern (wie Ehebruch und Habsucht), weder öffentlich noch geheim. Ihr sollt nach göttlichem Verbot niemanden töten, da Gott das Leben unverletzlich machte, außer wenn es die Gerechtigkeit fordert (im Krieg und zur Bestrafung von Mördern, Ketzern und Ehebrechern); dies hat euch Gott geboten. Ob ihr diese Lehre begreift? Kommt auch dem Vermögen der Waisen nicht zu nahe, sondern vergrößert es, bis sie mündig geworden sind. Gebraucht nur richtiges Maß und richtige Waage. In euren Urteilssprüchen seid gerecht, selbst wenn es gegen eure nächsten Verwandten geht; und haltet treu am Bündnis mit Gott fest. Dies ist mein richtiger Weg, spricht Gott, folgt diesem und nicht dem Weg anderer, damit ihr euch nicht verirrt.«

GEBURTSTAG

Arabisch *Maulid*. Das Wort bezeichnet besonders den Geburtstag eines Propheten oder Heiligen. Der Geburtstag Mohammeds, der *Maulidu'n-Nabi* genannt wird, wird in großen Teilen der islamischen Welt am 12. →*Rabi'u'l-Awwal* begangen, indem zahlreiche Gebete gesprochen und Almosen gegeben werden.

GEBURTSZEUGNIS

Wenn eine verheiratete Frau beansprucht, die Mutter eines bestimmten Kindes zu sein, ist nach Abu Hanifa dieser Anspruch nur gültig, wenn eine zweite Frau dies bezeugt. Anders verhält es sich im Fall eines Vaters, dessen Aussage genügt, um seine Vaterschaft zu bestätigen.

Das Zeugnis der Hebamme ist ausreichend allein in Hinblick auf die *Geburt* eines Kindes, die *Mutterschaft* leitet sich nur aus der Tatsache ab, daß die Mutter des Kindes die Ehefrau des Mannes ist.

Falls eine Frau in der →*'Idda* lebt, weil sie geschieden ist, reicht das Zeugnis der Hebamme allein nicht aus, sondern das Zeugnis von zwei Männern oder das eines Mannes und zweier Frauen ist vonnöten (Hidaya).

GEIST →*Seele*

GEIST, HEILIGER →*Heiliger Geist*

GELD

Es werden drei Arten von Münzen im Koran erwähnt:

1. *Qintar*. Sure 3 68: »Unter den Schriftleuten gibt es manchen, der, wenn du ihm ein Talent (*Qintar*) anvertraust, es dir zurückgibt.« Hierbei handelte es sich um eine beträchtliche Geldsumme, gemeinhin als »Talent« übersetzt.

2. →*Dinar*. Sure 3 68: »Und unter den Schriftleuten gibt es

manchen, der, wenn du ihm einen Dinar anvertraust, ihn dir nicht zurückgibt.« Es handelte sich um den Denar, eine kleine Goldmünze.

3. →*Dirham*. Sure 12 20: »Und sie verkauften ihn um einen niedrigen Preis, für einige Drachmen (*Dirham*), denn sie schätzten ihn nicht hoch.« Eine Silberdrachme.

GELDBUSSE

Arabisch *Diya*. Im strengen Sinne ist damit eine Geldsumme gemeint, die in den Fällen für eine Körperverletzung festgelegt ist, in denen auf →*Qisas*, die Vergeltung, verzichtet wird (ist bei vorsätzlichem Mord nicht möglich). Die volle Geldbuße, die in Fällen von Totschlag zu entrichten ist, beträgt hundert weibliche Kamele oder 10000 Dirhem in Silber oder 1000 Dinare in Gold.

Die Geldbuße für den Totschlag einer Frau beträgt die Hälfte, »denn der Rang einer Frau ist niedriger als der eines Mannes«. Die Buße für die Tötung eines →*Dhimmi*, ob Jude, Christ oder Heide, ist dieselbe wie für einen Muslim.

Die volle Geldbuße ist auch fällig für die Zerstörung einer Nase, einer Zunge oder eines männlichen Gliedes, ebenso für das Herausreißen des Haupthaares, des Bartes oder beider Augenbrauen, so daß sie nicht mehr nachwachsen, »denn dadurch wird die Schönheit des Äußeren beeinträchtigt«.

Die volle Geldbuße wird auch fällig, wenn beide Teile eines Organpaares betroffen sind, also zwei Augen, beide Ohren, beide Lippen usw., wird eines von ihnen zerstört, muß die Hälfte gezahlt werden.

Für einen Finger wird ein Zehntel des vollen Betrages fällig, für ein Fingerglied, da jeder Finger drei Glieder hat, ein Drittel dieses Zehntels. Die Buße für einen ausgeschlagenen Zahn beträgt ein Zwanzigstel der Gesamtsumme.

Die Hälfte der Buße muß bezahlt werden, wenn lediglich die Funktion eines Gliedes verlorengeht, das Glied selbst aber erhalten bleibt. Wenn aber jemand durch eine Verletzung dauerhaft in seiner äußeren Schönheit beeinträchtigt ist, ist die volle Geldbuße zu zahlen.

GEMEINDE

Den Moscheen in Städten und Dörfern sind Bezirke zugeordnet, die in etwa den Pfarrgemeinden christlicher Kirchen entsprechen. Innerhalb dieser Bezirke ist der →*Imam* der →*Moschee* für Hochzeiten und Beerdigungen verantwortlich, für deren Gestaltung er eine angemessene Bezahlung erhält.

Gerben

Nach den Traditionen sind Tierhäute unrein, solange sie nicht gegerbt sind. So soll Mohammed gesagt haben: »Gerben reinigt.«

Geschenk

Arabisch →*Hiba*, Plural *Hibat*. Der Begriff *Hiba* bezeichnet in der Sprache des muslimischen Gesetzes eine Übertragung von Eigentum von einer Person auf eine andere, die augenblicklich und ohne Gegenleistung erfolgt. Der Geber wird *Wahib* genannt, die verschenkte Sache *Mauhub* und der Empfänger *Mauhub lahu*.

Mohammed erlaubte die Rückforderung eines Geschenks, indem er sagte: »Der Geber behält das Eigentumsrecht an einem Geschenk, solange er nichts dafür zurückbekommen hat.« Allerdings gibt es eine andere Tradition, in der es heißt: »Einer, der ein Geschenk gemacht hat, soll es nicht zurückverlangen. Aber ein Vater darf von seinem Sohn ein Geschenk zurückfordern.« So ist →*Asch-Schafi'i* der Meinung, daß ein Geschenk nicht zurückverlangt werden darf außer im Falle von Vater und Sohn. Alle Gelehrten sind sich einig, daß das Zurückfordern eines Geschenks eine verachtungswürdige Handlung ist, denn der Prophet hat auch gesagt: »Ein Geschenk zurückzuverlangen ist wie das Essen von Speichel.«

Gesetz

Die Worte, die Muslime für »das Gesetz« benutzen, sind *Asch-Schari'a* und *Asch-Schar'*, was »der Weg« bedeutet. Der Kompilierer des →*Ghiyathu'l-Lugha* definiert den Begriff als »der Weg oder die Straße zur Religion Mohammeds, die Gott zur Führung seines Volkes erbaut hat, sowohl zur Ehre Gottes als auch für die Pflichten des Lebens«.

In der Tradition und in den theologischen Schriften wird generell das Wort *Asch-Schar'* für das Gesetz Mohammeds benutzt. Den muslimischen Gelehrten zufolge kann man »das Gesetz« in fünf Bereiche aufteilen: *I'tiqadat*, »Glaube«, *Adab*, »Moral«, *'Ibada*, »Frömmigkeit«, *Mu'amalat*, »Geschäfte«, und *'Uqubat*, »Strafen«.

1. *I'tiqadat* umfaßt alles, was in den sechs Artikeln des muslimischen Glaubens enthalten ist, nämlich den Glauben an Gott, seine Engel, seine Bücher, seine Propheten, den Tag des Gerichts und die Gebote Gottes.

Dieser Bereich des muslimischen Gesetzes wird als *'Ilmu'l-'Aqa'id* oder »Die Wissenschaft von den Glaubensartikeln« bezeichnet und schließt alle Zweige der scholastischen Theologie ein.

2. *Adab* umfaßt die Betrachtung all jener moralischen Tugenden, die vom Koran und der Tradition vorgeschrieben sind, wie Ehrlichkeit, Gottvertrauen, Demut, Entsagung, Genügsamkeit, Weltentsagung, Zufriedenheit, Freigebigkeit, Gottes- und Menschenliebe, Geduld usw.

3. *'Ibada* umfaßt alle Handlungen der Hinwendung zu Gott wie Rezitieren des Glaubensbekenntnisses, Gebet, Zakat oder Almosen, Fasten, die Pilgerfahrt nach Mekka. Ebenso gehören solche religiösen Akte wie der Dschihad, der Heilige Krieg zur Ausbreitung des Islam, dazu.

4. *Mu'amalat* umfaßt alle Pflichten, die aus der Beziehung von Menschen zueinander entspringen und ist untergliedert in *Mukhasamat*, »Streitigkeiten«, *Munakahat*, »Ehefragen«, *Amanat*, »Bürgschaften«. In diesen drei Rubriken sind all die verschiedenen Bereiche der zivilen Rechtsprechung zusammengefaßt wie Handel, Verkauf, Vermittlung, Eheschließung, Scheidung, Brautpreis, Partnerschaft, Ansprüche usw.

5. *'Uqubat* beschreibt die Strafen für verschiedene Delikte, wie sie vom Koran und der Tradition vorgeschrieben werden, nämlich *Qisas*, »Vergeltung«, *Haddu's-Sariqa*, die Strafe für Diebstahl (Verlust der rechten Hand), *Haddu'z-Zina'*, die Strafe für Unzucht und Ehebruch (Steinigung für Verheiratete, hundert Peitschenhiebe für Unverheiratete), *Haddu'l-Qadhf*, die Strafe für üble Nachrede (achtzig Peitschenhiebe), *Haddu'r-Ridda*, die Strafe für Abtrünnigkeit (der Tod), *Haddu'sch-Schurb*, die Strafe für das Trinken von Wein (achtzig Peitschenhiebe).

Die beiden Hauptgruppen des mohammedanischen Gesetzes sind →*'Ilmu'l-Kalam* oder *'Aqa'id*, wozu alle Glaubensfragen gehören, und →*'Ilmu'l-Fiqh*, die alle Dinge des täglichen Lebens umfaßt.

Das muslimische Gesetz wird auch in die beiden großen Gruppen *maschru'*, gesetzlich, und *ghairu'l-maschru'*, »ungesetzlich«, differenziert.

Das, was gesetzlich ist, wird in fünf Klassen eingestuft:

1. *Fard*, das, was entweder durch den Koran oder eine Tradition von unbezweifelbarer Autorität eindeutig vorge-

schrieben ist und dessen Verleugnung oder Nichtbefolgung definitiver Unglaube ist.
2. *Wadschib*, was vorgeschrieben ist, wobei jedoch gewisse Zweifel bestehen, ob es durch den Koran oder eine Tradition unbezweifelbarer Autorität gedeckt ist.
3. *Sunna*, was von Mohammed praktiziert wurde.
4. *Mustahabb*, was Mohammed und seine Gefolgsleute manchmal taten und manchmal nicht.
5. *Mubah*, was wünschenswert ist, was jedoch ohne Angst vor Sünde unterlassen werden kann.

Die ungesetzlichen Dinge werden in drei Klassen eingestuft:
1. *Mufsid*, was im höchsten Grade verderbt ist, eine Todsünde.
2. *Haram*, was eindeutig verboten ist.
3. *Makruh*, was allgemein als unsauber angesehen wird.

Diese Differenzierung zwischen gesetzlich und ungesetzlich mit ihren verschiedenen Unterklassen bezieht sich auf alle Bereiche des muslimischen Gesetzes, ob es sich dabei um das Alltagsleben oder die Hinwendung zu Gott handelt.

Im Sittengesetz des Islam haben das Beispiel, das Handeln und die Aussprüche Mohammeds einen enormen Stellenwert. Dieser Zweig des muslimischen Gesetzes heißt →*Sunna* oder »die Sitten Mohammeds« und wird wie folgt unterteilt:
1. *Sunnatu'l-Fi'l*, was Mohammed selbst getan hat.
2. *Sunnatu'l-Qaul*, wovon Mohammed gesagt hat, daß man es tun solle.
3. *Sunnatu't-Taqrir*, was in der Gegenwart Mohammeds getan wurde und was er offensichtlich sanktionierte.

Es ist daher ein ernsthafter Fehler anzunehmen, daß der Koran alles enthalte, was für den Glauben und das tägliche Leben im Islam von Bedeutung ist. Das Beispiel Mohammeds ist für den Muslim ebenso bindend wie jede Vorschrift, die im Koran selbst enthalten ist, denn weder was *Fard* noch was *Sunna* ist, kann, ohne sich einer Sünde schuldig zu machen, mißachtet werden.

Der wahre Ursprung und die Quelle des Gesetzes ist der Koran und die →*Tradition*, und keine muslimische Theologenschule hat je die Tradition abgelehnt. Sie ist sowohl für die →*Sunniten* als auch für Schiiten und →*Wahhabiten* bindend. Der einzige Unterschied zwischen Sunna und →*Schi'a* ist, daß sie ihre Traditionen aus verschiedenen Quellensammlungen beziehen. Die Wahhabiten beziehen ihre Tradition von den Sunniten und nennen sich *Muhaddithin* oder Traditionalisten.

Gesetzestafeln

Arabisch →*Alwah*, Plural von *Lauh*. Daß Moses die Gesetze auf Tafeln erhalten hat, wird im Koran in Sure 7 146 erwähnt: »Und wir schrieben ihm auf die Tafeln von allen Dingen, Ermahnung und Darlegung über jede Sache. Nimm sie mit Kraft, und heiße dein Volk, sie bestens halten.«
Die muslimischen Autoren sind sich jedoch über die Zahl dieser Tafeln nicht einig, einige glauben, es seien sieben gewesen, andere zehn.

Ghaddar

Eine bestimmte Art von →*Dämonen,* die an der Grenze zum Jemen leben sollen.

Ghadir

Ein Fest der Schiiten, das am 18. des Monats →*Dhu'l-Hidscha* gefeiert wird, wobei drei mit Honig gefüllte Figuren aus Teig hergestellt werden, die Abu Bakr, 'Umar und 'Uthman darstellen sollen. Diese Figuren werden mit Messern durchbohrt, und der Honig wird als Symbol für das Blut dieser Kalifen getrunken.
Der Name des Festes leitet sich von *Ghadir* (»Teich«) ab, denn Mohammed soll →*'Ali (2.)* am *Ghadir Khum*, einer Wasserstelle zwischen Mekka und Medina, zu seinem Nachfolger ernannt haben.

al-Ghaffar

Bedeutet »der Vergebende« und ist einer der 99 Beinamen oder eines der 99 Attribute Gottes.

al-Ghafur

Bedeutet »der Vergebende« und ist einer der 99 Beinamen oder eines der 99 Attribute Gottes.

Ghair-i Mahdi

Wörtlich »ohne Mahdi«. Eine kleine Sekte, die glaubt, daß der Imam Mahdi nicht wiederkehren wird. Sie glauben, daß ein Saiyid Muhammad der wahre →*Mahdi* war, der zwölfte Imam, und daß er gegangen wäre, ohne je wiederzukehren. Sie verehren ihn im gleichen Maße wie den Propheten und halten alle anderen Muslime für Ungläubige. In der Nacht im Monat →*Ramadan,* die →*Lailatu'l-Qadr* genannt wird, sprechen sie nach anderen Gebeten folgende Gebetsformel: »Gott ist allmächtig, und Mohammed ist unser Prophet, der Koran und der Mahdi sind gerecht und wahr. Der Imam Mahdi ist gekommen und wieder gegangen. Wer dies nicht glaubt, ist ein Ungläubiger.«

GHAMARAT

Plural von *Ghamra*, »Abgrund«. Ein Wort, das dazu benutzt wird, die Todesagonie zu beschreiben. Es erscheint im Koran in Sure 6 93:

»Aber konntest du nur die Ungerechten im Abgrund des Todes sehen, während die Engel ihre Hände ausstreckten und sprachen: ›Gebt eure Seelen her! Heute sollt ihr die Strafe der Schande erfahren.‹ «

AL-GHANI

»Der Unabhängige«. Einer der 99 Namen Gottes, der die Unabhängigkeit des Allmächtigen von den Bedürfnissen der Menschen ausdrückt.

AL-GHASCHIYA

Suratu'l-Ghaschiya, »Sure vom Gerichtstag«, ist der Titel der 88. Sure des Korans, in der es im ersten Vers heißt:

»Kam dir die Kunde vom Gerichtstag?«

GHASIL

Ein Totenwäscher. Ein Amt, das vom Imam einer Gemeinde zugewiesen wird.

GHASSAN

Ein arabischer Stamm, der zur Zeit Mohammeds im Westen der syrischen Wüste lebte.

GHAUTH

Wörtlich »einer, den man um Hilfe bitten kann«. Ein Mittler. Ein Titel, der muslimischen Heiligen gegeben wird. →*Heilige*

GHAZI

Jemand, der für den Islam kämpft; ein Held, ein Krieger. Ebenso ein Ehrentitel, der von muslimischen Herrschern Generälen und besonders tapferen Kämpfern verliehen wird. Mohammed soll gesagt haben: »Gott ist mit dem, der für den Pfad des Allmächtigen kämpft, zu Gottes Ehre und der des Propheten. Wenn er nicht getötet wird, soll er mit Beute und Ruhm beladen heimkehren. Wenn er fällt, ist sein Lohn das Paradies.«

AL-GHAZZALI

Abu Hamid Muhammad ibn Muhammad ibn Ahmad al-Ghazzali war ein bedeutender sunnitischer Gelehrter, der den Beinamen *Hudschatu'l-Islam* (»Beweis des Islam«) trug. Sein bedeutendstes Werk ist das *Ihya'u 'Ulumi'd-Din*. Er wurde 1058 n. Chr. geboren und starb 1111 n. Chr. in Tus.

GHIFAR

Ein arabischer Stamm, der zur Zeit Mohammeds in der Umgebung von Medina angesiedelt war.

GHUL

Ein menschenverschlingender Dämon der Wälder. Eine Abart der →*Dschinnen*. →*Dämonen*

GHURRA

Eine Gebühr in Höhe von 500 Dirham. Ein Sklave desselben Wertes. Diese Summe wird als Schmerzensgeld fällig, wenn jemand eine Frau so schlägt, daß sie eine Fehlgeburt erleidet.

GHUSL

Im Unterschied zu *Ghasl* (→*Waschungen*) die Reinigung des gesamten Körpers durch ein Vollbad. Beruht auf der ausdrücklichen Anweisung des Korans, Sure 5 9: »Wenn du dich verunreinigt hast, bade deinen Körper.« Ist nötig nach folgenden Vorkommnissen: nächtlicher Samenerguß, Menses, Koitus, Kindbett. →*Reinigung*

GLAUBE →*Iman*

GLAUBENSBEKENNTNIS →*Credo*

GLÄUBIGE

Im Arabischen ist der Ausdruck →*Mu'min*, Plural *Mu'minun*, bzw. →*Muslim*, Plural Muslimun, für Gläubige gebräuchlich. Mohammed soll →*'Umar* gegenüber gesagt haben, ein Mu'min besitze den Glauben an Gott, die Engel, die heiligen Schriften, die Propheten, die Auferstehung am Jüngsten Tag, die Prädestination von Gut und Böse; ein Muslim hingegen vertraue völlig dem Willen Gottes und bezeuge, daß nur Gott und sonst kein Gott existiere und daß Mohammed sein Prophet sei, ferner sei er treu im Einhalten der (mindestens fünf) täglichen Gebete, gebe Almosen (→*Zakat*), faste im Monat →*Ramadan*, und pilgere, wenn er die Mittel dazu habe, einmal im Leben nach Mekka. Dem Gläubigen winken Belohnungen im jenseitigen Leben, nämlich ewiges Leben im →*Paradies*, so in der 7. Sure, wo es in Vers 44 heißt: »Und wir wollen jeden irdischen Groll aus ihren Herzen entfernen. Zu ihren Füßen werden Ströme fließen, und sie werden ausrufen: ›Lob und Preis sei Gott, der uns zu dieser Glückseligkeit geführt hat, denn niemals hätten wir den rechten Weg gefunden, wenn Er uns nicht geführt hätte.‹ Eine Stimme wird ihnen zurufen: ›Dies ist das Paradies, das ihr erbt für das, was ihr getan habt.‹ «

GLÜCKSSPIEL

Arabisch *Maisir*, →*Qimar*. Ist nach dem Koran für Muslime verboten.

Sure 2 216: »Sie werden dich inbetreff des Weins und inbetreff des Glücksspiels befragen. Sprich: ›In diesen ist schwere Sünde und auch Nutzen für die Menschen, jedoch gewichtiger ist ihre Sündhaftigkeit als ihre Nützlichkeit.‹ « Sure 5 93: »Satan will durch Wein und Spiel nur Feindschaft und Haß unter euch erregen, euch von der Erinnerung an Gott und vom Gebet ablenken. Wollt ihr euch enthalten?«

Die Zeugenaussage eines Spielers ist vor einem mohammedanischen Gericht nicht zulässig, denn Glücksspiel ist ein schweres Verbrechen.

GNADE →*Barmherzigkeit*

GOG UND MAGOG

Arabisch *Yadschudsch wa Madschudsch*. Ein barbarisches Volk in Zentralasien, vielleicht die Turkmenen, das im Koran als Übeltäter in den Tagen Alexanders des Großen dargestellt wird. (Alexander wird als »Zwiegehörnter« bezeichnet, weil er auf antiken Münzen immer mit zwei Hörnern auf der Stirn dargestellt wird.)

Sure 18 93-97: »Sie sprachen: ›O Zwiegehörnter, siehe, Yadschudsch und Madschudsch sind Unheilstifter auf Erden, sollen wir dir nur Tribut zahlen, auf daß du zwischen uns und ihnen eine Schranke errichtest?‹ Er erwiderte: ›Worin mein Herr mich eingesetzt, ist besser. Doch unterstützet mich mit Kraft, so errichte ich zwischen euch und ihnen einen Wall. Holt mir Eisenstücke.‹ Und als er zwischen den beiden Bergabhängen ausgefüllt, sprach er: ›Blaset nun.‹ Und als er es feuerglühend gemacht, sprach er: ›Holt mir Gußerz, daß ich es darüber gieße.‹ Und nun vermochten sie es nicht zu übersteigen, auch konnten sie es nicht durchbohren. Er sprach: ›Dies ist eine Barmherzigkeit von meinem Herrn.‹ «

Gog und Magog wird auch in Sure 21 95-96 als Volk erwähnt, das in den letzten Tagen auftreten wird: »Bann aber über der Stadt, die wir vernichtet; wahrlich, sie kehren nicht wieder. Bis besiegt sind Yadschudsch und Madschudsch, und man von allen Höhen herbeieilt.«

Al-Baidawi sagt, Gog und Magog seien zwei Stämme, die von Japhet, dem Sohn Noahs, abstammen.

GOLD

Arabisch *Dhahab*. Der Almosenbetrag (→*Zakat*) auf Gold beträgt pro 20 →*Mithqal* ein 1/2 *Mithqal* und pro 4 *Mithqal* darüber hinaus ein *Qirat*, denn die Almosen für Gold sind ein Vierzigstel des Ganzen. Dies gilt für Gold in jeder Form, ob es sich um Münzen oder um Schmuck handelt. Aber →*Asch-Schafi'i* vertritt die Auffassung, daß dies für den gesamten Schmuck der Frauen und die Ringe der Männer nicht gilt (Hidaya).

Der Verkauf von Gold ist nur gesetzlich, wenn es in bezug des Gewichts exakt gleich ist, denn Mohammed hat gesagt: »Verkauft Gold für Gold, von Hand zu Hand, nach gleichem Maß dem Gewicht entsprechend, denn jede Ungleichheit im Gewicht ist Wucher.« (Hidaya)

»Es ist nicht gesetzlich, wenn ein Mann oder eine Frau aus goldenen oder silbernen Gefäßen trinkt.« (Hidaya)

GOLIATH

Der Riese, der von →*David* erschlagen wurde. Wird im Koran Sure 2 251 erwähnt: »Und als sie gegen Goliath und seine Krieger hervortraten, sprachen sie: ›Herr unser, gieße Geduld über uns, festige unsre Füße und hilf uns gegen das Volk der Ungläubigen.‹ Darauf schlugen sie sie mit dem Willen Gottes in die Flucht, und David tötete den Goliath.«

Bei den Kommentatoren tritt Goliath nicht in Erscheinung.

GOMORRHA

Arabisch *Ghamura*. Nicht namentlich im Koran erwähnt. Jedoch werden *Sadum wa Ghamura* als die »umgestürzten Städte« verstanden, von denen in den Suren 9 71 und 69 9 die Rede ist.

GOTT

Der Name des Schöpfers aller Dinge ist im Koran →*Allah*, und dieser Name ist gültig für alle Mohammedaner jeder Rasse und Sprache. Man nimmt an, daß das Wort *Allah* von *Ilah* (Gottheit oder Gott) abgeleitet ist, was zuzüglich des bestimmten Artikels *Al* die Verbindung *Al-Ilah* (»der Gott«) ergibt, oder nach Meinung mancher Autoritäten vom Wortstamm *lah* herrührt, was zur Deutung *Al-lah* (»der Geheime«) führen würde. →*Abu Huraira* jedoch vertritt die Auffassung, daß das Wesen Gottes unwandelbar sei und daß dasselbe für seinen Namen gelte und daß *Allah* seit ewigen Zeiten der Name des Ewigen gewesen sei.

Ein anderes im Koran oft benutztes Wort für den Allmächtigen ist *Rabb*, was von Muslimen meist im Sinne von »der Erhalter« verstanden wird, wahrscheinlich aber eher vom hebräischen *Rabbah* abgeleitet ist, was nach der Genesis »eine Vielheit« oder »etwas von Bedeutung« bedeutet.

Die Bezeichnung *Allah* wird *Ismu'dh-Dhat* genannt, der eigentliche Name Gottes; und alle anderen Bezeichnungen Gottes, einschließlich *Rabb*, werden als Attribute Gottes bezeichnet. Diese Namen werden als »die schönsten Namen« bezeichnet, wie es in Sure 7 179 heißt: »Gottes sind die schönsten Namen, so rufet ihn bei diesen an.« Dieser Vers ist in den Traditionen kommentiert worden, und Abu Hanifa sagt, daß Mohammed gesagt habe: »Wahrlich, es gibt neunundneunzig Namen Gottes, und wer immer sie aufsagt, wird das Paradies erlangen.«

In derselben Tradition werden diese Namen (oder Attribute) wie folgt aufgezählt:

Die neunundneunzig Attribute Gottes

Nr.	Name	Übersetzung
1.	*Ar-Rahman*	Der Allbarmherzige
2.	*Ar-Rahim*	Der Allerbarmer
3.	*Al-Malik*	Der König
4.	*Al-Quddus*	Der Heilige
5.	*As-Salam*	Der Frieden
6.	*Al-Mu'min*	Der Gläubige
7.	*Al-Muhaimin*	Der Beschützer
8.	*Al-'Aziz*	Der Mächtige
9.	*Al-Dschabbar*	Der Absolute
10.	*Al-Mutakabbir*	Der Große
11.	*Al-Khaliq*	Der Schöpfer
12.	*Al-Bari*	Der Schöpfer
13.	*Al-Musawwir*	Der Gestalter
14.	*Al-Ghaffar*	Der Vergebende
15.	*Al-Qahhar*	Der Überlegene
16.	*Al-Wahhab*	Der Gebende
17.	*Ar-Razzaq*	Der Versorger
18.	*Al-Fattah*	Der Öffnende
19.	*Al-'Alim*	Der Wissende
20.	*Al-Qabid*	Der Beschränkende

21.	*Al-Basit*	Der Verteiler
22.	*Al-Khafid*	Der Demütigende
23.	*Ar-Rafi'*	Der Erhöhende
24.	*Al-Mu'izz*	Der Ehrende
25.	*Al-Musil*	Der Zerstörende
26.	*As-Sami'*	Der Hörende
27.	*Al-Basir*	Der Sehende
28.	*Al-Hakim*	Der Herrscher
29.	*Al-'Adl*	Der Gerechte
30.	*Al-Latif*	Der Geheimnisvolle
31.	*Al-Khabir*	Der Verstehende
32.	*Al-Halim*	Der Sanftmütige
33.	*Al-'Azim*	Der Großartige
34.	*Al-Ghafur*	Der Vergebende
35.	*Asch-Schakur*	Der Dankbare
36.	*Al-'Ali*	Der Erhabene
37.	*Al-Kabir*	Der Große
38.	*Al-Hafiz*	Der Beschützer
39.	*Al-Muqit*	Der Wächter
40.	*Al-Hasib*	Der Rechnende
41.	*Al-Dschalil*	Der Majestätische
42.	*Al-Karim*	Der Großherzige
43.	*Ar-Raqib*	Der Beobachtende
44.	*Al-Mudschib*	Der Erhörende
45.	*Al-Wasi'*	Der Allumfassende
46.	*Al-Hakim*	Der Weise
47.	*Al-Wadud*	Der Liebende
48.	*Al-Madschid*	Der Glorreiche
49.	*Al-Ba'ith*	Der Erwecker
50.	*Asch-Schahid*	Der Zeuge
51.	*Al-Haqq*	Die Wahrheit
52.	*Al-Wakil*	Der Rechtsbeistand
53.	*Al-Qawi*	Der Starke
54.	*Al-Matin*	Der Feste
55.	*Al-Wali*	Der Herrscher
56.	*Al-Hamid*	Der Lobenswerte
57.	*Al-Muhsi*	Der Zählende
58.	*Al-Mubdi'*	Der Beginnende
59.	*Al-Mu'id*	Der Wiederhersteller
60.	*Al-Muhyi*	Der Lebensspender

61.	*Al-Mumit*	Der Tötende
62.	*Al-Haiy*	Der Lebendige
63.	*Al-Qayyum*	Der Erhaltende
64.	*Al-Wadschid*	Der Findende
65.	*Al-Madschid*	Der Ruhmreiche
66.	*Al-Wahid*	Der Eine
67.	*As-Samad*	Der Ewige
68.	*Al-Qadir*	Der Mächtige
69.	*Al-Muqtadir*	Der Mächtige
70.	*Al-Muqaddim*	Der Fortschreitende
71.	*Al-Mu'akhir*	Der Unterwerfer
72.	*Al-Awwal*	Der Erste
73.	*Al-Akhir*	Der Letzte
74.	*Az-Zahir*	Der Offenbare
75.	*Al-Batin*	Der Verborgene
76.	*Al-Wali*	Der Helfer
77.	*Al-Muta'ali*	Der Erhöhte
78.	*Al-Barr*	Der Wohltäter
79.	*At-Tauwab*	Der Verzeihende
80.	*Al-Muntaqim*	Der Rächer
81.	*Al-'Afuw*	Der Vergebende
82.	*Ar-Ra'uf*	Der Sanftmütige
83.	*Maliku'l-Mulk*	Der Herrscher des Königreiches
84.	*Dhu'l-Dschalili wa'l-Ikram*	Der Herr der Majestät und Gnade
85.	*Al-Muqsit*	Der Billige
86.	*Al-Dschami'*	Der Sammler
87.	*Al-Ghani*	Der Unabhängige
88.	*Al-Mughni*	Der Bereicherer
89.	*Al-Mu'ti*	Der Gebende
90.	*Al-Mani'*	Der Zurückhaltende
91.	*Ad-Darr*	Der Betrübende
92.	*An-Nafi'*	Der Gewinner
93.	*An-Nur*	Das Licht
94.	*Al-Hadi*	Der Führer
95.	*Al-Badi'*	Der Schöpfer
96.	*Al-Baqi*	Der Bleibende
97.	*Al-Warith*	Der Erbende
98.	*Ar-Raschid*	Der Leitende
99.	*As-Sabur*	Der Geduldige

Die Liste beginnt oder schließt mit dem Namen *Allah*, um so das volle Hundert zu vervollständigen, das gewöhnlich mit einem →*Rosenkranz* bei der →*Dhikr*-Zeremonie oder in einem Moment der Muße von frommen Muslimen rezitiert wird. Die →*Wahhabiten* benutzen keinen Rosenkranz, sondern zählen die Namen an ihren Fingern ab, weil sie sagen, so habe es der Prophet gehalten, denn nach den Traditionen scheint Mohammed keinen Rosenkranz benutzt zu haben.

Nach den Traditionen (Mischkat 10 5, 1) hat der Allmächtige einen »erhabenen Namen«, der →*Ismu'l-A'zam* genannt wird, der sich nach Mohammed entweder in Sure 2 158 oder in Sure 3 1 finden soll. Die Gottesnamen, die sich in diesen beiden Schriftstellen finden, sind: *Ar-Rahman*, »Der Allbarmherzige«, *Ar-Rahim*, »Der Allerbarmer«, *Al-Hayy*, »Der Lebendige« und *Al-Qayyum*, »Der Erhaltende«. Allerdings gibt es noch eine weitere Tradition, derzufolge dieser Name entweder *Al-Ahad*, »Der Eine«, oder *As-Samad*, »Der Ewige« lautet. Nach Abu Haqq ist dieser Name nur dem Propheten und wenigen anderen heiligen Männern bekannt. Der Prophet soll gesagt haben, wer Gott mit diesem erhabenen Namen anrufe, dem würden alle seine Wünsche erfüllt, und so wenden die verschiedenen Fakirorden und Mystikervereinigungen viel Zeit dazu auf, herauszufinden, welcher der richtige Name ist, und wer glaubwürdig versichert, er sei im Besitz des richtigen Namens, kann bei Abergläubischen großen Einfluß gewinnen.

Der Glaube an einen Gott, an seine Einzigartigkeit, seine absolute Macht und all die anderen Attribute eines ewigen und allmächtigen Wesens ist der zentrale Teil der muslimischen Religion und wird in seiner kürzesten Form in dem bekannten Satz: *»La Ilaha illa'llah«* »Es gibt keinen Gott außer Gott« zum Ausdruck gebracht.

Es folgen nun die wichtigsten Lehren des Korans zum Wesen Gottes (die Zitate sind in der zeitlichen Reihenfolge ihrer Entstehung aufgeführt):

Sure 112 1-4: »Sprich: ›Er ist der einzige Gott. Der unwandelbare Gott. Er zeugt nicht und ward nicht gezeugt. Und niemand ist, ihm gleich.‹ «

Sure 7 52: »Wahrlich, euer Herr ist Gott, der in sechs Tagen Himmel und Erde schuf und sich dann auf seinen Thron setzte. Er läßt die Nacht das Tageslicht verhüllen, das jener schnell folgt. Sonne und Mond und Sterne sind seinem Befehl dienstbar. Ist nicht sein die Schöpfung und die Gebieterschaft? Hochgepriesen ist Gott, der Herr der Weltbewohner.«

Sure 19 91-96: »Sie sagen: ›Der Allerbarmer hat einen Sohn gezeugt.‹ Ihr habt etwas Schweres gesagt. Spalten fast könnten sich davon die Himmel, bersten die Erde und die Berge in Trümmern zusammenstürzen. Daß sie dem Allerbarmer einen Sohn andichten, und nicht gebührt es sich für den Allerbarmer, einen Sohn gezeugt zu haben. Niemand in den Himmeln und auf Erden, der nicht zum Allerbarmer als Diener kommt. Berechnet hat er sie bereits, nach der Zahl gezählt. Und einzeln kommen sie alle am Tag der Auferstehung zu ihm. Wahrlich, die gläubig waren und gute Werke geübt, ihnen wird der Allerbarmer Liebe gewähren.«

Sure 15 16-25: »Sternburgen setzten wir ihnen bereits an den Himmel, schmückten sie für die Beschauer. Und behüteten sie vor jedem gesteinigten Satan. Doch, wer Erlauschtes stiehlt, den verfolgt leuchtendes Flammenfeuer. Und die Erde dehnten wir und setzten auf diese Bergesfesten, und hervorsprießen ließen wir auf dieser von allen Dingen wohlgemessen. Nahrungsmittel schufen wir euch auf dieser, auch denen, deren Versorger ihr nicht seid. Keines der Dinge, deren Vorratskammern nicht bei uns wären, und nur nach vorbestimmten Maß senden wir es nieder. Wir schicken die befruchtenden Winde aus, auch senden wir Wasser vom Himmel nieder, womit wir euch tränken; ihr aber seid nicht des Vorrats Verwahrer. Wahrlich, nur wir beleben und töten, wir auch sind die Erben. Wir kennen von euch die Vorgehenden, wir kennen auch die Zurückbleibenden. Und wahrlich, dein Herr, er wird sie versammeln; er ist allweise und allwissend.«

Sure 6 59-64: »Bei ihm sind die Schlüssel des Geheimnisses, nur er kennt sie. Er weiß, was auf dem Festland ist und was im Meer. Kein Blättchen fällt, ohne daß er es wüßte, kein Körnlein in der Erde Finsternis, kein Grünes und kein Dürres, das nicht im deutlichen Buch wäre. Er ist es, der euch in der Nacht hinnimmt, er weiß, was ihr am Tag verübt. Erwecken wird er euch, wenn beendet ist die bestimmte Frist. Dann erfolgt eure Rückkehr zu ihm, darin wird er euch verkünden, womit ihr euch befaßtet. Er ist der Machtherr über seine Diener. Er sendet Wächter über euch, bis der Tod an eurer einen herantritt; unsre Boten nehmen ihn hin, und sie säumen nicht. Zurückgebracht sind sie dann zu Gott ihrem Herrn in Wahrheit. Ist nicht sein der Rechtsspruch? Und er ist der schnellste Rechner. Sprich: ›Wer errettet euch aus den Finsternissen auf dem Festland und im Meer, wenn ihr ihn unterwürfig im geheimen anrufet: Wenn du uns aus diesem errettest, ganz gewiß werden wir von den Dankbaren sein?‹ Sprich: ›Gott ist es, der euch hiervon errettet und aus jeder Not.‹ «

Sure 6 95-103: »Wahrlich, Gott ist der Hervorbringer des Samenkorns und des Dattelkerns, er läßt Lebendes aus Totem entstehen und bringt Totes aus Lebendem hervor. Das ist euch Gott, wieso laßt ihr euch täuschen? Er ist Hervorbringer der Morgenröte, machte die Nacht zur Ruhe, und Sonne und Mond zur Zeitrechnung. Dies ist die Bestimmung des Allgewaltigen, des Allwissenden. Er ist es, der euch die Sterne geschaffen, auf daß ihr durch sie geleitet werdet in Finsternissen des Festlands und des Meers. Und dargelegt haben wir die Verse für Leute, die begreifen. Er ist es, der euch aus einer einzigen Seele entstehen ließ, und Aufenthalt und Weilort. Und dargelegt haben wir die Verse für Leute, die einsehen. Er ist es, der vom Himmel Wasser sandte, mit dem wir das Wachstum aller Dinge hervorgebracht, mit dem wir das Grüne hervorgebracht, aus dem wir das gehäufte Korn hervorgehen lassen, und aus der Palme Blüten dichte Datteltrauben, und Gärten mit Weintrauben, Oliven und Granatäpfeln, einander ähnlich und unähnlich. Schauet ihre Frucht an, wenn sie treibt, und ihre Reife. Wahrlich, hierin sind Zeichen für Leute, die glauben. Und doch gesellten sie Gott Genossen bei, die Geister, und er schuf sie. Und Söhne und Töchter dichteten sie ihm an, ohne Wissen. Preis ihm! Erhaben ist er über das, was sie ihm beilegen. Er ist Schöpfer der Himmel und der Erde. Wie sollte er einen Sohn haben, und hat er doch keine Ehegenossin. Er schuf alle Dinge, und er ist aller Dinge wissend. Das ist euch Gott, euer Herr; es gibt keinen Gott außer ihm, dem Schöpfer aller Dinge. So verehret ihn, denn er ist aller Dinge Vogt. Die Blicke erreichen ihn nicht, doch erreicht er die Blicke; er ist der Allgütige, der Allkundige.«

Sure 67 1-4: »Gelobt sei, in dessen Hand die Herrschaft ist, und er ist über alle Dinge mächtig. Der den Tod schuf und das Leben, daß er euch prüfe, wer von euch am besten ist an Werk, und er ist der Allgewaltige, der Allverzeihende. Der sieben Himmel schuf übereinander geschichtet. Kein Mißverhältnis siehst du in der Schöpfung des Allerbarmers; wende den Blick, siehst du einen Riß? Dann wende den Blick zweimal, und müde kehrt der Blick zu dir zurück, er ist matt.«

Sure 109 40-43: »Das Gleichnis derer, die Beschützer außer Gott annehmen, ist als wenn eine Spinne sich ein Haus macht. Wahrlich, das schwächste der Häuser ist ganz gewiß das Haus der Spinne. Wollten sie es doch verstehen! Wahrlich, Gott kennt die Wesen, die sie außer ihm anrufen; er ist der Allgewaltige, der Allweise. Diese Gleichnisse prägen wir den Menschen, aber nur die Kundigen begreifen sie. Gott schuf Himmel und Erde in Wahrheit. Traun hierin sind Zeichen für die Gläubigen.«

Sure 2 158-160: »Euer Gott aber ist ein einziger Gott, es gibt keinen Gott außer ihm, dem Allerbarmer. Siehe, in der Schöpfung von Himmel und Erde, im Wechsel von Nacht und Tag, im Schiff, das mit den Menschen Nützlichem das Meer durchquert, in dem, was Gott vom Himmel an Wasser herabsendet und damit die Erde aus ihrem Tod belebt und auf dieser allerlei Getier verbreitet, sowie im Wandel von Wind und Wolken, die zwischen Himmel und Erde bedienstet sind, hierin sind Wunderzeichen für Leute, die begreifen. Doch gibt es unter den Menschen, die Götzen außer Gott angenommen und an ihnen mit göttlicher Liebe hangen. Diejenigen aber, die glauben, deren Liebe zu Gott ist mächtiger.«

Sure 2 256: »Gott, außer ihm gibt es keinen Gott, ist der Lebendige, der Ewige, den kein Schlaf erfaßt und kein Schlummer; sein ist, was in den Himmeln ist und was auf Erden. Wer kann vor ihm fürbitten, es sei denn, es ist sein Wille. Er weiß, was gegenwärtig ist und was folgt, und man begreift von seinem Wissen nur das, was er wünscht. Himmel und Erde umfaßt sein Thron und ihre Überwachung belastet ihn nicht; er ist der Erhabene, der Allgewaltige.«

Sure 8 13-14: »Er ist es, der euch zeigt den Blitz, zur Furcht und zur Hoffnung, und aufsteigen läßt die schweren Wolken. Der Donner preist sein Lob, und die Engel in Furcht vor ihm. Er entsendet die Donnerschläge und trifft damit, wen er will. Sie streiten über Gott, und er ist an Macht gewaltig.«

Es folgen Ausschnitte aus dem Buch *Al-Maqsadu'l-Asna* des berühmten Scholastikers Imam →*Al-Ghazzali*, die eine Interpretation der wichtigsten muslimischen Glaubenslehren geben:

(*Was Gott nicht ist:*) »Er, gepriesen sei sein Name, ist kein Körper, der einer Form unterworfen ist, und keine Substanz, die begrenzt und meßbar ist. Auch hat er keine Ähnlichkeit mit Körpern, die meßbar und teilbar sind. Er ist kein Stoff, und kein Stoff hat Anteil an ihm. Und er ist kein Vorgang, und in ihm gibt es keine Vorgänge. Auch ähnelt er nichts, was existiert, noch hat etwas, das existiert, Ähnlichkeit mit ihm. Er ist nicht quantitativ bestimmbar noch eingrenzbar, nicht situationsbedingt beschreibbar noch Teil des Himmels. Er sitzt auf dem Thron allein in der Art, in der er es beschrieben hat, und in dem Sinne, wie er es gemeint hat: ein Sitzen, das nichts mit irgendeinem Kontakt zu tun hat und weit entfernt ist von irgendeinem Ausruhen oder auch nur von einer örtlichen Beschreibung, aber sowohl der Thron selbst als auch was auch immer darauf ist werden von seiner Macht erhalten und sind in seiner Hand. Aber er ist über dem Thron, wie er über allen Dingen ist bis ans Ende der Welt, aber so darüber, daß er gleichzeitig dem Thron nicht eine Winzigkeit näher ist als dem Himmel, denn er ist um Unendlichkeiten über den Thron erhoben, wie er um Unendlichkeiten über die Erde erhoben ist. Gleichzeitig ist er jedem Seienden nahe, ja, er ist dem Menschen näher als seine Halsschlagader und ist Zeuge von allem, obwohl sein Nahsein nichts mit körperlicher Nähe zu tun hat, wie sein Wesen nichts mit Körperlichkeit zu tun hat. Er existiert in nichts, und nichts existiert in ihm, aber er ist zu groß, als daß irgend etwas ihn enthalten könnte, und zu heilig, als daß ihn die Zeit erfassen könnte, denn er war da, noch ehe Raum und Zeit erschaffen wurden, und ist heute noch genauso, wie er immer war. Auch in seinen Eigenschaften unterscheidet er sich von jedem Geschöpf, denn nichts ist in seinem Wesen außer ihm selbst, und nichts von seinem Wesen ist in etwas anderem. Er ist zu heilig, um dem Wandel oder der Bewegung unterworfen zu sein, nichts geschieht in ihm, und er ist keinen Zufälligkeiten ausgeliefert; er dauert fort in seiner Glorie durch alle Generationen, keine Auflösung bedroht ihn. Was seine Vollkommenheit betrifft, so wünscht er keine Steigerung der Vollkommenheit. Man weiß von seiner Existenz nur durch die Einsicht des Verstandes, und man kann sich nur eine sinnliche Vorstellung von ihm machen, weil seine Güte und Gnade dies erlaubt.«

(*Seine Macht:*) »Er, gepriesen sei sein Name, ist lebendig, machtvoll, kraftvoll, allmächtig, keinem Mangel und keiner Schwäche unterworfen; er schlummert und schläft nicht, kein Verfall und kein Tod bedrohen ihn. Ihm gehört das Königtum, die Macht und die Herrlichkeit. Er ist die Herrschaft, das Erhabene, die Schöpfung und ihr Gebieter. Die Himmel sind eingebettet in seine rechte Hand, und alle Geschöpfe ruhen in seiner Hand. Seine Erhabenheit besteht in seinem Schaffen und Handeln, seine Einzigartigkeit im Hervorbringen und Vermitteln des Seins. Er erschuf die Menschen und alle ihre Werke, und maß ihnen ihren Unterhalt und ihre Zeit zu. Nichts entzieht sich seiner Kontrolle, und nichts kann seiner Macht entgehen. Die Auswirkungen seiner Macht sind unzählbar, und die Objekte seines Wissens unendlich.«

(*Sein Wissen:*) »Er, gepriesen sei sein Name, weiß alles, was man wissen kann, und er versteht zwischen Himmel und Erde alles, was man verstehen kann. Selbst das Gewicht einer Ameise könnte ihm weder im Himmel noch auf der Erde entgehen, er würde es wahrnehmen, wenn eine schwarze Ameise in tiefster Nacht über einen Stein läuft, und selbst die Bewegung eines einzelnen Atoms in der Luft würde er erkennen. Er kennt das Geheimste und verbirgt es, und er sieht die verborgenen Gedanken und das Innerste der Geheimnisse durch ein altes und ewiges Wissen, das seit allen Ewigkeiten sein eigen ist.«

(*Sein Wille:*) »Er, gepriesen sei sein Name, geht mit allem, was ist, nach seinem Willen um, und bestimmt alles, was geschieht. Nichts geschieht auf der Welt, nichts Kleines und nichts Großes, nichts Unbedeutendes und nichts Bedeutendes, nichts Gutes und nichts Schlechtes, nichts Angenehmes und nichts Schmerzliches, kein Glaube und kein Unglaube, kein Wissen und kein Unwissen, kein Wohlstand und keine Not, kein Aufstieg und kein Niedergang, kein Gehorsam und keine Rebellion, außer auf seine Entscheidung und seinen Ratschluß hin. Er hat allen Dingen ihren Anfang gegeben; er ist der Schöpfer und Erhalter, seine Entscheidungen sind unanfechtbar und irreversibel, es gibt für den Menschen keine Möglichkeit, sich gegen sie aufzulehnen, es gibt nur Gottes Güte und Gnade. Selbst wenn sich die Menschen, die Dämonen, die Engel und die Teufel zusammentun würden, um mit vereinter Kraft nur ein einziges Atom in Bewegung zu setzen oder es in seiner Bewegung aufzuhalten, wären sie ohne Gottes Einwilligung dazu nicht in der Lage. Sein Wille gehört zu seinem Wesen seit aller Ewigkeit, und seinem Willen verdankt alles Seiende seine Existenz und wurde geschaffen je zu seiner Zeit, ohne ein Davor oder Danach, im Einklang mit seinem ewigen Wissen.«

(*Sein Hören und Sehen:*) »Er, gepriesen sei sein Name, hört und sieht und hört und sieht. Nichts Hörbares, so leise es auch sein mag, entgeht seinem Hören, und nichts Sichtbares, so winzig es auch sein mag, entgeht seinem Sehen, denn Entfernung ist kein Hindernis für sein Gehör und Dunkelheit keines für sein Sehvermögen. Er sieht ohne Augen und hört ohne Ohren, wie er Wissen hat ohne Gedächtnis und handelt ohne Körper und schafft ohne jedes Werkzeug, denn seine Attribute sind nicht die der Menschen, wie sein Wesen nicht dem menschlichen gleicht.«

(*Seine Sprache:*) »Darüber hinaus spricht, befiehlt, verbietet, verspricht und droht er in einer ewigen, alten Sprache, die zu seinem Wesen gehört. Diese Sprache hat keine Ähnlichkeit mit der der Geschöpfe noch mit der der Dinge. Der Koran, das Gesetz, das Evangelium und der Psalter sind Bücher, die er seinen Propheten offenbart hat, und der Koran wird zwar von Zungen gelesen, auf Papier geschrieben und auswendig gelernt; aber da er aus dem innersten Wesen Gottes stammt, bleibt er unteilbar, während er auf das Papier oder in die Herzen der Menschen gelangt.«

(*Seine Taten:*) »Er, gepriesen sei sein Name, ist in einer Weise, daß nichts außer ihm Sein besitzt außer durch das, was aus seinem Handeln und seiner Gerechtigkeit hervorgeht nach dem besten, hervorragendsten, vollkommensten und gerechtesten Vorbild. Er ist weise in seinen Taten und gerecht in seinen Beschlüssen. Aber seine Gerechtigkeit ist nicht mit der Gerechtigkeit des Menschen vergleichbar. Denn wenn ein Mensch in den Besitz eines anderen eingreift, handelt er gewöhnlich ungerecht, aber für Gott ist das keine Ungerechtigkeit, denn nichts gibt es, das einem Menschen gehört, das nicht in Wirklichkeit Gottes Besitz ist. Alles, nur er selbst ausgenommen, ist von ihm geschaffen: Dämonen, Menschen, der Teufel, Engel, Himmel, Erde, Tiere, Pflanzen, die Materie, alles Wahrnehmbare und Fühlbare. Er schuf es mit seiner Macht und brachte es ans Licht, als es überhaupt noch nichts gab außer ihm selbst, er allein existiert seit aller Ewigkeit. Er erschuf alle Dinge als Manifestation seiner Macht, seines Willens und als Bestätigung seines Wortes, das wahr ist seit allem Anbeginn. Nicht daß er seine Schöpfung gebraucht oder auch nur gewünscht hätte, doch sein Ruhm manifestiert sich im Schaffen und Herrschen, ohne daß irgendeine Notwendigkeit dafür bestünde. Liebende Zuwendung und Huld und Gnade sind seine Art, obwohl es in seiner Macht steht, den Menschen mit einer Vielzahl von Plagen zu überziehen und ihn mit vielerlei Arten von Leiden und Krankheiten zu prüfen, ohne daß man ihn deshalb der Ungerechtigkeit bezichtigen könnte. Er belohnt die, die ihn verehren, für ihren Gehorsam auf Grund seines Versprechens und seines Wohlwollens, nicht wegen ihrer Verdienste oder auf Grund einer Notwendigkeit, denn es gibt nichts, das ihn zu etwas zwingen könnte, und keine Ungerechtigkeit kann ihm angelastet werden, und keiner Verpflichtung, wem auch immer gegenüber, ist er unterworfen. Daß jedoch seine Geschöpfe verpflichtet sind, ihm zu dienen, geht daraus hervor, daß er durch die Zunge der Propheten diese Pflicht verkünden ließ. Ihn zu verehren ist nicht nur einfach eine Forderung des gesunden Menschenverstandes, sondern er schickte Botschafter zu den Menschen, die ihnen seine Befehle, Versprechen und Drohungen überbrachten, deren Glaubwürdigkeit er durch manifeste Wunder belegte.«

Zu den Attributen Gottes, die in den 99 Beinamen bezeichnet sind, gehören auch die *Haft Sifat*, die »sieben Attribute«, die Muhammad al-Barqawi wie folgt beschreibt:

1. *Hayat*, »Leben«. Der allerhöchste Gott ist der allein Ver-

ehrungswürdige. Nichts ist ihm ähnlich oder gleich. Er ist frei von den Unzulänglichkeiten der Menschen. Er wurde nicht gezeugt und zeugt nicht. Er ist unsichtbar. Er hat keine Gestalt, Form, Farbe oder Teile. Sein Sein hat weder einen Anfang noch ein Ende. Er ist unveränderlich. Wenn er es will, kann er die Welt in einem Augenblick vernichten, und wenn er es für richtig hält, kann er sie in einem Sekundenbruchteil wiedererschaffen. Nichts ist schwierig für ihn, ob es sich nun um die Erschaffung einer Fliege handelt oder um die Erschaffung der sieben Himmel. Nichts, was geschieht, bringt ihm Gewinn oder Verlust. Wenn alle Ungläubigen zu Gläubigen würden und alle Irreligiösen Fromme, brächte ihm das keinen Vorteil. Wenn andererseits alle Gläubigen vom Glauben abfielen, brächte ihm das keinen Verlust.

2. *'Ilm*, »Wissen«. Er besitzt das Wissen über alle offenbaren und alle verborgenen Dinge, ob im Himmel oder auf Erden. Er kennt die Zahl der Blätter an den Bäumen und der Körner des Getreides und des Sandes. Er kennt alle vergangenen und zukünftigen Ereignisse. Er weiß, was in den Herzen der Menschen vorgeht. Er alleine, außer denen, denen er es offenbart hat, kennt die unsichtbaren Dinge. Er ist frei von Vergeßlichkeit, Nachlässigkeit und Irrtum. Sein Wissen ist ewig.

3. *Qudra*, »Macht«. Er ist allmächtig. Wenn er will, kann er Tote auferwecken, kann Steine sprechen machen, Bäume gehen lassen, die Himmel und die Erde auslöschen und Tausende wie die zerstörten aus Gold oder Silber wiedererschaffen. Er kann einen Menschen in einem Nichts an Zeit vom Osten in den Westen versetzen oder vom Westen in den Osten oder in den siebten Himmel. Seine Macht ist *a priori* und *a posteriori* ewig.

4. *Irada*, »Wille«. Er kann tun, was er will, und was immer er will, geschieht. Er ist nicht zum Handeln gezwungen. Alles Gute und Böse in dieser Welt existiert durch seinen Willen. Er will den Glauben des Gläubigen und die Frömmigkeit des Frommen. Wenn er seinen Willen änderte, gäbe es keinen Gläubigen und keinen Frommen. Ebenso will er den Unglauben des Ungläubigen und die Irreligiosität des Irreligiösen, und ohne seinen Willen gäbe es keinen Unglauben. Alles, was wir tun, tun wir durch seinen Willen, was er nicht will, geschieht auch nicht. Wenn je-

mand fragt, warum Gott nicht will, daß alle Menschen Gläubige sind, dann antworten wir: »Wir haben kein Recht zu fragen, was Gott will und tut. Er ist völlig frei, zu wollen und zu tun, was ihm gefällt.« Damit, Ungläubige zu erschaffen und sie in diesem Zustand zu belassen, damit, Schlangen, Skorpione und Schweine zu erschaffen, kurz damit, alles zu erschaffen, was böse ist, verfolgt Gott Absichten, deren Sinn wir nicht zu wissen brauchen. Wir müssen nur hinnehmen, daß Gottes Wille ewig ist.

5. *Sam'*, »Hören«. Er hört alles, ob leise oder laut. Er hört, ohne ein Ohr zu benötigen, denn seine Attribute sind nicht die des Menschen.

6. *Basar*, »Sehen«. Er sieht alles, sogar die Schritte einer schwarzen Ameise auf einem schwarzen Stein in tiefster Nacht, aber er hat keine Augen, wie sie Menschen haben.

7. *Kalam*, »Sprache«. Er spricht, aber nicht mit einer Zunge wie die Menschen. Er spricht zu einigen seiner Diener ohne jegliche Vermittlung, wie er zu Moses und zu Mohammed in der Nacht seiner Himmelfahrt gesprochen hat. Zu anderen spricht er durch die Vermittlung Gabriels, und dies ist der übliche Weg seiner Kommunikation mit den Propheten. Hieraus folgt, daß der Koran das Wort Gottes ist und somit ewig und nicht geschaffen.

Götzendienst

Das Wort, das im Koran für Götzendienst bzw. Idolatrie benutzt wird ist →*Schirk*; ein Götzendiener wird →*Muschrik*, Plural *Muschrikun*, genannt. In theologischen Werken wird Idolatrie als *'Ibadatu'l-Authan* und ein Götzendiener als *Wathani* bezeichnet.

In einer der chronologisch frühesten Suren des Korans (Sure 52 35-43) wird Götzendienst mit den folgenden Worten verdammt:

»Sind sie aus einem Nichts erschaffen, oder sind sie selber die Schöpfer? Oder schufen sie Himmel und Erde? Nein, sie glauben nicht. Sind bei ihnen deines Herrn Schätze, oder sind sie die Machthaber? Oder haben sie eine Leiter, darauf sie (zum Himmel steigen und) horchen? So komme ihr Horcher mit deutlichem Beweis. Oder hat er die Töchter und ihr die Söhne? Oder verlangst du von ihnen einen Lohn, daß sie würden mit drückender Schuld beladen? Oder ist bei ihnen das Geheimnis, daß sie es schreiben? Oder erstreben sie eine

List? Die ungläubig, sind die Überlisteten. Oder haben sie einen Gott außer Gott? Erhaben ist Gott ob dem, was sie ihm beigesellen.«
In einer der spätesten Suren, fast der letzten, wird ihnen der Besuch des Heiligtums in Mekka verboten, weil sie unrein seien.
Sure 9 28: »O ihr, die ihr glaubt, nur Schmutz sind die Götzendiener, sie sollen nach diesem ihrem Jahr der heiligen Anbetungsstätte nicht nahen; und fürchtet ihr Armut, so wird Gott euch später von seinem Überfluß zur Genüge geben, wenn er will. Wahrlich, Gott ist allwissend und allweise. «
In einer Sure aus etwa derselben Zeit wird Idolatrie als unvergebbare Sünde bezeichnet.
Sure 4 51: »Wahrlich, Gott vergibt nicht, wenn ihm etwas beigesellt wird, außerdem aber vergibt er, wem er will. Wer Gott etwas beigesellt, er hat große Sünde ersonnen.«
Und Sure 4 116: »Wahrlich, Gott verzeiht nicht, wenn ihm etwas zugesellt wird; außer diesem verzeiht er, wem er will. Wer Gott etwas zugesellt, bereits ist er in einer weiten Irreleitung.«
Es ist Muslimen auch nicht erlaubt, für die Seelen von Götzendienern zu beten.
Sure 9 114-115: »Nicht steht es dem Propheten zu und denen, die glauben, daß sie um Verzeihung bitten für die Götzendiener, und wären sie auch Anverwandte, nachdem ihnen klar geworden, daß diese Genossen des Feuerpfuhls sind. Und auch die Fürbitte Abrahams für seinen Vater geschah nur wegen eines Versprechens, das er ihm gegeben; als ihm jedoch klar geworden, daß er ein Feind Gottes war, sagte er sich von ihm los. Wahrlich, Abraham war zärtlich und sanftmütig.«
Mohammed soll gesagt haben, daß es Amr, der Sohn des Lohai (etwa 200 n. Chr.), gewesen sei, der es gewagt habe, aus Syrien importierte Götzenbilder aufzustellen und damit die »reine Religion Ismaels« zu verändern. Dies ist jedoch sicher unrichtig, denn auf der arabischen Halbinsel war Idolatrie seit viel älteren Zeiten weit verbreitet.
Aus den oben zitierten Suren des Korans ist ersichtlich, daß Mohammed von Anfang an den Götzendienst verfolgt hat. Aber wegen der anfänglichen Schwäche seiner Position war er gezwungen, sehr vorsichtig vorzugehen. Die Formulierungen der medinischen Suren aus der Zeit, als ihm der Zugang nach Mekka verwehrt war, sind wesentlich zurückhaltender als

die der Suren, die nach der Einnahme Mekkas und nach der Zerstörung der Idole der →*Ka'ba* entstanden sind.
In einer frühen Periode, etwa im fünften Jahr seiner Mission, scheint Mohammed einen Kompromiß mit den mekkanischen Götzenanbetern erwogen zu haben. At-Tabari schreibt (*Katibu'l-Waqidi*): »Eines Tages, die wichtigsten Männer Mekkas hatten sich wie üblich in der Nähe der Ka'ba versammelt, um die Angelegenheiten der Stadt zu besprechen, erschien Mohammed und setzte sich zu ihnen, wobei er große Freundlichkeit an den Tag legte, und begann die 53. Sure zu rezitieren. Die Sure beschreibt zunächst den ersten Besuch Gabriels bei Mohammed und schildert dann eine zweite Vision des Engels, in der gewisse himmlische Geheimnisse offenbart werden. Dann heißt es weiter:
›Was meint ihr von Lat und 'Uzza? Und von Manat, der dritten, der andren (Gottheit)?‹
Als Mohammed zu dieser Stelle gekommen war, flüsterte der Teufel ihm ein, den Gedanken Ausdruck zu verleihen, die schon lange Mohammeds Seele bewegt hatten, und er fand Worte der Versöhnlichkeit und des Kompromisses den Göttinnen der Mekkaner gegenüber:
›Diese sind die erhabenen Frauen, und auf ihrer Fürbitte ruht unsere Hoffnung.‹
Die Koreischiten waren erstaunt und erfreut, als sie diese Anerkennung ihrer Gottheiten vernahmen, und als Mohammed den Schlußvers der Sure sprach:
›Fallet nieder vor Gott und verehret ihn!‹, da fiel die gesamte Versammlung zu Boden und betete.
Alle waren hocherfreut über das, was Mohammed gesagt hatte, und sie sprachen: ›Nun wissen wir, daß es allein der Herr ist, der das Leben gibt und nimmt und der erschafft und Hilfe gibt. Und daß unsere Göttinnen bei ihm Fürsprache für uns einlegen. Da du ihnen nun eine wichtige Rolle eingeräumt hast, sind wir zufrieden, dir zu folgen.‹
Aber ihre Worte beunruhigten Mohammed, und er zog sich in sein Haus zurück. Am Abend kam Gabriel zu ihm, und Mohammed rezitierte vor ihm (wie üblich) diese Sure. Und Gabriel sprach: ›Was hast du getan? Du hast vor den Menschen Worte gesprochen, die ich dir nie eingegeben habe.‹ Und Mohammed bekam große Furcht vor dem Herrn. Aber der Herr vergab ihm und berichtigte die Verse, die nun lauten:

›Was meint ihr von Lat und 'Uzza? Und von Manat, der dritten, der andren (Gottheit)? Habt ihr die Knaben und er die Mädchen? Dies wäre eine ungerechte Verteilung.‹
Namen sind es nur, die ihr ihnen gegeben, ihr und eure Väter. Gott sandte hierzu keine Ermächtigung, sie folgten einem Wahn nur und was die Seelen begehren.
Als die Koreischiten dies hörten, sagten sie zueinander: ›Mohammed hat seine Aussage über den Rang unserer Gottheiten bereut und andere Worte an ihre Stelle gesetzt.‹ So blieben die beiden satanischen Verse im Munde der Ungläubigen, und sie benutzten sie, um die Gläubigen mit nur noch größerer Unerbittlichkeit zu verfolgen.«
Die muslimischen Kommentatoren erwähnen dies Ereignis nicht, und fromme Mohammedaner werden diese Geschichte gänzlich verwerfen. Aber die Autorität der Quelle kann nicht einfach übergangen werden, und überdies steht diese Darstellung At-Tabaris in Einklang mit dem weiteren Handeln Mohammeds, der immer Rücksicht auf die idolatorischen Gefühle der Menschen genommen hat. So hat er zwar die Götzenbilder von der Ka'ba entfernt, hat aber den →*Schwarzen Stein* weiterhin als Objekt abergläubischer Verehrung geduldet. Es war ihm offenbar nicht möglich, ein religiöses System zu schaffen, das gänzlich auf idolatorische Elemente verzichten konnte.

Grab

Arabisch *Qabr*. Die Gräber der Mohammedaner werden so angelegt, daß der Körper des Toten so liegt, daß sein Gesicht nach Mekka weist. Es ist üblich, ein Grab bis zu der Tiefe auszuheben, die der Brusthöhe eines Mannes mittlerer Größe entspricht, und am Boden des Grabes eine Mulde zu graben, in die der Körper gelegt wird. Dann wird die Mulde mit ungebrannten Ziegeln zugedeckt und das Grab so weit mit Erde aufgefüllt, daß ein Grabhügel entsteht.
Sowohl die Traditionen Mohammeds als auch die Schriften der muslimischen Schriftgelehrten lehren, daß der tote Körper in der Lage ist, Schmerz zu empfinden, und deshalb wird große Sorgfalt aufgewandt zu verhindern, daß der Körper irgendeinem Druck ausgesetzt ist. 'Amir berichtet, sein Vater →*Sa'd ibn Abi Waqqas* habe auf dem Sterbebett gesagt: »Macht mir eine Mulde, die nach Mekka weist, und legt ungebrannte Ziegel auf mein Grab, wie wir

es beim Propheten getan haben.«
Sufyan at-Tammar sagt, er »sah das Grab des Propheten, und darauf war ein Hügel wie ein Kamelhöcker«.
→*Ibn 'Abbas* sagt: »Ein rotes Tuch lag auf dem Grab des Propheten.«
→*Dschabir* sagt: »Der Prophet hat verboten, ein Grab aus Mörtel zu bauen, und ebenso, es mit Inschriften zu versehen.«
Aber im Gegensatz zu dieser Tradition (die von den →*Wahhabiten* befolgt wird), sind gemauerte Gräber in allen Teilen des Islam weit verbreitet und bilden einen wichtigen Beitrag zur islamischen Architektur. →*Grabmäler*

GRABMÄLER

Die Errichtung von Grabmälern und Monumenten auf den Gräbern von Muslimen ist nach dem strengen Gesetz des Islam verboten, denn die Lehren der Traditionen zu diesem Thema sind eindeutig.
Dschabir sagt: »Der Prophet hat verboten, ein Grab aus Mörtel zu bauen, und ebenso, es mit Inschriften zu versehen.«
Abu'l-Haiyadsch al-Asadi berichtet, der Kalif →*'Ali (2.)* habe zu ihm gesagt: »Soll ich dir nicht auch die Befehle geben, die mir der Prophet gegeben hat, nämlich alle Bilder und Idole zu zerstören und kein protziges Grab übrig zu lassen,

Mausoleum

Das Tadsch Mahal in Agra

ohne es nicht auf die Höhe einer Handbreite einzuebnen?«
→*Sa'd ibn Abi Waqqas* hat auf dem Sterbebett gesagt: »Macht mir eine Mulde, die nach Mekka weist, und legt ungebrannte Ziegel auf mein Grab, wie wir es beim Propheten getan haben.«
Die →*Wahhabiten* verboten konsequenterweise den Bau von Grabmonumenten, und als sie →*Medina* eroberten, verhinderte nur ein Zufall, daß sie nicht auch das Grabmal des Propheten zerstörten.
Aber im Gegensatz zu dieser Tradition sind gemauerte Gräber in allen Teilen des Islam weit verbreitet und bilden einen wichtigen Beitrag zur islamischen Architektur.
Einige Gräber haben Grabsteine, die Höhlungen für kleine Öllampen besitzen, die an jedem Donnerstagabend entzündet werden. Bedeutende Persönlichkeiten werden häufig durch Kuppelbauten geehrt. Die in den Abbildungen dargestellten Grabformen sind in der ganzen islamischen Welt üblich. Die verbreitetste Grabform ist der in christlichen Ländern üblichen nicht unähnlich, doch es ist üblich, auf dem Grab eines männlichen Verstorbenen einen Stein zu setzen, auf dem sich eine Figur mit einem Turban befindet, um die Bedeutung des Hingeschiedenen zu betonen. Manchmal hat der Grabstein oben eine mit Erde gefüllte Mulde, in die Blumen gepflanzt werden.
Kalifen, Sultanen und anderen bedeutenden Persönlichkeiten wurden Mausoleen errichtet, die teilweise gewaltige Ausmaße haben und zu den Glanzpunkten der muslimischen →*Architektur* zählen.

Grausamkeit

Abweichend vom traditionellen Bild Mohammeds, hat er zumindestens einmal in seinem Leben eine entsetzliche Grausamkeit an Menschen verüben lassen. Wir zitieren aus der Tradition →*Bukharis:* »Einige des Stammes 'Ukl kamen zum Propheten und nahmen den Islam an, da ihnen aber die Luft in Medina nicht bekam, wollten sie den Ort wieder verlassen. Der Prophet befahl ihnen, zu den Weideplätzen der Kamele zu gehen und sich dort an deren Milch zu laben. Dies taten sie und erholten sich, doch kurz darauf wurden sie abtrünnig, widerriefen den Islam und stahlen die Kamele. Erzürnt schickte der Prophet Männer hinter ihnen her, die sie ergriffen und nach Medina zurückbrachten. Dort befahl der Prophet, ihnen die Hände und Füße als Strafe für den Diebstahl abzuschneiden und ihnen die Augen herauszureißen. Dann ließ er die Unglücklichen, ohne ihnen Wasser zu geben, in der Sonne schmoren, bis sie nach unendlichen Qualen vom Tode erlöst wurden.«

GROSSMUTTER

Wenn die Mutter eines Kindes stirbt, hat die Großmutter mütterlicherseits Vorrang in der Ausübung des Vormundschaftsrechts vor der Großmutter väterlicherseits. Lebt erstere nicht mehr, dann hat die Großmutter väterlicherseits Vorrang vor allen anderen Verwandten. Die Großmutter mütterlicherseits hat auch Anspruch auf ein Sechstel des Vermögens des Kindes ihres Sohnes, wenn die Mutter des Kindes tot ist, da dann der Anteil der Mutter an die Großmutter fällt (Hidaya).

GROSSVATER

Wenn ein Vater stirbt, ohne einen Bevollmächtigten eingesetzt zu haben, vertritt der Großvater den Vater. Und beim Abschluß von Eheverträgen hat der Großvater Vorrang vor dem Bevollmächtigten, aber in der Verwaltung des Besitzes hat der Bevollmächtigte Vorrang. Wenn der Vater arm ist, gilt für den Großvater seinen Enkeln gegenüber die Almosenpflicht (Hidaya).

GRUSS →*Grüßen*

GRÜSSEN

Arabisch *As-Salam*, »Frieden«; *Taslim*, Plural *Taslimat*. Die Pflicht, zu grüßen und einen Gruß zu erwidern, beruht auf ausdrücklichen Anweisungen des Korans:
Sure 24 61: »Wenn ihr ein Haus betretet, so grüßet einander mit einem gesegneten und schönen Lebensgruß von seiten Gottes.«
Sure 4 88: »Wenn ihr mit einem Gruß bedacht werdet, so grüßt mit einem noch schöneren oder demselben Gruß.«
→*'Ali (2.)* sagt, daß Mohammed es als bindende Pflicht bezeichnet habe, daß ein Muslim den anderen grüße.
Der übliche Gruß lautet: »*As-Salam 'alai-kum*«, »Der Friede sei mit euch«.
Und die Antwort: »*Wa 'alai-kum as-Salam*«, »Und auch mit euch sei Friede«.
→*Abu Huraira* schreibt über die Herkunft dieses Grußes, daß es Adam gewesen sei, der als erster die Engel mit dieser Grußformel gegrüßt habe.
Mohammed gab seinen Anhängern folgende Anweisungen in bezug auf das Grüßen:

»Der Reitende muß den Gehenden grüßen, und der Gehende den Sitzenden, der Kleinere muß den Größeren grüßen, aber der Höherrrangige den Niedrigeren. Es ist daher eine religiöse Pflicht, daß eine Person höheren Ranges zuerst grüßt, wenn sie jemanden niederen Ranges trifft, denn der Friedensgruß ist ein Segen und die, die Gott am nächsten stehen, müssen zuerst grüßen. Wenn eine Gesellschaft vorbeigeht, reicht es aus, wenn einer der Gruppe grüßt oder den Gruß erwidert.

Usamah ibn Zaid sagt: »Der Prophet kam einmal an einer Gruppe vorbei, die aus Muslimen, Götzendienern und Juden bestand, und grüßte, aber er meinte damit nur die Muslime.«

Dscharir berichtet, daß Mohammed einmal eine Gesellschaft von Frauen traf und diese grüßte. Dies widerspricht jedoch der üblichen muslimischen Praxis, und Abu Haqq sagt in seinem Kommentar dazu: »Diese Handlungsweise war nur dem Propheten eigen, denn das Gesetz des Islam verbietet einem Mann, eine Frau zu grüßen, außer wenn sie alt ist.«

Im Osten ist es üblich, beim Gruß die rechte Hand zu heben (die linke wäre unhöflich, da diese Hand für die Waschungen benutzt wird), aber dieser Brauch steht nicht im Einklang mit den Traditionen, nach denen der Prophet gesagt haben soll: »Wer andere nachahmt, gehört nicht zu uns. Imitiert nicht die Juden oder die Christen, wenn ihr grüßt. Denn die Juden heben ihre Finger, wenn sie grüßen, und die Christen grüßen mit geöffneter Handfläche.«

Gute Werke

Nach der Lehre des Korans bewahren gute Werke ohne Glauben nicht vor der Höllenstrafe. Sure 18 103-105: »Sprich: ›Sollen wir euch nennen, die am verlustigsten sind an Werken? Diejenigen, deren Mühe im Leben hienieden irreging, und die glaubten, sie hätten es schön gemacht. Diese sind es, die die Verse ihres Herrn geleugnet und seine Begegnung. Nichtig sind darum ihre Werke, kein Gewicht setzen wir ihnen am Tag der Auferstehung.‹ «

Der hier angesprochene Glaube ist der an die Mission Mohammeds: Alle Muslime befinden sich in einem Stande der Gnade, gleichgültig, wie sie auch handeln mögen. Die Lehren Mohammeds, die guten Werke von Muslimen betreffend, sind nach den Traditionen folgende (Mischkat 10 3):

»Wenn ein Mann sich zum Islam bekehrt und getreu danach lebt, dann vergibt ihm Gott alle seine früheren Sünden, und er bekommt zehn oder siebenhundert oder noch mehr Belohnungen für jede gute Tat, während seine Missetaten eins zu eins abgerechnet oder gar ganz vernachlässigt werden.«

»Es gibt drei Personen, deren Handlungen nicht niedergeschrieben werden: zunächst ein Schlafender, bis er erwacht; dann ein Knabe, der noch nicht die Pubertät erreicht hat; drittens ein Geisteskranker, bis er wieder zu Verstand gekommen ist.«

»Wahrlich, Gott registriert jede gute Tat und jede Missetat. Einem Menschen, der die Absicht hatte, etwas Böses zu tun, und dies nicht ausführt, dem schreibt Gott eine besonders gute Tat gut. Und einem Menschen, der sich vornahm, Gutes zu tun, und dies auch ausführt, dem schreibt Gott je nach Verdienst zehn bis siebenhundert gute Taten gut. Wenn aber jemand eine Missetat plant und diese auch ausführt, dem berechnet Gott eine böse Tat.«

»Wahrlich, da war der Mann, der vor dir stand, zu dem der Todesengel gekommen war, um seine Seele zu holen, und er wurde gefragt: ›Hast du irgendein gutes Werk getan?‹ Er antwortete: ›Ich kann mich nicht erinnern, etwas Gutes getan zu haben.‹ Darauf wurde ihm gesagt: ›Blicke genau in dich hinein und überlege, ob du irgend etwas Gutes getan hast.‹ Er sagte: ›Ich finde nichts Gutes in mir. Ich habe nur gekauft und verkauft, habe bei den Reichen meine Ansprüche geltend gemacht, haben ihnen aber erlaubt zu zahlen, wenn es ihnen paßte, und den Armen habe ich ihre Schuld erlassen.‹ Daraufhin ließ Gott den Mann ins Paradies einziehen.«

»Einer Ehebrecherin wurde vergeben, die einen Hund an einem Brunnen traf, dem die Zunge vor Durst heraushing, aber nicht an das Wasser gelangen konnte. Die Frau zog einen Schuh aus und band ihn an ein Ende ihres Schleiers, ließ den Schuh so in den Brunnen hinab und gab dem Hund aus ihrem Schuh zu trinken. Auf Grund dieser Handlung wurde ihr ihre Sünde vergeben. Der Prophet wurde gefragt: ›Wird man belohnt, wenn man Vierfüßern etwas Gutes tut und ihnen zu trinken gibt?‹ Er antwortete: ›Man wird belohnt für jede gute Tat an Tieren mit einer feuchten Leber.‹ «

H

Haar

Der Verkauf von menschlichem Haar ist ebenso ungesetzlich wie jede andere Nutzung desselben. Da das Haar ein Teil des menschlichen Körpers ist, muß es vor jeder Entwürdigung, zu der es bei der Anpreisung zum Verkauf notwendigerweise kommen würde, geschützt werden. Nach den Traditionen hat Gott Frauen verflucht, die falsche Haare tragen (Hidaya). →*Kopf*

Haba'

»Staub«. Besonders die feinsten Staubpartikel, die in der Luft schweben und nur im Sonnenlicht wahrgenommen werden können.
Dieser Ausdruck wird von den Sufi-Mystikern (→*Sufis*) für die von Gott geschaffene Materie benutzt.

Habib an-Nadschar

»Habib der Zimmermann«, dessen Geschichte im Koran in Sure 36 12-29 erzählt wird:
»Und präge ihnen ein Gleichnis von den Genossen jener Stadt, als zu ihnen kamen die Abgesandten. Als wir zwei zu ihnen sandten, schalten sie sie lügenhaft; da verstärkten wir sie durch einen dritten. Und sie sprachen: ›Wir sind Abgesandte an euch.‹ Jene sprachen: ›Fleischwesen nur seid ihr unsresgleichen; nichts offenbarte der Allerbarmer, ihr lügt nur.‹ Sie erwiderten: ›Unser Herr weiß, wir sind an euch Abgesandte. Und uns liegt nur die öffentliche Warnung ob.‹ Jene sprachen: ›Wir sehen an euch ein böses Vorzeichen; hört ihr nicht auf, wir steinigen euch ganz gewiß, und schwere Strafe trifft euch von uns.‹ Sie erwiderten: ›Euer böses Vorzeichen ist an euch; ließet ihr euch doch ermahnen! Aber nein, ihr seid übeltätige Leute.‹ Da kam aus

dem Ende der Stadt ein Mann herangelaufen und sprach: ›O Leute, folget den Abgesandten! Folget denen, die keinen Lohn von euch verlangen, sie sind rechtgeleitet. Und weshalb auch sollte ich den nicht verehren, der mich geschaffen, zu dem ihr zurückgebracht werdet? Wollte ich andre Götter außer ihm nehmen? Wenn der Allerbarmer mir Unglück zufügen will, nichts nützt mir ihre Fürsprache, sie befreien mich nicht. Wahrlich, ich wäre dann in offenbarer Irrung. Ich glaube, traun, an euren Herrn, so höret mich.‹ Gesprochen ward dann: ›Tritt ein in das Paradies.‹ Er sprach: ›Oh wenn mein Volk doch wüßte, daß mein Herr mir verziehen und mich zu den Hochgeehrten gesetzt!‹ Wir sandten hernach gegen sein Volk kein Heer vom Himmel, wir sandten nichts. Nur ein einziger Krach war es, dann waren sie tot. O Unheil über diese Menschen! Kein Gesandter kommt zu ihnen, den sie nicht verhöhnen.«

Al-Baidawi, der Kommentator, sagt, daß die Bewohner von Antiochia Götzendiener waren, und daß Jesus zwei seiner Apostel, Yahya und Yunas (Johannes und Juda), zu ihnen sandte, um sie zu bekehren. Als sie dort ankamen, trafen sie Habib, den Zimmermann, und sie berichteten ihm von ihrer Mission. Habib fragte: »Welche Zeichen könnt ihr mir geben, die beweisen, daß ihr von Gott gesandt seid?« Und sie antworteten: »Wir können Kranke heilen, wir können die Blindgeborenen sehend und die Leprösen rein machen.« Daraufhin brachte Habib seinen kranken Sohn zu ihnen, und sie legten ihm die Hände auf, und er wurde gesund. Und Habib glaubte an Jesus, und er verbreitete das Evangelium unter den Einwohnern Antiochias. Viele von ihnen kamen daraufhin zu den Aposteln und wurden ebenfalls geheilt. Diese Neuigkeit kam auch dem Herrscher der Stadt zu Ohren, und er sandte nach den beiden Aposteln, und sie predigten vor ihm. Er fragte sie: »Ist euer Gott anders als unser Gott?« Sie sprachen: »Ja. Er ist es, der euch und eure Götter geschaffen hat.« Der Herrscher warf sie daraufhin ins Gefängnis. Jesus sandte nun Schara'un (Simon Petrus) nach Antiochia, und der kam heimlich in die Stadt, freundete sich mit den Dienern des Herrschers an und bekam so Zugang zum Herrscher. Dann vollbrachte er in dessen Gegenwart ein großes Wunder, indem er ein Kind von den Toten auferweckte, das

schon vor sieben Tagen gestorben war. Das wiedererweckte Kind sagte, es hätte Jesus Christus im Himmel gesehen, und dieser hätte Fürsprache für die im Gefängnis sitzenden Apostel eingelegt. Der Herrscher glaubte nun, und viele andere mit ihm. Die, die aber nicht glaubten, zettelten nun eine große Unruhe in der Stadt an, und Habib, der Zimmermann, versuchte, sie zum Glauben zu überreden. Dafür wurde er von ihnen gesteinigt und zog nach seinem Tod ins Paradies ein.
Habibs Grab ist noch heute in Antiochia zu sehen und wird von frommen Muslimen besucht.

HABIL →*Abel*

HABWA
Eine Sitzstellung, bei der die Beine und Oberschenkel an den Körper herangezogen und die Knie von den Armen umfaßt werden. Für Muslime ist diese Haltung während der Rezitation der Freitagsgebete verboten, da sie zum Einschlafen verleiten könnte.

HADATH
Zustand einer unreinen Person, die nicht die nötigen Reinigungen vor dem Gebet vorgenommen hat.

HADD
Plural *Hadud*. In seinem ursprünglichen Sinn bedeutet *Hadd* »Verhinderung«, weshalb eine Wache oder ein Türhüter *Haddad* genannt wird, da es seine Aufgabe ist, Leute am Eintreten zu hindern. Im Gesetz bezeichnet *Hadd* die körperlichen Strafen, deren Maß von Mohammed im Koran und in den Traditionen festgelegt wurde. Die Strafen sind:
1. Für Ehebruch: Steinigung;
2. für Unzucht: 100 Peitschenhiebe;
3. für die falsche Beschuldigung einer verheirateten Person wegen Ehebruchs: 80 Peitschenhiebe;
4. für Apostasie: der Tod;
5. für das Trinken von Wein: 80 Peitschenhiebe;
6. für Diebstahl: Abschneiden der rechten Hand;
7. für einfachen Straßenraub: Verlust der Hände und Füße; für Straßenraub in Verbindung mit Mord: Tod entweder durch das Schwert oder Kreuzigung (Hidaya). →*Strafe*

HADI
1. Bedeutet »der Führer« und ist einer der 99 Beinamen oder eines der 99 Attribute Gottes.
2. Tieropfer, die anläßlich der Pilgerreise in →*Mekka* dargebracht werden.

Hadid

Suratu'l-Hadid, »Sure vom Eisen«, ist der Titel der 57. Sure des Korans, wo es in Vers 25 heißt: »Auch sandten wir das Eisen nieder, darin gewaltiges Unheil für den Menschen und Nutzen auch, und damit Gott erkenne, wer ihm beisteht und seinem Gesandten im Verborgenen.«

Hadir Damini

Bürgschaft für Personen. Ist nach Abu Hanifa gesetzlich. Bürgschaft für Sachen heißt *Mal Damini.*

Hadith →*Tradition*

Hadith Qudsi

Ein göttlicher Ausspruch, der durch den Propheten überliefert wurde.

Hadra

Wörtlich »Gegenwart«. Anredeform, die hohen Respekt zum Ausdruck bringen soll und die sehr verschiedene Bedeutungen haben kann. Angewandt auf einen hohen Beamten würde es etwa »Euer Ehren« bedeuten, auf einen Geistlichen »Euer Ehrwürden«, auf einen König »Eure Majestät«. Wenn der Titel den Namen von Propheten, Aposteln oder Heiligen vorangestellt wird, drückt er die Heiligkeit ihres Auftrages oder ihrer Person aus, zum Beispiel wird Jesus *Hadratu 'Isa* genannt und die Jungfrau Maria *Hadratu Maryam.* Das Wort wird in persischen theologischen Werken häufig benutzt, in arabischen Werken taucht es nur selten in diesem Sinne auf.

Hadsch

1. Wörtlich »das Streben nach etwas«. Die Pilgerreise nach Mekka, die im Monat →*Dhu'l-Hidscha,* dem zwölften Monat des mohammedanischen Kalenders durchgeführt wird. Sie ist die fünfte Säule der mohammedanischen Religion und eine bindende religiöse Pflicht, gegründet auf mehrfache ausdrückliche Anweisungen des Korans. Nach Mohammed ist sie eine göttliche Einrichtung, die im Koran an folgenden Stellen erwähnt wird:
Sure 22, 28-31: »Erlasse unter den Menschen einen Aufruf zur Wallfahrt, daß sie zu dir zu Fuß kommen und auf schlankem Kamel; aus jedem tiefen Tal mögen sie kommen. Daß sie Zeugnis ablegen von ihren Vorteilen und des Namens Gottes gedenken an den bekannten Tagen ob dem, was er ihnen an Vieh zur Versorgung gegeben. So esset davon, auch speiset den

Dürftigen, den Armen. Dann mögen sie ihren Schmutz ablegen, ihre Gelübde abtragen und das altehrwürdige Haus umkreisen. So sei es. Und wer die heiligen Satzungen Gottes ehrt, gut ist dies für ihn bei seinem Herrn.«

Sure 2 153: »Siehe, auf Safa und Marwa sind der Heiligtümer Gottes, und wenn jemand zum Tempel wallt oder ihn besucht, er begeht keine Sünde, wenn er sie umkreist. Wer willig Gutes übet – siehe, Gott ist dankbar und allwissend.«

Sure 2 192-201: »Vollziehet die Wallfahrt und die Besuche bei Gott, und seid ihr verhindert, so spendet ein geringes Opfer; scheret nicht den Kopf, bis das Opfer die Opferstätte erreicht hat. Wenn aber jemand von euch krank ist oder ein Kopfübel ihm anhaftet, so finde er Ablösung durch Fasten, Almosengaben oder fromme Übungen. Und wenn ihr in Sicherheit weilt und jemand seinen Besuch bis zur Wallfahrt aufschiebt, so spende er ein geringes Opfer, und wer unvermögend ist, verweile drei Tage in Fasten während der Wallfahrt und sieben, nachdem ihr zurückgekehrt seid, zehn also zusammen. Dies gilt auch für den, dessen Angehörige nicht in der heiligen Anbetungsstätte erscheinen. Und fürchtet Gott und wisset, daß Gott streng ist in der Bestrafung. Die Wallfahrt erfolge in den bewußten Monaten, und wer in diesen Monaten die Wallfahrt vollzieht, darf keiner Frau beiwohnen, keinen Frevel begehen und keinen Streit auf der Wallfahrt führen. Und was ihr an Gutem tut, Gott weiß es. Versehet euch mit Vorrat. Der beste Vorrat aber ist die Gottesfurcht. Seid daher gottesfürchtig, o Leute von Verstand. Kein Verbrechen ist es von euch, wenn ihr Überfluß von eurem Herrn erstrebet. Und wenn ihr vom 'Arafat herabkommt, gedenket Gottes an der heiligen Dienststätte, und denket daran, daß er euch rechtleitet, wo ihr doch einstens die Irrenden waret. Sodann eilet von da weiter, wie die andren Menschen eilen, und bittet Gott um Vergebung, denn siehe, Gott ist allvergebend und allbarmherzig. Habt ihr eure gottesdienstlichen Bräuche beendet, so gedenket Gottes, wie ihr eurer Väter gedenkt, oder eines noch stärkeren Gedenkens. Manche unter den Menschen sagen: ›Herr unser, gib uns hienieden.‹ Diese haben keinen Anteil im Jenseits. Andre unter ihnen sagen: ›Herr unser, gib uns des Guten hienieden, des Guten jenseits, und schütze uns vor der Strafe des Höllenfeuers.‹ Diese erhalten ihren Anteil, wie sie ihn verdient, denn Gott ist schnell des Berechnens. Gedenket Gottes an den festgesetzten Tagen. Wer sich in zwei Tagen beeilt, dem haftet keine Sünde an, desgleichen haftet dem keine Sünde an, der länger zögert, wenn er nur gottesfürchtig ist. Fürchtet Gott und wisset, daß ihr euch zu ihm versammeln werdet.«

Sure 3 90-91: »Siehe, das erste Bethaus, für die Menschen errichtet, ist das zu Bekka (Mekka); Segen und Rechtleitung für die Weltbewohner. In diesem sind deutliche Wunderzeichen; die Stätte Abrahams, und gesichert ist, wer sie betritt. Gotteshalber liegt es den Menschen ob, nach diesem Haus zu wallen, wem dieser Weg nur möglich ist.«

Sure 2 2: »O ihr, die ihr glaubt, entweihet nicht die heiligen Bräuche Gottes, nicht den heiligen Monat, nicht die Opfertiere und ihre Halskette und nicht verhöhnet die zum heiligen Haus Pilgernden nach der Gnade von ihrem Herrn und seinem Wohlgefallen.«

Die Durchführung der Pilgerreise ist für jeden Muslim einmal in seinem Leben Pflicht, wenn er erwachsen, frei, geistig und körperlich gesund ist und über hinreichende finanzielle Mittel für die Reisekosten und den Unterhalt seiner Familie während seiner Abwesenheit verfügt.

Wenn eine Frau die Pilgerreise durchführen will, muß sie das in Begleitung ihres Ehemannes oder eines nahen Verwandten tun, der in einem verbotenen Verwandtschaftsgrad zu ihr steht. Wenn sie einen solchen Verwandten findet, der sie auf der Reise begleiten will, und sie das nötige Geld dazu besitzt, darf ihr Mann sie nicht von ihrem Vorhaben abhalten.

Der Imam →*Asch-Schafi'i* bestreitet die Notwendigkeit einer solchen Begleitung für die Frau, weil es im Koran keine derartige Einschränkung gebe. Als im Gegensatz zu seinem Einwand stehend wird jedoch eine →*Tradition* angesehen, nach der ein Mann zum Propheten kam und zu diesen sagte: »Meine Frau hat die Absicht, sich auf die Hadsch zu begeben, aber man hat mich um die Teilnahme an einem Feldzug gebeten.« Der Prophet antwortete: »Laß ab von dem Feldzug, und begleite deine Frau auf ihrer Hadsch!«

Bei einer dem Gesetz entsprechenden Hadsch müssen drei Dinge getan werden, die abso-

Ein Mekkapilger im vorgeschriebenen Pilgergewand

lute Pflicht sind (→*Fard*): keine andere Kleidung zu tragen als das vorgeschriebene Pilgergewand (→*Ihram*); auf dem Berg →*'Arafat* zu stehen; die →*Ka'ba* zu umschreiten.

Fünf weitere Pflichten sind zwar auch bindend, haben aber einen minderen Rang (→*Wadschib*): *Al-Muzdalifa* zu besuchen; vom Berg *As-Safa* zum Berg →*Al-Marwa* zu laufen; die Kieselsteine zu werfen; wenn die Pilger nicht aus Mekka stammen, die Zeremonie der Ka'ba-Umschreitung noch einmal zusätzlich durchzuführen; sich nach Beendigung der Hadsch den Kopf kahlzuscheren.

Die Hadsch muß an einem festgelegten Termin durchgeführt werden. Sure 2 193: »Die Wallfahrt erfolge in den bewußten Monaten.« Diese Monate sind →*Schawwal*, →*Dhu'l-Qa'da* und die ersten zehn Tage des Monats →*Dhu'l-Hidscha.* Die eigentliche Hadsch muß im Monat Dhu'l-Hidscha stattfinden, die Vorbereitungen und die Anreise können in den beiden vorhergehenden Monaten erfolgen.

Im folgenden wird der Ablauf einer orthodoxen Hadsch beschrieben, wie sie nach dem Vorbild des Propheten abzulaufen hat.

An allen Straßen nach Mekka liegen in einer Entfernung von acht bis zehn Kilometern von der Stadt Stationen für die Pilger, die →*Miqat* genannt werden. Erreicht der Pilger eine solche Station, badet er, verrichtet einige Gebete und legt das heilige Pilgergewand an (*Ihram*). Dieses Kleid besteht aus zwei Tüchern, von denen das eine um die Hüften geschlungen und das andere locker über die Schulter geworfen wird. Der Kopf bleibt unbedeckt. Sandalen dürfen getragen werden, jedoch keine Schuhe oder Stiefel. Nachdem der Pilger dieses Gewand angelegt hat, ist es ihm nicht mehr erlaubt, sein Haupt zu salben, irgendeinen Körperteil zu rasieren, seine Nägel zu schneiden und irgendein Gewand außer dem *Ihram* zu tragen. Der Pilger hat nun die Hadsch begonnen und wendet sich in Richtung Mekka und spricht: »O Gott, ich beabsichtige, die Hadsch zu verrichten. Mache mir diesen Dienst leicht und nimm ihn von mir an.« Daraufhin setzt er seinen Weg zur heiligen Stadt fort und rezitiert oder singt dabei mit lauter Stimme das Pilgerlied, →*Talbiya* genannt, das folgenden Text hat: »Ich stehe bereit zu deinem Dienst, o Gott! Ich stehe bereit! Ich stehe bereit! Es gibt niemand deinesgleichen! Ich stehe bereit! Wahrlich, dein ist der Ruhm und der Segen und das Königreich! Es gibt niemand deinesgleichen!«

Unmittelbar nach seiner Ankunft in Mekka verrichtet der Pilger die gesetzlichen →*Waschungen,* und dann küßt er den schwarzen Stein (→*Al-Hadscharu'l-Aswad*). Danach umschreitet er siebenmal die Ka'ba, dreimal schnellen Schritts oder laufend, viermal langsamen Schritts. Diese Handlung wird →*Tawaf* genannt und wird so ausgeführt, daß die Ka'ba immer linker Hand liegt. Jedesmal, wenn der Pilger an dem schwarzen Stein vorbeikommt, küßt er denselben. Dann geht er zum *Maqamu Ibrahim* (dem Platz Abrahams) und rezitiert den 119. Vers der 2. Sure, »Nehmet hin den Ort Abrahams als Gebetsstätte«, spricht zwei Gebete und kehrt zum schwarzen Stein zurück und küßt ihn. Danach geht er durch das Tor, das zum Berg As-Safa führt, und besteigt den Hügel, wobei er den 153. Vers der 2. Sure aufsagt, »Siehe, auf Safa und Marwa sind der Heiligtümer Gottes«. Wenn er die Höhe erreicht hat, wendet er sich in Richtung der Ka'ba und spricht: »Es gibt keine Gottheit außer Gott! Gott ist groß! Es gibt keine Gottheit als Gott allein! Er hat sein Versprechen gehalten und hat seinem Knecht Hilfe gebracht und hat die Ungläubigen in die Flucht geschlagen!«

Diese Worte werden dreimal rezitiert. Dann läuft der Pilger siebenmal vom As-Safa zum Hügel Al-Marwa und zurück und wiederholt das obige Gebet jeweils auf jeder Höhe. Dies alles geschicht am sechsten Tag des Monats Dhu'l-Hidscha, an dessen Abend der Pilger erneut die Ka'ba umschreitet und dessen Nacht in Mekka verbracht wird.

Am siebten Tag besucht der Pilger die große Moschee und lauscht der →*Khutba*, einer Predigt, in der ihm die Verdienste der Hadsch vor Augen geführt und die Pflichten der folgenden Tage in Erinnerung gerufen werden.

Am achten Tag, der den Namen →*Tarwiya* trägt, wandern alle Pilger nach →*Mina,* wo sie die üblichen muslimischen Rituale verrichten und die Nacht verbringen.

Am neunten Tag besteigt der Pilger den Berg 'Arafat, wo er die üblichen Gebete verrichtet und einer weiteren *Khutba* lauscht. Dann geht er nach Muzdalifa, einem Ort zwischen Mina und dem 'Arafat, wo er das Abendgebet verrichtet.

Der zehnte Tag ist der »Tag des Opfers« (→*Yaumu'n-Nahr*), der in der gesamten muslimischen Welt berühmt ist. Am frühen Morgen ziehen die Pilger nach der Verrichtung des Morgengebets in Muzdalifa alle zusammen nach Mina, wo es drei Säulen gibt, deren eine den Namen *Schaitanu'l-Kabir* (»großer Teufel«) trägt. Die Pilger werfen je sieben Kieselsteine nach jeder dieser Säulen, wobei sie jedesmal rufen: »Im Namen Gottes, des Allmächtigen, ich tue dies, weil ich den Teufel und seine Schande hasse.« Danach kehren die Pilger nach Mina zurück und bringen das →*'Idu'l-Adha* dar, ein Schlachtopfer.

Das Opfertier kann je nach den finanziellen Mitteln des Pilgers ein Schaf, eine Ziege, eine Kuh oder ein Kamel sein. Das Tier wird mit zusammengebundenen Vorderbeinen so gelegt, daß sein Kopf in Richtung Ka'ba weist, und der Pilger stößt ihm mit großer Kraft das Messer in die Kehle, wobei er mit lauter Stimme ruft: »Gott ist groß! O Gott, nimm dies Opfer von mir an!«

Diese Zeremonie beschließt die Hadsch, und der →*Hadschi* (der Pilger) rasiert sich, schneidet seine Nägel und legt das Pilgergewand ab.

Bevor er Mekka verläßt, sollte er noch einmal die Zeremonie der Umschreitung der Ka'ba ausführen, sollte noch einmal Steine nach den satanischen Säulen in Mina werfen, und er sollte Wasser aus dem Brunnen →*Zamzam* trinken. Die meisten Muslime gehen danach nach Medina und besuchen das Grab Mohammeds.

In der Zeit, in der der Pilger das *Ihram* trägt, muß er sich von allen weltlichen Dingen fernhalten und sich ausschließlich den Pflichten der Hadsch widmen. Er darf nicht auf die Jagd gehen, aber er darf fischen. »O ihr, die ihr glaubt, tötet kein Jagdtier, wenn ihr heilig seid (wallfahrt). ...Erlaubt ist euch die Jagd des Meeres.« (Sure 5 96-97)

Der Prophet hat auch gesagt: »Der, der einem anderen einen Ort zeigt, an dem Wild für die Jagd zu finden ist, ist so schlecht wie der, der es tötet.« Der Hadschi darf sich nicht kratzen, damit kein Insekt getötet und kein Haar ausgerissen wird. Wenn er Juckreiz verspürt, muß er mit der flachen Hand über die Stelle streichen. Gesicht und Haupt müssen unbedeckt bleiben, Kopfhaar und Bart dürfen nicht gewaschen und geschnitten werden. »...scheret nicht den Kopf, bis

das Opfer die Opferstätte erreicht hat.« (Sure 2 192)
Die Hadsch genannte Pilgerreise kann nur an den festgelegten Tagen des Monats Dhu'l-Hidscha stattfinden. Ein Besuch der heiligen Stätten zu einem anderen Zeitpunkt wird →*'Umra* genannt. Erreicht der Pilger Mekka erst am neunten Tag des Monats, so kann er die Hadsch noch rechtsgültig abschließen.

Bei den →*Sunniten* kann die Hadsch nicht in Stellvertretung unternommen werden, bei den →*Schiiten* ist das jedoch erlaubt. Von beiden wird es als verdienstvoll angesehen, wenn jemand die Kosten der Pilgerfahrt für einen anderen, der sie sonst nicht aufbringen könnte, übernimmt. Aber wenn ein Muslim auf dem Sterbebett einer bestimmten Person eine Geldsumme vermacht, damit diese für ihn die Pilgerreise unternehme, dann wird das als dem Gesetz genügend angesehen. Wenn ein Muslim die Mittel besitzt, die Hadsch durchzuführen, und dies unterläßt, dann begeht er eine Todsünde.

Nach den Aussagen des Propheten (Mischkat 11 1) sind die Verdienste der Hadsch sehr groß: »Der, der die Pilgerreise um Gottes willen unternimmt und nicht leichtfertig spricht und nicht töricht handelt, der kehrt so rein von jeder Sünde zurück, als wäre er gerade geboren.« – »Wahrlich, sie (Hadsch und 'Umra) beseitigen Armut und Sünde so, wie das Schmiedefeuer den Schmutz beseitigt.« – »Der Lohn der Pilgerreise ist das Paradies.« – »Wenn du einen Pilger siehst, grüße und umarme ihn und bitte ihn, er möge bei Gott für dich um Vergebung beten, denn seine eigenen Sünden sind ihm vergeben worden und seine Fürbitte wird angenommen werden.«

Der Muslim, der die Hadsch vollendet hat, wird »Hadschi« genannt, und diesen Ehrentitel trägt er sein Leben lang vor seinem Namen, zum Beispiel Hadschi Qasim, der Pilger Qasim.

2. *Suratu'l-Hadsch*, »Sure von der Wallfahrt«, ist der Titel der 22. Sure des Korans.

Hadsch Mabrur

Die gültige und anerkannte Pilgerreise nach Mekka, die nach den Vorschriften des muslimischen Rechts stattgefunden hat. →*Hadsch*

al-Hadscharu'l-Aswad

Wörtlich »schwarzer Stein«. Der berühmte schwarze Stein, der Teil der Ka'ba in Mekka ist.

Nach →*Ibn 'Abbas* hat Mohammed gesagt, daß dieser Stein vom Paradies auf die Erde gefallen sei. Als er herabfiel, sei er weiß wie Milch gewesen, aber die Sünden der Kinder Adams hätten dazu geführt, daß er schwarz geworden sei. Am Tage der Auferstehung wird er zwei Augen haben, mit denen er alle diejenigen erkennen wird, die ihn berührt und geküßt haben, und er wird eine Zunge haben, um diejenigen zu nennen und für sie Zeugnis abzulegen.
Maximus Tyrius, der im 2. Jahrhundert lebte, schrieb: »Die Araber verehren einen Gott, den sie in der Gestalt eines viereckigen Steins darstellen.« Die alten Perser versichern, daß der schwarze Stein der Araber zu den Bildern und Reliquien gehörte, die Mahabad und seine Nachfolger in der →*Ka'ba* zurückgelassen hätten, und daß er ein Symbol des Saturn gewesen sei. Es handelt sich wahrscheinlich um einen Meteorstein, der seine Besonderheit dadurch gewann, daß er vom Himmel gefallen ist. Seine Existenz als Objekt der Verehrung in einem ikonoklastischen religiösen System kann im Prinzip nur als Versuch Mohammeds verstanden werden, den zur Idolatrie neigenden Arabern entgegenzukommen.

Hadschatu'l-Wada'
Die letzte Pilgerreise Mohammeds, die als das Vorbild für die orthodoxe →*Hadsch* gilt. Sie soll am 23. 2. 632 n. Chr. stattgefunden haben.

Hadschb
Ein Begriff aus dem islamischen →*Erbrecht,* der besagt, daß ein Erbberechtigter enterbt wird.

Hadschi
Eine Person, die die große Pilgerreise nach Mekka absolviert hat. →*Hadsch*

Hafiz
Wörtlich »Beschützer«.
1. Einer der 99 Beinamen oder eines der 99 Attribute Gottes: →*Al-Hafiz* (»Der Beschützer«).
2. Ein Herrscher, Beschützer des Heiligtums in Mekka.
3. Jemand, der den gesamten Koran auswendig gelernt hat.
'Uthman berichtet, daß der Prophet gesagt habe: »Der beste Mensch unter euch ist derjenige, der den Koran gelernt hat und ihn dann lehrt.« (Mischkat 7 100,1). Im Osten ist es üblich, daß Blinde den Koran auswendig lernen und so den ehrenvollen Titel *Hafiz* erlangen.

Hafsa
Eine der Frauen Mohammeds. Sie war die Tochter des 'Umar

und die Witwe des Khunais, eines der frühesten Anhänger des Islam. Sie heiratete Mohammed etwa sechs Monate nach dem Tode ihres ersten Mannes. Zu Lebzeiten des Propheten hatte sie beträchtlichen Einfluß auf seine Entscheidungen. Sie überlebte ihn um einige Jahre, und eine Reihe von Traditionen gehen auf Aussprüche von ihr zurück.

HAGAR

Arabisch *Hadschar*. Die Sklavin →*Abrahams*, die ihm →*Ismael* geboren hat. Al-Baidawi sagt, daß Hagar die Sklavin Saras, Abrahams Ehefrau, gewesen sei, und daß →*Sara* ihre Sklavin Abraham zugeführt habe. Nach der Geburt Ismaels aber sei sie eifersüchtig auf Hagar geworden, weil diese einen Sohn geboren hatte, und sie verlangte von Abraham, er solle Mutter und Kind fortschicken. Abraham gehorchte und schickte die beiden in Richtung Mekka, und dort ließ Gott für sie den Brunnen →*Zamzam* entspringen. Als das Volk der Dschurhum sah, daß es nun an diesem Ort Wasser gab, sprachen sie zu Hagar:

»Wenn du mit uns das Wasser dieses Brunnens teilst, dann teilen wir mit dir die Milch unserer Herden.«

Und von da an wurde Mekka ein Ort von Bedeutung.

HA'ITIYA

Eine Muslim-Sekte, die von Ahmad ibn Ha'it gegründet wurde, der sagte, es gebe zwei Götter: erstens der, der immer da war, nämlich Allah, und zweitens der, der in der Zeit erschaffen wurde, nämlich →*Al-Masih* (Christus). Letzterer würde in den letzten Tagen Gericht halten über die Welt, und auf ihn beziehe sich die Aussage der Traditionen: »Gott schuf den Menschen nach seinem Ebenbilde.«

HAIWAN

Die tierischen Geschöpfe, die aufgeteilt sind in *Haiwan natiq* (vernünftige Geschöpfe) und *Haiwan sakit* (unvernünftige Geschöpfe). →*Tiere*

AL-HAIY

»Al-Haiy« bedeutet »der Lebende« und ist einer der 99 Beinamen oder eines der 99 Attribute Gottes. Erscheint häufig im Koran.

HAKAM

Ein Schlichter oder Schiedsrichter, der vom Richter eingesetzt wird, um Streitigkeiten zu schlichten. Es nicht gesetzlich, als Schlichter einen Sklaven, ei-

nen Verleumder oder ein Kind einzusetzen (Hidaya).
Nach dem Koran, Sure 4 39, sollen familiäre Streitigkeiten durch einen Schlichter beigelegt werden: »Befürchtet ihr eine Spaltung zwischen ihnen, so entsendet einen Schiedsrichter aus seiner Familie und einen Schiedsrichter aus ihrer Familie.«

Hakim
Wörtlich »eine weise Person«.
1. Ein Philosoph.
2. Ein Doktor der Medizin.
3. »Al-Hakim«, »Der Weise«, einer der 99 Beinamen oder eines der 99 Attribute Gottes. Wird häufig im Koran benutzt, zum Beispiel Sure 2 123: »Du bist der Mächtige und der Weise.«

Halal
Das, was gesetzlich ist, im Gegensatz zu →*Haram (4.)*, das, was ungesetzlich ist.

Halbmond
Der Halbmond ist das Nationalsymbol der Türkei, stammt aber aus vorislamischer Zeit, aus Byzanz, dem heutigen Istanbul, und war das Kennzeichen jener antiken Weltstadt, die auch Ostrom genannt wurde. Bei der Eroberung durch die Muslime wurde das Stadtwappen mit übernommen. Bei den christlichen Rittern war der Halbmond ebenfalls ein Symbol, etwa bei dem Orden, den der König von Neapel im Jahre 1268 n. Chr. einsetzte.

al-Halim
»Al-Halim« bedeutet »Der Sanftmütige« und ist einer der 99 Beinamen oder eines der 99 Attribute Gottes. Erscheint im Koran zum Beispiel Sure 2 225: »Gott ist verzeihend und sanftmütig.«

Halsschmuck
Das Tragen eines Halsbandes oder einer Halskette ist nach den Traditionen Männern verboten, obwohl dieser Brauch in weiten Teilen des Islam verbreitet ist.

Hamala
Finanzielle Wiedergutmachung für Totschlag oder →*Mord,* auch →*Diya* genannt.

Hamalatu'l-'Arsch
Wörtlich »die, die den Thron tragen«. Bestimmte Engel, die im Koran in Sure 40 7 erwähnt werden: »Die den Thron tragen, die ihn umringen, preisen das Lob ihres Herrn und glauben an ihn. Sie flehen um Verzeihung für die, welche gläubig sind.«

Al-Baghawi, der Kommentator, sagt, es handle sich um acht Engel des höchsten Ranges. Sie seien so groß, daß ihre Füße auf den tiefsten Tiefen der Erde stünden und ihre Häupter bis in die höchsten Himmel reichten. Das gesamte Universum reiche ihnen nicht bis zum Nabel, und es sei eine Reise von 700 Jahren, um von ihren Ohren bis zu ihren Schultern zu kommen.

HAMAN

Der →*Wesir* des →*Pharao.* Wird im Koran in verschiedenen Suren erwähnt.
Sure 28 7: »Denn Sünder waren Pharao und Haman.«
Sure 29 38: »Auch Qarun, Pharao und Haman. Moses kam zu ihnen mit deutlichen Beweisen, sie aber waren hochmütig auf Erden und entgingen nicht der Strafe.«
Sure 40 38: »Und Pharao sprach: ›O Haman, baue mir einen Turm, auf daß ich zu den Bahnen gelange. Zu den Bahnen der Himmel, daß ich mich erhebe zum Gott des Moses; wahrlich, ich halte ihn für einen Lügner.‹ «
Westliche Kritiker sind der Auffassung, daß hier Mohammed den Favoriten des Ahasverus und Feind der Juden zum Wesir des Pharao gemacht hat. Die Rabbiner glauben, daß der Wesir des Pharao →*Korah*, Jethro oder →*Balaam* (*Bal'am*) gewesen sei.
Es gibt eine Tradition (Mischkat 4 1,3), nach der Mohammed gesagt haben soll, wer seine Gebete vernachlässige, der käme in die Hölle zusammen mit Korah, Pharao, Haman und Ubaiy ibn Khalf (einem Ungläubigen, den Mohammed in der Schlacht von →*Uhud* eigenhändig erschlagen hat).

AL-HAMD

»Lob, Preis«. Der Beiname der 1. Sure, weil sie mit diesem Wort beginnt: »Lob und Preis sei Gott, dem Herrn aller Wesen, die auf den Welten leben«, lautet der ganze Vers. Diese 1. Sure wird auch →*Fatiha* genannt und oft von Muslimen als Kurzgebet oder Gebet für die Toten gesprochen.

AL-HAMDU LI'LLAH

»Lob gebührt Gott«. Ein Ausruf, der den Anfang der 1. Sure genau wiedergibt und genauso wie im Deutschen »Gott sei Dank« vielfach verwendet wird, ohne unbedingt ein wirkliches Preisen der Güte Gottes zu beinhalten.

AL-HAMID

»Al-Hamid« bedeutet »der Lobenswerte« und ist einer der 99 Beinamen oder eines der 99 Attribute Gottes.

Hamza

Mohammeds Onkel, der zum Islam übertrat und einer seiner mutigsten Vorreiter wurde. Bei der Schlacht von →*Uhud* erschlug er 'Uthman, einen der Führer der →*Koreischiten,* wurde aber bald danach selbst getötet und sein Körper schändlich verstümmelt. Nach dessen Tod soll Mohammed gesagt haben, Hamza sei »der Löwe Gottes und sein Gesandter« gewesen. In der persischen Dichtung werden seine kriegerischen Taten geschildert, wo er als »Amir Hamza« bezeichnet wird.

Hamziya

Eine Muslim-Sekte, die von Hamza ibn Adrak gegründet wurde. Sie sind der Auffassung, daß die Kleinkinder von Ungläubigen das Höllenfeuer zu gewärtigen haben, während der allgemeine mohammedanische Glauben dahin geht, daß es für diese Kinder einen besonderen Ort gibt.

Hand

1. Für Muslime gilt die Regel, daß die rechte Hand höherzuschätzen ist als die linke, die rechte Hand für alle ehrenvollen Handlungen einzusetzen und die linke für Dinge zu benutzen, die zwar notwendig, aber unrein sind.
Die Hände müssen vor dem →*Gebet* und vor dem →*Essen* gewaschen werden. →*Waschungen*
2. Im Koran erscheint einige Male der Ausdruck →*Yadu-'llah* (»die Hand Gottes«). Sure 5 69: »Und die Juden sagen, die Hand Gottes sei gefesselt. Gefesselt aber sind ihre Hände; verflucht seien sie ob dem, was sie sagen.«
Sure 48 10: »Gottes Hand ist über ihren Händen.«
Es gibt zwischen den orthodoxen →*Sunniten* und den →*Wahhabiten* eine Kontroverse über die Bedeutung der Formulierung »Gottes Hand«. Erstere halten sie lediglich für eine figurative Beschreibung der Macht Gottes, die letzteren nehmen sie wörtlich, obwohl es unmöglich zu sagen sei, in welchem Sinn und in welcher Weise Gott Hände besitze; denn da das Wesen Gottes unbekannt sei, könne auch die Art seiner Existenz nicht verstanden werden.

Handel

Im Koran werden der Handel und Kommerz als von Gott stammend bezeichnet, siehe Sure 17, Vers 67: »Euer Herr ist es auch, der eure Schiffe auf dem Meer fortbewegt, damit ihr durch den Handel Reichtum nach seiner Güte erlangt; denn er ist barmherzig gegen euch. Und wenn euch auf dem Meer ein Unglück trifft, dann verbergen sich die falschen Götter, welche ihr anruft, und nur Gott allein hilft; und wenn er euch wieder rettend auf das trockene Land bringt, dann wendet ihr euch doch wieder weg von ihm und den Götzen zu; denn der Mensch ist undankbar.« →*Bai'*

HÄNDESCHÜTTELN →*Musafaha*

HANIF

Plural *Hunafa'*, wörtlich »jemand, der geneigt ist«.

1. Jeder, der sich ernsthaft dem Islam zuwendet.
2. Ein orthodoxer Gläubiger.
3. Jemand, der der Religion Abrahams anhängt.

Das Wort erscheint zehnmal im Koran. Sechsmal für die Religion Abrahams, zum Beispiel Sure 2 129:
»Sie sagten: ›Seid Juden oder Christen, ihr seid dann rechtgeleitet. Sprich: ›Nein, zum Bekenntnis Abrahams, des Rechtgläubigen, der nicht war der Götzendiener einer.‹ «
Sure 3 60: »Abraham war nicht Jude und nicht Christ, er war vielmehr rechtgläubig und gottergeben; er war nicht der Götzendiener einer.«
Sure 2 89: »Sprich: Gott ist wahrhaftig; so folget doch dem Bekenntnis Abrahams, er war rechtgläubig und nicht der Götzendiener einer.«
Viermal für jemanden, der fest im Glauben ist, zum Beispiel Sure 10 105: »Wende dein Gesicht der Religion zu rechtgläubig, und sei nicht der Götzendiener einer.«
Sure 98 4: »Und nichts anders ist ihnen befohlen, als daß sie Gott verehren, ihm rechtgläubig die Religion rein haltend, das Gebet verrichten und den Armenbeitrag verrichten.«
Der Begriff *Hanif* wurde in den frühen Tagen des Islam, als Mohammed noch nicht den Rang eines inspirierten Propheten für sich in Anspruch nahm, auch auf all jene bezogen, die in der Unzahl von sich widersprechenden Dogmen und Lehrmeinungen der damals in Arabien verbreiteten Religionen und Aberglauben nach der Wahrheit suchten.

HAQIQA

»Wahrheit, Aufrichtigkeit«.

1. Die Essenz einer Sache; das, was sie zu dem macht, was sie ist. Z. B. wenn wir sagen, daß ein rationales Lebewesen die

Haqiqa des menschlichen Wesens ist.

2. Ein Wort oder eine Phrase, die in ihrem ursprünglichen, wörtlichen Sinn gebraucht werden, im Gegensatz zu einer figurativen Bedeutung. Eine Sprache ohne Tropen und Allegorien.

3. Das letzte Stadium der mystischen Reise der →*Sufis,* in dem die Offenbarung der wahren Natur der Gottheit erwartet wird und die »Wahrheit« erreicht sein soll.

al-Haqiqatu'l-Muhammadiya

Das innerste Wesen Mohammeds, das Licht Mohammeds, das vor allen anderen Dingen erschaffen worden sein soll.

Die →*Wahhabiten* glauben nicht an die Präexistenz ihres Propheten, und diese Doktrin stammt wahrscheinlich von sufitischen Mystikern (→*Sufis*) in frühislamischer Zeit.

Nach Imam Qastalani soll Dschabir ibn 'Abdi'llah al-Ansari überliefert haben, der Prophet habe gesagt: »Das erste, was geschaffen wurde, war das Licht eures Propheten, das aus Gottes Licht geschaffen wurde. Dieses mein Licht war überall, wo es Gottes Willen entsprach. Als Gott beschloß, die Erde zu erschaffen, teilte er dies Licht Mohammeds in vier Teile; aus dem ersten schuf er die Schreibfeder (→*Qalam*), aus dem zweiten die Schrifttafel (*Lauh*), aus dem dritten den höchsten Himmel und den Thron Gottes, und den vierten teilte er wieder in vier Teile; aus dem ersten wurden die acht Engel, die Gottes Thron stützen, geschaffen, aus dem zweiten der niedrigere Thron Gottes, aus dem dritten die Engel, und den vierten teilte Gott erneut in vier Teile; aus dem ersten erschuf er die Firmamente oder die sieben Himmel, aus dem zweiten die Erde, aus dem dritten die sieben Paradiese und die sieben Höllen, der vierte wurde abermals in vier Teile geteilt; aus dem ersten erschuf er das Licht der Augen, aus dem zweiten das Licht des Verstandes, aus dem dritten das Licht der Einheit Gottes und aus dem vierten den Rest der Schöpfung.«

Haqq

»Wahrheit«, »Gerechtigkeit«. Ein Ausdruck, der in der Theologie für das benutzt wird, was der Wahrheit entspricht, zum Beispiel das Wort Gottes oder die Religion. Im Recht bezeichnet er das, was gerecht ist. Bei den sufitischen Mystikern bezeichnet der Begriff immer das göttliche Wesen, Gott.

»Al-Haqq«, »Der Wahre«, ist einer der 99 Beinamen oder eines der 99 Attribute Gottes.

AL-HAQQA

»Die Unvermeidliche«. Der Titel der 69. Sure des Korans, die mit den Worten beginnt: »Die Unvermeidliche. Was ist die Unvermeidliche?« Die Kommentatoren sind sich einig, daß mit diesem Wort der Tag der Auferstehung und des Gerichts gemeint ist. Es erscheint an keiner anderen Stelle des Korans.

HAQQU'L-'ABD

»Das Recht des Sklaven« (Gottes). Im islamischen Recht der Anspruch eines jeden, dem Unrecht zugefügt wurde, auf Wiedergutmachung und Gerechtigkeit.

HAQQU'LLAH

Im islamischen Recht die Pflicht der Vergeltung für Verbrechen und Delikte gegen Moral und Religion, die der öffentlichen Gerichtsbarkeit obliegt. In der Theologie sind Gebete, Almosen, Fasten, die Pilgerreise und andere religiöse Pflichten damit gemeint.

HARAM

»Das, was heilig ist«.
1. *Al-Haram*, die heiligen Bezirke von Mekka und Medina.
2. *Haram*, die Frauengemächer in einem mohammedanischen Haushalt. →*Harem*
3. *Huram*, Ehefrauen.
4. Wörtlich »verboten«. Der Begriff wird sowohl im positiven als auch im negativen Sinn benutzt, zum Beispiel in den Verbindungen »heiliges Haus«, »unrechtmäßiger Besitz«, »illegitimer Sohn«, »heiliger Monat«.

Eine Sache wird als *haram* bezeichnet, wenn sie verboten ist, im Gegensatz dazu →*halal*, gesetzlich. Ein Pilger gilt so lange als *haram*, wie er das Pilgerkleid trägt.

AL-HARAM-MOSCHEE

Al-Masdschidu'l-Haram, »die heilige Moschee«.
Die Moschee in Mekka, welche die →*Ka'ba* enthält, in die der →*Hadscharu'l-Aswad*, der schwarze Stein, eingebaut ist. Die Bezeichnung →*Baitu'llah*, das »Haus Gottes«, bezieht sich auf die Gesamtanlage der Moschee, obwohl sich der Begriff im engeren Sinne nur auf die Ka'ba selbst bezieht.
Die Ka'ba steht auf einem annähernd rechteckigen Platz von etwa 230 m Länge und 180 m Breite. Dieser Platz ist von Kolonnaden eingeschlossen, die aus mehreren Säulenreihen gebildet sind, wobei die Säulen

mit Bögen verbunden sind und sich über je vier Säulen eine Kuppel wölbt. Von den Bögen hängen Lampen herab, von denen einige jede Nacht entzündet werden; im Monat →*Ramadan* brennen nachts alle Lampen. Die Säulen sind etwa 7 m hoch und haben einen Durchmesser von 30-40 cm. Sie bestehen aus verschiedenen Gesteinsarten, Porphyr, Marmor, Granit, aber die meisten aus dem gewöhnlichen Gestein der mekkanischen Berge. Ihre Gesamtzahl beträgt etwa fünfhundert. Die durch die Säulen gebildeten Kolonnaden werden nach außen durch eine Mauer abgeschlossen.

Sieben gepflasterte Wege führen von den Kolonnaden zur Ka'ba im Zentrum des Platzes. Sie besitzen eine Breite, die es vier Personen erlaubt, nebeneinander zu gehen, und liegen ca. 25 cm über dem Boden. Zwischen den Wegen wächst an einigen Stellen Gras, vor allem dort, wo die Krüge mit dem Wasser des Brunnens →*Zamzam* stehen, die tagsüber in einer langen Reihe entlang den Wegen, die zur Ka'ba führen, aufgestellt sind.

Das gesamte Gelände der Moschee liegt niedriger als die Umgebung, und deshalb muß man zum Betreten des heiligen Areals an den nördlichen Eingängen acht bis zehn Stufen bis zur Ebene der Kolonnaden hinabsteigen, an den südlichen drei oder vier.

Etwa in der Mitte der Anlage steht die Ka'ba; daß sie nicht exakt die Mitte bildet, mag daran liegen, daß sie früher existiert hat und die restlichen Gebäude um sie herum errichtet wurden.

Die Ka'ba ist eine rechteckige massive Struktur von 12 m Länge, 10 m Breite und 15 m Höhe. Sie besteht aus verschieden großen Blöcken grauen mekkanischen Steins, die grob mit Zement verfugt sind. Sie steht auf einem Fundament von einem halben Meter Höhe. Ihr Dach ist flach, und aus der Entfernung gesehen, vermittelt sie den Eindruck eines perfekten Würfels. Die einzige Tür, die nur zwei- oder dreimal im Jahr geöffnet ist, befindet sich an der Ostseite des Gebäudes und liegt knapp zwei Meter über dem Boden. An der südöstlichen Ecke der Ka'ba, nicht weit von der Tür, befindet sich in der Kante des Gebäudes in knapp 1,50 m über dem Boden der berühmte schwarze Stein.

Nach den muslimischen Traditionen wurde die Ka'ba zweitausend Jahre vor der Erschaffung der Welt im Himmel konstruiert, wo sie sich noch immer als Modell befindet und den Namen *Baitu'l-Ma'mur* trägt. →*Adam* errichtete die Ka'ba auf der Erde, und zwar exakt unter der Stelle, an der sich ihr Gegenstück im Himmel befindet. Dazu benutzte er Steine der fünf heiligen Berge, nämlich Sinai, Dschudi, Hira', Olivet und Libanon. Zehntausend Engel bewachten den Bau der Ka'ba, aber bei der →*Sintflut* wurde das heilige Gebäude zerstört. Der Allmächtige beauftragte →*Abraham* mit seinem Wiederaufbau, und dabei wurde er von seinem Sohn →*Ismael* unterstützt, der zu der Zeit mit seiner Mutter →*Hagar* in Mekka wohnte; Abraham war auf Gottes Befehl von Syrien nach Mekka gereist.

Bei Ausgrabungen stießen sie auf das ursprüngliche Fundament des Gebäudes. Ismael begab sich auf die Suche nach einem geeigneten Stein, um die Ecke des Gebäudes zu markieren, und er traf dabei den Engel →*Gabriel,* der ihm den berühmten schwarzen Stein gab. →*Ibn 'Abbas* berichtet, der schwarze Stein sei weiß wie Milch gewesen, als er aus dem Paradies auf die Erde kam, aber er sei später schwarz geworden durch die Sünden all derer, die ihn berührten.

Nach dem Tode Ismaels ging die Ka'ba in den Besitz der Banu Dschurhum über und blieb tausend Jahre in ihren Händen. Danach wurde sie für dreihundert Jahre Besitz der Banu Khuza'a. Da sie ständig Überflutungen ausgesetzt war, wurde sie zerstört und von Qusaiy ibn Kilab wieder aufgebaut und mit einem Dach versehen, das sie vorher nicht besessen haben soll.

Muslimische Historiker sagen, daß es 'Amr ibn Luhaiy war, der die Idolatrie in Arabien einführte, indem er das große Idol →*Hubal* von Hait in Mesopotamien nach Mekka brachte und es in dem heiligen Haus aufstellte. Die Ka'ba wurde daraufhin ein Pantheon für alle Stämme. Der Stamm der Qusaiy war der erste, der rund um die Ka'ba eine Siedlung baute. Die Nachfolger der Banu Qusaiy waren die →*Koreischiten.* Kurz nachdem sie in den Besitz der Ka'ba gekommen waren, wurde diese durch Feuer zerstört. Sie bauten sie aus Holz und in kleinerem Format wieder auf, und die Statue des Hubal war ihr Mittelpunkt. Dies geschah in Mohammeds Jugend. Sein Großvater →*'Abdu'l-Muttalib* wurde der Kustos des heiligen Hauses, und in seiner Zeit wurde das Gebäude für zu klein befunden, abgerissen und neu errichtet. Um die Einsetzung des schwarzen Steins kam es jedoch zu einem Streit zwischen den verschiedenen Stämmen, da jeder diese Ehre für sich beanspruchte, und am Ende war es Mohammed, der den Stein eigenhändig einsetzte.

Die vier Seiten der Ka'ba sind mit herabhängendem schwarzem Seidenstoff behängt, wobei das Dach frei bleibt. Dieser Vorhang oder Schleier wird →*Kiswa* genannt und wird jährlich zur Zeit der →*Hadsch* erneuert. In ihn sind verschiedene Gebete eingewoben, aber ebenfalls in schwarzer Seide, so daß sie kaum erkennbar sind. Etwa in mittlerer Höhe befindet sich eine Inschrift in Goldbuchstaben, die um die gesamte Ka'ba herumläuft und lautet: »Siehe, das erste Bethaus, für die Menschen errichtet, ist das zu Bekka; Segen und Rechtleitung für die Menschen.«

In der Nähe der Ka'ba befindet sich auch das Gebäude, das den Brunnen →*Zamzam* beherbergt, den heiligen Brunnen der Muslime. Er soll der Brunnen sein, von dem Hagar und Ismael in der Wildnis getrunken haben (Genesis 16 4).

Der Ursprung des Wortes ist unsicher. Einige muslimische Kommentatoren leiten es von »*Zamm! Zamm!*«, »Fülle! Fülle!«, ab, was Hagar zu Ismael gesagt habe, als sie das Wasser sahen.

Das Gebäude, in dem sich der Brunnen befindet, steht nahe der Maqam Hanbali und wurde im Jahre 1661 n. Chr. errichtet. Es hat einen quadratischen Grundriß und hat von Norden her einen Eingang, der in den Raum führt, der den Brunnen enthält. Der Raum ist mit verschiedenfarbigem Marmor ausgekleidet, und neben ihm, aber mit einem separaten Eingang, gibt es einen weiteren, kleineren Raum, in dem sich ein steinernes Reservoir befindet, das einen Vorrat des Brunnenwassers enthält. Die Pilger trinken aus diesem Reservoir, indem sie mit ihrem Trinkgefäß durch ein kleines Fenster reichen, das die beiden Räume miteinander verbindet. Die Öffnung des eigentlichen Brunnens ist eingefaßt von einer etwa 1,50 Meter hohen, runden Mauer, die einen Durchmesser von etwa 3 Metern hat und mit einem Geländer gesichert ist. Auf dieser Mauer stehen die Leute, die das Wasser mit Ledereimern aus dem Brunnen nach oben ziehen und dann in amphorenartige Tonkrüge füllen. Diese Krüge werden in einer langen Reihe

entlang den gepflasterten Wegen, die zur Ka'ba führen, aufgestellt.
Das Wasser des Brunnens Zamzam genießt in der muslimischen Welt höchste Wertschätzung, obwohl es zweifellos nicht von bester Qualität ist, salzig-bitter schmeckt und Durchfall verursachen kann. Es wird zum Trinken und für Waschungen, nicht aber für profanere Zwecke benutzt. Die Mekkaner raten den Pilgern, mit diesem Wasser ihre Fasten zu beenden. Das Wasser wird in die entferntesten Erdregionen exportiert. Fromme Muslime benetzen ihre Augen mit diesem Wasser, um ihre Sehkraft zu stärken, und trinken in der Stunde ihres Todes einige Tropfen davon.
Das Gebiet der Moschee ist von sieben Minaretts umgeben, teils rund, teils quadratisch, die sich in nichts von anderen Minaretts unterscheiden.
Es folgen Koranzitate, die auf die heilige Moschee in Mekka verweisen:
Sure 2 144-145: »Und woher du auch kommst, das Gesicht wende nach der Richtung der heiligen Anbetungsstätte, denn siehe, die Wahrheit ist von deinem Herrn, und Gott ist nicht übersehend dessen, was er tut. Und woher du auch kommst, das Gesicht wende nach der Richtung der heiligen Anbetungsstätte, und wo ihr euch auch befindet, das Gesicht wendet nach dieser Richtung, auf daß die Leute keinen Angriffspunkt gegen euch haben, es sei denn diejenigen unter ihnen, die freveln. Fürchtet sie aber nicht, nur mich fürchtet, auf daß meine Huld über euch sei; vielleicht, daß ihr rechtgeleitet werdet.«
Sure 5 2: »O ihr, die ihr glaubt, entweihet nicht die heiligen Bräuche Gottes, nicht den heiligen Monat, nicht die Opfertiere und ihre Schmuckkränze, und nicht verhöhnet die zum heiligen Haus Pilgernden nach der Gnade vor ihrem Herrn und seinem Wohlgefallen.«
Sure 8 33-35: »Doch Gott wollte sie nicht strafen, da du unter ihnen warst, und Gott wollte nicht ihr Strafer sein, weil sie um Verzeihung baten. Warum aber sollte Gott sie nicht strafen, wo sie doch (andre) verdrängen von der heiligen Anbetungsstätte und nicht ihre Beschützer sind, denn die Gottesfürchtigen nur sind ihre Beschützer. Doch die meisten ihrer wissen es nicht. Und ihr Gebet vor dem Haus ist nichts als Gezisch und Händeklatschen. So kostet nun die Pein, weil ihr ungläubig wart.«

Sure 9 7: »Wie sollten die Götzendiener ein Bündnis haben mit Gott und seinem Gesandten? Die ausgenommen, mit denen ihr bei der heiligen Anbetungsstätte ein Bündnis geschlossen. Und soweit sie euch aufrichtig sind, seid auch ihr ihnen aufrichtig; wahrlich, Gott liebt die Gottesfürchtigen.«
Sure 9 28: »O ihr, die ihr glaubt, nur Schmutz sind die Götzendiener, sie sollen sich nach diesem ihrem Jahr der heiligen Anbetungsstätte nicht nähern; und fürchtet ihr Armut, so wird Gott euch später von seinem Überfluß zur Genüge geben, wenn er will. Wahrlich, Gott ist allwissend und allweise.«
Sure 17 1: »Preis ihm, der bei Nacht mit seinem Diener reiste von der heiligen Anbetungsstätte (Mekka) zu der entfernten Anbetungsstätte (Jerusalem), deren Umgebung wir gesegnet, um ihm manche unserer Wunderzeichen zu zeigen.«
Sure 22 25: »Wahrlich, die ungläubig sind und vom Pfad Gottes verdrängen und von der heiligen Anbetungsstätte, die wir für die Menschen gleichmäßig errichtet, für den Heimischen und den Fremden, und der da frevelhaft Gottlosigkeit begehen will, den lassen wir qualvolle Strafe kosten.«
Sure 48 25-27: »Sie sind es, die ungläubig sind und euch von der heiligen Anbetungsstätte verdrängten, als bereit stand das Opfer, zur Opferstätte zu gelangen. Und wäre es nicht wegen der gläubigen Männer und gläubigen Frauen, die ihr nicht kanntet und niedergetreten haben würdet ohne Wissen. Daß Gott einführe in sein Erbarmen, wen er will. Wären sie gesondert, ganz gewiß hätten wir gestraft, die unter ihnen ungläubig waren, mit qualvoller Strafe. Während er in die Herzen derer, die ungläubig sind, Trotz gesetzt, Trotz des Heidentums, sandte Gott Gottesruhe nieder über seinen Gesandten und über die Gläubigen und ließ sie festhalten das Wort der Gottesfurcht, dessen sie geeigneter waren und würdig. Und Gott ist aller Dinge wissend. Bereits erfüllte Gott seinem Gesandten das Traumgesicht in Wahrheit: ›Eintreten werdet ihr in die heilige Anbetungsstätte, so Gott will, sicher, geschorenen Hauptes und gemessenen Schrittes, ohne zu fürchten. Er weiß, was ihr nicht wisset, und außer diesem bestimmte er einen nahen Sieg.‹ «

Haramu'l-Madina

Der heilige Bezirk von Medina, in dem bestimmte Handlungen

ungesetzlich sind, die woanders erlaubt sind. Der Imam Abu Hanifa sagt, obwohl es den Respekt vor der heiligen Stadt als Geburtsort des Propheten zum Ausdruck bringe, wenn man keine Waffen trage, nichts töte, kein Gras mähe usw., so sei dies jedoch keine zwingende religiöse Pflicht wie im Falle Mekkas.

Haramu Makka

Der heilige Bezirk von →*Mekka,* in dem bestimmte Handlungen ungesetzlich sind, die woanders erlaubt sind. Es ist verboten, Waffen zu tragen oder innerhalb der Grenzen zu kämpfen. Die dort wachsenden Dornen dürfen nicht abgebrochen werden, das Vieh muß unbelästigt bleiben, und man darf nichts wieder aufheben, was auf den Boden gefallen ist, es sei denn, um es seinem Besitzer zurückzugeben. In diesem Bezirk darf weder frisches noch trockenes Gras gemäht werden. 'Abdu'l-Haqq sagt: Als Abraham, »der Freund Gottes«, zu der Zeit, als die →*Ka'ba* gebaut wurde, dort den schwarzen Stein anbrachte, erglänzte sie im hellsten Licht, so daß in alle Richtungen das Umfeld erleuchtet war. An den Grenzen dieses Lichts wurden Säulen errichtet, die nun den heiligen Bezirk markieren.

Harem

Ein Wort, das besonders in der Türkei, in Ägypten und in Syrien für die Frauengemächer in einem mohammedanischen Haushalt benutzt wird.

In allen mohammedanischen Ländern ist es respektablen Frauen vorgeschrieben, zu Hause von der Außenwelt abgeschlossen zu bleiben, nicht unverschleiert nach draußen zu gehen und mit keinem Mann Kontakt zu haben, der nicht ihr Ehemann oder ein männlicher Verwandter ist, den zu heiraten ihr auf Grund des Verwandtschaftsgrades verboten ist. In Konsequenz dieser Vorschriften, die alle den Rang eines göttlichen Gesetzes haben, leben die weiblichen Mitglieder einer mohammedanischen Familie immer in Räumen, die dem öffentlichen Einblick entzogen sind. Dieser abgeschlossene Bereich wird *Harim* genannt, manchmal auch *Haram*, im Persischen →*Zananah*, von *Zan*, »Frau«.

Harithiya

Eine von Abu'l-Harith gegründete Muslim-Sekte, die im Gegensatz zu der Sekte der Abaziya sagt, daß es nicht richtig sei zu glauben, die Taten der Menschen seien nicht die Taten Gottes.

Harun →*Aaron*

Harut und Marut

Zwei Engel, die im Koran erwähnt werden. Sie sollen auf die Erde gesandt worden sein, um einer Prüfung unterzogen zu werden. Die beiden Engel sündigten und wurden zur Strafe in einer Felsenschlucht bei Babel an den Füßen aufgehängt. Sie gelten als große Lehrer der Kunst der Magie. →*Babel*

Der Bericht über die Engel steht im Koran, Sure 2 96: »Sie (die Juden) folgten dem, was die Satane über das Reich Salomos planten. Nicht Salomo war ungläubig, aber die Satane waren ungläubig. Sie lehrten die Menschen Zauberei und das, was den Engeln Harut und Marut in Babel geoffenbart wurde. Sie lehrten aber niemand eher, als bis sie gesagt hatten, sie wünschen die Verführung; so sei nicht ungläubig. Von ihnen lernten sie, was zwischen Mann und Weib zwieträchtigt, aber sie schaden niemand, es sei denn mit Willen Gottes. Sie lernten, was ihnen schadet und nicht nützet, und doch wußten sie bereits, wer solches erkauft, ihm ist kein Anteil im Jenseits. Wie schlimm ist, wofür sie ihre Seelen verkauft haben – wollten sie es doch verstehen!«

Hasad

»Neid, Boshaftigkeit«. Erscheint im Koran in Sure 2 103: »Viele von den Schriftleuten (Juden und Christen) wünschen, könnten sie euch doch wieder ungläubig machen, nachdem ihr des Glaubens geworden seid; der Neid ihrer Seele, nachdem ihnen die Wahrheit klar geworden.«

Hasan

Der fünfte Kalif. Der älteste Sohn Fatimas, der Tochter Mohammeds, von ihrem Ehemann, dem Kalifen →*'Ali (2.)*

Geboren im Jahre 625 n. Chr., gestorben 669 n. Chr. Er trat die Nachfolge seines Vaters im Kalifenamt im Jahre 661 n. Chr. an, regierte etwa sechs Monate und trat zugunsten von →*Mu'awiya* zurück. Er wurde von seiner Frau Dscha'da vergiftet, der von →*Yazid*, dem Sohn Mu'awiyas, versprochen worden war, sie zu heiraten, der allerdings dieses Versprechen nicht einlöste. Hasan hatte zwanzig Kinder, fünfzehn Söhne und fünf Töchter, von denen ein Zweig der großen Familie der →*Saiyiden*, der Nachkommen des Propheten, abstammt.

Haschim

Der Urgroßvater Mohammeds. Geboren zwischen 442 und 464

n. Chr. Er heiratete Salma, die ihm →*'Abdu'l-Muttalib* gebar, den Vater von →*'Abdu'llah*, der der Vater Mohammeds war. Nach einer Tradition soll sein ursprünglicher Name 'Amr gewesen sein.

Haschr

Wörtlich »von einem Ort weggehen und sich an einem anderen versammeln«. Der Ausdruck →*Yaumu'l-Haschr* wird für den Tag der Auferstehung benutzt, wenn die Toten ihre Gräber verlassen und sich zum Gericht versammeln. In diesem Sinne erscheint er im Koran in Sure 50 42-43: »Wahrlich, wir beleben und wir töten, zu uns ist die Rückkehr. An jenem Tag spaltet sich die Erde mit ihnen schnell. Diese Versammlung, leicht ist sie für uns.«

Hasen

Hasenfleisch ist gesetzlich, denn der Prophet aß es und wies seine Gefährten an, dasselbe zu tun. Es hat zu allen Zeiten Meinungsverschiedenheiten über den Wert des Hasen als Nahrungsmittel gegeben. Die Griechen und die Römer aßen Hasenfleisch, obwohl es die Meinung gab, daß es nicht gesund sei. Im Gesetz des Moses wird der Hase zu den unreinen Tieren gezählt. Auch die Parsen und die Armenier essen kein Hasenfleisch.

al-Hasib

Bedeutet »der Rechnende« am Tag des Jüngsten Gerichts. Einer der 99 Beinamen oder eines der 99 Attribute Gottes. Das Attribut erscheint dreimal im Koran.
Sure 4 7: »Gott aber genügt als Rechenschafter.«
Sure 4 88: »Wahrlich, Gott ist aller Dinge berechnend.«
Sure 33 39: »Und Gott genügt als Rechner.«

Hassan

Der Sohn des Thabit. Ein berühmter Dichter in der Zeit Mohammeds, der zum Islam übertrat. Er soll 120 Jahre gelebt haben, 60 als Götzendiener und 60 als Muslim.
In den Traditionen wird berichtet, daß der Prophet am Tag der Schlacht gegen die Banu →*Quraiza* ausgerufen habe: »O Hassan ibn Thabit, schmähe die Ungläubigen in deinen Versen, denn wahrlich, Gabriel hilft dir.«

Hatib ibn 'Amr

Einer der ersten, der zum Islam übertrat, und einer der zuverlässigsten Gefolgsleute Mohammeds. Er tat sich bei der Einnahme Mekkas hervor.

Haudu'l-Kauthar

Ein Fluß oder Teich im →*Paradies.* Nach von den Traditionen überlieferten Aussagen Mohammeds ist sein Umfang größer als dreißig Tagesreisen, sein Wasser ist weiß wie Schnee und süßer als mit Honig gemischte Milch, und wer davon trinkt, wird nie wieder Durst verspüren.

Das Wort →*Kauthar* erscheint einmal im Koran, nämlich in Sure 108, die danach benannt ist, wobei die Bedeutung unklar ist. Es heißt dort im ersten Vers: »Siehe, wir gaben dir *Al-Kauthar.*« Al-Baidawi, der Kommentator, meint, es heiße entweder »das Gute, die Fülle, der Überfluß«, oder es sei der Teich *Al-Kauthar* der Traditionen gemeint.

Haus

Arabisch *Bait*, Plural *Buyut*; →*Dar*, Plural *Diyar*, *Dur*. Zu Mohammeds Zeit waren die Häuser der meisten Araber einfache Hütten aus Palmwedeln mit einem Eingang, der durch eine Kamelhaardecke oder einen Vorhang aus ähnlichem Stoff verschlossen wurde. Die Häuser der Wohlhabenderen besaßen Wände aus ungebrannten Ziegeln und ein Dach, das mit Dattelpalmblättern, die mit Lehm befestigt waren, gedeckt war. Von diesem Typ waren auch die Behausungen von Mohammeds Familie.

'Abda'llah ibn Yazid berichtet, er habe die Häuser, in denen die Frauen des Propheten gelebt hatten, zu der Zeit gesehen, als 'Umar ibn al-'Aziz, der Herrscher Medinas, sie niederreißen ließ (etwa 718 n. Chr.). Sie waren aus ungebrannten Ziegeln erbaut und besaßen mehrere Räume, die durch Wände, die aus mit Lehm beworfenen Palmzweigen bestanden, abgeteilt waren. Es gab neun dieser Häuser. Als er das Haus von Umm Salma besichtigte, erzählte ihm ihr Enkel, seine Großmutter habe, als Mohammed einmal nicht anwesend gewesen sei, an ihr Haus einen Anbau aus ungebrannten Ziegeln errichten lassen. Als Mohammed dann zurückkam, fragte er sie, was dieser Anbau zu bedeuten habe, und sie antwortete: »O Prophet, ich wollte hierdurch die Blicke fremder Männer fernhalten.« Der Prophet antwortete: »O Umm Salma! Glaube mir, das Unproduktivste, was es gibt und was den Wohlstand eines Gläubigen auffrißt, ist das Bauen.« Ein anderer Bürger Medinas berichtete ihm, er erinnere sich noch daran, wie der Kalif 'Abdu'l-Malik (706-708 n. Chr.) den Be-

Das Innere eines mohammedanischen Hauses in Kairo

schluß verkünden ließ, diese Häuser sollten in den Bezirk der Moschee gebracht werden. Er habe nie lauteres Klagen gehört als an diesem Tag, und einer habe ausgerufen: »Ich wünschte, bei Gott, diese Häuser würden so gelassen, wie sie sind. Dann könnten unsere Nachkommen und Fremde aus allen Richtungen der Welt sehen, welche bescheidenen Unterkünfte dem Propheten und seiner Familie genügt haben, und ihr Anblick würde sie vor Stolz und Verschwendung bewahren.«

Die Häuser der bäuerlichen Bevölkerung in allen Bereichen des Islam sind im allgemeinen aus Lehm oder ungebrannten Ziegeln erbaut. In den gebirgigen Gebieten Afghanistans bestehen sie aus mit Lehm verfugten Steinen. Die Häuser sind generell eingeschossig und besitzen nur einen Raum, in dem auch noch das Vieh untergebracht wird. Die Dächer sind flach und bestehen aus Stroh und Lehm. Die Fenster sind kleine Öffnungen in der Wand, direkt unter dem Dach gelegen und besitzen manchmal hölzerne Verschläge. Es gibt keinen Kamin, sondern nur eine Öffnung in der Mitte des Daches, durch die der Rauch abziehen kann. Die Feuerstelle befindet sich direkt unter diesem Rauchabzug. Das Haus ist von einer Dornenhecke oder einer Lehmmauer umgeben, um Privatheit zu garantieren. Für männliche Gäste gibt es ein separates Gebäude, das allen Mitgliedern der Dorfgemeinschaft zur Verfügung steht.

Die Häuser von ärmeren Stadtbewohnern unterscheiden sich kaum von denen der ländlichen Bevölkerung, außer daß sie manchmal ein zweites Geschoß haben.

Die Vorschrift Mohammeds, daß die Frauen von der Öffentlichkeit zu isolieren sind, hat einen erheblichen Einfluß auf die Architektur und die Raumaufteilung der muslimischen Wohnhäuser der wohlhabenderen Schichten in aller Welt. Ein respektables Haus besitzt gewöhnlich zwei Innenhöfe. Der erste ist für männliche Gäste und Besucher bestimmt, der zweite ist der →*Harem* und ist den weiblichen Familienmitgliedern vorbehalten. An den äußeren Innenhof schließt sich ein Raum an, in dem sich ein Diwan befindet, auf dem die Bewohner sitzen, essen oder schlafen können. Dies ist der übliche Empfangsraum.

Der Harem wird durch eine kleine Tür in der Rückwand des äußeren Innenhofes betre-

Mohammedanisches Haus in Peschawar

ten. Er ist durch Säulen und Vorhänge in mehrere Gemächer aufgeteilt, wobei die Eckräume gewöhnlich als Vorratskammern oder Garderoben benutzt werden. Dieser innere Bereich ist völlig fensterlos. Die Gemächer sind mit Teppichen und Kissen ausgelegt, die auch praktisch die einzigen Einrichtungsgegenstände sind. Die Dächer dieser Häuser sind flach und mit einer etwa 1,20 Meter hohen Mauer eingefriedet. Bei großer Hitze schlafen die weiblichen Mitglieder des Haushalts gewöhnlich auf dem Dach. →*Harem*

In keinem Punkt unterscheiden sich die orientalischen Gebräuche mehr von den europäischen als in der Nutzung des Daches. Bei schönem Wetter ist das Flachdach ein Ort der Muße, und es wird auch für allerlei häusliche Verrichtungen genutzt, zum Beispiel zum Trocknen von Früchten und zum Wäscheaufhängen.

In der Mitte des Innenhofes befindet sich gewöhnlich ein Brunnen, damit die weiblichen Haushaltsmitglieder nicht gezwungen sind, zum Wasserholen ihren abgeschlossenen Bereich zu verlassen.

Über der Eingangstür eines mohammedanischen Hauses befindet sich gewöhnlich eine Inschrift, zum Beispiel ein Zitat aus dem Koran.

Hawala

Ein Begriff aus dem islamischen Recht, der die Übertragung einer Schuld von dem ursprünglichen Schuldner auf eine andere Person bezeichnet.

Hawamim

Wörtlich »Ha und Mim«. Sieben Suren des Korans beginnen mit den Buchstaben H und M (*Ha* und *Mim*) und werden deshalb *Al-Hawamim* genannt. Es sind dies die 40., 41., 42., 43., 44., 45. und 46. Sure. Die Meinungen der mohammedanischen Kommentatoren über die Bedeutung dieser geheimnisvollen Buchstaben gehen weit auseinander. Dschalalu'd-Din as-Suyuti sagt, es handle sich um einfache Initialen, deren Bedeutung nur Gott bekannt ist. →*Ibn 'Abbas* aber glaubt, daß H und M für →*Ar-Rahman* (»Der Gnädige«) stehe, einem der 99 Attribute Gottes.

Es wird in den Traditionen berichtet, daß ein Mann zum Propheten sagte: »Ich bin alt, mein Gedächtnis ist schwach, und meine Zunge ist gelähmt.« Der Prophet antwortete: »Dann wiederhole dreimal die Suren, die mit Ha und Mim anfangen.«

Hawari

Das Wort wird im Koran für die →*Apostel* Jesu benutzt. Al-Baidawi, der Kommentator, sagt, daß das Wort von *hawar*, »weiß sein«, abstamme und für die Jünger Jesu entweder deshalb benutzt werde, weil sie ein so reines Leben führten oder weil sie als respektable Männer weiße Kleidung trugen.
In den Traditionen bezeichnet das Wort die Nachfolger des Propheten.

Hawazin

Ein großer und kriegerischer arabischer Stamm, der im Gebiet zwischen Mekka und →*Ta'if* angesiedelt war. Mohammed besiegte sie in der Schlacht bei →*Hunain* im Jahre 630 n. Chr., ein Sieg der im Koran (Sure 9 26) dem Eingreifen von Engeln zugeschrieben wird.

Hawiya

Eine Abteilung der →*Hölle.* Ein bodenloser Abgrund für die →*Heuchler.*

Haya'

»Scham, Sittsamkeit«. Das Wort erscheint nicht im Koran, aber in den Traditionen heißt es: »Gott handelt mit Sittsamkeit.« Das wird so verstanden, daß Gott die haßt, die unsittlich oder schamlos handeln. Mohammed soll gesagt haben: »Sittsamkeit bringt nur Gutes.«

Hayat

»Leben«. *Al-Hayatu'd-Dunya*, »das weltliche Leben«, werden im Koran jene Dinge dieser Welt genannt, die von der Erreichung des ewigen Lebens abhalten. Sure 2 80: »Diese sind es, die das Leben hienieden für das Jenseits erkaufen; nicht gemildert werden soll ihnen die Strafe, keine Hilfe soll ihnen sein.«

Heiden

Arabisch *Ummi.* Nach Al-Baidawi alle Völker der Erde, die kein göttliches Buch besitzen. Im Koran wird der Begriff speziell für die arabischen Götzendiener benutzt.
Sure 62 2: »Er (Gott) war es, der den Heiden einen Propheten sandte, um sie seine Zeichen zu lehren und sie zu reinigen und um ihnen das Buch zu bringen, die Weisheit, obwohl sie vorher in tiefem Irrtum befangen waren.«

Heilige

In muslimischen Ländern gibt es eine große Zahl von Männern, die als Heilige verehrt werden, und viele religiöse Führer erwerben noch zu ihren Lebzeiten den Ruf der Heiligkeit, und nach ihrem Tod wird auf ihrem Grab ein Schrein errichtet, auf dem jeden Donnerstag Lichter angezündet werden.

Nach den Lehren des Islam waren die Propheten ohne Sünde, obwohl es eine Tradition gibt, die genau das Gegenteil sagt. →*Jesus*

Die Bezeichnungen *Pir* und *Wali* werden häufig für Personen benutzt, die durch Wunder und ein asketisches Leben den Ruf der Heiligkeit erlangt haben, die Wörter *Qutb* und *Ghauth* bezeichnen einen sehr hohen Rang von Heiligkeit, und die Begriffe *Zahid* und *'Abid* werden auf Personen angewandt, die ihr Leben ausschließlich der Kontemplation widmen.

Heiliger Geist

Der Heilige Geist wird dreimal im Koran erwähnt.

Sure 16 104: »Deines Herrn Geist der Heiligkeit hat ihn geoffenbart in Wahrheit.«

Sure 2 81 und 2 254: »...und wir stärkten ihn mit dem Heiligen Geist.«

Die muslimischen Kommentatoren sind sich einig, daß dieser Heilige Geist der Engel →*Gabriel* gewesen sei, der Jesus heiligte und ständig begleitete und der Mohammed den Koran offenbarte.

Heiliger Krieg →*Dschihad*

Henna

Arabisch *Hinna'*, botanisch *Lawsonia inermis*. Wird in mohammedanischen Ländern dazu benutzt, bei festlichen Gelegenheiten die Hände und Füße zu färben. →*Ehe*

Mohammed empfahl den Gebrauch von Henna und schätzte es, wenn sich Frauen Hände und Füße damit anmalten. Er selbst färbte seinen Bart mit Henna und empfahl dies auch seinen Anhängern, wodurch dieser Brauch einen religiösen Status bekam.

Heraklius

Der oströmische Kaiser, dem Mohammed im Jahre 628 n. Chr. einen Brief schrieb, in dem er diesen zum Übertritt zum Islam aufforderte.

Im Herbst 628 n. Chr. begab sich Kaiser Heraklius nach seinem triumphalen Sieg über die Perser auf eine Pilgerreise von Edessa nach Jerusalem, um ein Gelöbnis einzulösen. Kurz vor oder während dieser Reise wurde ihm ein Brief überbracht, der von Mohammed an ihn gerichtet war. Der Wortlaut dieses Briefes soll nach →*Ibn 'Abbas* folgender gewesen sein: »Im Namen Gottes, des Allerbarmers, des Allbarmherzigen.

Dieser Brief ist von Mohammed, dem Abgesandten Gottes, an Heraklius, den Herrscher der Römer, gerichtet. Friede jedem, der den rechten Weg geht! Wahrlich, ich berufe dich zum Islam. Bekehre dich zum Islam, damit du Frieden erlangen mögest. Bekehre dich zum Islam, und Gott wird dich doppelt belohnen. Wenn du den Islam zurückweist, werden die Sünden deiner Untertanen und deiner Nachfolger auf dir lasten. O ihr Volk des Buches (das heißt Christen), kommt zu dem Glauben, der euch und uns gegeben wurde, daß wir nur noch Gott allein dienen.«
Die Traditionen sind sich einig, daß Heraklius dieser Aufforderung nicht nachgekommen ist. →*Römer*

HERMAPHRODITEN

Hermaphroditen sind Menschen, die sowohl weibliche wie männliche Geschlechtsorgane besitzen. Es gibt im mohammedanischen Gesetz spezielle Regelungen für sie. Für sie gilt, daß sie alle normalen Vorschriften des geistlichen Gesetzes befolgen müssen, aber nur insoweit, wie es keine Zweifel an der Anwendbarkeit auf ihre Daseinsform gibt. Beim öffentlichen Gebet ist ihr Platz zwischen Frauen und Männern, in anderen Fällen müssen sie sich an die Verhaltensnormen der Frauen halten.

HERRSCHER →*König*

HEUCHELEI

Arabisch *Riya', Nifaq, Makr.* Wenn im Koran die Rede von Heuchelei ist, bezieht sich dies immer auf eine Gruppe von Menschen, die *Munafiqun*, die Heuchler von Medina, genannt werden, die in den Tagen des Propheten versprochen hatten, ihm zu folgen, aber im geheimen Opposition gegen ihn betrieben (Sure 2 7; 33 47).
In den Traditionen gibt es folgende Aussagen über die Heuchelei: »Es gibt drei Anzeichen für Heuchelei: falsche Rede, etwas versprechen und nicht halten, Mißbrauch von Vertrauen.«
»Es gibt vier Eigenschaften, die einen kompletten Heuchler ausmachen, und wenn jemand nur eine von diesen besitzt, hat er eine Neigung zum Heuchler, bis er sie abgelegt hat: Mißbrauch von Vertrauen, Bruch von Vereinbarungen, falsche Rede, Neigung zum Verrat.«

HEUCHLER

Arabisch *Munafiqun.* Ein Begriff, den Mohammed für eine Gruppe von Einwohnern Medinas benutzt, die bei seinem ersten Aufenthalt in der Stadt dem Islam beitraten, ihn insgeheim aber bekämpften. →*Heuchelei*

Heuschrecken

Diese sind gesetzlich und dürfen von den Muslimen gegessen werden.

Hiba

Ein juristischer Begriff aus dem mohammedanischen Gesetz, der eine Schenkung, eine Übertragung von Besitz, bezeichnet, die gegenwärtig und ohne Gegenleistung erfolgt.

Hidad

»Trauer«. Die Trauerzeit einer Witwe nach dem Tod ihres Mannes, in der sie auf Parfüm, Schmuck usw. verzichten muß. Die gesetzliche Trauerzeit beträgt vier Monate und zehn Tage.

Hidana

»Verständnis, Einfühlsamkeit«. Das Erziehungsrecht der Mutter für ihre Kinder. In einer Tradition heißt es:

»Die Mutter ist von allen Personen diejenige, die am besten geeignet ist, ihre Kinder zu erziehen, ob es innerhalb der Ehe mit ihrem Mann ist oder nach deren Auflösung.«

Wenn die Kinder nicht mehr auf die Fürsorge der Mutter angewiesen sind, geht das Erziehungsrecht auf den Vater über, und er übt dann auch die Vormundschaft über sie aus. Bei den Hanafiten hat die Mutter das Erziehungsrecht für eine Tochter bis zur Pubertät inne, bei den anderen sunnitischen Hauptgruppen bis zur Verheiratung.

In bezug auf die Dauer des mütterlichen Erziehungsrechts für männlichen Nachwuchs gehen die Meinungen weiter auseinander. Die Hanafiten begrenzen es auf sieben Jahre, bei den Schafiiten und Malakiten darf der Junge bis zur Pubertät unter der mütterlichen Obhut bleiben. Bei den Schiiten obliegt der Mutter die Obhut ihrer Kinder bis zu ihrer Entwöhnung, ein Zeitpunkt, der auf zwei Jahre festgelegt ist. Danach geht das Erziehungsrecht für Jungen auf den Vater über, für Mädchen bleibt es bis zum siebten Lebensjahr bei der Mutter.

Die Mutter verliert das Erziehungsrecht für ihre Kinder, wenn sie einen Fremden heiratet, wenn sie Ehebruch begeht oder wenn sie einen solchen Wohnort wählt, daß das Kind der nötigen Aufsicht des Vaters entzogen ist. Dasselbe gilt,

wenn die Frau vom Islam abfällt.
Das Erziehungsrecht für uneheliche Kinder liegt ausschließlich bei der Mutter und ihrer Verwandtschaft.

Hidaya

Wörtlich »Führung, Belehrung«. Der Titel eines bekannten Buches über das sunnitische Gesetz, das auch in diesem Lexikon häufig zitiert wird. Es gibt mehrere Werke, die *Al-Hidaya* genannt werden, aber dieses bestimmte trägt den kompletten Titel *Hidaya fi'l-Furu'* (»Eine Belehrung in bestimmten Punkten«) und wurde von Scheich Burhanu'd-Din 'Ali verfaßt, der 1136 n. Chr. in Marghinan geboren wurde und im Jahre 1197 starb.

Hidschab

Eine Abgrenzung oder ein Vorhang, Verschleierung oder Verbergen.
1. Ein Begriff, der im Koran für die Isolierung der Frauen benutzt wird. Sure 33 53: »Werdet ihr gerufen, tretet ein, und habt ihr gegessen, zerstreut euch und suchet keine vertraulichen Unterhaltungen, denn wahrlich, dies belästigt den Propheten, und peinlich ist es ihm vor euch. Gott aber schämt sich nicht der Wahrheit. Und wenn ihr von seinen Frauen ein Gerät verlangt, so verlanget es hinter einem Vorhang. Dies ist reinlicher für eure Herzen und für ihre Herzen. Euch kommt es nicht zu, den Gesandten Gottes zu belästigen, oder nach ihm seine Frauen zu heiraten. Wahrlich, dies wäre arg vor Gott.«
2. Ein Begriff, der von den sufitischen Mystikern (→*Sufis*) für das benutzt wird, was das Licht Gottes in der Seele des Menschen verdunkelt.

Hidschaz

Wörtlich »Barriere, Teilendes«. Als Al-Hidschaz wird das Kerngebiet des heiligen Landes der Mohammedaner bezeichnet, das weitere Umfeld von Mekka und Medina.

Hidschr

In seinem ursprünglichen Sinn bedeutet der Begriff »Verbot, Einschränkung«.
1. In der Sprache des Gesetzes bezeichnet *Hidschr* eine Handlungseinschränkung für Personen, die Kinder, Geistesgestörte oder Sklaven sind.
2. *Al-Hidschr* ist ein Gebiet in der Provinz Al-Hidschaz zwischen Medina und Syrien, wo der Stamm der Thamud lebte.
3. Titel der 15. Sure des Korans, wo es im 80. Vers heißt: »Und auch die Genossen von Hidschr

nannten unsere Abgesandten lügenhaft.«

Hidschra

Wörtlich »Wanderung«.

1. Mohammeds Flucht von Mekka nach Medina.
2. Die Ausreise eines Muslims aus einem Land, das unter der Herrschaft von Ungläubigen steht.
3. Das Fliehen der Sünde.
4. Die muslimische Zeitrechnung.

Die Flucht Mohammeds aus Mekka fand im September 622 n. Chr. statt. Siebzehn Jahre später begründete der Kalif →*'Umar* die *Hidschra* oder die *Hegira*, die muslimische Zeitrechnung, indem er den ersten Tag des ersten lunaren Monats (→*Muharram*) des Jahres 622, der auf Donnerstag, den 15. Juli fiel, zum Beginn der neuen Zeitrechnung bestimmte. Allerdings soll nach At-Tabari der Brauch, Ereignisse danach zu datieren, ob sie vor oder nach der Hidschra stattgefunden haben, direkt auf den Propheten zurückgehen.

Umrechnung von muslimischen in christliche Jahreszahlen.

Um die Zeit in Sonnenjahren zu berechnen, die zwischen zwei gegebenen muslimischen Jahreszahlen vergangen ist, subtrahiere man die frühere Jahreszahl von der späteren, den Rest multipliziere man mit 0,97. Das Ergebnis ist die gesuchte Zeitdifferenz in Sonnenjahren. Will man zum Beispiel wissen, wieviele Sonnenjahre zwischen den Jahren 681 A. H. und dem Jahr 1256 A. H. vergangen sind, ziehe man 681 von 1256 ab, was 575 ergibt, und nehme diese Zahl mit 0,97 mal. Das Ergebnis ist 557,75. Es sind also etwa 558 Sonnenjahre zwischen den beiden Daten vergangen.

Will man das christliche Datum eines gegebenen muslimischen Datums errechnen, gehe man wie folgt vor: Die gegebene muslimische Jahreszahl multipliziere man mit 0,97, addiere zum Ergebnis 621,54 – und die Summe gibt den Zeitpunkt nach der christlichen Zeitrechnung an, an dem das gegebene muslimische Jahr endet. Um zum Beispiel zu ermitteln, welches christliche Datum dem Jahr 942 A. H. entspricht, multipliziere man 942 mit 0,97, was 913,74 ergibt, und addiere zu diesem Wert 621,54 hinzu. Das Ergebnis 1535,28 zeigt, daß das Jahr 942 A. H. im Frühling des Jahres 1536 n. Chr. endete.

Diese einfache Regel basiert auf der Tatsache, daß 100 lunare Jahre ziemlich genau 97 Sonnenjahren entsprechen, wobei

nur 8 Tage Differenz bleiben. Wenn man das Datum auf diese Weise ermittelt hat, sollte man also noch 8 Tage pro Jahrhundert als Korrektur hinzufügen. Wenn man als Multiplikator statt 0,97 die Zahl 0,970255 verwendet, erübrigt sich diese nachträgliche Korrektur, und man erhält die präzise Jahreszahl.
Will man das Jahr der Hidschra bestimmen, das einer gegebenen christlichen Jahreszahl entspricht, so ziehe man von dieser 621,54 ab und multipliziere die Differenz mit der Zahl 1,030657. Das Ergebnis ist die Jahreszahl nach dem muslimischen Kalender.

Hilal

Der →*Neumond.* So werden die ersten drei Tage jedes Monats genannt.

Hilf

Ein →*Eid. Hilf Namah*, eine schriftliche feierliche Erklärung. *Halif*, der, der einen Eid ablegt.

Hima

Wörtlich »geschützt, verboten«. Weideland, das dem Herrscher eines Landes vorbehalten ist. »Wisset, daß jeder Fürst Weideland besitzt, das allen anderen verboten ist, und wisset, daß Gott es war, der den Menschen dies Weideland verboten hat.« (Mischkat 12 1,1)

Himmel

Arabisch *Sama'*. Bezeichnet das Firmament im Unterschied zu *Firdaus*, →*Paradies*, dem Aufenthaltsort der Seligen. Der Koran lehrt, daß der Himmel aus sieben Bahnen oder Stufen besteht.
Sure 23 17: »Über euch schufen wir die sieben Himmel (Bahnen), und nicht lässig waren wir bei der Schöpfung.«
Die Kommentatoren verstehen das so, daß es sich um die Bahnen der Engel und der Himmelskörper handelt. Die Erschaffung des Himmels hat nicht zu Gottes Vergnügen stattgefunden, sondern zu seinem Ruhm.
Sure 21 16: »Und nicht zum Spaß schufen wir Himmel und Erde und was zwischen ihnen.«
Nach allgemeinem Glauben werden die Himmel am letzten Tage herabstürzen, bis dahin aber werden sie von Gottes Macht an ihrem Ort gehalten.
Sure 22 64: »Er hält den Himmel zurück, daß er nicht auf die Erde stürze, es sei denn mit seinem Willen.«
Nach den Traditionen (Mischkat 24 7) durchquerte Mohammed während der →*Mi'radsch*,

der Nachtreise, sieben Himmel, und diese werden wie folgt beschrieben: Der erste ist aus purem Silber und ist der Wohnort Adams; der zweite ist aus reinem Gold und wird von Johannes dem Täufer und Jesus bewohnt; der dritte besteht aus Perlen und gehört Joseph; der vierte ist aus Weißgold und ist der Aufenthaltsort Henochs; der fünfte ist aus Silber und gehört Aaron; der sechste besteht aus Rubinen und Granat und ist von Moses bewohnt, der siebte schließlich gehört Abraham.

Diese Darstellung ist jedoch nicht einheitlich, denn nach einigen Büchern und der volkstümlichen Tradition wird Jesus der vierte Himmel und nicht der zweite zugeschrieben.

Diese Beschreibung der Himmel stimmt mit dem Sphärenmodell des Ptolemäus überein, in dem die erste Sphäre dem Mond, die zweite dem Merkur, die dritte der Venus, die vierte der Sonne, die fünfte dem Mars, die sechste dem Jupiter und die siebte dem Saturn zugeordnet wurde, wobei jeder Himmelskörper sich in seiner jeweiligen Sphäre um die Erde drehte.

Mohammed gab den Abstand jeder der himmlischen Regionen zur nächsten mit 500 Jahresreisen an.

Hinrichtung

Die mohammedanische Hinrichtung geht wie folgt vor sich: Der Scharfrichter nimmt den Delinquenten bei der rechten Hand und führt mit einem Schwert oder einer Axt einen Hieb gegen den Nacken des Opfers, wobei der Kopf mit einem Schlag vom Rumpf getrennt wird.

Wenn ein Richter jemanden zur →*Steinigung,* zur Hinrichtung oder zur Amputation einer Hand verurteilt hat und eine Person bestimmt, die die Strafe ausführen soll, so ist es gesetzlich, wenn diese Person der Anweisung nachkommt.

Nach Abu Hanifa geht ein Scharfrichter, der einem Verurteilten irrtümlich die linke Hand statt der rechten abtrennt, straffrei aus. Andere Rechtsgelehrte sind jedoch anderer Auffassung.

Hiob

Arabisch *Ayyub*. Im Koran erwähnt als Prophet und als Beispiel für Geduld.

Sure 21 83-84: »Auch Hiob, als er zu seinem Herrn rief: ›Siehe, das Unglück hat mich berührt, und du bist der allbarmherzige Erbarmer.‹ Da erhörten wir ihn und entfernten, was an ihm von Unglück war. Wir gaben ihm seine Familie wieder und noch

einmal dazu Barmherzigkeit von uns und Ermahnung für die Diener.«
Sure 38 40-44: »Gedenke auch unsres Dieners Hiob, wie er seinen Herrn anrief: ›Ja, mich traf Satan mit Unglück und Pein!‹ – ›Stampfe mit deinem Fuß. Das ist Kühlung und Trank.‹ Und wir gaben ihm seine Familie (zurück) und noch einmal soviel dazu, Barmherzigkeit von uns und Ermahnung für die Einsichtsvollen. Nimm nun ein Rutenbündel in deine Hand und schlage damit, auf daß du nicht eidbrüchig seiest. Wahrlich, wir fanden ihn geduldig. Ein trefflicher Diener, er war bußfertig.«
Die muslimischen Autoren berichten, daß Hiob ein Nachkomme Esaus war und mit einer großen Familie und unermeßlichem Reichtum gesegnet. Aber Gott stellte ihn auf die Probe, indem er ihm alles nahm, was er besessen hatte, am Ende sogar seine Kinder, die beim Einsturz eines Hauses ums Leben kamen. Trotzdem blieb Hiob ein treuer Diener seines Herrn und dankte ihm wie immer. Dann befiel ihn noch eine ekelerregende Krankheit, indem sein Körper von Würmern zerfressen wurde, so daß er auf einen Misthaufen gebracht wurde, weil niemand seine Nähe ertragen konnte. Nur seine Frau (die manche Rahmeh, die Tochter des Ephraim, Sohn des Joseph, und andere Makhir, die Tochter Manasses, nennen) versorgte ihn mit großer Geduld von dem, was sie mit ihrer Hände Arbeit verdiente. Dann aber näherte sich ihr der Teufel und versprach ihr, ihren früheren Wohlstand wiederherzustellen, wenn sie ihn verehren würde. Sie fragte ihren Mann um Einverständnis, und er wurde so zornig, daß er versprach, sie mit hundert Peitschenhieben zu züchtigen, wenn er genesen würde. Als seine Probe beendet war, wurde er reicher als zuvor, und seine Frau wurde wieder jung und schön und gebar ihm sechsundzwanzig Söhne.
Die Traditionen schwanken in der Angabe der Zeit, die Hiobs Prüfungen gedauert haben: Nach der einen waren es sechzehn Jahre, nach einer anderen dreizehn, nach einer weiteren drei Jahre, und schließlich gibt es noch eine Tradition, die die Zeit mit exakt sieben Jahren, sieben Monaten und sieben Stunden angibt.

Hira'

Der Name eines Berges in der Nähe von Mekka, auf dem Mohammed seine erste Offenbarung empfangen haben soll. →*Mohammed*

HOCHZEIT →*Ehe*

HÖLLE

Im Koran wird der Ort der Qualen meist als *Nar* (»Feuer«) bezeichnet, doch auch das Wort *Dschehennam* wird häufig dafür benutzt. Die Hölle soll sieben Tore und Abteilungen besitzen.

Sure 15 43-44: »Wahrlich, die Hölle ist ihre Verheißung, ihnen allesamt. Sie hat sieben Tore, jedem Tor ein Teil von ihr zugewiesen.«

Die sieben Abteilungen der Hölle sind nach den muslimischen Kommentatoren die folgenden:

1. *Dschehennam*, das Höllenfeuer für alle Muslime. Der Koran sagt, daß alle Gläubigen dicht an der der Hölle vorbeimüssen (Sure 19 72): »Und keiner ist unter euch, der da nicht hinabfährt. Es ist eine bei deinem Herrn vollendete Bestimmung.«

2. *Laza*. Sure 70 15: »Ja, die Flammende. Zerrend am Kopfhaar. Ruft den, der den Rücken wendend sich abkehrt.«

3. *Al-Hutama*. Sure 104 4-9: »Keineswegs, geschleudert wird er in das Verzehrende. Was lehrt dich, was das Verzehrende ist? Das Feuer Gottes angezündet. Es schlägt über die Herzen. Über sie wölbend. In ragenden Säulen.«

4. *Sa'ir*. Sure 4 11: »Wahrlich, die das Vermögen der Waisen in Ungerechtigkeit verzehren, sie nehmen nur Feuer in ihren Bauch auf; in der Hölle werden sie braten.«

5. *Saqar*. Sure 54 47-48: »Wahrlich, die Sünder sind in Irrung und Wahnsinn. An jenem Tag werden sie auf ihren Gesichtern ins Höllenfeuer geschleift: ›Kostet nun die Berührung der Hölle.‹ «

6. *Al-Dschahim*. Sure 2 113: »...du aber sollst für die Genossen des Feuerpfuhls nicht verantwortlich sein.«

7. *Hawiya*. Sure 101, 6-8: »Und was den betrifft, dessen Waage leicht ist, sein Daheim ist der Abgrund. Und was lehrt dich, was dies ist? Glühendes Feuer.«

Die mohammedanischen Kommentatoren weisen diese sieben Abteilungen folendermaßen zu: 1. *Dschehennam*, das Höllenfeuer für alle Muslime. 2. *Laza*, das Höllenfeuer für die Christen. 3. *Al-Hutama*, ein heißes Feuer für die Juden. 4. *Sa'ir*, ein versengendes Feuer für die Sabatäer. 5. *Saqar*, ein gewaltiges Feuer für die Magier. 6. *Al-Dschahim*, ein vernichtendes Feuer für die Götzendiener.

7. *Hawiya*, ein bodenloser Abgrund für die Heuchler.

Die Lehren des Korans über die Hölle (die sich hauptsächlich in den chronologisch frühesten Suren finden) sind:

Sure 74 26-34: »Braten lasse ich ihn in der Hölle. Was lehrt dich, was die Hölle ist? Sie läßt nichts übrig, nichts zurück. Versengend das Fleisch. Über sie sind neunzehn Wächter gesetzt. Und zu Wächtern des Höllenfeuers bestimmten wir Engel nur, und setzten ihre Anzahl fest zur Prüfung nur für die, die ungläubig sind, damit überzeugt seien die, welche die Schrift empfingen, und die, welche gläubig sind, zunehmen an Glauben. Und die, welche die Schrift empfingen, und die Gläubigen zweifeln nicht. Und jene, in deren Herzen Krankheit ist, und die Ungläubigen sagen: ›Was will Gott mit diesem Gleichnis?‹ So läßt Gott irregehen, wen er will, und rechtleitet, wen er will. Und die Heerscharen deines Herrn kennt keiner außer ihm. Und dies ist Ermahnung nur für die Menschen.«

Sure 88 1-7: »Kam dir die Kunde vom Gerichtstag? Gesichter sind dann demütig. Sich abarbeitend und abmühend. In glühendem Feuer gebraten. Aus siedendem Quell getränkt. Keine andere Speise als Höllenstrauch. Der nicht fett macht und nicht schützt vor Hunger.

Sure 78 21-30: »Wahrlich, die Hölle ist eine Falle. Wohnsitz für die Widerspenstigen. Darin verweilend lange Dauer. Sie kosten darin keine Erfrischung noch Trank. Siedendes Wasser nur und Jauche. Ein angemeßner Lohn. Denn sie erwarteten nicht die Rechenschaft. Und ziehen der Lügenhaftigkeit unsere Verse. All die Dinge aber zählten wir zu Buch. So kostet nun, und mehren werden wir eure Strafe nur.«

Die obigen Zitate stammen alle aus Suren, die in der Frühzeit von Mohammeds Tätigkeit entstanden sind. Die Verweise der späteren Suren auf die Hölle sind kurz und richten sich ausschließlich gegen Personen, die nicht an Mohammeds Mission glaubten, und nicht mehr gegen die Sünde an sich, zum Beispiel Sure 9 69: »Verheißen hat Gott den Heuchlern und Heuchlerinnen (das heißt Verleugner des Islam) sowie den Ungläubigen das Feuer der Hölle, in der sie ewig verbleiben.«

Die Lehren Mohammeds über die Hölle, wie sie von den Traditionen wiedergegeben werden, sind wesentlich spezifischer, aber es ist unmöglich, diese Traditionen zu datieren

oder auch nur ihre Authentizität zu beweisen. Sie werden hier nach →*Al-Bukhari* (Mischkat 23 15) wiedergegeben:
»Das Feuer der Hölle ist ein Siebzigstel des irdischen Feuers. Zum Prophet wurde gesagt: ›O Prophet Gottes! Das Feuer der Hölle wäre doch sicherlich ausreichend, um die Menschen zu strafen.‹
Der Prophet antwortete: ›Das Höllenfeuer ist um neunundsechzig Teile mehr als das irdische Feuer, wobei jeder Teil dem Erdenfeuer entspricht.‹ «
»Die leichteste der Höllenstrafen trifft den, der Schuhe aus Feuer tragen muß, so daß ihm das Hirn im Schädel kocht, wie das Wasser in einem Kupferkessel auf dem Herd kocht. Er wird glauben, daß es keine schlimmere Tortur gibt, aber in Wirklichkeit ist dies die leichteste der Strafen.«
»Am Tag der Auferstehung wird der Mann, der auf der Welt der Reichste war, herbeigebracht und einmal in das Feuer getaucht werden. Dann wird er gefragt: ›O Kind Adams, ist dir je auf der Welt Gutes widerfahren, und hast du je Wohlleben erfahren?‹ Und er wird antworten: ›Ich schwöre bei Gott, daß ich nie etwas Gutes erfahren habe und daß ich das Wohlleben nie kennengelernt habe.‹ Dann wird der Mann gebracht werden, der die größten Leiden auf der Welt erduldet hat, und er wird gefragt werden: ›O Sohn Adams, hast du je Leid auf der Welt erdulden müssen?‹ und er wird antworten: ›Ich schwöre bei Gott, daß ich auf der Welt nie Leiden erfahren habe.‹ «
»Einigen von den Verdammten wird das Feuer nur die Füße verbrennen, anderen wird es bis zu den Knien reichen, anderen bis zum Bauch und anderen bis zum Hals.«
»Das Höllenfeuer brannte tausend Jahre, dann wurde es rot; es brannte weitere tausend Jahre, bis es weiß wurde; danach brannte es noch einmal tausend Jahre und wurde schwarz. Deshalb ist Höllenfeuer schwarz und dunkel und sendet nie Licht aus.«
»Wahrlich, heißes Wasser wird den Verdammten über die Köpfe gegossen werden, und es wird in ihren Körper eindringen und wird alle ihre Innereien zerreißen, so daß sie ihnen zu den Füßen herauskommen.«
Orthodoxe Muslime sind einhellig der Auffassung, daß Ungläubige ausnahmslos die Höllenstrafe zu erwarten haben. Aber es gibt bestimmte Sekten, die anderer Auffassung sind. So sagt Samama ibn Aschras an-

Numairi: »Die Juden und die Christen werden am Tag des Gerichts zu Staub werden, genauso wie es bei Tieren und den kleinen Kindern von Ungläubigen der Fall ist.« Derselbe Autor sagt auch: »Außer den Ungläubigen müssen auch alle Muslime, die Sünden begangen haben, in die Hölle, aber sie bleiben dort nicht für immer, denn es heißt im Koran: ›Wer nur ein Stäubchen Gutes getan, wird seinen Lohn bekommen.‹ «

Manche Kommentatoren sagen in bezug auf die Aussage des Korans, daß alle Muslime in die Hölle müssen (Sure 19 72: »Und keiner ist unter euch, der da nicht hinabfährt«), daß zwar alle Muslime zur Hölle verurteilt seien, aber daß diese für diejenigen, die keine großen Sünden begangen haben, kühl und angenehm sei. Andere glauben, daß diese Muslime nur die Brücke →*Sirat* überqueren müßten, die über die Hölle hinüberführt.

HONIG

Arabisch *'Asal.* Im Koran wird Honig speziell als Gabe Gottes erwähnt. Sure 16 70-71: »Und der Biene gab dein Herr ein: Bau dir in den Bergen Häuser, in den Bäumen, und in dem, was (die Menschen) errichten. Dann iß von allen Früchten und ziehe unterwürfig die Wege deines Herrn. Aus ihren Leibern kommt ein Saft von mannigfacher Farbe, in dem Heilung ist für die Menschen. Wahrlich, hierin ist ein Zeichen für Leute, die nachsinnen.«

HUBAL

Das große Götzenbild in der →*Ka'ba,* das von Mohammed bei der endgültigen Einnahme Mekkas zerstört wurde (630 n. Chr.).

HUD

1. Ein Prophet, der zum Stamm →*'Ad* gesandt worden sein soll. Al-Baidawi sagt, einige glauben, er sei der Sohn des 'Abdu'llah, Sohn des Rabah, Sohn des Khalud, Sohn des 'Ad, Sohn des 'Aus, Sohn des Iram, Sohn des Sem, Sohn des Noah, andere aber meinten, er sei der Sohn des Schalah, Sohn des Arfakhschad, Sohn des Sem, Sohn des Noah.

Im folgenden die Darstellung, die der Koran über ihn gibt. Sure 7 63-70: »Und zu den 'Aditen ihr Bruder Hud, der sprach: ›O mein Volk, verehret Gott, ihr habt keinen Gott außer ihm; wollt ihr nicht gottesfürchtig sein?‹ Es erwiderten die Ratsherren, die ungläubig waren unter seinem Volk: ›Traun, wir sehen dich in Torheit, und wahrlich, wir halten dich für einen Lügner.‹ Er sprach: ›O mein Volk, keine Torheit ist an mir, aber ich bin ein Gesandter des Herrn der Weltbewohner. Ich verkünde euch die Botschaft meines Herrn und bin euch ein treuer Berater. Wundert es euch, daß euch eine Mahnung von eurem Herrn kommt durch einen Mann aus eurer Mitte, euch zu warnen? Bedenket, daß er euch zu Nachfolgern gemacht nach dem Volk Noahs und euch Größe zugelegt an Gestalt. Gedenket der Wohltaten Gottes, auf daß ihr Glück habet.‹ Jene erwiderten: ›Kommst du zu uns, daß wir Gott allein verehren und lassen sollen, was unsre Väter verehrten? Bring uns doch, was du uns androhst, wenn du bist der Wahrhaftigen einer.‹ Er sprach: ›Niedergefallen ist nun auf euch Greuel und Zorn von eurem Herrn. Wollt ihr mit mir über die Namen streiten, die ihr (den Götzen) beigelegt, ihr und eure Väter, wozu Gott euch keine Ermächtigung gegeben? Wartet, und ich bin mit euch der Wartenden einer.‹ Und wir retteten ihn und die mit ihm in unsrer Barmherzigkeit, aber rotteten aus den Rest derer, die unsre Zeichen lügenhaft nannten und keine Gläubige waren.«

Sure 11 52-63: »Und zu den ʿAditen (kam) ihr Bruder Hud und er sprach: ›O mein Volk, verehret Gott allein, denn ihr habt keinen Gott außer ihm; ihr seid Erdichter nur. O mein Volk, ich verlange von euch keinen Lohn, denn meine Belohnung ist nur bei dem, der mich erschaffen; begreift ihr dies nicht? O mein Volk, bittet euren Herrn um Verzeihung und kehret zu ihm zurück; er wird über euch den Himmel Regen niedersenden lassen. Er wird euch Kraft mehren zu eurer Kraft. Und wendet euch nicht ab sündhaft.‹ Sie erwiderten: ›O Hud, du bist uns nicht mit deutlichen Wundern gekommen; wir verlassen unsre Götter nicht ob deiner Rede, auch sind wir nicht Gläubige deiner. Wir sagen nichts andres, als daß einer unsrer Götter dich mit einem Übel geschlagen.‹ Er sprach: ›Ich rufe Gott als Zeugen an und bezeuget auch ihr, daß ich rein bin von dem, was ihr Gott zugesellt. Außer ihm. Verschwöret euch gegen mich allesamt, zögert nicht. Ich vertraue auf Gott nur, meinen Herrn und euren Herrn. Kein Tier, daß er nicht an seiner Mähne hält. Wahrlich, mein Herr ist auf dem geraden Weg. Wendet ihr euch ab – ich habe euch bereits angekündigt, wo-

mit ich zu euch gesandt bin. Mein Herr wird ein andres Volk an eurer Stelle nehmen, und ihr werdet ihm um nichts schaden. Wahrlich, mein Herr ist über alle Dinge Wächter.‹ Und als unser Befehl eintraf, retteten wir in unsrer Barmherigkeit Hud und die mit ihm gläubig waren; und wir retteten sie vor schwerer Strafe. Diese ʿAditen verleugneten die Zeichen ihres Herrn, lehnten sich auf gegen seine Gesandten und folgten der Aufforderung eines jeden widerspenstigen Gewalttäters. Fluch verfolgt sie bis hienieden, und auch am Tag der Auferstehung. Haben wahrlich die ʿAditen nicht ihren Herrn verleugnet? Etwa nicht: Fort mit den ʿAditen, dem Volk Huds!«
Sure 26 123-139: »Die ʿAditen auch schalten die Abgesandten lügenhaft. Als ihr Bruder Hud zu ihnen sprach: ›Wollt ihr nicht Gott fürchten? Wahrlich, ich bin euch ein treuer Gesandter. So fürchtet Gott und gehorchet mir. Und ich verlange von euch dafür keinerlei Belohnung, denn meine Belohnung ist nur bei dem Herrn der Weltbewohner. Errichtet ihr auf jeder Anhöhe ein Mal zum Spielen? Und unternehmet Kunstbauten, auf daß ihr ewig seiet? Und wenn ihr stürmt, wollt ihr gewalttätig stürmen? Fürchtet doch Gott und gehorchet mir. Und fürchtet den, der euch versah mit dem, was ihr wisset. Er versah euch mit Hausvieh und Kindern. Mit Gärten und Quellen. Wahrlich, ich fürchte für euch die Strafe des großen Tags.‹ Sie sprachen: ›Gleich ist es uns, ob du uns ermahnest oder nicht bist der Ermahnenden einer. Das sind nur alte Geschichten. Wir werden nie Bestrafte sein.‹ So schalten sie ihn lügenhaft; wir aber vernichteten sie. In diesem wahrlich ist ein Zeichen, doch sind die meisten ihrer keine Gläubigen.«
2. *Suratu Hud*, »Sure von Hud«, ist der Titel der 11. Sure des Korans.

AL-HUDAIBIYA

Ein Brunnen an der Grenze des heiligen Bezirks von Mekka, an dem Mohammed im Jahre 628 n. Chr. einen vorläufigen Waffenstillstand mit den Koreischiten schloß, in dem sich der Prophet verpflichtete, in diesem Jahr Mekka nicht zu betreten. Dieser Vertrag wird in der 48. Sure des Korans als Sieg bezeichnet, wo es im ersten Vers heißt: »Wahrlich, wir eröffneten dir einen offenbaren Sieg.« Diese Sure soll Mohammed bei dieser Gelegenheit offenbart worden sein, und sie soll die

Vorhersage der endgültigen Einnahme Mekkas enthalten, die zwei Jahre später stattfand.

HUDHAIFA

Der Sohn des Al-Yaman. Er war einer der bedeutendsten Gefährten des Propheten, der ihm besonderes Vertrauen entgegenbrachte. Er starb in der Zeit des Kalifats →*'Alis (2.)* im Jahre 657 n. Chr.

HUDSCHRA

Die »Kammer«, in der Mohammed starb und beerdigt wurde und die ursprünglich für →*'A'ischa,* die Lieblingsfrau des Propheten, bestimmt war. Sie liegt hinter der Masdschidu'n-Nabi, der Moschee des Propheten, in →*Medina,* hat die Gestalt eines unregelmäßigen Quadrats von ca. 17 Metern Seitenlänge und ist von der Moschee durch eine ca. 8 Meter breite Passage getrennt.

Hier befinden sich die Gräber von Mohammed, Abu Bakr und 'Umar. Außerdem ist ein Platz für das Grab Jesu reserviert, denn die Muslime glauben, daß Jesus wieder zur Erde zurückkehren, sterben und in Medina begraben werden wird. In einem abgetrennten Bereich des Gebäudes soll sich das Grab Fatimas, der Tochter Mohammeds, befinden, obwohl manche Muslime glauben, daß Fatima in Baqi' begraben ist. Der Prophet soll in seinem Grab auf der rechten Seite liegen, seine Wange auf die rechte Hand gestützt, sein Gesicht in Richtung Mekka weisend. Hinter ihm liegt Abu Bakr, in derselben Haltung wie Mohammed, mit dem Gesicht auf der Höhe von Mohammeds Schulter. Dahinter wiederum liegt 'Umar in gleicher Weise.

Es ist überliefert, daß Mohammed darum gebetet hat, daß Gott es nicht erlauben möge, daß sein Grab nach seinem Tode zu einem Objekt götzenhafter Verehrung werden würde. Folglich verurteilen die →*Wahhabiten* und andere muslimische Reformatoren die trotzdem üblich gewordene Verehrung des Grabes Mohammeds. Als im Jahre 1804 n. Chr. die Wahhabiten Medina einnahmen, ließ ihr Befehlshaber Sa'ud alle Pretiosen von Mohammeds Grab entfernen und verkündete, daß alle Gebete und Akte der Verehrung, die dem Grab zuteil würden, götzendienerisch seien.

Der Garten, der an das Grabgebäude anschließt, wird →*Ar-Rauda* genannt, eine Bezeichnung, die von einigen Autoren für das Grab selbst benutzt wird.

AL-HUDSCHURAT

Suratu'l-Hudschurat, »Sure von den Gemächern«, ist der Titel der 49. Sure des Korans.

HUMAZA

»Verleumnder«. Der Titel der 104. Sure des Korans, die mit den Worten beginnt: »Wehe jedem lästernden Verleumnder.« Die Passage soll sich gegen Al-Akhnas ibn Schariq wenden, der den Propheten verleumndet haben soll.

HUNAIN

Der Name eines Tales etwa fünf Kilometer nordöstlich von Mekka, wo im Jahre 630 n. Chr. eine Schlacht zwischen den Anhängern Mohammeds und den Banu →*Hawazin* stattgefunden hat, in der letztere geschlagen wurden. Im Koran wird dieser Sieg himmlischer Hilfe zugeschrieben.

Sure 9 25: »Wahrlich, Gott hat dir auf vielen Schlachtfeldern beigestanden und auch am Tage von Hunain.«

HUNDE

Hunde sind unreine Tiere, denn nach →*Abu Huraira* soll Mohammed gesagt haben: »Wenn ein Hund aus einem Gefäß getrunken hat, muß dieses siebenmal ausgewaschen werden, das erstemal mit Sand.«

Der Imam →*Abu Yusuf* ist der Auffassung, der Verkauf eines bissigen Hundes sei ungesetzlich, während der Imam →*Asch-Schafi'i* sagt, jeder Verkauf eines Hundes sei absolut verboten, denn der Prophet habe gesagt, das Entgelt für Hurerei und der Erlös aus dem Verkauf eines Hundes seien ungesetzlich.

Es ist gestattet, mit einem abgerichteten Hund auf die Jagd zu gehen, der Jagdhund muß in der Lage sein, dreimal die Beute zu apportieren, ohne sie zu töten. Rechtmäßige Nahrung wird sie erst, wenn der Jäger die Formel »Im Namen Gottes, des unendlich Großen!« gesprochen hat.

HUR

Plural von *Huriya*. Die Jungfrauen des Paradieses, die im Koran zum Beispiel in Sure 55 56-78 beschrieben werden:

»Darinnen Jungfrauen keuschen Blickes, die kein Mensch vor ihnen berührt und kein Geist. Welche der Wohltaten eures Herrn wollt ihr verleugnen? Wie die Rubinen und Korallen. Welche der Wohltaten eures Herrn wollt ihr verleugnen? Sollte das Entgelt für das Schöne andres sein als Schönes? Welche der Wohltaten eures Herrn wollt ihr verleugnen?

Und zwei Gärten außer jenen. Welche der Wohltaten eures Herrn wollt ihr verleugnen? Dunkelgrüne. Welche der Wohltaten eures Herm wollt ihr verleugnen? Darinnen zwei Quellen reichlich fließend. Welche der Wohltaten eures Herrn wollt ihr verleugnen? Darinnen Früchte und Palmen und Granatäpfel. Welche der Wohltaten eures Herrn wollt ihr verleugnen? Darinnen Jungfrauen gute und schöne. Welche der Wohltaten eures Herrn wollt ihr verleugnen? Schwarzäugige, in Zelten eingeschlossen. Welche der Wohltaten eures Herrn wollt ihr verleugnen? Die kein Mensch vor ihnen berührt hat und kein Geist. Welche der Wohltaten eures Herrn wollt ihr verleugnen? Hingestreckt auf grünen Kissen und schönen Teppichen. Welche der Wohltaten eures Herrn wollt ihr verleugnen? Gelobt sei der Name deines Herrn, dem Herrlichkeit und Erhabenheit.«

HUSAIN

Der zweite Sohn Fatimas, der Tochter Mohammeds, von ihrem Ehemann ʻAli, dem vierten Kalifen. Er war der Bruder Hasans, des fünften Kalifen. Nach der Auffassung der Schiiten war er der dritte Kalif. Er wurde im Jahre 626 n. Chr. geboren und im Jahre 681 n. Chr. in einem Konflikt mit →*Yazid*, nach der sunnitischen Zählung dem siebten Kalifen, grausam getötet.

Von Husain und seinem Bruder →*Hasan* stammen die Nachkommen des Propheten ab, die als →*Saiyiden* bezeichnet werden. Der Märtyrertod Husains wird von den Schiiten jedes Jahr in den ersten zehn Tagen des Monats →*Muharram* feierlich begangen.

Es folgt eine Schilderung der letzten Tage Husains:

Kurz nach der Thronbesteigung des Yazid erhielt Husain in Mekka eine geheime Botschaft der Einwohner von Kufa, die ihn aufforderten, sich in Babylonien an die Spitze eines Heeres der Gläubigen zu stellen. Yazid jedoch war über die beabsichtigte Revolte informiert, und lange bevor Husain Kufa erreichen konnte, wurde der unzuverlässige Herrscher von Kufa durch ʻUbaidu'llah ibn Ziyad, dem resoluten Herrscher von Basra, abgesetzt, wodurch die Revolte vorzeitig zum Ausbruch kam und niedergeschlagen wurde. Ihr Anführer wurde enthauptet und sein Kopf an Yazid geschickt. Als Husain mit seinen Anhängern Babylonien erreichte, traf er auf Al-Hurr, der ihm mit einer Reitertruppe entgegengeschickt worden war, um ihn abzufangen. Husain begründete seinen Anspruch auf das Kalifat und forderte sie auf, sich ihm zu unterwerfen. Al-Hurr aber erwiderte: »Uns ist befohlen worden, dich, sobald wir dich gefunden haben, direkt nach Kufa und vor 'Ubaidu'llah zu bringen.« Husain antwortete: »Eher werde ich sterben, als dies geschehen zu lassen«, und er gab seinen Männern den Befehl zum Angriff, aber Al-Hurr unterbrach ihn und sprach: »Ich habe keinen Auftrag, mit dir zu kämpfen, sondern nur den Befehl, dich nach Kufa zu geleiten.« Dann bat er Husain, einen Weg in die Stadt zu wählen, »der nicht wieder direkt nach Mekka führt«, und er forderte Husain auf, an Yazid oder 'Ubaidu'llah zu schreiben, »und ich werde schreiben, und vielleicht gefällt es Gott, daß dabei etwas herauskommt, was mich nicht zwingt, gegen dich vorzugehen«. Dann zog er sich mit seinen Soldaten ein wenig zurück, um Husain den Weg nach Kufa freizumachen, und dieser nahm den Weg über Adib und Cadisia, und Al-Hurr folgte ihnen. Dies geschah am ersten Tag des Monats Muharram des Jahres 680 n. Chr.

Sie ritten die ganze Nacht durch, und am Morgen kam ihnen ein Reiter entgegen, der von Husain keine Notiz nahm, sondern nur Al-Hurr begrüßte und ihm eine Botschaft überbrachte, in der 'Ubaidu'llah ihn anwies, Husain und seine Männer zu einer Stelle zu führen, wo es keine Stadt oder Befestigungen gab, und sie dort so lange warten zu lassen, bis die syrischen Truppen sie umzingelt hätten.

Dies geschah am zweiten Tag des Muharram. Am folgenden Tag erschien 'Umar ibn Sa'id mit viertausend Mann, der sich auf dem Marsch nach Dailam befand. Er hatte mit seinen Leuten vor der Stadt Kufa sein Lager aufgeschlagen gehabt, und als 'Ubaidu'llah von Husains Kommen erfuhr, hatte dieser ihm den Befehl gegeben, den Marsch nach Dailam zu verschieben und nun gegen Husain zu ziehen. 'Umar aber hatte ihm entschieden widersprochen: »Hüte dich, gegen Husain vorzugehen und dich gegen den Herrn aufzulehnen und dich seiner Gnade zu begeben, denn es wäre besser, alle Reiche der Welt zu verlieren als mit Husains Blut an den Händen vor Gott zu treten.« 'Umar war schwer gefügig zu machen gewesen, aber nachdem 'Ubai-

du'llah seinen Befehl wiederholt und mit Drohungen Nachdruck verliehen hatte, war er gegen Husain aufgebrochen.
'Umar ließ bei Husain durch Boten anfragen, was er hier wolle, und dieser antwortete: »Die Einwohner von Kufa haben mich gerufen, aber da sie mich ablehnen, würde ich gern nach Mekka zurückkehren.«
'Umar war hocherfreut, als er dies hörte, und sagte: »Ich hoffe bei Gott, daß es nun nicht nötig ist, daß ich gegen ihn kämpfe.« Dann schrieb er in diesem Sinne an 'Ubaidu'llah, aber dieser antwortete unbeeindruckt: »Beziehe Stellung zwischen ihm und dem Fluß!«, und 'Umar gehorchte, und das Gebiet, wo er Husain vom Euphrat abschnitt, trug den Namen Kerbala.
Dann trat Husain mit 'Umar in Verhandlungen ein, in denen er versprach, entweder zu Yazid zu gehen oder nach Mekka zurückzukehren. 'Ubaidu'llah war erst geneigt, diesen Bedingungen zuzustimmen, aber dann stand Schamer auf und sagte, es dürften keine Vereinbarungen mit Husain getroffen werden, und er fügte anzüglich hinzu, er habe von langen Konferenzen zwischen 'Umar und Husain gehört.
Daraufhin schickte 'Ubaidu'llah Schamer mit dem Befehl zu 'Umar, wenn Husain bedingungslos kapitulieren würde, dann würde das akzeptiert, wenn nicht, solle 'Umar mit seinen Truppen über ihn und seine Männer herfallen und sie unter ihren Füßen zertrampeln. Lehne 'Umar diesen Befehl ab, werde Schamer ihm den Kopf abschlagen lassen und selbst den Befehl über die Truppen übernehmen.
So vergingen der vierte, fünfte, sechste, siebte, achte und neunte Tag des Muharram. Am Abend des 9. Muharram rückte 'Umar mit seinen Truppen bis nahe an das Lager Husains vor und ritt persönlich zu Husain, der gerade vor seinem Zelt saß und trug ihm die von 'Ubaidu'llah gestellten Bedingungen vor. Husain bat 'Umar, ihm bis zum anderen Morgen Zeit für die Antwort zu geben.
In der Nacht kam Husains Schwester weinend an sein Bett, weckte ihn und rief aus: »Wehe, meine Familie ist zerstört! Meine Mutter Fatima ist tot und mein Vater 'Ali und mein Bruder Hasan. Wehe, die Vergangenheit ist zerstört! Wehe, auch die Zukunft wird zerstört sein!«
Husain sprach zu ihr: »Schwester, vertraue auf Gott und wisse, daß der Mensch zum Ster-

ben geboren ist. Und auch die Himmel werden nicht überdauern, alles wird untergehen außer der Gegenwart Gottes, der alles in seiner Macht geschaffen hat, und alles wird in seine Macht zurückkehren. Mein Vater war besser als ich, und meine Mutter war besser als ich, und mein Bruder war besser als ich, und sie und wir und alle Muslime haben ein Beispiel im Propheten Gottes.« Dann sagte er zu seinen Männern, daß 'Ubaidu'llah nur ihn haben wolle und daß sie nach Hause gehen sollten. Sie aber antworteten: »Gott verbiete, daß wir den Tag sehen, an dem du nicht mehr lebst!« Dann befahl er ihnen, ihre Zelte dicht aneinander in einer Reihe aufzubauen, um die Pferde des Gegners fernzuhalten. Dann ließ er hinter dem Lager einen Graben ausheben, der mit Holz gefüllt wurde, um in Brand gesetzt werden zu können. Den Rest der Nacht verbrachte er im Gebet, während die Wachen seiner Feinde die ganze Nacht um das Lager patrouillierten.

Am nächsten Morgen bereiteten sich beide Seiten auf die Schlacht vor. Husain wusch sich erst und rieb sich dann mit Moschus ein, und einige seiner Unterführer taten dasselbe. Als jemand ihn fragte, was dies bedeuten solle, antwortete er: »Zwischen uns und den schwarzäugigen Jungfrauen des Paradieses steht nichts mehr, als daß jene Soldaten dort kommen und uns erschlagen.« Dann bestieg er sein Pferd, nahm den Koran in die Hand und rief aus: »O Gott, du bist meine Zuversicht in jeder Not und meine Hoffnung in jeder Gefahr!« Seine Schwestern und Töchter begannen zu weinen, und er machte sich heftige Vorwürfe, daß er dem Rat seines Cousins 'Abdu'llah ibn 'Abbas nicht gefolgt war, die Frauen in Mekka zu lassen. In diesem Moment kam ein Trupp Reiter herangeprescht, und Husain glaubte, der Angriff habe begonnen. Aber es war Al-Hurr, der den Dienst in der syrischen Armee quittiert hatte und nun mit einigen Getreuen gekommen war, um mit Husain zu sterben. Als er in das todgeweihte Lager einritt, rief er zu 'Umar zurück: »Wehe dir!« Daraufhin gab dieser den Befehl zum Angriff. Schamer schoß den ersten Pfeil auf das Lager ab und sprach dabei: »Seid Zeugen, daß ich den ersten Pfeil abgeschossen habe.« Damit begann die Schlacht.

Sie wogte hin und her bis zum Mittag, als sie zum Gebet unterbrochen wurde. Kurz nach der Wiederaufnahme der Kämpfe wurde Husain von einem Schwert am Kopf getroffen. Durch den Blutverlust geschwächt, setzte er sich vor sein Zelt und nahm seinen kleinen Sohn 'Abdu'llah auf den Schoß, der alsbald von einem Pfeilschuß getötet wurde. Er legte den kleinen Körper auf den Boden und rief aus: »Wir kommen von Gott und kehren zu ihm zurück. O Gott, gib mir die Kraft, dieses Unheil zu ertragen.« Er wurde durstig, und er lief zum Euphrat, um zu trinken, wurde dabei aber von einem Pfeil in den Mund getroffen. Dann wurde er von Schamer und den syrischen Soldaten umzingelt und von diesen an der Hand und im Genick getroffen, und schließlich rannte ihm ein Soldat eine Lanze in den Leib. Aber er fiel erst, als Schamer einen Reitertrupp mehrfach über ihn hinwegpreschen ließ, der ihn in den Boden trampelte, eine nicht mehr erkennbare Masse aus Fleisch und Erde.

So fand Husain, der zweite Sohn 'Alis, zwölf Jahre nach dem Tode seines Bruders Hasan seinen eigenen Tod auf der blutigen Ebene von Kerbala am Samstag, dem 10. Muharram des Jahres 61 A. H. (680 n. Chr.).

al-Hutama

Eine Abteilung der →*Hölle,* die im Koran in Sure 104 erwähnt wird: »Wehe jedem lästernden Verleumnder. Der Besitz häuft und wahrt. Er denkt, sein Besitz mache ihn unsterblich. Keineswegs, geschleudert wird er in das Verzehrende. Was lehrt dich, was das Verzehrende ist? Das Feuer Gottes angezündet. Es schlägt über die Herzen. Über sie wölbend. In ragenden Säulen.«

Huwairith

Einer der Bürger Mekkas, die von der allgemeinen Amnestie nach der Einnahme der Stadt ausgenommen wurden, weil er Zainab, der Tochter Mohammeds, nachgestellt und sie zu überreden versucht hatte, mit ihm aus Mekka zu fliehen. Er wurde später von →*'Ali (2.)* erschlagen.

I

Ibadiya
Eine Muslimsekte, die von ‘Abdu’llah ibn Ibad gegründet worden ist, der sagte, daß ein Mensch, der eine schwere Sünde begehe ein Ungläubiger und kein Gläubiger sei.

Ibahiya
Eine Sekte von Libertins, die glauben, daß alles gesetzlich ist.

Ibaq
Die Flucht eines Sklaven. Der entflohene Sklave wird →*Abiq* genannt, wenn es sich um ein Kind handelt, *Dall.* Demjenigen, der einen entflohenen Sklaven zurückbringt, steht eine Belohnung von 40 Dirham zu, allerdings nicht bei einem Kind. →*Sklaverei*

Iblis →*Teufel*

Ibn ‘Abbas
‘Abdu’llah, der älteste Sohn des ‘Abbas und ein Cousin Mohammeds. Er war einer der berühmtesten Gefährten des Propheten und der Überlieferer zahlreicher Traditionen. Man sagt, daß ihm der Engel Gabriel erschien, als er erst zehn Jahre alt war, und dieser habe ihm die Bedeutung des Korans enthüllt. Dadurch habe er sein tiefes Wissen über Buchstabe und Sinn dieses Buches erhalten, das ihm den Ehrentitel »Deuter des Korans« einbrachte. Er wurde vom Kalifen ‘Ali zum Statthalter von Basra ernannt, welches Amt er einige Zeit innehatte. Er starb im Jahre 687 n. Chr. im Alter von 72 Jahren.

Ibn Hanbal
Der Imam Abu ‘Abdi’llah Ahmad ibn Hanbal, der Begründer der vierten orthodoxen Rechtsschule der Sunniten, wurde im Jahre 780 n. Chr. in Bagdad geboren und erhielt sei-

ne Erziehung durch Yazid ibn Harun und Yahya ibn Sa'id. Als →*Asch-Schafi'i* im Jahre 810 n. Chr. nach Bagdad kam, besuchte Ibn Hanbal seine Vorlesungen und wurde von ihm in die Traditionen eingeführt. Im Laufe der Zeit erlangte er eine hohe Reputation wegen seines profunden Wissens über das zivile und religiöse Recht. Das war gerade zu der Zeit, als es eine erbitterte Grundsatzdebatte über den Ursprung des Korans gab, wobei die eine Partei ihn für präexistent hielt, die andere aber die Auffassung vertrat, er sei geschaffen worden. Unglücklicherweise für Ibn Hanbal war der damalige Kalif Al-Mu'tasim der letzteren Meinung, der sich der Gelehrte nicht anschließen mochte, was dazu führte, daß Ibn Hanbal auf Befehl des Kalifen eingekerkert und gefoltert wurde.

Für diese Unbill erfuhr Ibn Hanbal später eine gewisse Genugtuung durch Al-Mutawakkil, dem Sohn Al-Mu'tasims und dessen Nachfolger im Kalifat, der ein allgemeines Toleranzedikt erließ, das es jedem einzelnen freistellte, sich in dieser religiösen Streitfrage zu entscheiden. Dieser tolerante Kalif gab Ibn Hanbal die Freiheit zurück, empfing ihn ehrenvoll an seinem Hof und bot ihm ein Schmerzensgeld von 1000 Goldstücken an, das dieser jedoch nicht annahm. Nachdem Ibn Hanbal den Rang eines Imams erlangt hatte, zog er sich von der Welt zurück und führte mehrere Jahre lang ein Einsiedlerleben. Er starb im Jahre 855 n. Chr. im Alter von 75 Jahren.

Für den Zeitraum von etwa hundert Jahren nach seinem Tod waren die Anhänger Ibn Hanbals eine der zahlreichsten und mächtigsten Gruppierungen des Islam und waren von der Obrigkeit kaum unter Kontrolle zu halten, aber im Laufe der Zeit verloren sie an Bedeutung und bilden heute nur noch eine unbedeutende Minderheit. Obwohl sie in allen anderen Lehren des Glaubens orthodox waren, gab es doch einen Punkt, in dem sie sich von anderen Muslimen unterschieden. Sie glaubten nämlich, daß Gott Mohammed auf seinen Thron gesetzt und ihm die Herrschaft über die Welt übertragen habe. Diese Lehre aber, die von anderen Muslimen als schwere Blasphemie angesehen wird, geht jedoch in keiner Weise auf Ibn Hanbal selbst zurück, sondern entstand erst viele Jahre nach seinem Tod.

Er publizierte eine Sammlung von 30000 Traditionen und eine Sprüchesammlung, die Vorschriften zur Beherrschung der Leidenschaften enthält. Er hatte mehrere bedeutende Schüler, vor allem Isma'il al-Bukhari und Muslim ibn Da'ud.

IBN KHALLIKAN

Ein bekannter mohammedanischer Biograph. Er lebte in Damaskus, wo er das Amt eines Kadis bekleidete, und starb im Jahre 1282 n. Chr.

IBN MADSCHA

Abu 'Abdi'llah Muhammad ibn Yazid ibn Madscha al-Qazwini, der Verfasser des *Kitabu's-Sunan*, des »Buchs der Traditionen«, das zu den sechs *Sahihs* gehört, den authentischen Traditionensammlungen. Er wurde 824 n. Chr. geboren und starb im Jahre 886 n. Chr.

IBN MAS'UD

Einer der zehn Gefährten Mohammeds, denen das Paradies versprochen wurde. Er nahm an der Schlacht von →*Badr* teil. Starb in Medina im Jahre 653 n. Chr. im Alter von sechzig Jahren.

IBN 'UMAR

Abu 'Abdi'r-Rahman 'Abdu'llah, Sohn 'Umars, des großen Kalifen, einer der bedeutendsten der Gefährten Mohammeds. Al-Bukhari, der Sammler von Traditionen, sagt, daß die bedeutendsten Traditionen auf Ibn 'Umar zurückgehen. Er starb in Mekka im Jahre 692 n. Chr. im Alter von 84 Jahren.

IBRAHIM

1. Der Patriarch →*Abraham*
2. *Suratu Ibrahim*, »Sure von Abraham«, ist der Titel der 14. Sure des Korans.

'IDDA

Wörtlich »Zahl«. Die Wartezeit, zu der eine Frau nach der Auflösung ihrer Ehe durch Scheidung oder Tod ihres Mannes verpflichtet ist. Sie beträgt bei Scheidung drei Monate, beim Tod ihres Mannes vier Monate und zehn Tage. Beide Fristen sind vom Koran vorgeschrieben.

IDOLATRIE →*Götzendienst*

IDSCHMA'

Wörtlich »Sammlung«. Bezeichnet in der muslimischen Theologie die einmütige Meinung aller *Mudschtahidun*, das heißt der islamischen Theologen des höchsten Ranges – der normalerweise von muslimischen Herrschern verliehen wird –, zu Fragen der Ethik und Religion. *Idschma'* kann auf drei Arten zum Ausdruck kommen: 1. durch eine gemeinsame Erklärung aller *Mudschtahidun*, 2. durch einmütiges Handeln, 3. durch einmütiges Nichthandeln, das heißt durch stillschweigendes Dulden der Auffassungen einer Minorität.

Es herrscht große Uneinigkeit darüber, bis zu welcher Periode der Geschichte des Islam ein *Idschma'* akzeptiert werden kann. Einige Gelehrte glauben, daß nur ein *Idschma'* der Gefährten des Propheten oder ihrer direkten Nachfahren Gültigkeit hat, andere glauben, daß dies prinzipiell für alle Zeiten gelte, jedoch durch die im Laufe der Geschichte immer weiter fortgeschrittene Sektenbildung im Islam eingeschränkt sei. Mohammed soll prophezeit haben, daß, da es einundsiebzig jüdische und zweiundsiebzig christliche Sekten gebe, es in der Zukunft dreiundsiebzig muslimische Sekten geben werde. Aber jeder islamische Historiker muß zugeben, daß diese Zahl schon lange überschritten ist, denn nach →*'Abdu'l-Qadir al-Dschilani* gibt es mindestens einhundertundfünfzig muslimische Sekten.

IDSCHTIHAD

Wörtlich »Anwendung«. Eine logische Deduktion eines →*Mudschtahid* oder eines inspirierten Schriftgelehrten zur Entscheidung einer juristischen oder theologischen Frage.

Diese Methode wird von den Traditionen sanktioniert: »Der Prophet wollte einen Mann namens Mu'adh in den Jemen schicken, um dort Geld in Empfang zu nehmen, das als Almosen für die Armen gesammelt worden war, und er fragte ihn zuvor: ›O Mu'adh, nach welchen Regeln wirst du handeln?‹ Dieser antwortete: ›Nach den Vorschriften des Korans.‹ – ›Aber wenn du darin keine angemessene Vorschrift findest?‹ – ›Dann werde ich nach dem Vorbild der Sunna und des Propheten handeln.‹ – ›Aber wenn auch das nicht ausreicht?‹ – ›Dann werde ich einen *Idschtihad* machen und danach handeln.‹ Da erhob der Prophet seine Hände und rief aus: ›Preis sei Gott, der den Boten seines Propheten so leitet, wie es ihm gefällt.‹ «

Die Entwicklung dieses Systems der Gottesgelehrsamkeit läßt sich wie folgt skizzieren:

1. Gott, der einzige Gesetzgeber, hat in seiner Gnade seinem auserwählten Volk Anleitungen gegeben, wie sie den rechten Weg zu gehen haben, die sich teilweise im ewigen Koran und teilweise in den Aussprüchen des Propheten finden, die von seinen Gefährten überliefert

wurden und in der →*Sunna* aufgezeichnet sind.

2. Der Koran und die Sunna, die die Grundlage der muslimischen Rechtsordnung sind, bilden zwei verschiedene Studiengebiete: *'Ilmu't-Tafsir*, die Interpretation des Korans, und →*'Ilmu'l-Hadith*, das Studium der Traditionen.

3. Alle Gesetzesvorschriften betreffen entweder die Handlungen oder den Glauben der Gläubigen.

4. Da der Koran und die Sunna die grundlegenden Quellen sind, auf denen die Vorschriften der →*Schari'a* beruhen, sind diese der hauptsächliche Gegenstand der Rechtswissenschaft. →*'Ilmu'l-Fiqh*

→*Fiqh* bedeutet ursprünglich »Verständnis«. So betete Mohammed für →*Ibn Mas'ud*: »Gott wolle, daß er versteht und den Koran richtig deutet.« Mohammed in seiner Eigenschaft als Richter und Führer seiner Anhänger regelte, ohne daß Widerspruch aufkam, alle Angelegenheiten seiner Leute. Seine Aussprüche dienten seinen Gefährten als Leitfaden. Nach dem Tode des Propheten handelten die ersten Kalifen nach der Autorität der Traditionen. Im Laufe der Zeit gerieten jedoch der Koran und die Sunna als Grundlage der Gesetzgebung mehr und mehr in den Mittelpunkt von Kontroversen. Dadurch wurden bestimmte Männer motiviert, den Koran und die Traditionen auswendig zu lernen und sie zum Gegenstand eines tiefschürfenden Studiums zu machen. Auf diese Weise wurde die Jurisprudenz zu einer selbständigen Wissenschaft.

Im Jahre 698 n. Chr. wurde →*Abu Hanifa an-Nu'man* geboren, der berühmteste der Begründer der sunnitischen Schulen der Rechtswissenschaft. Von da an wurden von Rechtsgelehrten Abhandlungen und Kompilationen von Rechtsfragen verfaßt und publiziert, die teilweise zur Bildung verschiedener Richtungen der Rechtsprechungen führten. Die sechs Gelehrten, die je eine der Schulen der Jurisprudenz begründeten, trugen den Titel →*Mudschtahid:* Abu Hanifa (gestorben 768 n. Chr.), Sufyan ath-Thauri (778 n. Chr.), Malik (796 n. Chr.), Asch-Schafi'i (820 n. Chr.), Ibn Hanbal (856 n. Chr.) und Dawud az-Zahiri (884 n. Chr.). Die von Ath-Thauri und Az-Zahiri begründeten Gesetzesschulen gingen im 14. Jahrhundert n. Chr. unter, die restlichen vier bestehen bis heute.

Es gibt drei Stufen von *Idschtihad*:

1. Absolute Unabhängigkeit in der Gesetzgebung. Sie ist eine Gabe Gottes. Sie ist dem gegeben, der die Bedeutung des göttlichen Gesetzes erkennt, ohne einem anderen Lehrer folgen zu müssen, und war nur den Gesetzesinterpreten des ersten Jahrhunderts und einigen des zweiten und dritten Jahrhunderts eigen. Die Gefährten Mohammeds waren jedoch Mudschtahidun eines viel höheren Ranges als die Träger dieses Titels, die später lebten. Nach diesen Mudschtahidun der ersten Generation haben nur noch die oben erwähnten sechs Gelehrten diesen Titel getragen.
2. Autorität in den juristischen Systemen, die von den Mudschtahidun des ersten Ranges entwickelt wurden. Dieser Titel wurde den unmittelbaren Schülern der großen Imame verliehen. Die berühmtesten sind Abu Yusuf und Muhammad ibn Hasan, beide Schüler Abu Hanifas.
3. Autorität in Fragen, die von keinem Begründer der vier Rechtssysteme entschieden worden ist.

Der Titel Mudschtahid ist seit dem Tod des Imams Qadi Khan (1196 n. Chr.) keinem sunnitischen Gelehrten mehr verliehen worden, selbst nicht der des dritten Ranges.

ʻIDUʼL-ADHA

»Opferfest«. Es wird am zehnten Tag des Monats →*Dhuʼl-Hidscha* begangen und ist Teil der Riten der Pilgerreise nach Mekka, wird aber darüber hinaus in allen Teilen des Islam sowohl als Opfertag als auch als Festtag gefeiert. Es ist gegründet auf eine Anweisung des Korans, Sure 22 33-38:

»So. Und wer die Opferbräuche Gottes ehrt, er ist von der Gottesfurcht der Herzen. Ihr habt daran Nutzung bis zur bestimmten Frist, dann zur Opferstätte im altwürdigen Haus. Jedem Volk gaben wir einen Kult, daß sie des Namens Gottes gedenken ob dem, was er ihnen an Vieh zur Versorgung gegeben. Euer Gott ist ein einziger Gott, ihm seid ergeben. Und verkünde Heil den Demütigen. Deren Herzen erzittern, wenn Gott genannt wird, die geduldig sind bei dem, was sie trifft, die das Gebet verrichten und Almosen geben von dem, womit wir sie versorgt. Und die Opferkamele bestimmten wir euch für die heiligen Bräuche Gottes, an denen euch Nutzung sei. Nennet über sie, wenn sie gereiht stehen, den Namen Gottes und sobald sie auf die Seite gestürzt, esset von ihnen und speiset auch den Bescheidenen und den verschämten Armen. So machten wir sie euch dienstbar, auf daß ihr dankbar seid. Nicht ihr Fleisch gelangt zu Gott noch ihr Blut, allein eure Gottesfurcht gelangt zu ihm. So machten wir sie euch dienstbar, damit ihr Gott verherrlicht dafür, daß er euch rechtgeleitet. Und verkünde Heil den Liebfrommen.«

Der Hintergrund dieses Opferfestes ist folgender:

Einige Monate nach der →*Hidschra*, der Flucht aus Mekka, beobachtete Mohammed, der nun in Medina lebte, daß die dort ansässigen Juden am zehnten Tag des siebten Monats das große Fasten des Sühnefests hielten. Die Tradition überliefert, daß Mohammed die Juden gefragt habe, warum sie an diesem Tage fasteten. Man sagte ihm, daß dies zur Erinnerung an die Befreiung →*Moses* und des Volkes Israel aus Ägypten geschehe. »Wir haben ein größeres Anrecht auf Moses als jene«, sagte Mohammed und befahl seinen Anhängern, mit ihnen zu fasten. Dies geschah zu einem Zeitpunkt seiner Mission, als seine Beziehungen zu den Juden noch freundlicher Natur waren, denn diese kamen gelegentlich zu ihm, um ihn predigen zu hören, und auch er besuchte dann und wann ihre Synagoge. Als Mohammed aber merkte, daß die Juden keineswegs so leicht ihren Glauben aufgeben wollten, wie er es gehofft hatte, änderte sich seine Einstellung, und im zweiten Jahr nach der Hidschra fasteten Mohammed und seine Anhänger am Sühnefest nicht mehr mit den Juden, sondern der Prophet begründete das Opferfest *'Idu'l-Adha*. Die idolatorischen Araber hatten den Brauch gehabt, in dieser Zeit des Jahres nach Mekka zu pilgern und am Ende dieser Reise in Mekka ein Tieropfer darzubringen. Diesen Brauch des Opfers übernahm Mohammed nun in Medina und setzte ihn an die Stelle des jüdischen Sühnefestes. Dies war darauf berechnet, die Aufmerksamkeit der Mekkaner zu erwecken und die Sympathien der Araber zu gewinnen. Mohammed konnte damals nicht nach Mekka wallfahren, denn zwischen den Einwohnern beider Städte herrschte Feindschaft; aber am zehnten Tag des Monats Dhu'l-Hidscha versammelte er genau zu der Zeit, als in Mekka die Tieropfer dargebracht wurden, seine Anhänger um sich und begründete das Opferfest. Zwei Zicklein wurden zu ihm gebracht, und er opferte eines, indem er sprach: »O Herr! Ich opfere dieses für mein ganzes Volk, für all jene, die Zeugnis von deiner Einheit und von meiner Berufung ablegen. O Herr! Dies ist für Mohammed und die Familie Mohammeds.«

Es gibt im Koran keinen Hinweis, der dieses Opfer mit der Geschichte Ismaels in Verbindung bringt, aber die Mohammedaner sind allgemein der Auffassung, daß das Opferfest zur Erinnerung an Abrahams Bereitschaft, seinen Sohn zu opfern, eingerichtet wurde.

Dieser Sohn war nach der Meinung mohammedanischer Autoren nicht →*Isaak,* sondern →*Ismael,* und das Ereignis fand auf dem Berg Mina bei Mekka statt:

»Als Abraham Mekka gegründet hatte, verlangte Gott von ihm, er solle ihm ein Fest ausrichten. Auf Abrahams Frage, was sich Gott zu diesem Fest wünsche, antwortete der Herr: ›Opfere mir deinen Sohn Ismael.‹ Gehorsam brachte Abraham seinen Sohn zur Ka'ba, um ihn dort zu opfern. Als er ihn auf den Stein gelegt hatte, sagte Ismael zu Abraham: ›Wenn du deine Augen nicht bedeckt hast, könnte dein Mitleid und Kummer dazu führen, daß mich das Messer verfehlt. Bedecke also deine Augen mit dem Ende deines Turbans, und dann opfere mich.‹ Abraham befolgte den Rat seines Sohnes, und nachdem er ausgerufen hatte: ›Im Namen Gottes! Gott ist groß!‹, schnitt er seinem Sohn die Kehle durch. In der Zwischenzeit jedoch hatte Gabriel Ismael mit einem Schaf ausgetauscht, und als Abraham den Turban von seinen Augen nahm, sah er zu seinem Erstaunen, daß er ein Schaf getötet hatte und daß sein Sohn hinter ihm stand.«

'Idu'l-Fitr

»Das Fest des Abbruchs des Fastens«. Wird auch *'Idu'r-Ramadan* genannt. Das Fest, das am Ende des Monats →*Ramadan,* also am ersten Tag des Monats →*Schawwal,* zur Beendigung der Fastenzeit gefeiert wird. Es ist in erster Linie ein Fest des Almosengebens. Ibn 'Abbas hat gesagt: »Bringt eure Almosen, denn der Prophet hat dies als göttliche Einrichtung eingesetzt. Bringt ein →*Sa'* Gerste oder Datteln oder ein halbes Sa' Weizen, dies pro Person, frei oder unfrei, Mann oder Frau, alt oder jung, um euer Fasten von aller Unreinheit zu befreien und um den Armen Nahrung zu geben.« →*Iftar*

'Ifrit

Ein Dämon oder eine Klasse von →*Dämonen.*

Sie sollen Riesen von großer Bösartigkeit sein. Die Geister böser Menschen werden manchmal so bezeichnet.

Iftar

Wörtlich »brechen«. Der Abbruch des Fastens am Ende des Monats →*Ramadan* am Abend des →*'Idu'l-Fitr*, das heißt beim ersten Erscheinen des neuen Mondes nach Sonnenuntergang. Der Begriff wird auch für den Abbruch des Fastens an jedem Abend des Fastenmonats Ramadan benutzt. Nach dem Beispiel des Propheten wird das Fasten abgebrochen, indem man Datteln oder Salz ißt.

Ihram

Das heilige Pilgergewand und auch der Zustand, in dem sich der Pilger von dem Zeitpunkt an befindet, da er das Kleid angelegt hat, bis er es wieder ablegt. Dieses Gewand besteht aus zwei neuen, weißen Baumwolltüchern, von denen das eine um die Hüften geschlungen und das andere locker über die Schulter geworfen wird, so daß ein Arm und die Schulter frei bleiben. Der Kopf bleibt unbedeckt. Sandalen dürfen getragen werden, jedoch keine Schuhe oder Stiefel. Nachdem der Pilger dieses Gewand angelegt hat, ist es ihm nicht erlaubt, Kontakt zu Frauen zu haben, seinen Kopf zu bedecken oder zu salben, irgendeinen Körperteil zu rasieren, seine Nägel zu schneiden, die Kleidung zu färben, einen Grashalm auszureißen, einen grünen Baum zu beschneiden. Außerdem ist es ihm verboten, zu jagen oder Tiere zu töten außer Löwen, bissige Hunde, Schlangen, Skorpione, Krähen und Ratten. Für jeden Verstoß gegen die Vorschriften des *Ihram* sind besondere Opfer darzubringen. →*Hadsch*

Ihsaru'l-Hadsch

Die Verhinderung der Pilgerreise, zum Beispiel, wenn ein Pilger während der Pilgerfahrt nach Mekka durch ein unvorhergesehenes Ereignis, etwa durch Krankheit oder einen Unfall, an der Weiterreise gehindert wird. In diesem Fall muß er ein Opfertier in die heilige Stadt schicken. Diese Vorschrift basiert auf dem Koran, Sure 2 192: »Vollziehet die Wallfahrt und die Besuche bei Gott, und seid ihr verhindert, so spendet ein geringes Opfer; scheret nicht den Kopf, bis das Opfer die Opferstätte erreicht hat. Wenn aber jemand von euch krank ist oder ein Kopfübel ihm anhaftet, so finde er Ablösung durch Fasten, Almosengeben oder fromme Übungen. Und wenn ihr in Sicherheit weilt und jemand seinen Besuch bis zur Wallfahrt aufschiebt, so spende er ein geringes Opfer, und wer unvermögend ist, verweile drei Tage in Fasten während der Wallfahrt und sieben, nachdem ihr zurückgekehrt seid, zehn also zusammen.«

IHTIKAR →*Monopol*

IKHLAS
Wörtlich »Aufrichtigkeit«
1. Ein theologischer Begriff, der zum Inhalt hat, daß ein Muslim seine religiösen Übungen nur im Angesicht Gottes ausübt, ohne dabei von anderen Menschen gesehen zu werden.
2. *Al-Ikhlas* ist der Titel der 112. Sure des Korans. Sie gehört zu den täglichen Gebeten und hat den Wortlaut: »Sprich: ›Er ist der einzige Gott. Der unwandelbare Gott. Er zeugt nicht und ward nicht gezeugt. Und niemand ist ihm gleich.‹ «

IKRAH →*Zwang*

'IKRIMA
Wörtlich »Taube«.
1. Der Sohn des Abu Dschahl ibn Hischam. Ein Gefährte des Propheten. Er trat nach der Einnahme Mekkas zum Islam über. Er war zusammen mit seinem Vater lange Zeit ein entschiedener Gegner des Islam gewesen und einer der Helden der Koreischiten in der Schlacht von →*Badr.* Er hatte den Befehl über den linken Flügel der koreischitischen Armee in der Schlacht von →*Uhud.* Er floh vor Mohammed nach Dschidda, um von dort nach Afrika zu gehen, aber seine Frau brachte ihn nach Mekka zurück, wo er von Mohammed begnadigt wurde und zum Islam übertrat. Er wurde einer von Abu Bakrs Generälen und starb zu dessen Regierungszeit.
2. Abu 'Abdi'llah 'Ikrima ibn 'Abdi'llah war ein Sklave im Besitz des Ibn 'Abbas. Sein Herr setzte große Mühe darin, ihn in den Koran und die Traditionen einzuführen, und als Folge davon wurde Ikrima ein angesehener Kenner der Traditionen. Sein Herr Ibn 'Abbas starb, ohne ihm die Freiheit zu geben, und 'Ali, der Sohn des Ibn 'Abbas, verkaufte ihn für viertausend Dinare an Khalid ibn Yazid. Aber Ikrima ging zu 'Ali und sprach zu ihm: »Du hast die Gelehrsamkeit deines Vaters für viertausend Dinare verkauft.« Der zutiefst beschämte 'Ali machte daraufhin den Kaufvertrag wieder rück-

gängig und schenkte ihm die Freiheit. Er starb im Jahre 725 n. Chr. im Alter von 84 Jahren.

Ila'

Eine Form der →*Ehescheidung*, bei der der Mann einen Eid leistet, daß er mindestens vier Monate lang keinen Kontakt mit seiner Frau haben wird. Die Scheidung ist danach *ipso facto* vollzogen, ohne daß ein formeller Richterbeschluß nötig wäre. Sure 2 226: »Diejenigen, die sich ihren Frauen entsagen, sollen vier Monate abwarten, und wenn sie davon abkommen, wahrlich, Gott ist allverzeihend und allbarmherzig.«
Sulaiman ibn Yasar sagt: »Ich war mit zehn der Gefährten des Propheten zusammen, und jeder sagte: ›Ein Mann, der schwört, daß er seiner Frau vier Monate lang nicht nahekommen will, soll ins Gefängnis geworfen werden, bis er zu ihr zurückkehrt, oder er soll sich von ihr scheiden.‹ «

Ilahi

Von *Ilah*, »Gott«
1. Das Göttliche, die göttliche Religion.
2. Ilahi wird auch die Ära genannt, die mit dem ersten Regierungsjahr des Herrschers Akbar im Jahre 1556 n. Chr. begann.

I'lan

Die öffentliche Ankündigung einer Hochzeit, indem Boten zu den Häusern der Freunde geschickt werden. Ein Brauch, der auf einer ausdrücklichen Anweisung des Propheten beruht, wie →*'A'ischa* berichtet: »Gebt die Hochzeit bekannt, veröffentlicht sie in der Moschee, schlagt die Trommeln für sie!«

Ilham →*Inspiration*

Illegitime Kinder

Ein illegitimes Kind hat nach dem Gesetz offiziell keinen Vater und kann deshalb auch nur von der Mutter oder der Verwandtschaft mütterlicherseits erben.

'Illiyun

Die siebte Stufe der himmlischen Glückseligkeit. Auch das Register, in dem die guten Taten der Muslime aufgezeichnet werden.
Siehe Sure 83 18: »Wahrlich, das Buch der Frommen ist in 'Illiyun.«
Siehe auch Mischkat 5 3,3: »Die Engel folgen der Seele durch jeden Himmel, und die Engel der jeweiligen Stufe übergeben sie an die der nächsten, bis sie in den siebten Himmel gelangt, wo Gott sagt: ›Schreibt den

Namen meines Dieners in 'Illiyun und bringt ihn zurück zur Erde, zurück zu seinem Körper, der in der Erde begraben ist.‹ «

'Ilm

Wörtlich »Wissen«. In der muslimischen Theologie wird das Wort *'Ilm* immer für religiöses Wissen benutzt. 'Abdu'l-Haqq sagt, daß es sich dabei um das Wissen handelt, das im Koran und in der →*Sunna* (Traditionen) niedergelegt ist und von dem es zwei Arten gibt: *'Ilmu'l-Mabadi*, das Grundwissen, das sich auf die Wörter und die Sätze des Korans und der Traditionen bezieht, und *'Ilmu'l-Maqasid*, das fortgeschrittene Wissen, das sich auf den Glauben und das Handeln bezieht, die im Koran und in den Traditionen gelehrt werden. Außerdem gibt es noch *'Ilmu'l-Mukaschafa*, das verborgene oder geheime Wissen, das Licht, das in die Herzen frommer Muslime scheint und das ihnen Erleuchtung über die Wahrheiten der Religion bringt. Dieses spirituelle Wissen wird auch *'Ilmu'l-Haqiqa* genannt, das Wissen über die Wahrheit. Es ist überliefert (Mischkat 2 1), daß der Prophet gesagt habe, daß es drei Arten von Wissen gebe, nämlich *Ayatu'l-Muhkam*, *Sunnatu'l-Qa'im* und *Faridatu'l-'Adil*, und was über diese drei hinausginge, sei nicht notwendig. Die Schriftgelehrten erklären diese Begriffe wie folgt: Das erste sind die manifesten Worte des Korans; das zweite die korrekten Traditionen, das dritte die dem Gesetz entsprechenden Interpretationen des Korans und der Traditionen.

Die Erlangung und Weitergabe von Wissen wird von Mohammed sehr hoch bewertet:

»Das Streben nach Wissen ist für jeden Muslim ein göttlicher Befehl, und das Wissen an Unwürdige weiterzugeben ist dasselbe, als wenn man Perlen, Juwelen und Gold den Schweinen vorwerfen würde.«

»Wer nach seinem Wissen gefragt wird und es verbirgt, dem wird am Tag der Auferstehung ein Zaum aus Feuer angelegt werden.«

»Es gibt zwei Arten von habsüchtigen Menschen, die niemals zufrieden sind: die einen streben nach immer mehr Wissen, die anderen können von den Gütern der Welt nicht genug bekommen.«

»Derjenige, der den Weg des Wissens verfolgt, wird von Gott auf den Weg ins Paradies geführt, und wahrlich, die Engel werden ihre Arme ausbreiten, um den zu empfangen, der nach Wissen sucht, und alles im Himmel und auf Erden wird um Gnade für ihn bitten. Wahrlich, die Überlegenheit eines gelehrten Mannes über einen Gläubigen ist die des Vollmondes über die Sterne.«

'ILMU'L-ADAB
Die Wissenschaft der Philologie, durch die man sich davor schützt, in der arabischen Sprache in Wort und Schrift Fehler zu machen.

'ILMU'L-AKHLAQ
Ethik, Moral

'ILMU'L-AKTAF
Die Wissenschaft, aus den Schulterblättern von Schafen wahrzusagen. Es war ein Brauch bei den alten Arabern, die Schulterblätter von Schafen in die Sonne zu legen und aus ihren Merkmalen die Zukunft vorherzusagen.

'ILMU'L-'AQA'ID
→*'Ilmu'l-Kalam*

'ILMU'L-ASMA'
Das Wissen von den Namen, Titeln und Attributen Gottes.

'ILMU'L-BATIN
Die mystische Wissenschaft. →*'Ilmu't-Tasawwuf*

'ILMU'L-DSCHABR
Die Wissenschaft der Algebra.

'ILMU'L-FALAK
Die Wissenschaft der Astronomie. Nach der mohammedanischen Lehre ist die Erde das Zentrum des astronomischen Systems. Die 7 Planeten, die im Unterschied zu den Fixsternen *Nudschumu's-Saiyarat*, Wandelsterne, genannt werden, sind: *Qamar* (Mond), *'Utarid* (Merkur), *Zuhara* (Venus), *Schams* (Sonne), *Mirrikh* (Mars), *Muschtari* (Jupiter), *Zuhal* (Saturn).
Die arabische Reihenfolge der Planeten entspricht der des Ptolemäus, der die Erde ins Zentrum des Universums setzte, dann als nächsten Nachbarn den Mond mit einer Umlaufzeit von 29,5 Tagen, dann folgte der Merkur, dann die Venus, dann die Sonne, dahinter Mars, Jupiter und Saturn.

'ILMU'L-FARA'ID
Das →*Erbrecht*

'ILMU'L-FIQH
Die Wissenschaft der Jurisprudenz und das Wissen über alles, was mit der praktischen Religion zu tun hat. Das Anwendungsgebiet sind die →*fünf Säulen des Islam* und in zweiter Linie alle Fragen der Recht-

sprechung wie Ehe, Scheidung, Erbschaften, Geschäfte, Zeugenaussagen, Sklaverei, Kriegswesen usw.

'ILMU'L-HADITH
Die Wissenschaft von den Traditionen.

'ILMU'L-HANDASA
Die Wissenschaft der Geometrie.

'ILMU'L-HIKMA
Die Wissenschaft der Philosophie.

'ILMU'L-HISAB
Die Wissenschaft der Arithmetik.

'ILMU'L-ILAHIYAT
Die Wissenschaft von der Göttlichkeit. →*Theologie*

'ILMU'L-INSCHA'
Die Kunst der literarischen Komposition.

'ILMU'L-KAFF
Die Wissenschaft der Chiromantie, des Handlesens, eine Kunst, die →*Daniel* ausgeübt haben soll.

'ILMU'L-KALAM
Die Wissenschaft der scholastischen Theologie, durch die Beweise für die Richtigkeit des religiösen Glaubens erbracht werden sollen. Sie diskutiert alle Themen, die mit den sechs Grundartikeln des muslimischen Glaubens in Verbindung stehen: 1. die Einheit Gottes, 2. die Engel, 3. die Bücher, 4. die Propheten, 5. der Tag des Gerichts, 6. die Gebote Gottes.

'ILMU'L-LUGHA
Die Wissenschaft der Lexikographie.

'ILMU'L-MANTIQ
Die Wissenschaft der Logik.

'ILMU'L-MASAHA
Die Wissenschaft vom Messen.

'ILMU'L-MILAHA
Die Wissenschaft des Schiffbaus und der Navigation; Nautik.

'ILMU'L-MUSIQA
Die Musikwissenschaft.

'ILMU'L-USUL
Die Wissenschaft von den »Wurzeln«, den Grundlagen der muslimischen Religion. Die Wissenschaft der Exegese des →*Korans* und der Traditionen.

'ILMU'L-YAQIN
Sicheres Wissen, religiöses Leben, das Wissen von der Wahrheit.

‘ILMU’N-NABATAT
Die Wissenschaft der Botanik. Das Wissen um die Nutzung von Pflanzen.

‘ILMU’N-NUDSCHUM
Die Wissenschaft der →*Astrologie.* Die Wissenschaft, mit der man auf Grund der Stellung der Sterne sowohl gegenwärtige als auch zukünftige Ereignisse erkennen kann.

‘ILMU’R-RAML
Die Wissenschaft der Geomantie, Wahrsagung aus in den Sand gezeichneten Figuren. Diese Kunst sollen sechs Propheten ausgeübt haben, nämlich Adam, Idris, Luqman, Armiya (Jeremias), Scha‘ya’ (Isaja) und Daniel.

‘ILMU’R-RIYADIYAT
Die Wissenschaft der Mathematik. Zur Mathematik gehören Geometrie, Astronomie, Arithmetik und die Musik.

‘ILMU’SCH-SCHI‘R
Die Dichtkunst.

‘ILMU’S-SIHR
Die Wissenschaft der →*Magie*

‘ILMU’S-SIMIYA’
Die Wissenschaft der natürlichen Magie, Chiromantie, Handlesekunst.

‘ILMU’T-TABI’I
Die Wissenschaft der Naturphilosophie.

‘ILMU’T-TADSCHWID
Die Wissenschaft, den →*Koran* richtig zu lesen.

‘ILMU’T-TASAWWUF
Die Wissenschaft der Mystik und Kontemplation.

‘ILMU’T-TASCHRIH
Die Wissenschaft der Anatomie.

‘ILMU’T-TAWARIKH
Die Wissenschaft der Chronologie, Geschichtswissenschaft.

‘ILMU’T-TIBB
Die Wissenschaft der Medizin.

IMAM
Der Begriff wird im Koran in verschiedener Bedeutung benutzt: einer, dem oder dessen Beispiel zu folgen ist; ein Vorbild; ein Modell; ein Beispiel des Bösen.
Sure 2 118: »Wahrlich, ich habe dich (Abraham) als Imam (Führer) für die Menschen eingesetzt.«
Sure 17 73: »Der Tag, an dem wir alle Menschen durch ihre Imame (Führer) rufen lassen.«
Sure 15 79: »Sie (Sodom und Midian) waren ein deutliches Vorbild.«

Sure 25 74: »Mache uns zum Beispiel für die Frommen.« Muslime benutzen das Wort *Imam* in folgendem Sinne:

1. Der Imam oder Kalif des muslimischen Volkes. Der Autor der →*Hidaya* sagt, unter dem wahren Imam sei eine Person zu verstehen, in der sich alle Qualitäten eines gerechten Herrschers vereinigen, nämlich Glaube, Freiheit, Gesundheit des Geistes und Reife des Alters, und die von den Gläubigen einmütig in ihr Amt gewählt wurde. Sein Streben und Handeln sei der Ausbreitung der wahren Religion und der Stärkung des Islam gewidmet, unter seiner Herrschaft genössen alle Muslime Sicherheit der Person und des Besitzes; er vergebe Titel und Vergünstigungen nur nach dem Gesetz, bezahle Schriftgelehrte, Prediger, Richter, Muftis, Lehrer usw. aus öffentlichen Mitteln und behandle alle Angelegenheiten der Muslime mit Gerechtigkeit. Wer dieser Beschreibung nicht voll und ganz entspricht, sei nicht der wahre Imam, und es sei die Pflicht jedes Muslims, einem solchen Herrscher nicht nur nicht zu folgen, sondern ihn zu bekämpfen, bis er sich entweder zur Handlungsweise eines wahren Imams bekehrt oder aber getötet wird. →*Kalif*, die sunnitische Bezeichnung für Imam.

2. Die Schiiten beziehen den Begriff *Imam* auf die zwölf schiitischen Führer, die sie »wahre Imame« nennen. In einer schiitischen Tradition heißt es, Mohammed habe gesagt: »In der Nacht der Himmelfahrt befahl mir der Allerhöchste, die Propheten der Vergangenheit zu befragen, aus welchem Grund sie zu dem Rang erhoben worden sind, den sie nun innehaben. Und alle bezeugten: ›Wir wurden erhoben auf Grund unseres Prophetenamtes und des Imamats des ʻAli ibn Abi Talib und der weiteren Imame deiner Nachkommenschaft.‹ Da ertönte eine göttliche Stimme: ›Blicke zur rechten Seite des Himmels!‹ Ich schaute hin und sah das Ebenbild des ʻAli und des Hasan und des Husain und des ʻAli ibn al-Husain und des Muhammad ibn al-Baqir und des Dschaʻfar as-Sadiq und des Musa al-Kazim und des ʻAli ibn Musa ar-Rida und des Muhammad al-Dschaqi und des ʻAli an-Naqi und des Hasan al-ʻAskari und des Mahdi, und alle waren in einem Meer von Licht ins Gebet vertieft. ›Diese‹, sagte der Allerhöchste, ›sind meine Zeugen, meine Statthalter und meine Freunde, und der letzte von ih-

Der Imam beim Vorbeten und Rezitieren der Fatiha oder der ersten Koransure

nen wird Rache an meinen Freunden nehmen.‹ «

3. Der *Imam* oder der Führer eines theologischen oder juristischen Systems. Abu Hanifa und die anderen drei Begründer der vier sunnitischen Rechtsschulen werden *Imame* genannt. →*Idschtihat*

4. Auch der Gebetsleiter in der Moschee wird *Imam* genannt. Jede auch noch so kleine Moschee hat ihren Imam, der durch Spenden unterhalten wird. Seine Funktion hat nichts mit Amtspriestertum zu tun, denn weder hat er Zeremonien durchzuführen, noch benötigt er irgendeine Art von Weihe. Seine Aufgabe besteht hauptsächlich darin, die Gottesdienste zu organisieren und die Rolle des Vorbeters zu übernehmen. Ein solcher Vorbeter ist auch nötig, wenn sich eine Gruppe von Muslimen an anderen Orten zum Gebet versammelt. In den Traditionen sind folgende Regeln zu diesem Thema festgelegt:

Abu Sa'id al-Khudri überliefert, daß der Prophet gesagt habe: »Wenn drei Personen sich zum Gebet versammeln, muß einer als Imam handeln, und die beiden anderen müssen ihm folgen, und der Würdigste, diese Rolle zu übernehmen, ist derjenige, der den Koran am besten aufsagen kann.«

Abu Mas'ud al-Ansari überliefert, daß der Prophet gesagt habe: »Der soll die Rolle des Imams für eine Versammlung übernehmen, der den Koran hinreichend kennt. Wenn jedoch alle in dieser Hinsicht gleich sind, dann soll derjenige dies Amt übernehmen, der die Gebetsregeln am besten beherrscht. Wenn alle auch in dieser Hinsicht gleich sind, dann soll der die Rolle des Imams übernehmen, der um seines Glaubens willen fliehen mußte. Wenn auch in dieser Hinsicht Gleichheit besteht, dann soll der älteste die Aufgabe übernehmen; aber der Untertan darf nicht Imam für den Herrscher sein.«

→*Abu Huraira* überliefert, daß der Prophet gesagt habe: »Wenn jemand von euch als Imam für andere handelt, dann muß er sich in seinen Gebeten kurz fassen, denn es können Gebrechliche, Kranke und Alte in der Versammlung sein; wenn jemand jedoch seine Gebete allein spricht, dann mag er so weitschweifig sein, wie es ihm gefällt.« →*Moschee*

Imamiya

Wörtlich »Nachfolger des Imams«. Die bedeutendste Gruppierung der Schiiten, die die zwölf Imame anerkennt.

Iman

»Glaube«. Nach den muslimischen Schriftgelehrten ist *Iman* der Glaube des Herzens an die islamische Religion und ihr Bekenntnis mit dem Munde. Es gibt zwei Arten von Glauben: *Iman Mudschmal*, der einfache Ausdruck des Glaubens, wie er im Koran und in den Traditionen dargestellt ist; und *Iman Mufassal*, die formalen Glaubensgrundsätze, die in den sechs Artikeln des muslimischen Glaubensbekenntnisses zusammengefaßt sind: 1. der Glaube an Gott, 2. an die Engel Gottes, 3. an das Buch Gottes, 4. an die Propheten Gottes, 5. an den Tag des Gerichts, 6. an die Prädestination.

Nach den Traditionen beinhaltet *Iman* die religiöse Praxis und alles andere, was das religiöse Leben eines Muslims bestimmt. Nach Mischkat 1 1 soll Mohammed gesagt haben: »Der hat die Süßigkeit des Glaubens erfahren, der sich Gottes als seines Herrn, des Islam als seiner Religion und Mohammeds als Propheten Gottes erfreut.« Und an derselben Stelle: »Der beste Glauben ist, den zu lieben, der Gott liebt, den zu hassen, der Gott haßt, seine Zunge nicht müde werden zu lassen, die Namen Gottes zu wiederholen, und den Menschen das zu tun, was man wünscht, daß sie es einem selbst tun, und von ihnen fernzuhalten, was man wünscht, daß es einem selbst nicht geschehe.«

Mohammed lehrt eindeutig die Erlösung durch den Glauben allein, das heißt ohne gute Werke, zum Beispiel Mischkat 1 3,1: »Wenn jemand wahrhaft und zutiefst geglaubt hat, dann werden ihm seine guten Taten zehn- bis siebenhundertfach vergolten und seine Sünden werden ihm allesamt vergeben werden, noch bevor er stirbt.« Gute Werke sind jedoch die Probe des Glaubens. Ein Mann fragte den Propheten, an welchen Anzeichen er die Wahrhaftigkeit seines Glaubens erkennen könne. Er sagte: »Wenn dir das Gute, das du getan hast, Freude bereitet, und das Schlechte dich traurig macht, dann bist du ein wahrer Gläubiger.« Einige der Freunde des Propheten kamen zu ihm und sprachen: »Wir finden in unseren Gedanken so verderbte Wünsche, daß wir es sogar für eine Sünde halten, über sie zu sprechen.« Der Prophet antwortete: »Findet ihr sie wirklich so schlimm?« Sie antworteten: »Ja.« Darauf erwiderte der Prophet: »Dies ist ein Beweis eures Glaubens.« Damit meinte er, daß sie, hätten sie den Glauben nicht gehabt, auch nicht die Verderbtheit ihrer Wünsche erkannt hätten.

ʿImliq
Der Enkel Sams, des Sohnes des Noah. Der Stammvater der ʿAmaliqa, der Amalikiter der Bibel. Sie sollen die frühesten Bewohner von Mekka und Medina gewesen sein.

Impotenz
Arabisch *ʿAnana*, *ʿInnina*. Sowohl nach sunnitischem als auch nach schiitischem Recht macht Impotenz einen Ehevertrag ungültig. Jedoch ist zur Wirksamwerdung der Ungültigkeit ein richterlicher Beschluß notwendig.

ʿImran
Nach den muslimischen Autoren der Name von zwei verschiedenen Personen, nämlich erstens der des Vaters von Moses und Aaron und zweitens der des Vaters Marias, der Mutter Jesu. Christliche Autoren sind der Auffassung, daß der Koran →*Maria,* die Mutter Jesu, mit Maria oder Miriam, der Schwester des Moses und des Aaron, verwechselt.
Sure 3 30: »Siehe, Gott erkor Adam, Noah, die Familie Abrahams und die Familie ʿImrans vor den andren Weltbewohnern, ein Geschlecht aus dem anderen. Und Gott ist allhörend und allwissend. Dann sprach die Frau ʿImrans: ›O Herr, ich gelobe dir, was in meinem Leib, es sei dir geweiht; nimm es von mir an, denn wahrlich, du bist der Allhörende, der Allwissende.‹ Und als sie niederkam, sprach sie: ›O Herr, ich bin mit einem weiblichen Wesen niedergekommen.‹ Gott wußte ja, womit sie niedergekommen, und ein Mann ist nicht wie ein Weib. ›Ich gab ihr den Namen Maria, und siehe, ich empfehle sie und ihre Nachkommenschaft deinem Schutz.‹ «
Sure 66 12: »Und Maria, die Tochter ʿImrans, die ihre Jungfräulichkeit bewahrte, der wir von unserem Geist einhauchten; sie vertraute auf die Worte ihres Herrn und seine Schriften und war von den Demütigen.«
Sure 19 29: »O Schwester Aarons, dein Vater war kein schlechter Mensch und auch deine Mutter keine Hure.«
Al-Baidawi, der Kommentator, sagt, daß der zuerst in der 3. Sure erwähnte ʿImran der Vater des Moses gewesen sei und der andere der Vater Marias, der Mutter Jesu. Er versucht den Anachronismus in der 19. Sure aufzulösen, indem er feststellt, Maria werde als die Schwester

Aarons bezeichnet, weil dies 1. nur figurativ gemeint sei oder weil 2. sie zum Stamme Levi gehörte oder weil 3. zur Zeit Marias ein Mann namens Aaron gelebt hätte und dadurch zum Ausdruck gebracht werden solle, daß sie wie er gewesen sei.

IN'AM

Eine Gabe, eine Wohltat, ein Geschenk eines Höhergestellten an einen Untergeordneten.

INDSCHIL

Evangelium. Der Begriff wird im Koran, in den Traditionen und in allen frühen muslimischen theologischen Werken benutzt für die Offenbarungen, die Gott Jesus hat widerfahren lassen. Erst in späteren Werken wird der Begriff auf das Neue Testament bezogen. Das Wort *Indschil* erscheint zwölfmal im Koran; die Stellen sind hier in chronologischer Folge aufgeführt (wie man sehen kann, taucht es in den frühen Suren nicht auf).

Sure 7 156: »Denen, die dem Gesandten folgen, dem Propheten aus dem Volk, den sie bei sich in der Thora beschrieben finden und im Evangelium.«

Sure 3 2: »Er offenbarte dir das Buch der Wahrheit zur Bestätigung dessen, was schon vorhanden. Bereits vorher offenbarte er die Thora und das Evangelium, als Rechtleitung für die Menschen, und nun offenbarte er die Erlösung.«

Sure 3 43: »Er wird ihn die Schrift lehren und die Weisheit und die Thora und das Evangelium.«

Sure 3 58: »O Schriftleute, streitet nicht über Abraham; die Thora und das Evangelium sind erst nach ihm offenbart worden.«

Sure 57 27: »Wir ließen Jesus folgen, den Sohn Marias, und gaben ihm das Evangelium; und in die Herzen derer, die ihm folgten, legten wir Güte und Barmherzigkeit.«

Sure 48 29: »Das Gepräge ihrer Gesichter aus Spuren von Kniefälligkeit. Dies ist ihr Gleichnis in der Thora und ihr Gleichnis im Evangelium.«

Sure 9 112: »Nach der Verheißung, die er auf sich nahm, in der Thora, im Evangelium und im Koran«

Sure 5 50: »Wir gaben ihm (Jesus) das Evangelium.«

Sure 5 51: »Die Leute des Evangeliums sollen richten danach, was Gott darin geoffenbart.«

Sure 5 70: »Und waren sie treu der Thora und dem Evangelium?«

Sure 5 72: »Ihr habt auf nichts

gebaut, wenn ihr nicht treu zur Thora und zum Evangelium und zu dem, was euch von eurem Herrn offenbart wurde, steht.«

Sure 5 110: »Als ich euch die Schrift und die Weisheit und die Thora und das Evangelium lehrte.«

Mohammed war in seiner Lehre weit mehr dem Judaismus als dem Christentum verpflichtet, der ihm geeignetere Mittel an die Hand gab, die arabische Idolatrie zu bekämpfen und die Verehrung des einen wahren Gottes durchzusetzen. Folglich finden sich erheblich mehr Hinweise auf das Gesetz des →*Moses* als auf das Evangelium, und letztere erscheinen, wie schon erwähnt wurde, nur in den späteren Suren. Doch in keinem der Verweise auf das Evangelium gibt es eine Andeutung eines Zweifels, ob die Christen in Mohammeds Tagen die wahre Schrift besessen hätten. In Sure 4 169 wird den Christen vorgeworfen, daß sie ihre Religion überschreiten und ihre Lehre falsch auslegen würden, aber nicht, daß sie nicht das echte Wort Gottes besitzen würden:

»O Schriftleute, überschreitet nicht eure Religion und saget von Gott nichts als die Wahrheit. Wahrlich, der Messias, Jesus, der Sohn Marias, ist der Gesandte Gottes und sein Wort, das er getan hat in Maria, und ein Geist von ihm. So glaubet an Gott und seine Gesandten, und saget nicht: ›Dreiheit.‹ Lasset dies, euch zum Guten. Wahrlich, Gott ist ein Einheitsgott; zu erhaben ist er, um einen Sohn zu besitzen. Sein ist, was in den Himmeln ist und was auf Erden, und es genügt, in Gott einen Vertrauensfreund zu haben.«

In Sure 61 6 wird das Evangelium herangezogen, um Zeugnis für die Mission Mohammeds abzulegen:

»Und einst sprach Jesus, der Sohn Marias: ›O ihr Kinder Israel, ich bin ein Gesandter Gottes an euch, Bestätiger dessen, was schon vor mir war von der Thora, und Verkünder eines Gesandten, der nach mir kommen wird, und dessen Name Achmed ist.‹ Als er ihnen aber mit deutlichen Wundern kam, sprachen sie: ›Das ist offenbare Zauberei.‹ «

AL-INFITAR

Suratu'l-Infitar, »Sure von der Zerspaltung«, ist der Titel der 82. Sure des Korans. Zamakhschari sagt, daß »die Muslime, die diese Sure rezitieren, von Gott eine Gunst erhalten für jeden Regentropfen, der niederfällt, und eine weitere für jedes

Grab, das sich auf der Erde befindet«.

INGWER →*Zandschabil*

AL-INSAN

Bedeutet »der Mensch« und ist Titel der 76. Sure des Korans, die auch *Suratu'd-Dahr*, »Sure vom großen Zeitraum«, heißt, wo es im ersten Vers heißt: »Ging nicht hin über den Menschen eine geraume Zeit, in der er etwas war, woran man nicht denkt? Wahrlich, wir schufen den Menschen aus einem Mischtropfen, um ihn zu prüfen, und machten ihn hörend und sehend.«

AL-INSANU'L-KAMIL

»Der vollkommene Mensch«. Ein Begriff, der von sufitischen Mystikern (→*Sufis*) für eine Person benutzt wird, die alle Attribute der Göttlichkeit und Menschlichkeit in sich vereint. Ebenfalls der Titel eines Werkes über Mystik von 'Abdu'l-Karim ibn Ibrahim al-Dschili.

AL-INSCHIQAQ

Suratu'l-Inschiqaq, »Sure von der Spaltung«, ist der Titel der 84. Sure des Korans.

INSPIRATION

Arabisch *Wahy*. Grundsätzlich wird zwischen *Wahy Zahir*, externer Inspiration, und *Wahy Batin*, interner Inspiration unterschieden. Es gibt drei Arten von *externer Inspiration*:

1. *Wahyu Qur'an*, das, was der Prophet aus dem Munde des Engels →*Gabriel* hörte, nachdem ihm ohne jeden Zweifel bewußt war, daß es der Engel war, der zu ihm sprach. Dies ist die einzige Art von Inspiration, die es im Koran gibt.
2. *Ischaratu'l-Malak*, das, was dem Propheten vom Engel Gabriel mitgeteilt wurde, ohne daß es wörtlich ausgesprochen worden wäre, etwa wenn der Prophet sagt: »Der Heilige Geist atmete in mein Herz.«
3. *Ilham* oder *Wahyu Qalb*, das was dem Propheten durch das »Licht der Prophetie« offenbart wurde. Diese Art der Inspiration wird allen Propheten und Heiligen zugesprochen, in deren Fall es offenbleibt, ob es sich dabei um die Wahrheit handelt.

Interne Inspiration ist das, was sich der Prophet durch logische Deduktion und Analogiebildung selbst erschloß, genauso wie es die *Mudschtahidun*, die inspirierten Rechtsgelehrten, tun.

Alle orthodoxen Muslime stimmen darin überein, daß der Prophet, wenn er über die Belange der Religion sprach, dies immer in den niedrigeren Formen der Inspiration tat, und daß eine →*Tradition,* wie hoch inspiriert sie auch sein mag, doch niemals den Rang der Inspiration des Korans erreichen kann. Sure 53 2: »Euer Herr irrt nicht und wirrt nicht und spricht nicht leichtfertig.«

IQAMA

Wörtlich »Aufforderung zum Stehen«. Ein Gebet, das am Ende der vorgeschriebenen Tagesgebete gesprochen wird.

IQTIDA'

Wörtlich »Forderung«. Ein Begriff, der in der Koran-Exegese benutzt wird, wenn Vorschriften des Korans nur unter bestimmten Bedingungen zu erfüllen sind.
Zum Beispiel heißt es in Sure 4 94: »Wer einen Gläubigen unabsichtlich tötet, der muß einen Sklaven freilassen.« Um diese Anweisung ausführen zu können, muß man im Besitz eines Sklaven sein, der freigelassen werden kann, wenn dies nicht der Fall ist, muß eine andere Methode der Entsühnung gewählt werden.

IQTISAD →*Mäßigung*

IRADA

»Wille, Absicht«.
1. Ein Wort das für den Willen des Menschen benutzt wird.
2. *Iradatu'llah.* Der göttliche Wille.
3. Nach den sufitischen Mystikern (→*Sufis*) »eine Flamme der Liebe in den Herzen, die sich danach sehnt, mit Gott vereinigt zu werden«.

IRAM

Ein Ort, der im Koran in Sure 89, 6-7 erwähnt wird: »In Iram, das den Turm besaß, desgleichen noch nie im Land geschaffen ward.«
Es wird überliefert, daß Asch-Schaddad, der Sohn des 'Ad, in der Wüste von Aden ein irdisches Paradies errichtete, um mit dem himmlischen zu konkurrieren. Als er es in Besitz nehmen wollte, kamen er und alle seine Leute durch einen gewaltigen Lärm, der vom Himmel kam, zu Tode.

AL-'IRAQ

Wörtlich »Küste«. Das Land, das an der »Küste« des Euphrat und des Tigris liegt, in den Traditionen häufig erwähnt. Die bedeutendsten Städte waren Basra und →*Kufa,* die auch *Al-'Iraqan*, »die beiden Iraks«, genannt wurden.

'IRBAN

Bargeld, das in einer legalen geschäftlichen Transaktion gezahlt wird.

'ISA

Der Name Jesu im Koran und allen muslimischen Schriften.
→*Jesus*

ISAAK

Arabisch *Ishaq*. Der Sohn Abrahams. Er wird im Koran besonders als Geschenk Gottes an →*Abraham* erwähnt, aber auch als inspirierter Prophet.
Sure 21 72: »Und wir gaben ihm Isaak und Jakob als Geschenk, und sie alle machten wir zu Rechtschaffenen.«
Sure 19 50-51: »Und als er sich von ihnen getrennt hatte und von dem, was sie außer Gott verehrten, gaben wir ihm den Isaak und den Jakob, und machten beide zu Propheten. Und wir gaben ihnen unsere Barmherzigkeit und schufen ihnen die erhabene Zunge der Wahrheit.«
Die Geburt Isaaks als Geschenk Gottes wird in Sure 11 72-77 geschildert: »Einst kamen unsere Gesandten zu Abraham mit einer frohen Botschaft und sprachen: ›Frieden!‹ Er erwiderte: ›Frieden!‹ Dann zögerte er nicht und kam mit einem gebratenen Kalb. Und als er sah, daß ihre Hände nicht danach langten, mißtraute er ihnen und empfand vor ihnen Furcht. Da sprachen sie: ›Fürchte dich nicht; wir sind zum Volk Lots gesandt.‹ Und sein Weib danebenstehend lachte, als wir ihr den Isaak verkündeten, und nach Isaak den Jakob. Sie sprach: ›O weh, ich sollte gebären, bin ich doch ein altes Weib und dieser mein Mann ein Greis? Wahrlich, dies ist eine wunderliche Sache.‹ Jene erwiderten: ›Wunderst du dich über den Ratschluß Gottes? Die Barmherzigkeit Gottes und sein Segen über euch, Bewohner des Hauses. Wahrlich, er ist gelobt und gepriesen.‹ Und nachdem der Schreck von Abraham gewichen und die frohe Botschaft ihm gekommen war, stritt er mit uns für das Volk Lots. Wahrlich, Abraham war sanftmütig, mitleidig und gottergeben.«
Abrahams Bereitschaft, seinen Sohn zu opfern, wird im Koran so dargestellt, daß eigentlich kein Zweifel besteht, daß Isaak gemeint ist. Al-Baidawi und andere Kommentatoren aber sind der Auffassung, daß nicht Isaak, sondern →*Ismael* das Opfer war.
Sure 37 97-113: »Und er sprach: ›Ich gehe zu meinem Herrn, er wird mich rechtleiten. O Herr, gib mir einen rechtschaffenen (Sohn).‹ Da verkündeten wir

ihm einen lieben Knaben. Und als dieser erwachsen war, sprach er: ›O mein Söhnchen, ich sah im Traum, daß ich dich opfern soll; schau nun, was du denkest.‹ Er sprach: ›O mein Vater, tu, was dir geboten ist; mich wirst du, so Gott will, geduldig finden.‹ Und als sie sich ergeben hatten, streckte er ihn auf die Schläfe. Da riefen wir: ›O Abraham! Du hast nun das Traumgesicht erfüllt.‹ Ja, so belohnen wir die Liebfrommen. Wahrlich, dies war eine offenbare Prüfung. Wir lösten ihn aus durch ein großes Opfer. Und wir hinterließen über ihn den Spätern: Friede über Abraham! So belohnen wir die Liebfrommen. Ja, er war unsrer gläubigen Diener einer. Und wir verkündeten ihm Isaak; ein Prophet, der Rechtschaffenen einer. Und wir segneten ihn und Isaak; von ihren Nachkommen aber ist liebfromm der eine, und gegen seine Seele offenbar frevelhaft der andre.«

Das muslimische Opferfest →*'Idu'l-Adha* soll zur Erinnerung an dieses Ereignis gestiftet worden sein.

'Ischa'

Das Nachtgebet. Das liturgische Gebet, das nach Einbruch der Nacht verrichtet wird.

Ishaq →*Isaak*

Ishaqiya

Eine schiitische Sekte, die von einer Person namens Ishaq begründet wurde, die der Überzeugung war, daß der Geist Gottes im Kalifen →*'Ali (2.)* lebendig war.

Islam

Das Wort *Islam*, mit dem die Anhänger der Lehre Mohammeds im allgemeinen ihre Religion bezeichnen, bedeutet »Unterwerfung unter den Willen Gottes«. Diejenigen, die sich zur Religion des Islam bekennen, nennen sich *Muslim*, Plural *Muslimun*, oder *Mu'min*, Plural *Mu'minun*, wobei *Mu'min* »Gläubiger« bedeutet. Im Persischen heißen sie *Musalman*, Plural *Musalmanan*.

Im Koran wird das Wort *Islam* im Sinne von »Huldigung« gebraucht. Der Islam soll die Religion aller Propheten seit der Zeit Abrahams gewesen sein, wie aus Sure 3 78-79 hervorgeht: »Sprich: ›Wir glauben an das, was er geoffenbart, was er Abraham, Ismael, Isaak, Jakob und den Stammvätern geoffenbart, und was Moses, Jesus und den Propheten von ihrem Herrn überliefert ward. Wir unterscheiden zwischen keinem von ihnen, und nur ihm sind wir ergebene Bekenner.‹ Und wer eine andre Religion als den

Islam anstrebt, wird von ihm nicht aufgenommen; er ist im Jenseits der Verlorenen einer.«

Die Prinzipien des Islam beruhten zunächst auf den Teilen des Korans, die stückweise Mohammed offenbart wurden, und auf seinen mündlichen Erläuterungen, die er seinen Anhängern dazu gab. Als aber der Kalif ʻUthman etwa zwanzig Jahre nach dem Tode Mohammeds die endgültige Fassung des Korans gesammelt und herausgegeben hatte, besaßen die Muslime ein komplettes Buch, das für sie das inspirierte und unfehlbare Wort Gottes enthielt. →*Koran*

Aber neben diesem heiligen Buch existierten auch weiterhin als Interpretationshilfe und Ergänzung die überlieferten Aussprüche und Praktiken des Propheten, die *Ahadith* und →*Sunna* genannt werden. Diese Traditionen dessen, was der Prophet »tat und sagte«, legten nach und nach die Grundlage zu dem, was heute Islam genannt wird. Denn vorbehaltlich des ehernen Gesetzes des Islam, daß nichts gelehrt und gelehrt werden darf, das im Widerspruch zu ausdrücklichen Anweisungen des Korans steht, sind es aber doch eher die Traditionen als der Koran, auf denen die gesamte muslimische religiöse und zivile Rechtsprechung in bezug auf Glauben, Lehre, Reinigung, Gebet, Almosenwesen, Fasten, Ehe, Erbschaft, Strafen, Pflichten der Obrigkeit, religiöse Kriege, erlaubte Speisen, Tod, Jüngstes Gericht usw. beruht, und jede Sammlung von Traditionen setzt sich mit diesen Dingen auseinander.

Als der Prophet noch lebte, konnten die Menschen sich mit ihren Problemen und Zweifeln direkt an ihn wenden, und so war ständig eine unfehlbare Autorität vorhanden, die inspirierte Entscheidungen treffen konnte. Aber nach seinem und dem Tod all derer, die ihn persönlich gekannt hatten, wurde es absolut notwendig, die Masse der unter den Muslimen zirkulierenden Aussprüche des Propheten zu systematisieren, und auf diese Weise entstanden verschiedene Schulen der muslimischen Rechtsprechung, und die übereinstimmende Meinung dieser Rechtsschulen zu Fragen des muslimischen Rechts wird →*Idschma*ʻ genannt. Daraus entwickelte sich ein System von analogen Deduktionen, das →*Qiyas* genannt wird. So basiert der Islam auf vier Grundlagen, den »vier Pfeilern des Islam«: Koran, Hadith, Idschmaʻ und Qiyas.

Er tut dies, sowohl in seiner sunnitischen als auch schiitischen und wahhabitischen Ausprägung, und es ist nicht richtig, wie oft behauptet wird, daß die Schiiten die Traditionen ablehnten. Sie verwenden lediglich andere Traditions*sammlungen* als die anderen. Auch lehnen die →*Wahhabiten* nicht Idschma' und Qiyas ab, sondern sie sind lediglich der Auffassung, daß diese nur in der Frühzeit des Islam möglich waren.

Das komplexe dogmatische System des Islam einschließlich der liturgischen Vorschriften basiert eher auf den traditionellen Aussprüchen des Propheten als auf dem Koran selbst. So beruhen zum Beispiel die täglichen Rituale mit ihren Reinigungsvorschriften, ein bedeutender Aspekt des Islam, ausschließlich auf den Traditionen. Die Beschneidung wird im Koran überhaupt nicht erwähnt.

Die islamische Religion unterteilt sich in →*Iman*, »Glaube«, und *'Amal*, »Praxis«.

Der Glaube besteht aus der Anerkennung der sechs Glaubensartikel:

1. Die Einheit Gottes;
2. Die Engel;
3. Die inspirierten Bücher;
4. Die inspirierten Propheten;
5. Der Tag des Gerichts;
6. Die Gebote Gottes.

Die praktische Religion besteht in der Einhaltung folgender fünf Vorschriften:

1. Zeugnis ablegen, daß es nur einen Gott gibt;
2. Die täglichen Gebete verrichten;
3. Die gesetzlichen Almosen entrichten;
4. Das Fasten im Monat →*Ramadan* einhalten;
5. Einmal im Leben die Pilgerreise nach Mekka durchführen.

Der Glaube an die sechs Glaubensartikel und die Erfüllung der fünf praktischen Pflichten konstituieren den Islam. Wer diese Bedingungen erfüllt, ist ein *Mu'min*, ein »Gläubiger«, wer nicht, ein *Kafir*, ein »Ungläubiger«.

Die islamische Theologie, die sehr umfangreich ist, wird folgendermaßen unterteilt:

1. Der Koran und seine Kommentare;
2. Die Traditionen und ihre Kommentare;
3. *Usul*, Abhandlungen auf der Grundlage der Exegese;
4. *'Aqa'id*, Abhandlungen der scholastischen Theologie auf der Grundlage der sechs Glaubensartikel;
5. *Fiqh*, Werke zum zivilen und religiösen Recht.

Der Islam ist also ein theologisches System, das ein weites Feld für geduldiges Studium

und intensive Forschung bietet, und in allen Teilen der islamischen Welt gibt es Forscher, die ihr ganzes Leben dem Studium der islamischen Theologie widmen.
Die beiden Leitideen des Islam sind im *Kalima* ausgedrückt, dem islamischen Glaubensbekenntnis, nämlich der Glaube an die Einzigartigkeit des göttlichen Wesens und an die Mission Mohammeds als seines Gesandten: »Ich bezeuge, daß es keinen Gott gibt außer Gott und daß Mohammed der Gesandte Gottes ist.«

ʻIsma

Wörtlich »sich von der Sünde fernhalten«. Sündenfreiheit ist eines der Charakteristika, das Muslime jedem Propheten zuschreiben. Auch kleine Kinder befinden sich in diesem Zustand.

Ismael

Arabisch →*Ismaʻil.* Der älteste Sohn Abrahams von seiner Nebenfrau →*Hagar*
Ismael gilt als der Urvater der Araber und war nach dem Koran ein inspirierter Prophet.
Sure 19 55-56: »Gedenke im Buch auch Ismaels, denn er war wahrhaftig im Versprechen, und er war Gesandter und Prophet. Er befahl seinen Angehörigen Gebet und Almosen, und er war bei seinem Herrn beliebt.«
Ismael soll seinem Vater Abraham beim Bau der →*Kaʻba* geholfen haben.
Sure 2 119-121: »Dann errichteten wir das Haus als Versammlungsstätte für die Menschen und als Zuflucht: ›Nehmet hin den Ort Abrahams als Gedenkstätte.‹ Wir schlossen dann ein Bündnis mit Abraham und Ismael, mein Haus rein zu halten für die es Umwandelden, für die darin Verweilenden und für die sich anbetend Niederwerfenden. Dann sprach Abraham: ›O Herr, mache diese Ansiedlung zur Friedensstätte und versorge mit Früchten ihre Bewohner, diejenigen unter ihnen, die an Gott glauben und an den Jüngsten Tag.‹ Und er erwiderte: ›Auch den, der ungläubig ist, will ich mit wenigem ernähren und ihn darauf in die Qual des Höllenfeuers stoßen; wie böse ist die Fahrt dorthin!‹ Und als Abraham und Ismael die Grundmauern dieses Hauses aufführten, beteten sie: ›Herr unser, nimm es von uns an, denn du bist der Allhörende, der Allwissende.‹ «
Ismael wird noch an sechs weiteren Stellen des Korans erwähnt.
Sure 2 134: »Wollt ihr behaup-

ten, Abraham, Ismael, Isaak, Jakob und die Stammväter wären Juden gewesen oder Christen?«
Sure 3 78: »Sprich: ›Wir glauben an Gott und an das, was er uns geoffenbart, was er Abraham, Ismael, Isaak, Jakob und den Stammvätern geoffenbart, und was Moses, Jesus und den Propheten von ihrem Herrn überliefert ward.‹ «
Sure 4 161: »Wahrlich, wir offenbarten uns dir, wie wir uns Noah offenbarten und den Propheten nach ihm, wie wir uns Abraham, Ismael, Isaak, Jakob und den Stammvätern, Jesus, Hiob, Jonas, Aaron und Salomo offenbarten; und wir inspirierten David die Psalmen.«
Sure 6 86: »Und Ismael und Elisa und Jonas und Lot, alle bevorzugten wir vor allen anderen Weltbewohnern.«
Sure 21 85: »Auch Ismael und Idris und Dhu'l-Kifl, sie alle waren von den Geduldigen.«
Sure 38 48: »Und gedenke auch Ismaels, Elisas und Dhu'l-Kifls, sie alle gehörten zu den Guten.«
Nach der muslimischen Tradition hatte Ismael zwölf Söhne, was mit den Angaben des Alten Testaments übereinstimmt (Genesis 25 12). Die Namen dieser Söhne sind an den Stammesnamen, die in der muslimischen Geschichte eine Rolle spielen, zu erkennen: Nebajoth (Nabayuth), war der Begründer des nabatäischen Volkes, auch Kedar (Qaidar) war ein bedeutender Stamm, ebenso die Badawis. Dumah ist noch im Namen Damatu'l-Dschandal enthalten, und Tema entspricht den Taimah und Dschetur den Dschadur im modernen Arabien.
Mohammed soll von Ismaels zweitem Sohn Kedar (Qaidar) abstammen.
Der Bericht, wie Hagar, die Mutter Ismaels, Abrahams Haus verließ, wird in den Traditionen in zahlreichen Varianten überliefert. Es gibt aber zwei Traditionen, die auf →*Ibn 'Abbas* zurückgehen und von →*Al-Bukhari* überliefert sind, die als Grundlage der muslimischen Geschichtsschreibung zu diesem Thema gelten und die im folgenden wiedergegeben werden sollen.

1. Tradition:

Aus Gründen, die nur Abraham und seine Frau Sara kannten, nahm dieser Ismael, seinen Sohn, und dessen Mutter (Hagar) und verließ sein Land.
Und sie hatten einen Wasserschlauch bei sich.
Ismaels Mutter trank aus dem Schlauch, während sie das Kind stillte.
Als sie den Ort erreichten, an dem sich nun Mekka befindet,

setzte sie ihr Kind unter einen Busch.

Dann machte Abraham kehrt, um zu seiner Frau zurückzukehren, und die Mutter Ismaels folgte ihm.

Bis sie Keda erreichten.

Da rief sie aus: »Mit wem läßt du mich hier allein?«

Er antwortete: »Mit Gott.«

Sie antwortete: »An Gott habe ich genug.«

Dann kehrte sie zu ihrem Kind zurück und trank Wasser aus dem Schlauch und stillte ihr Kind, bis das Wasser verbraucht war.

Und sie dachte bei sich, wenn sie sich ein wenig umschauen würde, würde sie vielleicht jemanden finden, und so ging sie. Sie bestieg den Berg Safa, und sie schaute sich um, ob nicht vielleicht etwas zu sehen sei. Danach wandte sie sich in Eile dem Berg Marwa zu und bestieg auch ihn.

Dann sagte sie: »Ich muß nun zurückkehren und sehen, wie es meinem Kind geht.« Und sie kehrte zu ihrem Kind zurück und fand es im Sterben liegend. Aber in völliger Verwirrung sagte sie zu sich: »Wenn ich gehe und mich umschaue, vielleicht finde ich dann jemand.« Und sie bestieg wiederum den Berg Safa, konnte aber niemand entdecken.

Und dies wiederholte sie siebenmal.

Dann sagte sie: »Wahrscheinlich wäre es besser, wenn ich nach meinem Kind sehen würde.« Aber plötzlich hörte sie eine Stimme.

Und sie erwiderte: »Bitte hilf mir, wenn du Mitleid hast.«

Der Engel war Gabriel.

Gabriel stampfte mit dem Fuß auf die Erde, Wasser sprudelte hervor, und sie begann, das Loch im Boden zu erweitern.

Dann trank sie von dem Wasser und stillte ihr Kind.

2. Tradition:

Abraham brachte mit sich seine Frau (Hagar) und seinen Sohn (Ismael).

Den sie stillte.

Und sie setzten nahe der Stelle, wo nun die Ka'ba steht, das Kind unter einen Busch.

Nahe dem Brunnen Zamzam und nahe dem Tempel – und damals war Mekka noch unbewohnt und ohne Wasser – setzten sie das Kind unter einen Busch.

Und Abraham legte einen Beutel mit Datteln neben das Kind. Und einen Schlauch mit Wasser.

Dann machte Abraham kehrt, und Ismaels Mutter lief hinter ihm her.

Und sie sagte: »Wohin gehst du, und warum läßt du mich hier allein?

In dieser Wildnis, wo sich niemand um mich kümmert und wo es auch nichts zu essen gibt?«
Dies wiederholte sie mehrere Male, aber Abraham antwortete ihr nicht. Schließlich fragte sie: »Hat Gott dir dies befohlen?«
Er antwortete: »Ja.«
»Dann«, sagte sie, »wird Gott nicht zulassen, daß mir Leid geschieht.«
Dann kehrte sie zurück.
Und Abraham ging fort, und als er die, die er zurückgelassen hatte, nicht mehr sehen konnte, wandte er sich gegen Mekka und betete wie folgt: »O Herr, ich habe Nachkommenschaft von mir gezwungen, sich an einem unfruchtbaren Ort niederzulassen, nahe deinem heiligen Haus, o Herr, daß sie im Gebet nicht müde werden sollen. Mache daher, daß die Herzen von einigen Menschen sich erweichen und freundlich zu ihnen sein mögen. Versorge sie mit Früchten aller Art, daß sie dir dankbar sein werden.«
Und die Mutter Ismaels stillte ihr Kind und trank Wasser aus dem Schlauch, bis dieser leer war.
Und sie und ihr Sohn bekamen Durst.
Und als sie sah, daß ihr Kind Durst litt, konnte sie dies nicht ertragen, und sie bestieg den Berg Safa, der in der Nähe war, und schaute umher in der Hoffnung, daß sie vielleicht jemand sehen würde. Aber sie konnte niemanden entdecken und stieg den Berg wieder hinab.
Dann gürtete sie ihr Gewand und lief, so schnell sie konnte, zum Berg Marwa und bestieg auch diesen, aber auch hier konnte sie niemanden entdecken.
Dies wiederholte sie siebenmal.
Ibn 'Abbas überliefert, daß der Prophet gesagt hat, dies sei der Ursprung des Brauches der wahren Gläubigen, während der Hadsch zwischen diesen Bergen hin- und herzulaufen.
Und als sie den Berg Marwa bestieg, hörte sie eine Stimme.
Sie war erschrocken, und als sie die Stimme nochmals hörte, sagte sie: »Was rufst du mich? Hilf mir, wenn du kannst.«
Dann sah sie einen Engel neben dem Zamzam stehen.
Der Engel machte, entweder mit dem Fuß oder einem Flügel, ein Loch in den Boden, und es sprudelte Wasser hervor, und die Mutter Ismaels erweiterte es.
Sie füllte ihren Wasserschlauch mit dem Wasser, das dem Brunnen entsprang.
Es wird von Ibn 'Abbas überliefert, daß der Prophet gesagt

hat: »Gott segne die Mutter Ismaels, denn hätte sie den Brunnen Zamzam gelassen, wie er war, oder hätte sie nicht ihren Wasserschlauch gefüllt, dann wäre der Zamzam für immer ein überlaufender Brunnen geblieben.
Dann trank sie von dem Wasser und stillte ihr Kind.
Al-Baidawi und andere Kommentatoren sind der Auffassung, daß nicht Isaak, sondern Ismael das Opfer war, das Abraham bereit war, Gott zu bringen. Aber Abrahams Gehorsam wird im Koran so dargestellt, daß eigentlich kein Zweifel besteht, daß →*Isaak* gemeint ist. Sure 37 97-113: »Und er sprach: ›Ich gehe zu meinem Herrn, er wird mich rechtleiten. O Herr, gib mir einen rechtschaffenen (Sohn).‹ Da verkündeten wir ihm einen lieben Knaben. Und als dieser erwachsen war, sprach er: ›O mein Söhnchen, ich sah im Traum, daß ich dich opfern soll; schau nun, was du denkest.‹ Er sprach: ›O mein Vater, tu, was dir geboten ist; mich wirst du, so Gott will, geduldig finden.‹ Und als sie sich ergeben hatten, streckte er ihn auf die Schläfe. Da riefen wir: ›O Abraham! Du hast nun das Traumgesicht erfüllt. Ja, so belohnen wir die Liebfrommen.‹ Wahrlich, dies war eine offenbare Prüfung. Wir lösten ihn aus durch ein großes Opfer. Und wir hinterließen über ihn den Späteren: ›Friede über Abraham!‹ So belohnen wir die Liebfrommen. Ja, er war unsrer gläubigen Diener einer. Und wir verkündeten ihm Isaak; ein Prophet, der Rechtschaffenen einer. Und wir segneten ihn und Isaak; von ihren Nachkommen aber ist liebfromm der eine, und gegen seine Seele offenbar frevelhaft der andre.«
Das muslimische Opferfest →*'Idu'l-Adha* soll zur Erinnerung an dieses Ereignis gestiftet worden sein.

Isma'il

1. →*Ismael*
2. Der Name des Engels, der den Engel →*Gabriel* bei seinem letzten Besuch am Sterbebett des Propheten begleitet hat. Er soll den Oberbefehl über hunderttausend Engel haben.

Isma'iliya

Eine schiitische Sekte, die sagte, daß Isma'il ibn Dscha'far as-Sadiq der wahre Imam gewesen sei (und nicht Musa al-Kazim), der sagte, daß Gott weder existent noch nichtexistent sei, weder intelligent noch unintelligent, weder machtvoll noch hilflos usw., weil es nicht möglich sei, Gott überhaupt irgendein Attribut zuzuordnen, denn er sei der Schöpfer aller Dinge, auch der Namen und Attribute.

ISMU'L-A'ZAM

Der erhabene Name Gottes, von dem allgemein angenommen wird, daß er nur dem Propheten bekannt war. Mohammed soll gesagt haben, daß dieser Name entweder in Sure 2 256 – »Gott (*Allah*), außer ihm gibt es keinen Gott (*Hu*), ist der Lebendige (*Haiy*), der Ewige (*Qaiyum*)« –, Sure 3 1, wo dieselben Worte erscheinen, oder in Sure 20 110 – »Niedergeschlagen sind die Gesichter vor dem Lebendigen (*Haiy*), dem Ewigen (*Qaiyum*)« – vorkommen soll. Es wird deshalb allgemein angenommen, daß dieser Name *Allah*, *Hu*, *Haiy* oder *Qaiyum* ist.

ISQAT →*Abtreibung*

ISRAEL

Arabisch *Isra'il*. Der Beiname des Ya'qub (→*Jakob*). Al-Baidawi meint, die Bedeutung des Wortes *Isra'il* im Hebräischen sei *Sufwatu'llah*, das heißt »der wahre Freund Gottes«, oder *'Abdu'llah*, »der Diener Gottes«. →*Banu Isra'il*, »Kinder Israels«, ist ein Begriff, der häufig im Koran erscheint. Die 17. Sure des Korans, die *Suratu'l-Mi'radsch*, wird auch als *Suratu Bani Isra'il* bezeichnet.

ISRAF

Wörtlich »Verschwendung«. Übertreibung in den religiösen Pflichten, das heißt mehr zu tun, als es das Gesetz verlangt.

ISRAFIL

Der Erzengel, der die Trompete zum Tag der →*Auferstehung* blasen wird. Sein Name erscheint jedoch weder im Koran noch in den Traditionen.

ISRAR

Ein Wort, das bei den Arabern ein Pferd bezeichnet, das dem Zügel nicht gehorchen will. In der muslimischen Theologie bezeichnet es das Verharren in der →*Sünde* und das Verurteiltsein, eine Sünde immer wieder zu begehen.

ISTIBRA'

»Die Reinigung des Schoßes«. Die Zeit der Enthaltsamkeit von einer Monatsperiode, die eine neu erworbene Sklavin einhalten muß, ehe sie zu ihrem Herrn ins Bett darf.

ISTIBSAR

Eine Sammlung von mohammedanischen Traditionen, die bei den Schiiten im Gebrauch ist und von Scheich Nasiru'd-

Din Abu Dscha'far Muhammad at-Tusi kompiliert wurde (1274 n. Chr.).

ISTIDRADSCH

Wörtlich »Schritt für Schritt fortschreiten«. Das Wort erscheint im Koran in bezug auf einen Ungläubigen, der schrittweise in die Vernichtung geführt wird.

Sure 7 181: »Die aber, die unsre Verse lügenhaft nennen, werden wir stufenweise strafen von wo sie es nicht wissen.«

Sure 68 44-45: »So laß mich und den auch, der diese Kunde schilt lügenhaft; wir werden sie stufenweise strafen, woher sie es nicht ahnen. Ich friste ihnen, aber wahrlich, mein Anschlag ist fest.«

In diesen Versen ist der unvermittelte Wechsel von der 1. Person Plural zur 1. Person Singular für den Allmächtigen problematisch. Diese Erscheinung tritt im Koran allerdings häufig auf.

ISTIGHFAR

Gott um Vergebung bitten. Mohammed soll gesagt haben: »Ich schwöre bei Gott, daß ich ihn täglich mehr als siebenmal um Verzeihung bitte. O Menschen, bereut und kehrt zu eurem Gott zurück, denn wahrlich, ich bereue mehr als hundertmal am Tag.«

ISTIHADA

Die Blutung einer Frau, während der sie rituell unrein ist.

ISTIKHARA

Wörtlich »um einen Gefallen bitten«. Ein Gebet um spezielle Wohltaten und um Segen, das aus zwei →*Rak'as* besteht.

ISTILAD

Ein juristischer Begriff, der den Akt der Anerkennung eines von einer Sklavin geborenen Kindes bezeichnet, wodurch dieselbe die Freiheit erlangt.

ISTIRDSCHA'

Wörtlich »Rückkehr«. Bitte zu Gott um Hilfe in Zeiten der Gefahr, indem die folgenden Worte gesprochen werden (Sure 2 150):

»Wahrlich, ich gehöre Gott, und wahrlich, ich werde zu ihm zurückkehren.«

Diese Formel sprechen Muslime in jeder Gefahr oder plötzlichen Schwierigkeit, besonders im Angesicht des Todes.

ISTISHAB

Ein Gesetz oder eine Vorschrift, die in einer früheren Offenbarung enthalten war (zum Beispiel dem Gesetz des →*Moses*) und von dem nachfolgenden Gesetzgeber nicht widerrufen wurde.

ISTITHNA'
Wörtlich »Vorbehalt«, »Ausnahme«. Ein Begriff, der für den häufig benutzten Ausspruch »So Gott will« benutzt wird. Er steht in Übereinstimmung mit den Anweisungen des Korans, Sure 18 23: »Und sage nie von einer Sache: ›Ich tue dies morgen‹, sondern: ›So Gott will.‹ «

ITHAR
Jemanden höher in Ehren halten als sich selbst. An das Wohl des anderen eher zu denken als an das eigene. Die höchste Form menschlicher Freundschaft.

ITHM
Eine →*Sünde*; etwas, das vom Gesetz verboten ist.

I'TIKAF
Das Sichzurückziehen in die Moschee während der letzten zehn Tage des Fastenmonats →*Ramadan.* In dieser Zeit verläßt der fromme Muslim die Moschee nicht mehr, außer es ist unbedingt nötig, und verbringt die Zeit mit dem Rezitieren des Korans und mit Lobpreisungen Gottes.

'IZRA'IL
Der Engel des Todes, der in der Stunde des Todes zum Sterbenden kommt, um seine Seele fortzutragen. Siehe Koran, Sure 32 11: »Hinnehmen wird euch der Todesengel, der über euch gesetzt ist, dann werdet ihr zu eurem Herrn zurückgebracht.« →*Tod*

J

Jagd

Arabisch *Said.* Im muslimischen Gesetz sind bestimmte Regeln niedergelegt, die die Jagd betreffen:

Es ist gesetzlich, mit einem abgerichteten Hund, Panther oder Falken zu jagen. Ein Hund gilt als ausreichend ausgebildet, wenn er dreimal ein Tier fängt, ohne es zu fressen. Ein Falke gilt als abgerichtet, wenn er auf das Wort seines Herrn hört. Wenn ein Hund oder ein Panther einen Teil des gejagten Wildes frißt, ist die Beute ungesetzlich, tut dies ein Falke, bleibt sie gesetzlich. Wenn der Hund aber nur Blut von der Beute leckt, ist das Fleisch ebenfalls gesetzlich. Wenn der Jäger ein Stück Wild lebendig bekommt, weil der Hund es nur verwundet hat, muß er es nach den rituellen Vorschriften schlachten, indem er dem Tier in Richtung Mekka gewendet die Kehle durchschneidet und dabei ausruft: »Im Namen Gottes, Gott ist groß!« Wenn ein Jäger mit einem Bogen oder einem Gewehr auf Wild schießt, müssen die Worte »Im Namen Gottes, Gott ist groß!« in dem Moment ausgesprochen werden, wenn der Pfeil die Sehne des Bogens oder die Kugel den Lauf des Gewehres verläßt. Wird das Wild durch den Schuß getötet, ist das Fleisch gesetzlich, wird es nur verwundet, muß es wieder rituell geschlachtet werden. Wild, das von einem Pfeil ohne scharfe Spitze getötet wurde, ist nicht gesetzlich. Dasselbe gilt für mit Steinen erlegte Tiere.

Wild, das von Magiern, Apostaten oder Götzenanbetern erlegt wurde, ist nicht gesetzlich, von Juden oder Christen erlegtes Wild ist gesetzlich.

Während der Pilgerreise nach Mekka ist das Jagen verboten,

ebenso darf in den heiligen Bereichen von Mekka und Medina nicht gejagt werden.

Jahr

Arabisch *Sana*, Plural *Sinun*; *'Am*, Plural *A'wam*; *Haul*, Plural *Ahwal*. Persisch *Sal*, Plural *Salha*.

Man nimmt an, daß das Jahr der alten Araber wie das heutige Jahr der Muslime zwölf lunare Monate hatte. Aber etwa im Jahre 412 n. Chr. wurde ein Schaltjahrsystem eingeführt, bei dem alle drei Jahre ein zusätzlicher Monat eingeschoben wurde. Dieser Kalender existierte noch zur Zeit Mohammeds, der dann aber dekretierte: »Ein Jahr besteht wie zur Zeit der Schöpfung nur aus zwölf Monaten.« (Mischkat 11 11)

Deshalb besteht das islamische Jahr aus zwölf lunaren Monaten ohne jede Schaltregelung, um es mit dem jährlichen Lauf der Sonne zu synchronisieren, und hat eine Länge von 354 Tagen und 9 Stunden, was dazu führt, daß das neue Jahr in jedem Jahr 11 Tage früher beginnt als im vorhergehenden.

Gleichzeitig existierte bei den Arabern ein System des Austauschs der Monate, wodurch der letzte der drei aufeinander folgenden heiligen Monate, der Monat →*Muharram*, säkular wurde und der Monat →*Safar* heilig. Es bestand auch die Möglichkeit, daß der isolierte heilige Monat →*Radschab* säkular wurde und der Monat →*Scha'ban* an seiner Stelle heilig. Dadurch wurde es möglich, daß in den heiligen Monaten Muharram und Radschab Krieg geführt werden durfte. Auf diesen Brauch bezieht sich der Koran, wenn es in Sure 9 36-37 heißt: »Siehe, die Zahl der Monate ist bei Gott zwölf, im Buch Gottes, seit dem Tage, an dem er die Himmel geschaffen und die Erde; vier von diesen sind heilig. Dies ist der feste Kultus, und versündigt euch nicht an diesem. Aber bekämpfet die Götzendiener durchaus, wie sie euch durchaus bekämpfen, und wisset, daß Gott mit den Gottesfürchtigen ist. Die Verlegung aber ist ein Zuwachs des Unglaubens, worin irregehen, die ungläubig sind. Frei geben sie ihn in dem einen Jahr und heiligen ihn in dem anderen, um auszugleichen die Zahl dessen, was Gott geheiligt; und so geben sie frei, was Gott geheiligt. Wohlgefällig ist ihnen das Böse ihres Tuns; aber Gott rechtleitet nicht das Volk der Ungläubigen.«

In moderner Zeit wird der lunare Kalender nur für religiöse

Zwecke und auch noch oft im alltäglichen Leben benutzt, aber im Geschäftsleben und in Landwirtschaft und Industrie wird der Gregorianische Kalender angewandt.
Umrechnung von muslimischen in christliche Jahreszahlen und umgekehrt →*Hidschra*

Jakob

Arabisch *Ya'qub*. Der Sohn des Isaak, ein inspirierter Prophet. Es gibt eine Reihe von meist kurzen Erwähnungen seiner Person im Koran in Verbindung mit Abraham und Isaak. Die Geschichte seiner Reise nach Ägypten findet sich in der Josephsgeschichte, die Gegenstand der 12. Sure ist. →*Joseph*
Ein kurzer Hinweis auf seinen Tod findet sich in Sure 2 127-129: »Wart ihr Zeugen, als der Tod an Jakob herantrat, wie er dann zu seinen Söhnen sprach: ›Wem wollt ihr nach mir dienen?‹ Sie erwiderten: ›Deinem Gott wollen wir dienen, dem Gott deiner Väter Abraham, Ismael und Isaak, dem einzigen Gott; ihm wollen wir ergebene Bekenner sein.‹ Dieses Volk ist dahin, ihm geschah, was es verdient hat, auch euch wird geschehen, was ihr verdient, und nicht werdet ihr gefragt werden, was sie getan. Sie sagten: ›Seid Juden oder Christen, ihr seid dann rechtgeleitet.‹ Sprich: ›Nein, zum Bekenntnis Abrahams, des Rechtgläubigen, der nicht war der Götzendiener einer.‹ «

Jerusalem

Arabisch *Al-Baitu'l-Muqqadas*, »das heilige Haus«; *Baitu'l-Maqdis*, »das Haus des Heiligtums«; *Auraschalim*; *Iliya'*, das heißt *Aelia Capitolina*.
Im Koran wird Jerusalem nicht namentlich erwähnt, ebensowenig in den Traditionen und anderen muslimischen Werken, sondern wird stets als →*Al-Baitu'l-Muqqadas* bezeichnet, »das heilige Haus«, was sich auf den Tempel von Jerusalem bezieht, oder *Iliya*.
Die Erwähnungen im Koran sind folgende:
Sure 2 55 (wo Gott, nachdem er die Kinder Israels mit →*Manna* und Wachteln gesättigt hatte, zu ihnen spricht): »Tretet ein in diese Stadt und genießet, soviel ihr begehrt; tretet andächtig durch das Tor und sagt: ›Versöhnung!‹ Wir vergeben eure Sünden und werden die Frommen vermehren.« Der Kommentator Al-Baidawi sagt, daß mit dieser Stadt Jerusalem oder Jericho gemeint sei.
Sure 2 261: »Oder auch den, der, als er an der Stadt vorüberging, die bis auf ihre Grundmauern verwüstet war, sprach: ›Wie will

Gott diese nach ihrem Absterben beleben?‹ « Die Kommentatoren meinen, daß es Elisa war, der Jerusalem nach ihrer Vernichtung durch Nebukadnezar besuchte.

Die 30. Sure beginnt mit einem Hinweis auf die Einnahme Syriens und Jerusalems durch die Perser.

In Sure 17 1 berichtet Mohammed, daß er seine Nachtreise (→*Mi'radsch*) mit dem Flug von Mekka nach Jerusalem begann: »Preis ihm, der bei Nacht mit seinem Diener reiste von der heiligen Anbetungsstätte (→*Al-Haram-Moschee*) zu der entfernten Anbetungsstätte (→*Aqsa*), deren Umgebung wir gesegnet, um ihm manche von unseren Wunderzeichen zu zeigen.«

Und in Sure 50 40 wird eines der Vorzeichen des nahen Tages des Gerichts sein: »Und horche auf den Tag, an dem wird rufen der Rufer (zum Gebet) aus einem nahen Ort (das heißt einem Ort, von dem aus alle Menschen ihn hören können).« Husain sagt, dieser »nahe Ort« sei die Al-Aqsa-Moschee von Jerusalem.

Jesaja

Arabisch *Scha'ya'*. Der Name dieses biblischen Propheten wird im Koran nicht erwähnt, doch der Kommentator Al-Baidawi sagt in seinen Bemerkungen zu Sure 17 4 (»Und wir entschieden über die Kinder Israel in der Schrift: ›Ihr sollt Unheil stiften auf der Erde zweimal‹ «), dieses zweimalige Unheilstiften sei einmal der Mord an Scha'ya' ibn Amsiya (das heißt Jesaja, dem Sohn des Amos) und zweitens die Morde an Zacharias und Johannes dem Täufer und die Absicht, Jesus zu töten.

Jesus

Jesus von Nazareth, Arabisch →*'Isa*. Im Koran wird Jesus mit folgenden Namen und Titeln bezeichnet:

1. *'Isa*, »Jesus«. Al-Baidawi sagt, der Name sei von *Al-'Ayas*, »Weiß mit Rot gemischt«, hergeleitet, ohne jedoch diese Ableitung zu erläutern.

2. *'Isa ibn Maryam*, »Jesus, der Sohn Marias«, von der er durch die Macht Gottes geboren wurde.

3. *Al-Masih*, »der Messias«. Sure 3 40: »Sein Name wird sein Messias Jesus.« Die Kommentatoren sagen, daß er Messias genannt wurde, weil er vom Engel →*Gabriel* gesegnet und gesalbt wurde oder weil jeder, der von ihm berührt wurde, geheilt würde.

4. *Kalimatu'llah*, »das Wort Gottes«. Sure 4 169: »Sein Wort.« Husain sagt, mit diesem Ausdruck sei gemeint, daß er als das ausgesprochene »Es werde« geboren sei. Sure 19 36: »Er sagt nur: Es werde, und es wird.«

5. *Qaulu'l-Haqq*, »das Wort der Wahrheit« (Sure 19 35). Manche Kommentatoren beziehen diesen Ausdruck lediglich auf das von Jesus Gesagte (»das Wort der Wahrheit«), andere auf die Person selbst »Das Wort der Wahrheit«.

6. *Ruhun min Allah*, »Geist Gottes«. Al-Baidawi sagt, es sei der Geist gemeint, der von Gott ausgeht. *Ruhu'llah* ist ein besonderer Ehrentitel Jesu.

7. *Rasulu'llah*, »Bote Gottes«. Es ist derselbe Titel, den Mohammed auch für sich selbst in Anspruch nahm, das heißt der Prophet, der Gesandte, der Bote Gottes.

8. *'Abdu'llah*, »Diener Gottes«. Sure 19 31: »Wahrlich, ich bin der Diener Gottes.«

9. *Nabiyu'llah*, »Prophet Gottes«. Sure 19 31: »Er hat mich zum Propheten gemacht.«

10. *Wadschihun fi'd-Dunya wa'l-Akhira*, »erhaben in dieser Welt und in der nächsten« (Sure 30 4), nämlich, wie Al-Baidawi sagt, in dieser Welt als Prophet und in der nächsten als Fürsprecher.

1. Die Verkündigung der Geburt Jesu

Sure 3 37-43: »Dann sprachen die Engel weiter: ›Maria, siehe, der Herr erkor dich und heiligte dich und bevorzugte dich unter den Weibern der Weltbewohner. Maria, demütige dich deinem Herrn, bete ihn an und beuge dich vor ihm mit den Sichbeugenden.‹ Dies ist von den geheimen Kunden, das wir dir offenbaren. Du warst nicht unter ihnen, als sie Lose warfen, wer von ihnen Maria großziehe, und du warst nicht unter ihnen, als sie miteinander stritten. Alsdann sprachen die Engel: ›Maria, siehe, der Herr verkündet dir das Wort von ihm, sein Name ist: der Messias Jesus, Sohn Marias, angesehen hienieden und jenseits, der Nahestehenden einer. Er wird in der Wiege schon zu den Menschen reden und im Mannesalter der Rechtschaffenen einer sein.‹ Da sprach sie: ›Herr, wie soll mir ein Kind werden, wo ein Mann mich noch nicht berührt hat?‹ Er erwiderte: ›So ist es; Gott bildet, wie ihm beliebt. Wenn er eine Sache beschlossen, so sagt er nur: es werde, und es wird.‹ Er wird ihn die Schrift lehren und die Weisheit und die Thora und das Evangelium, und als Gesandten schicken zu den Kindern Israels.«

Sure 19 16-21: »Gedenke im Buch auch Marias, als sie sich von ihrer Familie entfernte nach einem östlichen Ort. Und vor ihnen einen Schleier nahm. Da sandten wir zu ihr unsren Geist, und er erschien ihr als richtiges Fleischwesen. Sie sprach: ›Ich flüchte mich vor dir zum Allerbarmer, wenn du gottesfürchtig bist.‹ Er erwiderte: ›Ich bin nur ein Gesandter deines Herrn, daß ich dir einen reinen Knaben gebe.‹ Sie sprach: ›Wie soll mir ein Knabe werden, da mich doch kein Fleischwesen berührt hat und ich auch keine Hure bin?‹ Er erwiderte: ›So sprach dein Herr: Dies ist für mich ein Leichtes. Wir machen ihn zum Wunderzeichen für die Menschen und zur Barmherzigkeit von uns. Und die Sache ist entschieden.‹ «

An einer früheren Stelle der 3. Sure wird Maria als Tochter ʻImrans bezeichnet. Die Kommentatoren sagen, daß ʻImran gestorben sei, bevor Maria geboren wurde. In den Traditionen wird gesagt, daß »nur zwei Menschen in die Welt geboren worden sind, die nie vom Teufel berührt wurden, nämlich Maria und ihr Sohn Jesus«, und so nicht nur die unbefleckte Empfängnis Marias postuliert, sondern auch die ihrer Mutter.

2. Die Geburt Jesu

Sure 19 22-34: »Und sie empfing ihn und entfernte sich mit ihm in einen fernen Ort. Da kamen ihr die Wehen am Stamm einer Palme, und sie sprach: ›Oh, wäre ich doch vor diesem gestorben, wäre ich doch als Vergessene vergessen.‹ Da rief es ihr von unten her zu: ›Betrübe dich nicht, bereits hat dein Herr unter dich ein Bächlein gemacht. Schüttle nun den Stamm der Palme gegen dich, und sie läßt über dich frische Datteln fallen. Iß und trink und erheitre das Auge. Und wenn du der Fleischwesen eines siehst, so sprich: Ich habe dem Allerbarmer ein Fasten gelobt und rede heute mit niemand.‹ Als sie dann ihn tragend zu ihrem Volk kam, sprachen sie: ›Maria, du hast nun eine sonderbare Sache getan. O Schwester Aarons, dein Vater war kein schlechter Mensch, auch deine Mutter keine Hure.‹ Sie aber deutete auf ihn. Jene sprachen: ›Wie sollen wir mit einem reden, der noch ist ein Kind der Wiege?‹ Da sprach er: ›Ich bin ein Diener Gottes; er gab mir die Schrift und machte mich zum Propheten. Er machte mich zum Gesegneten, wo ich auch sein mag, und er gebot mir das Gebet und Almosen, solange ich lebe. Und liebevoll zu sein zu meiner

Mutter, und er machte mich nicht zu einem elenden Trotzer. Und Friede über mir am Tag, da ich geboren wurde, am Tag, da ich sterben werde, und am Tag, da ich zum Leben auferweckt werde.‹ «

Sure 23 52: »Und wir machten den Sohn Marias und seine Mutter zu einem Wunderzeichen und gaben ihnen einen Hügel zum Aufenthalt, da Sicherheit und Quellwasser.«

Die Formulierung »O Schwester Aarons« ist ein Anachronismus, doch die Kommentatoren lösen ihn auf, indem sie sagen, dieser Ausdruck sei lediglich figurativ gemeint und solle nur ausdrücken, Maria sei so rein und rechtschaffen wie eine Schwester Aarons gewesen. Al-Baidawi meint, es bedeute, daß Maria dem Stamme Aarons angehört habe. Westliche Autoren vermuten eher eine Verwechslung der Jungfrau Maria mit Miriam, der Schwester des Moses.

Al-Baidawi sagt: »Die Palme, zu der Maria geflohen ist, damit sie sich an sie anlehnen konnte, war nur ein vertrockneter Stamm ohne Laub und Krone, und das alles geschah zur Winterzeit, und trotzdem versorgte er sie wunderbarerweise augenblicklich mit Früchten und Erquickung.«

Westliche Autoren sehen in der gesamten Geburtsschilderung eine Parallele mit dem Apollo-Mythos, denn auch Latona, die Mutter Apollos, lehnte sich zur Geburt ihres Kindes an eine Palme (obwohl in manchen Darstellungen von einem Olivenbaum die Rede ist), und auch das Kind in ihrem Leibe sprach mit ihr.

3. Die Wunder Jesu

Sure 3 43-46: »Er wird ihn die Schrift lehren und die Weisheit und die Thora und das Evangelium, und als Gesandten schikken zu den Kindern Israels: ›Ich komme zu euch mit einem Wunderzeichen von eurem Herrn: Ich forme euch aus Ton das Gebild eines Vogels und hauche hinein, und mit dem Willen Gottes wird es ein (wirklicher) Vogel werden. Auch will ich mit dem Willen Gottes die Blinden und die Aussätzigen heilen und die Toten beleben. Ich will euch verkünden, was ihr esset und in euren Häusern aufspeichert. Wahrlich, hierin ist euch ein Wunderzeichen, wenn ihr Gläubige seid. Zur Bestätigung dessen, was schon aus der Thora (bekannt) ist, und euch zu erlauben einen Teil von dem, was euch verboten war. Ich komme zu euch mit einem Zeichen von eurem Herrn; fürchtet Gott und horchet auf mich. Wahrlich, Gott ist mein Herr und euer Herr, so verehret ihn. Dies ist der rechte Weg.‹ Und als Jesus ihren Unglauben wahrnahm, sprach er: ›Wer sind meine Helfer für Gott?‹ Da erwiderten die Apostel: ›Wir sind Helfer für Gott. Wir glauben an Gott; bezeuge, daß wir ergebene Gottbekenner sind. Herr unser, wir glauben an das, was du geoffenbart, und folgen dem Gesandten; trage uns ein unter die Bezeugenden.‹ «

Die Kommentatoren meinen, daß Jesus eine Fledermaus geformt habe und daß sie davonflog, während alle zuschauten, aber als sie außer Sichtweite gewesen sei, sei sie tot zu Boden gefallen. Außerdem habe Jesus an einem Tag 50000 Personen geheilt, er habe Lazarus ('Azar) von den Toten auferweckt, außerdem auch Ham, den Sohn Noahs, der 4000 Jahre tot gewesen war, aber sofort wieder starb, ebenso habe er den Sohn einer alten Frau und die Tochter eines Steuereinnehmers auferweckt.

Sure 5 112-115: »Dann sprachen die Apostel: ›Jesus, Sohn Marias, vermag dein Herr uns einen Tisch vom Himmel herabzusenden?‹ Er erwiderte: ›Fürchtet Gott, wenn ihr Gläubige seid.‹ Sie sprachen: ›Wir wollen von diesem essen, daß sich unsre Herzen beruhigen, damit wir wissen, daß du uns die Wahrheit gesagt, und damit wir Zeugen dessen seien.‹ Da sprach Jesus, der Sohn Marias: ›Gott, Herr unser, sende uns einen Tisch vom Himmel hernieder, daß uns ein Fest sei, dem ersten unter uns und dem letzten, und ein Zeichen von dir. Und versorge uns, denn du bist der Beste der Versorger.‹ Und Gott sprach: ›Siehe, ich will ihn euch niedersenden; wer aber von euch hernach leugnet, wahrlich, ich strafe ihn mit einer Strafe, mit der ich keinen der Weltbewohner strafe.‹ «

Al-Baidawi schreibt über dieses Wunder: »Als Jesus dieses Wunder auf Verlangen seiner Jünger von Gott erbeten hatte, senkte sich ein roter Tisch zwischen zwei Wolken vor ihnen auf die Erde nieder. Daraufhin stand Jesus auf, vollzog die Waschung, betete und zog dann das Tuch fort, das den Tisch bedeckte, indem er sprach: ›Im Namen Gottes, der uns am besten mit Nahrung versorgt.‹ «

Über das, was auf dem Tisch stand, gehen die Meinungen erheblich auseinander: neun Laibe Brot und neun Fische; Brot und Fleisch; alles Eßbare außer Fleisch; alles Eßbare außer Brot und Fleisch; ein Fisch, der den

Geschmack jeder Art von Nahrung besaß; Früchte des Paradieses. Nach der geläufigsten Tradition aber erschien, als das Tuch vom Tisch entfernt wurde, ein fertig zubereiteter Fisch, ohne Gräten und Schuppen, von Fett triefend, mit Salz am Kopfende und Essig am Schwanzende, dekoriert mit allen denkbaren Kräutern und Gemüsen außer Lauch. Weiter lagen auf dem Tisch fünf Brotlaibe, der erste bedeckt mit Oliven, der zweite mit Honig, der dritte mit Butter, der vierte mit Käse und der fünfte mit getrocknetem Fleisch. Danach soll Jesus auf Verlangen der Apostel ein weiteres Wunder gewirkt haben: Er erweckte den Fisch wieder zum Leben, der seine Gräten und Schuppen wieder zurückerhielt, aber als die Zuschauer darüber erschraken, stellte Jesus den ursprünglichen Zustand wieder her. Von diesem Fisch sollen 1300 Männer und Frauen, alle arm oder krank, gegessen haben und satt geworden sein, und der Fisch blieb trotzdem ganz wie zuvor. Danach sei der Tisch vor allen Augen wieder zum Himmel geflogen, und jeder, der von dem Fisch gegessen hatte, war von seiner Krankheit geheilt und von seinem Unglück befreit. Weiterhin sei der Tisch vierzig Tage lang jeden Mittag wieder vom Himmel herabgekommen und habe bis zum Sonnenuntergang auf der Erde gestanden und sei dann wieder in den Wolken verschwunden. Einige mohammedanische Autoren glauben nicht, daß der Tisch wirklich vom Himmel herabgekommen sei, sondern daß es sich nur um eine Parabel handele, aber die meisten sind der Auffassung, daß die Worte des Korans klar das Gegenteil aussagen. Eine weitere Tradition berichtet, daß mehrere Menschen in Schweine verwandelt worden seien, weil sie dies Wunder nicht glauben oder es in den Bereich der Zauberei verweisen wollten.

4. Die Mission Jesu

Sure 57 26-27: »Einst entsandten wir Noah und Abraham und setzten unter ihre Nachkommen die Prophetie und die Schrift; unter ihnen sind manche rechtgeleitet, doch viele ihrer sind Missetäter. Dann ließen wir unsre Gesandten folgen auf ihren Spuren; wir ließen Jesus folgen, den Sohn Marias, und gaben ihm das Evangelium; und in die Herzen derer, die ihm folgten, legten wir Güte und Barmherzigkeit. Und das Mönchtum, das sie geschaffen, schreiben wir ihnen nicht vor, nur aus Verlangen nach dem

Wohlgefallen Gottes; doch beobachteten sie es nicht in richtiger Beobachtung. Und denen von ihnen, die gläubig waren, gaben wir ihren Lohn, doch viele von ihnen sind Missetäter.«

Sure 5 50-51: »Wir ließen Jesus, den Sohn Marias, auf ihren Spuren folgen, zur Bestätigung dessen, was von der Thora schon vorhanden war. Wir gaben ihm das Evangelium, darin eine Rechtleitung ist und ein Licht und eine Bestätigung dessen, was von der Thora vorhanden war; eine Rechtleitung und eine Ermahnung für die Gottesfürchtigen. Die Leute des Evangeliums sollen richten danach, was Gott darin geoffenbart. Und wer nicht richtet danach, was Gott geoffenbart, diese sind Missetäter.«

Sure 2 81: »Bereits hatten wir Moses die Schrift verliehen und darauf die Gesandten folgen lassen, dann ließen wir Jesus, dem Sohn Marias, deutliche Wunder werden und stärkten ihn mit dem Heiligen Geist. Aber sooft ein Gesandter zu euch kam mit dem, was euch nicht gefiel, wart ihr hoffärtig; einen Teil habt ihr lügenhaft geheißen, einen Teil getötet.«

Sure 2 254: »Unter den Gesandten bevorzugten wir die einen mehr als die anderen, unter ihnen manche, mit denen Gott redete, andere aber erhob er eine Stufe höher. So verliehen wir Jesus, dem Sohn Marias, Wunderkraft und stärkten ihn mit dem Heiligen Geist. Wollte es Gott, seine Nachfolger würden einander nicht bekämpft haben, nachdem ihnen deutliche Wunder geworden waren. Aber sie streiten; mancher unter ihnen, der glaubt, und mancher unter ihnen, der nicht glaubt. Wollte es Gott, sie würden einander nicht bekämpft haben, aber Gott tut, was er will.«

Sure 61 6: »Und einst sprach Jesus, der Sohn Marias: ›O Kinder Israels, ich bin ein Gesandter Gottes an euch, Bestätiger dessen, was schon vor mir von der Thora gesagt wurde, und Verkünder eines Gesandten, der nach mir kommen wird, dessen Name Ahmad sein wird.‹ Als er ihnen aber mit deutlichen Wundern kam, sprachen sie: ›Das ist offenbare Zauberei.‹ «

Sure 6 85: »Und Zacharias, Johannes, Jesus und Elias: sie waren alle Gerechte.«

Sure 4 175: »Und von den Schriftleuten keiner, der vor seinem Tod an ihn (Jesus) glauben wird, am Tag der Auferstehung aber wird er wider sie Bezeuger sein.«

Sure 3 44: »Zur Bestätigung dessen, was schon aus der Thora bekannt ist, und euch zu erlauben, einen Teil von dem, was euch verboten war. Ich komme zu euch mit einem Zeichen von eurem Herrn; fürchtet Gott und hört auf mich. Wahrlich, Gott ist mein Herr und euer Herr, so verehret ihn. Dies ist der rechte Weg.«

5. Die Kreuzigung Jesu

Sure 3 47-50: »Jene (die Juden) listeten, aber Gott überlistete sie, denn Gott übertrifft die Listenden. Gott sprach dann: ›Jesus, siehe, ich lasse dich sterben; erhebe dich zu mir und reinige dich von denen, die ungläubig sind. Und ich setze am Tag der Auferstehung diejenigen, die dir gefolgt, über diejenigen, die ungläubig waren. Alsdann erfolgt eure Rückkehr zu mir, und ich entscheide unter euch über das, worüber ihr streitet. Was die betrifft, die ungläubig waren, so strafe ich sie mit schwerer Pein hienieden und jenseits; kein Helfer ist ihnen.‹ Was aber die betrifft, die gläubig waren und gute Werke geübt, so wird ihnen ihr Lohn zuteil. Und Gott liebt nicht die Frevler.«

Sure 4 155-156: »Ob ihres Leugnens und ob ihres schwere Verleumdungen Redens über Maria. Und ob ihres Sagens: ›Wahrlich, wir haben den Messias, Jesus, den Sohn Marias, den Gesandten Gottes, getötet.‹ Jedoch nicht getötet haben sie ihn und nicht gekreuzigt, nur ähnlich schien er ihnen. Aber wahrlich, die darüber streiten, sind darin in einem Zweifel; sie haben hiervon keine Kenntnis und folgen nur einer vorgefaßten Meinung. Wirklich aber haben sie ihn nicht getötet, vielmehr hat Gott ihn zu sich erhoben, denn Gott ist stark und allweise.«

Über die Person, die tatsächlich gekreuzigt wurde, besteht keine Einigkeit. Einige glauben, es sei ein Spion gewesen, der ausgeschickt war, Jesus gefangenzunehmen. Andere meinen, es habe sich um einen Meuchelmörder gehandelt, der auf Anweisung des Judas in ein Haus eingestiegen war, in dem sich Jesus gerade befand. Und wieder andere halten Judas selbst für den an Jesu Statt Gekreuzigten, weil er mit den Führern der Juden für dreißig Silberstücke gemeinsame Sache gemacht und sie zu Jesus geführt hatte. Nach seiner Kreuzigung *in effigie* soll Jesus sofort wieder zur Erde zurückgesandt worden sein, um seine Mutter und seine Jünger zu beruhigen und ihnen mitzuteilen, wie die Juden betrogen worden waren.

Danach sei er ein zweites Mal in den Himmel aufgefahren.

Man hat oft angenommen, daß diese Darstellung direkt auf Mohammed selbst zurückgeht, doch diese Auffassung ist sicher nicht korrekt, denn es gab schon lange vor Mohammed Sekten, die nicht glaubten, daß Jesus selbst gekreuzigt worden sei. So nahmen zum Beispiel die Basilidianer in der frühesten Zeit des Christentums an, Simon von Cyrene habe an der Stelle Jesu die Kreuzigung erleiden müssen.

Auf Grund dieser Betrachtungsweise ist es nur folgerichtig, daß das »Kreuz Christi« in der mohammedanischen Religion keine Rolle spielt. Im Gegenteil: Mohammed soll eine so tiefe Abneigung gegen das Symbol des Kreuzes gehegt haben, daß er, so berichtet der muslimische Historiker Al-Waqidi, jeden Gegenstand mit diesem Zeichen vernichtet haben soll, der in sein Haus kam.

6. Göttlichkeit, Sohnschaft und Sündenlosigkeit Jesu

Sure 19 35-36: »Das ist Jesus, der Sohn der Maria, das Wort der Wahrheit, über den sie zweifeln. Es kommt Gott nicht zu, einen Sohn zu zeugen. Preis ihm! Hat er etwas beschlossen, so spricht er nur: ›Es werde!‹, und es wird. Wahrlich, Gott ist mein Herr und euer Herr, so verehret ihn; das ist der gerade Weg. Die Sekten aber stritten untereinander.«

Sure 3 51-52: »Dies lesen wir dir der Verse vor und der weisen Ermahnung. Siehe, Jesus gleicht vor Gott dem Adam, den er aus Staub erschuf, er sprach zu ihm: ›Werde!‹, und er ward.«

Sure 43, 57-65: »Als der Sohn Marias als Beispiel gestellt wurde, da schrie dein Volk darüber auf. Und sie sprachen: ›Sind unsre Götter besser oder er?‹ Sie stellten ihn dir nur aus Streitsucht auf, ja, sie sind ein streitsüchtiges Volk. Ein Diener nur ist er, den wir begnadet und zum Beispiel gemacht für die Kinder Israels. Wollten wir es, wir machten aus euch Engel, die euch auf Erden nachfolgen. Und er ist euch gewißlich Kenntnis für die Stunde. So zweifelt nicht an ihr und folget mir; das ist der rechte Weg. Und nicht verdränge euch Satan, denn wahrlich, er ist euch offenbarer Feind. Und als Jesus mit den deutlichen Beweisen kam, sprach er: ›Ich komme euch nun mit der Weisheit, um euch zu verdeutlichen einen Teil von dem, worüber ihr streitet; so fürchtet Gott und gehorchet mir. Wahrlich, Gott ist unser Herr und euer Herr; so verehret ihn, das ist der rechte Weg.‹ Doch stritten die Sekten untereinander. Aber wehe denen, die gefrevelt, ob der Strafe des qualvollen Tags.«

Sure 9 30: »Die Juden sagen, Ezra sei ein Sohn Gottes, die Christen sagen, der Messias sei ein Sohn Gottes. Das ist ihre Rede mit ihren Mündern, ähnlich der Rede derer, die vordem ungläubig waren. Gott bekämpft sie, von wo aus sie auch lügen.«

Sure 3 72-73: »Und siehe, unter ihnen ist ein gewisser Teil, die ihr Gerede in die Schrift verdrehen, daß ihr glauben könntet, es sei aus der Schrift, es ist aber nicht aus der Schrift. Sie sagen, es sei von Gott, es ist aber nicht von Gott. So reden sie über Gott Lügenhaftes, und sie wissen es. Es steht einem Fleischwesen nicht an, daß Gott ihm Schrift, Weisheit und Prophetie verleihet und es dann zu den Menschen sagt: ›Seid meine Verehrer außer Gott.‹ Aber wie folgt: ›Seid gottesgelehrt, daß ihr die Schrift verstehet und auf daß ihr euch in sie vertiefet.‹ «

Sure 5 19: »Die sind bereits ungläubig, die da sagen: ›Wahrlich, Gott ist der Messias, der Sohn Marias.‹ Sprich: ›Wer vermöchte etwas gegen Gott, wollte er den Messias, den Sohn Marias, vernichten, seine Mutter und was auf Erden allesamt.‹ «

Es gibt eine bemerkenswerte, auf Anas zurückgehende Tradition, die belegt, daß Mohammed zwar die eigene Sündhaftigkeit – und auch die anderer Propheten – einräumt, aber daß er Jesus keiner Sünde bezichtigt. Anas berichtet, der Prophet habe gesagt: »Am Tag der Auferstehung werden die Muslime nicht in der Lage sein, sich von ihrem Ort fortzubewegen, und sie werden sehr betrübt sein und sagen: ›O gäbe es doch jemanden, der bei Gott für uns Fürsprache einlegen könnte, damit wir aus unserem Elend befreit würden!‹ Darauf sprechen sie zu Adam: ›Du bist der Vater aller Menschen, Gott hat dich mit eigener Hand erschaffen und dich zum Bewohner des Paradieses gemacht, und er hat den Engeln befohlen, vor dir niederzufallen, und er hat dich die Namen aller Dinge gelehrt. Wir flehen dich an: Bitte um Gnade für uns!‹ Und Adam wird antworten: ›Ich besitze nicht den Rang, den ihr vermutet; denn ich habe gesündigt, indem ich von der verbotenen Frucht gegessen habe. Geht zu Noah, dem Propheten, der als erster von Gott zu den Ungläubigen gesandt worden ist.‹ Dann werden sie zu Noah gehen und ihn um Fürbitte bei Gott anflehen, und er wird antworten: ›Ich besitze nicht den Rang, den ihr vermutet.‹ Und er erinnert an die Sünde, die er begangen hat, indem er Gott um die Rettung seines Sohnes (Kan'an) bat, ohne zu wissen, ob diese Forderung gerecht war. Und er wird sagen: ›Geht zu Abraham, denn der ist ein Freund Gottes.‹ Dann werden sie sich an Abraham wenden, aber auch dieser wird antworten: ›Ich besitze nicht den Rang, den ihr vermutet.‹ Und er wird daran erinnern, daß er bei einer bestimmten Gelegenheit dreimal gelogen hat, und wird sagen: ›Geht zu Moses, er ist der Diener Gottes, dem dieser das Gesetz gegeben hat und der mit ihm sprechen durfte.‹ Und sie werden zu Moses gehen, und dieser wird ebenfalls erwidern: ›Ich besitze nicht den Rang, den ihr vermutet.‹ Und er wird an die Sünde erinnern, die er begangen hat, indem er einen Mann erschlug. Dann wird er sagen: ›Geht zu Jesus, er ist der Diener Gottes, der Gesandte Gottes, der Geist Gottes und die Welt Gottes.‹ Dann werden sie zu Jesus gehen, und dieser wird sprechen: ›Geht zu Mohammed, der ein Diener Gottes ist, dem seine Sünden schon vergeben wurden.‹ Dann werden die Muslime zu mir kommen, und ich werde um Erlaubnis bitten, mich in Gottes Gegenwart zu begeben, und werde Fürbitte für sie einlegen.« (Mischkat 23 12)

7. Die Dreieinigkeit

Sure 4 169: »O Schriftleute, überschreitet nicht eure Religion und saget von Gott nichts als die Wahrheit. Wahrlich, der Messias, Jesus, der Sohn Marias, ist der Gesandte Gottes und sein Wort, das er getan hat in Maria, und ein Geist von ihm. So glaubet an Gott und an seine Gesandten, und saget nicht: ›Dreiheit.‹ Lasset dies, euch zum Guten. Wahrlich, Gott ist ein Einheitsgott; zu erhaben ist er, einen Sohn zu besitzen. Sein ist, was in den Himmeln ist und was auf Erden, und es genügt, in Gott einen Vertrauensfreund zu haben.«

Sure 5 116-117: »Gott sprach: ›Jesus, Sohn Marias, hast du den Menschen gesagt: nehmet mich und meine Mutter als zwei Götter neben Gott?‹ Er erwiderte: ›Preis dir, es steht mir zu sagen nicht zu, was mir nicht Wahrheit ist. Hätte ich dies gesagt, du wüßtest es bereits. Du weißt, was in meiner Seele, ich aber weiß nicht, was in deiner Seele; wahrlich, du bist Wisser der Geheimnisse.

Nichts sagte ich ihnen als das, was du mich beauftragtest: dienet Gott, meinem Herrn und eurem Herrn. Und ich war Zeuge über sie, solange ich unter ihnen war, nun du mich hingenommen, bist du Wächter über sie; und du bist aller Dinge Zeuge.‹ «

Aus dem Text des Korans läßt sich entnehmen, daß Mohammed der Auffassung war, daß die Dreieinigkeit der Christen aus Gott Vater, Gott Sohn und der Jungfrau Maria bestand. In Arabien hat es vor der Zeit Mohammeds die Sekte der Kollyridianer gegeben, die glaubte, daß Maria eine göttliche Person war, und ihr besondere Verehrung entgegenbrachte. Es ist daher nicht ausgeschlossen, daß Mohammed seine Meinung über die Dreieinigkeit aus dem Glaubensgut dieser Sekte bezogen hat.

8. Die Wiederkunft Jesu

Im Koran gibt es keine ausdrückliche Erwähnung dieses Themas, jedoch in den Traditionen.

Abu Huraira überliefert folgenden Ausspruch des Propheten: »Ich schwöre bei Gott, daß die Zeit nahe ist, wenn Jesus, der Sohn Marias, vom Himmel zu eurem Volk als gerechter König herabsteigt. Und er wird das Kreuz zerbrechen, die Schweine vernichten und die Unterdrückten von der Steuer befreien. Es wird großer Wohlstand in dieser Zeit herrschen, und niemand wird davon ausgenommen sein; und ein Gebet wird mehr wert sein als die ganze Welt und alles in ihr.«

Und noch einmal Abu Huraira: »Ich schwöre bei Gott, daß Jesus, der Sohn Marias, als gerechter König kommen wird. Und er wird das Kreuz zerbrechen, die Schweine vernichten und die Unterdrückten von der Steuer befreien. Es wird so großer Wohlstand in dieser Zeit herrschen, daß keine Kamele als Reittiere benutzt werden, und den Menschen wird es an nichts fehlen. Feindschaft, Haß und Bosheit werden unbekannt sein. Und Jesus wird die Menschen zum Reichtum rufen, und niemand wird ihn haben wollen.«

'Abdu'llah ibn 'Amr berichtet, der Prophet habe folgendes gesagt: »Jesus wird zur Erde zurückkehren, und er wird heiraten und Kinder haben, und er wird fünfundvierzig Jahre bleiben. Dann wird er sterben und an meiner Begräbnisstätte beerdigt werden.« →*Hudschra*

9. Der Aufenthaltsort Jesu

Es besteht eine gewisse Diskrepanz der Auffassungen darüber, wo Jesus sich gegenwärtig befindet. Alle muslimischen Gelehrten sind sich einig, daß er »nie Verwesung gesehen« hat, aber über den genauen Status seines Aufenthaltsortes gehen die Meinungen auseinander. Nach einer auf Qatada zurückgehenden Tradition sah Mohammed anläßlich seiner →*Mi'radsch*, der himmlischen Reise, Jesus und Johannes im zweiten Himmel. Andere Kommentatoren aber glauben, Jesus befinde sich im dritten oder im vierten Himmel.

Johannes der Täufer

Arabisch →*Yahya*. Die 19. Sure beginnt mit einem Bericht der Geburt des Johannes des Täufers (19 1-15):

»Erinnerung der Barmherzigkeit deines Herrn an seinem Diener Zacharias. Als er einst seinen Herrn mit heimlichem Ruf anrief, sprach er: ›Herr, siehe, schwach ist nun mein Gebein, mein Haupt leuchtet vor Grauhaarigkeit. Und noch nie war ich unglücklich, Herr, beim Gebet zu dir. Nun aber fürchte ich um meine Angehörigen nach mir, denn mein Weib ist unfruchtbar. So gib mir von dir aus einen Vertreter. Der mich beerbe und die Familie Jakobs beerbe, und mache ihn, Herr, dir wohlgefällig.‹ – ›O Zacharias, siehe, wir verkünden dir einen Knaben Namens Johannes. Wir haben keinen seines Namens zuvor geschaffen.‹ Jener sprach: ›Herr, wie soll mir ein Knabe werden, wo doch unfruchtbar ist mein Weib und ich bereits des Alters Schwäche erlangt habe?‹ Er erwiderte: ›So sprach dein Herr: dies ist für mich ein Leichtes; habe ich zuvor auch dich geschaffen, und du warst ein Nichts.‹ Jener sprach: ›Herr, gib mir ein Zeichen.‹ Er erwiderte: ›Dein Zeichen sei, daß du wohlseiend drei Nächte mit den Menschen nicht redest.‹ Da trat er aus dem Heiligtum vor sein Volk und machte ihnen Zeichen, sie sollten Preislieder singen morgens und abends. Wir sprachen: ›Johannes, empfange die Schrift mit Kraft!‹ Und in der Kindheit gaben wir ihm Weisheit. Und Barmherzigkei von uns aus und Reinheit. Und er war gottesfürchtig und liebevoll gegen seine Eltern und kein widerspenstiger Trotzer. Friede über ihn am Tag, da er geboren ward, am Tag, da er stirbt, und am Tag, da er zum Leben auferweckt wird.«

Jonas

Arabisch *Yunus*. Wird im Koran als Prophet und als *Sahibu'l-Hut* (»der des Fisches«) erwähnt.

Sure 37 139-148: »Und wahrlich, Jonas auch war der Abgesandten einer. Als er floh zum überfüllten Schiff. Man warf das Los aus, und er war von den Verdammten. Da verschlang ihn der Fisch, denn er war tadelnswert. Und wäre er nicht von den Lobpreisenden, in seinem Bauch würde er gewißlich verblieben sein bis zum Tag, an dem auferweckt wird. Da warfen wir ihn in die Öde, und er war krank. Und wir ließen über ihn eine Kürbisstaude wachsen. Dann sandten wir ihn an Hunderttausend oder mehr. Da wurden sie gläubig, und wir ließen sie genießen eine Zeit.«

Sure 68 48-50: »Du aber harre geduldig auf den Entscheid deines Herrn und sei nicht wie der Fischbewohner, der anrief erst, als er bedrängt war. Hätte ihn nicht erfaßt die Huld deines Herrn, er wäre gewißlich geschleudert worden in die Öde, beschimpft. Sein Herr aber erwählte ihn und setzte ihn zu den Rechtschaffenen.«

Sure 10 98-99 (genannt *Suratu Yunus*, »Sure des Jonas«): »Wäre dem nicht so, eine Stadt würde geglaubt und ihr Glaube ihr genutzt haben. Bis auf das Volk des Jonas; als sie gläubig wurden, entfernten wir von ihnen die Strafe der Schmach im Leben hienieden und ließen sie eine Zeit lang genießen. Wollte es dein Herr, sicherlich würden alle, die auf Erden, geglaubt haben allesamt. Willst du nun die Menschen zwingen, bis sie Gläubige geworden?«

Sure 21 87: »Und der Fischmann, als er unwillig floh und wähnte, wir vermöchten nichts über ihn. Er rief aus den Finsternissen: ›Es gibt keinen Gott außer dir, Preis dir! Ja, ich war der Frevler einer.‹ Da erhörten wir ihn und retteten ihn aus dem Kummer. So retteten wir die Gläubigen.«

Die Kommentatoren →*Al-Dschalalan* und Al-Baidawi berichten über Jonas, daß er bei seinem ersten Besuch in der Stadt →*Ninive,* wo er die Menschen zur Buße aufforderte, sehr schlecht behandelt wurde und gezwungen war, die Stadt zu verlassen. Zuvor aber drohte er ihren Bewohnern noch die Vernichtung der Stadt innerhalb von drei Tagen (andere sagen innerhalb vierzig Tagen) an. Als die Frist abgelaufen war, bildete sich über der Stadt eine schwarze Wolke, aus der Blitze zuckten und die die Luft mit Rauch erfüllte. Die Bewohner gerieten in Panik und flohen mit ihren Familien und dem Vieh aus der Stadt ins Freie und warfen sich dort auf die Erde nieder und flehten Gott um

Vergebung an. Gott verzieh ihnen, und das Unwetter verzog sich wieder.
Der Fisch, der Jonas verschluckt hatte, soll hinter dem Schiff hergeschwommen sein, wobei er seinen Kopf über das Wasser hielt, damit Jonas atmen konnte. Dieser pries Gott so lange, bis der Fisch ihn wieder an Land spuckte.

Joseph

Arabisch *Yusuf*. Der Sohn →*Jakobs,* nach dem Koran ein inspirierter Prophet.
Der Bericht über Joseph umfaßt eine ganze Sure des Korans, die *Suratu Yusuf*, die »Sure des Joseph«. Al-Baidawi sagt, daß bestimmte Juden die →*Koreischiten* angestiftet hätten, von Mohammed die Geschichte Josephs und der Reise seiner Familie nach Ägypten zu verlangen, womit dieser seinen göttlichen Auftrag beweisen sollte. Daraufhin habe Gott die Geschichte, die *Suratu Yusuf*, vom Himmel herabgesandt. Derselbe Autor sagt, daß diese Sure eine sehr verdienstvolle Sure sei, und wer diese Sure lese oder lehre, werde eines leichten Todes sterben.
Sure 12 4-111: »Wir erzählen dir die schönste der Erzählungen, indem wir dir diesen Koran offenbaren, wenn du auch zuvor warest der Unbeachtenden einer. Wie Joseph zu seinem Vater sprach: ›Mein Vater, siehe, ich sah (im Traum) elf Sterne und Sonne und Mond, ich sah sie vor mir sich anbetend verbeugen.‹ Er erwiderte: ›Mein Sohn, erzähle dein Gesicht nicht deinen Brüdern, sie könnten gegen dich einen Anschlag ersinnen, denn wahrlich, Satan ist den Menschen ein offenkundiger Feind. Und so wird dein Herr dich auserwählen, dich die Deutung der Ereignisse lehren und seine Huld über dich vollenden und über die Familie Jakobs, wie er sie zuvor über deine Vorfahren Abraham und und Isaak vollendet hat. Wahrlich, dein Herr ist allwissend und allweise.‹ An Joseph und seinen Brüdern sind Zeichen für die Nachforschenden. Wie sie sprachen: ›Joseph und sein Bruder sind unsrem Vater lieber als wir, und wir sind eine Schar. Traun, unser Vater ist in offenbarem Irrtum. Tötet den Joseph oder schaffet ihn in ein fernes Land, frei wird euch sodann das Gesicht eures Vaters, und ihr seid nachher glückliche Leute.‹ Da sprach ein Sprecher unter ihnen: ›Tötet den Joseph nicht; werfet ihn in die Tiefe des Brunnens, und aufnehmen wird ihn jemand der Reisenden, wenn ihr es tun wollt.‹ Sie spra-

chen: ›Vater, was hast du nur, daß du uns inbetreff Josephs nicht trauest? Und wir sind ihm wohlmeinend. Schicke ihn morgen mit uns, daß er sich vergnüge und spiele. Wir werden ihm gewißlich Behüter sein.‹ Er erwiderte: ›Betrüben wird es mich ganz gewiß, wenn ihr mit ihm gehet; ich fürchte, ihn frißt der Wolf, während ihr seiner unbeachtend seid.‹ Sie sprachen: ›Frißt ihn der Wolf, wir sind eine Schar; wahrlich, wir müßten dann die Verlustigen sein.‹ Und als sie mit ihm gingen und einig waren, ihn in die Tiefe des Brunnens zu werfen, offenbarten wir ihm: ›Einst wirst du ihnen diese Handlung vorhalten, und sie ahnen es nicht.‹ Und abends kamen sie zu ihrem Vater weinend. Sie sprachen: ›Vater, wir gingen einander voreilend und ließen Joseph bei unsren Scharen zurück, da fraß ihn der Wolf; glaubst du uns nicht, wenn wir auch wahrhaftig sind.‹ Und sie kamen mit falschem Blut auf seinem Hemd. Da sprach er: ›Nein, ihr habt selber die Sache erdichtet. Große Geduld und Gott um Hilfe anrufen, ob dem, was ihr mir berichtet.‹ Da kam eine Reisegesellschaft und sandte ihren Wassersucher aus, und als dieser seinen Eimer herabließ, sprach er: ›Glück, ein Knabe!‹ Und sie bargen ihn als Ware. Gott aber war wissend dessen, was sie taten. Und sie verkauften ihn um einen niedrigen Preis, für einige Drachmen, denn sie waren mit ihm anspruchslos. Und der ihn gekauft, einer aus Ägypten, sprach zu seinem Weib: ›Mache seinen Aufenthalt angenehm, vielleicht nützt er uns, oder wir nehmen ihn zum Sohn.‹ So bereiteten wir Joseph eine Stätte im Land, daß wir ihn die Deutung der Ereignisse lehrten. Und Gott ist Sieger in seinem Ratschluß, doch die meisten der Menschen wissen es nicht. Und als er seine Vollkraft erreichte, verliehen wir ihm Weisheit und Wissen. Also belohnen wir die Liebfrommen. Und die, in deren Haus er war, hegte Begehren nach ihm; da verschloß sie die Türen und sprach: ›Komm her!‹ Er erwiderte: ›Behüte Gott; er ist mein Herr und verschönte meinen Aufenthalt, er läßt die Frevler nicht Glück haben.‹ Aber schon verlangte sie nach ihm und auch er nach ihr, hätte er nicht eine deutliche Warnung seines Herrn gesehen. Dies um von ihm Böses und Schändliches abzuwenden, denn wahrlich, er war unsrer treuen Diener einer. Da liefen beide voreinander zur Tür, und sie zerriß sein Hemd von hinten; und als sie ihren Herrn vor der Tür fanden, sprach sie: ›Was andres sei der Lohn dessen, der deiner Familie Übles zufügen wollte, als Einkerkerung oder qualvolle Strafe?‹ Er sprach: ›Sie hegte Begehren nach mir.‹ Da bezeugte ein Zeuge aus ihrer Familie: ›Ist sein Hemd zerrissen von vorne, so spricht sie wahr, und er ist der Lügner einer. Und ist sein Hemd zerrissen von hinten, so lügt sie, und er ist der Wahrhaftigen einer.‹ Und als er sah, daß sein Hemd von hinten zerrissen war, sprach er: ›Das ist eure Weiberlist; traun, eure Weiberlist ist groß! Joseph, übergehe dies, aber du, Weib, suche Vergebung für deine Schuld, wahrlich, du bist der Sündhaften eine.‹ Und die Frauen in der Stadt sprachen: ›Die Frau des Gewaltigen hat Begehren nach ihrem Diener, er hat ihr Herz mit Liebe erfüllt. Wir sehen sie in offenbarer Irrung.‹ Als sie nun ihren Spott hörte, da sandte sie nach ihnen und bereitete ihnen ein Gastmahl, und einer jeden von ihnen reichte sie ein Messer. Dann rief sie: ›Komm zu ihnen heraus.‹ Und als sie ihn sahen, bewunderten sie ihn und schnitten sich die Hände, indem sie sprachen: ›Gott bewahre, das ist kein Fleischwesen, das ist ein erhabener Engel.‹ Da sprach sie: ›Das ist er, um den ihr mich getadelt. Ich hatte Verlangen nach ihm, er aber sträubte sich. Doch tut er nicht, was ich ihm befehle, ganz gewiß wird er eingekerkert, und sein soll er der Erniedrigten einer.‹ Er sprach: ›Herr, lieber ist mir der Kerker als das, wozu sie mich auffordern. Doch wendest du ihre List von mir nicht ab, ich könnte jugendhaft zu ihnen werden und sein der Törichten einer.‹ Und sein Herr erhörte ihn und wandte ihre List von ihm ab. Wahrlich, er ist der Allhörende, der Allwissende. Dann schien es ihnen recht, nachdem sie schon der Zeichen gesehen, ihn eine Zeitlang in den Kerker zu tun. Und in den Kerker kamen mit ihm noch zwei Jünglinge. Da sprach der eine: ›Ich sah mich (im Traum) Wein pressen.‹ Und der andre sprach: ›Ich sah mich (im Traum) auf meinem Haupt Brot tragen, von dem die Vögel fraßen. Verkünde uns die Deutung dessen, denn wir sehen, du bist der Liebfrommen einer.‹ Er erwiderte: ›Nicht kommen wird euch die Speise, mit der ihr versorgt werdet, bevor ich euch verkündet habe die Deutung, ehe sie eintrifft. Dies ist von dem, was mich mein Herr gelehrt. Ich verließ die Religion eines Volks, die nicht an Gott glauben und inbetreff des Jenseits Ungläubige sind. Und folgte der Religion meiner Väter Abraham, Isaak und Jakob. Uns kommt es nicht zu, Gott irgendein Wesen beizugesellen. Dies ist eine Gnade Gottes an uns und alle Menschen, doch die meisten der Menschen sind undankbar. Meine Kerkergenossen, sind voneinander getrennte Herren besser oder Gott, der Einzige, der Allbezwinger? Außer ihm verehrt ihr nichts als Namen, die ihr selber erfunden, ihr und eure Vorfahren. Gott sandte dazu keine Ermächtigung, denn das Urteil ist Gottes nur, der geboten, daß ihr ihn allein verehret. Das ist die wahre Religion, doch die meisten der Menschen verstehen nicht. Ihr Kerkergenossen, was den einen von euch betrifft, er wird seinem Herrn Wein einschenken, und was den andren betrifft, er wird gekreuzigt werden, und fressen werden die Vögel von seinem Haupt. Entschieden ist die Sache, um deren Deutung ihr mich gefragt.‹ Und er sprach zu dem, von dem er meinte, er von beiden würde entkommen: ›Gedenke mein bei deinem Herrn.‹ Doch vergessen ließ ihn Satan die Erinnerung seines Herrn, und so weilte er im Kerker einige Jahre. Da sprach der König: ›Ich sah im Traum sieben fette Kühe, und es fraßen sie sieben magere; ferner sieben grüne Ähren und andre dürre. Ihr Ratsherren, deutet mir mein Traumgesicht, wenn ihr Träume deuten könnt.‹ Sie erwiderten: ›Es ist Traumeswirre, und wir sind nicht Kundige der Traumdeutung.‹ Da sprach jener, der von beiden entkommen war, indem er sich nach einem Zeitlauf erinnerte: ›Ich will euch die Deutung dessen verkünden, sendet mich.‹ – ›Joseph, du wahrhaftiger, deute mir über sieben fette Kühe, es fraßen sie sieben magere, und über sieben grüne Ähren und andre dürre, auf daß ich zurückkehre zu meinen Leuten, damit sie es wissen.‹ Er erwiderte: ›Ihr werdet sieben Jahre hindurch säen, und was ihr erntet, lasset in den Ähren, bis auf weniges, daß ihr esset. Dann werden nach diesen sieben schwere kommen, die das verzehren werden, was ihr ihnen vorbereitet, bis auf weniges, das ihr verwahrt. Dann wird nach diesen ein Jahr kommen, in dem es den Menschen regnen wird, und in dem sie keltern werden.‹ Da sprach der König: ›Holt ihn mir her.‹ Und als der Bote zu ihm kam, sprach er: ›Kehre zu deinem Herrn zurück und frage ihn: Was war den Frauen, die sich ihre Hände schnitten? Wahrlich, mein Herr ist ihrer List kundig.‹ Dieser sprach: ›Was war euer Vorhaben, als ihr Begehren nach Joseph hegtet?‹ Sie erwiderten: ›Gott behüte, wir wissen nichts Böses über ihn.‹ Da sprach die Frau des Gewaltigen: ›Jetzt wird die Wahrheit offenbar: ich hatte Begehren nach ihm, und er ist der Wahrhaftigen einer. So weiß er nun, daß ich ihn nicht im geheimen betrüge, und daß Gott die List der Betrüger nicht leitet. Auch will ich meine Seele nicht rein machen; traun, die Seele ist Aufreizerin zum Bösen, sofern mein Herr sich nicht erbarmt. Wahrlich, mein Herr ist allverzeihend und allbarmherzig.‹ Da sprach der König: ›Holt ihn mir her, ich will ihn für mich haben.‹ Und als er mit ihm geredet, sprach er: ›Du bist von heut an Angestellter bei mir und Vertrauter.‹ Er erwiderte: ›Setze mich nun über die Vorratskammern des Landes; ich bin ein kundiger Hüter.‹ Also bereiteten wir Joseph eine Stätte im Land, darin zu wohnen, wo er wollte. Wir treffen mit unsrer Barmherzigkeit, wen wir wollen, und verlorengehen lassen wir nicht den Lohn der Liebfrommen. Aber ganz gewiß ist der Lohn im Jenseits für die besser, die gläubig sind und gottesfürchtig.

Und es kamen die Brüder Josephs und traten zu ihm ein; da erkannte er sie, sie aber kannten ihn nicht. Und als er sie mit ihrem Bedarf ausgerüstet, sprach er: ›Bringet mir euren Bruder von eurem Vater. Seht ihr nicht, daß ich volles Maß gebe und der beste bin der Gastgeber? Bringt ihr ihn mir aber nicht, so sollt ihr bei mir kein Maß mehr haben und euch mir nicht nähern.‹ Sie erwiderten: ›Wir wollen seinen Vater um ihn bitten; wir werden dies gewißlich tun.‹ Und er sprach zu seinen Dienern: ›Legt ihr Geld in ihre Bündel; ob sie es merken, wenn sie zu ihren Angehörigen zurückgekehrt sind, ob sie wiederkommen?‹ Und als sie zu ihrem Vater zurückgekehrt waren, sprachen sie: ›Vater, uns wird das Maß verweigert. So sende doch unsren Bruder mit uns, uns wird gemessen; wir werden ihm gewißlich Behüter sein.‹ Er erwiderte: ›Soll ich euch ihn betreffend mehr vertrauen, als ich euch zuvor inbetreff seines Bruders vertraut? Aber Gott ist der beste Behüter, er ist der allbarmherzigste Erbarmer.‹ Und als sie ihr Gepäck geöffnet, fanden sie ihr Geld ihnen zurückgegeben. Da sprachen sie: ›Vater, was sollen wir mehr wünschen, dies unser Geld ist uns zurückgegeben. Wir wollen unsre Angehörigen mit Brot versorgen und unsren Bruder behüten. Dann uns noch eine Kamellast messen lassen, denn dieses ist ein geringes Maß.‹ Er erwiderte: ›Nimmer sende ich ihn mit euch, bis ihr mir eine Versicherung vor Gott gegeben, ihn mir sicher zurückzubringen, es sei denn, ihr selber werdet zurückgehalten.‹ Und als sie ihm ihre Versicherung gaben, sprach er: ›Gott ist Bürge dessen, was wir gesprochen.‹ Dann sprach er: ›Meine Söhne, ziehet nicht ein durch ein einziges Tor, ziehet ein durch verschiedene Tore. Doch kann ich euch vor Gott in nichts schützen, denn die Entscheidung ist nur bei Gott. Auf ihn vertrau ich, auf ihn vertrauen sollen die Vertrauenden.‹ Und als sie einzogen, von wo aus ihr Vater ihnen geboten, schützte es sie in nichts vor Gott, nur daß ein Wunsch in der Seele Jakobs erfüllt war. Er war mit Kenntnis begabt, die wir ihn gelehrt, aber die meisten der Menschen wissen nichts. Und als sie zu Joseph eingetreten waren, nahm er seinen Bruder zu sich und sprach: ›Siehe, ich bin dein Bruder; betrübe dich nicht ob dem, was sie getan.‹ Und als er sie mit ihrem Bedarf ausgerüstet, legte er den Becher in das Bündel seines Bruders. Dann rief ein Ausrufer: ›He, Reisende, ihr seid ja Diebe!‹ Da sprachen sie, indem sie sich zu jenem umwandten: ›Was ist es, das ihr vermisset?‹ Jene erwiderten: ›Wir vermissen einen Trinkbecher des Königs. Wer ihn bringt, dem ist eine Kamellast; ich bin dessen Bürge.‹ Sie sprachen: ›Bei Gott; ihr wißt bereits, daß wir nicht gekommen sind, um Unheil im Land zu stiften, auch sind wir keine Diebe.‹ Jene entgegneten: ›Was sei der Lohn, wenn ihr Lügner seid?‹ Sie erwiderten: ›Der Lohn sei: in wessen Bündel er gefunden wird, der sei selber Lohn dafür. So lohnen wir den Frevlern.‹ Und er begann mit ihren Säcken vor dem Sack seines Bruders, dann zog er ihn aus dem Sack seines Bruders hervor. So listeten wir für Joseph, denn nicht festnehmen durfte er seinen Bruder nach dem Gesetz des Königs, hätte Gott es nicht gewollt. Wir erhöhen um Stufen, wen wir wollen, und über jeden Wissenbegabten ist ein Allwissender. Sie sprachen: ›Hat er gestohlen, so hat vor ihm schon sein Bruder gestohlen.‹ Joseph aber verschwieg es für sich und sagte ihnen nichts. Er sprach: ›Ihr seid in übler Lage; Gott aber weiß am besten, was ihr redet.‹ Sie sprachen: ›Du Mächtiger, siehe, er hat einen Vater, einen alten Greis. So nimm doch einen von uns statt seiner, denn wir sehen in dir der Liebfrommen einen.‹ Er erwiderte: ›Behüte Gott, daß wir einen andren nehmen als den, bei dem wir unser Gerät gefunden, wir würden dann ungerecht sein.‹ Und als sie an ihm verzweifelten, berieten sie sich heimlich, und ihr Ältester sprach: ›Wißt ihr nicht, daß euer Vater von euch Versicherung vor Gott genommen, und was ihr zuvor an Joseph gefehlt? Ich weiche nicht aus dem Land, bis mein Vater es mir erlaubt oder Gott es mir entscheidet, und er ist der beste Entscheider. Kehrt zu eurem Vater zurück und sagt: Vater, siehe, dein Sohn hat gestohlen. Wir bezeugen nichts als das, was wir wissen, sind aber nicht Hüter des Heimlichen. Frage die Stadt, in der wir waren, und die Karawane, mit der wir zogen, wir reden die Wahrheit.‹ Er sprach: ›Nein, ihr habt selber die Sache erdichtet. Große Geduld; vielleicht gibt sie mir Gott alle wieder. Wahrlich, er ist der Allwissende, der Allweise.‹ Dann wandte er sich von ihnen ab und sprach: ›Schmerz um Joseph!‹ Weiß ward sein Auge vor Kummer, und er war tief betrübt. Sie sprachen: ›Bei Gott, du willst wohl aufhören, an Joseph zu denken, erst wenn du dich aufgezehrt oder der Zugrundegerichteten einer bist?‹ Er erwiderte: ›Ich klage meinen Jammer und meinen Kummer nur Gott, und ich weiß von Gott, was ihr nicht wisset. Meine Söhne, gehet und forschet nach Joseph und seinem Bruder; verzweifelt nicht nach dem Geist Gottes, denn wahrlich an dem Geist Gottes verzweifelt nur das Volk der Ungläubigen.‹

Und als sie zu ihm eingetreten waren, sprachen sie: ›Du Mächtiger, uns und unsre Angehörigen traf die Not; wir kommen mit wenigem Geld, fülle uns das Maß und sei uns wohltätig. Wahrlich, Gott belohnt die Wohltätigen.‹ Er sprach: ›Wißt ihr, was ihr an Joseph getan und an seinem Bruder, als ihr töricht waret?‹ Sie sprachen: ›Bist du vielleicht selber Joseph?‹ Er erwiderte: ›Ich bin Joseph, und dieser ist mein Bruder. Gütig war Gott gegen uns. Wer gottesfürchtig ist und geduldig, wahrlich, Gott läßt den Lohn der Liebfrommen nicht verlorengehen.‹ Sie sprachen: ›Bei Gott, dich hat nun Gott vor uns bevorzugt, wir aber waren Sünder.‹ Er erwiderte: ›Kein Vorwurf treffe euch heute; verzeihen wird euch Gott, denn er ist der allbarmherzigste Erbarmer. Gehet nun mit diesem meinem Hemd und legt es über das Gesicht meines Vaters, so wird er sehend werden; dann kommt zu mir mit allen euren Angehörigen.‹ Und als die Karawane sich trennte, sprach ihr Vater: ›Ich empfinde den Geruch Josephs, wenn ihr mich auch für närrisch haltet.‹ Sie sprachen: ›Bei Gott, du bist in deinem alten Wahn.‹ Als aber der Glückverkünder kam, warf er (das Hemd) auf sein Gesicht, und er ward wieder sehend. Da sprach er: ›Sagte ich euch nicht, ich weiß von Gott, was ihr nicht wisset?‹ Sie sprachen: ›Vater, bitte für uns um Verzeihung unsrer Vergehen; wahrlich, wir waren Sünder.‹ Er erwiderte: ›Erbitten werde ich von meinem Herrn eure Verzeihung, denn er ist wahrlich der Allverzeihende, der Allbarmherzige.‹ Und als sie zu Joseph eintraten, nahm er seine Eltern bei sich auf und sprach: ›Ziehet in Ägypten ein, so Gott will, in Sicherheit.‹ Und er hob seine Eltern auf einen Thron, doch sie fielen vor ihm unterwürfig hin. Da sprach er: ›Mein Vater, dies ist die Deutung meines Traumgesichts von ehemals; nun hat mein Herr es wahr gemacht. Er war gut zu mir, als er mich aus dem Kerker führte, und euch brachte er her aus der Wüste, nachdem Satan zwischen mir und meinen Brüdern Zwietracht gestiftet hatte. Wahrlich, mein Herr ist gütig, wem er will. Er ist der Allwissende, der Allweise. Herr meiner, du hast mir nun Herrschaft verliehen und mich Deutung der Ereignisse gelehrt. Schöpfer der Himmel und der Erde, du bist mein Beistand hienieden und im Jenseits; laß mich verscheiden als ergebenen Gottbekenner und vereine mich mit den Frommen.‹ Dies ist von den geheimen Kunden, die wir dir geoffenbart. Und du warst nicht bei ihnen, als sie einig waren über ihr Vorhaben, als sie listeten. Doch die meisten der Menschen werden, wenn du es auch begehrtest, keine Gläubigen sein. Und du forderst von ihnen dafür keinen Lohn, denn dies ist nur eine Ermahnung für die Weltbewohner. Wie viele sind es der Zeichen an den Himmeln und auf Erden, aber vorübergehen sie an ihnen, sie wenden sich von ihnen ab. Und die meisten ihrer glauben nicht an Gott, ohne auch Götzendiener zu sein. Sind sie denn sicher, daß ihnen nicht ein Gerichtstag von der Strafe Gottes kommt, oder daß ihnen nicht die Stunde kommt unversehens, und sie ahnen es nicht? Sprich: ›Dies ist mein Pfad; ich rufe euch zu Gott auf sichtliche Weise, ich und wer mir folgt. Preis sei Gott, und ich bin nicht der Götzendiener einer.‹ Und auch vor dir sandten wir nur Männer aus Stadtleuten, denen wir offenbarten. Wollen sie nicht umherreisen auf Erden und schauen, wie war der Enderfolg derer vor ihnen? Aber ganz gewiß ist der Aufenthalt im Jenseits für die besser, die gottesfürchtig sind. Begreift ihr es nicht? Wenn da die Gesandten verzweifelten und wähnten, sie seien bereits als lügenhaft abgetan, kam ihnen unsre Hilfe; wir retteten, wen wir wollten, und nicht abgewandt ward unsre Strafe vom sündhaften Volk. Ein warnendes Beispiel ist in ihren Erzählungen für die Einsichtsvollen. Es ist keine erdichtete Rede, aber eine Bestätigung dessen, was schon vorhanden, eine Darlegung aller Dinge, Rechtleitung und Barmherzigkeit für Leute, die glauben.«

JUDENTUM

Die Juden werden im Koran und in den Traditionen als →*Yahudy* oder als *Banu Isra'il* (»Kinder Israels«) bezeichnet. Ein Unterschied zwischen Juden und Israeliten wird nicht gemacht. Sie sind das Volk, das im Besitz des göttlichen Buches ist, und werden deshalb →*Ahlu'l-Kitab*, »das Volk des Buches«, genannt. Moses ist ihr Gesetzgeber (Abraham war kein Jude, sondern ein →*Hanif Muslim*). Sie besaßen in hohem Maße die Gnade Gottes, erwiesen sich ihrer aber als unwürdig, weil sie die Bedeutung der Schrift pervertiert und Ezra »den Sohn Gottes« genannt hätten. Sie hegten einen abgrundtiefen Haß gegen alle gläubigen Muslime, und zur Strafe für ihre Sünden seien einige von ihnen in der Vergangenheit in Affen und Schweine verwandelt worden; andere würden am Tag des Gerichts mit hinter den Nacken gebundenen Händen ins Feuer geworfen.

Es folgt eine Auswahl der Aussagen des Korans über die Juden:

Sure 2 116: »O Kinder Israels, gedenket der Huld, die ich euch erwiesen, als ich euch unter den Weltbewohnern vorgezogen.«

Sure 5 48-49: »Siehe, wir haben die Thora offenbart, darin eine Rechtleitung ist und ein Licht; nach dieser richteten die Propheten, die gottergeben waren, den Juden, ebenso die Rabbinen und die Schriftgelehrten, gemäß dem, was ihnen vom Buch Gottes anvertraut wurde, und sie waren Zeugen dessen. So fürchtet nicht die Menschen, sondern mich fürchtet, und erkaufet nicht für meine Verse einen geringen Preis. Und wer nicht richtet danach, was Gott geoffenbart, diese sind Ungläubige. Wir haben ihnen darin vorgeschrieben: Leben um Leben, Auge um Auge, Nase um Nase, Ohr um Ohr, Zahn um Zahn, für Wunden Vergeltung, und wenn jemand es erläßt, so ist dies seine Sühne. Und wer nicht richtet danach, was Gott geoffenbart, diese sind Frevler.«

Sure 3 60: »Abraham war kein Jude und auch kein Christ. Er war ein *Hanif Muslim* und kein Götzendiener.«

Sure 9 20: »Die Juden sagen, Ezra sei ein Sohn Gottes, die Christen sagen, der Messias sei ein Sohn Gottes. Das ist ihre Rede mit ihren Mündern, ähnlich der Rede derer, die vordem ungläubig waren. Gott bekämpft sie, von wo aus sie auch lügen.«

Sure 6 147: »Und denen, die Juden sind, verboten wir alles, was (ungespaltene) Hufe hat, und von den Rindern und vom Kleinvieh verboten wir ihnen ihr Fett, ausgenommen das, was an ihren Rücken sitzt oder im Eingeweide oder am Knochen haftet. Damit haben wir sie für ihre Widerspenstigkeit gestraft, und wahrlich, wir sind gewiß gerecht.«

Sure 4 48-49: »Manche von denen, die Juden sind, verdrehen Worte von ihrer richtigen Stelle und sagen: ›Wir hören und verhorchen, oder: höre, ohne zu verstehen, und scheu uns.‹ Verdrehung auf ihrer Zunge und Spott über die Religion. Wollten sie doch sagen: ›Wir hören und gehorchen, oder höre und schau uns.‹ Besser wäre dies für sie gewiß und richtiger. Aber verflucht hat sie Gott ob ihres Unglaubens; sie werden nicht glauben, nur wenige.«

Sure 2 70-73: »Wünscht ihr, daß sie (die Juden) euch glauben? Bereits vernahm ein Teil von ihnen das Wort Gottes, später aber verdrehten sie, was sie erfaßt hatten, und sie wissen es. Treffen sie mit denen zusammen, die glauben, so sagen sie: ›Wir glauben‹, sind sie aber allein untereinander, so sprechen sie: ›Wollt ihr etwa mit ihnen reden über das, was Gott euch eröffnet, damit sie darüber mit euch vor eurem Herrn streiten, begreift ihr es nicht?‹ Ob sie denn nicht wissen, daß Gott bekannt ist, was sie verheimlichen und was sie verhüllen?

Unter ihnen sind Unkundige, die die Schrift nicht kennen, nur Märchen, an die sie selber nicht glauben. Wehe denen, die die Schrift mit ihren Händen schreiben und dann sagen: ›Dies ist von Gott‹, nur um damit einen geringeren Gewinn zu erzielen. Wehe ihnen ob dem, was ihre Hände schreiben, wehe ihnen ob dem, was sie gewinnen.«

Sure 5 64-69: »Sprich: ›Ihr Schriftleute, ihr verwerft uns wohl nur deshalb, weil wir an Gott glauben und an das, was uns geoffenbart worden und was früher geoffenbart worden und weil die meisten von euch Missetäter sind?‹ Sprich: ›Vielleicht soll ich euch Schlimmeres als dies als Belohnung von Gott ankündigen? Den Gott verflucht, über den er zürnt, die er von ihnen zu Affen und Schweinen machte, der dem Taghut dient, diese sind auf einem schlimmen Platz, abgeirrt sind sie vom rechten Weg.‹ Wenn sie zu euch kommen, sprechen sie: ›Wir glauben.‹ Jedoch mit Unglauben treten sie ein und damit gehen sie fort. Gott aber weiß, was sie verheimlichen. Du wirst sehen, wie viele von ihnen um Sünde und Feindschaft wetteifern und Verbotenes essen. Wie schlecht ist doch, was sie tun! Wenn die Rabbinen und die Schriftgelehrten ihnen ihre sündhaften Reden und Verbotenes zu essen nicht verwehrt hätten; wie schlecht ist doch, was sie machen. Und die Juden sagen, die Hand Gottes sei gefesselt. Gefesselt aber sind ihre Hände; verflucht seien sie ob dem, was sie sagen. Nein, seine Hände sind ausgebreitet und er spendet, wie er will. Aber sicher wird das, was dir von deinem Herrn geoffenbart worden, bei vielen von ihnen Ungehorsam und Unglauben vermehren. Und wir haben unter sie Feindschaft geworfen und Haß bis zum Tag der Auferstehung.«

Fast alle bedeutenden Personen des Alten Testaments erscheinen auch namentlich im Koran oder in den Traditionen.

Im Koran: Adam, Abel, Kain, Enoch, Noah, Abraham, Lot, Isaak, Ismael, Jakob, Joseph, Hiob, Moses, Aaron, Korah, Pharao, Haman, Goliath, Salomon, Saul, Jona, Elisa.

In den Traditionen: Eva, Hagar, Nebukadnezar, Josua, Jeremias, Jesajas, Benjamin, Balaam (Bal'am), Daniel, Sara und viele andere.

Bemerkenswert ist jedoch, daß keiner der nachsalomonischen Könige Israels oder Judas erwähnt wird.

An alttestamentarischen Einzelerzählungen erscheinen im Koran: die Erschaffung der Welt, die Erschaffung Adams und Evas, der Sündenfall, die Vertreibung aus dem Paradies, Kains und Abels Opfer, der Tod Abels, Noah und die Arche, die Sintflut, der Turm zu Babel, Abraham, Isaak, der versprochene Sohn, Saras Grausamkeit, Hagar und Ismael, die Bereitschaft Abrahams, seinen Sohn zu opfern, Lot und die Städte der Ebene, Jakob und die Stämme, Josephs Verkauf nach Ägypten, Potiphars Frau, Josephs Versuchung, die Träume des Pharaos, die Aussetzung Moses', Moses' Mord an einem Ägypter, seine Flucht zu den Midianitern, die Wunder vor dem Pharao, die Flucht aus Ägypten, die Gesetzgebung, der Stab Aarons, das goldene Kalb, die Durchquerung des Roten Meeres, Hiobs Geduld, Balaam, die Psalmen Davids, Salomons Weisheit, die Königin von Saba, der Bau des Tempels, Jonas und der Fisch.

Diese und viele andere Episoden wurden offentlich dem Alten Testament entnommen und bilden, mit talmudischen Interpretationen versehen, den Hauptteil der geschichtlichen Darstellung des Korans.

Auch viele Gesetzesvorschriften und soziale Ordnungsprinzipien sind vom Judentum übernommen worden. So entsprechen etwa die Einheit Gottes, der Dienst der Engel, das inspirierte Gesetz, das Ehe- und Scheidungsrecht, der Tag des Opfers, Gebete und Waschungen, das Talionsprinzip und die Steinigung von Ehebrechern exakt den Vorschriften des mosaischen Gesetzes, vorbehaltlich einiger Anpassungen an die Notwendigkeiten des arabischen Soziallebens.

So ist der Koran weitgehend den Traditionen des Judentums verpflichtet, während das Neue Testament und somit das Christentum kaum Eingang in die Lehren des Islam gefunden hat.

Juwelen

Arabisch *Dschauhar*, Plural *Dschawahir*. Nach der →*Hidaya* muß einem Dieb, der Juwelen wie Ringe mit Smaragden, Rubinen oder Chrysolithen gestohlen hat, die Hand amputiert werden, da diese Steine selten, nicht von indifferenter Natur und auch begehrenswert sind.

Bei der Aufteilung eines Erbes soll der Kadi (→*Richter*) Juwelen nicht aufteilen, sondern dies soll durch Einigung der Erbberechtigten geschehen, da Edelsteine zu sehr in ihrem aktuellen Wert schwanken.

K

Ka'ba

Wörtlich »Würfel«. Das fast kubische Gebäude, das das Zentrum der Moschee in Mekka bildet und den →*Hadscharu'l-Aswad*, den schwarzen Stein, enthält.

Die Ka'ba ist eine rechteckige massive Struktur von 12 Meter Länge, 10 Meter Breite und 15 Meter Höhe. Sie besteht aus verschieden großen Blöcken grauen mekkanischen Steins, die grob mit Zement verfugt sind. Sie steht auf einem Fundament von einem halben Meter Höhe. Ihr Dach ist flach, und aus der Entfernung gesehen, vermittelt sie den Eindruck eines perfekten Würfels. Die einzige Tür, die nur zwei- oder dreimal im Jahr geöffnet ist, befindet sich an der Ostseite des Gebäudes und liegt knapp zwei Meter über dem Boden. An der südöstlichen Ecke der Ka'ba, nicht weit von der Tür, befindet sich in der Kante des Gebäudes in knapp 1,50 Meter über dem Boden der berühmte schwarze Stein.

Nach den muslimischen Traditionen wurde die Ka'ba zweitausend Jahre vor der Erschaffung der Welt im Himmel konstruiert, wo sie sich noch immer als Modell befindet und den Namen *Baitu'l-Ma'mur* trägt. Adam errichtete die Ka'ba auf der Erde, und zwar exakt unter der Stelle, an der sich ihr Gegenstück im Himmel befindet. Dazu benutzte er Steine der fünf heiligen Berge, nämlich Sinai, Dschudi, Hira', Olivet und Libanon. Zehntausend Engel bewachten den Bau der Ka'ba, aber bei der →*Sintflut* wurde das heilige Gebäude zerstört. Der Allmächtige beauftragte Abraham mit seinem Wiederaufbau, und dabei wurde er von seinem Sohn Ismael unterstützt, der zu der Zeit mit

seiner Mutter Hagar in Mekka wohnte; Abraham war auf Gottes Befehl von Syrien nach Mekka gereist.
Bei Ausgrabungen stießen sie auf das ursprüngliche Fundament des Gebäudes. Ismael begab sich auf die Suche nach einem geeigneten Stein, um die Ecke des Gebäudes zu markieren, und er traf dabei den Engel →*Gabriel,* der ihm den berühmten schwarzen Stein gab. →*Ibn 'Abbas* berichtet, der schwarze Stein sei weiß wie Milch gewesen, als er aus dem Paradies auf die Erde kam, aber er sei später schwarz geworden durch die Sünden all derer, die ihn berührten.

Die Ka'ba in Mekka

Nach dem Tode Ismaels ging die Ka'ba in den Besitz der Banu Dschurhum über und blieb tausend Jahre in ihren Händen. Danach wurde sie für dreihundert Jahre Besitz der Banu Khuza'a. Da sie ständig Überflutungen ausgesetzt war, wurde sie zerstört und von Qusaiy ibn Kilab wieder aufgebaut und mit einem Dach versehen, das sie vorher nicht besessen haben soll.

Muslimische Historiker sagen, daß es 'Amr ibn Luhaiy war, der die Idolatrie in Arabien einführte, indem er das große Idol →*Hubal* von Hait in Mesopotamien nach Mekka brachte und es in dem heiligen Haus aufstellte. Die Ka'ba wurde daraufhin ein Pantheon für alle Stämme. Der Stamm der Qusaiy war der erste, der rund um die Ka'ba eine Siedlung baute. Die Nachfolger der Banu Qusaiy waren die →*Koreischiten.* Kurz nachdem sie in den Besitz der Ka'ba gekommen waren, wurde diese durch Feuer zerstört. Sie bauten sie aus Holz und in kleinerem Format wieder auf, und die Statue des Hubal war ihr Mittelpunkt. Dies geschah in Mohammeds Jugend. Sein Großvater 'Abdu'l-Muttalib wurde der Kustos des heiligen Hauses, und in seiner Zeit wurde das Gebäude für zu klein befunden, abgerissen und neu errichtet. Um die Einsetzung des schwarzen Steins kam es jedoch zu einem Streit zwischen den verschiedenen Stämmen, da jeder diese Ehre für sich beanspruchte, und am Ende war es Mohammed, der den Stein eigenhändig einsetzte.

Es ist bemerkenswert, daß es am Anfang der Mission Mohammeds kaum einen Hinweis auf die Ka'ba gibt, und diese Tatsache in Verbindung mit dem Umstand, daß die ursprüngliche Gebetsrichtung Jerusalem war, weist darauf hin, daß Mohammeds Sympathien ursprünglich nicht der Ka'ba gegolten haben.

Betrachtet man die Suren des Korans chronologisch, so erscheint der erste Hinweis auf die Ka'ba in Sure 52 4, wo vom »besuchten Haus« die Rede ist. Einige Kommentatoren glauben jedoch, daß damit nicht die Ka'ba, sondern ihr himmlisches Gegenstück gemeint sei, das von Engeln besucht werde. Die nächste Erwähnung findet sich in Sure 17 1: »Preis ihm, der bei Nacht mit seinem Diener reiste von der heiligen Anbetungsstätte (Mekka) zu der entfernten Anbetungsstätte (Jerusalem), deren Umgebung wir gesegnet, um ihm manche unserer

Wunderzeichen zu zeigen.« Auch hier hat man den Eindruck, daß Mohammeds Herz noch an Jerusalem hing.

Als Mohammed sich dann in Medina etabliert hatte und gute Aussichten hatte, Mekka unter seine Kontrolle zu bringen, scheinen sich seine Sympathien von Jerusalem auf Mekka verschoben zu haben. Dafür spricht auch die Änderung der Gebetsrichtung, der →*Qibla*, Sure 3 138-145:

»Die Gebetsrichtung aber, nach der du dich bisher wandtest, änderten wir nur deshalb, damit wir den erkennen, der dem Gesandten folgt, von dem, der sich um die Verse wendet. Dies war sicherlich schwer, jedoch nicht denen, die Gott leitet. Und Gott wird euren Glauben nicht zerstören, denn siehe, Gott ist gegen die Menschen allgütig und allbarmherzig. Wir sahen dich dein Gesicht gegen den Himmel richten, nun wollen wir es dir nach einer Richtung wenden, dir genehm: wende dein Gesicht nach der Richtung der heiligen Anbetungsstätte; und wo ihr euch auch befindet, euer Gesicht wendet nach dieser Richtung. Siehe, diejenigen, die die Schrift empfingen, wissen auch, daß dies die Wahrheit ist von ihrem Herrn. Und Gott ist nicht übersehend dessen, was sie tun. Aber denen, die die Schrift empfingen, könntest du mit noch so vielen Versen kommen, sie folgen deiner Gebetsrichtung doch nicht. Sei aber auch du nicht Anhänger ihrer Gebetsrichtung, denn auch unter ihnen sind die einen nicht Anhänger der Gebetsrichtung der andren. Folgst du aber ihrem Willen, nachdem dir die Erkenntnis geworden, fürwahr, du bist der Frevler einer. Diejenigen, denen wir die Schrift verliehen, kennen ihn, wie sie ihre Kinder kennen, und siehe, doch hat ein Teil von ihnen die Wahrheit verheimlicht, und sie wissen es. Die Wahrheit ist von deinem Herrn, so sei nicht der Zweifler einer. Jeder hat eine Richtung, dahin er sich wendet, ihr aber wählet das Beste. Wo ihr euch auch befindet, Gott wird euch allesamt zurückbringen, denn siehe, Gott ist über alle Dinge mächtig. Und woher du auch kommst, das Gesicht wende nach der Richtung der heiligen Anbetungsstätte, denn siehe, die Wahrheit ist von deinem Herrn, und Gott ist nicht übersehend dessen, was ihr tut. Und woher du auch kommst, dein Gesicht wende nach der Richtung der heiligen Anbetungsstätte, und wo ihr euch auch befindet, das Gesicht wendet nach dieser Richtung, auf daß die Leute keinen Angriffspunkt gegen euch haben, es sei denn diejenigen unter ihnen, die freveln. Fürchtet sie aber nicht, nur mich fürchtet, auf daß meine Huld über euch sei; vielleicht, daß ihr rechtgeleitet werdet.«

Die Verse der 2. Sure befinden sich nach Meinung von Dschalalu'd-Din (→*Al-Dschalalan*) und anderer Kommentatoren nicht in der korrekten chronologischen Reihenfolge, und deshalb ist es schwierig, für den folgenden Vers ein präzises Datum anzugeben, Sure 2 108:

»Wer ist frevelhafter als der, der es verhindert, daß in den Bethäusern Gottes sein Name genannt wird und sie zu zerstören sich bestrebt?«

Nach Al-Baidawi bezieht sich der Vers entweder auf die Zerstörung Jerusalems durch Titus oder auf die →*Koreischiten*, die den Propheten daran hinderten, Mekka zu betreten.

Im achten Jahr der →*Hidschra* besetzte Mohammed Mekka mit Waffengewalt. Die Idole in der Ka'ba wurden zerstört, und die Regeln der Pilgerschaft nach Mekka wurden als göttlicher Befehl festgelegt. Von da an wurde die Geschichte der Ka'ba Teil der Geschichte des Islam.

al-Kabir

Bedeutet »der Große« und ist einer der 99 Beinamen oder eines der 99 Attribute Gottes.

Ka'biya

Eine muslimische Sekte, die von Abu Qasim Muhammad ibn al-Ka'bi gegründet wurde, der aus Bagdad stammte und lehrte, daß Gottes Handeln ohne Zweck, Ziel und Absicht sei.

Kafan

Das →*Leichentuch*. Es besteht bei Männern gewöhnlich aus drei Stücken weißen Stoffes, bei Frauen aus fünf:

1. *Izar*, ein Tuch, das den Leichnam von der Hüfte bis zu den Füßen bedeckt.
2. *Rida'*, ein Tuch, das den Leichnam von den Schultern bis zu den Füßen bedeckt.
3. *Lifafa*, ein großes Tuch, das den ganzen Körper bedeckt und an den Enden geschlossen ist.

Bei Frauen kommt noch ein Brustband und ein Kopftuch hinzu.

al-Kafi

1. Bedeutet »der Schützer« und ist einer der 99 Beinamen oder eines der 99 Attribute Gottes.
2. *Al-Kafi* ist außerdem der Titel einer Sammlung von Traditionen von Abu Dscha'far

Muhammad ibn Ya'qub al-Kulini (940 n. Chr.).

KAFIR
Plural *Kafirun*. Wörtlich »Verdecker«. Einer, der die Wahrheit verbirgt oder leugnet. Ein Ungläubiger.
Das Wort bezeichnet im allgemeinen eine Person, die nicht an die Sendung Mohammeds und den Koran glaubt, und in diesem Sinne scheint es auch von Mohammed selbst gebraucht worden sein.
Sure 2 37: »Diejenigen aber, die ungläubig sind und unsere Verse lügenhaft nennen, diese sollen Genossen des Höllenfeuers sein und ewig darin verweilen.«
Das Wort wird auch auf diejenigen angewandt, die an die Göttlichkeit Jesu Christi und die Dreieinigkeit glauben.
Sure 5 76-77: »Diejenigen sind wahrhaft Ungläubige, die sagen, daß der Sohn der Maria Gott sei. ...Wahrlich, dem, der Gott etwas beigesellt, dem hat Gott das Paradies verboten und sein Erbe wird das Feuer sein. Jene sind Ungläubige, die sagen, daß Gott drei wäre.«

KAFIRUN
Suratu'l-Kafirun, »Sure von den Ungläubigen«, ist der Titel der 109. Sure des Korans.

KAFUR
Wörtlich »Kampfer«. Ein Brunnen im Paradies, aus dem die Diener des Herrn trinken werden. Der Kommentator Al-Baidawi aber glaubt, daß mit dem Wort gemeint ist, daß der Wein des Paradieses mit Kampfer gewürzt werden wird.

KAHIN
Plural *Kahana* und *Kuhhan*. Ein Wahrsager oder Augur. Im Koran erscheint das Wort zweimal.
Sure 52 29: »Denn du (Mohammed) bist durch die Gnade Gottes weder ein Wahrsager noch ein Besessener.«
Sure 69 42: »Und er (der Koran) ist auch nicht das Wort eines Wahrsagers.«
Nach Mu'awiya ibn Hakam soll Mohammed auf die Frage, ob es erlaubt sei, Wahrsager nach der Zukunft zu befragen, geantwortet haben: »Wenn du dem Islam anhängst, darfst du keine Wahrsager aufsuchen.«
→*Magie*

KAIN
Arabisch *Qabil.* Der Bericht über Kain und Abel, wie er in der 30. Sure des Korans dargestellt ist, findet sich unter dem Stichwort →*Abel.*
Die Kommentatoren sagen, daß der Anlaß, aus dem das Brand-

opfer dargebracht wurde, folgender war: Jeder von beiden war mit einer Zwillingsschwester geboren worden, und nach Gottes Willen sollte Abel Kains Schwester und Kain Abels Schwester heiraten, aber Kain weigerte sich. Daraufhin wurden sie angewiesen, die Frage durch ein Brandopfer zu klären, und Kain opferte einen Scheffel seines schlechtesten Getreides, während Abel das fetteste Schaf aus seiner Herde darbrachte.

KA'LA

Eine Art von verbotenem Verkauf. In der →*Mischkat* heißt es: »Der Prophet hat verboten, etwas auf Kredit für Kredit zu verkaufen.« 'Abdu'l-Haqq erklärt dies so: »Wenn 'Amr dem Zaid ein Stück Tuch schuldet und dem Bakr zehn Dirham und wenn Zaid zu Bakr sagt: ›Ich verkaufe dir das Tuch, das 'Amr im Besitz hat, für zehn Dirham‹, dann ist dieser Handel ungültig.«

KALB

Das goldene Kalb, das die Israeliten anbeteten, wird fünfmal im Koran erwähnt. In der 20. Sure wird As-Samiri als sein Schöpfer bezeichnet. Häufig wird es auch als lebendiges Tier beschrieben. →*Moses*

KALIF

Arabisch *Khalifa*, Plural *Khulafa'*, von *khalf* »hinter sich lassen«. Ein Nachfolger, ein Stellvertreter. Das Wort wird im Koran für →*Adam* benutzt, der der Stellvertreter des Allmächtigen auf Erden war.

Sure 2 28: »Dann sprach dein Herr zu den Engeln: ›Ich will auf Erden einen Stellvertreter einsetzen.‹ Sie entgegneten: ›Willst du da einen einsetzen, der da Unheil stiften und Blut vergießen wird, während wir doch dein Lob preisen und dich heiligen?‹ «

Und ebenso für →*David,* Sure 38 25: »O David, wir machten dich zum Stellvertreter auf Erden, so richte denn unter den Menschen nach Recht.«

Im Islam wurde der Titel dem Nachfolger Mohammeds verliehen, der mit absoluter Autorität, sowohl im zivilen als auch im religiösen Bereich, ausgestattet war, solange seine Herrschaft sich im Einklang mit dem Koran und den Traditionen befand.

Es galt als Grundprinzip, daß es jeweils nur einen einzigen Kalifen geben durfte, denn der Prophet soll gesagt haben: »Wenn es zwei Kalifen gleichzeitig gibt, dann tötet den zweiten und bewahrt den ersten, denn der zweite ist ein Rebell.«

Nach der Lehre der →*Sunniten* muß der Kalif unbedingt folgende Voraussetzungen erfüllen: Er muß männlich, erwachsen, ein freier Mann und geistig gesund sein, er muß ein Gottesgelehrter und ein mächtiger und gerechter Herrscher sein, und er muß dem Stamm der →*Koreischiten,* das heißt dem Stamm des Propheten, entstammen.

Die Schiiten verlangen, daß der Kalif in direkter Folge der Familie des Propheten entstammen soll. Dies wird aber sowohl von den Sunniten als auch von den Wahhabiten verneint.

Die Schiiten benutzen nicht die Bezeichnung »Kalif«, sondern bezeichnen den Inhaber dieses Amtes als »Imam«.

Es folgen einige der Vorschriften, die Mohammed in bezug auf den Imam oder den Kalifen nach den Traditionen erlassen hat:

»Wenn es zwei Kalifen gleichzeitig gibt, dann tötet den zweiten und bewahrt den ersten, denn der zweite ist ein Rebell.«

»Wer einen Imam anerkennt, der muß ihm gehorchen, soweit es ihm möglich ist; wenn aber ein Scharlatan kommt, dann tötet ihn.«

»Wen Gott zum Imam ernennt und sein Volk nicht schützt, der wird nie die Düfte des Paradieses riechen.«

»Es ist unabdingbar für jeden Muslim, daß er den Befehlen des Imams gehorcht, ob sie ihm gefallen oder nicht, solange sie keine Sünde sind und nicht gegen das Gesetz verstoßen; wenn ihm aber eine Sünde befohlen wird, darf er nicht gehorchen.«

»Wer dem Imam den Gehorsam verweigert, wird wie die Unwissenden sterben; und wer an einem Aufstand teilnimmt, ohne das Gute vom Bösen unterscheiden zu können, der kämpft nicht für seine Religion, sondern fördert die Unterdrückung, und wenn er dabei erschlagen wird, dann stirbt er wie die Unwissenden.«

»Wer dem Imam den Gehorsam verweigert, wird am Tag des Gerichts vor Gott treten, ohne einen Beweis für seinen Glauben zu haben, und wer stirbt, ohne sich zu seinem Imam bekannt zu haben, stirbt wie die Unwissenden.«

»Die Propheten waren die Führer der Kinder Israels, und wenn einer starb, dann trat ein anderer an seine Stelle. Nach mir wird es keine Propheten mehr geben, aber die Zeit ist nah, wenn mir eine große Zahl von Kalifen nachfolgen werden.«

ÜBERSICHT DER KALIFEN VON MOHAMMEDS ZEIT BIS IN DIE GEGENWART

Die sunnitische Dynastie

Die vier rechtgeleiteten Kalifen und Hasan (in Mekka)

1.	Abu Bakr	632	(Vereinigt alle existierenden Koranabschriften in einem einzigen, alleingültigen Buch)
2.	ʻUmar	634	(Erobert Ägypten, Syrien und Persien)
3.	ʻUthman	643	(Erobert Zypern; Aufstand in Kufa)
4.	ʻAli	655	(Revolte des Muʻawiya; wird ermordet)
5.	Hasan	660	(Wird vergiftet)

Die Umaiyaden-Dynastie (in Damaskus)

1.	Muʻawiya I.	661	(Belagerung von Konstantinopel; macht Damaskus zur Hauptstadt des Islam)
2.	Yazid I.	679	(Vernichtung der Anhänger Husains und dessen Tod)
3.	Muʻawiya II.	683	(Abgesetzt)
4.	Marwan I.	683	(Vergiftet)
5.	ʻAbdu'l-Malik	684	(Die ersten arabischen Münzen)
6.	Al-Walid I.	705	(Eroberung von Afrika und Spanien)
7.	Sulaiman	715	(Niederlage vor Konstantinopel; stirbt an Kummer)
8.	ʻUmar	717	(Vergiftet)
9.	Yazid II.	720	(Seine Generäle haben große militärische Erfolge)
10.	Hischam	724	(Karl Martell stoppt den Vormarsch der Araber im Westen; Aufstieg der ʻAbbasiden)
11.	Al-Walid II.	743	(Von Verschwörern getötet)
12.	Yazid III.	744	(Starb an der Pest)
13.	Ibrahim	744	(Abgesetzt)

14.	Marwan II.	744	(Von den 'Abbasiden geschlagen; Flucht nach Ägypten; am Ufer des Nils erschlagen)

Ende der Umaiyaden-Dynastie 749

Die 'Abbasiden-Dynastie (in Bagdad und Samarra)

1.	Abu'l-'Abbas as-Saffah	750	(Residiert in Kufa)
2.	Al-Mansur	754	('Abdu'r-Rahman I., der Umaiyaden-Kalif erobert Spanien; Gründung Bagdads)
3.	Al-Mahdi	775	(Erobert Nicomedia am Marmara-Meer und macht es tributpflichtig)
4.	Al-Hadi	785	
5.	Harun ar-Raschid	786	(Der Held vieler arabischer Märchen; eine Blütezeit der arabischen Literatur)
6.	Al-Amin	809	
7.	Al-Ma'mun	813	(Die klassische Periode der arabischen Literatur)
8.	Al-Mu'tasim	833	(Macht die Stadt Samarra zu seinem Regierungssitz; Niedergang des Kalifats)
9.	Al-Wathik	841	
10.	Al-Mutawakkil	847	(Ein Juden- und Christenverfolger; wurde ermordet)
11.	Al-Muntasi	861	
12.	Al-Musta'in	862	
13.	Al-Mu'tazz	866	
14.	Al-Muhtadi	869	
15.	Al-Mu'tamid	870	(Macht wieder Bagdad zur Hauptstadt)
16.	Al-Mu'tazid	892	(Erobert Persien; Isma'il Samain nimmt dem Kalifen Turkmenistan ab)
17.	Al-Muktafi I.	902	(Isma'il Samain nimmt dem Kalifen Persien ab)

18.	Al-Muqtadir	908	(Die Fatimiden in Ägypten)
19.	Al-Qahir	932	(Wurde geblendet und abgesetzt)
20.	Ar-Radi	934	(Der letzte Kalif, der je die →*Khutba* hielt)
21.	Al-Muttaqi	940	(Niedergang der ʻAbbasiden)
22.	Al-Mustaqfi	944	
23.	Al-Mutiʻ	945	(Die Fatimiden-Kalifen erobern ganz Nordafrika und Ägypten)
24.	At-Taiʻ	974	(Abgesetzt)
25.	Al-Qadir	991	
26.	Al-Qa'im	1031	(Aufstieg der Seldschuken in der Türkei)
27.	Al-Muqtadi	1075	(Der erste Kreuzzug; Aufstieg des Hasan Dschuba)
28.	Al-Mustaʻzir	1094	(Jerusalem wird von den Fatimiden eingenommen)
29.	Al-Mustarschid	1118	(Ermordet)
30.	Ar-Raschid	1135	(Ermordet)
31.	Al-Muqtafi II.	1136	(Von den Türken besiegt; zweiter Kreuzzug im Jahre 1146)
32.	Al-Mustandschid	1160	(Unruhen in Persien)
33.	Al-Mustahdi	1170	(Saladin, der Sultan von Ägypten, erobert Syrien)
34.	An-Nasir	1180	(Feldzüge des Dschingis Khan; dritter Kreuzzug im Jahre 1189)
35.	Az-Zahir	1225	
36.	Al-Mustansir	1226	(Persien von den Mongolen unterworfen)
37.	Al-Mustaʻsim	1242	Hülägü, ein Enkel des Dschingis Khan, erobert 1258 Bagdad und tötet den Kalifen. Der Onkel des letzten Kalifen geht nach Ägypten, während das Kalifat nur noch als geistige Macht weiterbesteht.

Die osmanische oder türkische Dynastie (in Konstantinopel)

1.	'Uthman (Osman) I.	1299	
2.	Urkhan	1326	
3.	Murad (Amurath)	1360	
4.	Bayazid I.	1389	
5.	Sulaiman I.	1402	
6.	Musa	1410	
7.	Muhammad I.	1413	
8.	Murad II.	1421	
9.	Muhammad II.	1451	
10.	Bayazid II.	1481	
11.	Salim (Selim) I.	1512	(Erhält den Kalifentitel)
12.	Sulaiman II.	1520	
13.	Salim II.	1566	
14.	Murad III.	1574	
15.	Muhammad III.	1595	
16.	Ahmad I.	1603	
17.	Mustafa I.	1617	(Zugunsten seines Neffen abgesetzt)
18.	'Uthman II.	1618	
19.	Mustafa I.	1622	(Wieder in sein Amt zurückgekehrt und nochmals abgesetzt)
20.	Murad IV.	1623	
21.	Ibrahim	1640	
22.	Muhammad IV.	1649	
23.	Sulaiman III.	1687	
24.	Ahmad II.	1691	
25.	Mustafa II.	1695	
26.	Ahmad III.	1708	
27.	Mahmud I.	1730	
28.	'Uthman III.	1754	
29.	Mustafa III.	1757	
30.	'Abdu'l-Hamid I.	1774	
31.	Salim III.	1788	
32.	Mustafa IV.	1757	
33.	Mahmud II.	1806	
34.	'Abdu'l-Madschid	1839	
35.	'Abdu'l-'Aziz	1861	

36.	Murad V.	1876	
37.	‘Abdu’l-Hamid II.	1876	
38.	Muhammad V.	1909	
39.	Muhammad VI.	1918	(Wurde 1922 als Sultan abgesetzt)
40.	‘Abdu’l-Madschid II.	1922	

1923 wurde die Türkei zur Republik, Mustafa Kemal Pascha, genannt Atatürk, ihr erster Präsident. Das Kalifat wurde 1924 aufgelöst.

Die zwölf Imame der Schiiten

Die Schiiten erkennen nur jene als rechtmäßige Imame an (das Wort »Kalif« wird von ihnen nicht benutzt), die direkt von ‘Ali, dem Schwiegersohn Mohammeds, und seiner Frau Fatima, der Tochter des Propheten, abstammen. Nach ihren Traditionen hat Mohammed eindeutig ‘Ali zu seinem Nachfolger bestimmt. Nach der Überzeugung der Schiiten hat es nur zwölf wahre Imame gegeben:

1. ‘Ali, der Schwiegersohn Mohammeds
2. Hasan, der älteste Sohn ‘Alis und Fatimas
3. Husain, der zweite Sohn ‘Alis und Fatimas
4. Zainu’l-‘Abidin, der Sohn des Husain
5. Muhammad al-Baqir, Sohn des Zainu’l-‘Abidin
6. Dscha‘faru’s-Sadiq, der Sohn des Muhammad al-Baqir
7. Musa al-Qazim, der Sohn des Dscha‘far
8. ‘Ali ar-Rada, der Sohn des Musa
9. Muhammad at-Taqi, der Sohn des ‘Ali ar-Rada
10. ‘Ali an-Naqi, der Sohn des at-Taqi
11. Hasan al-‘Askari, der Sohn des ‘Ali an-Naqi
12. Muhammad, der Sohn des Al-‘Askari, oder der Imam Mahdi, der nach dem Glauben der Schiiten noch lebt, obwohl er sich von der Welt zurückgezogen hat, und wieder als der →*Mahdi* in den letzten Tagen der Menschheit als Herrscher zurückkehren wird.

Die Könige von Persien haben niemals für sich beansprucht, die Nachfolger des Propheten zu sein.
Sultan Mahmud ‘Abdu’llah (1306) war der erste König von Persien, der sich selbst als Schiit bezeichnete.

Die Fatimiden-Dynastie

Die Fatimiden-Dynastie errang das Kalifat über Ägypten und Nordafrika während der Regierungszeit des 'Abbasiden-Kalifen Muqtadir. Ihr Begründer 'Ubaidu'llah gab vor, der Mahdi zu sein und von Fatima, der Tochter des Propheten, abzustammen.
Sie herrschten von 910 bis 1171 und brachten insgesamt vierzehn Kalifen hervor.

1.	'Ubaidu'llah	910	(Verwüstete die Küste Italiens und fiel mehrmals in Ägypten ein)
2.	Al-Qa'im	933	
3.	Al-Mansur	946	
4.	Al-Mu'izz	955	(Begründete das Kalifat der Fatimiden in Ägypten, nahm Sizilien ein, gründete Kairo, eroberte Syrien und Palästina)
5.	Al-'Aziz	978	(Heiratete eine christliche Frau, deren Brüder er zu Patriarchen von Alexandria und Jerusalem machte)
6.	Al-Hakim	996	(Verfolgte Juden und Christen)
7.	Az-Zahir	1021	(Niedergang der Macht der Fatimiden)
8.	Al-Mustansir	1087	(Aufstieg der Macht der Türken)
9.	Al-Musta'li	1094	(Besiegte die Kreuzritter)
10.	Al-Amir	1101	
11.	Al-Hafiz	1129	
12.	Az-Zafir	1149	
13.	Al-Fa'iz	1154	
14.	Al-'Adid	1160	(Der letzte der Fatimiden-Kalifen. Sein Wesir Nuru'd-Din ergibt sich 1171 nach dem Tod seines Herrschers dem 'Abbasiden-Kalifen Mustahdi)

Das Kalifat von Cordoba

Das Kalifat von Cordoba in Spanien wurde von einem Nachfahren der abgesetzten Umaiyaden-Dynastie, ‘Abdu’r-Rahman ibn Mu‘awiya, begründet. Muslimische Fürsten hatten seit 711 in Cordoba geherrscht, als Tarik und Musa von Afrika aus Spanien erobert hatten, aber ‘Abdu’r-Rahman war der erste, der den Kalifentitel beanspruchte.
Die nachfolgenden Listen führen die Kalifen von Cordoba und Granada von 755 bis zum Fall Granadas im Jahre 1492 auf.

1.	‘Abdu’r-Rahman I.	755	
2.	Hischam I.	786	
3.	‘Abdu’r-Rahman II.	786	
4.	Al-Hakam I.	796	(Beiname »der Grausame«)
5.	‘Abdu’r-Rahman III.	821	(Christenverfolgungen)
6.	Muhammad I.	852	(Alfonso der Große erringt militärische Siege)
7.	Al-Munayyir	886	
8.	‘Abdu’llah	888	(Blütezeit von Literatur und Wissenschaft in Cordoba)
9.	‘Abdu’r-Rahman IV.	912	(Das heroische Zeitalter Spaniens)
10.	Al-Hakam II.	961	
11.	Hischam II.	976	
12.	Sulaiman	1012	(Von ‘Ali besiegt und hingerichtet)
13.	‘Ali	1015	
14.	‘Abdu’r-Rahman V.	1017	
15.	Al-Qasim	1018	
16.	‘Abdu’r-Rahman VI.	1023	
17.	Muhammad II.	1023	
18.	Hischam III.	1026	(Für seine gerechte und humane Herrschaft gerühmt)
19.	Dschawahir	1031	
20.	Muhammad III.	1044	
21.	Muhammad IV.	1060	
22.	Muhammad V.	1069	(Belagerung von Toledo 1082)
23.	Yusuf I.	1094	
24.	‘Ali	1107	
25.	Taschifin	1144	
26.	‘Abdu’l-Mu‘nim	1147	

27. Yusuf II.	1163	
28. Ya'qub I.	1178	
29. Muhammad VI.	1199	
30. Ya'qub II.	1213	
31. Abu Ya'qub	1213	
32. Abu Malik	1223	
33. Al-Ma'nun	1225	(Starb in Marokko)
34. Abu 'Ali	1225	

Cordoba von Ferdinand von Leon und Kastilien eingenommen. Ende des Kalifats von Cordoba 1236. Errichtung des Kalifats von Granada.

Das Kalifat der Sultane von Granada

1. Muhammad I.	1238	(Förderer der Literatur)
2. Muhammad II.	1273	
3. Muhammad III.	1302	
4. An-Nasir	1309	
5. Isma'il I.	1313	
6. Muhammad IV.	1325	
7. Yusuf I.	1333	
8. Muhammad V.	1354	
9. Isma'il II.	1359	
10. Abu Sa'id	1360	
45. Yusuf II.	1391	
11. Muhammad VI.	1396	
12. Yusuf III.	1408	
13. Muhammad VII.	1423	
14. Muhammad VIII.	1427	
15. Muhammad VII.	1429	(Wieder eingesetzt)
16. Yusuf IV.	1432	
17. Muhammad VII.	1432	(Erneut wieder eingesetzt)
18. Muhammad IX.	1445	
19. Muhammad X.	1454	
20. 'Ali	1463	
21. Abu 'Abdi'llah	1483	
22. 'Abdu'llah as-Zaggal	1484	(Der Fall Granadas und die Wiederherstellung der spanischen Monarchie 1492)

KALIFAT
Das Amt des Kalifen. →*Kalif*

KALIMA →*Credo*

KAMEL
Arabisch *Ibil.* Im Koran (Sure 88 17) wird die Erschaffung von Kamelen als Reittiere als ein Beispiel für Gottes Weisheit und Güte bezeichnet. Die große Bedeutung, die Kamele für die Araber haben, und in welchem Maße sie die arabische Sprache beeinflußt haben, geht daraus hervor, daß es auf praktisch jeder Seite des arabischen Wörterbuchs *Qamus* einen Hinweis oder eine Referenz auf den Begriff Kamel gibt.
Kamele sind gesetzliche Opfertiere an den großen Festtagen und bei anderen Gelegenheiten. Obwohl es erlaubt ist, ein Kamel durch →*Dhabh* (Durchschneiden der Kehle) zu töten, ist doch die Methode des →*Nahr* vorzuziehen (Stich in die Kehlhöhle nahe des Brustbeins), weil das nach Abu Hanifa die Methode ist, die Mohammed angewandt hat.
Auf Kamele wird →*Zakat* erhoben.
Nach dem mohammedanischen Recht ist der Hirte einer Kamelherde verantwortlich für alles, was von den Kamelen zertreten wird.

KAMILIYA
Eine schiitische muslimische Sekte, die von Abu'l-Kamil begründet wurde. Dieser sagte, daß die Gefährten des Propheten Ungläubige gewesen seien, weil sie eine Übernahme des Kalifats durch die Familie 'Alis abgelehnt hatten. Er nannte sogar →*'Ali (2.)* selbst einen Ungläubigen, weil dieser nicht nach dem Tode Mohammeds die Rechte des Propheten für sich beansprucht hatte.

KANAAN
Arabisch *Kan'an.* Glaubte nicht an die →*Sintflut* und weigerte sich trotz der Mahnungen Noahs, die Arche zu besteigen, und mußte daher mit den anderen Menschen ertrinken (Sure 88).
Es heißt, Kanaan sei ein Sohn einer der Nebenfrauen Noahs namens Wali'a, einer Ungläubigen, gewesen; laut Qamus-Lexikon war er jedoch Noahs Enkel.

KANZEL →*Minbar*

KARAMA
Ein →*Wunder*, das durch einen Heiligen gewirkt wird, der kein Prophet ist, im Gegensatz zu →*Mu'dschiza*, einem Wunder, das durch einen Propheten gewirkt wird.

Karawane

Persisch *Karwan*, arabisch *Qafila*. Da die Wege im Nahen Osten oft unsicher waren und durch Wüsten führten, schlossen sich Reisende und Händler aus Gründen der Sicherheit und Bequemlichkeit zu größeren Reisegruppen zusammen, die sowohl *Karwan* als auch *Qafila* genannt wurden. Die Gesellschaft stand immer unter der Führung eines bezahlten Führers, der *Karwan-* oder *Qafila-Baschi* genannt wurde. Wurde eine Karawane unterwegs angegriffen, schrieb das muslimische Recht als Strafe die Kreuzigung vor. Eine Merkwürdigkeit des muslimischen Gesetzes stellt jedoch die Vorschrift dar, daß Raub oder Diebstahl innerhalb der Karawane straffrei blieb.

al-Karim

Bedeutet »der Großherzige« und ist einer der 99 Beinamen oder eines der 99 Attribute Gottes.

Karimiya

Eine muslimische Sekte, die von Muhammad ibn Karim gegründet wurde und die die Auffassung vertritt, daß es nicht nur eine Ähnlichkeit zwischen Gott und den Geschöpfen gibt, sondern daß Gott auch körperliche Substanz besitzt.

Katzen

Arabisch *Hirra*. Nach der Überlieferung soll Mohammed über Katzen gesagt haben: »Katzen sind keine unreinen Tiere, sie halten Wache über uns.« Der Prophet habe zu seinen Waschungen auch Wasser benutzt, von dem eine Katze getrunken hatte.

al-Kauthar

Wörtlich »Überfluß, Fülle«. Ein Brunnen im Paradies. *Suratu'l-Kauthar*, »Sure von der Fülle«, ist der Titel der 108. Sure des Korans, die den Wortlaut hat: »Siehe, wir gaben dir die Fülle. So bete nun zu deinem Herrn und opfre ihm. Wahrlich, wer dich haßt, der ist der Kinderlose.«

Aber es nicht ganz klar, ob in diesen Versen der Brunnen gemeint ist. Al Baidawi meint, daß sie sich nicht auf den Brunnen beziehe, sondern auf die Fülle der Gnade.

Anas berichtet, der Prophet habe berichtet, daß er den Brunnen Kauthar anläßlich seiner Nachtreise (→*Mi'radsch*) gesehen habe und daß es sich um einen Teich oder Fluß handle, an dessen Ufern Kuppeln aus hohlen Perlen stünden. 'Abdu'llah ibn 'Amr berichtet, daß der Prophet gesagt habe, der »Umfang des Kauthar beträgt eine Monatsreise, er ist quadratisch, sein Wasser ist weißer als Milch, das Wasser duftet wie Moschus, und die Trinkgefäße glitzern wie die Sterne des Himmels«.

KHABBAB

Auch *Khubab*, der Sohn von Al-Arath, dem Schmied. Ein Sklave, der in der Frühzeit des Islam konvertierte und von den →*Koreischiten* in Mekka wegen seiner religiösen Überzeugung große Leiden zu erdulden hatte.

AL-KHABIR

Bedeutet »der Verstehende« und ist einer der 99 Beinamen oder eines der 99 Attribute Gottes.

KHADIDSCHA

Khadidschatu'l-Kubra, »Khadidscha die Große«, genannt. Die erste Frau Mohammeds. Sie entstammte dem Stamm der Koreischiten und war die Tochter des Khuwailid ibn Asad. Als Mohammed sie heiratete, war sie eine wohlhabende Witwe im Alter von vierzig Jahren, war zuvor zweimal verheiratet gewesen und hatte ihren früheren Ehemännern zwei Söhne und eine Tochter geboren. Die Verbindung zwischen Mohammed und Khadidscha war glücklich und fruchtbar, zwei Söhne und vier Töchter gingen noch aus ihr hervor. Ihr ältester Sohn war Al-Qasim, der im Alter von zwei Jahren starb und nach dem Mohammed auch manchmal Abu'l-Qasim, »Vater des Qasim«, genannt wurde. Auch der andere Sohn, 'Abdu'llah, starb in der Kindheit. Die Töchter waren Zainab, Ruqaiya, Umm Kulthum und →*Fatima*

Sie starb im Jahre 619 n. Chr. im Alter von 65 Jahren. Solange sie lebte, war Khadidscha Mohammeds einzige Frau, und er erinnerte sich an diesen Lebensabschnitt stets mit großer Zärtlichkeit. Als die Welt ihn einen Betrüger und Fälscher nannte, war sie die erste, die ihn einen »Gesandten Gottes« nannte. In der Tat war die gegenseitige Liebe so tief, daß die neidische →*'A'ischa* viele Jahre nach Khadidschas Tod erklärte, sie sei eifersüchtiger auf die Tote als auf alle lebenden Rivalinnen um die Gunst des Propheten.

AL-KHAFID

Bedeutet »der Demütigende« und ist einer der 99 Beinamen oder eines der 99 Attribute Gottes.

KHAIBAR

Ein fruchtbares und bevölkerungsreiches Tal, das acht Tage-

reisen von Medina entfernt lag und von Juden bewohnt war. Es spielt in der Geschichte des Islam eine bedeutende Rolle, denn Mohammed unternahm 629 n. Chr. einen Feldzug gegen die Einwohner dieses Tales, wobei diese unterworfen und ihr Herrscher →*Kinana (2.)* getötet wurde.
Hier schuf der Prophet die Institution der →*Mut'a*, der Ehe auf Zeit. Hier wurden die Regelungen über die Reinheit und Unreinheit von Tieren formuliert. Ebenso heiratete Mohammed hier →*Safiya*, die Witwe Kinanas. Und nicht zuletzt wurde hier von Zainab, der Schwester eines der Krieger von Khaibar, die ihren Mann, ihren Vater und ihren Bruder in der Schlacht verloren hatte, ein Giftattentat auf Mohammed ausgeübt.

KHAIF

Masdschidu'l-Khaif. Eine Moschee in →*Mina,* etwa fünf Kilometer von der Ka'ba in Mekka entfernt, in der Adam beerdigt sein soll, »mit dem Kopf an einer Mauer liegend, mit den Füßen an der gegenüberliegenden, und die Kuppel bedeckt seinen Nabel«.

KHAIRU'L-QURUN

Die besten Generationen. Ein Begriff, der die ersten drei Generationen von Muslimen bezeichnet. Mohammed soll gesagt haben, es würde drei Generationen von tugendhaften Muslimen geben, nämlich seine eigene und die beiden folgenden.

KHALFIYA

Eine muslimische Sekte, die von Khalfu'l-Kharidschi begründet wurde, der im Gegensatz zum allgemeinen Glauben lehrte, daß die Kinder von Ungläubigen ewig verdammt sein würden.

KHALID

Sohn des Al-Walid. Ein berühmter muslimischer Feldherr. Er kämpfte bei Uhud gegen Mohammed und besiegte die muslimische Armee. Mohammed heiratete Maimuna, die eine Tante des Khalid war, eine Frau von einundfünfzig Jahren, und bald danach konvertierte auch Khalid zum Islam und wurde einer seiner bedeutendsten Verfechter. Er führte die Beduinenarmee auf dem Marsch gegen Mekka, und war einer der Führer der Muslime bei fast allen folgenden Feldzügen. Während der Herrschaft des Abu Bakr ermordete er Malik ibn Nuwaira, einen bedeutenden arabischen Anführer, und heiratete seine Witwe. Dieser Mord mißfiel dem Kalifen Abu Bakr, der ihn dafür zum Tode verurteilen wollte, aber ʻUmar verhinderte dies. Danach führte Khalid noch eine Reihe von Feldzügen an. Er marschierte in den Irak und in Syrien ein und unterwarf die Länder bis zum Euphrat. Nach der Einnahme von Damaskus wurde er von ʻUmar zurückgerufen und nach Hims und Baʻlabakk (Baalbek) geschickt. Er starb 639 n. Chr. in Hims.

KHALILU'LLAH

»Der Freund Gottes«. Ein Titel, der im Koran Abraham verliehen wird. Sure 4 124: »Denn Gott nahm Abraham zum Freund.« →*Abraham*

AL-KHALIQ

Bedeutet »der Schöpfer« und ist einer der 99 Beinamen oder eines der 99 Attribute Gottes.

KHAMR

Das Wort, das im Koran für →*Wein* und andere Rauschmittel benutzt wird.

Sure 2 216: »Sie werden dich betreffs des Weines und betreffs des Glückspiels befragen. Sprich: ›In diesen ist schwere Sünde und auch Nutzen für die Menschen, jedoch gewichtiger ist ihre Sündhaftigkeit als ihre Nützlichkeit.‹ «

Nach Meinung orthodoxer Muslime bezeichnet das Wort nicht nur alkoholische Getränke, sondern auch Opium und andere Narkotika.

KHAN

Persisch »Herrscher«. Ein Begriff, der für die Herrscher kleiner Länder oder Provinzen benutzt wird, zum Beispiel der Khan der Tataren. Wird auch als Bezeichnung für eine Herberge oder ein Gasthaus benutzt, als Verballhornung des Wortes »Khane«, »Haus«.

AL-KHANNAS

Ein Dämon, der im Koran in Sure 114, der letzten des Korans, erwähnt wird:

»Sprich: Ich nehme Zuflucht zum Herrn der Menschen. Zum König der Menschen. Vor dem Übel des entfliehenden Einflüsterers (*Al-Khannas*). Vor Geistern und Menschen.«

KHANZAB

Ein Dämon, der zur Zeit des Gebets Zweifel erweckt. Nach den Traditionen soll der Prophet von ihm belästigt worden sein und gesagt haben: »Der Dämon Khanzab ist es, der die Gebete stört. Wenn du einer solchen Störung gewahr wirst, dann suche Hilfe bei Gott und spucke dreimal über die linke Schulter.«

Kharadsch

Eine Steuer oder ein Tribut auf Land. Wurde ursprünglich nur von nichtmuslimischen Personen erhoben, wurde aber später zu einer allgemeinen staatlichen Grundsteuer. →*Steuern*

Khasi

Ein Eunuch, der nur kastriert ist, im Gegensatz zu einem Madschbub, einem vollständigen Eunuchen. →*Eunuchen*

Khatib

Prediger. →*Khutba*

Khatimu'n-Nabiyin

»Das Siegel der Propheten«. Ein Titel, der Mohammed im Koran in Sure 33 40 gegeben wird: »Er ist der Gesandte Gottes und das Siegel der Propheten.« Damit ist gemeint, daß Mohammed der letzte →*Prophet* ist.

Khatimu'n-Nubuwa

»Das Siegel der Prophetie«. Eine Bezeichnung für ein großes Muttermal auf dem Rücken Mohammeds, das für ein göttliches Signum seines Prophetenamtes gehalten wird. 'Abdu'llah ibn Sardschis beschreibt es als etwa faustgroß und von kleineren Muttermalen umgeben. Abu Ramtha wollte es entfernen, aber Mohammed weigerte sich mit den Worten: »Der Arzt dafür ist der, der es hat entstehen lassen.«

Khatna →*Beschneidung*

Khatt

Eine Linie, ein Buchstabe des Alphabets, ein Brief.

1. Eine Figur, die ein Exorzist bei einer Beschwörung zeichnet.

2. *Khatt-i Scharif*, »königliche Briefe«, Urkunden.

3. 'Abdu'llah ibn 'Abbas sagt, daß *Khatt*, »Buchstabe«, die Sprache der Hand sei und ihr göttlicher Ursprung sei im Koran in Sure 96 4 belegt: »Der uns den Gebrauch der Feder gelehrt hat.« Einige glauben, daß Adam als erster mit dem Finger in den Sand geschrieben habe, aber andere sagen, es sei Idris gewesen. →*Schrift, arabische*

Khawaridsch

Eine muslimische Sekte, die die Überzeugung vertritt, daß jeder die Kalifenwürde erlangen kann, auch wenn er nicht zum Stamme der →*Koreischiten* gehört, vorausgesetzt, er wird von der muslimischen Gemeinde gewählt. Die ersten, die so bezeichnet wurden, waren die 12000 Männer, die sich nach der Schlacht von Siffin gegen

→*'Ali (2.)* auflehnten, weil er in der Frage seines Rechtes auf das Kalifat sich der Entscheidung von Menschen unterwarf, wo er sich ihrer Meinung nach der Entscheidung Gottes hätte unterwerfen müssen.

Sie waren der Überzeugung, daß jeder zum Kalifen ernannt werden könne, gleichgültig zu welchem Stamm oder zu welcher Nation er gehöre, wenn er ein gerechter und frommer Mann sei, und daß ein Kalif, wenn er vom rechten Weg abkomme, abgesetzt oder getötet werden müsse. Sie waren sogar der Auffassung, daß es tatsächlich überhaupt keine absolute Notwendikeit für das Kalifat an sich gebe. →*Kalif*

KHAZRADSCH

Ein arabischer Stamm, der sich schon zu einem frühen Zeitpunkt Mohammed unterwarf. Man nimmt an, daß dieser Stamm seit dem 4. Jahrhundert in der Gegend von Medina gesiedelt hat.

AL-KHIDR

Wörtlich »der Grüne«. Der →*Maulawi* Muhammad Tahir sagt, daß die Gelehrten sich nicht einig sind, ob er ein →*Prophet* gewesen sei oder nicht. Nach Al-Baidawi ist sein wirklicher Name Balya ibn Malkan. Einige sagen, er habe in der Zeit Abrahams gelebt, und die meisten Mystiker stimmen darin überein, daß er noch immer körperlich lebendig sein soll, und einige behaupten, ihn gesehen zu haben, und er soll noch immer an heiligen Orten wie Mekka oder Jerusalem anzutreffen sein.

Einige wenige Interpreten der Traditionen bestreiten seine Existenz überhaupt. Andere sagen, er gehöre zur Familie Noahs und sei der Sohn eines Königs gewesen.

Sein Name erscheint nicht im Koran, aber Husain, Dschalalu'd-Din (→*Al-Dschalalan*), Al-Baidawi und fast alle anderen Kommentatoren glauben, daß er die geheimnisvolle Person gewesen sei, von der im Koran folgende Geschichte berichtet wird, Sure 18 59-81:

»Dann sprach Moses zu seinem Diener: ›Ich höre nicht auf, bis ich gelangt bin zur Vereinigung der beiden Gewässer, und sollte ich ein Menschenalter gehen.‹ Bis sie zur Vereinigung gelangten, zwischen beiden, vergaßen sie ihren Fisch, der zappelnd seinen Weg ins Meer nahm. Und als sie weitergingen, sprach er zu seinem Diener: ›Hole unser Morgenmahl, denn wir sind nun müde von dieser unsrer Reise.‹ Dieser erwiderte:

›Sieh doch, als wir am Felsen rasteten, da vergaß ich den Fisch. Nur Satan machte mich ihn vergessen, daß ich an ihn nicht dachte, und er nahm wunderbarerweise seinen Weg ins Meer.‹ Jener sprach: ›Das ist (der Ort), den wir suchen.‹ Und sie kehrten um auf ihren Spuren schrittweise. Da fanden sie einen Diener von unsren Dienern, dem wir Barmherzigkeit von uns verliehen und den wir von unsrer Seite Weisheit gelehrt. Moses sprach zu ihm: ›Darf ich dir folgen, auf daß du mich lehrst von dem, was du gelehrt worden bist an Rechtwandel?‹ Dieser erwiderte: ›Du wirst bei mir nicht geduldig ausharren können. Und wie solltest du geduldig ausharren bei dem, dessen Verständnis du nicht erfassest?‹ Jener entgegnete: ›Du sollst mich, so Gott will, geduldig finden, und ich will dir in keiner Sache ungehorsam sein.‹ Dieser sprach: ›Wenn du mir folgen willst – aber frage mich über nichts, bis ich selber dir Auskunft darüber gebe.‹ Da gingen sie beide, bis sie ein Schiff bestiegen, das er durchlöcherte. Jener fragte: ›Du durchlöchertest es, um seine Mannschaft zu ertränken? Du hast nun eine seltsame Sache vollbracht.‹ Dieser erwiderte: ›Sagte ich dir nicht, du würdest bei mir nicht geduldig ausharren können?‹ Jener sprach: ›Fasse mich nicht darum, weil ich vergaß, und lege mir in meiner Sache nicht Schweres auf.‹ Da gingen sie beide, bis sie einen Jüngling trafen, und er erschlug ihn. Jener fragte: ›Du erschlugest einen unschuldigen Menschen, ohne einen Menschen (zu rächen)? Du hast nun eine unerhörte Sache vollbracht.‹ Dieser erwiderte: ›Sagte ich dir nicht, du würdest bei mir nicht geduldig ausharren können?‹ Jener sprach: ›Wenn ich dich nach diesem wiederum etwas frage, dulde meine Gemeinschaft nicht. Du hast nun von mir aus Entschuldigung.‹ Da gingen sie beide, bis sie zu den Bewohnern einer Stadt kamen, und sie baten die Bewohner um Speisung; diese aber weigerten sich, sie zu bewirten. Darauf fanden sie in dieser eine Mauer, die einzustürzen drohte, und er stürzte sie. Jener sprach: ›Wenn du doch wolltest, du könntest dafür eine Belohnung erhalten.‹ Dieser sprach: ›Dies ist die Trennung zwischen mir und dir. Doch will ich dir die Deutung dessen sagen, wobei du dich zu gedulden nicht vermochtest. Was das Schiff betrifft, so gehörte es armen Leuten, die auf dem Meer tätig waren, und ich wollte es

schadhaft machen, weil hinter ihnen ein Herrscher her war, der jedes Schiff gewaltsam nahm. Und was den Jüngling betrifft, so waren seine Eltern Gläubige, und wir fürchteten, er könnte sie zu Widerspenstigkeit und Unglauben verleiten. Wir wünschten daher, daß ihr Herr ihnen einen andren gebe, besser als dieser an Lauterkeit und näher an Liebe. Und was die Mauer betrifft, so gehört sie zwei Waisenknaben in der Stadt und darunter liegt ein Schatz für sie; ihr Vater war ein rechtschaffener Mann, und dein Herr will, daß sie ihre Volljährigkeit erlangen und dann ihren Schatz haben. Es war eine Barmherzigkeit deines Herrn, und ich tat es nicht aus eignem Belieben. Dies ist die Deutung dessen, wobei du dich nicht zu gedulden vermochtest.‹ «
In einigen muslimischen Werken scheint Al-Khidr mit →*Elias* gleichgesetzt zu werden oder mit dem Heiligen Georg. Im obigen Zitat war er ein Gefährte des →*Moses,* und nach dem Kommentator Husain war er ein General Alexanders des Großen. Dieses Erscheinen in verschiedenen Epochen erklärt sich daraus, daß man annimmt, er habe den Brunnen des Lebens gefunden und davon getrunken.

KHIL'A
Ein Ehrengewand, das ein Herrscher einem Untergebenen als Auszeichnung schenkt. Eine komplette *Khil'a* kann zusätzlich aus Waffen, einem Pferd oder einem Elefanten bestehen.

KHITBA
»Verlobung«. Es gibt keine nach dem muslimischen Gesetz vorgeschriebene Zeremonie für eine Verlobung, aber es ist üblich, daß der →*Maulawi* oder der Kadi eingeladen wird, um ein Gebet um Segen für die Verlobten zu sprechen. Je nach Stand und Vermögen der Beteiligten kann dieses Ereignis mit großem Aufwand begangen werden.

KHIYANA
Veruntreuung. Bei der Veruntreuung anvertrauten Gutes ist nach den Vorschriften Mohammeds nicht, wie bei einem gewöhnlichen Diebstahl, die Amputation einer Hand vorgeschrieben.

KHIYAR
»Option«. Bezeichnung für eine bestimmte Frist nach Abschluß eines Vertrages, in der beide Seiten berechtigt sind, den Vertrag zu stornieren.

KHUBAB →*Khabbab*

Khubaib

Der Sohn des 'Ada. Einer der ersten Märtyrer des Islam.

Khul'

Eine Vereinbarung zum Zwecke der Scheidung einer Ehe. Die von der Frau gewünschte Scheidung gegen Zahlung einer Entschädigungssumme.

In der Hidaya heißt es: »Wenn sich Feindschaft entwickelt hat zwischen Mann und Frau oder beide einsehen, daß die Fortsetzung ihrer Gemeinschaft ihnen keinen Gewinn mehr bringt, dann sollte die Frau nicht zögern, sich aus der Gewalt ihres Mannes zu lösen, indem sie ihm eine Entschädigung anbietet, damit er sie freigebe.«

Wenn die Frau diese Form der Scheidung wählt, verliert sie den Rechtsanspruch auf die Auszahlung ihres Brautpreises, der ihr sonst zustehen würde. Dieses Gesetz beruht auf einer Vorschrift des Korans, Sure 2 229: »Befürchtet ihr aber, die Bestimmungen Gottes würden nicht erfüllt werden, so ist es von ihr kein Vergehen, wenn sie sich selber loskauft.« →*Ehescheidung*

Al-Khulafa'u'r-Raschidun

»Die rechtgeleiteten Kalifen«. Die ersten vier Kalifen in der Nachfolge Mohammeds: Abu Bakr, 'Umar, 'Uthman und 'Ali. Es ist allgemeine sunnitische Auffassung, daß nach diesen vier Kalifen der Islam korrumpiert wurde und die Folge der Kalifen unsicher. →*Kalif*

Khultin

Ein Getränk aus Datteln und Rosinen, die so lange gekocht werden, bis sie garen. Es ist stark alkoholhaltig, dennoch ist sein Genuß Muslimen erlaubt. →*Wein*

Khulud

»Ewigkeit«.

Khums

»Ein Fünftel«. Das Fünftel eines Besitzes, das in die öffentliche Kasse fließt.

Khuntha →*Hermaphroditen*

Khusuf →*Mondfinsternis*

Khutba

Die Predigt, die am Freitag zur Zeit des Mittagsgebets in der Moschee gehalten wird. Das Freitagsgebet und die Predigt beruhen auf einer Anweisung des Korans, Sure 62 9: »O ihr, die ihr glaubt, wenn am Freitag gerufen wird zum Gebet, so eilet zum Gedächtnis Gottes und lasset den Handel.« Unter den

Worten »Gedächtnis Gottes« verstehen die meisten Kommentatoren die *Khutba*, die Predigt.

Aus den Traditionen geht hervor, daß Mohammed häufig die *Khutba* hielt und daß es sich dabei keineswegs um die einstudierte und formalisierte Rede handelte, die sie später wurde.

→*Dschabir* sagt: »Wenn der Prophet die *Khutba* hielt, waren seine Augen rot und seine Stimme erhoben, und er redete sich so in Rage, daß man hätte meinen können, er warne vor dem Angriff einer feindlichen Armee: ›Sie sind da! Noch heute abend werden sie über euch kommen und euch ausrauben!‹ Und der Prophet pflegte zu sagen: ›Ich bin zu euch gesandt! Und die Auferstehung ist so nah wie diese beiden Finger!‹ Und er streckte seine Hand in die Höhe und legte den Zeigefinger direkt an den Mittelfinger, um deutlich zu machen, daß die Auferstehung nicht weiter entfernt sei, als die beiden Finger voneinander entfernt waren.«

Am →*Freitag* werden nach den üblichen →*Waschungen* die vier *Sunna*-Gebete gesprochen, und danach stellt sich der *Khatib*, der Prediger, auf die zweite Stufe des →*Minbar*, der Kanzel, und hält die Predigt. Die *Khutba* muß in arabischer Sprache gehalten werden, sie muß Fürbitten für Mohammed, die Gefährten des Propheten und den Herrscher enthalten, aber die Gesamtkomposition und -struktur bleibt dem Prediger überlassen.

Ist die Predigt beendet, verläßt der Prediger die Kanzel und nimmt, wenn er auch die Funktion des →*Imams* ausübt – was aber keineswegs immer der Fall ist –, dessen Standort vor der Gemeinde ein, um den Gottesdienst mit zwei →*Rak'as* fortzusetzen.

Der Prophet soll gesagt haben, daß die Länge der Gebete eines Mannes und die Kürze seiner Predigten viel über seinen gesunden Menschenverstand aussagen.

Khuzaima ibn Thabit

Einer der Gefährten Mohammeds. Nahm an der Schlacht von →*Badr* teil und starb gleichzeitig mit dem Kalifen →*'Ali (2.)* im Jahre 658 n. Chr.

al-Kimiya' →*Alchimie*

Kinana

1. Der Name des Stammvaters des arabischen Stammes der Banu Kinana. Er war der Vater des Nasr und der Großvater

des Fihr, der den Beinamen Quraisch trug. →*Koreischiten*
2. Der Name des Anführers des jüdischen Stammes der →*Khaibar*, der die Festung Qamus gegen Mohammed verteidigte und von den Muslimen getötet wurde. Seine Frau war Safiya, die Mohammed nach dem Tode ihres Mannes heiratete. →*Safiya*, →*Mohammed*

Kinaya
»Metapher«. Ein Wort, das in der Wissenschaft der Exegese benutzt wird, zum Beispiel: »Du bist getrennt« bedeutet dem Sinne nach »Du bist geschieden«, was Talaqu'l-Kinaya, »Scheidung in einer Metapher«, genannt wird.

Kinda
Ein jemenitischer Volksstamm, dessen Stammvater Himyar war. Er gilt als einer der vornehmsten der arabischen Stämme. →*Al-Kindi*, der berühmte Philosoph, war ein Abkömmling dieses Stammes.

Kinder
Arabisch *Aulad*. Traditionell werden folgende Rituale und Gebräuche von der Geburt bis zur Volljährigkeit eines Kindes befolgt:
1. Bei der Geburt trägt die Hebamme das Neugeborene gewaschen und gewickelt zu der Gruppe der wartenden männlichen Verwandten und Freunde. Dann spricht der →*Maulawi* den →*Adhan* in das Ohr des Säuglings und kaut anschließend eine kleine Dattel, die er dem Neugeborenen in den Mund schiebt. Anschließend werden Almosen verteilt und →*Fatihas* zum Wohle des neuen Erdenbürgers gesprochen. Nach der Tradition sollte die Summe der gespendeten Almosen in Silber dem Gewicht der geschorenen Haare des/der Neugeborenen entsprechen.
2. Danach besuchen Freunde und Verwandte das Haus, gratulieren zur Geburt und bringen Geschenke.
3. Die Namensgebung des Kindes sollte nach der Tradition (Mischkat) am siebten Tag nach der Geburt erfolgen. Entweder soll das Kind den Namen eines Angehörigen der Familie oder den eines Heiligen, der von der Familie verehrt wird, tragen, oder den Namen, den die glückliche Stunde der Geburt oder der Zodiakalkreis nahelegen.
4. An diesem siebenten Tag soll auch die →*'Aqiqa* stattfinden – ein Opfer von zwei Ziegenböcken für einen Jungen, von einem Ziegenbock für ein Mädchen.

5. Die Mutter des Kindes gilt am vierzigsten Tag nach der Geburt als »rein«, von jetzt an darf sie umhergehen wie sonst, und an diesem Tag wird ihr Säugling gewöhnlich in die typische Wiege gelegt, die bei den Nomaden vom Zeltfirst herunterhängt. Dies ist jedenfalls ein Festtag für den →*Harem.*

6. Sobald das Kleinkind sprechen kann oder wenn es das Alter von vier Jahren, vier Monaten und vier Tagen erreicht hat, soll ihm die →*Bismi'llah* vertraut gemacht werden, das heißt die Eröffnungformel des Korans: »Bismi'llahi'r-rahmani'r-rahim« – »Im Namen Gottes, des über alle Maßen Barmherzigen«

7. Nach sunnitischer Tradition sollte die →*Beschneidung* des Knaben in dessen siebentem Jahr stattfinden; meistens wird sie vom Barbier vollzogen. Es wird vom Kind nicht erwartet, daß es alle Bräuche des muslimischen Gesetzes erfüllt, ehe es nicht die →*Pubertät* erreicht hat, wohl aber obliegt es seinen Eltern und Lehrern, ihm die Gebete beizubringen.

8. Wenn das Kind in der Lage ist, den ganzen Koran auswendig herzusagen, ist die Kindheit abgeschlossen. Bei dieser Gelegenheit zeigt der Schüler seinem Lehrer gegenüber Ehrerbietung und beschenkt ihn mit Geld, Kleidung und einem Tablett voller Süßigkeiten.

Wie schon erwähnt, ist die Erziehung ein wichtiges Thema in den Büchern der muslimischen Ethiker. Im Akhlaq-i Dschalali heißt es: »Wenn wir verhindern wollen, daß das Kind schädliche Gewohnheiten annimmt, müssen wir uns um seine Erziehung kümmern, sobald es entwöhnt ist. Zwar ist den Menschen die Möglichkeit angeboren, vollendet zu sein, aber doch liegt von Natur aus auch eine Neigung zum Laster in des Menschen Seele. Deshalb lautet die wichtigste Regel: Haltet den jungen Menschen unter allen Umständen von jenen Exzessen fern, die man gemeinhin als Laster bezeichnet. Denn die Seele des Kindes ist wie eine unbeschriebene Tafel, auf der alles seine Spuren hinterläßt, sei es nun gut oder schlecht. Genauso wichtig ist es, dem Kind die Religion und den Anstand zu vermitteln und ihm, je nach Alter, deutlich die Wichtigkeit beider einzuprägen. So soll das Kind gemäß den Traditionen mit sieben Jahren ermahnt werden, seine Gebete zu sprechen, falls es sie mit zehn versäumt, muß man es mit Schlägen ermahnen. Wir sollten es loben, wenn es eine lobenswerte Tat vollbringt, und es streng tadeln, wenn es sich um eine schlechte handelt. Was Essen, Trinken und Kleidung angeht, so soll das Kind sich angewöhnen, auf diese herabzublicken – nur Frauen pflegen äußeres Gepränge wie Kleider und Schmuck hochzuachten. Es sollte ihm beigebracht werden, daß Nahrungsaufnahme nötig für die Gesundheit, jedoch keine Quelle der Lust ist. Bisweilen sollte es lernen, nur mit trockenem Brot auszukommen, damit es in Notzeiten überleben kann. Solche Gewohnheiten sind wahrlich besser als Reichtümer. Fleisch sollte es nur selten bekommen, sonst wird es schwerfällig und träge. Auch sollten ihm Süßigkeiten verboten werden und selbstverständlich alle alkoholhaltigen Getränke. Seine Nahrung soll es erst dann erhalten, wenn es seine Aufgabe erfüllt hat, außer wenn es offensichtlich erschöpft ist. Zuviel Schlaf in der Nacht und Schlafen am Tag überhaupt sollten nicht gestattet werden. Auch sollte sich das Kind nicht verwöhnen lassen von weichen Gewändern oder kühlendem Schatten im heißen Sommer oder Pelzen und wärmenden Feuern in kalten Nächten. Statt Luxus sollte es früh an die Strapazen des Lebens gewöhnt werden, an lange Fußmärsche, an Nächte im Zelt und das Reiten zu Pferde und auf dem Kamel. Als nächstes soll man dem jungen Menschen den angemessenen Umgang mit seinen Mitmenschen beibringen. Er soll vor Freunden nicht mit berühmten Vorfahren oder dem Reichtum seiner Familie prahlen, auch soll er nicht übertreiben, Lügen erzählen oder fluchen. Hingegen soll er Zurückhaltung üben und lernen, anderen ruhig zuzuhören, und erst, wenn die Älteren gesprochen haben, seine Worte, korrekt gewählt, zu äußern. Als Lehrmeister sollte er einen Mann haben, der prinzipientreu und intelligent ist, der Disziplin und Moral hochhält, der, reinen Geistes und Körpers, Würde und Menschlichkeit ausstrahlt und der die Wesensart von Königen gut kennt.«

Kinder, die Religion der

Als allgemeine Regel gilt im Islam, daß die Religion der Kinder dieselbe zu sein hat wie die der Eltern. Wenn aber ein Elternteil dem muslimischen Glauben und der andere einem anderen Bekenntnis anhängt, dann müssen die Kinder Muslime werden.

Kinder, Seelenheil der

Der Autor des *Durru'l-Mukh-*

tar schreibt zu diesem Thema: »Der Kommentator Abu Hanifa wußte keine Antwort auf die Frage, ob unmündige Kinder von Götzendienern am Tag des Gerichts für sich selbst antworten müssen und ob sie die Hölle erben werden (das heißt verdammt werden) oder ins Paradies gelangen. Ibn al-Humam hat gesagt, daß sich die Gelehrten in dieser Frage nicht einig seien, und es ist offensichtlich, daß Abu Hanifa und andere keine Antwort wissen; außerdem gibt es widersprüchliche Traditionen zu dieser Frage. So ist man sich nur einig, daß diese Kinder ganz der Gnade Gottes überlassen sind und wir nichts dazu sagen können. Muhammad ibn al-Hasan (der Schüler Abu Hanifas) hat gesagt: ›Ich bin sicher, daß Gott niemand zum Feuer verdammen wird, bevor er nicht eine Sünde begangen hat.‹ Und Ibn Abi Scharif (ein Schüler des Ibn al-Hasan) hat gesagt, daß die Gefährten des Propheten zu dieser Frage geschwiegen hätten, aber der Imam Nawawi sagt, daß es zu diesem Problem drei Standpunkte gebe. Einige meinen, diese Kinder kämen in die Hölle, andere wollen sich dazu kein Urteil erlauben, und die dritten meinen, daß sie ins Paradies gelangen. Diesen letzten Standpunkt hält er für den richtigen, weil er in Übereinstimmung mit der Tradition stehe, die sagt: ›Jedes Kind ist geboren nach dem Gesetz Gottes.‹ «

Kindestötung

Bei den antiken Arabern war das Töten von weiblichen Neugeborenen üblich. Mohammed verdammte diese Praxis, wie im Koran nachzulesen ist:

Sure 16 60: »Und wenn jemandem von ihnen die Geburt einer Tochter verkündet wird, dann legen sich schwarze Schatten auf sein Antlitz, und er ist traurig. Und er verbirgt sich vor den anderen Leuten wegen der schlechten Nachricht: Soll er es widerwillig behalten oder es im Staub vergraben? Ist ihr Urteil nicht falsch?«

Sure 17 33: »Tötet nicht aus Angst vor Armut eure Kinder, denn wir werden euch und eure Kinder versorgen. Seht, ihre Tötung ist eine große Sünde.«

Sure 81 8: »Und wenn das lebendig begrabene Mädchen gefragt wird, um welches Verbrechens willen es getötet wurde.«

Al-Kindi

Abu Yusuf Ya'qub ibn Ishaq ibn as-Sabbah al-Kindi war ein bedeutender Philosoph und wirkte am Hofe des Kalifen Ma'mun (833 n. Chr.). Er übersetzte zahlreiche klassische und philosophische Werke für die 'Abbasiden-Regierung. Sein Vater Ishaq soll Emir von →*Kufa* gewesen sein, und sein Urgroßvater soll zu den Gefährten Mohammeds gehört haben. Einige hielten ihn für einen Juden oder einen Konvertiten zur jüdischen Religion, während andere glaubten, ihn als den Autor einer Apologie des Christentums identifizieren zu können, die den Titel *Risalatu 'Abdi'l-Masih ibn Ishaq al-Kindi* trägt und in der der Autor einem Freund deutlich zu machen versucht, warum er das Christentum dem Islam vorzieht. Aber es gilt inzwischen als nachgewiesen, daß der Autor dieses Werkes und Al-Kindi, der Philosoph, zwei verschiedene Personen gleichen Namens und gleicher Abstammung sind, die gleichzeitig am Hofe der →*'Abbasiden* gewirkt haben.

Kiramun Katibun

Wörtlich »ehrwürdige Schreiber«. Zwei Engel, die jeden Menschen begleiten und seine Taten aufzeichnen, einer zur Rechten, der die guten Taten festhält, und einer zur Linken, der die Sünden notiert. Sie werden im Koran in Sure 82 10-11 erwähnt: »Und wahrlich, über euch sind Wächter, ehrwürdige Schreiber.«

Es ist überliefert, daß der Prophet seine Anhänger angewiesen hat, nicht nach vorn und nicht zur rechten Seite zu spukken, sondern zur linken, denn dort stehe der Engel, der die bösen Taten aufzeichne.

Da man annimmt, daß diese Engel täglich ausgetauscht werden, werden sie auch *Mu'aqqibat*, »die sich nachfolgen«, genannt.

Kirchen

Arabisch *Bi'a* und *Kanisa*, bedeutet sowohl »Kirche« als auch »Synagoge«.

Der Bau von Kirchen oder Synagogen auf muslimischem Territorium ist nach den Traditionen ungesetzlich. Es ist den Juden oder Christen zwar gestattet, alte Synagogen oder Kirchen, die noch aus der vorislamischen Zeit stammen, zu renovieren, nicht aber, neue zu bauen. Dasselbe gilt für Klöster und Eremitagen. Die Errichtung von Gebetsstätten innerhalb des eigenen Besitzes ist erlaubt.

Kirchenasyl

Der Prophet hat verboten, einen Mörder in einer Moschee zu töten. Er darf aber gewaltsam von dort entfernt werden und außerhalb des Heiligtums hingerichtet werden. Dasselbe gilt für Diebe. Bei kleineren Delikten jedoch gewährt die Moschee Asyl vor Verfolgung.

Kiswa

Wörtlich »Umhang«. Der Vorhang oder Schleier der →*Ka'ba* in Mekka. Die vier Seiten der Ka'ba sind mit herabhängendem schwarzem Seidenstoff behängt, wobei das Dach frei bleibt. Dieser Vorhang oder Schleier wird *Kiswa* genannt und wird jährlich zur Zeit der →*Hadsch* erneuert. In ihn sind verschiedene Gebete eingewoben, aber ebenfalls in schwarzer Seide, so daß sie kaum erkennbar sind. Etwa in mittlerer Höhe befindet sich eine Inschrift in Goldbuchstaben, die um die gesamte Ka'ba herumläuft und lautet: »Siehe, das erste Bethaus, für die Menschen errichtet, ist das zu Bekka; Segen und Rechtleitung für die Menschen.«

Kleidung

Zum Gottesdienst soll der Muslim in angemessener Kleidung erscheinen; so heißt es in der siebten Sure: »O Kinder Adams, wenn ihr eine Moschee betretet, tragt eure guten Kleider.« Jedoch wird dabei jede Extravaganz abgelehnt. Sure 7 25: »Wir haben euch Kleidung und schöne Gewänder geschenkt, damit ihr eure Nacktheit verbergen könnt. Doch das Gewand der Frömmigkeit ist das beste.«
Nach dem →*Hidaya* ist es Männern nicht gestattet, seidene Kleidung zu tragen, wohl aber Frauen; Männer dürfen auch keinen Gold- und Silberschmuck tragen außer einem silbernen Siegelring. Der Brauch, Taschentücher in der Hand zu halten, ist – außer zur tatsächlichen Benutzung – ebenfalls verboten.
Es folgen einige von den Traditionen überlieferte Aussprüche des Propheten, die sich auf die Kleidung beziehen: »Gott wird denjenigen am Tag der Auferstehung nicht anschauen, der auf Erden und aus Stolz lange Kleider trug.« – »Wer auf dieser Welt seidene Kleidung trägt, der wird sie in der nächsten Welt nicht tragen.« – »Gott wird kein Mitgefühl mit dem haben, der aus Stolz lange Hosen trägt.« – »Für die Frauen meines Volkes ist es gesetzlich, wenn sie seidene Kleidung und Goldschmuck tragen, für die Männer nicht.« – »Tragt weiße Kleidung, denn sie ist die sauberste und akzeptabelste, und begrabt eure Toten in weißen Kleidern.«

Afghanischer Mullah

Ägyptischer Schriftgelehrter

Nach den Traditionen war Mohammeds Kleidung außerordentlich bescheiden. Es heißt, er habe nur zwei Gewänder getragen, den *Izar*, das Untergewand, das bis ca. zehn Zentimeter unter seine Knie reichte, und einen über seine Schulter geworfenen Mantel. Weiße Baumwollhosen und der Turban komplettierten seine Garderobe. Seine Kleidung war gewöhnlich weiß, aber auch grün, rot und gelb, und manchmal trug er schwarzwollene Überkleidung. Gewöhnlich hing das

Ende seines Turbans bis auf seine Schultern hinab. Und er pflegte den Turban viele Male um seinen Kopf zu wickeln.

Einmal betete er in seidener Kleidung, aber danach warf er sie weg mit den Worten: »Es tut dem Gläubigen nicht gut, Seide zu tragen.« Ein anderes Mal betete er in einem gepunkteten Mantel, aber die Punkte lenkten ihn ab, und das Kleidungsstück wurde nie wieder getragen.

Das Beispiel Mohammeds hat zweifellos seine Nachfolger auch in bezug auf die Kleidung beeinflußt, denn deren Aussehen hat sich über Jahrhunderte kaum verändert. Obwohl es natürlich auch in den muslimischen Ländern verschiedene Kleidermoden und -gebräuche gibt, die sich auch mit der Zeit ändern können, gibt es doch einige Charakteristika, die allen muslimischen Nationen gemeinsam sind. Dazu gehören: der um den Kopf gewickelte →*Turban;* weiße Baumwollhosen, die um die Hüfte mit einer Kordel festgebunden werden; das *Qamis*, eine Art langes Hemd, das über den Hosen getragen wird und etwa knielang ist; der *Khaftan*, ein tunikaartiges Obergewand; und der *Lungi* (Schal), ein quadratisches Stück Stoff, das auf verschiedene Weise getragen werden kann, um den Leib geschlungen, um die Schultern gelegt oder als zusätzlicher Kopfschutz.

Die Kopfbedeckung besteht zunächst aus einer kleinen, engsitzenden Baumwollkappe, die häufig gewechselt wird. Darauf sitzt der *Tarbusch*, das heißt eine rote Tuchkappe, die auch eng am Kopf anliegt und eine blaue Seidenquaste an der Spitze hat. Schließlich wird ein langes Stück weißer Musselin um den *Tarbusch* herumgebunden, und so entsteht der Turban. Ein Scherif, das heißt ein Abkömmling des Propheten, hat das Privileg, einen grünen Turban zu tragen und auch hellgrüne Kleidung. Die Schuhe sind häufig aus dickem roten oder gelben Marrokkoleder, häufig mit einer nach oben zeigenden Spitze.

Die Kleidung der Frauen aus der Mittel- und Oberschicht Ägyptens ist hübsch und elegant. Ihre Hemdbluse ist bauschig und ähnelt der der Männer, reicht aber nicht bis zu den Knien. Sehr weite Hosen aus farbig gestreifter Seide werden unter dem Hemd über die Hüften mit einem Band befestigt und hängen bis auf die Füße hinunter. Über dem Hemd und den Hosen tragen die Frauen

Indische Hausfrau

ein langes seidenes Gewand, *Yelek* genannt, welches dem *Khaftan* der Männer ähnelt, aber enger am Körper und an den Armen anliegt und dessen Ärmel länger sind. Über dem *Yelek* wird ein *Gibbeh*, das heißt Übergewand, aus Tuch, Samt oder Seide getragen, welches gewöhnlich mit goldener oder farbiger Seide bestickt ist. Als Kopfbedeckung tragen die

Frauen ebenfalls den *Tarbusch* und ein viereckiges Tuch aus bedrucktem oder farbigem Musselin oder Crêpe, welches eng um den Kopf gebunden wird und den *Rabtah* bildet.

In letzter Zeit ist es in vielen muslimischen Ländern wieder Pflicht geworden, einen Gesichtsschleier, →*Schador,* oder Kopfschleier, →*Tarhasch,* zu tragen. Früher wurde häufig

Kleidung einer Ägypterin

Die indische Burka'

auch die bis auf die Füße reichende, aus Musselin bestehende *Burka'* getragen. Diese *Burka'* wird in Oberägypten kaum getragen, dafür wird der *Tarhasch* so über das Gesicht gezogen, daß nur ein Auge herausblicken kann. Viele Frauen der Unterschicht verschleiern selbst in der Hauptstadt Kairo ihr Gesicht nicht. Die häufigste Kleidung der Frauen besteht in

Ägypten aus einer blauen Hemdbluse (*Tob*) und dem *Tarhasch*. Im Süden Oberägyptens wickeln sich die Frauen in ein großes Tuch aus dunkelbrauner Wolle, *Hulaliyeh* genannt, dessen Oberteile auf jeder Schulter festgesteckt werden und nehmen als Tarhasch ebenfalls ein Stück dieses Stoffes. Mit der blauen Schminke, die sie auf den Lippen tragen, und dem braunen Gewand wirken sie alles andere als attraktiv, schmükken sich jedoch mit billigem Modeschmuck wie →*Ohrringen*, Armreifen und bisweilen einem Nasenring.

Ägyptische Dame

Wüstenbeduine

Die Beduinen (Badawis) tragen im Sommer ein Baumwollhemd und darüber einen Wollmantel, die reicheren einen *Kombar*, das heißt ein langes Gewand aus Seide oder Baumwolle. Es gibt verschiedene Arten von Umhängen, der in Bagdad hergestellte, sehr dünne, leichte und weiße Wollumhang wird *Mesoumy* genannt, der rauhere und schwerere braunweiß gestreifte heißt *Abba*. In Bagdad werden sehr gerne *Abbas* getragen, die in Hamah hergestellten, mit kurzen weiten Ärmeln werden *Bousch* genannt. Alle Beduinen tragen einen Turban oder ein rechteckiges Tuch aus Baumwolle oder Seide, der Tur-

Ägyptischer Bauer

Ein afghanisches Stammesoberhaupt

ban wird hier *Keffie* genannt und so angeordnet, daß einerseits der Nacken und andererseits die Wangen vor der sengenden Sonne oder dem heißen Wind geschützt werden. Der *Keffie* ist gelb oder gelbgrün gestreift und reicht bis auf die Brust. Der *Keffie* wird mit einer Schnur aus Kamelhaar, *Akal* genannt, um den Kopf gebunden.

KNIEN
Die Kniehaltung besteht bei Muslimen darin, sich auf die Knie niederzulassen und sich auf die Fersen zu setzen. Ein Knien, wie es im Christentum gebräuchlich ist, ist im Islam unbekannt.

KÖNIG
Ein König wird im Koran generell als *Malik* bezeichnet, zum Beispiel Sure 2 247: »Sie sprachen zu ihrem Propheten: ›Entsende uns einen König, wir wollen für den Pfad Gottes kämpfen.‹ «

1. Das Wort *Malik* wird in neuerer Zeit nur noch für einen Unterführer benutzt.
2. Das Wort →*Sultan* bedeutet im Koran »Autorität« oder »Macht« und wird nicht zur Bezeichnung eines Königs verwendet. Sure 69 29: »Meine Macht ist von mir gefallen.« Später wurde es jedoch zur einem Königstitel.
3. *Padischah* oder →*Schah* sind persische Bezeichnungen für den König. Das Wort *Padischah* ist abgeleitet von *Pad*, »Thron«, und *Schah*, »Herr« oder »Besitzer«, bedeutet also »Herr des Thrones«.
4. →*Wali* ist ein weiterer Titel muslimischer Herrscher und bedeutet »Besitzer« oder »Autorität«.
5. *Emir* hat eine ähnliche Bedeutung wie *Wali* und bezeichnet ebenfalls muslimische Herrscher. Das Wort ist abgeleitet von *amr*, »herrschen«.
6. *Saiyid*, »Fürst«, ist ein Titel, der den Nachkommen Mohammeds verliehen wird.
7. →*Imam*, »Führer«, ist die gesetzliche Bezeichnung für das Oberhaupt der Muslime.
8. →*Kalif*, »Nachfolger«, hat dieselbe Bedeutung wie *Imam*.

KONKUBINAT
Das Zusammenleben von Männern mit Frauen regelt die vierte Sure des Korans. »Ihr dürft auch keine freien, bereits verheirateten Frauen nehmen; nur eure Sklavinnen machen eine Ausnahme. Ihr könnt euch, je nach eurem Vermögen, Frauen nehmen, nur keine schlechten und liederlichen; gebt ihnen aber für die Freuden, die ihr durch sie habt, eine Morgengabe. Wer nicht vermögend genug ist, um freie, gläubige Frauen heiraten zu können, der nehme gläubig gewordene Sklavinnen. Auch diese müssen züchtig sein und dürfen keine Dirnen sein.« In früheren Zeiten kam es häufig vor, daß verheiratete Europäerinnen in die Hände muslimischer Eroberer fielen und in deren →*Harem* aufgenommen wurden. Sollte eine Konkubine

ihrem Herrn ein Kind gebären, dann sind sie und das Kind nach mohammedanischem Recht *ipso facto* frei. Bei den Schiiten gibt es die Ehe auf Zeit, →*Mut'a* genannt.

Kopf

Arabisch *Ra's*. In den Traditionen heißt es: »Es ist abscheulich, Gebete mit unbedecktem Kopf zu sprechen, wenn dies aus Faulheit geschieht, aber es hat keine Folgen, wenn ein Muslim aus einem Gefühl der Demut heraus seine Gebete mit unbedecktem Kopf spricht. Aber trotzdem ist es besser, seinen Kopf zu bedecken, denn Demut ist eine Sache des Herzens.«

Unter Muslimen gilt es als große Unhöflichkeit und als Zeichen mangelnden Respekts, einen Besucher barhäuptig zu empfangen; deshalb wird sofort nach der Ankunft eines Besuchers der Turban oder die Mütze aufgesetzt.

Es gibt keine allgemeine muslimische Regel, ob der Kopf rasiert werden soll oder nicht. Es gibt Gebiete, wo rasierte Schädel üblich sind, und andere, wo lange Haare getragen werden.

Korah

Arabisch *Qarun*. Führer eines Aufstandes gegen →*Moses* (Numeri 16 1).

Sure 40 24-25: »Einst sandten wir Moses mit unseren Zeichen und offenbarer Macht zu Pharao und Haman und Qarun; sie aber sagten: ›Ein Zauberer, ein Lügner.‹ «

Sure 29 38-39: »Auch Qarun, Pharao und Haman. Moses kam zu ihnen mit deutlichen Beweisen, sie aber waren hochmütig auf Erden und entgingen nicht (der Strafe). Jeden erfaßten wir in seiner Sünde; über manchen ihrer sandten wir einen Steinregen, manchen ihrer erfaßte der Schlag, manchen ihrer versenkten wir in der Erde, und manchen ihrer ertränkten wir. Gott war nicht ungerecht gegen sie, aber sie selbst waren ungerecht gegen sich.«

Sure 28 76-82: »Wahrlich, Qarun war vom Volk Moses und erhob sich über sie, denn wir hatten ihm der Schätze so viel verliehen, daß schon deren Schlüssel eine Schar starker Leute niederdrückten. Dann sprach sein Volk zu ihm: ›Sei nicht übermütig, traun, Gott liebt nicht die Übermütigen. Erstrebe mit dem, was dir Gott gegeben, die Wohnung des Jenseits. Vergiß deinen Teil hienieden nicht, aber tu auch Gutes, wie Gott dir Gutes erwiesen. Und begehre nicht Unheil auf Erden, denn wahrlich, Gott liebt nicht die Unheilstifter.‹ Er sprach:

›All dies kam mir durch mein eignes Wissen nur.‹ Wußte er denn nicht, daß Gott vor ihm schon Menschengeschlechter vernichtet hat, die stärker waren als er an Kraft und mehr hatten an Fülle? Und nicht gefragt werden die Schuldigen nach ihren Sünden. Und als er in seinem Schmuck vor seinem Volk einherging, da sprachen, die das Leben hienieden begehrten: ›Oh, hätten wir es doch ebenso, wie es Qarun hat; wahrlich, er ist Herr eines großen Glückes.‹ Und die Wissen besaßen, sprachen: ›Weh euch! Die Belohnung Gottes ist besser für den, der gläubig ist und Gutes tut, und nur die Geduldigen werden sie empfangen.‹ Und sinken ließen wir mit ihm die Erde samt seiner Wohnung; ihm war keine Schar, die ihm helfen könnte, außer Gott, er war nicht von den Verteidigten. Und morgens sprachen jene, die gestern seine Stelle wünschten: ›Weh dir; Gott weitet die Versorgung, wem von seinen Dienern er will, und mißt sie auch (kärglich) zu. Wäre uns Gott nicht gnädig, sinken ließe er sie mit uns auch. Weh ihm, kein Glück haben die Ungläubigen.‹ «

Al-Baidawi sagt, Korah hätte Moses zu Unrecht beschuldigt, und dieser habe sich bei Gott darüber beklagt. Gott wies ihn an, der Erde irgendeinen Befehl zu erteilen, die diesen befolgen würde. Daraufhin sagte Moses: »O Erde, verschlinge ihn!«, und augenblicklich öffnete sich die Erde unter Korah und seinen Anhängern und verschlang ihn mit seinem Palast und allen seinen Reichtümern.

Es gibt eine Tradition, nach der Korah langsam in die Erde einsank, erst bis zu den Knien, dann bis zur Hüfte, dann bis zum Hals, und er habe wiederholt gerufen: »O Moses, erbarme dich meiner!« Aber Moses habe nur immer wiederholt: »Erde, verschlinge ihn!«, bis er gänzlich verschwunden war. Daraufhin habe Gott zu Moses gesprochen: »Du hast Korah keine Gnade gewährt, obwohl er dich viermal darum gebeten hat. Ich hätte ihm vergeben, wenn er mich nur einmal darum gebeten hätte.«

Koran

Das heilige Buch des Islam, das inspirierte Wort Gottes. Es ist in arabischer Sprache geschrieben.

Das Wort »Koran« ist abgeleitet vom arabischen Wort »qara'a«, was »lesen« oder »vortragen« bedeutet. Der Koran wird gewöhnlich bezeichnet oder zitiert als *Qur'anu'l-Madschid*,

»der glorreiche Koran«, *Qur'anu'sch-Scharif*, »der edle Koran«, oder als *Furqan*, »Unterscheider«, *Kalamu'llah*, »Wort Gottes« und *Al-Kitab*, »das Buch«.

A. Die Inspiriertheit des Korans

Nach Abu Hanifa, dem großen sunnitischen Imam, ist der Koran in seiner ursprünglichen Substanz ewig. Er sagt: »Der Koran ist das Wort Gottes und sein inspiriertes Wort und seine Verkündigung. Er ist ein notwendiges Attribut Gottes. Er ist nicht Gott, aber er ist untrennbar von Gott. Er ist in einem Buch niedergelegt, in einer Sprache geschrieben, in Buchstaben und Zeichen, und seine Schrift ist geschaffen, denn dies sind Werke der Menschen, aber Gottes Wort ist nicht geschaffen. Seine Worte, seine Schrift, seine Verse sind den Bedürfnissen des Menschen angepaßt, aber das Wort Gottes liegt im Wesen Gottes, und der, der sagt, daß Gottes Wort erschaffen sei, ist ein Ungläubiger.«

Muslime glauben, daß der Koran »von den Händen edler und frommer Schreiber« geschrieben wurde, wie es in der 80. Sure, Vers 15, heißt, und dann komplett in den untersten Himmel hinabgesandt wurde, von wo aus er nach und nach dem Propheten durch den Engel Gabriel offenbart wurde.

Es gibt jedoch nur einen einzigen klaren Hinweis im Koran, daß der Engel →*Gabriel* das Medium der Inspiration gewesen sei, nämlich in der 2. Sure, Vers 91, also in einer in Medina entstandenen Sure, die zu einem Zeitpunkt niedergeschrieben wurde, als die Lehre des Propheten bereits sieben Jahre etabliert war. In Sure 26 193 heißt es, der Koran sei von *Ruhu'l-Amin*, dem »dem gläubigen Geist«, enthüllt worden, und in Sure 53 5 soll Mohammed von *Schadidu'l-Quwwa*, »einem, der schrecklich in seiner Macht ist«, unterwiesen worden sein. In den Traditionen wird das Medium der Inspiration im allgemeinen als »ein Engel« (*Malak*) bezeichnet. Es ist daher nicht ganz sicher, durch welches Medium der Prophet inspiriert wurde, ob durch den Heiligen Geist oder durch den Engel Gabriel.

Nach den Traditionen erfolgte die Inspiration zunächst durch Träume. →*'A'ischa*, die Lieblingsfrau des Propheten, überliefert (Mischkat 24 5):

»Die ersten Offenbarungen empfing der Prophet im Traum, und diese Träume kamen immer erst kurz vor Tagesanbruch. Danach benötigte er

Abgeschiedenheit, und er zog sich in eine Höhle des Berges Hira' zurück, wo er Tag und Nacht betete. Er kehrte, wann immer er wollte, zu seiner Familie und seiner Frau Khadidscha nach Mekka zurück, um sich dann wieder zurückzuziehen, wobei er das Lebensnotwendige mitnahm. So ging er immer wieder zum Berg Hira', bis eines Tages der Engel zu ihm kam und sprach: ›Lies!‹ Aber der Prophet antwortete: ›Ich bin kein Leser.‹ Und der Engel ergriff ihn und drückte ihn so, bis er es nicht mehr ertragen konnte, ließ ihn los und wiederholte: ›Lies!‹ Und er sagte wieder: ›Ich bin kein Leser.‹ Und der Engel ergriff ihn wieder und drückte ihn so, bis er es nicht mehr ertragen konnte, ließ ihn los und wiederholte: ›Lies!‹ Und er sagte wieder: ›Ich bin kein Leser.‹ Und der Engel ergriff ihn und drückte ihn so, bis er es nicht mehr ertragen konnte, und sprach: ›Lies, im Namen deines Herrn, der schuf. Er schuf den Menschen aus einem Blutgerinnsel. Lies, bei deinem Herrn, dem Hochgeehrten. Der den Griffel (führen) gelehrt. Er lehrte den Menschen, was er nicht kannte.‹

(Dies sind die ersten fünf Verse der 96. Sure des Korans. Die anderen Verse der Sure sind jüngeren Datums.)

Dann wiederholte der Prophet diese Worte und kehrte zutiefst erregt (vom Hira' nach Mekka) zu Khadidscha zurück und berichtete ihr alles, was geschehen war und sagte zu ihr: ›Wahrlich, ich hatte Angst, daß ich sterben müßte.‹ Sie aber sagte: ›Nein, das wird nicht so sein. Ich schwöre dir, daß er dir nie Kummer oder Leid bereiten wird. Denn du bist freundlich zu deinen Verwandten, du sprichst die Wahrheit, du bist vertauenswürdig, du trägst die Kümmernisse der Menschen, du gibst für gute Werke das aus, was du im Handel verdienst, du bist gastfreundlich und unterstützt deine Mitmenschen.‹ Danach ging Khadidscha mit dem Propheten zu Waraqa, der der Sohn ihres Onkels war, und sprach zu ihm: ›O Sohn meines Onkels, höre, was dem Sohn deines Bruders widerfahren ist!‹ Und Waraqa sprach zum Propheten: ›O Sohn meines Bruders, was hast du gesehen?‹ Und der Prophet berichtete ihm, was geschehen war, und Waraqa sagte: ›Das war der Namus (Engel, Geist), den Gott zu Moses gesandt hat.‹ «

'A'ischa berichtet auch, daß Harith ibn Hischam den Propheten fragte, wie dieser die

Offenbarung empfangen habe, und er antwortete: »Manchmal wie den Lärm der Hölle, und manchmal kam der Engel und sprach wie ein Mensch mit mir.«

Nach 'A'ischas Aussage war die 96. Sure der erste Teil des Korans, der dem Propheten offenbart wurde. Aber es ist wahrscheinlicher, daß die poetischen Suren, in denen es keinen ausdrücklichen Hinweis auf das Prophetenamt oder auf einen göttlichen Auftrag gibt, früher entstanden sind. Innere Gründe sprechen dafür, daß die 94., 103. und 1. Sure, die eher die Äußerungen eines Gottsuchers als die eines Gesandten Gottes enthalten, die ersten Suren waren.

Obwohl der Koran heute als ein geschlossenes Werk erscheint, räumen die muslimischen Gelehrten ein, daß sein Inhalt dem Propheten auf verschiedene Weise vermittelt wurde (zitiert nach den *Mudaridschu'n-Nubuwa*):

1. »Durch die Autorität 'A'ischas, einer der Frauen des Propheten, ist überliefert, daß über den Propheten eine Helligkeit kam, hell wie das Licht des Morgens. Nach manchen Kommentatoren blieb diese Helligkeit für sechs Monate. Auf diese geheimnisvolle Weise, in dieser Helle oder Vision, tat Gabriel dem Propheten den Willen Gottes kund.«

2. »Gabriel erschien in der Gestalt von Dahya, einer der Gefährtinnen des Propheten, die für ihre Schönheit und Liebenswürdigkeit bekannt war. Es hat einen gelehrten Disput über die Frage gegeben, wo sich die Seele Gabriels aufhielt, als er die Gestalt Dahyas annahm. Von Zeit zu Zeit wurde Mohammed von der Engelsnatur Gabriels überwältigt, und der Prophet wurde dann Teil der Welt der Engel. Dies geschah immer, wenn die Offenbarung einen negativen Inhalt hatte, wenn sie zum Beispiel Strafen oder Ankündigungen von Unheil enthielt. Wenn die Botschaften aber positiven Inhalt hatten, dann kam es vor, daß Gabriel von der menschlichen Natur des Propheten überwältigt wurde und daß der Engel dann menschliche Gestalt annahm und so die Offenbarung übermittelte.«

3. »Manchmal hörte der Prophet das Geräusch einer läutenden Glocke. Nur ihm war die Bedeutung dieses Tones bekannt. Nur er konnte daraus die Bedeutung der Worte erkennen, die ihm Gabriel auf diese Weise übermittelte. Wenn sein Ohr diesen Ton hörte, begann sein ganzer Körper zu zit-

tern. Der Schweiß rann ihm, auch wenn es kalt war, in Strömen über das Gesicht. Die herrliche Leutseligkeit seines Wesens war dahin, ein entsetzlicher Schrei brach aus ihm heraus, während die Art, wie er sich niederbeugte, die Intensität seiner Gefühle zum Ausdruck brachte. Wenn er ritt, fiel das Kamel, auf dem er saß, zu Boden.«

4. »Während der →*Mi'radsch*, der Nachtreise, sprach Gott ohne Vermittlung eines Engels direkt mit dem Propheten. Es ist eine umstrittene Frage, ob dabei das Gesicht Gottes verhüllt war oder nicht.«

5. »Manchmal erschien Gott dem Propheten im Traum, und indem er ihm die Hand auf die Schulter legte, machte er ihm seinen Willen kund.«

6. »Zweimal erschienen dem Propheten Engel mit sechshundert Flügeln und brachten Gottes Botschaft.«

7. »Gabriel inspirierte, wenn auch nicht in körperlicher Gestalt, das Herz des Propheten so, daß die Worte, die er in einem solchen Zustand sprach, die Worte Gottes waren. Dieser Vorgang wird *Ilqa'* genannt, und manche meinen, daß auf diese Weise die Traditionen entstanden sind.«

»Vor allem aber durfte der Prophet nicht in einem Irrtum verharren. Wenn er einmal einen falschen Schluß aus einer Offenbarung gezogen hatte, wurde ihm sofort eine andere Offenbarung zuteil, die den Irrtum berichtigte. Diese Vorstellung ist zu einem System der Aufhebung entwickelt worden, denn manche Verse des Korans heben andere Verse auf. Mohammed fand es nötig, seinen Standpunkt öfter zu wechseln, und so wurde es nötig, Teile der früheren Offenbarung aufzuheben.«

B. Die Zusammenstellung des Korans

Das Gesamte wurde erst nach Mohammeds Tod in seine endgültige Form gebracht, aber es wird angenommen, daß der Prophet selbst die Einteilung der Suren vornahm und ihnen ihre Bezeichnungen gab. Es folgt eine Schilderung des Ablaufs der Sammlung und Zusammenstellung des Korans, wie sie von →*Al-Bukhari* beschrieben wird:

Zaid ibn Thabit habe berichtet, »daß Abu Bakr zur Zeit der Schlacht gegen die Leute von Yamama einen Boten zu mir sandte« und ihn zu sich bat. Er ging zu ihm, und 'Umar war ebenfalls anwesend. Abu Bakr sprach zu ihm: »'Umar kam zu mir und sagte: ›Ein großer Teil der Leser des Korans ist in der Schlacht gefallen, und ich fürchte, daß am Ende der Schlacht große Teile des Korans verloren sind, weil sich jede Person an einen Teil von ihm erinnert. Ich halte es für nötig, daß der Koran in einem einzigen Buch gesammelt wird.‹ Ich sprach zu ʻUmar: ›Wie kann ich etwas tun, was der Prophet nicht getan hat?‹ Er sagte: ›Ich schwöre bei Gott, daß diese Sammlung des Korans eine gute Sache ist.‹ Und ʻUmar kam immer wieder zu mir und sprach: ›Du mußt den Koran sammeln‹, bis Gott schließlich mein Herz geöffnet hat und ich nun einsehe, was ʻUmar vorschlägt.‹ « Dann habe Abu Bakr zu Zaid ibn Thabit gesagt: »Du bist ein junger und sensibler Mann, und ich glaube nicht, daß du zu Vergeßlichkeit, Nachlässigkeit oder Unzuverlässugkeit neigst. Außerdem hast du für den Propheten seine Botschaften von oben niedergeschrieben. Gehe also, und suche überall nach dem Koran und sammle ihn!« Er habe geantwortet: »Ich schwöre bei Gott, hätte ich den Befehl erhalten, einen Berg von einem Ort zum anderen zu tragen, er würde nicht schwerer auf mir lasten als diese Aufgabe.« Und weiter habe er gefragt: »Warum tust du etwas, was der Prophet nicht getan hat?« Und dieser habe geantwortet: »Wahrlich, die Sammlung des Korans ist ein gutes Werk.« Und Abu Bakr sei weiter in ihn gedrungen, bis Gott ihm das Herz öffnete und ihn veranlaßte, das zu tun, was Abu Bakr ihm aufgetragen hatte. Und er suchte nach dem Koran und er sammelte ihn von den Blättern der Dattelpalme, von weißen Steinen und aus den Herzen von Menschen, die sich seiner erinnerten, »bis ich den letzten Teil der Sure, die den Namen *Tauba* trägt, bei Abu Khuzaima al-Ansari fand.« Diese Blätter seien im Besitz Abu Bakrs gewesen, bis er starb, danach im Besitz ʻUmars, nach dessen Tod in den Händen seiner Tochter Hafsa, und danach habe ʻUthman sie zu einem Buch zusammengefaßt.

Anas ibn Malik habe berichtet: »Hudhaifa kam zu ʻUthman und zeigte sich erschrocken darüber, daß die Leute völlig verschiedene Versionen des Korans lasen. Er sprach zu ʻUthman: ›O ʻUthman, hilf den Menschen, bevor sie so verschiedene Bücher Gottes haben, wie dies bei den Juden und Christen der Fall ist.‹ Daraufhin schickte ʻUthman einen Boten an Hafsa und befahl ihr, die Teile des Korans, die sie besaß, zu ihm zu schicken, und ließ ihr ausrichten: ›Ich werde einige Kopien anfertigen lassen und dir die Originale zurückschicken.‹ Und Hafsa schickte ihre Manuskripte an ʿUthman, und dieser befahl Zaid ibn Thabit, Ansari, ʿAbdu'llah ibn az-Zubair, Saʿid ibn al-ʿAs und ʿAbdu'r-Rahman ibn al-Harith ibn Hischam, die Texte zu kopieren. Von diesen gehörten alle außer Zaid ibn Thabit und ʿUthman zum Stamme der Koreischiten, und ʿUthman sprach zu den Koreischiten: ›Wenn ihr und Zaid ibn Thabit an irgendeiner Stelle über den Dialekt verschiedener Meinung seid, dann schreibt diese Stelle im koreischitischen Dialekt, denn die Texte sind nur in diesem Dialekt offenbart worden.‹ Und sie taten wie ʿUthman befohlen hatte, und als einige Kopien erstellt waren, sandte ʿUthman die Vorlagen an Hafsa zurück. Und ʿUthman schickte je eine Kopie in jeden Teil der Länder des Islam und befahl, alle älteren Abschriften zu verbrennen.«

Diese Version des Korans, die unter dem Kalifen ʿUthman entstand, ist bis heute unverändert geblieben, und es gibt wahrscheinlich kein anderes Buch auf der Welt, das über zwölf Jahrhunderte in einer so reinen Textgestalt erhalten geblieben ist.

Es bleibt aber die höchst wichtige Frage, ob die Textversion Abu Bakrs selbst eine vollständige und authentische Sammlung der Offenbarungen des Propheten war. Folgende Überlegungen stützen die Annahme, daß sie authentisch war und so vollständig, wie es zu dieser Zeit möglich war:

1. Es gibt keinen Grund anzunehmen, daß Abu Bakr kein ernsthafter Anhänger des Propheten gewesen wäre und je am göttlichen Ursprung des Korans gezweifelt hätte. Da er fest an die Offenbarungen seines Freundes glaubte, war es sein oberstes Interesse, eine reine und vollständige Niederschrift zu erhalten. Ähnliches gilt für ʿUmar und die anderen Personen, die an der Textsicherung beteiligt waren.

2. Die Sammlung der Texte fand in den beiden Jahren nach Mohammeds Tod statt. Einige seiner Anhänger kannten den gesamten Koran auswendig, fast jeder zumindest Teile davon. Dies stellte eine ungebrochene Verbindung zwischen dem Propheten und der Überlieferung sicher.

3. Eine noch größere Sicherheit boten die zu Lebzeiten Mohammeds niedergeschriebenen

Teile seiner Offenbarungen, die wahrscheinlich im Besitz aller waren, die lesen konnten. Da dies so war, kann man davon ausgehen, daß die dann erstellte Endversion des Korans auf einem allgemeinen Konsens beruhte.

4. Inhalt und Ordnung des Korans sprechen für seine Authentizität. Alle verfügbaren Fragmente sind mit kunstloser Einfachheit zusammengestellt worden. Dies belegt den Glauben und die Achtung der Kompilierer, die nicht mehr wagten, als sie nur zu sammeln und zusammenzufügen.

C. Die Einteilung des Korans

Der Koran wird eingeteilt nach folgenden Kriterien: *Harf, Kalima, Aya, Sura, Ruku', Rub', Nisf, Thulth, Dschuz', Manzil.*

1. *Harf.* Plural *Huruf*, Buchstaben. Es soll 323671 Buchstaben im Koran geben, einige Autoritäten sagen, daß es 338606 gibt.

2. *Kalima.* Plural *Kalimat*, Wörter. Es soll 77934 Wörter im Koran geben, einige Autoritäten sagen, daß es 79934 gibt.

3. *Aya.* Plural *Ayat*, Verse. *Aya* bedeutet »Zeichen«. Mohammed benutzte dieses Wort, um kleine Abschnitte seiner Offenbarungen zu bezeichnen. Die Verseinteilung ist in den verschiedenen Ausgaben des arabischen Korans unterschiedlich. Die Anzahl der Verse wird unter dem Titel der Sure angegeben, und jeder Versanfang wird im Text mit einer Ziffer oder einem Kreis gekennzeichnet. Die frühen Leser des Korans stimmten in bezug auf die Position dieser Markierungen nicht überein, und so kommt es, daß es fünf verschiedene Numerierungssysteme der Verse gibt.

4. *Sura.* Plural *Suwar.* Die Kapitel des Korans, von denen es einhundertundvierzehn gibt. Diese Kapitel sind nach im Text vorkommenden Wörtern bezeichnet, und nach den Traditionen hat Mohammed selbst diese Titel vergeben, obwohl die Suren selbst erst nach seinem Tod zusammengestellt wurden, und dies oft mit wenig Rücksicht auf ihre chronologische Reihenfolge (siehe Tabelle). Jede Sure des Korans mit Ausnahme der 9. Sure beginnt mit den Worten: »Im Namen Gottes, des Allerbarmers, des Allbarmherzigen.«

5. *Ruku'.* Plural *Ruku'at*, eine Verneigung des Kopfes. Dies sind Abschnitte von zehn Versen oder weniger, nach denen sich der fromme Muslim verneigt. Sie werden durch den Buchstaben 'Ain und eine Ziffer markiert.

6. *Rub'*. Ein Viertel eines *Dschuz'*.
7. *Nisf*. Die Hälfte eines *Dschuz'*.
8. *Thulth*. Drei Viertel eines *Dschuz'*.
9. *Dschuz'*. Plural *Adschza'*, Persisch *Siparah*. Dreißig Abschnitte des Korans, der in seiner Gesamtheit so aufgeteilt wurde, um frommen Muslimen die Möglichkeit zu geben, den Koran in den dreißig Tagen des Monats →*Ramadan* zu rezitieren. Muslime zitieren den Koran gewöhnlich nach *Dschuz'* und nicht nach *Sura*.
10. *Manzil*. Plural *Manazil*, Stufen. Einteilung des Korans in sieben Abschnitte, um dessen Rezitation in einer Woche zu ermöglichen.

			Die chronologische Ordnung nach		
Nr.	Titel	Titel deutsch	Dschalalu'd-Din	J. M. Rodwell	W. Muir
1	*Fatiha*	Eröffung	uns.	8	6
2	*Baqara*	Kuh	86	91	uns.
3	*Al 'Imran*	'Imran	88	97	uns.
4	*Nisa'*	Weiber	91	100	uns.
5	*Ma'ida*	Tisch	112	114	uns.
6	*An'am*	Hausvieh	54	89	81
7	*A'raf*	Scheidewall	38	87	91
8	*Anfal*	Beute	87	95	uns.
9	*Tauba*	Buße	113	113	uns.
10	*Yunus*	Jonas	50	84	79
11	*Hud*	Hud	51	75	78
12	*Yusuf*	Joseph	52	77	77
13	*Ra'd*	Donner	95	90	89
14	*Ibrahim*	Abraham	71	76	80
15	*Hidschr*	Hidschr	53	57	62
16	*Nahl*	Bienen	69	73	88
17	*Banu Isra'il*	Nachtreise	49	67	87

18	*Kahf*	Höhle	68	69	69
19	*Maryam*	Maria	43	58	68
20	*Ta Ha*	T H	44	55	75
21	*Anbiya'*	Propheten	72	65	86
22	*Hadsch*	Wallfahrt	103	107	85
23	*Mu'minun*	Gläubige	73	64	84
24	*Nur*	Licht	102	105	uns.
25	*Furqan*	Erlösung	41	66	74
26	*Schu'ara'*	Dichter	46	56	61
27	*Naml*	Ameise	47	68	70
28	*Qisas*	Erzählung	48	79	83
29	*'Ankabut*	Spinne	84	81	90
30	*Rum*	Römer	83	74	60
31	*Luqman*	Lukman	56	82	50
32	*Sadschda*	Anbetung	74	70	44
33	*Ahzab*	Verbündete	89	103	uns.
34	*Saba'*	Saba	57	85	79
35	*Mala'ika*	Engel	42	86	66
36	*Ya* Sin	J S	40	60	67
37	*Saffat*	Reihenbildende	55	50	59
38	*Sad*	Sad	37	59	73
39	*Zumar*	Scharen	58	80	45
40	*Mu'min*	Gläubige	59	78	72
41	*Fussilat*	Dargelegtes	60	71	53
42	*Schura*	Beratung	61	83	71
43	*Zukhruf*	Goldprunk	62	61	76
44	*Dukhan*	Rauch	63	53	58
45	*Dschathiya*	Kniende	64	72	57
46	*Ahqaf*	Ahqaf	65	88	64
47	*Muhammad*	Mohammed	94	96	uns.
48	*Fath*	Sieg	111	108	uns.
49	*Hudschurat*	Gemächer	106	112	uns.
50	*Qaf*	Qaf	33	54	56
51	*Dhariyat*	Ausstreuende	66	43	63
52	*Tur*	Berg	75	44	55
53	*Nadschm*	Stern	22	46	43
54	*Qamar*	Mond	36	49	48
55	*Rahman*	Allerbarmer	96	48	40
56	*Waqi'a*	Eintreffende	45	45	41
57	*Hadid*	Eisen	93	99	uns.

58	*Mudschadila*	Streitende	105	106	uns.
59	*Haschr*	Verbannung	101	102	uns.
60	*Mumtahina*	Geprüfte	90	110	uns.
61	*Saff*	Schlachtlinie	110	98	uns.
62	*Dschum'a*	Freitag	108	94	uns.
63	*Munafiqun*	Heuchler	104	104	uns.
64	*Taghabun*	Übervorteilung	109	93	82
65	*Talaq*	Ehescheidung	108	101	uns.
66	*Tahrim*	Versagung	107	109	uns.
67	*Mulk*	Herrschaft	76	63	42
68	*Qalam*	Griffel	2	17	52
69	*Haqa*	Unvermeidliche	77	12	51
70	*Ma'aridsch*	Himmelsleiter	78	47	37
71	*Nuh*	Noah	70	51	54
72	*Dschinn*	Geister	39	62	65
73	*Muzzammil*	Verhüllter	3	3	46
74	*Muddathir*	Bedeckter	4	2	21
75	*Qiyama*	Auferstehung	30	40	36
76	*Insan*	Mensch	97	52	35
77	*Mursalat*	Ausgesandte	32	36	34
78	*Naba'*	Botschaft	79	37	33
79	*Nazi'at*	Entreißende	80	35	47
80	*'Abasa*	Er war mürrisch ...	23	24	26
81	*Takwir*	Faltung	6	32	27
82	*Infitar*	Zerspaltung	81	31	11
83	*Tatfif*	Maßkürzende	85	41	32
84	*Inschiqaq*	Spaltung	82	33	28
85	*Burudsch*	Sternburgen	26	28	31
86	*Tariq*	Nachtwandler	35	22	29
87	*A'la*	Höchste	7	25	23
88	*Ghaschiya*	Gerichtstag	67	38	25
89	*Fadschr*	Tagesanbruch	9	39	14
90	*Balad*	Ortschaft	34	18	15
91	*Schams*	Sonne	25	23	4
92	*Lail*	Nacht	8	16	12
93	*Duha*	Heller Tag	10	4	16
94	*Inschirah*	Erschlossen wir nicht ...	11	5	17
95	*Tin*	Feige	27	26	8
96	*'Alaq*	Blutgerinnsel	1	1	19

97	*Qadr*	Bestimmung	24	92	24
98	*Baiyina*	Klarer Beweis	99	21	uns.
99	*Zalzala*	Erdbeben	92	30	3
100	*'Adiyat*	Rennende Rosse	13	34	2
101	*Qari'a*	Klopfende	29	29	7
102	*Takathur*	Mehrsucht	15	14	9
103	*'Asr*	Nachmittag	12	27	1
104	*Humaza*	Verleumder	31	13	10
105	*Fil*	Elefant	18	19	13
106	*Quraisch*	Koreischiten	28	20	5
107	*Ma'un*	Unterstützung	16	15	39
108	*Kauthar*	Fülle	14	9	18
109	*Kafirun*	Ungläubige	17	12	38
110	*Nasr*	Hilfe	101	111	30
111	*Tabbat*	Verderben sollen ...	5	11	22
112	*Ikhlas*	Reiner Glauben	21	10	20
113	*Falaq*	Morgenröte	19	6	uns.
114	*Nas*	Menschen	20	7	uns.

(uns. = unsicher)

D. Die chronologische Ordnung der Suren des Korans

Die Suren haben im Koran die Reihenfolge, in der sie von Zaid ibn Thabit angeordnet worden sind, der keine Rücksicht auf die Reihenfolge ihrer Entstehung, ihre chronologische Reihenfolge, genommen hat. Bei ihm steht am Anfang das Eröffnungsgebet, und dann folgen die längsten Suren. Die muslimischen Kommentatoren sind sich einig, daß der Koran nicht chronologisch angeordnet ist, und von Dschalalu'd-Din stammt eine Anordnung der Suren, die die Reihenfolge wiedergeben soll, in der sie wahrscheinlich offenbart wurden (siehe Tabelle oben). Und, was die Sache noch schwieriger macht, ebenso räumen alle muslimischen Gelehrten ein, daß es auch innerhalb der einzelnen Suren nicht unbedingt eine chronologische Ordnung geben muß und daß es Suren gibt, in denen ein Teil aus einer anderen Zeit stammt als ein anderer. So stammen in der 96. Sure die ersten fünf Verse aus einer viel früheren Zeit als die übrigen, und in der 2. Sure widerruft der 234. Vers den 240. und ist somit später entstanden als dieser.

Wenn man die Suren des Korans in einer chronologischen Anordnung betrachtet, etwa wie sie Dschalalu'd-Din, J. M. Rodwell oder W. Muir geben (siehe obige Tabelle), dann kommt man nicht umhin, eine stufenweise Entwicklung Mohammeds vom bloßen Morallehrer und Reformer zum Propheten und Kriegsherrn festzustellen. Der Unterschied zwischen den frühen, mittleren und späten Suren ist interessant und lehrreich.

In den frühen Suren herrschen poetische Elemente vor, eine tiefe Zuneigung zu allem Natürlichen, eine fragmentarische und leidenschaftliche Sprache. Dies ändert sich, als Mohammed das Amt des »öffentlichen Warners« für sich beansprucht, die Suren bekommen einen prosaischeren und mehr didaktischen Ton, obwohl die poetische Reimform beibehalten wird. Die Beschreibungen von natürlichen Vorgängen, vom Jüngsten Gericht, von Himmel und Hölle machen immer mehr Schilderungen von geschichtlichen Ereignissen Platz. Und in den in Medina entstandenen Suren geht es nur noch um die Verbreitung und Verteidigung einer neuen Lehre, aus dem Mahner ist ein Gesetzgeber geworden, der für sich beansprucht, den wahren Willen Gottes zu verbreiten: »Wer dem Propheten gehorcht, gehorcht Gott.«

Es folgt eine chronologisch angeordnete Aufstellung der 114 Suren des Korans:

Die erste Periode

Achtzehn meist kurze Suren rhapsodischen Charakters, die Mohammed komponiert haben mag, ehe ihm der Gedanke einer göttlichen Mission kam, denn keine davon ist in der Form einer göttlichen Botschaft verfaßt.

103. Sure	*Suratu'l-'Asr*	Sure vom Nachmittag
100. Sure	*Suratu'l-'Adiyat*	Sure von den rennenden Rossen
99. Sure	*Suratu's-Zalzala*	Sure vom Erdbeben
91. Sure	*Suratu'sch-Schams*	Sure von der Sonne
106. Sure	*Suratu'l-Quraisch*	Sure von den Koreischiten
1. Sure	*Suratu'l-Fatiha*	Sure zur Eröffnung des Buches

101. Sure	*Suratu'l-Qari'a*	Sure vom Klopfenden
95. Sure	*Suratu't-Tin*	Sure von der Feige
102. Sure	*Suratu't-Takathur*	Sure von der Mehrsucht
104. Sure	*Suratu'l-Humaza*	Sure vom Verleumder
82. Sure	*Suratu'l-Infitar*	Sure von der Zerspaltung
92. Sure	*Suratu'l-Lail*	Sure von der Nacht
105. Sure	*Suratu'l-Fil*	Sure vom Elefanten
89. Sure	*Suratu'l-Fadschr*	Sure vom Tagesanbruch
90. Sure	*Suratu'l-Balad*	Sure von der Ortschaft
93. Sure	*Suratu'd-Duha*	Sure vom hellen Tag
94. Sure	*Suratu'l-Inschirah*	Sure: Erschlossen wir nicht…
108. Sure	*Suratu'l-Kauthar*	Sure von der Fülle

Die zweite Periode

Der Beginn der Sendung Mohammeds.

96. Sure	*Suratu'l-'Alaq*	Sure vom Blutgerinnsel
112. Sure	*Suratu'l-Ikhlas*	Sure vom reinen Glauben
74. Sure	*Suratu'l-Muddathir*	Sure vom Bedeckten
111. Sure	*Suratu Tabbat*	Sure: Verderben sollen…

Die dritte Periode

Neunzehn Suren, die hauptsächlich Beschreibungen der Auferstehung, des Paradieses und der Hölle enthalten.

87. Sure	*Suratu'l-A'la*	Sure vom Höchsten
97. Sure	*Suratu'l-Qadr*	Sure von der Nacht der Bestimmung
88. Sure	*Suratu'l-Ghaschiya*	Sure vom Gerichtstag
80. Sure	*Suratu 'Abasa*	Sure: Er war mürrisch…
84. Sure	*Suratu'l-Inschiqaq*	Sure von der Spaltung
81. Sure	*Suratu't-Takwir*	Sure von der Faltung
86. Sure	*Suratu't-Tariq*	Sure vom Nachtwandler
110. Sure	*Suratu'n-Nasr*	Sure von der Hilfe
85. Sure	*Suratu'l-Burudsch*	Sure von den Sternburgen
83. Sure	*Suratu't-Tatfif*	Sure von den Maßkürzenden
78. Sure	*Suratu'n-Naba'*	Sure von der Botschaft

77. Sure	*Suratu'l-Mursalat*	Sure von den Ausgesandten
76. Sure	*Suratu'l-Insan*	Sure vom Menschen
75. Sure	*Suratu'l-Qiyama*	Sure von der Auferstehung
70. Sure	*Suratu'l-Ma'aridsch*	Sure von der Himmelsleiter
109. Sure	*Suratu'l-Kafirun*	Sure von den Ungläubigen
107. Sure	*Suratu'l-Ma'un*	Sure von der Unterstützung
55. Sure	*Suratu'r-Rahman*	Sure vom Allerbarmer
56. Sure	*Suratu'l-Waqi'a*	Sure vom Eintreffenden

Die vierte Periode

Zweiundzwanzig Suren, die vom sechsten bis zum zehnten Jahr von Mohammeds Sendung entstanden. In dieser Periode beginnen die Erzählungen aus der jüdischen Überlieferung und aus rabbinischen und arabischen Traditionen.

67. Sure	*Suratu'l-Mulk*	Sure von der Herrschaft
53. Sure	*Suratu'n-Nadschm*	Sure vom Stern
32. Sure	*Suratu's-Sadschda*	Sure von der Anbetung
39. Sure	*Suratu'z-Zumar*	Sure von den Scharen
73. Sure	*Suratu'l-Muzzammil*	Sure vom Verhüllten
79. Sure	*Suratu'n-Nazi'at*	Sure von den Entreißenden
54. Sure	*Suratu'l-Qamar*	Sure vom Mond
34. Sure	*Suratu Saba'*	Sure von Saba
31. Sure	*Suratu Luqman*	Sure von Lukman
69. Sure	*Suratu'l-Haqa*	Sure vom Unvermeidlichen
68. Sure	*Suratu'l-Qalam*	Sure vom Griffel
41. Sure	*Suratu'l-Fussilat*	Sure vom Dargelegten
71. Sure	*Suratu Nuh*	Sure von Noah
52. Sure	*Suratu't-Tur*	Sure vom Berg
50. Sure	*Suratu Qaf*	Sure Qaf
45. Sure	*Suratu'l-Dschathiya*	Sure von den Knienden
44. Sure	*Suratu'd-Dukhan*	Sure vom Rauch
37. Sure	*Suratu's-Saffat*	Sure von den Reihenbildenden

30. Sure	*Suratu'r-Rum*	Sure von den Römern
26. Sure	*Suratu'sch-Schu'ara'*	Sure von den Dichtern
15. Sure	*Suratu'l-Hidschr*	Sure von Al-Hidschr
51. Sure	*Suratu'dh-Dhariyat*	Sure von den Ausstreuenden

Die fünfte Periode

Einunddreißig Suren, die in der Zeit vom zehnten Jahr der Mission Mohammeds bis zur Flucht aus Mekka entstanden. Die Suren aus dieser Zeit enthalten einige Erzählungen aus dem Evangelium. Die Riten der Pilgerfahrt werden festgelegt, und es gibt detaillierte Darstellungen von Auferstehung und Gericht, von Himmel und Hölle. Die Suren werden von Stufe zu Stufe immer länger, und manche füllen viele Seiten. Einige der späteren Suren dieser Periode enthalten Passagen, die in Medina entstanden sein müssen und die später eingefügt sein müssen, weil sie zu dem jeweiligen Thema paßten.

46. Sure	*Suratu'l-Ahqaf*	Sure von Al-Ahqaf
72. Sure	*Suratu'l-Dschinn*	Sure von den Geistern
35. Sure	*Suratu'l-Mala'ika*	Sure von den Engeln
36. Sure	*Suratu Ya Sin*	Sure Y S
19. Sure	*Suratu Maryam*	Sure von Maria
18. Sure	*Suratu'l-Kahf*	Sure von Höhle
27. Sure	*Suratu'n-Naml*	Sure von der Ameise
42. Sure	*Suratu'sch-Schura*	Sure von der Beratung
40. Sure	*Suratu'l-Mu'min*	Sure von den Gläubigen
38. Sure	*Suratu Sad*	Sure Sad
25. Sure	*Suratu'l-Furqan*	Sure von der Erlösung
20. Sure	*Suratu Ta Ha*	Sure T H
43. Sure	*Suratu'z-Zukhruf*	Sure vom Goldprunk
12. Sure	*Suratu Yusuf*	Sure von Joseph
11. Sure	*Suratu Hud*	Sure von Hud
10. Sure	*Suratu Yunus*	Sure von Jonas
14. Sure	*Suratu Ibrahim*	Sure von Abraham
6. Sure	*Suratu'l-An'am*	Sure vom Hausvieh
64. Sure	*Suratu't-Taghabun*	Sure von der Übervorteilung
28. Sure	*Suratu'l-Qisas*	Sure von der Erzählung

23. Sure	*Suratu'l-Mu'minun*	Sure von den Gläubigen
22. Sure	*Suratu'l-Hadsch*	Sure von der Wallfahrt
21. Sure	*Suratu'l-Anbiya'*	Sure von den Propheten
17. Sure	*Suratu Bani Isra'il*	Sure von der Nachtreise
16. Sure	*Suratu'n-Nahl*	Sure von den Bienen
13. Sure	*Suratu'r-Ra'd*	Sure vom Donner
29. Sure	*Suratu'l-'Ankabut*	Sure von der Spinne
7. Sure	*Suratu'l-A'raf*	Sure vom Scheidewall
113. Sure	*Suratu'l-Falaq*	Sure von der Morgenröte
114. Sure	*Suratu'n-Nas*	Sure von den Menschen

Die sechste und letzte Periode

Zwanzig Suren, die in Medina entstanden sind.

98. Sure	*Suratu'l-Baiyina*	Sure vom klaren Beweis
2. Sure	*Suratu'l-Baqara*	Sure von der Kuh
3. Sure	*Suratu Ali 'Imran*	Sure von der Familie 'Imrans
8. Sure	*Suratu'l-Anfal*	Sure von der Beute
47. Sure	*Suratu Muhammad*	Sure von Mohammed
62. Sure	*Suratu'l-Dschum'a*	Sure vom Freitag
5. Sure	*Suratu'l-Ma'ida*	Sure vom Tisch
59. Sure	*Suratu'l-Haschr*	Sure von der Verbannung
4. Sure	*Suratu'n-Nisa'*	Sure von den Weibern
58. Sure	*Suratu'l-Mudschadila*	Sure von der Streitenden
65. Sure	*Suratu't-Talaq*	Sure von der Ehescheidung
63. Sure	*Suratu'l-Munafiqun*	Sure von den Heuchlern
24. Sure	*Suratu'n-Nur*	Sure vom Licht
33. Sure	*Suratu'l-Ahzab*	Sure von den Verbündeten
57. Sure	*Suratu'l-Hadid*	Sure vom Eisen
61. Sure	*Suratu's-Saff*	Sure von der Schlachtlinie
48. Sure	*Suratu'l-Fath*	Sure vom Sieg
60. Sure	*Suratu'l-Mumtahina*	Sure von der Geprüften
66. Sure	*Suratu't-Tahrim*	Sure von der Versagung
9. Sure	*Suratu't-Tauba*	Sure von der Buße
49. Sure	*Suratu'l-Hudschurat*	Sure von den Gemächern

Koreischiten

Der arabische Stamm, aus dem Mohammed stammt und dessen Oberhaupt sein Großvater →*'Abdu'l-Muttalib* war. Dieser Stamm nimmt im Koran und in der Geschichte des Islam eine bedeutende Stellung ein. In den Traditionen gibt es eine ganze Abteilung, die sich nur mit den Aussprüchen des Propheten über die guten Eigenschaften dieses Stammes beschäftigt.

Mohammed soll gesagt haben: »Wer immer die Vernichtung der Koreischiten wünscht, den wird Gott vernichten.«

→*Ibn 'Umar* überliefert, der Prophet habe gesagt: »Das Amt des Kalifen soll so lange in den Händen der Koreischiten bleiben, wie es noch zwei Angehörige dieses Stammes gibt: einer als Herrscher, einer als Untertan.«

Der Name »Koreischiten« soll von einem Meeresungeheuer abstammen, das von Fischen lebt, und soll ihnen wegen ihrer Stärke und ihrer Bedeutung unter den arabischen Stämmen gegeben worden sein.

»Sure von den Koreischiten« ist der Titel der 106. Sure des Korans. →*Mohammed*

Kreuzigung

Die Kreuzigung Christi wird im Koran geleugnet. →*Jesus*

Im muslimischen Recht ist die Kreuzigung als Strafe für Straßenraub in Verbindung mit Mord vorgesehen.

Krieg

Es gibt in den Traditionen drei Begriffe, die einen Krieg bezeichnen:

1. *Dschihad*, der heilige Krieg der Muslime, der der Verbreitung und Verteidigung des Islam gilt. →*Dschihad*
2. *Fitan*, die kriegerischen Auseinandersetzungen, die der →*Auferstehung* vorangehen werden. →*Fitan*
3. *Malahim*, ein Krieg zwischen muslimischen Nationen oder Stämmen. Auch dies ist ein Vorzeichen der zu erwartenden Auferstehung.

Krieg, Heiliger

→*Dschihad*

Krokodil

Arabisch *Timsah*. Das Fleisch eines Krokodils ist für einen Muslim ungesetzlich.

Kufa

Eine Stadt am Westufer des Euphrat, etwa 150 Kilometer von Bagdad entfernt, die kurz nach der Eroberung Persiens durch die Araber (636 n. Chr.) gegründet wurde. Der erste Abbasiden-Kalif Abu'l-'Abbas

Kopfbedeckungen (Kulahs) von Derwischen

machte sie 750 n. Chr. zu seiner Hauptstadt, und es folgte ihre Blütezeit. Als aber der Kalif Al-Mansur Bagdad erbaute, verlor sie im Laufe der Zeit immer mehr an Bedeutung.

Die Stadt war berühmt für ihre Gelehrten, speziell für ihre Grammatiker. Zwei rivalisierende Grammatikerschulen wurden jeweils nach Kufa und Basra benannt. Die älteren arabischen Schriftzeichen werden nach Kufa »Kufi« oder »Kufisch« genannt; die ältesten Abschriften des Korans sind in kufischer Schrift geschrieben.

KUFR

Wörtlich »das, was die Wahrheit verdeckt«. Unglaube, Blasphemie. Das Nichtglauben an den Koran oder eines der Dogmen des Islam.

KULAH

Die persische Bezeichnung für eine Kopfbedeckung, die speziell von Derwischen und Fakiren getragen wird. Die Fakire bezeichnen ihre Kopfbedekkungen generell als →*Tadsch*, »Krone«, und sie sind ein wichtiges Unterscheidungsmerkmal zwischen den verschiedenen Orden.

KULTHUM

Kulthum ibn Hadam, ein blinder, aber gastfreundlicher Mann, bei dem Mohammed bei seinem Aufenthalt in Quba' während seiner Flucht von Mekka Aufnahme fand. Bei dieser Gelegenheit erbaute Mohammed seine erste Moschee.

KUMMER UND SCHMERZ

dienen der Prüfung des gläubigen Muslims, vgl. 2. Sure, Vers 156:

»Wahrlich, wir wollen euch auf die Probe stellen durch Furcht, Hunger und Schaden an Vermögen, Gesundheit und Ernteertrag. Heil verkünden wir jedoch jenen, die auch in Not und Elend sprechen: ›Wir gehören Gott an, und wir kehren einst zu ihm zurück.‹ «

Diesen Ausspruch verwenden Muslime häufig bei Gefahr oder im Angesicht des Todes.

KURZ IBN DSCHABIR

Ein Koreischiten-Anführer, der einen Überfall auf die Muslime in Medina beging und Teile von deren Viehherden erbeutete. Er bekehrte sich später zum Islam und fiel unter →*Khalid* bei der Einnahme Mekkas.

L

La-Adriya

Eine Sekte von Häretikern, die behaupten, daß es für den sterblichen Menschen unmöglich sei, sich irgendeiner Sache sicher zu sein, nicht einmal der eigenen menschlichen Identität.

Labid

Sohn des Rabi'a ibn Dscha'far al-'Amiri, geachteter Dichter in der Zeit Mohammeds, von dem man sagt, daß er im hohen Alter von 157 Jahren in Kufa gestorben sei.

Der Prophet soll gesagt haben: »Die wahrsten Worte, die je von einem Dichter geäußert wurden, sind die von Labid: ›Wisse, daß alles nichtig ist außer Gott.‹ « →*Dichtung*

Lachen

Unmäßiges Lachen wird generell von den mohammedanischen Lehrern verurteilt, denn 'A'ischa berichtet, daß Mohammed »nie so gelacht hat, daß man das Innere seines Mundes sehen konnte; er lächelte nur«.

Lahut

Wörtlich »Auslöschung« oder »Absorption«.

1. Die letzte Stufe der mystischen Reise. 2. Göttlichkeit. 3. Das alles durchdringende Leben.

Lahyan

Eine Sippe des Hudhail-Stammes, die in der Zeit Mohammeds die Gegend von Mekka bewohnte. Mohammed führte einen Rachefeldzug gegen sie, weil sie auf verräterische Weise eine kleine Gruppe von Muslimen in Radschi angegriffen hatte.

al-Lail

Suratu'l-Lail, »Sure von der Nacht«, ist der Titel der 92. Sure des Korans.

Lailatu'l-Qadr

»Die Nacht der Macht«. Eine geheimnisvolle Nacht im Monat →*Ramadan,* deren genaues Datum nur dem Propheten und einigen seiner Getreuen bekannt gewesen sein soll.

Im Koran heißt es dazu, Sure 97 1-5: »Wahrlich, wir offenbarten ihn in der Nacht der Macht. Was lehrt dich, was die Nacht der Macht ist? Die Nacht der Macht ist besser als tausend Monde. In ihr steigen die Engel nieder und der Geist, mit Verlaub ihres Herrn für alle Dinge. Heil ist sie, bis zum Anbruch der Morgenröte.«

In den Stunden dieser heiligen Nacht soll sich die ganze tierische und pflanzliche Schöpfung in Anbetung vor dem Allmächtigen neigen.

Lat

Der Name eines Idols, das von den alten Arabern verehrt wurde, wahrscheinlich die *Alilat* des Herodot. Es wird im Koran in Sure 53 18-19 erwähnt: »Was meint ihr von Lat und 'Uzza? Und von Manat, der dritten, der andren (Gottheit)?«

Im Zusammenhang mit diesem Koranzitat schreiben At-Tabari und Al-Waqidi: »Eines Tages, die wichtigsten Männer Mekkas hatten sich wie üblich in der Nähe der Ka'ba versammelt, um die Angelegenheiten der Stadt zu besprechen, erschien Mohammed und setzte sich zu ihnen, wobei er große Freundlichkeit an den Tag legte, und begann die 53. Sure zu rezitieren. Die Sure beschreibt zunächst den ersten Besuch Gabriels bei Mohammed und schildert dann eine zweite Vision des Engels, in der gewisse himmlische Geheimnisse offenbart werden. Dann heißt es weiter:

›Was meint ihr von Lat und 'Uzza? Und von Manat, der dritten, der andren (Gottheit)?‹

Als Mohammed zu dieser Stelle gekommen war, flüsterte der Teufel ihm ein, den Gedanken Ausdruck zu verleihen, die schon lange Mohammeds Seele bewegt hatten, und er fand Worte der Versöhnlichkeit und des Kompromisses den Göttinnen der Mekkaner gegenüber:

›Diese sind die erhabenen Frauen,
und auf ihrer Fürbitte ruht unsere Hoffnung.‹

Die Koreischiten waren erstaunt und erfreut, als sie diese Anerkennung ihrer Gottheiten vernahmen, und als Mohammed den Schlußvers der Sure sprach:

›Fallet nieder vor Gott und verehret ihn!‹, da fiel die gesamte Versammlung zu Boden und betete.

Alle waren hocherfreut über das, was Mohammed gesagt hatte, und sie sprachen: ›Nun wissen wir, daß es allein der Herr ist, der das Leben gibt und nimmt und der erschafft und Hilfe gibt. Und daß unsere Göttinnen bei ihm Fürsprache für uns einlegen. Da du ihnen nun eine wichtige Rolle eingeräumt hast, sind wir zufrieden, dir zu folgen.‹

Aber ihre Worte beunruhigten Mohammed, und er zog sich in sein Haus zurück. Am Abend kam Gabriel zu ihm, und Mohammed rezitierte vor ihm (wie üblich) diese Sure. Und Gabriel sprach: ›Was hast du getan? Du hast vor den Menschen Worte gesprochen, die ich dir nie eingegeben habe.‹ Und Mohammed bekam große Furcht vor dem Herrn. Aber der Herr vergab ihm und berichtigte die Verse, die nun lauten:

›Was meint ihr von Lat und 'Uzza? Und von Manat, der dritten, der andren (Gottheit)? Habt ihr die Knaben und er die Mädchen? Dies wäre eine ungerechte Verteilung.‹

Namen sind es nur, die ihr ihnen gegeben, ihr und eure Väter. Gott sandte hierzu keine Ermächtigung, sie folgten einem Wahn nur und was die Seelen begehren.

Als die Koreischiten dies hörten, sagten sie zueinander: ›Mohammed hat seine Aussage über den Rang unserer Gottheiten bereut und andere Worte an ihre Stelle gesetzt.‹ So blieben die beiden satanischen Verse im Munde der Ungläubigen, und sie benutzten sie, um die Gläubigen mit nur noch größerer Unerbittlichkeit zu verfolgen.«

Diese von Al-Waqidi und At-Tabari wiedergegebene Erzahlung dient als Beispiel für den 51. Vers der 22. Sure des Korans: »Und keinen Gesandten vor dir sandten wir und keinen Propheten, und dem, wenn er betete, Satan in sein Gebet nicht etwas gestreut hätte. Doch Gott entfernt, was Satan einstreut. Dann bekräftigt Gott seine Zeichen, und Gott ist allwissend und allweise.« →*Götzendienst*

AL-LATIF

»Al-Latif« bedeutet »der Geheimnisvolle«. Eines der 99 Attribute Gottes.

Sure 6 103: »Denn er ist der Geheimnisvolle, der Allwissende.«

LATIFA

Ein Ausdruck, der von den Sufi-Mystikern (→*Sufis*) für jedes Zeichen oder jede Regung der Seele benutzt wird, die einen solchen Einfluß auf das menschliche Herz haben, daß der Mensch es nicht mit Worten ausdrücken kann.

Laza

»Feuer, Flamme«. Eine Abteilung der →*Hölle,* die im Koran, Sure 70 15, erwähnt wird. Der Kommentator Al-Baghawi sagt, daß dieser Teil der Hölle den Christen vorbehalten ist, die nicht an Mohammed geglaubt haben.

Leben nach dem Tode

Die Unsterblichkeit der Seele und die Realität eines Lebens nach dem Tode sind endscheidende Aspekte der Lehre Mohammeds, und entsprechend zahlreich sind die Erwähnungen im Koran. Das ganze Glaubenssystem des Islam basiert auf dem Glauben an die Fortexistenz der menschlichen Seele. Ausführliches dazu →*Paradies*

Legitimität

Das mohammedanische →*Gesetz* macht die Legitimität eines Kindes nicht nur von der Geburt unter »gesetzlichen Umständen« abhängig, sondern auch davon, daß es innerhalb einer gesetzlichen Ehe empfangen wurde.
Nach der Lehre des Korans beträgt die kürzestmögliche Schwangerschaftsdauer sechs Monate, und folglich hat jedes Kind, das später als sechs Monate nach der Eheschließung geboren wird, Anspruch auf Legitimität.
Was die längstmögliche Dauer der Schwangerschaft betrifft, gibt es einige merkwürdige Regelungen im muslimischen Gesetz.
Die Schiiten betrachten auf der Grundlage einer Entscheidung ʻAlis zehn Mondmonate als die längstmögliche Schwangerschaftszeit, und dies wird heute auch von den Sunniten anerkannt. Aber Abu Hanifa betrachtet zwei Jahre als maximale Schwangerschaftsdauer, und der Imam Asch-Schafiʻi erweiterte diesen Zeitraum auf vier Jahre, der Imam Malik auf fünf und sogar auf sieben Jahre! Man sagt, daß diese sunnitischen Gelehrten ihre Auffassung auf die legendäre Geburt des Zuhak Tazi gründen, der, wie überliefert wurde, vier Jahre nach seiner Zeugung geboren wurde.
Muslimische Theologen dagegen sind der Auffassung, daß die alten Gesetzeskommentatoren der sunnitischen Schule lediglich von rein menschlichen Erwägungen und nicht von Mißachtung der Naturgesetze geleitet wurden, denn ihre Hauptabsicht sei es gewesen,

einen Mißbrauch der die Scheidung und die Nichtanerkennung von Kindern betreffenden Gesetzesvorschriften zu verhindern.

Im sunnitischen Gesetz hat die Ungültigkeit einer Ehe keinen Einfluß auf die Legitimität der in ihr geborenen Kinder. Dies gilt auch für das schiitische Gesetz, aber es verlangt den Nachweis, daß es sich um eine Bona-fide-Ehe gehandelt hatte.

Im Falle einer Scheidung durch →*Li'an* verliert das »verfluchte Kind« das Recht, seinen Vater zu beerben.

LEICHENFLEDDERER

Arabisch *Nabbasch*. Nach Abu Yusuf und Asch-Schafi'i soll die Hand eines Leichenfledderers oder Grabräubers abgeschlagen werden, aber Abu Hanifa und Imam Mohammed sind anderer Meinung.

LEICHENTUCH

Arabisch →*Kafan*. Der Vorgang des Einhüllens in ein Leichentuch wird *Takfin* genannt. Ein hölzerner Sarg heißt *Tabut*, dessen Gebrauch von den Sunniten verboten ist, von den Schiiten jedoch benutzt wird.

Mohammed soll gesagt haben: »Benutzt nicht zu teure Leichentücher, denn sie verrotten schnell.« »Reines Weiß ist die beste Farbe für die Leichentücher eurer Toten.«

'A'ischa hat gesagt: »Der Prophet war in drei Leichentücher eingehüllt, aber er trug weder ein Gewand noch einen Mantel.«

Folgende drei Arten von Leichentüchern werden in allen Gebieten des Islam benutzt:

1. *Izar*, ein Tuch, das den Leichnam von der Hüfte bis zu den Füßen bedeckt.
2. *Rida'*, ein Tuch, das den Leichnam von den Schultern bis zu den Füßen bedeckt.
3. *Lifafa*, ein großes Tuch, das den ganzen Körper bedeckt und an den Enden geschlossen ist.

Die Körper von Märtyrern werden nicht in Leichentücher eingehüllt, sondern sie werden in den Kleidern bestattet, in denen sie gefallen sind; denn es ist überliefert, daß Mohammed es so nach der Schlacht von →*Uhud* angeordnet hat.

LI'AN

»Gegenseitige Verfluchung«. Eine Form der →*Ehescheidung*, die folgendermaßen abläuft: Wenn ein Mann seine Frau des Ehebruchs beschuldigt und es nicht durch vier Zeugen beweisen kann, muß er viermal vor Gott schwören, daß er die Wahrheit sagt, und dann hinzufügen: »Wenn ich ein Lügner bin, dann verfluche mich Gott.« Dann sagt die Frau viermal: »Ich schwöre vor Gott, daß mein Mann lügt«, und dann: »Gottes Zorn treffe mich, wenn dieser Mann die Wahrheit sagt.« Hiernach findet eine Scheidung *ipso facto* statt. (Siehe Suratu'n-Nur 24 6; Mischkat, Buch 13, Kapitel 15.)

Im Falle von Li'an kann die Ehefrau, wie bei den anderen Formen der Scheidung, ihren Brautpreis zurückverlangen.

In vier Fällen ist Li'an nicht erlaubt: wenn eine christliche Frau mit einem Muslim, eine jüdische Frau mit einem Muslim, eine freie Frau mit einem Sklaven oder eine Sklavin mit einem freien Mann verheiratet ist.

Die Kinder einer Frau, die durch Li'an geschieden wurde, sind illegitim.

LICHT DES PROPHETEN →*Haqiqatu'l-Muhammadiya*

LIEBE

Die Wörter, die im Koran für »Liebe« und seine Synonyme benutzt werden, sind *Wudd*, *Hubb*, *Mahabba* und *Mawadda*, wobei das letztere nur »Freundschaft«, »Zuneigung« bedeutet und die anderen Begriffe Synonyme sind, die sowohl göttliche als auch menschliche Liebe bedeuten können.

LITERATUR →*Schrifttum, muslimisches*; →*Poesie*

LITURGIE →*Gebet*

LOGIK

Arabisch *'Ilmu'l-Mantiq,* »die Wissenschaft von der vernünftigen Sprache«, oder *'Ilmu'l-Mizan,* »die Wissenschaft des Abwägens«.

Der Verfasser des Akhlaq-i Dschalali sagt: »Die antiken Gelehrten, die ihre Weisheit aus dem Quell der Prophetie speisten, wiesen den Sucher nach Vollkommenheit stets an, erst die Wissenschaft der moralischen Kultur zu kultivieren, dann die Wissenschaft der Logik, dann die Mathematik, dann die Physik und zuletzt die Theologie. Aber Hakim Abu 'Ali al-Mathqawi (10 n. Chr.) setzte die Mathematik vor die Logik. Das erklärt die Inschrift, die sich über der Tür von Platos Haus befand: ›Wer nicht die Geometrie beherrscht, soll hier nicht eintreten.‹ «

LOT

Arabisch *Lut.* Wird von Mohammedanern für einen »rechtschaffenen Mann« gehalten, der als Prophet in die Stadt →*Sodom* gesandt wurde.

Der Kommentator Al-Baidawi sagt, daß Lot der Sohn Harans,

Sohn des Azar oder Tarah, und somit ein Neffe Abrahams war, der ihn mit sich von Chaldäa nach Palästina brachte, wo er, wie berichtet wird, von Gott nach Sodom und in die benachbarten Städte geschickt wurde, um deren Einwohner von den widernatürlichen Lastern zu bekehren, denen sie verfallen waren. Sein Name erscheint wiederholt im Koran, zum Bei spiel:

Sure 7 72-82: »Auch hatten wir Lot gesandt, als er zu seinem Volk sprach: ›Was begeht ihr Taten, die vor euch noch von keinem Geschöpf begangen wurden? Was geht ihr in Begierde zu Männern statt zu Frauen? Ihr seid wahrhaftig ein Volk, das sich der Ausschweifung hingibt.‹ Aber die einzige Antwort seines Volkes war: Entfernt sie aus eurer Stadt, denn sie wollen Reinheit.‹ Und wir retteten ihn und seine Familie, nur nicht sein Weib, denn sie gehörte zu jenen, die zu lange warteten. Und wir ließen einen Regen auf sie herniederfallen: Nun seht, wie das Ende der Verruchten aussah.«

Sure 21 74-75: »Und wir gaben Lot Wissen und Weisheit; und wir retteten ihn aus der Stadt, die im Schmutz versank, denn sie waren Menschen voll Ausschweifung und Perversion. Und wir nahmen ihn in unsere Gnade auf, denn er war ein rechtschaffener Mann.«

LUBB

Die →*Seele* oder das Herz des Menschen.

LÜGEN

Mohammed soll gesagt haben: »Wenn ein Diener Gottes eine Lüge ausspricht, ziehen sich die Wachengel wegen des Gestanks eine ganze Meile von ihm zurück.«

LUQMAN

1. Eine bedeutende Persönlichkeit, bekannt als Luqmanu'l-Hakim oder Luqman, der Philosoph, im Koran als ein Mann dargestellt, dem Gott Weisheit geschenkt hat.

Sure 31 11-19: »Einst schenkten wir Luqman Weisheit und lehrten ihn: ›Sei Gott dankbar, denn wer Gott dankbar ist, ist dankbar zu seinem eigenen Nutzen. ...Gott ist sich wahrlich selbst genug, jeder Lobpreisung würdig.‹ Und merke dir, was Luqman seinem Sohn zur Warnung sagte: ›O mein Sohn, verwechsle Gott nicht mit anderen Göttern, denn das ist die größte Gottlosigkeit. O mein Sohn, verrichte deine Gebete, und halte dich an das Richtige und meide das Falsche, und sei geduldig, was auch immer dich bedrängen mag, denn das ist deine Pflicht. Schreite nicht hochnäsig über die Erde, denn Gott liebt die Hochmütigen nicht. Senke deine Stimme, denn die am wenigsten erfreuliche Stimme ist sicher die des Esels.‹ «

Die Kommentatoren sind sich nicht einig, ob Luqman ein inspirierter Prophet war oder nicht. Husain sagt, daß die meisten Gelehrten glauben, er sei ein Philosoph gewesen und kein Prophet. Einige sagen, er sei der Sohn Baurs und ein Neffe Hiobs gewesen, der Sohn von dessen Schwester; andere halten ihn für einen Neffen Abrahams; wieder andere meinen, er sei zur Zeit König Davids geboren und habe bis in die Zeit des Jonas gelebt und sei tausend Jahre alt geworden. Noch andere sind der Auffassung, er sei ein afrikanischer Sklave gewesen und habe als Hirte unter den Israeliten gelebt. Manche sagen, er sei ein Schneider gewesen, andere, ein Zimmermann. Einhellig wird er von allen arabischen Historikern als Geschichtenerzähler und Verfasser von Sprichwörtern anerkannt, und daraus haben europäische Autoren den Schluß gezogen, daß er derselbe Mann gewesen sein müsse, den die Griechen in Unkenntnis seines richtigen Namens Aesop, das heißt der Äthiopier, genannt haben.

2. *Suratu Luqman*, »Sure von Luqman«, ist der Titel der 31. Sure des Korans.

Luqta

Fundsache. Besitz, den eine Person findet und beiseite schafft, um ihn in Gewahrsam zu behalten. Nach mohammedanischem Recht ist der Finder von verlorenem Besitz verpflichtet, ihn für die Dauer eines Jahres als gefunden anzuzeigen, ehe er ihn als sein Eigentum beanspruchen darf. Ist der Finder wohlhabend, sollte er das Fundgut den Armen geben.

Luxus

In der Kindererziehung verurteilt der Verfasser des Akhlaq-i Dschalali den Luxus: »Bis in den Tag hinein schlafen und überhaupt zuviel Schlaf sollte verboten werden. Weiche Kleidung und alle luxuriösen Gewohnheiten wie kühle Plätze bei heißem Wetter und Feuer und Pelze bei Kälte sollten gemieden werden. Sie sollten durch Maßnahmen der Abhärtung, wie Gymnastik, Fußmärsche, Reiten und andere geeignete Übungen, ersetzt werden.«

M

Ma'aqil
Die Geldstrafe für Mord, Totschlag etc. →*Diya*

al-Ma'aridsch
Suratu'l-Ma'aridsch, »Sure von der Himmelsleiter«, ist der Titel der 70. Sure des Korans, wo es in Vers 3-4 heißt: »Von Gott, dem Eigner der Leiter. Auf der zu ihm steigen die Engel und der Geist an einem Tag, dessen Dauer fünfzigtausend Jahre ist.«

Madrasa
Eine Schule →*Erziehung*

Madschbub
Ein vollständiger Eunuch, im Gegensatz zu einem →*Khasi*, der nur kastriert ist. →*Eunuchen*

al-Madschid
»Al-Madschid« bedeutet »der Glorreiche« und ist einer der 99 Beinamen oder eines der 99 Attribute Gottes. Der Begriff erscheint im Koran in Sure 11 76: »Wahrlich, er ist der Gepriesene und Glorreiche.«

al-Madschus →*Magier*

Mafqud
Juristischer Begriff für eine verschollene Person, über die keine Informationen zu erlangen sind. Sie wird nach dem Gesetz so lange nicht für tot gehalten, bis sie ein Alter von neunzig Jahren erreicht haben würde.

Magie
Arabisch *Sihr*. Der Glaube an irgendeine Art von Magie wird von fast allen Mohammedanern geteilt, und es gibt eine große Zahl von Personen, die sich dem Studium dieses Bereiches widmen.
Obwohl die Magie sowohl vom Koran (Sure 2 96) als auch von der Tradition verdammt wird,

gibt es viele abergläubige Praktiken, die dieser okkulten Wissenschaft ähneln, aber nach den Lehren Mohammeds eindeutig zulässig sind.

Anas sagt: »Der Prophet erlaubte einen Spruch, der den üblen Auswirkungen des bösen Blicks entgegenwirkt, ebenso für diejenigen, die von einer Schlange oder einem Skorpion gebissen wurden.«

'Auf ibn Malik sagt: »Der Prophet versichert, es sei nichts Schlimmes an magischen Sprüchen, vorausgesetzt, daß Gott nicht mit irgend etwas gleichgesetzt wird.«

Die Bezeichnungen für die magischen Künste sind: *Da'wa*, wörtlich »Einladung der Geister, Ruf, Anrufung«, Exorzismus; *'Azima*, Beschwörung; *Kahana*, Weissagung, Hellsehen; *Ruqya*, Zaubersprüche; *Sihr*, Magie.

Der Begriff *Da'wa* beschreibt eine dem Gesetz entsprechende Beschwörung, bei der Gottes Hilfe erbeten wird, indem entweder der →*Ismu'l-A'zam*, der große und geheime Name Gottes, ausgesprochen wird oder die 99 Attribute Gottes rezitiert werden. →*Da'wa, Exorzismus*

Sihr, der magische Einsatz von bösen Geistern, und *Kahana*, die Hellseherei, sind strikt ungesetzlich.

Magier

Arabisch *Madschusi*, Plural *Madschus*. Im Koran einmal erwähnt, Sure 22 17:

»Wahrlich, die gläubig sind, und die Juden, Sabäer, Christen oder Götzendiener sind, entscheiden wird Gott zwischen ihnen am Tag der Auferstehung.«

Die meisten muslimischen Autoren (besonders die schiitischen) glauben, daß die Magier früher eine göttliche Offenbarung besessen hatten, die sie jedoch später verloren haben sollen.

Die Magier waren eine Sekte von Philosophen, die sich im Osten, wahrscheinlich in Medien, zu einer sehr frühen Zeit gebildet hatte. Sie waren die Gelehrten ihrer Zeit, und nach der Bibel soll Daniel zu ihrem Oberhaupt gemacht worden sein (Dan 5 11). Man nimmt von ihnen an, daß sie die Gottheit im Zeichen des Feuers verehrt haben, während die Sabäer, zu denen sie in Gegnerschaft standen, die Himmelskörper anbeteten. Sie hatten größte Abscheu vor der Verehrung von Abbildern, denn für sie war das Feuer die reinste Form des göttlichen Wesens. Im sechsten Jahrhundert vor Christus schlossen sie sich der Religion Zoroasters an.

Mahdi

Wörtlich »der Geführte«, davon abgeleitet »der, der zu führen in der Lage ist, der Führer«. Ein Herrscher, der in den letzten Tagen auf der Erde erscheinen soll. Nach Auffassung der Schiiten ist er bereits in der Person Muhammad Abu'l-Qasims, des zwölften Imams, erschienen, der sich an einem geheimen Ort verborgen hält, bis er am Ende der Welt wieder auftreten wird. Im Gegensatz dazu ist der Mahdi nach der Überzeugung der Sunniten noch nicht erschienen.

In der Geschichte des Islam gibt es viele Fälle, daß sich Hochstapler angemaßt haben, der Mahdi zu sein.

Nach →*Al-Bukhari* und anderen Traditionen hat der Prophet dazu folgende Aussagen gemacht:

»Die Welt wird nicht zu Ende gehen, ehe nicht ein Mann meines Stammes und meines Namens der Herrscher Arabiens gewesen ist.«

»Der Mahdi wird von mir abstammen. Er wird die Welt mit Billigkeit und Gerechtigkeit füllen, auch wenn sie vorher voll von Tyrannei und Unterdrückung war, und wird sieben Jahre lang herrschen.«

»Streit und Zwietracht wird zwischen den Menschen herrschen, und dann wird ein Mann aus dem Volke von Medina hervorgehen, und er wird von Medina nach Mekka gehen, und das Volk von Mekka wird ihn zum Imam machen. Dann wird der Herrscher Syriens ein Heer gegen den Mahdi schicken, aber die syrische Armee wird in der Nähe von Bada', zwischen Medina und Mekka, durch ein Erdbeben vernichtet werden. Wenn die Leute dies gesehen haben, werden die →*Abdal* aus Syrien kommen. Danach wird dem Mahdi ein Feind aus dem Stamm der Koreischiten erwachsen, und dieser wird eine Armee gegen den Mahdi aussenden. Der Mahdi wird nach dem Beispiel eures Propheten herrschen, und er wird dem Islam Stärke und Stabilität geben. Er wird sieben Jahre lang regieren und dann sterben.«

»Es wird viel Regen geben in den Tagen des Mahdi, und Himmel und Erde werden sich über ihn freuen. Das Leben der Menschen wird so freudevoll sein, daß sie sich wünschen werden, daß selbst die Toten wieder lebendig sein sollen.«

Nach den schiitischen Traditionen soll Mohammed gesagt haben:

»O ihr Leute! Ich bin der Prophet, und 'Ali ist mein Erbe, und von uns wird abstammen der Mahdi, das Siegel (das heißt der letzte) der Imame, und er wird alle Religionen erobern und Rache nehmen an den Übeltätern. Er wird die Festungen einnehmen und sie zerstören, alle Stämme der Götzendiener vernichten, und er wird Vergeltung üben für den Tod jedes Märtyrers Gottes. Er wird der Held des Glaubens sein, und er wird das Wasser aus dem Brunnen der göttlichen Weisheit schöpfen. Er wird Verdienste belohnen und jede Narrheit angemessen vergelten. Er wird der Auserwählte Gottes sein, der Erbe aller Weisheit. Er wird der Held des rechten Weges sein, und ihm wird Gott den Islam anvertrauen. ...O ihr Leute, ich erkläre euch dies, und auch ʻAli wird helfen, daß ihr es versteht.«

Wahrscheinlich ist durch diese Traditionen zu erklären, daß unter Christen die Meinung verbreitet ist, die Muslime würden die Wiederkehr ihres Propheten erwarten.

MAHMAL, MAHMIL

Eine geschlossene Sänfte, die von einem Kamel getragen wird, als Zeichen der Königswürde bei der Pilgerreise nach Mekka.

Es wird berichtet, daß Sultan Az-Zahir Beybars – der König von Ägypten – der erste war, der im Jahre 1272 n. Chr. ein Mahmal mit einer Pilgerkarawane nach Mekka schickte, daß dieser Brauch aber tatsächlich einige Jahre vor seiner Thronbesteigung entstand, und zwar unter folgenden Umständen: Schaghru'd-Durr, eine schöne türkische Sklavin, die zur Lieblingsfrau des Sultans As-Salih Nadschmu'd-Din und nach dem Tode ihres Sohnes zur Königin von Ägypten avancierte, machte ihre Pilgerreise nach Mekka in einer prunkvollen Sänfte, die von einem Kamel getragen wurde, und in den folgenden Jahren schickte sie dieselbe Sänfte jährlich als Symbol der Staatsmacht nach Mekka. Dieser Brauch wurde nach ihrem Tod fortgesetzt.

Die →*Wahhabiten* verbieten das Mahmal als reinen Pomp.

MAHMUDIYA

Eine schiitische Sekte, gegründet von Mir Scharif, der ein Schüler des Mahmud aus Busakhwan, des Begründers der Sekte der Nuqtawiya, war. Mahmud lebte zur Zeit des Timur und gab sich als der →*Mahdi* aus. Er lehrte die Seelenwanderung, die sonst im Islam keine Rolle spielt.

MAHR →*Brautpreis*

Mahmal oder Sänfte

Mahram

Wörtlich »ungesetzlich«. Ein naher Verwandter, den zu heiraten verboten ist. Mohammed erließ die Vorschrift, daß jede Frau bei der Pilgerschaft nach Mekka (→*Hadsch*) von einem *Mahram* begleitet werden muß, um üble Nachrede zu vermeiden.

al-Ma'ida

Wörtlich »Tisch«. Der Titel der 5. Sure des Korans, in deren 112. Vers die Worte stehen: »O Jesus, Sohn Marias, vermag dein Herr uns einen Tisch vom Himmel herabzusenden?«

Al-Baidawi schreibt über dieses Wunder: »Als Jesus dieses Wunder auf Verlangen seiner Jünger von Gott erbeten hatte, senkte sich ein roter Tisch zwischen zwei Wolken vor ihnen auf die Erde nieder. Daraufhin stand Jesus auf, vollzog die Waschung, betete und zog dann das Tuch fort, das den Tisch bedeckte, indem er sprach: ›Im Namen Gottes, der uns am besten mit Nahrung versorgt.‹ «

Über das, was auf dem Tisch stand, gehen die Meinungen erheblich auseinander: neun Laibe Brot und neun Fische; Brot und Fleisch; alles Eßbare außer Fleisch; alles Eßbare außer Brot und Fleisch; ein Fisch, der den Geschmack jeder Art von Nahrung besaß; Früchte des Paradieses. Nach der geläufigsten Tradition aber erschien, als das Tuch vom Tisch entfernt wurde, ein fertig zubereiteter Fisch, ohne Gräten und Schuppen, von Fett triefend, mit Salz am Kopfende und Essig am Schwanzende, dekoriert mit allen denkbaren Kräutern und Gemüsen außer Lauch. Weiter lagen auf dem Tisch fünf Brotlaibe, der erste bedeckt mit Oliven, der zweite mit Honig, der dritte mit Butter, der vierte mit Käse und der fünfte mit getrocknetem Fleisch. Danach soll Jesus auf Verlangen der Apostel ein weiteres Wunder gewirkt haben: Er erweckte den Fisch wieder zum Leben, der seine Gräten und Schuppen wieder zurückerhielt, aber als die Zuschauer darüber erschraken, stellte Jesus den ursprünglichen Zustand wieder her. Von diesem Fisch sollen 1300 Männer und Frauen, alle arm oder krank, gegessen haben und satt geworden sein, und der Fisch blieb trotzdem ganz wie zuvor. Danach sei der Tisch vor aller Augen wieder zum Himmel geflogen, und jeder, der von dem Fisch gegessen hatte, war von seiner Krankheit geheilt und von seinem Unglück befreit. Weiterhin sei der Tisch vierzig Tage lang jeden Mittag wieder vom Himmel herabgekommen und habe bis zum Sonnenuntergang auf der Erde gestanden und sei dann wieder in den Wolken verschwunden. Einige mohammedanische Autoren glauben nicht, daß der Tisch wirklich vom Himmel herabgekommen sei, sondern daß es sich nur um eine Parabel handele, aber die meisten sind der Auffassung, daß die Worte des Korans klar das Gegenteil aussagen. Eine weitere Tradition berichtet, daß mehrere Menschen in Schweine verwandelt worden seien, weil sie dies Wunder nicht glauben oder es in den Bereich der Zauberei verweisen wollten.

MAIMUNA

Eine der Frauen Mohammeds. Sie war die Tochter des Harith und eine verwitwete Verwandte Mohammeds und die Schwägerin des ʿAbbas. Sie soll 51 Jahre alt gewesen sein, als sie Mohammeds Frau wurde.

MAKRUH

Wörtlich »das, was hassenswert und schädlich ist«. In der Sprache des religiösen und zivilen Rechts die Bezeichnung für eine Handlung, deren Ungesetzlichkeit nicht absolut sicher ist, die aber für schädlich oder unmoralisch gehalten wird.

AL-MALA'IKA

Suratu'l-Mala'ika, »Sure von den Engeln«, ist der Titel der 35. Sure des Korans.

MALANG, MALANK

Ein Fakir- oder Derwischorden, der von Dschaman Dschuti begründet wurde, einem Anhänger des Zindu Schah Madar. Sie tragen gewöhnlich ihre Barthaare mattenförmig gekämmt und im Nacken zu einem Knoten gebunden.

MALIK

»Besitzer, Fürst, Herrscher«.

1. »Al-Malik«, »Der Herrscher« ist einer der 99 Beinamen oder eines der 99 Attribute Gottes. Erscheint häufig im Koran, zum Beispiel in der ersten Sure: »Herrscher am Tag des Weltgerichts.«

2. Der Engel, der über die →*Hölle* herrschen und die Strafen der Verdammten überwachen soll. Er wird im Koran in der 43. Sure, Vers 77, erwähnt: »Und sie rufen: ›O Malik, möchte dein Herr es uns doch beenden!‹ Er spricht: ›Ihr seid Verbleibende.‹ «

3. Der Imam Abu ʿAbdi'llah Malik ibn Anas, Begründer einer der vier orthodoxen sunnitischen Muslim-Rechtsschulen, wurde im Jahre 716 n. Chr. in Medina geboren. Er empfing

seine frühesten Eindrücke über den Islam von Sahl ibn Sa'd, dem letzten noch lebenden Gefährten Mohammeds. Malik galt als einer der gelehrtesten Männer seiner Zeit, und seine Selbstverleugnung und seine Askese gingen so weit, daß er gewöhnlich vier Tage der Woche fastete. Er war mit dem Imam Abu Hanifa persönlich befreundet, obwohl sie in vielen Fragen bezüglich der Autorität der Traditionen verschiedener Meinung waren. Sein Stolz war jedoch seiner Gelehrsamkeit mindestens ebenbürtig. So wird berichtet, daß einst der große Kalif Harun ar-Raschid nach Medina kam, um das Grab des Propheten zu besuchen. Als Malik einen Besuch bei ihm abstattete, sprach der Kalif zu ihm: »O Malik! Ich würde es als große Gunst ansehen, wenn du täglich hierher kommen würdest, um meine Söhne Amin und Ma'mun in die Lehren der Traditionen einzuführen.« Worauf der Weise hochmütig erwiderte: »O Kalif! Die Wissenschaft ist eine so würdige Sache, daß sie nicht zu einem kommt, sondern daß man zu ihr gehen muß.« Der Kalif soll daraufhin um Verzeihung gebeten haben, weil er die Wahrheit der Aussage einsah, und seine Söhne zu Malik geschickt haben, wo sie ohne jedes Privileg unter den anderen Studenten saßen.

In bezug auf die Traditionen gilt Maliks Autorität im allgemeinen als richtungsweisend. Er war der Auffassung, daß sie die menschliche Urteilskraft weit überstiegen, und auf dem Sterbebett soll er sich selbst dafür verdammt haben, daß er viele seiner Entscheidungen auf das bloße Urteil seines Verstandes hin gefällt hatte. In seinen letzten Lebensjahren gab er sich fast nur noch der Kontemplation hin, so daß er den Kontakt zu den weltlichen Dingen immer mehr verlor. Er starb im Jahre 795 in Medina.

Sein bedeutendstes Werk trägt den Namen →*Muwatta'*.

Sein bedeutendster Schüler war →*Asch-Schafi'i*, der später selbst zum Namensgeber einer Rechtsschule wurde.

Maliku'l-Mulk

Bedeutet »der Herrscher des Königreiches« und ist einer der 99 Beinamen oder eines der 99 Attribute Gottes.

Mameluck

Arabisch *Mamluk*, Plural *Mamalik*, »Sklave«. Ein Begriff, der im islamischen Recht für einen leibeigenen Sklaven benutzt wird. Das Wort erscheint

im Koran in Sure 16 77: »Gott prägt ein Gleichnis von einem leibeigenen Sklaven, der über nichts vermag, und einem, den wir versorgt mit schöner Versorgung und der davon spendet heimlich und öffentlich. Gleichen sie einander? Preis Gott, nein. Aber die meisten wissen es nicht.«
Die »Mamelucken« waren eine Dynastie von ehemaligen Sklaven, die vom 13. bis zum 16. Jahrhundert Ägypten beherrschte. Diese militärischen Sklaven wurden von Malik as-Salih organisiert, der im 13. Jahrhundert viele tausend Sklaven auf den asiatischen Märkten kaufte und aus ihnen eine Armee von 12000 Mann bildete. Diese Armee revoltierte im Jahr 1254 und übernahm die Macht in Ägypten, indem sie einen der ihren, den turkmenischen Sklaven Al-Mu'izz, zum Herrscher ernannten. Die Mameluckenherrschaft dauerte bis zum Jahr 1517 n. Chr., als Salim I. sie besiegte und Tumaun Bey, den letzten Mameluckenherrscher, tötete. Aber auch danach stellten die Mamelucken in Ägypten noch lange Zeit eine militärische Aristokratie dar.

MANASIK
Von *Mansik*, »Ort des Opfers«. Die heiligen Riten und Zeremonien, die die Pilgerreise nach Mekka betreffen. →*Hadsch*

MANAT
Ein Idol, das im Koran in Sure 53 18-19 erwähnt wird: »Was meint ihr von Lat und 'Uzza? Und von Manat, der dritten, der andren (Gottheit)?« Nach Husain war es ein Idol der Stämme Hudhail und Khaza'a. →*Lat*, →*Götzendienst*

AL-MANI'
Bedeutet »der Zurückhaltende« und ist einer der 99 Beinamen oder eines der 99 Attribute Gottes.

MANIHA
Ein Rechtsbegriff für das Verleihen von Kamelen, wobei dem Entleiher der Gebrauch der Milch, der Haare und der Besitz etwaiger Jungtiere zustehen, das Kamel selbst aber zurückgegeben werden muß. Ein solches Tier darf nicht geopfert werden.

MANLA
Ein Gelehrter, ein muslimischer Geistlicher. Die ägyptische Form von »*Maulawi*« oder »*Mullah*«.

MANNA
Arabisch *Mann*. Daß die Kinder Israels in der Wüste von

Gott mit Manna genährt wurden, wird im Koran dreimal erwähnt.
Sure 2 54; 7 160: »Wir beschatteten euch mit den Wolken und sandten euch Manna und Wachteln.«
Sure 20 82: »O Kinder Israels, wir befreiten euch nun von eurem Feind, beschieden euch an des Berges rechte Seite und sandten euch das Manna nieder und die Wachteln.«
'Abdu'l-'Aziz, der Kommentator, sagt, daß Manna wie weißer Zucker gewesen sei.

MAQSURA

Ein Ort der Abgeschiedenheit. In Moscheen ein durch Vorhänge abgeteilter Raum, in dem fromme Männer ihre Gebete verrichten können.

MARIA

Arabisch *Maryam*. Die Mutter Jesu. Nach den muslimischen Traditionen und dem Koran war sie die Tochter des 'Imran und seiner Frau Hanna und die Schwester Aarons.
Die Geschichte ihrer Geburt findet sich im Koran, Sure 3 31-32: »Dann sprach die Frau 'Imrans: ›O Herr, ich gelobe dir, was in meinem Leib, es sei dir geweiht; nimm es von mir an, denn wahrlich, du bist der Allhörende, der Allwissende.‹ Und als sie niederkam, sprach sie: ›O Herr, siehe, ich bin mit einem weiblichen Wesen niedergekommen.‹ Gott wußte ja, womit sie niedergekommen, und ein Mann ist nicht wie ein Weib. ›Ich gab ihr den Namen Maria, und siehe, ich empfehle sie und ihre Nachkommenschaft deinem Schutz vor dem gesteinigten Satan.‹ Da nahm ihr Herr sie gnädig an und ließ sie zu einer herrlichen Pflanze emporwachsen. Und Zacharias zog sie groß. Als aber Zacharias, sooft er in ihre Kammer eintrat, bei ihr Speise fand, fragte er sie: ›O Maria, woher hast du dies?‹ Sie erwiderte: ›Es ist von Gott, denn siehe, Gott versorgt, wenn er will, ohne zu rechnen.‹ «
Der Bericht über die Geburt Jesu findet sich in der 19. Sure des Korans. →*Jesus*
Christliche Kritiker glauben, daß Mohammed die Maria des Neuen Testaments mit der Miriam des Alten Testaments verwechselt hat, indem er sie als Tochter des 'Imran und Schwester Aarons darstellt, was auch bei den muslimischen Kommentatoren zu einigen Schwierigkeiten führt. So meint Al-Baidawi, Maria werde als Schwester Aarons bezeichnet, weil sie zum Stamme Levis gehörte, und Husain glaubt,

daß der in diesem Vers erwähnte Aaron eine andere Person als der Bruder des Moses gewesen sei. →*'Imran*, →*Aaron*
Mohammed soll gesagt haben, daß »kein Kind geboren wurde, das nicht vom Teufel berührt wurde, außer Maria und ihr Sohn Jesus«.

Maria die Koptin

Eine der Konkubinen Mohammeds. Ein christliches Sklavenmädchen, das der römische Statthalter in →*Ägypten* Mohammed zum Geschenk gemacht hatte. Sie gebar dem Propheten einen Sohn namens Ibrahim, der jedoch in jungen Jahren starb.

Marthiya

Begräbnisgesang. Diese Bezeichnung wird speziell auf die Gesänge angewandt, die im Monat →*Muharram* zum Gedenken an →*Hasan* und →*Husain* gesungen werden.

Märtyrer

Das arabische Wort für »Märtyrer« ist *Schahid*, Plural *Schuhud*, was wörtlich »Zeuge« bedeutet. Der Begriff beinhaltet alles, was auch der deutsche Begriff »Märtyrer« umfaßt, geht aber noch darüber hinaus, denn nach dem muslimischen Gesetz sind nicht nur diejenigen Märtyrer, die als Zeugen oder Verteidiger des Glaubens sterben, sondern auch jene, deren Todesumstände bei den Mitmenschen große Anteilnahme und Mitleid hervorrufen.
Das Wort erscheint im Koran in Sure 4 71: »Und wer Gott gehorcht und dem Gesandten – sie gehören zu denen, denen Gott huldvoll ist von den Propheten, den Gerechten, den Bezeugenden (*Schuhada'*) und den Frommen; diese haben herrliche Genossen.«
Ein vollkommener Märtyrer ist jemand, der in einem religiösen Krieg fällt oder eines ungerechten Todes stirbt. Die Rechtsgelehrten sind sich jedoch nicht einig, ob es notwendig ist, um diesen Rang einnehmen zu können, daß sich eine solche Person zum Zeitpunkt ihres Todes im Stande der zeremoniellen Reinheit befinden muß oder nicht.
Besonderer Lohn wird im Koran denen versprochen, die im →*Dschihad*, dem heiligen Krieg, ihr Leben lassen. Sure 3 163: »Und glaubet nicht, die für den Pfad Gottes getötet worden sind, seien tot; nein, sie sind lebend, bei ihrem Herrn werden sie versorgt.« Und nach dem muslimischen Gesetz werden alle Personen, die bei der Verteidigung ihres Glaubens ums

Leben kommen oder eines ungerechten Todes sterben, ohne die sonst üblichen Waschungen und den vorgeschriebenen Wechsel der Kleidung bestattet, weil das Märtyrertum den Leichnam gesetzlich reinigt.
Neben diesen beiden Personengruppen, nämlich denen, die im heiligen Krieg fallen, und denen, die eines ungerechten Todes sterben, wird der Rang des Märtyrers auch noch, in einem übertragenen Sinne, jenen zuerkannt, die in einer Weise sterben, die die Sympathie und das Mitgefühl der Mitmenschen erregt, etwa durch einen plötzlichen Tod, durch eine schwere Krankheit, bei der Geburt eines Kindes, bei Forschungsreisen oder als Fremder in einem fernen Land. Diese Personen werden als Märtyrer bezeichnet, aber ihnen wird nicht die Ehre erwiesen, ohne Waschungen und Kleiderwechsel begraben zu werden.

Marwa

Ein Hügel in der Nähe Mekkas, der mit den Riten der →*Hadsch*, der heiligen Pilgerreise, in Zusammenhang steht.

Maryam

Suratu Maryam, »Sure von Maria«, ist der Titel der 19. Sure des Korans. →*Maria*

Masah

Das Berühren der Schuhe oder des Turbans mit den drei mittleren Fingern zum Zwecke der zeremoniellen Reinigung.

Al-Masdschidu'l-Aqsa

→*Aqsa*

Masdschidu'l-Haram

→*Al-Haram-Moschee*

Mässigung

Arabisch *Iqtisad*. Nach Mohammeds Lehren ist Mäßigung in religiösen Dingen besser als übertriebene Frömmigkeit, und ein Kapitel in den Traditionen ist diesem Thema gewidmet. Der Prophet soll gesagt haben:
»Die beste Handlung ist in den Augen Gottes die, die regelmäßig, aber maßvoll vollbracht wird.«
»Tue alles in angemessener Weise, denn Gott wird nicht müde, dich zu belohnen, wenn du des Tuns nicht müde wirst.«
»Bete so lange, wie es für dich angemessen ist, wenn du müde wirst, setze dich nieder.«
»Wahrlich, die Religion ist leicht, deshalb halte an ihr fest.«

al-Masih

Ensprechung des lateinischen »Christus«, »der Gesalbte, Messias«. Das Wort erscheint siebenmal im Koran als Beiname

Jesu. Al-Baidawi, der Kommentator, sagt: »Es ist ursprünglich ein hebräisches Wort und bedeutet ›der Gesegnete‹, obwohl einige (irrtümlicherweise, wie er meint) glauben, daß das Wort von *masah*, ›salben‹, abstammt, entweder weil Jesus Menschen durch seine Berührung heilte oder weil er von Gabriel zum Propheten gesalbt worden ist.«

AL-MASIHU'D-DADSCHAL

»Der lügende Christus«. Der Antichrist, dessen Auftreten Mohammed für die Zeit kurz vor dem Tag der Auferstehung vorausgesagt hat. Er wird im allgemeinen Ad-Dadschal genannt, aber in den Traditionen heißt er Al-Masihu'd-Dadschal, und es gibt viele Spekulationen darüber, warum er →*Al-Masih* genannt wird, und es soll in den Traditionen mehr als fünfzig verschiedene Erklärungen dafür geben. Einige sagen, seine Augen würden berührt werden (*masah*), und er werde dadurch blind werden. Andere leiten den Namen von *Masikh* (»Ungeheuer«) ab. Wieder andere muslimische Autoren glauben, daß die Juden ihm den Namen Al-Masih geben werden, weil sie ihn für den wahren Messias halten, der das Königreich Israel wiederherstellen wird.

Nach einigen Traditionen soll Mohammed gesagt haben, daß Ad-Dadschal ein junger Mann mit blondem Haar sein werde, der auf einem Auge blind ist und auf dessen Stirn die Buchstaben KFR (für *kafir*, »ungläubig«) geschrieben stehen. Er werde zunächst in Syrien oder Irak auftreten, auf einem weißen Esel reiten und 70000 Juden aus Isfahan im Gefolge haben. Er werde vierzig Tage auf der Erde bleiben, von denen einer die Länge eines Jahres, ein anderer die eines Monats und die restlichen die Länge eines normalen Tages haben werde. Er werde alles verwüsten, kann aber Mekka und Medina nicht betreten, da diese Städte von Engeln bewacht werden. Am Ende werde er von Jesus getötet werden.

AL-MATIN

Bedeutet »der Feste, der Starke« (wie eine Festung stark und fest ist) und ist einer der 99 Beinamen oder eines der 99 Attribute Gottes.

MA'UDA

Von *wa'ad*, »lebendig begraben«. Bei den antiken Arabern war das Töten von weiblichen Neugeborenen üblich. Mohammed verurteilte diese Praxis: Sure 16 60-61: »Und wenn je-

mandem von ihnen die Geburt einer Tochter verkündet wird, dann legen sich schwarze Schatten auf sein Antlitz, und er ist traurig. Und er verbirgt sich vor den anderen Leuten wegen der schlechten Nachricht: Soll er es widerwillig behalten oder es im Staub vergraben? Ist ihr Urteil nicht falsch?«
Sure 17 33: »Tötet nicht aus Angst vor Armut eure Kinder, denn wir werden euch und eure Kinder versorgen. Seht, ihre Tötung ist eine große Sünde.«
Sure 81 8: »Und wenn das lebendig begrabene Mädchen gefragt wird, um welches Verbrechens willen es getötet wurde.«

Maulawi

Von *Maulan*, »Herr, Meister«. Allgemeine Bezeichnung für einen gelehrten Mann.

Maulid →*Geburtstag*

Maultier

Arabisch *Baghl*, Plural *Bighal*. Mohammed hat verboten, Maultiere zu züchten, denn →*Ibn 'Abbas* überliefert, daß die drei speziellen Gebote, die er vom Propheten empfangen habe, gewesen seien: 1. regelmäßige Waschungen durchzuführen, 2. keine Almosen zu nehmen, 3. keine Maultiere zu züchten. Das Fleisch von Maultieren ist ungesetzlich.

al-Ma'un

Suratu'l-Ma'un, »Sure von der Unterstützung«, ist der Titel der 107. Sure des Korans.

Mauren

Bezeichnung für die muslimischen Eroberer Spaniens, weil sie aus dem antiken *Mauri* oder Mauretanien stammten. Man nimmt an, daß das Wort *Mauri* von dem alexandrinischen Wort für »schwarz« abgeleitet ist.

Maut

»Tod«. Das Wort wird im Koran immer in seinem wörtlichen Sinne benutzt, der Moment, wenn die Seele den Körper verläßt, zum Beispiel Sure 3 182: »Jede Seele muß den Tod kosten, und am Tage der Auferstehung wirst du deinen Lohn bekommen.«
Unter den →*Sufis* wird der Begriff jedoch auch in einem übertragenen Sinne angewandt, so gibt es etwa den »weißen Tod«, worunter Abstinenz von Nahrung verstanden wird, die die Seele reinigt. Über eine Person, die lange gefastet hat, wird gesagt, daß sie dieses Stadium des Todes erreicht habe. Wenn eine Person das Tragen von kostbaren Kleidern verschmäht

Die Moschee des Propheten in Medina

und nur noch in alten Kleidern, die freiwillige Armut widerspiegeln, herumgeht, dann sagt man, daß sie das Stadium des »grünen Todes« erreicht habe. Und wenn jemand um der Wahrheit willen auf sich nimmt, daß schlecht über ihn gesprochen wird, dann befindet er sich im Stadium des »schwarzen Todes«.

MEDINA

Arabisch *Al-Madina*. Wörtlich »die Stadt«. Die Stadt, die als Begräbnisort Mohammeds verehrt wird. Sie hieß ursprünglich Yathrib (siehe Koran, Sure 33 18), wurde aber nachdem sie berühmt geworden war, weil sie Mohammed Schutz geboten hatte, als Al-Madina und Madinatu'n-Nabi («die Stadt des Propheten«) bezeichnet. In bezug auf Heiligkeit nimmt sie nach Mekka den zweiten Rang ein. Mohammed soll gesagt haben: »Engel bewachen die Straßen nach Medina; deshalb kann weder eine Seuche noch der Teufel in die Stadt gelangen.« Und: »Mir wurde befohlen, in eine Stadt zu fliehen, die alle anderen Städte verschlingen würde, und ihr Name ist nun Al-Madina (die Stadt); sie befreit wahrhaftig den Menschen von allem Übel, wie das Feuer der Schmiede Eisen reinigt.« – »Gott hat den Namen Medinas gut und duftend gemacht.«

MEER

Arabisch *Bahr*; *Al-Bahr*, »das Meer«, wird im Koran das Rote Meer genannt. →*Rotes Meer*
In den Traditionen und Kommentaren wird das Wort auch auf große Ströme wie den Nil oder den Euphrat angewandt.
Es folgen die Bezeichnungen der Meere, die häufiger in der muslimischen Literatur erscheinen:
Al-Bahru'l-Akhdar, »das Grüne Meer«, der Indische Ozean; *Al-Bahru'l-Abyad*, »das Weiße Meer«, das Mittelmeer; *Al-Bahru'l-Aswad*, das Schwarze Meer; *Al-Bahru'l-Azraq*, »das Blaue Meer«, der Persische Golf; *Bahru'l-Qulzum*, das Rote Meer; *Bahru'l-Lut*, »das Meer des Lot«, das Tote Meer; *Bahru'l-Khidr*, »das Meer von Khidr«, das Kaspische Meer.

MEKKA

Der Geburtsort Mohammeds und die heilige Stadt des Islam. Mohammed soll über Mekka gesagt haben: »Was für eine herrliche Stadt du bist! Wenn ich von den Angehörigen meines Stammes nicht aus dir vertrieben worden wäre, würde ich immer in dir leben.«
»Mein Volk wird immer sicher

Die Haram-Moschee in Mekka

in dieser und in der nächsten Welt sein, solange es Mekka achtet.«

Menschenopfer

Es gibt weder im Koran noch in den Traditionen irgendeinen Hinweis auf die Tötung von Menschen als religiösen Ritus. Zwar war im alten Arabien Kindestötung durchaus verbreitet, aber es handelte sich hierbei nicht um eine religiöse Handlung, sondern der Grund lag einerseits in der Enttäuschung über die Geburt eines weiblichen Kindes oder in wirtschaftlichen Zwängen. Letzteres scheint der häufigste Grund gewesen sein, denn in Sure 17 33 des Korans heißt es: »Tötet eure Kinder nicht aus Furcht vor Armut.«

Menstruation

Arabisch *Mahid*. Die Menses werden *Haid* genannt, eine Frau, die ihre Monatsregel hat, *Ha'id* oder *Ha'ida*.

Alle muslimischen theologischen Werke enthalten ein Kapitel, das sich mit dem Verhalten der Frauen in dieser Zeit beschäftigt. Während der Menstruationsperiode ist es Frauen nicht erlaubt, zu beten, den Koran zu berühren oder zu lesen und eine Moschee zu betreten. Außerdem dürfen sie keinen Geschlechtsverkehr mit ihrem Mann haben. In den Traditionen wird jedoch darauf hingewiesen, daß Mohammed die Vorschrift des mosaischen Gesetzes, nach der die Frauen in dieser Zeit für volle sieben Tage isoliert werden müssen (Leviticus 15 19), ablehnte. Und Anas berichtet, daß die Juden, als sie dies vernahmen, gesagt hätten: »Dieser Mann mißachtet alle unsere Bräuche.«

Am Ende der Periode muß die Frau ein →*Bad* nehmen und ein Gebet sprechen.

Michael

In der muslimischen Literatur wird der Erzengel Michael generell als *Mika'il* bezeichnet, im Koran aber, in dem der Name einmal erscheint, heißt er *Mikal*.

Al-Baidawi berichtet, ein Jude namens 'Abdu'llah ibn Suriya' habe gesagt, wenn Mohammed nicht von Gabriel, der ein Racheengel sei, sondern von Michael, dem Schutzengel der Juden, seine Offenbarungen empfangen hätte, dann hätten sie ihm möglicherweise geglaubt. Diese Anmerkung bezieht sich auf Sure 2 91-93 des Korans »Sprich: Wer ist ein Feind Gabriels? Denn wahrlich, er sandte mit dem Willen Gottes die Offenbarung in dein Herz, eine

Bestätigung dessen, was schon vorhanden, Rechtleitung und Verheißung für die Gläubigen. Wer ist ein Feind Gottes, seiner Engel und seiner Gesandten, Gabriels und Michaels? Wahrlich, Gott ist ein Feind der Ungläubigen. Bereits offenbarten wir dir deutliche Verse, und nur die Gottlosen leugnen sie.«

Midianiter

Die Nachkommen Midians, dem Sohn Abrahams und der Ketura. Auch Bezeichnung einer Stadt und eines Gebietes am Roten Meer, südlich des Berges →*Sinai.*

Miete

Der arabische Begriff *Idschara* bezeichnet den zeitweisen Besitz und Nießbrauch einer Sache oder Person und umfaßt Miete, Pacht und Lohnarbeit. Der Verleiher wird *Adschir* oder *Mudschir* genannt, der Entleiher *Mustadschir*.

Im folgenden werden einige der Hauptpunkte des sunnitischen Mietrechts dargestellt:

Ein Miet-, Pacht- oder Arbeitsvertrag ist nur dann gültig, wenn vorher der Gewinn und die Leistung für beide Vertragspartner klar festgelegt und spezifiziert sind, denn es gibt eine →*Tradition,* nach der der Prophet gesagt hat: »Wenn eine Person eine andere mietet, muß diese erst wissen, welche Bezahlung sie zu erwarten hat.«

Ein Arbeiter oder Handwerker, der eine Arbeit auszuführen hat, kann keine Ansprüche stellen, solange die Arbeit nicht zu Ende gebracht ist, aber er darf den Gegenstand, an dem er gearbeitet hat, so lange zurückhalten, bis er seinen vollen Lohn bekommen hat, und er ist nicht für einen Verlust oder Schaden verantwortlich zu machen, der in dieser Zeit aufgetreten ist.

Wenn jemand einen Boten mietet, der einen Brief nach Basra bringen und mit einer Antwort zurückkehren soll, und dieser reist nach Basra, findet dort aber den Adressaten tot und kehrt mit dem Brief wieder zurück, dann hat er keinen Anspruch auf Lohn. Diese merkwürdige Regel gilt nach Abu Hanifa und zwei seiner Schüler; nach Imam Muhammad muß der Bote jedoch bezahlt werden.

Es ist gesetzlich, ein Haus oder Geschäft zu mieten, ohne jede Angabe über den Verwendungszweck zu machen, und es steht dem Mieter frei, das Objekt zu nutzen, wie er will, solange dadurch am Gebäude kein Schaden entsteht.

Es ist gesetzlich, Land zur Kultivierung zu pachten, und in diesem Fall steht dem Pächter sowohl das Nutzungsrecht der Straße, die zu dem Land führt, als auch des Wassers zu, auch wenn dies nicht ausdrücklich im Vertrag erwähnt wird.

Die Verpachtung von Land ist nur rechtsgültig, wenn in dem Vertrag festgelegt ist, was der Pächter dort anbauen will und ob er zum Beispiel Gebäude errichten will, es sei denn der Verpächter hat in den Vertrag eine Klausel aufgenommen, die dem Pächter ausdrücklich erlaubt, daß er auf dem Land machen kann, was er will. Wenn es festgelegt ist, daß der Pächter auf dem Land Gebäude errichten oder Bäume pflanzen darf, kann der Verpächter jedoch verlangen, daß nach Ablauf der Pachtzeit das Land in den ursprünglichen Zustand gesetzt wird. Wenn aber der Pächter auf dem Land Getreide anbaut und bei Ablauf der Pachtzeit gerade Korn auf dem Halm steht, muß der Verpächter gegen eine angemessene Entschädigung dulden, daß das Getreide so lange auf dem Land bleibt, bis es gemäht werden kann.

Es ist gesetzlich, ein Tier zu mieten, sowohl zum Zwecke des Transports von Lasten als auch zum Reiten und zu jedem weiteren Zweck, zu dem das Tier geeignet ist. Wenn jemand ein Lasttier vermietet, muß er zuvor festlegen, welche Arten von Lasten und bis zu welchem Gewicht das Tier tragen darf. Stirbt ein gemietetes Tier, weil es mißbräuchlich eingesetzt wurde, ist der Mieter für den Schaden verantwortlich.

Ein Mihrab (Gebetsnische)

Mihrab

Eine Nische in der Mitte einer Wand einer Moschee, die die Richtung nach Mekka anzeigt und vor der der →*Imam* sich aufstellt, wenn er eine Gebetsversammlung leitet.

Inneres einer Moschee mit Mihrab

MIKA'IL →*Michael*

MIKAL →*Michael*

MILCH
Arabisch *Laban*. Der Verkauf von Milch im Euter ist ungesetzlich. Im Koran wird die Milch als eine besondere Gottesgabe erwähnt. Sure 16 68: »Und wahrlich, an den Haustieren auch habt ihr ein Bei-

spiel. Wir lassen euch trinken von dem, was zwischen Unrat und Blut in ihren Leibern, lautere Milch, kehlefließend den Trinkenden.«

MINA

Wörtlich »Wunsch«. Ein heiliges Tal in der Nähe Mekkas, das Teil der Riten der →*Hadsch*, der heiligen Pilgerreise nach Mekka, ist. Nach 'Abdu'l-Haqq trägt es diesen Namen, weil Adam in diesem Tal im Paradies zu sein wünschte.

MINARETT

Arabisch *Manarat*, von *Manar*, »ein Ort, an dem ein Feuer brennt, Leuchtturm, Säule«. Der zu einer →*Moschee* gehörige Turm, von dem aus der Muezzin, der »Rufer zum Gebet«, die Gläubigen zum Gebet auffordert. In der frühesten Phase des Islam hatten die Moscheen noch keine Minaretts, die ersten wurden im Jahre 703 n. Chr. von 'Umar ibn 'Abdi'l-'Aziz in →*Quba'* und →*Medina* errichtet.

Minbar in einer Moschee in Peschawar

MINBAR

Im allgemeinen *Mimbar* ausgesprochen. Die »Kanzel« in einer →*Moschee,* von der die →*Khutba*, die Freitagspredigt, gehalten wird. Es besteht aus drei Stufen und ist manchmal eine bewegliche Holzkonstruktion und manchmal aus Stein oder Ziegelsteinen an die Wand gebaut. Mohammed stand, wenn er die Versammlung leitete, auf der obersten Stufe, Abu Bakr auf der zweiten und 'Umar auf der untersten. 'Uthman stand auf der mittleren Stufe, und seit damals ist es üblich, von dieser Stufe aus zu predigen. Die Schiiten haben vierstufige Minbars. Die Minbars in Kairo sind höhere Konstruktionen, in Asien haben sie primitiveren Charakter.

Anfänglich lehnte der Prophet, wenn er predigte, an einem Pfosten. Der Minbar oder die »Kanzel« war die Erfindung eines Mannes aus Medina. Es handelte sich um eine Holzkonstruktion aus drei Stufen, von denen jede eine Handspan-

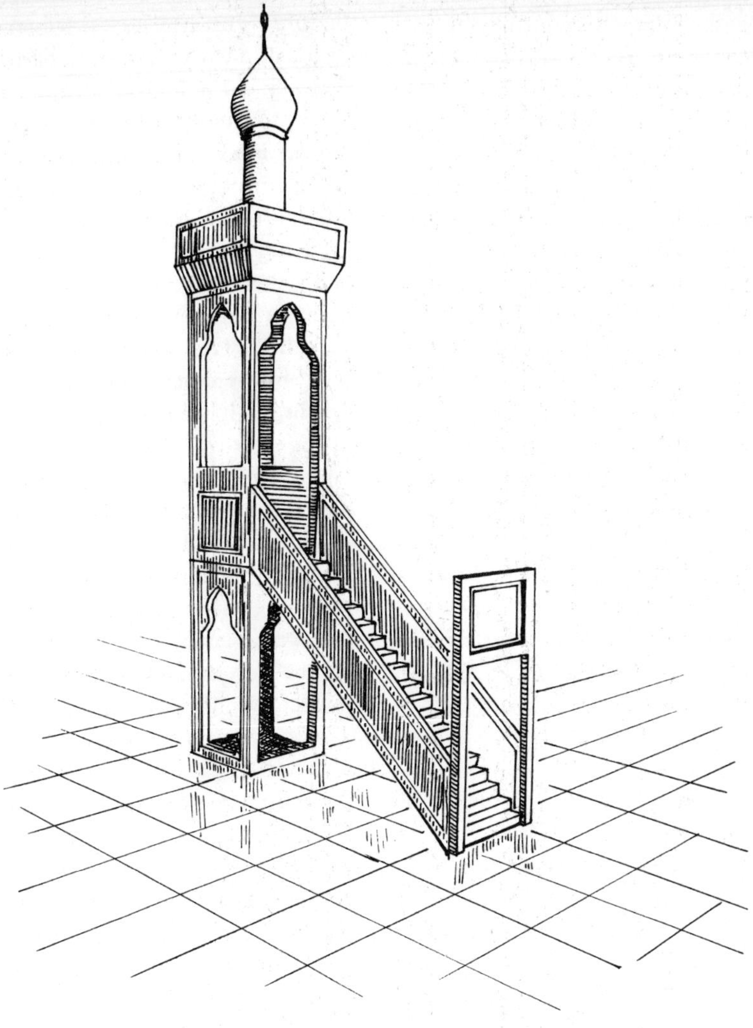

Ein Minbar in einer ägyptischen Moschee

ne hoch war. Auf die oberste Stufe setzte der Prophet sich nieder, wenn er eine Erholungspause brauchte.

MIQAT

Wörtlich »festgelegter Ort«. An allen Straßen nach Mekka liegen in einer Entfernung von acht bis zehn Kilometern von der Stadt Stationen für die Pilger, die *Miqat* genannt werden. Erreicht der Pilger eine solche Station, badet er, verrichtet einige Gebete und legt das heilige Pilgergewand an. →*Ihram*

Mir

Ein Ehrentitel, der den Nachkommen muslimischer Heiliger verliehen wird. Allgemeiner benutzt für Nachkommen Fatimas, der Tochter Mohammeds.

Mi'radsch

Wörtlich »Aufstieg«. Mohammeds Reise in den Himmel, auch *Isra'*, »Nachtreise«, genannt. Sie soll im zwölften Jahr der Mission des Propheten stattgefunden haben, im Monat →*Rabi'u'l-Awwal.*

Nach Abu'l-Haqq gibt es verschiedene Schriftgelehrte, die diese Reise für eine reine Vision halten, aber die meisten, fügt er hinzu, halten sie für ein tatsächliches Ereignis.

Der einzige Hinweis im Koran auf diese Reise erscheint in Sure 17 1: »Preis ihm, der bei Nacht mit seinem Diener reiste von der heiligen Anbetungsstätte zu der entfernten Anbetungsstätte (das heißt von Mekka nach Jerusalem).«

Die folgende Beschreibung der Nachtreise ist den *Mischkatu'l-Masabih* entnommen. Mohammed soll danach gesagt haben: »Als ich im Schlaf lag, kam der Engel Gabriel zu mir, und er schnitt mich auf von der Brust bis unter den Nabel. Er nahm mein Herz heraus, wusch die Öffnung mit dem Wasser des Brunnens Zamzam, und dann füllte er mein Herz mit Glauben und Wissen. Danach wurde mir ein weißes Reittier gebracht. Es hatte die Größe eines Mulis oder eines Esels, und sein Name war →*Buraq.* Ich bestieg das Tier, und wir flogen nach oben, bis wir den untersten Himmel erreichten. Gabriel verlangte, daß das Tor geöffnet werden solle. Und es wurde gefragt: ›Wer ist da?‹ Und er antwortete: ›Ich bin Gabriel.‹ Und dann wurde gefragt: ›Wer ist bei dir?‹ Und er antwortete: ›Es ist Mohammed.‹ Sie sagten: ›Ist Mohammed für das Amt des Propheten berufen worden?‹ Er sagte: ›Ja.‹ Und sie sagten: ›Willkommen, Mohammed! Sein Kommen ist gut.‹ Dann wurde die Tür geöffnet, und wir betraten den ersten Himmel, und ich sah Adam. Und Gabriel sagte zu mir: ›Dies ist dein Vater Adam. Begrüße ihn!‹ Ich begrüßte Adam und er mich ebenso, und er sprach: ›Willkommen, guter Sohn und guter Prophet!‹ Danach nahm mich Gabriel mit zum zweiten Himmel, und er verlangte, daß das Tor geöffnet werden solle. Und es wurde gefragt: ›Wer ist da?‹ Und er antwortete: ›Ich bin Gabriel.‹ Und dann wurde gefragt: ›Wer ist bei dir?‹ Und er antwortete: ›Es ist Mohammed.‹ Sie sagten: ›Ist er berufen worden?‹ Er sagte: ›Ja.‹ Und sie sagten: ›Willkommen, Mohammed! Sein Kommen ist gut.‹ Dann wurde die Tür geöffnet, und wir betraten den zweiten Himmel, und ich sah Johannes und Jesus. Und Gabriel sagte zu mir: ›Dies ist Johannes, und dies ist Jesus. Begrüße sie beide!‹ Ich begrüßte sie und sie mich ebenso, und sie sprachen: ›Willkommen, guter Bruder und guter Prophet!‹ Danach nahm mich Gabriel mit zum dritten Himmel, und er verlangte, daß das Tor geöffnet werden solle. Und es wurde gefragt: ›Wer ist da?‹ Und er antwortete: ›Ich bin Gabriel.‹ Und dann wurde gefragt: ›Wer ist bei dir?‹ Und er antwortete: ›Es ist Mohammed.‹ Sie sagten: ›Ist er berufen worden?‹ Er sagte: ›Ja.‹ Und sie sagten: ›Willkommen, Mohammed! Sein Kommen ist gut.‹ Dann wurde die Tür geöffnet, und wir betraten den dritten Himmel, und ich sah Joseph. Und Gabriel sagte zu mir: ›Dies ist Joseph. Begrüße ihn!‹ Ich begrüßte Joseph und er mich ebenso, und er sprach: ›Willkommen, guter Bruder und guter Prophet!‹ Danach nahm mich Gabriel mit zum vierten Himmel, und er verlangte, daß das Tor geöffnet werden solle. Und es wurde gefragt: ›Wer ist da?‹ Und er antwortete: ›Ich bin Gabriel.‹ Und dann wurde gefragt: ›Wer ist bei dir?‹ Und er antwortete: ›Es ist Mohammed.‹ Sie sagten: ›Ist er berufen worden?‹ Er sagte: ›Ja.‹ Und sie sagten: ›Willkommen, Mohammed! Sein Kommen ist gut.‹ Dann wurde die Tür geöffnet, und wir betraten den vierten Himmel, und ich sah Enoch. Und Gabriel sagte zu mir: ›Dies ist Enoch. Begrüße ihn!‹ Ich begrüßte Enoch und er mich ebenso, und er sprach: ›Willkommen, guter Bruder und guter Prophet!‹ Danach nahm mich Gabriel mit zum fünften Himmel, und er verlangte, daß das Tor geöffnet werden solle. Und es wurde gefragt: ›Wer ist da?‹ Und er antwortete: ›Ich bin Gabriel.‹ Und dann wurde gefragt: ›Wer ist bei dir?‹ Und er antwortete: ›Es ist Mohammed.‹ Sie sagten: ›Ist er berufen worden?‹ Er sagte: ›Ja.‹ Und sie sagten: ›Willkommen, Mohammed! Sein Kommen ist gut.‹ Dann wurde die Tür geöffnet, und wir betraten den fünften Himmel, und ich sah Aaron. Und Gabriel sagte zu mir: ›Dies ist Aaron. Begrüße ihn!‹ Ich begrüßte Aaron und er mich ebenso, und er sprach: ›Willkommen, guter Bruder und guter Prophet!‹ Danach nahm mich Gabriel mit zum sechsten Himmel, und er verlangte, daß das Tor geöffnet werden solle. Und es wurde gefragt: ›Wer ist da?‹ Und er antwortete: ›Ich bin Gabriel.‹ Und dann wurde gefragt: ›Wer ist bei dir?‹ Und er antwortete: ›Es ist Mohammed.‹ Sie sagten: ›Ist er berufen worden?‹ Er sagte: ›Ja.‹ Und sie sagten: ›Willkommen, Mohammed! Sein Kommen ist gut.‹ Dann wurde die Tür geöffnet, und wir betraten den sechsten Himmel, und ich sah Moses. Und Gabriel sagte zu mir: ›Dies ist Moses. Begrüße ihn!‹ Ich begrüßte Moses und er mich ebenso, und er sprach: ›Willkommen, guter Bruder und guter Prophet!‹ Und als ich ihn verließ, weinte er. Und ich sprach zu ihm: ›Was macht dich weinen?‹ Und er erwiderte: ›Weil einer nach mir gesandt ist, von dessen Volk mehr ins Paradies gelangen werden als von meinem.‹ Danach nahm mich Gabriel mit zum siebten Himmel, und er verlangte, daß das Tor geöffnet werden solle. Und es wurde gefragt: ›Wer ist da?‹ Und er antwortete: ›Ich bin Gabriel.‹ Und dann wurde gefragt: ›Wer ist bei dir?‹ Und er antwortete: ›Es ist Mohammed.‹ Sie sagten: ›Ist er berufen worden?‹ Er sagte: ›Ja.‹ Und sie sagten: ›Willkommen, Mohammed! Sein Kommen ist gut.‹ Dann wurde die Tür geöffnet, und wir betraten den siebten Himmel, und ich sah Abraham. Und Gabriel sagte zu mir: ›Dies ist dein Vater Abraham. Begrüße ihn!‹ Ich begrüßte Abraham und er mich ebenso, und er sprach: ›Willkommen, guter Sohn und guter Prophet!‹ Dann wurde ich zu einem Baum geführt, dessen Früchte groß wie Wasserkannen und dessen Blätter wie die Ohren eines Elefanten waren, und Gabriel sprach: ›Dieser Baum ist →*Sidratu'l-Muntaha.*‹ Und ich sah vier Ströme dort, zwei verborgen und zwei offen. Ich fragte Gabriel: ›Was sind dies für Flüsse?‹ Und Gabriel antwortete: ›Die zwei verborgenen Flüsse sind im Paradies, und die anderen beiden sind der Nil und der Euphrat.‹ Danach wurden mir drei Krüge gebracht, der eine gefüllt mit Wein, der zweite gefüllt mit Milch und der dritte mit Honig, und ich nahm die Milch und trank sie. Und Gabriel sprach: ›Milch ist Religion; du und dein Volk werden sich ihr weihen.‹ Danach erhielt ich den göttlichen Befehl, fünfzig Gebete am Tag zu verrichten. Dann kehrte ich um, und als ich an Moses vorbeikam, fragte er mich: ›Welchen Befehl hast du bekommen?‹ Und ich erwiderte: ›Fünfzig Gebete am Tag.‹ Darauf erwiderte er: ›Wahrlich, dein Volk wird es nicht schaffen, fünfzig Gebete am Tag zu verrichten. Ich schwöre dir bei Gott, ich habe das selbst schon versucht. Ich habe diesen Befehl den Kindern Israels weitergegeben, aber das Ergebnis war nicht wie erwünscht. Kehre zu deinem Herrn zurück, und bitte ihn um Erleichterung.‹ Ich kehrte an den Hof des Herrn zurück, und mir wurden zehn Gebete erlassen. Darauf ging ich wieder zu Moses, und er sprach wie zuvor. Ich kehrte an den Hof des Herrn zurück, und mir wurden zehn Gebete erlassen. Darauf ging ich wieder zu Moses, und er sprach wie zuvor. Ich kehrte an den Hof des Herrn zurück, und mir wurden zehn Gebete erlassen. Darauf ging ich wieder zu Moses, und er sprach wie zuvor. Ich kehrte an den Hof des Herrn zurück, und mir wurden zehn Gebete erlassen. Darauf ging ich wieder zu Moses, und er sprach wie zuvor. Ich kehrte an den Hof des Herrn zurück, und mir wurden fünf Gebete am Tag aufgetragen. Darauf ging ich wieder zu Moses, und er fragte mich: ›Wie viele sind dir aufgetragen?‹ Und ich erwiderte: ›Fünf Gebete am Tag.‹ Darauf erwiderte er: ›Wahrlich, dein Volk wird es nicht schaffen, fünf Gebete am Tag zu verrichten. Ich schwöre dir bei Gott, ich habe diesen Befehl den Kindern Israels gegeben und die größten Schwierigkeiten bekommen. Kehre zu deinem Herrn zurück, und bitte ihn um Erleichterung.‹ Ich aber erwiderte: ›Ich habe so lange gebeten, daß ich mich schon schäme. Ich kann nicht zu ihm zurückkehren. Ich bin auch zufrieden und lege die Mühen meines Volkes in die Hände Gottes.‹ Als ich den Ort verließ, erscholl eine Stimme, die ausrief: ›Ich habe meine Gebote gegeben, und ich habe sie für meine Diener leicht gemacht.‹ «

Suratu'l-Mi'radsch ist auch der Titel der 17. Sure des Korans, deren erster Vers einen Hinweis auf die Nachtreise enthält (s. o.)

MISCHKAT

Mischkatu'l-Masabih. Ein bekanntes Buch der sunnitischen Tradition. Es wurde ursprünglich von dem Imam Husain al-Baghawi kompiliert, einem berühmten Kommentator, der im Jahre 1116 oder 1122 n. Chr. starb und der dem Werk den Titel *Masabihu's-Sunna*, »Die Leuchten der Tradition«, gab. Im Jahre 1336 n. Chr. revidierte Scheich Waliyu'd-Din das Werk, indem er jeder Abteilung ein zusätzliches Kapitel anfügte, und nannte es *Mischkatu'l-Masabih*, »Nische für Leuchten«.

Später übersetzte Scheich 'Abdu'l-Haqq das Werk ins Persische und fügte noch ein weiteres Kapitel zu.

MISKIN

Im muslimischen Recht eine Person, die völlig ohne jeden Besitz ist, im Gegensatz zu einem *Faqir*, einer Person, die zwar etwas besitzt, aber arm ist.

MITHQAL

Eine arabische Gewichtseinheit, die häufig in muslimischen Gesetzbüchern benutzt wird, ca. 6 Gramm.

MITLEID →*Barmherzigkeit*

MIZAN

Plural *Mawazin*, wörtlich »Waage«.

1. Das im Koran enthaltene Gesetz, Sure 42 16: »Gott ist es, der das Buch herabgesandt hat in Wahrheit und die Waage.«

2. Die Waage, mit der die Taten aller Menschen gewogen werden, Sure 21 48: »Und wir stellen die Waage auf, die gerechte, für den Tag der Auferstehung, und keine Seele wird um etwas übervorteilt werden. Und wäre es auch das Gewicht eines Senfkorns, wir bringen es heran. Und wir genügen als Rechenschafter.«

MOHAMMED

Arabisch →*Muhammad.* Wörtlich »der Gepriesene«. Auch *Mahomet* oder *Mahomed* geschrieben.

Mohammed, der Begründer der islamischen Religion, war der nachgeborene Sohn des →*'Abdu'llah* und dessen Frau →*Amina.*

'Abdu'llah gehörte zum Stamme Haschim, dem edelsten Stamm des koreischitischen Zweiges des arabischen Volkes, von dem gesagt wurde, daß er unmittelbar von →*Ismael* abstamme. Der Vater 'Abdu'llahs und somit Mohammeds Großvater war →*'Abdu'l-Muttalib*, der das hohe Amt eines Kustos der →*Ka'ba* bekleidete.

Mohammed wird viermal im Koran namentlich erwähnt:

Sure 3 138: »Mohammed ist nur ein Gesandter, und schon vor ihm traten Gesandte auf. Stürbe er oder würde er erschlagen,

kehret ihr dann in eure Fußstapfen zurück?«
Sure 33 40: »Mohammed ist nicht Vater irgendeines Mannes von euch, er ist vielmehr ein Gesandter Gottes und das Siegel der Propheten.«
Sure 47 2: »Die aber gläubig sind, gute Werke üben und an das glauben, was Mohammed geoffenbart worden, und es ist die Wahrheit von ihrem Herrn, ihnen vergibt er ihre Missetaten und bessert ihren Sinn.«
Sure 48 29: »Mohammed ist der Gesandte Gottes, und die mit ihm, streng sind sie gegen die Ungläubigen und barmherzig untereinander. Verbeugt siehst du sie und kniefällig, Gnade von Gott erstrebend und Wohlgefallen.«
Jesus soll ihn unter dem Namen *Ahmad* (Achmed) vorhergesagt haben. Sure 61 6: »Und einst sprach Jesus, der Sohn Marias: ›O Kinder Israel, ich bin ein Gesandter Gottes an euch, Bestätiger dessen, was schon vor mir war von der Thora, und Verkünder eines Gesandten, der nach mir kommen wird, dessen Name Achmed ist.‹ «
Nach einer Tradition von →*Ibn ʻAbbas* hat der Prophet gesagt: »Mein Name im Koran ist Mohammed, im Neuen Testament Ahmad und in der Thora Ahyad, und ich werde Ahyad genannt, weil ich das Höllenfeuer besser meiden kann als irgend jemand meines Volkes.« (Die Sprachwurzel von Ahyad bedeutet »meiden«.)

Mohammeds Leben

Mohammed wurde um 570 in Mekka geboren. Unmittelbar nach seiner Geburt schickte seine Mutter Amina einen Boten zu ʻAbdu'l-Muttalib, um ihm die Nachricht zu überbringen. Der Bote fand ihn in der Kaʻba inmitten seiner Söhne und der wichtigsten Männer der Stadt, und er erhob sich voller Freude, als er die Neuigkeit vernahm, und eilte zum Haus Aminas, wo er das Kind auf den Arm nahm, zur Kaʻba zurückkehrte und Gott dankte. Die →*Koreischiten* schlugen dem Großvater vor, das Kind nach einem Mitglied der Familie zu nennen, aber ʻAbdu'l-Muttalib sprach: »Ich möchte, daß der Gott, der das Kind auf Erden geschaffen hat, im Himmel gepriesen wird«, und er gab ihm den Namen Mohammed, »der Gepriesene«.
Es war damals in Arabien bei den Frauen der Oberschicht nicht üblich, ihre Kinder selbst zu stillen, und folglich wurde Mohammed kurz nach seiner Geburt Zuwaiba übergeben, einer Sklavin seines Onkels Abu Lahab. Zuwaiba hatte einen

Sohn namens Masruh, den sie zur selben Zeit stillte, und sie war zuvor auch die Amme von Hamza, einem Onkel Mohammeds, und von Abu Salama gewesen, so daß diese Männer Milchbrüder waren. Zuwaiba stillte Mohammed nur einige Tage, danach wurde er in die Obhut von Halima, einer Frau aus dem Stamm der Banu Sa'd, gegeben. Halima war die Tochter des 'Abdu'llah Abu Zu'aib, dem Sohn des Al-Harith, und sie nahm Mohammed mit zu den Banu Sa'd, wo er zwei Jahre blieb. Halima hatte einen Sohn mit Namen 'Abdu'llah und die beiden Töchter Anisa und Harama.

Folgende Episode aus dieser Zeit wird von Abu'l-Fida' überliefert: Eines Tages entfernten sich Mohammed und sein Milchbruder von dem Haus Halimas, und ihr Sohn kehrte allein zu ihr zurück und sagte zu ihr: »Zwei Männer in weißen Kleidern haben den koreischitischen Jungen auf den Boden geworfen und ihm den Bauch geöffnet.« Daraufhin eilten Halima und ihr Mann zu der angegebenen Stelle, fanden Mohammed aber auf den Füßen stehend vor. Sie fragten ihn: »Was ist dir geschehen?« Und er antwortete: »Zwei Männer sind gekommen und haben meinen Bauch geöffnet.« Darauf sagte Halimas Mann zu ihr: »Ich fürchte, daß der Junge Epileptiker ist.« Deshalb brachten sie ihn zu seiner Mutter Amina und sprachen zu ihr: »Wir fürchten, daß er von einem Teufel besessen ist.« Amina aber erwiderte: »Was in aller Welt kann der Teufel mit meinem Sohn zu schaffen haben, daß er ihn als Feind betrachten soll?«

Dieser Vorfall wird als das Wunder interpretiert, als Gabriel kam, um das Herz des Kindes von allen Sünden reinzuwaschen. Und einige Kommentatoren sagen, daß sich der erste Vers der 94. Sure auf diesen Vorfall beziehe: »Erschlossen wir dir nicht deine Brust?«

Mohammed hat immer die besten Erinnerungen an die Zeit bei den Banu Sa'd bewahrt, und noch nach Jahren pflegte er zu sagen: »Ich bin wahrhaftig der vollkommenste Araber von uns allen. Geboren bin ich als Koreischite, meine Sprache aber ist die der Banu Sa'd.«

In seinem sechsten Lebensjahr wurde Mohammed von seiner Mutter mit nach Medina genommen, aber auf der Rückreise wurde sie krank und starb an einem Ort namens Al-Abwa', wo sie auch begraben wurde. In den folgenden Jahren besuchte

Mohammed regelmäßig das Grab seiner Mutter.
Das kleine Waisenkind wurde nach dem Tod seiner Mutter von Umm Aiman nach Mekka zurückgebracht, und sein Großvater 'Abdu'l-Muttalib übernahm nun die Verantwortung für das Kind, aber auch er starb nach zwei Jahren, und Mohammed wurde in die Obhut seines Onkels väterlicherseits →*Abu Talib* gegeben. Als Mohammed zwölf Jahre alt war, wurde er von seinem Onkel auf eine mehrmonatige Handelsreise nach Syrien mitgenommen, und er gelangte bis nach Basra. Dem muslimischen Historiker Abu'l-Fida' zufolge war es in Basra, wo Mohammed den christlichen Mönch Buhaira' traf, der zu Abu Talib gesagt haben soll: »Kehre heim mit diesem Jüngling, und beschütze ihn vor dem Haß der Juden, denn große Würden erwarten diesen Sohn deines Bruders.« Auf dieser Reise hatte Mohammed seine ersten Kontakte mit dem christlichen Glauben und den christlichen Gebräuchen. Außerdem muß er auch durch viele jüdische Siedlungen gekommen sein. Es ist daher höchst wahrscheinlich, daß er auf dieser Reise die ersten Anstöße zur Reformierung der arabischen Religion erhielt. Abgesehen von dieser Reise scheint die Jugend Mohammeds ohne besondere Ereignisse verlaufen zu sein, aber alle Autoritäten stimmen darin überein, daß er ein gesittetes und moralisches Leben führte, was damals in Mekka die Ausnahme gewesen sei. Sein lauterer Charakter und sein korrektes Auftreten führten dazu, daß er auf einhelligen Beschluß der Bürger von Mekka den Ehrentitel »Al-Amin«, »der Ehrliche«, erhielt.
Seine Aufgabe in seiner Jugend war es hauptsächlich, Schafe und Ziegen in der Umgebung von Mekka zu hüten. Später bezieht er sich auf diese Tätigkeit, wenn er sagt: »Wahrlich, es hat keinen Propheten gegeben, der nicht den Beruf des Hirten ausgeübt hat.«
Als Mohammed sein fünfundzwanzigstes Lebensjahr erreicht hatte, trat er auf Empfehlung seines Onkels Abu Talib in die Dienste von →*Khadidscha*, einer reichen Witwe in Mekka. Sie entstammte ebenfalls dem Stamm der Koreischiten und war die Tochter des Khuwailid ibn Asad. Zusammen mit Maisara, ihrer Dienerin, wurde Mohammed verantwortlich für ihre Handelsgeschäfte, und so kam es, daß Mohammed sich wieder auf eine Handelsreise machte,

die fast dieselbe Route hatte wie diejenige, die er dreizehn Jahre zuvor mit seinem Onkel unternommen hatte, wobei er erneut Eindrücke von der jüdischen und christlichen Religion sammeln konnte.
Mohammed, der sich als treuer Sachwalter der Interessen seiner Herrin erwiesen hatte, wurde bald mit ihrer Hand zum Ehebund belohnt. Als Mohammed sie heiratete, war sie eine Witwe im Alter von vierzig Jahren, war zuvor zweimal verheiratet gewesen und hatte ihren früheren Ehemännern zwei Söhne und eine Tochter geboren. Die Verbindung zwischen Mohammed und Khadidscha war glücklich und fruchtbar, zwei Söhne und vier Töchter gingen noch aus ihr hervor. Ihr ältester Sohn war →*Al-Qasim,* der im Alter von zwei Jahren starb und nach dem Mohammed auch manchmal Abu'l-Qasim, »Vater des Qasim«, genannt wurde. Auch der andere Sohn, ʻAbdu'llah, starb in der Kindheit. Die Töchter waren Zainab, Ruqaiya, Umm Kulthum und →*Fatima*.
Solange sie lebte, war Khadidscha Mohammeds einzige Frau, und er erinnerte sich an diesen Lebensabschnitt stets mit großer Zärtlichkeit. Als die Welt ihn einen Betrüger und Fälscher nannte, war sie die erste, die ihn einen »Gesandten Gottes« nannte. In der Tat war die gegenseitige Liebe so tief, daß die neidische →*ʻA'ischa* viele Jahre nach Khadidschas Tod erklärte, sie sei eifersüchtiger auf die Tote als auf alle lebenden Rivalinnen um die Gunst des Propheten.
War Mohammed bis zur Ehe mit Khadidscha fast ein Fremder in der Welt gewesen, so erlangte er nun eine gewisse Reputation in der Gesellschaft Mekkas, und er übernahm eine führende Rolle bei der Wiederbelebung einer alten Vereinigung, deren Ziel es war, die Gesetzlosigkeit in Mekka zu bekämpfen und die *Hilfu'l-Fudul*, »Gesellschaft der Fudul«, genannt wurde. Es wurde ein Vertrag zum Schutz der Schwachen und Unterdrückten zwischen den vier oder fünf wichtigsten Familien Mekkas geschlossen, und Mohammed war einer der wichtigsten Initiatoren in dieser Gesellschaft.
In seinem fünfunddreißigsten Lebensjahr legte er einen Streit bei, der nach dem Neuaufbau der →*Kaʻba* um die Positionierung des schwarzen Steins in der Kaʻba ausgebrochen war und sich zu einer ernsten Auseinandersetzung auszuweiten drohte.

Kurz nach dem Wiederaufbau der Ka'ba adoptierte Mohammed →*'Ali (2.)*, den Sohn seines Onkels und Pflegevaters Abu Talib. 'Ali war zu diesem Zeitpunkt erst sechs Jahre alt. Ebenfalls in dieser Zeit kam noch eine andere Person in enge persönliche Verbindung mit ihm, die nicht durch familiäre Bande mit ihm verknüpft war, nämlich Zaid, ein Sklavenjunge, den Khadidscha ihm zum Geschenk gemacht hatte. Zaid war der Sohn von Haritha, die zu den Banu 'Udhra gehörte, einem Stamm, der im Süden Syriens beheimatet war. Er war in Gefangenschaft geraten und an Khadidschas Großvater als Sklave verkauft worden. Als Haritha hörte, daß ihr Sohn Mohammeds Sklave war, kam sie nach Mekka und bot Mohammed eine große Summe Geld zum Freikauf Zaids an. Mohammed befragte Zaid, ob er gehen oder bleiben wolle, und dieser entschied sich zu bleiben. Darüber war Mohammed so erfreut, daß er Zaid freiließ und ihn adoptierte. Der Befreite war von da an unter dem Namen Zaid ibn Muhammad bekannt.

Mohammed näherte sich nun seinem vierzigsten Lebensjahr, und immer stärker beschäftigten ihn Reflektionen und Meditationen. Der →*Götzendienst* und die moralische Haltlosigkeit seines Volkes lasteten schwer auf ihm, und er suchte offensichtlich nach der wahren Religion. Wahrscheinlich hat er in dieser Zeit die Suren des Korans verfaßt, in denen eher das ängstliche Sehnen eines Suchers zum Ausdruck kommt als die Selbstgewißheit des Gottesgesandten. So können wir dieser Zeit folgende Verse zuschreiben, die auch nach Meinung der muslimischen Kommentatoren zu den frühesten gehören. Sure 103: »Beim Nachmittag: Wahrlich, der Mensch (geht) ins Verderben. Nur die nicht, die gläubig sind, gute Werke üben und einander ermahnen zur Wahrheit, einander ermahnen zur Geduld.«

Sure 100: »Bei den schnaubend rennenden Rossen. Mit den Hufen funkenschlagend. Bei den morgens einstürmenden. Und dabei Staubwolken aufwirbelnden. Und in der Schar Mitte dringenden: Wahrlich, der Mensch ist gegen seinen Herrn undankbar. Und er selber ist darüber Bezeuger. Und ergeben ist er ganz der Liebe (irdischen) Gutes. Weiß er denn nicht, daß, wenn bloßgelegt, was in den Gräbern, und hervorgebracht, was in den Busen, ihr Herr dann kundig ist?«

Sure 1: »Im Namen Gottes, des Barmherzigen! Lob und Preis sei Gott, dem Herrn aller Weltenbewohner, dem Gnädigen, der mit allen Erbarmen hat, dem Herrscher am Tage des Gerichtes. Dir allein wollen wir dienen, zu dir allein flehen wir um Beistand. Führe uns den rechten Weg, den Weg derer, die sich deiner Gnade freuen, und nicht den Pfad jener, denen du zürnst oder die in die Irre gehen!«

Die letztgenannte Sure ist die →*Fatiha,* das Eingangsgebet, die im öffentlichen Gebet der Muslime eine bedeutende Rolle spielt, und sie scheint die Gedanken einer ängstlichen und suchenden Seele widerzuspiegeln.

Diesen Suren folgten wahrscheinlich andere ähnlichen Charakters, eher poetische Stimmungsbilder als didaktische Anweisungen. Dazu zählen zum Beispiel die Suren 101, 95, 104, 92, 91 und 106.

Mohammed scheint sich einige Jahre lang mit solchen Meditationen beschäftigt zu haben, die in diesen Suren ihren Ausdruck finden, bevor er die Berufung eines göttlichen Lehrers für sich beanspruchte, denn offensichtlich kam er nur langsam und Schritt für Schritt zu der Überzeugung, daß er von Gott berufen sei, als Reformator für sein Volk und die Menschheit zu wirken.

Mohammed zog sich von Zeit zu Zeit zurück, um sich der Meditation hinzugeben, und bei einer dieser Gelegenheiten war es, daß ihm im Traum der Engel →*Gabriel* erschien und ihm seine erste Offenbarung zuteil wurde (Mischkat):

→*'A'ischa* überliefert: »Die ersten Offenbarungen empfing der Prophet im Traum, und diese Träume kamen immer erst kurz vor Tagesanbruch. Danach benötigte er Abgeschiedenheit, und er zog sich in eine Höhle des Berges →*Hira'* zurück, wo er Tag und Nacht betete. Er kehrte, wann immer er wollte, zu seiner Familie und seiner Frau Khadidscha nach Mekka zurück, um sich dann wieder zurückzuziehen, wobei er das Lebensnotwendige mitnahm. So ging er immer wieder zum Berg Hira', bis eines Tages der Engel zu ihm kam und sprach: ›Lies!‹ Aber der Prophet antwortete: ›Ich bin kein Leser.‹ Und der Engel ergriff ihn und drückte ihn so, bis er es nicht mehr ertragen konnte, ließ ihn los und wiederholte: ›Lies!‹ Und er sagte wieder: ›Ich bin kein Leser.‹ Und der Engel ergriff ihn wieder und drückte ihn so, bis er es nicht

mehr ertragen konnte, ließ ihn los und wiederholte: ›Lies!‹ Und er sagte wieder: ›Ich bin kein Leser.‹ Und der Engel ergriff ihn und drückte ihn so, bis er es nicht mehr ertragen konnte, und sprach:
›Lies, im Namen deines Herrn, der schuf. Er schuf den Menschen aus einem Blutgerinnsel. Lies, bei deinem Herrn, dem Hochgeehrten. Der den Griffel (führen) gelehrt. Er lehrte den Menschen, was er nicht kannte.‹ «
(Dies sind die ersten fünf Verse der 96. Sure des Korans.)
»Dann wiederholte der Prophet diese Worte und kehrte zutiefst erregt (vom Hira' nach Mekka) zu Khadidscha zurück und berichtete ihr alles, was geschehen war und sagte zu ihr: ›Wahrlich, ich hatte Angst, daß ich sterben müßte.‹ Sie aber sagte: ›Nein, das wird nicht so sein. Ich schwöre dir, daß er dir nie Kummer oder Leid bereiten wird. Denn du bist freundlich zu deinen Verwandten, du sprichst die Wahrheit, du bist vertauenswürdig, du trägst die Kümmernisse der Menschen, du gibst für gute Werke das aus, was du im Handel verdienst, du bist gastfreundlich und unterstützt deine Mitmenschen.‹ Danach ging Khadidscha mit dem Propheten zu Waraqa, der der Sohn ihres Onkels war, und sprach zu ihm: ›O Sohn meines Onkels, höre, was dem Sohn deines Bruders widerfahren ist!‹ Und Waraqa sprach zum Propheten: ›O Sohn meines Bruders, was hast du gesehen?‹ Und der Prophet berichtete ihm, was geschehen war, und Waraqa sagte: ›Das war der Namus (Engel, Geist), den Gott zu Moses gesandt hat. O wäre ich doch jung in dieser Zeit! Und wollte Gott, daß ich lebte, wenn dein Volk dich verstoßen wird.‹ Der Prophet fragte: ›Wird mein Volk mich verstoßen?‹ Und Waraqa antwortete: ›Ja. Niemand ist jemals mit etwas gekommen wie du, ohne daß er auf Feindschaft gestoßen wäre. Aber wenn ich an diesem Tag noch leben sollte, werde ich dir zur Hilfe kommen.‹ Waraqa starb kurz danach, und die Offenbarungen schwanden (das heißt für eine gewisse Zeit).‹ «
Der ersten Vision folgte eine beträchtliche Zeitspanne ohne weitere Offenbarungen, und in dieser Zeit muß Mohammed in tiefe Depressionen gefallen sein. →*Al-Bukhari* sagt: »In dieser Zeit fiel der Prophet in tiefe Traurigkeit, so sehr, daß er sich von einem Berg zu Tode stürzen wollte.«
Aber nach Ablauf einer gewissen Zeit sei der Engel ihm wie-

der erschienen, als er bekleidet auf einem Teppich ruhte. Darauf verweist der Anfang der 74. Sure: »O der du in deinen Mantel gehüllt bist, stehe auf und predige!«

Danach war Mohammed davon überzeugt, ein erwählter Gesandter Gottes zu sein, dem die Aufgabe oblag, ein gefallenes Volk zur Verehrung ihres Gottes zurückzuführen. Die ihm zuteilwerdenden Offenbarungen waren das Buch Gottes, und seine Äußerungen Ausflüsse der Inspiration.

Die erste Konvertitin zum Islam war Mohammeds treue Ehefrau Khadidscha, die beiden nächsten, die den neuen Glauben annahmen, waren 'Ali und Zaid, seine beiden Adoptivsöhne, danach folgten sein alter Freund →*Abu Bakr*, »der Wahrhaftige«, 'Uthman, Enkel des 'Abdu'l-Muttalib, Talha, später ein berühmter Krieger, und 'Abdu'r-Rahman, ein Geschäftsmann. Es waren bald etwa fünfzig Seelen, die sich zu dem neuen Glauben bekannten, entweder Familienangehörige oder enge Freunde Mohammeds.

Es trat nun eine einschneidende Veränderung in den Beziehungen Mohammeds und seiner Anhänger zu den übrigen Einwohnern Mekkas ein. Es entwickelten sich feindliche Tendenzen gegen die Anhänger des Islam, und sie wurden Opfer von Demütigungen und ersten Verfolgungen. Es dauerte jedoch noch drei Jahre, bis sich eine organisierte Gegenbewegung bildete. Es kam zu ersten Gewaltakten, und Zaid, ein jugendlicher Konvertit, wurde tätlich angegriffen, als er die Gebetsleitung einer Gruppe von Muslimen innehatte, und er setzte sich zur Wehr, indem er einen Angreifer mit einem Kameldorn erstach. Das war das erste Blut, das im Namen des Islam vergossen wurde.

Im vierten Jahr seiner Mission übernahm Mohammed das Haus des Arqam (einem kurz zuvor Konvertierten), und dort fanden nun die Versammlungen derjenigen statt, die mehr über die Lehren des Propheten erfahren wollten. Das Haus lag direkt gegenüber der Ka'ba und somit sehr günstig. Es wurde so berühmt als Geburtsstätte der Gläubigen, daß es später das »Haus des Islam« genannt wurde.

In gleichem Maße, wie die Zahl der Gläubigen wuchs, wuchs auch die Feindschaft der Verfolger, und Mohammed empfahl denjenigen seiner Anhänger, die schutzlos waren, Asyl in einem fremden Land zu suchen. So verließen elf Männer mit ihren Familien Mekka und flohen nach Abessinien. Dort wurden sie vom Negus freundlich aufgenommen, und die Zeit ihres Exils verging in Frieden und Wohlstand. Dieser Vorgang wird die erste »Hidschra«, »Flucht«, nach Abessinien genannt, im Unterschied zu einer späteren, weit größeren Emigrationswelle ins selbe Land.

In diese Zeit fällt eine merkwürdige Episode, in der Mohammed offensichtlich einen Kompromiß mit seinem Volk suchte, indem er ihren Göttern einen Platz als Vermittler in seinem religiösen System einräumen wollte. Er setzte sich eines Tages zu den →*Koreischiten,* die neben der Ka'ba versammelt waren, und rezitierte folgende Sure (53):

»Was meint ihr von Lat und 'Uzza?
Und von Manat, der dritten, der andren (Gottheit)?
Diese sind die erhabenen Frauen,
und auf ihrer Fürbitte ruht unsere Hoffnung.«

Die Koreischiten waren erstaunt und erfreut, als sie diese Anerkennung ihrer Gottheiten vernahmen, und als Mohammed den Schlußvers der Sure sprach:

»Fallet nieder vor Gott und verehret ihn!«, da fiel die gesamte Versammlung zu Boden und betete.

Alle waren hocherfreut über das, was Mohammed gesagt hatte, und sie sprachen: »Nun wissen wir, daß es allein der Herr ist, der das Leben gibt und nimmt und der erschafft und Hilfe gibt. Und daß unsere Göttinnen bei ihm Fürsprache für uns einlegen. Da du ihnen nun eine wichtige Rolle eingeräumt hast, sind wir zufrieden, dir zu folgen.«

Aber ihre Worte beunruhigten Mohammed, und er zog sich zur Meditation zurück. Dann soll ihm der Engel →*Gabriel* erschienen sein, und dieser habe den ersten der Verse, die hier kursiv erscheinen, als vom Teufel stammend bezeichnet und ihm die richtigen Verse offenbart, die nun lauten:

»Was meint ihr von Lat und 'Uzza?
Und von Manat, der dritten, der andren (Gottheit)?
Habt ihr die Knaben und er die Mädchen?
Dies wäre eine ungerechte Verteilung.
Namen sind es nur, die ihr ihnen gegeben, ihr und eure Väter. Gott sandte hierzu keine Ermächtigung, sie folgten einem Wahn nur und was die Seelen begehren.«

Damit kehrte Mohammed zur Verurteilung des Götzendienstes zurück, von der er nie wieder abwich.
Im sechsten Jahr seiner Mission wurde die Sache Mohammeds durch den Beitritt von zwei der mächtigsten Männer der Stadt gestärkt, Hamza und 'Umar. →*Hamza* war der Onkel und gleichzeitig Milchbruder des Propheten, dessen Tapferkeit ihm später den Ehrentitel »Löwe Gottes« einbrachte. →*'Umar* war ein beweglicher Geist, ein Mann, der einer Sache, die er vertrat, neue Impulse verleihen konnte und sie durch seinen Charakter prägte. Er wurde später der Nachfolger →*Abu Bakrs* im Amt des Kalifen und hinterließ dem Islam den Stempel seines kriegerischen Geistes.
Alarmiert von dem Einfluß, den Mohammed und seine Anhänger nun auszuüben in der Lage waren, gründeten die Koreischiten eine dem Islam feindlich gesonnene Organisation, die jeglichen Umgang mit den Muslimen verbot. Allerdings erwies sich dieser Bann als zweischneidig, denn die Isolierung und Unterdrückung der Verfolgten erweckten Mitgefühl und Sympathien bei den Einwohnern Mekkas, und so wurde das Verbot wieder aufgehoben.
Zu Beginn des zehnten Jahres seiner Mission und in seinem fünfzigsten Lebensjahr verlor Mohammed seine treue Ehefrau Khadidscha. Fünfundzwanzig Jahre lang war sie ihm Ratgeberin und Stütze gewesen, und seine Trauer über ihren Tod war zunächst grenzenlos. Sie war fünfundsechzig Jahre alt, als sie starb. Einige Wochen später starb auch Abu Talib, der Onkel und Pflegevater des Propheten. Ob auch er zum Islam konvertiert ist, ist nicht sicher. Zwei Monate nach dem Tode Khadidschas, die zu ihren Lebzeiten die einzige Frau Mohammeds gewesen war, heiratete der Prophet →*Sauda*, die Witwe eines der abessinischen Emigranten, und verlobte sich mir 'A'ischa, der Tochter seines Freundes Abu Bakr, die damals ein Mädchen von sieben Jahren war.
Abu Talib war kaum beerdigt, als sich Mohammed, gefolgt von seinen treuen Anhängern, auf eine Missionsreise nach →*Ta'if* begab, etwa hundert Kilometer östlich von Mekka gelegen und die nächste Stadt von Bedeutung. Dieses Unternehmen endete jedoch als Fiasko, und der Prophet und die Seinen wurden aus der Stadt getrieben.
Aus Ta'if verjagt und in Mekka völlig hoffnungslos, schien die

Zukunft der Vertreter der neuen Lehre düster zu sein, als von einer völlig unerwarteten Seite neuer Auftrieb kam. Anläßlich der jährlichen Pilgerreise nach Mekka schloß sich eine kleine Gruppe von Männern aus Medina der Lehre des Propheten an, und durch diese wurde die neue Religion in ihrer Heimatstadt verbreitet, wo sie rege Resonanz fand. Ein Lehrer wurde von Mekka nach Medina geschickt, und die Lehren des neuen Propheten verbreiteten sich dort mit erstaunlicher Geschwindigkeit.

Die Hoffnungen Mohammeds ruhten nun auf Medina, und als er sich anläßlich der nächstjährigen Pilgerreise von einer Gruppe von siebzig enthusiastischen Anhängern aus dieser Stadt umringt sah, beschloß er, Mekka zu verlassen, und der Befehl wurde gegeben: »Geht nach Medina, denn der Herr hat euch Brüder in dieser Stadt gegeben und ein Haus, in dem ihr Zuflucht finden werdet.« Und so zogen die Muslime, Haus und Hof zurücklassend, heimlich in kleinen Gruppen nach Medina, wo ihre Zahl bald hundertundfünfzig erreichte, Frauen und Kinder mit eingerechnet. Mohammed, Abu Bakr, 'Ali und ihre Familien waren die einzigen, die in Mekka zurückblieben. Die Koreischiten hielten eine Beratung ab und beschlossen, Mohammed zu töten, aber er wurde gewarnt und entkam zum Berg Thaur in der Nähe Mekkas, wo er sich drei Tage lang in einer Höhle verbarg, und drei Tage später erreichte er Medina.

Der Tag seiner Flucht oder →*Hidschra* aus Mekka ist der Beginn der mohammedanischen Zeitrechnung. Das Datum war der 4. Tag des Monats →*Rabi'u'l-Awwal,* der 20. Juni des Jahres 622 n. Chr.

Die Flucht nach Medina verändert die Verhältnisse und damit auch den Charakter der Abschnitte des Korans, die dort offenbart werden. Ist Mohammed in Mekka der Mahner und Überzeuger gewesen, so wird er in Medina zum Gesetzgeber und Kriegsherrn, und die Verse des Korans bekommen einen mehr didaktischen Ton. Reimdichtung weicht der Prosa, und Mohammed beansprucht offen das Amt eines öffentlichen Warners und Propheten.

Die mekkanischen Götzendiener verschwinden aus den Texten, und an ihre Stelle treten die »Heuchler« (→*Munafiqun*) von Medina. Hier in Medina gab es zwar keine organisierte Opposition gegen Mohammed und seine Lehren, aber trotzdem existierte eine untergründige Abneigung gegen die neue Religion. Der Hauptvertreter dieses inneren Widerstandes war 'Abdu'llah ibn Ubaiy. Diese *Munafiqun*, »Heuchler«, genannten Bürger Medinas blieben bis fast zum Ende von Mohammeds Karriere Gegenstand bitterer Anklagen. Doch noch vor dem endgültigen Sieg des Islam verschwinden auch sie von der Szene.

Das erste Jahr von Mohammeds Aufenthalt in Medina war hauptsächlich mit dem Bau der großen Moschee und mit der Herrichtung der Häuser für sich und seine Gefolgschaft ausgefüllt. In kürzester Zeit wurde er das allseits respektierte Oberhaupt der Stadt. Kurz nachdem er mit seiner Frau Sauda ihr neues Haus bezogen hatte, heiratete er 'A'ischa, die nun zehn Jahre alt war. Damit begann eine neue Phase im Leben Mohammeds. Hatte er sich bisher mit einer einzigen Frau zufriedengegeben, so umgab er sich nun, im Alter von dreiundfünfzig Jahren, mit den Freuden und Bequemlichkeiten der →*Polygamie.*

Im zweiten Jahr der Hidschra griff Mohammed mit einer Armee, die aus 305 Mann bestand, von denen zwei Drittel Einwohner Medinas waren, eine doppelt so starke Streitmacht der Koreischiten an und schlug sie vernichtend. Dieser erste Feldzug des Propheten ist als Schlacht von →*Badr* bekannt. Es war das erste Mal, daß er mit dem Schwert in der Hand seinen Anspruch durchsetzen wollte, ein Gesandter des höchsten Gottes zu sein, und sein Sieg wird im Koran auf die direkte Intervention des Himmels zurückgeführt. So heißt es in Sure 3 11: »Bereits ist euch ein Wunder geworden, als die beiden Scharen zusammentrafen, die eine Schar kämpfte für den Pfad Gottes, die andere aber war ungläubig; diese erschienen mit dem wahrnehmenden Auge doppelt so viele wie jene, aber Gott stärkt durch seine Hilfe, wen er will. Siehe, hierin ist sicherlich eine Ermahnung für Menschen von Einsicht.«

Al-Baidawi, der Kommentator, sagt, daß dreitausend Engel auf dem Schlachtfeld von Badr für die Muslime gekämpft hätten.

Dieser Sieg stärkte Mohammeds Position in Medina noch einmal erheblich, und von dieser Zeit an bekommt der Koran einen ausgeprägt diktatorischen Ton. Er, der als Wahrheitssucher begonnen hatte, verlangt nun vom gesamten arabischen Volk unbedingten Gehorsam.

Die in Arabien lebenden Juden waren jedoch von Mohammeds Lehre nicht sehr beeindruckt, obwohl er beanspruchte, der Lehrer des Glaubens Abrahams zu sein. Also suchte er nach einem plausiblen Grund, mit ihnen zu brechen, und er fand ihn, als ein muslimisches Mädchen von einem jugendlichen Angehörigen eines jüdischen Stammes beleidigt wurde, was Mohammed zum Anlaß nahm, den ganzen Stamm anzugreifen und zu vertreiben. Ihre Häuser und ihr Land wurde konfisziert und unter den Gläubigen aufgeteilt. Im selben Jahr wurde Ka'b ibn al-Aschraf, ein Jude, ermordet, weil er die Muslime mit seinen Versen verärgert hatte. In dieser Zeit heiratete Mohammed seine vierte Frau, →*Hafsa,* die Tochter 'Umars, des späteren Kalifen.

Die Koreischiten konnten sich mit der Niederlage bei Badr nicht abfinden und marschierten mit einer 3000 Mann starken Armee nach Medina und schlugen ihr Lager am →*Uhud* auf, einem Berg etwa fünf Kilometer nordöstlich von der Stadt. Mohammed rückte mit einer 1000 Mann starken Armee gegen sie vor, wurde aber geschlagen und selbst durch zwei Pfeile im Gesicht verletzt. Die Niederlage war zwar total, da die Gegner die Geschlagenen aber nicht verfolgten, konnten diese sich nach Medina zurückziehen.

Das vierte Jahr der Hidschra begann mit einem Kommandounternehmen von 500 Muslimen gegen den Stamm von Asd, der Vorbereitungen traf, gegen Medina zu marschieren. Der Feind floh, als die Muslime erschienen, und der Ort wurde geplündert.

In diesem Jahr gab es mehrere Feldzüge, unter anderem gegen den jüdischen Stamm der Banu →*Nadir,* der verbannt wurde, weil er nicht die Lehren des Propheten annehmen wollte. Auch gab es einen zweiten Feldzug nach Badr, wo es aber nicht zum Kampf kam, obwohl dieses Ereignis als die zweite Schlacht von Badr in die Geschichte eingegangen ist. Nachdem man acht Tage lang vergeblich auf die Koreischiten gewartet hatte, kehrten die Muslime im Triumph nach Medina zurück.

Etwa zu dieser Zeit erweiterte Mohammed seinen →*Harem* abermals: Er machte Zainab, die Witwe des 'Ubaida, der bei der Schlacht von Badr gefallen war, zu seiner fünften und Ummu's-Salama, die Witwe des Abu Salama, der am Uhud gefallen war, zu seiner sechsten

Frau und überschritt damit selbst die Höchstzahl an Ehefrauen, die er seinen Anhängern vorgeschrieben hatte.
Kurz danach wurde Medina von einer vereinten Streitmacht der Koreischiten, der Banu Ghatfan und der jüdischen Stämme der →*Nadir* und →*Quraiza* angegriffen, die aus 12000 Kriegern bestand. Mohammed ließ auf den Rat eines Persers namens Salman hin einen Graben um die Stadt ziehen und verteidigte diesen mit 3000 Muslimen. Beide Seiten blieben fast einen Monat lang inaktiv, und schließlich brachen die Koreischiten und ihre Verbündeten die Belagerung ab. Dieses Ereignis wird in der muslimischen Geschichte als *Ghazwatu'l-Khandaq*, »die Schlacht am Graben«, bezeichnet und wird auch im Koran in Sure 33 9 erwähnt, wo es heißt: »O ihr, die ihr glaubt, gedenket der Huld Gottes über euch, als Scharen gegen euch kamen; wie wir gegen sie einen Wind entsandten und Engelscharen, die ihr nicht saht.«
Der nächste Feldzug führte gegen den jüdischen Stamm der Banu Quraiza, bei dem Mohammed eine Armee von 3000 Mann und 36 Pferden führte. Die Juden wurden fünfundzwanzig Tage belagert und mußten dann kapitulieren. Mohammed überließ die Entscheidung über das Schicksal der Gefangenen seinem Gefährten Sa'd, und dieser verlangte, daß die Männer getötet und die Frauen und Kinder als Sklaven verkauft werden sollten und ihr Besitz unter die muslimische Armee aufzuteilen sei. Mohammed interpretierte diese Entscheidung als Gottesurteil, und so wurden, teilweise in seiner Gegenwart, siebenhundert Männer enthauptet. Eine der weiblichen Gefangenen, deren Mann und männliche Verwandten bei dem Massaker umgekommen waren, reservierte Mohammed für sich. Diese Ereignisse werden im Koran, Sure 33 25-27, wie folgt dargestellt: »Und die ungläubig sind, stieß Gott in ihrem Grimm zurück, sie erlangen nichts Gutes, denn Gott genügt den Gläubigen im Kampf. Und Gott ist stark und gewaltig. Und er brachte die von den Schriftleuten, die jenen beistehen wollten, von ihren Burgen herab und warf Schrecken in ihre Herzen, daß ihr einen Teil erschluget und einen Teil gefangennahmet. Und er ließ euch ihr Land erben und ihre Wohnstätten und ihre Habe, ein Land, das ihr nie (zuvor) betreten hattet. Und Gott ist über alle Dinge mächtig.«

Noch vor Ende des Jahres heiratete Mohammed seine Cousine Zainab. Der Prophet hatte sie kurz zuvor seinem Adoptivsohn Zaid ibn Haritha zur Frau gegeben. Aber als der Prophet eines Tages Zaid besuchen wollte und ihn nicht antraf, fiel sein Auge zufällig auf Zainab, und er war so beeindruckt von ihrer Schönheit, daß er ausrief: »Gelobt sei Gott, der die Herzen der Männer dorthin richtet, wo er will.« Zainab, die den Eindruck, den sie auf den Propheten gemacht hatte, bemerkt hatte, berichtete ihrem Mann nach dessen Rückkehr von den Umständen der Begegnung. Zaid beschloß, sich von Zainab zugunsten seines Freundes und Wohltäters scheiden zu lassen. Aber nach dem arabischen Sittengesetz waren die Vorschriften über die Beziehungen zwischen dem Adoptivvater und den adoptierten Kindern so streng, daß dieses Vorhaben unmöglich schien. So konnte nur eine göttliche Offenbarung aus dieser häuslichen Schwierigkeit heraushelfen, die auch prompt in Form von Sure 33 36-38 eintrat: »Es ziemt nicht, daß ein gläubiger Mann und eine gläubige Frau, wenn Gott und sein Prophet eine Sache beschlossen, eigne Wahl in der Sache haben. Und wer Gott trotzt und seinem Gesandten, der irrt in offenbarer Irrung. Dann sagtest du zu dem, dem Gott gnädig war und auch du gnädig warst: ›Behalte dein Weib und fürchte Gott.‹ Du verbargest in deiner Seele, was Gott kundtun wollte, und fürchtetest die Menschen, wo du doch richtiger Gott nur fürchten solltest. Als dann Zaid ihrethalben Beschluß faßte, vereinigten wir euch, damit nicht für die Gläubigen die Frauen ihrer Adoptivsöhne zum Vergehen seien, wenn diese ihrethalben Beschluß gefaßt. Und der Befehl Gottes ist vollbracht. Keine Sünde haftet dem Propheten an inbetreff dessen, was ihm Gott bestimmt hat als Brauch Gottes gegen jene, die vor ihm waren. Und der Befehl Gottes ist eine unabänderliche Bestimmung.«

Durch diese Offenbarung wurde ein Skandal verhindert, und nach den Traditionen pflegte Zainab sich zu rühmen, die einzige Frau im Harem des Propheten zu sein, deren Ehe von Gott selbst gestiftet worden sei. Mohammeds zahlreiche Ehen (die gesetzlich vorgeschriebene Höchstzahl war vier, Sure 4 3) waren geeignet, Eifersucht und Neid bei weniger privilegierten Muslimen zu erzeugen, aber ein geeigneter Vers im Koran verschaffte dem Propheten Gottes größere Freiheit in dieser Hinsicht, Sure 33 49: »O Prophet, wir erlaubten dir deine Frauen, denen du ihre Morgengabe gegeben und (die Sklavinnen), über die deine Rechte verfügt, die Gott dir unterstellt, die Töchter deines Onkels väterlicherseits, die Töchter deiner Tante väterlicherseits, die Töchter deines Onkels mütterlicherseits und die Töchter deiner Tante mütterlicherseits, die mit dir auswanderten, und gläubige Frauen sonst, wenn sie sich dem Propheten hingegeben und der Prophet sie heiraten will; nur dir allein und nicht anderen Gläubigen.«

In dieser Zeit entstanden auch die genaueren Vorschriften über die Isolierung der Frauen von der Außenwelt und den sozialen und häuslichen Verkehr miteinander. Diese Vorschriften wurden für die Frauen des Propheten noch verschärft, die im Falle des Ungehorsams mit doppelter Strafe zu rechnen hatten. Die Eifersucht des Propheten, der nun alt wurde, wurde von dem göttlichen Befehl unterstützt, daß seine Frauen nach seinem Tode nicht mehr heiraten dürften. Die Vorschrift, daß der normale Gläubige seine Zeit gerecht auf seine Frauen aufzuteilen habe, wurde ebenfalls den speziellen Bedürfnissen des Propheten angepaßt. Im sechsten Jahr der Hidschra wurden mehrere Kriegszüge unternommen, unter anderem gegen die Banu Quraiza und die Banu →*Lahyan.* Auf dem Rückweg von letzterem machte Mohammed kurz halt am Grabe seiner Mutter, um dort für ihre Seele zu beten. Bei dieser Gelegenheit wurden ihm anscheinend zwei Verse des Korans offenbart, die die Fürbitte für Menschen verbieten, die als Ungläubige gestorben sind.

Sure 9 115-116: »Nicht steht es dem Propheten zu und denen, die glauben, daß sie um Verzeihung bitten für die Götzendiener, und wären sie auch Anverwandte, nachdem ihnen klar geworden, daß diese Genossen des Feuerpfuhls sind. Und auch die Fürbitte Abrahams für seinen Vater geschah nur wegen eines Versprechens, das er ihm gegeben; als ihm jedoch klar geworden, daß er ein Feind Gottes war, sagte er sich von ihm los. Wahrlich, Abraham war zärtlich und sanftmütig.«

Mohammed führte persönlich seine Truppen gegen die Banu →*Mustaliq*, die völlig überrascht und vernichtend geschlagen wurden. Tausend Kamele, fünftausend Schafe und eine große Zahl Frauen und Kinder waren die Beute der Muslime.

Eine der weiblichen Gefangenen namens →*Dschuwairiya*, die Tochter des Anführers der Banu Mustaliq, gehörte zum Beuteanteil des Thabit ibn Qais, der ihr, als verdienstvolle Tat, anbot, ihr gegen ein Lösegeld die Freiheit zu geben. Sie wandte sich an Mohammed, damit er ihr bei der Bezahlung der Summe helfe, womit er einverstanden war. Er zahlte ein Lösegeld von neun Unzen Gold und heiratete sie anschließend. Von da an betrachteten die Muslime die Banu Mustaliq als Verbündete. Dschuwairiya überlebte Mohammed um fünfundvierzig Jahre.

Beim letzten Nachtlager auf dem Rückweg von dem Feldzug gegen die Banu Mustaliq wurden das Zelt und die Sänfte 'A'ischas irrtümlich vorzeitig von Übereifrigen davongetragen, und 'A'ischa fand sich plötzlich allein im Dunkeln. Sie beschloß, einfach zu warten, bis der Irrtum bemerkt würde. Nach einiger Zeit fand sie einer der Nachzügler, bot ihr sein Kamel an und geleitete sie so nach Medina. Die Bürger der Stadt zogen ihre eigenen Schlüsse aus diesem Vorfall, und selbst Mohammed wandte sich von ihr ab, und sie kehrte in das Haus ihres Vaters zurück. Nach mehreren Wochen schließlich wurde der Prophet auf übernatürliche Weise von ihrer Unschuld informiert (Sure 24 4), und 'A'ischa kehrte in das Haus Mohammeds zurück, und die Beschuldiger wurden ausgepeitscht. Auf diesem Vorfall beruht die Forderung des Korans, daß zum Beweis von Ehebruch vier Zeugen notwendig sind und daß falsche Zeugen mit achtig Peitschenhieben zu bestrafen sind. →*Ehebruch*

Es war auch im sechsten Jahr der Hidschra, als Mohammed auf den Gedanken kam, Botschaften an ausländische Herrscher und Fürsten zu senden, in denen er sie aufforderte, sich zum Islam zu bekehren. Der Brief, den Mohammed an Heraklius, den römischen Kaiser, sandte, ist von →*Ibn 'Abbas* überliefert. Er hatte folgenden Wortlaut:

»Im Namen Gottes, des Allerbarmers, des Allbarmherzigen. Dieser Brief ist von Mohammed, dem Abgesandten Gottes, an Heraklius, den Herrscher der Römer, gerichtet. Friede jedem, der den rechten Weg geht! Wahrlich, ich berufe dich zum Islam. Bekehre dich zum Islam, damit du Frieden erlangen mögest. Bekehre dich zum Islam, und Gott wird dich doppelt belohnen. Wenn du den Islam zurückweist, werden die Sünden deiner Untertanen und deiner Nachfolger auf dir lasten. O ihr Volk des Buches (das heißt Christen), kommt zu dem Glauben, der euch und uns gegeben wurde, daß wir nur noch Gott allein dienen. Deshalb, o Volk des Buches, wenn ihr euch weigert, hütet euch! Wir sind Muslime, und unsere Religion ist der Islam.«

Der Brief wurde dem Statthalter von Basra übergeben, damit er ihn an den Kaiser weiterleite. Wir wissen jedoch nichts darüber, ob er je beantwortet wurde.

Einen ähnlichen Brief sandte Mohammed an Kasra-Parwiz, den König von Persien, der ihn jedoch in Stücke riß. Als Mohammed das Schicksal seiner Botschaft zu Ohren kam, soll er gesagt haben: »Genauso wird sein Königreich in Stücke gerissen werden.« Der dritte Brief war an Nadschasih, den König von Abessinien gerichtet, der ihn freundlich aufnahm. Der vierte wurde an Dscharih ibn Matta, den Herrscher von Ägypten, geschickt. Dscharih antwortete höflich und bat Mohammed um die Annahme eines Geschenkes, das in zwei koptischen Sklavinnen bestand. Eine der beiden schenkte Mohammed →*Hassan,* dem Poeten, und die andere, die →*Maria die Koptin* genannt wurde, behielt er für sich selbst. Nach angemessener Zeit bekam sie einen Sohn, der den Namen Ibrahim erhielt. Diese Geburt machte die Mutter zu einer freien Frau und einer rechtmäßigen Ehefrau Mohammeds. Aber dessen übertriebene Zuneigung zu der neuesten Bereicherung seines Harems stieß auf den Widerstand der anderen Frauen. Besonders ʻA'ischa und Hafsa waren verärgert, weil der Prophet die Tage, die ihnen zustanden, bei Maria verbrachte. Hafsa, die als die Tochter ʻUmars eine Person von bedeutendem politischen Einfluß war, erhob Einspruch bei ihrem Mann, und dieser sah sich gezwungen, ihr hoch und heilig zu schwören, daß er Maria die Koptin überhaupt nicht mehr besuchen werde, daß sie, Hafsa, aber dieses Geheimnis für sich behalten solle. Hafsa plauderte es jedoch an ʻA'ischa aus, und daraufhin war Mohammed so gekränkt, daß er einen ganzen Monat lang seine anderen Frauen boykottierte und die Zeit nur bei Maria verbrachte. In dieser verfahrenen Situation konnte – nicht nur mit Rücksicht auf den häuslichen Frieden, sondern vor allem ʻUmars wegen, der in jenen Tagen eine Person von höchster politischer

Bedeutung war – nur eine weitere Offenbarung helfen, die dann auch in Form der 66. Sure, der »Sure der Versagung«, erfolgte (Vers 1-5):

»O Prophet, weshalb versagst du dir, was Gott dir erlaubt, indem du erstrebst das Wohlgefallen deiner Weiber? Und Gott ist vergebungsreich und allbarmherzig. Gott erlaubte euch bereits die Lösung eurer Eide; Gott ist euer Beschützer, und er ist der Allwissende, der Allweise. Einst vertraute der Prophet einer seiner Frauen (das heißt Hafsa) eine Begebenheit an, und als sie diese ausplauderte, und Gott es ihm enthüllte, da tat er ihr einen Teil davon kund und verschwieg einen Teil. Als er es ihr vorhielt, sprach sie: ›Wer zeigt es dir an?‹ Er erwiderte: ›Es zeigt mir an der Allwissende, der Allkundige.‹ Wenn ihr euch Gott zuwendet, so haben eure Herzen sich geneigt, wenn ihr euch aber gegen ihn verbindet, so ist wahrlich Gott sein Schutzfreund, und Gabriel und die Frommen unter den Gläubigen und die Engel sind ihm nach diesem Helfer. Vielleicht gibt sein Herr ihm, wenn er sich von euch (das heißt Hafsa und 'A'ischa) scheidet, Weiber besser als ihr, gottergebene, gläubige, demütige, reuige, gottverehrende und fromme, geehelichte und jungfräuliche.«

Im Monat Muharram des siebten Jahres der Hidschra sammelte Mohammed eine Streitmacht von 1600 Mann um sich und marschierte gegen →*Khaibar,* einem von Juden bewohnten, sehr fruchtbaren Gebiet etwa sechs Tagesmärsche nordöstlich von Medina. Khaibar war eine Herausforderung für die Energie und Kriegskunst des Propheten, denn es wurde durch mehrere Festungsanlagen geschützt. Die Festung Qamus wurde von Kinana verteidigt, einem mächtigen jüdischen Anführer, der sich selbst »König der Juden« nannte. Mehrere Angriffe wurden unternommen, aber von den Belagerten mit Macht zurückgeschlagen. Weder Abu Bakr noch 'Umar gelang es, die Stellung zu erschüttern. Daraufhin bestimmte Mohammed 'Ali zum Anführer einer Truppe von Elitekämpfern, und ein berühmter jüdischer Krieger namens Marhab forderte diesen zum Duell heraus. 'Ali ging aus diesem Zweikampf als Sieger hervor, und in der Folge wurden innerhalb von Tagen alle Festungen eingenommen und Khaibar dem Islam unterworfen.

Unter den weiblichen Gefangenen war →*Safiya,* die Witwe des

Häuptlings →*Kinana*, der bei Qamus gefallen war. Einer von Mohammeds Gefolgsleuten bat ihn um diese Frau, aber der Prophet, betört durch ihre Schönheit, warf seinen Mantel über sie und nahm sie in seinen Harem auf.

Die Beute, die in Khaibar gemacht wurde, war beträchtlich, und um dieses Gebiet auch in Zukunft für den Islam zu sichern, wurden die jüdischen Bewohner an die Ufer des Jordans verbannt.

Anläßlich des Feldzuges nach Khaibar institutionalisierte Mohammed, um den Bedürfnissen der Krieger entgegenzukommen, die *Mut'a*, eine Ehe, die gegen Zahlung einer bestimmten Summe nur für eine bestimmte Zeit geschlossen wird. Solche Ehen sind bei den Schiiten bis heute legal, die Sunniten halten sie jedoch für ungesetzlich, da der Prophet sie später wieder verboten habe. →*Mut'a*

Ebenfalls bei Khaibar geschah es, daß eine Jüdin namens Zainab versuchte, Mohammed zu töten, indem sie ihm vergiftetes Ziegenfleisch vorsetzte. Die Tat wurde jedoch noch rechtzeitig entdeckt und die Attentäterin augenblicklich hingerichtet.

Der Unterwerfung Khaibars folgte die der jüdischen Bezirke Fadak, Wadi'l-Qura, und Tanna. In diesem Jahr, im heiligen Monat →*Dhu'l-Qa'da*, entschloß Mohammed sich auch, die →*'Umra* durchzuführen, den religiösen Besuch Mekkas. Zu diesem Zweck verließ er Medina mit einer Gefolgschaft von 4400 Männern und zog mit ihnen nach Mekka. Sie schlugen ihr Lager bei →*Hudaibiya* auf, einem Ort etwa zehn Kilometer von Mekka entfernt. An diesem Ort wurde mit den feindlichen Koreischiten, die den Anmarsch der riesigen Volksmenge mit Besorgnis beobachteten, ein Vertrag geschlossen, bekannt als der Vertrag von Hudaibiya, in dem festgelegt wurde, daß alle Feindseligkeiten für den Zeitraum von zehn Jahren eingestellt werden sollten und daß die Muslime in Zukunft das Recht haben sollten, einmal im Jahr für drei Tage die Ka'ba zu besuchen.

Nachdem sie Opfer dargebracht hatten, kehrten Mohammed und seine Gefolgschaft nach Medina zurück. Nun wurde von Mohammed und seinen Anhängern das Kommen des Monats Dhu'l-Qa'da des nächsten Jahres, des achten Jahrs der Hidschra, erwartet, weil sie dann, dem Vertrag von Hudaibiya zufolge, Mekka drei Tage besuchen durften. Schließlich waren es 2000 Gläubige,

die zu dieser Pilgerfahrt aufbrachen, die Ka'ba besuchten und die vorgeschriebenen Riten ausführten.
In Mekka gewann Mohammed seine elfte und letzte Frau, →*Maimuna*. Diese Eheschließung brachte ihm zwei wichtige Konvertiten zum Islam: Khalid, »das Schwert Gottes«, der bei der Schlacht am Uhud auf der gegnerischen Seite Befehlshaber gewesen war, und 'Amr, der später den Islam siegreich in fremde Länder tragen sollte.
Die Dienste dieser beiden bedeutenden Männer wurden auch alsbald in Anspruch genommen. Ein Gesandter Mohammeds an den christlichen Fürsten von Bostra in Syrien war von dem Herrscher von Mu'ta, einer Stadt südöstlich des Toten Meeres, getötet worden, und Mohammed schickte daraufhin eine Streitmacht von 3000 Mann unter dem Befehl seines Adoptivsohnes Zaid nach Mu'ta, um Vergeltung zu üben. Dieses Heer marschierte unbeirrt nach Norden, auch als ihnen zu Ohren kam, daß sich eine weit überlegene Streitmacht von Arabern und Römern – auf die die Muslime das erste Mal stießen – gegen sie sammelte. Das Ergebnis war eine katastrophale Niederlage. Zaid und Dscha'far, ein Bruder 'Alis, fielen bei der Verteidigung der weißen Fahne des Propheten. Khalid gelang es durch geschickte Manöver, den Rückzug einzuleiten und den Rest des Heeres ohne weitere Verluste nach Medina zurückzubringen. Einen Monat später jedoch marschierte 'Amr durch das Land der feindlichen Stämme, ohne auf Widerstand zu stoßen, unterwarf sie und stellte das Prestige des Islam an der syrischen Grenze wieder her. Mohammed empfand tiefste Trauer über den Verlust von Zaid und Dscha'far und kümmerte sich fürsorglich um ihre Witwen und Waisen.
Der Niederlage von Mu'ta folgte einer der wichtigsten Triumphe im Leben Mohammeds. Gegen Ende des Jahres brachen Feindseligkeiten mit gewissen in der Nachbarschaft Mekkas lebenden Stämmen aus. Da einige dieser Stämme mit den Koreischiten verbündet waren, wurde dies von Mohammed als Bruch des Vertrages von Hudaibiya ausgelegt, und er ergriff begierig die Gelegenheit, Mekka mit Waffengewalt einzunehmen, da er sich nun stark genug dazu fühlte. Er teilte den Entschluß, seine Heimatstadt anzugreifen, seinen Anhängern mit und befahl den mit ihm verbündeten Beduinenstämmen,

sich seinem Marsch nach Mekka anzuschließen. Obwohl er versuchte, seine Vorbereitungen geheim zu halten, kam den Koreischiten seine Absicht doch zu Ohren, und sie sandten Abu Sufyan nach Medina, um Mohammed von seinem Vorhaben abzubringen, aber seine Mission scheiterte.

Am 1. Januar des Jahres 630 n. Chr. begann Mohammeds Marsch gegen Mekka, und nach acht Tagen, in denen seine Armee auf 10000 Mann angewachsen war, schlug er sein Lager auf dem Marru'z-Zahran auf, eine Tagesreise von Mekka entfernt. In der Nacht erschien abermals Abu Sufyan als Abgesandter der Koreischiten und ersuchte um ein Gespräch. Am Morgen wurde es ihm gewährt. »Ist es immer noch nicht so weit, daß du einsiehst, daß es nur einen Gott gibt und ich sein Gesandter bin?« herrschte Mohammed Abu Sufyan an. Dieser antwortete, daß er immer noch leise Zweifel hege, aber da er angesichts der Übermacht einsah, daß Mekka der Gnade Mohammeds ausgeliefert war, wiederholte er die vorgeschriebene Formel des Glaubensbekenntnisses und wurde in die Stadt geschickt, um sie auf die Ankunft der Muslime vorzubereiten.

Der Prophet zog auf seinem Lieblingskamel in Mekka ein, Abu Bakr zu seiner Rechten, Usaid zu seiner Linken und Usama hinter ihm. Auf dem Weg rezitierte er die 48. Sure des Korans, die »Sure des Sieges«. Dann bertrat er die heilige Moschee, umschritt die Ka'ba siebenmal und berührte den schwarzen Stein. Dann befahl er die Zerstörung der 360 Idole, die der mekkanische Tempel enthielt, und er selbst zerstörte eine hölzerne Taube, die den Koreischiten als Gottheit galt.

Am elften Tag des Monats →*Ramadan* versammelten sich alle Einwohner der Stadt auf dem Berge Safa, um Mohammed den Gefolgschaftseid zu leisten.

Während der Zeit seines Aufenthalts in Mekka schickte Mohammed kleinere Abteilungen von Kriegern in die umliegenden Bezirke, die die Tempel von 'Uzza, Suwa' und Manat zerstörten, die berühmtesten Heiligtümer der benachbarten Stämme. Der Prophet hatte strikte Anweisung gegeben, daß diese Unternehmen friedlich zu verlaufen hätten und daß nur im äußersten Notfall von der Waffe Gebrauch zu machen sei. Khalid ibn al-Walid, der 350 Mann kommandierte, stieß aber bei dem Stamm der Dschazima auf Widerstand, sich dem Islam anzuschließen, und er gab daraufhin den Befehl, den gesamten Stamm zu töten. Als Mohammed von diesem Massaker hörte, rief er aus: »O Gott, ich trage keine Schuld hieran, und er stellte eine große Summe Geldes für die Witwen und Waisen der Getöteten zur Verfügung, und Khalid wurde streng getadelt.

Nach vierzehn Tagen Aufenthalt in Mekka verließ Mohammed die Stadt und griff an der Spitze eines Heeres von zwölftausend Mann die Banu Saqif an, die er nach schwerem Kampf unterwarf. Unmittelbar danach besiegte er die Banu →*Hawazin.*

Das neunte Jahr der Hidschra ist als das Jahr der Deputationen bekannt, in dem sich die verschiedenen arabischen Stämme dem Anspruch des Propheten beugten und Friedensboten an ihn sandten.

Als ihm zu Ohren kam, daß an ihrer Grenze die Römer ein großes Heer sammelten, entschloß sich Mohammed, sie bei Tabuk, einer Stadt zwischen Medina und Damaskus, anzugreifen. Die Armee, die nach Tabuk geschickt wurde, war die größte, die es zu Mohammeds Lebzeiten gegeben hat, denn sie soll aus 20000 Mann und 10000 Mann Kavallerie bestanden haben. Als das Heer jedoch Tabuk erreichte, stellte sich heraus, daß das Gerücht unbegründet gewesen war. Mohammed schickte jedoch Teile seiner Armee nach Dumah, wo sich ihm die dort ansässigen jüdischen und christlichen Stämme unterwarfen. Ein Vertrag mit Johannes, dem christlichen Fürsten von Ailah wurde geschlossen, und Ukaidar, der christliche Herrscher von Dumah, konvertierte zum Islam.

Es folgte die totale Unterwerfung der arabischen Halbinsel unter die geistliche und weltliche Vorherrschaft des Propheten. Steuereinnehmer wurden ernannt, um die Steuern und Abgaben einzutreiben, und die Lebensweise der bis dahin sehr verschiedenen Stämme richtete sich an den Vorschriften und Gesetzen der Lehren des Propheten aus.

Es war in der Zeit der nächsten Pilgerschaft (März 631 n. Chr.), daß Mohammed einen Befehl erließ, der der Schlußstein seiner Mission war, und der die Macht zeigt, die er zu diesem Zeitpunkt besaß. Mohammed weigerte sich, an den Zeremonien der Pilgerreise teilzunehmen, und beauftragte ʿAli, den versammelten Massen im Tal von →*Mina* mitzuteilen, daß sich der Prophet nach Ablauf der vier heiligen Monate nicht mehr an Verträge mit Götzendienern gebunden fühle und auch keine Rücksichten mehr walten lassen werde. Nach Ablauf des Jahres sei es keinem Götzendiener mehr erlaubt, die Pilgerreise zu absolvieren und kein Ungläubiger dürfe mehr den heiligen Bezirk betreten, und darüber hinaus befahl Mohammed, daß Götzendiener von nun an zu bekämpfen seien, zu töten und zu vernichten, »wo immer man sie finden mag«.

Dies bedeutete den vollkommenen Sieg des Islam in Arabien.

Im März des Jahres 632 n. Chr. unternahm Mohammed in Begleitung aller seiner Frauen noch eine 'Umra, eine kleine Pilgerreise nach Mekka, und nach seiner Rückkehr nach Medina erkrankte er. Er starb am 7. Juni 632 n. Chr.

Die Persönlichkeit Mohammeds

Folgende Hinweise auf Persönlichkeit und Charakter Mohammeds beruhen auf Traditionenen, die auf →*Al-Waqidi* zurückgehen:

Als 'A'ischa über Mohammed befragt wurde, antwortete sie: »Er war ein Mann wie du, er lachte oft und lächelte viel.« – »Aber wie verhielt er sich zu Hause?« – »Wie auch du dich zu Hause verhältst. Er besserte seine Kleidung aus und flickte seine Schuhe. Er half mir bei den Haushaltspflichten, aber meistens nähte er. Wenn er zwischen zwei Dingen zu wählen hatte, wählte er das einfachste, wenn damit keine Sünde verbunden war.«

Er nahm niemals Rache, außer wenn Gottes Ehre betroffen war. Seine Demut ist daran erkennbar, daß er sogar auf einem Esel ritt, daß er die Einladung von Sklaven annahm und daß er, auf einem Reittier sitzend, jemand hinter sich aufsitzen ließ. Er pflegte zu sagen: »Ich sitze beim Essen, wie ein Diener sitzt, und ich esse wie ein Diener, denn ich bin wirklich ein Diener.« Er saß so wie einer, der stets zum Aufbruch bereit ist. Er lehnte übermäßiges Fasten und Kasteiung ab.«

Mohammed haßte nichts mehr als Lügen. Wenn er einen seiner Anhänger bei einer Unwahrheit ertappte, hielt er sich so lange von ihm fern, bis er sich seiner Reue sicher war.

Sprache. Er sprach nicht schnell und verwaschen, sondern artikulierte jede einzelne Silbe sorgfältig, so daß das, was er sagte, in das Gedächtnis jedes Zuhörers eingebrannt wurde.

Gang. Er pflegte sehr schnell zu gehen, so daß die Menschen, die ihn begleiteten, ihm kaum folgen konnten.

Essensgewohnheiten. Er aß niemals im Liegen, denn Gabriel hatte ihm gesagt, das sei die Art, wie Könige essen. Er pflegte mit Daumen, Zeige- und Mittelfinger zu essen, und wenn er fertig war, leckte er sie ab, beginnend mit dem Mittelfinger.

Gebetsgewohnheiten. Er pflegte so lange im Gebet versunken zu stehen, daß seine Beine anschwollen. Als man ihn danach fragte, antwortete er: »Was, soll ich mich nicht wie ein treuer Diener verhalten?« Niemals gähnte er beim Gebet. Wenn er niesen mußte, tat er es so leise wie möglich und mit bedecktem Gesicht. Er ritt niemals zu einer Beerdigung. Bei solchen Gelegenheiten verharrte er in Schweigen, so daß die Leute glaubten, er spreche mit dem Verstorbenen.

Almosen. Er nahm zwar Geschenke an, doch lehnte er es ab, irgend etwas zum persönlichen Gebrauch zu benutzen, das als gesetzliche Almosen gespendet worden war, ebensowenig gestattete er dies seinen Familienmitgliedern. »Denn«, sagte er, »Almosen sind die Unreinheit der Menschheit.« (Das heißt das, was die Unreinheit beseitigt.) Er war in dieser Hinsicht so skrupulös, daß er nicht einmal eine Dattel aß, die auf der Straße lag, denn sie hätte aus einer Ladung gesetzlicher Almosen stammen können.

Speisevorlieben. Mohammed hatte eine besondere Vorliebe für Süßigkeiten und Honig. Ebenso liebte er Gurken und frische Datteln. Wenn ein Lamm oder eine Ziege gekocht wurde, pflegte Mohammed zu dem Topf zu gehen, sich ein Stück herauszunehmen und es zu essen. Er aß gerne frische Datteln und gekochte Speisen zusammen. Seine Lieblingsspeisen waren zusammen gekochtes Brot und Fleisch und mit Milch und Butter angerichtete Datteln.

Erscheinung und Gewohnheiten. Er pflegte zwei Gewänder zu tragen. Sein *Izar* (Unterkleid) reichte bis knapp unter die Knie, und sein Umhang hüllte nicht den ganzen Körper ein, sondern er zog sein Ende unter die Schultern.

Er teilte seine Zeit in drei Teile auf: der eine war Gott gewidmet, der zweite seiner Familie, und der dritte gehörte ihm selbst. Als seine öffentlichen Aufgaben immer umfangreicher wurden, nahm er die dafür nötige Zeit vom dritten Teil.

Wenn er auf etwas zeigte, tat er dies mit der ganzen Hand, und wenn er erstaunt war, dann drehte er seine Handflächen nach oben. Wenn er mit jemandem sprach, strich er mit dem Daumen der rechten Hand über die Handfläche der linken. Wenn er verärgert war, wandte er sein Gesicht ab, wenn er erfreut war, blickte er nach unten. Er lächelte oft, und wenn er lachte, blitzten seine weißen Zähne.

Er war ein guter Zuhörer, der sich die Sorgen und Probleme seiner Mitmenschen einfühlsam anzuhören pflegte.

Das Siegel des Propheten. Dabei handelte es sich um einen Auswuchs in der Größe eines Taubeneis auf dem Rücken Mohammeds. Man sagt, dies sei das göttliche Siegel gewesen, das gemäß den Vorhersagen der Schriften Mohammed als den letzten der Propheten gekennzeichnet habe. Inwieweit Mohammed selbst diesen Glauben unterstützte, ist unmöglich zu sagen.

Nach den Traditionen scheint es sich einfach um ein Muttermal von ungewöhnlicher Größe gehandelt zu haben. Vielleicht ist der Ausspruch des Propheten »Gott hat es dort wachsen lassen« der Ursprung dieser Vorstellung.

Haare. Sein Haar war immer gekämmt. Es war weder glatt noch kraus, aber man sagt, er hatte vier Locken. Er trug sein Haar gewöhnlich gescheitelt, aber es kümmerte ihn auch nicht, wenn dies nicht der Fall war.

Schnurrbart. Mohammed pflegte seinen Schnurrbart zu stutzen. Einst sagte ein Magier zu Mohammed: »Du solltest deinen Bart stutzen und deinen Schnurrbart wachsen lassen.« – »Nein«, erwiderte der Prophet, »der Herr hat mir befohlen, den Schnurrbart zu stutzen und den Bart wachsen zu lassen.«

Kleidung. In den Traditionen werden verschiedene Farben seiner Kleidung berichtet, meistens Weiß, aber auch Rot, Gelb und Grün. Manchmal trug er Kleider aus Wolle. So berichtet 'A'ischa, daß er einmal ein Gewand aus schwarzer Wolle besessen habe, und sie erinnert sich noch genau an den Kontrast zwischen seiner hellen Haut und dem schwarzen Stoff. Dann sei ihm aber der Geruch des Wollstoffes unangenehm geworden, und er habe das Gewand weggeworfen.

Es wird berichtet, daß Mohammed beim Einzug in Mekka einen schwarzen Turban getragen habe. Er besaß auch eine schwarze Standarte. Das Ende

seines Turbans hing gewöhnlich zwischen den Schultern herab. Er liebte auch gestreifte jemenitische Stoffe.
Er betete einmal in einem seidenen Gewand, aber danach warf er es voll Abscheu beiseite und rief aus: »Einen solchen Stoff sollten die Frommen nicht tragen.« Ein anderes Mal betete er in einem gemusterten Umhang, und danach sagte er: »Nehmt diesen Mantel fort, denn seine Muster haben mich vom Gebet abgelenkt. Bringt mir einen normalen.«
Schuhe. Mohammeds Diener Anas war für die Schuhe des Propheten verantwortlich. Sie besaßen zwei Riemen und wurden geflickt, wenn es nötig war. Mohammed pflegte zu beten, ohne die Schuhe auszuziehen. Als er sie einmal zum Gebet auszog, taten alle anderen Leute dasselbe, aber Mohammed sagte zu ihnen, daß dazu keine Notwendigkeit bestünde, er habe sie nur ausgezogen, weil sie schmutzig seien.
Zahnstocher. ʻA'ischa berichtet, daß Mohammed niemals schlief, ohne beim Aufwachen einen Zahnstocher zu benutzen, um seine Zähne zu reinigen, bevor er sich wusch. Er hatte immer einen Zahnstocher bei sich und reiste auch niemals ohne. Seine Zahnstocher waren aus grünem Palmenholz hergestellt.
Toilettenartikel. Mohammed ölte regelmäßig seine Haare, wusch seinen Bart mit Wasser und träufelte sich Antimon in die Augen.

Die Frauen Mohammeds

Arabisch *Al-Azwadschu'l-Mutahharat*, »die reinen Frauen«. Nach den Traditionen besaß Mohammed elf gesetzliche Ehefrauen und zwei Konkubinen.
1. *Khadidscha.* Sie entstammte dem Stamm der Koreischiten und war die Tochter des Khuwailid ibn Asad. Als Mohammed sie heiratete, war sie eine wohlhabende Witwe im Alter von vierzig Jahren. Die Verbindung zwischen Mohammed und Khadidscha war glücklich und fruchtbar, zwei Söhne und vier Töchter gingen noch aus ihr hervor. Ihr ältester Sohn war Al-Qasim, der im Alter von zwei Jahren starb. Auch der andere Sohn, ʻAbdu'llah, starb in der Kindheit. Die Töchter waren Zainab, Ruqaiya, Umm Kulthum und →*Fatima.* Sie starb im Jahre 619 n. Chr. im Alter von 65 Jahren.
2. *Sauda.* Die Tochter des Zamaʻa, die Witwe des Sakran, eines Koreischiten und Gefährten des Propheten. Mohammed heiratete sie zwei Monate nach dem Tod Khadidschas.

3. *A'ischa*. Die Tochter des Abu Bakr. Mohammed heiratete sie im Alter von zehn Jahren. Sie überlebte ihren Mann um viele Jahre und starb im Jahre 680 n. Chr.; sie ist in Medina begraben. Beiname: Ummu'l-Mu'minin, »Mutter der Gläubigen«.

4. *Dschuwairiya*. Eine Witwe, die Tochter des Harith, des Herrschers der Banu Mustaliq. Mohammed zahlte neun Unzen Gold Lösegeld für sie. 'A'ischa soll über sie gesagt haben: »Keine Frau war je ein solcher Segen für ihr Volk wie diese Dschuwairiya.«

5. *Hafsa*. Eine der Frauen Mohammeds. Sie war die Tochter des 'Umar und die Witwe des Khunais, eines der frühesten Anhänger des Islam. Sie heiratete Mohammed etwa sechs Monate nach dem Tode ihres ersten Mannes. Zu Lebzeiten des Propheten hatte sie beträchtlichen Einfluß auf seine Entscheidungen. Sie überlebte ihn um einige Jahre, und eine Reihe von Traditionen gehen auf Aussprüche von ihr zurück.

6. *Zainab*. Die Tochter des Khuzaima und die Witwe des 'Ubaida, Mohammeds Cousin, der bei der Schlacht von Badr gefallen war. Sie heiratete Mohammed im dritten Jahr der Hidschra. Zainab war bekannt für ihre Mildtätigkeit und wurde deshalb *Ummu'l-Masakin* genannt, »Mutter der Armen«. Sie und Khadidscha waren die einzigen Frauen Mohammeds, die vor ihm starben.

7. *Ummu's-Salama*. Die Witwe des Abu Salama, der bei der Schlacht am Uhud verletzt wurde und später an den Verwundungen starb. Mohammed heiratete sie vier Monate danach.

8. *Zainab*. Die Tochter des Dschahsch, geschiedene Ehefrau von Mohammeds Adoptivsohn Zaid ibn Haritha, der sich von ihr scheiden ließ, um dem Propheten einen Gefallen zu tun. Da Ehen mit den Frauen von Adoptivsöhnen verboten waren, mußte eine spezielle Offenbarung eine Ausnahmeregelung schaffen. →*Zainab*

9. *Safiya*. Sie war die Witwe des Kinana, des Anführers des jüdischen Stammes der Khaibar, der von den Muslimen getötet worden war. Später wollte sich Mohammed von ihr scheiden, aber sie soll gebeten haben, seine Frau bleiben zu dürfen. Sie soll zugunsten 'A'ischas auf den ihr zustehenden Zeitanteil verzichtet haben, weil sie eine der himmlischen »reinen Frauen« werden wollte.

10. *Ummu Habiba*. Die Tochter des Abu Sufyan und die Witwe des 'Ubaidu'llah, der

nach Abessinien emigriert war, dort zum Christentum übertrat und als Bekenner dieses Glaubens starb.

11. *Maimuna.* Sie war die Tochter des Harith und eine verwitwete Verwandte Mohammeds und die Schwägerin des ʿAbbas. Sie soll 51 Jahre alt gewesen sein, als sie Mohammeds Frau wurde.

Die Konkubinen waren:

1. *Maria die Koptin.* Ein christliches Sklavenmädchen, das der römische Statthalter in Ägypten Mohammed zum Geschenk gemacht hatte. Sie gebar dem Propheten einen Sohn namens Ibrahim, der jedoch in jungen Jahren starb.

2. *Rihana.* Eine Jüdin, deren Mann bei dem Massaker an den Banu Quraiza ermordet worden war. Sie weigerte sich, den muslimischen Glauben anzunehmen, doch wird gesagt, daß sie vor ihrem Tode noch konvertierte.

Mohammedaner

Arabisch *Muhammadi.* Eine in muslimischen Werken selten benutzte Bezeichnung für die Anhänger Mohammeds, die sich selbst →*Mu'min* oder →*Muslime* nennen.

Mohammeds Grab

→*Hudschra*

Mohr

Das deutsche Wort »Mohr« ist eine Verballhornung des Wortes »Maure«, das wiederum von »Mauretanien« abgeleitet ist. →*Mauren*

Monat

Arabisch *Schahr*, Plural *Schuhur.* Die Monate des muslimischen Jahres sind lunare Monate, und der erste Monat wird vom Sonnenuntergang des Tages nach dem Erscheinen des neuen Mondes an gerechnet.

Die Namen der Monate sind:

1. Muharram;
2. Safar;
3. Rabiʿu'l-Awwal;
4. Rabiʿu'l-Akhir;
5. Dschumada'l-Ula;
6. Dschumada'l-Ukhra;
7. Radschab;
8. Schaʿban;
9. Ramadan;
10. Schawwal;
11. Dhu'l-Qaʿda;
12. Dhu'l-Hidscha.

Vier dieser Monate sind heilig, nämlich Muharram, Radschab, Dhu'l-Qaʿda und Dhu'l-Hidscha, und nach den Lehren des Korans (Sure 9 36) ist es für Muslime nicht erlaubt, in diesen Monaten Krieg zu führen, außer wenn er gegen Götzendiener geführt wird.

Die Monatsnamen scheinen aus der Zeit zu stammen, als das

Schaltjahr noch Gültigkeit hatte, obwohl muslimische Autoren annehmen, daß die Namensgebung zufällig zu den jeweiligen Jahreszeiten stattfand. →*Jahr*

1. *Muharram* ist der erste Monat im muslimischen Kalender, und er heißt so, weil es sowohl in der heidnischen als auch in der Zeit Mohammeds als ungesetzlich (*haram*) galt, in diesem Monat Krieg zu führen. Der Monat gilt als sehr glückverheißend, und Mohammed soll gesagt haben: »Wer am Donnerstag, Freitag und Samstag dieses Monats fastet, der wird siebenhundert Jahresreisen von der Hölle entfernt sein; dem, der in der ersten Nacht des Monats wach bleibt, werden alle Sünden des vergangenen Jahres vergeben sein; und der, der den ganzen ersten Tag des Monats fastet, wird das ganze Jahr vor der Sünde bewahrt bleiben.« Die ersten zehn Tage des Monats sind der Erinnerung an das Martyrium →*Husains* gewidmet, und am zehnten Tag findet das 'Aschura'-Fasten statt.

2. *Safar*, der zweite Monat des Jahres, bezieht seinen Namen möglicherweise von der Wortwurzel *safir*, »leer«, entweder weil die Araber in diesem Monat in den Krieg zogen und ihre Wohnungen leer zurückließen oder weil die, die sie angriffen, von ihnen »leer« zurückgelassen wurden. Andere Autoren glauben jedoch, daß das Wort auf *sufar* zurückgeht, was »gelb« bedeutet, weil es zu der Zeit, als der Monat seinen Namen erhielt, Herbst gewesen sei, und die Blätter der Bäume eine gelbe Färbung hatten. Er gilt als der am wenigsten glückverheißende Monat des Jahres, denn in ihm sei →*Adam* aus dem →*Paradies* vertrieben worden. Es war auch in diesem Monat, daß Mohammed krank wurde, an dessen letztem Mittwoch erholte er sich allerdings wieder vorübergehend.

3. u. 4. *Rabi'u'l-Awwal* und *Rabi'u'l-Akhir*, die ersten beiden Frühlingsmonate des Jahres, sollen ihre Namen erhalten haben, als der Kalender eingeführt wurde, und es gerade Frühling war. Mohammed starb am zwölften Tag des Rabi'u'l-Awwal.

5. u. 6. *Dschumada'l-Ula*, und *Dschumada'l-Ukhra*, sind der fünfte und sechste Monat des Jahres, und über die Bedeutung ihrer Namen gibt es zwei verschiedene Auffassungen. Die eine besagt, daß die Monate mit dem Namen *Dschumada* (»gefrieren«) ursprünglich Wintermonate waren. Die andere aber vertritt die Ansicht, daß die Monate ursprünglich im März

und im Mai endeten und daß sie so genannt wurden, weil sie in eine Zeit fielen, in der durch mangelnde Niederschläge der Boden trocken und hart geworden war, wofür »gefroren« als Epitheton stehe.

7. *Radschab*, der »geehrte« Monat, so genannt, weil in ihm in der vorislamischen Zeit Kriege verboten waren. Es wird überliefert, daß der Prophet diesen Monat mit einem schneeweißen Brunnen verglichen habe, der aus dem Himmel selbst fließe, und derjenige, der in diesem Monat faste, werde das Wasser des Lebens trinken. Bei frommen Muslimen ist es üblich, die Nacht des ersten Freitags dieses Monats im Gebet zu verbringen.

8. *Scha'ban*, der Monat der Trennung (auch *Schahru'n-Nabi*, »der Monat des Propheten« genannt), heißt so, weil in ihm die vorislamischen Araber aufbrachen, um nach Wasser zu suchen, denn als noch das Sonnenjahr Gültigkeit besaß, fiel der Monat in den Juni und Juli. Auf den fünfzehnten Tag dieses Monats fällt →*Schab-i Barat*, »die Nacht des Berichts«, in der Gott alljährlich alle Taten der Menschen aufzeichnet. Mohammed befahl seinen Anhängern, in dieser Nacht zu wachen und zu beten.

9. *Ramadan*, der neunte Monat des muslimischen Jahres, ist der Monat, in dem täglich vom Sonnenaufgang bis zum Sonnenuntergang strenges Fasten vorgeschrieben ist. Das Wort *Ramadan* ist von *ramd* »brennen«, abgeleitet. Der Monat soll so genannt worden sein, weil er entweder (vor der Kalenderumstellung) immer in der heißen Jahreszeit lag oder weil man annahm, daß das Fasten in diesem Monat die Sünden wegbrennen würde. Die besondere Würde dieses Monats wurde von Mohammed mehrfach betont. So sagt er, daß im Ramadan »die Tore des Paradieses weit geöffnet sind, und die Tore der Hölle sind geschlossen und die Teufel an die Kette gelegt, und nur dem, der den Monat einhält, wird es erlaubt sein, den Himmel durch das Tor mit dem Namen Raiyan zu betreten«. →*Ramadan*

10. *Schawwal*, wörtl. »Schwanz«, ist der zehnte Monat des Jahres, und arabischen Lexikographen zufolge wird er so genannt, weil er in der Zeit seiner Benennung in die Jahreszeit fiel, als die Kamelkühe im siebten oder achten Monat trächtig waren und nun ihre Schwänze hoben. Die Araber hielten ihn für einen ungeeigneten Monat, um Heiratsverträge abzuschließen,

aber Mohammed ignorierte diese ungünstigen Prognosen und heiratete in diesem Monat →*'A'ischa.* Der erste Tag dieses Monats ist →*'Idu'l-Fitr*, »das Fest der Beendigung des Fastens«.

11. *Dhu'l-Qa'da*, der Monat des Friedens, ist der elfte Monat des Jahres und wurde von den vorislamischen Arabern so genannt, weil in diesem Monat kriegerische Unternehmen verboten waren und man sich mit friedlichen Dingen beschäftigte.

12. *Dhu'l-Hidscha*, der Monat der Pilgerschaft, ist der letzte Monat des muslimischen Kalenders. In diesem Monat muß die vorgeschriebene Pilgerreise (→*Hadsch)* nach Mekka stattfinden.

Mönchstum

Arabisch *Rahbaniya*. Mohammed hat das Mönchstum verboten. In den Traditionen wird überliefert, daß 'Uthman ibn Maz'un zum Propheten kam und ihn bat, sich von der Gesellschaft zurückziehen zu dürfen und ein Mönch zu werden. Der Prophet antwortete: »Die einzige Art, sich zurückzuziehen, die meinem Volk ansteht, ist, sich in die Ecke einer Moschee zu setzen und auf die Zeit des Gebetes zu warten.«

Im Koran wird den Christen die Erfindung des Mönchstums vorgeworfen, Sure 57 27: »Dann ließen wir unsere Gesandten folgen auf ihren Spuren; wir ließen Jesus folgen, den Sohn Marias, und gaben ihm das Evangelium; und in die Herzen derer, die ihm folgten, legten wir Güte und Barmherzigkeit. Und das Mönchstum, das sie geschaffen, haben wir ihnen nicht befohlen.«

Nach der →*Hidaya* müssen weder christliche noch heidnische Mönche Kopfsteuer (→*Dschizya*) zahlen, doch dies ist unter den Gelehrten umstritten.

Mond

Arabisch *Qamar*. Der Mond wird im Koran häufig erwähnt. Mohammed schwört bei drei Gelegenheiten bei ihm (Sure 74 35; 84 18; 91 2); es wird gesagt, er sei als Licht an den Himmel gesetzt (Sure 10 5; 71 15), er strebe seinem festgesetzten Ziel zu (35 14; 39 7) und er werde sich am Tag des Jüngsten Gerichts verfinstern (Sure 75 8).

Die 54. Sure des Korans, die den Namen *Suratu'l-Qamar* trägt, beginnt mit den Worten: »Es naht die Stunde, gespalten ist der Mond. Und wenn sie ein Zeichen sehen, wenden sie sich ab und sagen: ›Starkes Zauberwerk.‹ «

Al-Baidawi meint, dies sei ein Wunder gewesen, das der Prophet vollbracht hätte, als ihn Ungläubige aufforderten, ihnen ein Zeichen zu geben. Die wahrscheinlichste Erklärung für diese Textstelle ist jedoch, daß sie sich auf eines der Anzeichen des Tages der →*Auferstehung* bezieht.

Von frommen Muslimen wird erwartet, daß sie bei einer →*Mondfinsternis* zwei Gebete sprechen.

Mondfinsternis

Das arabische Wort *Khusuf* bezeichnet sowohl eine Mond- wie eine Sonnenfinsternis, aber im engeren Sinne ist erstere damit gemeint. Beim Auftreten eines solchen Ereignisses sind spezielle Gebete vorgeschrieben. →*Gebet*

Monogamie

Obwohl der Koran die Polygamie sanktioniert, lassen sich doch die Worte im Koran, Sure 4 3, »fürchtet ihr aber, nicht gerecht zu handeln, dann eine« auch so verstehen, daß die Monogamie als die sicherste und vernünftigste Eheform empfohlen wird. So sagt auch der Verfasser der *Akhlaq-i Dschalali*:

»Außer im Falle von Königen, die heiraten, um zahlreichen Nachwuchs zu haben, und denen gegenüber den Frauen nichts anderes übrig bleibt, als gehorsam zu sein, ist eine Vielzahl von Ehefrauen nicht zu rechtfertigen. Und sogar im Falle von Königen wäre Vorsicht angebracht; denn Mann und Frau sind wie Herz und Körper, und wie ein Herz nicht zwei Körper versorgen kann, kann auch nicht ein Mann zwei Frauen angemessen zufriedenstellen und seine Zuneigung zu ihnen gleichmäßig zwischen ihnen aufteilen.«

Monopol

Arabisch *Ihtikar*. Das Anhäufen von Waren, um den Preis in die Höhe zu treiben und Monopole aller Art zu schaffen, ist nach dem muslimischen Recht ausdrücklich verboten, denn der Prophet hat zu diesem Thema folgendes gesagt:

»Wer monopolisiert, ist ein Sünder.«

»Wer Getreide vierzig Tage lang zurückhält, um den Preis hochzutreiben, wendet sich von Gott ab, und Gott wird sich von ihm abwenden.«

»Wer Getreide in die Stadt bringt und es zu einem niedrigen Preis verkauft, sei gesegnet. Wer es aber zurückhält, um es zu einem hohen Preis zu verkaufen, sei verflucht.«

Mord

Arabisch *Qatl.* Nach dem muslimischen Gesetz gibt es fünf Arten von Mord:

1. *Qatlu'l-'Amd*, »vorsätzlicher Mord« liegt dann vor, wenn jemand absichtlich einen anderen mit einer Waffe oder einem waffenähnlichen Gegenstand, wie einer Keule, einem Stein oder Feuer, tötet. Wenn jemand einen vorsätzlichen Mord begeht, dann gelten zwei Dinge: Erstens ist der Mörder ein Sünder, der dem Höllenfeuer verfallen ist, denn es heißt im Koran, Sure 4 95: »Wer einen Gläubigen absichtlich erschlägt, dessen Lohn ist die Hölle.« Und zweitens unterliegt er der Vergeltung nach dem Talionsprinzip, denn im Koran heißt es in Sure 2 173: »O ihr, die ihr glaubt, euch ist die Vegeltung für den Mord vorgeschrieben: ein Freier für einen Freien, ein Sklave für einen Sklaven, ein Weib für ein Weib.« Aber obwohl grundsätzlich das Vergeltungsprinzip bei Mord gilt, kann der Erbe oder der nächste Verwandte des Getöteten dem Täter vergeben und ihn durch eine Sühnezahlung vor Strafe bewahren, denn der obige Vers des Korans fährt fort: »Wird es aber einem von dessen Bruder verziehen, so ist es nach Recht zu verfolgen, und eine gutwillige Entrichtung werde ihm auferlegt.«

Ein vorsätzlicher Mörder kann nicht Erbe seines Opfers sein.

2. *Qatl Schibhu'l-'Amd*, »Totschlag«. Hierbei handelt es sich nicht um Totschlag nach westlichem Verständnis, sondern so werden jene Fälle von vorsätzlichem Mord bezeichnet, die mit etwas anderem als einer Waffe oder einem waffenähnlichen Gegenstand ausgeführt werden. Abu Hanifa beruft sich dazu auf einen Ausspruch Mohammeds: »Töten mit einem Stock oder Knüppel ist kein Mord, sondern nur Totschlag, und die Buße dafür beträgt hundert Kamele, zahlbar innerhalb eines Jahres.«

Totschlag gilt als Sünde, muß gesühnt werden und schließt den Täter vom Erbe des Opfers aus.

3. *Qatlu'l-Khata'*, »Tötung durch ein Mißgeschick« gibt es in zwei Varianten: Einmal kann der Irrtum in der *Absicht* liegen, zum anderen in der *Handlung*. Ein Irrtum in der Handlung liegt vor, wenn jemand etwas Bestimmtes zu tun beabsichtigt, aber tatsächlich etwas anderes geschieht, wenn zum Beispiel jemand mit einem Pfeil auf eine Scheibe zielt, aber einen Menschen trifft. Ein Irrtum in der Absicht andererseits liegt

dann vor, wenn der Fehler nicht die Handlung an sich betrifft, sondern das Subjekt der Handlung, wenn zum Beispiel jemand in der Schlacht mit einem Pfeil auf einen Mann zielt, weil er glaubt, es sei ein Feind, es sich dabei aber um einen Mitkämpfer handelt. Jemand, der eine Tötung durch Mißgeschick begangen hat, muß einen muslimischen Sklaven freikaufen oder zwei Monate in Folge fasten und innerhalb von drei Jahren ein Sühnegeld zahlen. Auch er ist vom Erbe des Getöteten ausgeschlossen.

4. *Qatl Qa'im Maqama'l-Khata'*, »Tötung von ähnlicher Art wie Tötung durch Mißgeschick« liegt z. B. dann vor, wenn jemand schlafwandelt und dabei auf eine andere Person fällt, die dadurch getötet wird. Diese Kategorie unterliegt denselben Regeln wie die vorige.

5. *Qatl bi-Sabab*, »Tötung aus dazwischenliegender Ursache« liegt dann vor, wenn zum Beispiel ein Mann einen Brunnen gräbt oder einen Stein aufstellt und jemand fällt in den Brunnen oder stürzt über den Stein und stirbt dabei. In diesem Fall muß eine Buße gezahlt werden, aber der Urheber des Unfalls ist nicht vom Erbe des Opfers ausgeschlossen und muß keine Sühne leisten.

Es gibt weder im Koran noch in den muslimischen Gesetzesbüchern einen Hinweis darauf, wie Mord durch Vergiften zu behandeln ist (dasselbe gilt auch für das mosaische Gesetz).

Nach dem Vergeltungsprinzip wird ein freier Mann für einen freien Mann getötet und ein Sklave für einen Sklaven; ein freier Mann wird auch für den vorsatzlichen Mord an einem Sklaven getötet, wenn dieser der Besitz eines anderen ist.

Nach Abu Hanifa wird ein Muslim für einen Mord an einem Ungläubigen hingerichtet, aber →*Asch-Schafi'i* ist gegensätzlicher Ansicht, denn der Prophet hat gesagt:

»Ein Muslim darf nicht für einen Ungläubigen den Tod erleiden.«

Ein Mann wird für eine Frau getötet, ein Vater wird nicht für sein Kind getötet, aber ein Kind muß für den Mord am eigenen Vater sterben. Ein Herr muß für den Mord am eigenen Sklaven und dem Sklaven seines Kindes nicht sterben.

Wenn jemand einen anderen in ein Wasser stößt, aus dem er unmöglich durch Schwimmen entkommen kann, wird nach Abu Hanifa Vergeltung nicht geübt, nach Asch-Schafi'i jedoch muß der Täter ertränkt werden.

MOSCHEE
Arabisch *Masdschid*, wörtlich »der Ort der Niederwerfung«. Das Gotteshaus, der Ort des öffentlichen Gebets.
Moscheen sind gewöhnlich aus Steinen oder Ziegeln erbaut und besitzen quadratische Form. In ihrem Zentrum befindet sich ein offener Innenhof, an den an zwei Seiten die Studierstuben der Gelehrten und Studenten angrenzen. In der Mitte der Wand, die nach Mekka weist, befindet sich eine Nische (→*Mihrab*), die die Richtung der →*Ka'ba* markiert, und rechts von dieser Nische steht die Kanzel (→*Minbar*). In der Mitte des offenen Innenhofes befindet sich gewöhnlich ein großes Wasserbecken, in dem die Gläubigen ihre rituellen Waschungen vornehmen können, und an den Ecken der Moschee finden sich Aborte. An der Eingangsfront gibt es eine niedrige Barriere, nur zehn bis zwanzig Zentimeter hoch, die den heiligen Teil der Moschee abgrenzt. Die Moscheen in Indien und Mittelasien sind im allgemeinen nach folgendem Bauschema errichtet:

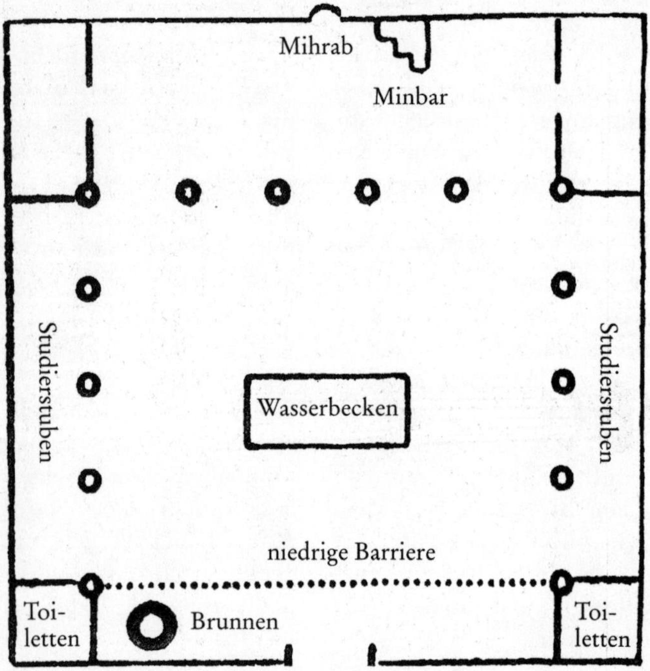

Die Dschama'-Moschee in Delhi

Die Moscheen in der Türkei, in Syrien und Ägypten sind oft geschlossene Gebäude, christlichen Kirchen nicht unähnlich.
Die erste Moschee, von Mohammed errichtet, war die in →*Quba'*, unweit Medinas. Sie war ohne Kuppel, Nische und Minarett, die von Al-Walid zirka achtzig Jahre später hinzugefügt wurden, außerdem gab es keine von Säulen gestützte Bögen und keine Studierstuben.
Wenn der Gläubige die Moschee betritt, hält er an der niedrigen Barriere ein und zieht seine Schuhe aus. Er nimmt sie, Sohle an Sohle, in die Hand und überschreitet die Barriere mit dem rechten Fuß zuerst und betritt so den Bereich, der dem →*Gebet* vorbehalten ist. Wenn er nicht kurz zuvor die vorgeschriebenen Waschungen verrichtet hat, geht er zu dem Wasserbecken in der Mitte des Innenhofes und verrichtet seine vorgeschriebene Pflicht. Bevor er sich dem Gebet widmet, legt er seine Schuhe, Sohle an Sohle aufeinander, und etwaige Waffen, die er bei sich trägt, vor sich nieder, etwas weiter entfernt als der Punkt, an dem er beim Verneigen mit seinem Kopf den Boden berührt.
Der Vorsteher einer Moschee ist der →*Imam,* der Gebetsleiter, aber es gibt gewöhnlich auch Gelehrte, →*Maulawis,* in der Moschee, die für die Ausbildung der Studenten zuständig sind. Manchmal sind der Imam und der Maulawi eine Person, und manchmal ist ein gelehrter Maulawi der Vorsteher der Moschee, der einen Imam dafür bezahlt, für den gesetzlichen Gebetsablauf zu sorgen. Außerdem gibt es einen →*Muezzin* in der Moschee, den Rufer zum Gebet, dessen Aufgabe es ist, die Gläubigen zu den gesetzlichen Gebetsstunden an ihre Gebetspflicht zu erinnern.
Obwohl Moscheen allgemein als heilige Stätten angesehen werden, sind sie auch gleichzeitig öffentliche Orte, an denen man sich der Muße hingeben und über weltliche Dinge plaudern, essen und schlafen kann, obwohl Mohammed solche Praktiken eigentlich verboten hat. Darüber hinaus werden Moscheen in allen Teilen des Islam als Raststätten für Reisende und Fremde genutzt.
Im allgemeinen ist jeder Moschee eine Gemeinde zugeordnet, und diese bezahlt für die Dienstleistungen der Moschee, zum Beispiel bei Hochzeiten und Beerdigungen, gewisse Gebühren, von denen – und von freiwilligen Spenden und Op-

Inneres einer Moschee in Kairo

fergaben – der Unterhalt des Imams, der Maulawis und der Studenten bestritten wird.

Mohammed hat nicht verboten, daß Frauen am öffentlichen Gebet in der Moschee teilnehmen, aber es wird allgemein angenommen, daß es besser für sie sei, ihre Gebete im privaten Bereich zu verrichten.

Folgende Vorschriften macht der Koran in bezug auf Moscheen:

Sure 7 29: »O Kinder Adams, nehmet euren Schmuck vor jeder Anbetungsstätte, und esset und trinket, aber seid nicht ausschweifend, denn wahrlich, Gott liebt die Ausschweifenden nicht.«

Sure 9 18: »Der nur besuche die Anbetungsstätte Gottes, der an Gott glaubt und an den Jüngsten Tag, das Gebet verrichtet, den Armenbeitrag entrichtet und nur Gott fürchtet. Diese mögen wohl der Rechtgeleiteten sein.«

Nach den Traditionen hat Mohammed die Moscheen betreffend folgende Vorschriften erlassen:

»Wenn du eine Moschee betrittst, mußt du sprechen: ›O Schöpfer! Über uns die Türen deines Mitgefühls.‹ Und wenn du sie verläßt: ›O Herr! Wir erbitten deine Großzügigkeit.‹ «

»Es ist eine Sünde, in der Moschee auszuspeien, und man beseitigt diese, indem man sie bedeckt.«

»Wenn jemand die Moschee betritt, sollte er es aus einem guten Grunde tun; entweder soll er etwas lernen wollen, oder er soll die Absicht haben, andere zu lehren. Denn jemand, der die Moschee betritt, besitzt den gleichen Rang wie jemand, der für die Sache Gottes kämpft. Aber der, der die Moschee aus einem anderen Grund betritt, gleicht dem, der nach dem Besitz eines anderen strebt. Wahrlich, die Zeit wird kommen, wenn gewisse Menschen sich in der Moschee weltlichen Dingen widmen werden. Aber setzt euch nicht zu ihnen.«

»Hindert eure Frauen nicht daran, die Moschee zu besuchen, aber ihr Heim ist ihnen angemessener.«

»Lest keine Dichtung in der Moschee, tätigt keine Handelsgeschäfte in ihr, und sitzt nicht am Freitag in ihr in geschwätzigem Kreis.«

»Der Wert eines Gebetes, das ein Gläubiger in seinem Heim spricht, entspricht dem eines Gebetes, der Wert eines Gebetes aber, das er in einer nahegegelegenen Moschee spricht, entspricht fünfundzwanzig Gebeten, der in der Zentralmoschee fünfhundert, der in Jeru-

Moschee in Afghanistan

salem fünfzigtausend, der in der Moschee von Medina fünfzigtausend und der in der Ka'ba hunderttausend Gebeten.«

Das muslimische Recht in bezug auf den Bau und die Stiftung von Moscheen enthält unter anderem folgende Vorschriften:

Wenn ein Mann eine Moschee gebaut hat, erlischt sein Besitzrecht an ihr erst, wenn er sowohl das Grundstück, auf dem sie steht, als auch den Weg, der zu ihr führt, von seinem Privatbesitz getrennt hat.

Wenn ein Mann eine Moschee gebaut hat, erlischt sein Besitzrecht an ihr erst, wenn er sie von seinem Privatbesitz getrennt hat und eine generelle Erlaubnis erteilt hat, in ihr zu beten. Hat er sie aber von seinem Privatbesitz getrennt und hat er nur einer einzigen Person die Erlaubnis erteilt, in der Moschee zu beten, verliert er den Besitzanspruch auf das, was nun Gott gehört.

Wenn ein Treuhänder oder Verwalter für die Moschee eingesetzt wurde und diesem die Eigentumsrechte übertragen werden, hört die Moschee auf, Privatbesitz zu sein. Dasselbe gilt, wenn der Kadi oder ein Vertreter desselben zum Besitzer derselben ernannt wurde.

Wenn jemand ein Grundstück zum Zwecke der Errichtung einer Moschee erwirbt, kann er später nicht mehr von dieser Absicht zurücktreten oder den Boden wieder verkaufen, auch kann das Grundstück nicht von Erben beansprucht werden, denn es ist für immer privaten Ansprüchen entzogen und steht ausschließlich im Besitz Gottes.

Wenn ein Mann ein unbebautes Grundstück besitzt und anderen erlaubt, dort ihre Gebete zu verrichten, dann wird dieses Grundstück zu einer Moschee und kann nicht mehr vererbt werden, wenn die Erlaubnis ausdrücklich so lautete, daß man dort für immer beten könne. Wenn die Erlaubnis aber nur für einen Tag, einen Monat oder ein Jahr erteilt wurde, dann wird das Grundstück keine Moschee und kann vererbt werden.

Wenn jemand einen undefinierten Teil seines Hauses oder seines Bodens zu einer Moschee macht, ist dies ungültig. Wenn aber jemand bis zu einem Drittel seines Bodens zu einer Moschee macht, dann ist dies gültig, und der Boden kann nicht mehr vererbt werden. (Ein Drittel ist der Höchstanteil des Vermögens, den jemand an andere Personen als die gesetzlichen Erben hinterlassen darf.)

Wenn jemand eine Moschee errichtet hat und vor Zeugen erklärt, daß er dies nur unter der Bedingung getan habe, daß er seine Handlung wieder rückgängig machen und sie wieder verkaufen könne, dann ist diese Bedingung ungültig, und es wäre, als ob er die Moschee speziell für die Leute seiner Straße errichtet hätte, in der nichtsdestoweniger auch andere Menschen beten dürften.

Wenn eine Moschee verfällt und nicht mehr zum Gebet genutzt wird, darf sie trotzdem nicht an den früheren Besitzer oder seine Erben zurückgegeben werden.

Moses

Arabisch *Musa*. Nach der muslimischen Lehre gehört er zu den sechs großen Propheten, die Gesetzgeber waren, und ihm wurde die →*Thora* geoffenbart. Sein Ehrentitel lautet *Kalimu'llah*, »der mit Gott gesprochen hat«

Es folgt eine ausführliche Darstellung der verschiedenen Koranstellen, die sich mit seinem Leben befassen.

Sure 28 2-28: »Wir wollen dir von der Kunde Moses und Pharaos vortragen, nach der Wahrheit, für Leute, die glauben. Siehe, Pharao war stolz im Land und teilte seine Bewohner in Parteien. Einen Teil von ihnen unterdrückte er, indem er ihre Söhne schlachtete und ihre Töchter leben ließ. Wahrlich, er war der Unheilstifter einer. Wir aber wollen begnaden, die im Land unterdrückt wurden, und machten sie zu Vorbildern und setzten sie zu Erben ein. Und gaben ihnen eine Stätte auf Erden. Pharao aber und Haman und ihren Truppen zeigten wir, was sie befürchteten. Und wir gaben der Mutter Moses ein: ›Säuge ihn, und fürchtest du für ihn, so wirf ihn in den Fluß. Doch fürchte dich nicht und sei nicht betrübt, denn wir geben ihn dir zurück und machen ihn zu einem der Abgesandten.‹ Und die Angehörigen Pharaos lasen ihn auf, daß er ihnen Feind werde und Kummer. Wahrlich, Pharao und Haman und ihre Truppen waren Sünder. Und die Frau Pharaos sprach: ›Augenweide (ist er) mir und dir, töte ihn nicht. Möglich, daß er uns nützt, oder wir nehmen ihn zum Sohn.‹ Und sie ahnten nichts. Und leer war morgens das Herz der Mutter Moses, fast hätte sie es verraten, hätten wir nicht ihr Herz gestärkt, daß sie der Gläubigen sei eine. Und sie sprach zu seiner Schwester: ›Folge ihm.‹ Da beobachtete sie ihn von der Seite aus, und jene merkten es nicht. Und wir verboten ihm vorerst die Mutterbrust, da sprach jene: ›Soll ich euch zu Leuten eines Hauses führen, die ihn für euch nähren? Sie werden ihm treue Wärter sein.‹ So gaben wir ihn seiner Mutter zurück, damit ihr Auge sich erfrische und sie nicht betrübt sei; und auf daß sie wisse, daß die Verheißung Gottes Wahrheit ist. Doch die meisten ihrer wissen es nicht. Und als er seine Vollkraft erreichte und entwickelt war, gaben wir ihm Weisheit und Wissen, denn so belohnen wir die Liebfrommen. Da ging er einst in die Stadt um eine Zeit, in der er von den Bewohnern unbeobachtet war, und fand da zwei Männer kämpfen, einer von seiner Partei und einer von seinen Feinden, und sein Parteigenosse bat ihn um Beistand gegen seinen Feind. Da schlug ihn Moses mit der Faust und tötete ihn. Dann aber sprach er: ›Das ist ein Werk Satans; wahrlich, er ist ein offenbarer Feind und Verführer.‹ Er sprach: ›O Herr, ich habe meine Seele befrevelt, verzeihe mir!‹ Und er verzieh ihm, denn er ist der Allverzeihende, der Allbamherzige. Er sprach: ›O Herr, weil du mir gnädig warest, will ich nie mehr Helfer sein den Sündern.‹ Und sich ängstlich umschauend ging er morgens in der Stadt umher; und siehe, der ihn gestern um Beistand angerufen hatte, rief ihn wieder um Hilfe an. Da sprach Moses zu ihm: ›Wahrlich, du bist ein offenbarer Bösewicht.‹ Als er aber den, der beider Feind war, anpacken wollte, sprach dieser: ›O Moses, willst du mich erschlagen, wie du gestern einen Menschen erschlugest? Du willst nur Gewalttäter im Land sein und willst nicht sein der Heilstifter einer.‹ Da kam aus dem Ende der Stadt ein Mann herangelaufen und sprach: ›O Moses, traun, die Ratsherren beraten über dich, dich zu töten. Fliehe nun, ich bin dir wahrlich ein treuer Berater.‹ Da floh er aus dieser, sich ängstlich umschauend, und sprach: ›O Herr, rette mich vor dem Volk der Frevler.‹ Und als er sich nach Midian wandte, sprach er: ›Vielleicht, daß mein Herr mich auf den rechten Weg leitet.‹ Und als er zum Wasser von Midian kam, fand er da eine Schar von Leuten (ihr Vieh) tränken. Und außer ihnen fand er zwei Frauen, die sich fernhielten. Da sprach er: ›Was ist euer Vorhaben?‹ Sie erwiderten: ›Wir tränken (unser Vieh) nicht eher, als bis die Hirten (ihr Vieh) forttreiben. Und unser Vater ist ein hoher Greis.‹ Da tränkte er ihnen (ihre Herde), dann zog er sich in den Schatten zurück und sprach: ›O Herr, ich bin nun des Guten, das du mir niedersendest, bedürftig.‹ Da kam die eine von ihnen zu ihm schamhaft heran und sprach: ›Siehe, mein Vater ruft dich, um dir den Lohn dafür zu geben, daß du uns (das Vieh) getränkt.‹ Und als er zu ihm kam und ihm seine Geschichte erzählte, sprach er: ›Fürchte dich nicht, du bist dem frevelhaften Volk entkommen.‹ Darauf sprach die eine von ihnen: ›O Vater, miete ihn; wahrlich, der beste, den du mietest, ist der kräftige und zuverlässige.‹ Er sprach: ›Ich will dir eine dieser meiner beiden Töchter zur Frau geben, unter der Bedingung, daß du dich mir acht Jahre vermietest, und wenn du zehn vollmachen willst, so liegt es an dir. Ich will dich nicht beschweren, und du wirst mich finden, so Gott will, der Redlichen einer.‹ Jener sprach: ›So sei es zwischen mir und dir; welche der beiden Fristen ich beendige, von mir sei es keine Übertretung. Und Gott sei Anwalt dessen, was wir verabredet.‹ «

Sure 20 8-50: »Kam dir die Kunde von Moses? Als er einst ein Feuer sah, sprach er zu seinen Leuten: ›Bleibet zurück, ich sehe ein Feuer. Vielleicht bringe ich euch von diesem einen Feuerbrand, oder ich finde durch das Feuer Rechtleitung.‹ Und als er herankam, ward gerufen: ›O Moses. Siehe, ich bin dein Herr; ziehe deine Schuhe aus, denn du bist in dem heiligen Tal Tuwa. Ich habe dich auserwählt, so höre auf das, was dir geoffenbart wird. Siehe, ich bin Gott, es gibt keinen Gott außer mir; so verehre mich und verrichte das Gebet zu meiner Erinnerung. Wahrlich, die Stunde ist kommend, bald enthülle ich sie. Daß jede Seele belohnt werde für das, was sie gestrebt. Es bringe dich davon nicht ab, der daran nicht glaubt und seiner Begierde folgt, daß du untergehest. Was ist dies in deiner Rechten, o Moses?‹ Dieser erwiderte: ›Es ist mein Stab, auf den ich mich stütze und mit dem ich Laub abschlage für meine Herde, und von dem ich noch andre Dienste habe.‹ Er sprach: ›Wirf ihn hin, o Moses!‹ Da warf er ihn hin, und er ward eine laufende Schlange. Er sprach: ›Ergreife sie und fürchte dich nicht, wir bringen sie in ihre frühere Beschaffenheit zurück. Stecke deine Hand unter deinen Arm, und sie wird weiß hervorkommen, ohne Übel. Ein zweites Zeichen. Daß wir dich unsrer Zeichen größtes sehen lassen. Gehe nun zu Pharao, denn er ist widerspenstig.‹ Er sprach: ›O Herr, weite meine Brust. Und erleichtere mir mein Geschäft. Und löse den Knoten von meiner Zunge. Daß sie meine Rede verstehen. Und gib mir einen Gehilfen aus meiner Familie. Meinen Bruder Aaron. Mit diesem festige meine Stärke. Und geselle ihn mir bei meinem Geschäft bei. Daß wir dich oft preisen und deiner häufig gedenken. Denn du bist auf uns schauend.‹ Er sprach: ›Gewährt sei dir dein Wunsch, o Moses. Wir waren dir bereits ein andres Mal gnädig. Als wir deiner Mutter eingaben, was ihr eingegeben ward: Lege ihn in eine Kiste und wirf ihn ins Meer; das Meer wird ihn ans Ufer spülen, und aufnehmen wird ihn ein Feind von mir, ein Feind von ihm. Ich habe dir meine Liebe zugewandt. Daß du unter meinen Augen heranwächst. Dann kam deine Schwester heran und sprach: Soll ich euch zu jemand führen, der ihn nähren wird? So gaben wir dich deiner Mutter wieder, auf daß ihr Auge sich erfrische und sie nicht betrübt sei. Dann erschlugst du einen Menschen, wir retteten dich aus der Not. Und wir prüften dich durch Versuchung. Du weiltest dann Jahre unter dem Volk Midians, und durch Fügung kommst du nun her, o Moses. Und ich habe dich für mich auserwählt. Gehe du nun und dein Bruder mit meinen Zeichen, und sei nicht schlaff in meiner Ermahnung. Gehet nun zu Pharao, denn er ist widerspenstig. Und redet zu ihm milde Worte, vielleicht läßt er sich ermahnen oder fürchtet sich.‹ Sie sprachen: ›Herr unser, wir fürchten, er vergreift sich an uns oder er ist widerspenstig.‹ Er erwiderte: ›Fürchtet nichts, denn ich bin mit euch; ich höre und sehe. So gehet hin zu ihm und sprechet: Wir sind Gesandte deines Herrn. Sende mit uns die Kinder Israels und betrübe sie nicht. Wir kommen nun zu dir mit einem Zeichen von deinem Herrn, und Heil dem, der der Rechtleitung folgt. Uns ist auch offenbart worden, die Strafe werde über den (kommen), der verleugnet und sich abwendet.‹ «

Sure 7 101-123: »Dann sandten wir nachher Moses mit unsren Zeichen zu Pharao und seinen Ratsherren, und sie frevelten an ihnen. Aber schau, wie war der Enderfolg der Unheilstifter. Moses sprach: ›O Pharao, ich bin Gesandter vom Herrn der Weltbewohner. Es ist geziemend, daß ich von Gott nur die Wahrheit rede. Nun komme ich zu euch mit klaren Beweisen von eurem Herrn; so entlasse denn die Kinder Israels mit mir.‹ Dieser erwiderte: ›Kommst du mit einem Zeichen, heran damit, wenn du der Wahrhaftigen einer bist.‹ Da warf er seinen Stab hin, und er ward eine deutliche Schlange. Dann zog er seine Hand hervor, und sie erschien den Zuschauern weiß. Es sprachen die Ratsherren vom Volk Pharaos: ›Wahrlich, dieser ist ein kundiger Zauberer. Er wünscht euch aus eurem Land zu vertreiben; was wollt ihr nun befehlen?‹ Sie erwiderten: ›Halte ihn zurück und seinen Bruder, und sende Versammler in die Städte aus. Sie sollen zu dir jeden kundigen Zauberer bringen.‹ Da kamen die Zauberer zu Pharao, und sie sprachen: ›Wahrlich, uns ist sicherlich eine Belohnung, wenn wir Sieger sind?‹ Er erwiderte: ›Ja, ihr sollt dann von den Nächsten sein.‹ Sie sprachen: ›O Moses, entweder du wirfst (deinen Stab) hin oder wir sind die Hinwerfenden.‹ Er erwiderte: ›Werft ihr hin.‹ Und als sie hinwarfen, bezauberten sie die Augen der Leute und erschreckten sie und brachten gewaltige Zauberei hervor. Und wir gaben Moses ein: ›Wirf deinen Stab hin.‹ Da verschlang dieser, was sie vorgetäuscht hatten. So kam die Wahrheit hervor und zunichte war, was sie vollbracht. Allda wurden jene besiegt, und beschämt kehrten sie um. Die Zauberer fielen anbetend nieder. Sie sprachen: ›Wir glauben an den Herrn der Weltbewohner. Den Herrn Moses und Aarons.‹ Pharao sprach: ›Ihr glaubt an ihn, bevor ich es euch erlaube? Wahrlich, das ist ganz gewiß eine List, die ihr gegen die Städte listet, ihre Bewohner aus ihnen zu vertreiben. Aber später sollt ihr es erfahren! Ich werde euch Hände und Füße wechselseitig abschlagen, sodann euch kreuzigen allesamt.‹ Sie sprachen: ›Wahrlich, wir sind zu unsrem Herrn zurückkehrend. Du rächst dich an uns nur darum, weil wir an die Zeichen unsres Herrn glauben, nachdem sie uns gekommen. Herr unser, ergieße über uns Geduld und laß uns sterben als Gottergebene.‹ «

Sure 40 27-49: »Und Pharao sprach: ›Lasset mich, ich will Moses töten, und mag er seinen Herrn anrufen. Ich fürchte, er ändert eure Religion oder er läßt Unheil im Land erscheinen.‹ Moses sprach: ›Ich nehme Zuflucht zu meinem Herrn und eurem Herrn vor jedem Hoffärtigen, der nicht glaubt an den Tag der Abrechnung.‹ Da sprach ein gläubiger Mann von den Leuten Pharaos, der aber seinen Glauben verheimlichte:

›Wollt ihr den Mann töten, weil er gesagt: mein Herr ist Gott? Er ist zu euch mit deutlichen Wundern von eurem Herrn gekommen; ist er Lügner, so wird seine Lüge über ihn kommen, und ist er wahrhaftig, so wird euch ein Teil dessen treffen, was er euch angedroht. Traun, Gott rechtleitet nicht, wer Übeltäter ist und Lügner. O mein Volk, euer ist heute die unbeschränkte Herrschaft im Land, wer aber hilft uns vor einem Unheil Gottes, wenn es zu uns kommt?‹ Pharao erwiderte: ›Ich weise euch darauf nur, was ich für gut sehe, und leite euch nur auf den Pfad der Richtigkeit.‹ Da sprach jener, der Gläubiger war: ›O mein Volk, ich fürchte für euch das gleiche, wie der Tag der Verbündeten. Das gleiche wie des Volks Noahs, der ʿAditen und der Thamuditen. Und derer nach ihnen, denn Gott mag keine Ungerechtigkeit gegen seine Diener. Und, o mein Volk, ich fürchte für euch den Tag des gegenseitigen Zurufs. Den Tag, an dem ihr rückwärts umkehren werdet; kein Schützer ist euch dann außer Gott. Und wen Gott irregehen läßt, dem ist kein Leiter. Früher schon kam Joseph zu euch mit deutlichen Wundern, ihr aber hörtet nicht auf im Zweifel zu sein über das, womit er zu euch kam, bis er starb, und ihr sagtet: Gott wird nach ihm keinen Gesandten mehr entsenden. So läßt Gott irregehen, wer Übeltäter ist und Zweifler. Die aber über die Zeichen Gottes streiten ohne Grund, ihnen ist großer Haß bei Gott und denen, die gläubig sind. So versiegelt Gott das Herz eines jeden Hochmütigen und Gewalttäters.‹ Und Pharao sprach: ›O Haman, baue mir einen Turm, auf daß ich zu den Bahnen gelange. Zu den Bahnen der Himmel, daß ich mich erhebe zum Gott Moses; wahrlich, ich halte ihn für einen Lügner.‹ So war Pharao wohlgefällig das Böse seines Tuns, und er wich ab vom Pfad; aber nichts war der Anschlag Pharaos als Verderben. Da sprach jener, der gläubig war: ›O mein Volk, folget mir, ich führe euch den Weg der Richtigkeit. O mein Volk, dies Leben hienieden ist ein vergänglicher Genuß nur, aber das Jenseits wahrlich ist Aufenthalt von Dauer. Wer Böses getan, dem wird nur entsprechend vergolten, wer aber Gutes getan, ob Mann oder Weib, und gläubig ist – diese kommen in das Paradies, in dem sie versorgt werden ohne Einschränkung. Und o mein Volk, was mich betrifft, ich rufe euch zur

Errettung, ihr aber ruft mich zum Höllenfeuer. Ihr ruft mich, Gott zu verleugnen und ihm beizugesellen, wovon mir keine Kenntnis, ich aber rufe euch zum Allgewaltigen und Vergebungsreichen. Kein Zweifel, daß zu dem ihr mich ruft, keine Anrufung zukommt hienieden, auch im Jenseits nicht, daß unsre Zuflucht zu Gott nur ist und daß die Übeltäter Genossen sind des Höllenfeuers. Einst werdet ihr denken an das, was ich euch sage. Ich aber stelle meine Angelegenheit Gott anheim; wahrlich, Gott ist schauend auf seine Diener.‹ Und Gott schützte ihn vor der Bosheit, die sie sannen; die Leute Pharaos aber umfing das Übel der Strafe. Dem Höllenfeuer werden sie ausgesetzt morgens und abends, und am Tag, an dem die Stunde da ist, wird gesprochen: ›Tretet ein, Leute Pharaos, in die schwerste Pein.‹ «

Sure 7 124-133: »Da sprachen die Ratsherren vom Volk Pharaos: ›Willst du Moses und sein Volk ziehen lassen, daß sie im Land Unheil stiften und dich verlassen und deine Götter?‹ Er erwiderte: ›Wir werden ihre Söhne töten und ihre Weiber leben lassen. Wahrlich, wir sind dann Gewalthaber über sie.‹ Es sprach Moses zu seinem Volk: ›Rufet Gott um Hilfe an und seid geduldig, denn wahrlich, die Erde ist Gottes, er läßt sie erben, wen er von seinen Knechten will. Der Enderfolg ist den Gottesfürchtigen.‹ Sie sprachen: ›Bedrückt wurden wir, ehe du zu uns gekommen und (nun erst) nachdem du zu uns gekommen.‹ Er erwiderte: ›Vielleicht wird euer Herr euren Feind vertilgen und euch zu Nachfolgern im Land machen und sehen, wie ihr tuet.‹ Nun straften wir die Leute Pharaos durch Hungerjahre und Fruchtmangel, auf daß sie eingedenk seien. Wenn ihnen Gutes kam, sprachen sie: ›Dies ist unser‹, wenn aber Böses sie traf, nannten sie es verhängt von Moses und denen, die mit ihm waren. War denn ihr Verhängnis nicht nur bei Gott? Aber die meisten ihrer wissen es nicht. Und sie sprachen: ›Was du uns auch für Zeichen bringest, uns damit zu bezaubern, wir sind doch nicht Gläubige deiner.‹ Und wir sandten über sie Sintflut, Heuschrecken, Läuse, Frösche und Blut, unterschiedliche Zeichen. Aber sie waren hochmütig und ein sündhaftes Volk. Und als über sie ein Strafgericht kam, sprachen sie: ›O Moses, rufe für uns deinen Herrn an, da er mit dir einen Bund geschlossen. Wendest du von uns das Strafgericht ab, ganz gewiß glauben wir an dich und entlassen mit dir die Kinder Israels.‹ Und als wir von ihnen das Strafgericht abwandten bis zu einer Frist, die sie einhalten sollten, da brachen sie ihr Versprechen. Da rächten wir uns an ihnen und ertränkten sie im Meer, dieweil sie unsre Zeichen lügenhaft nannten und ihrer unbeachtend waren. Und das Volk, das mißhandelt wurde, ließen wir erben den Osten des Landes und den Westen, das wir gesegnet. Und erfüllt wurde das herrliche Wort deines Herrn an den Kindern Israels, weil sie geduldig waren. Und wir zerstörten, was Pharao und sein Volk errichtet und was sie erbaut hatten.«

Sure 10 90-92: »Und wir ließen die Kinder Israels das Meer überschreiten, und Pharao und seine Streiter folgten ihnen streitsüchtig und feindlich, bis das Ertrinken ihn erreichte. Dann sprach er: ›Ich glaube nun, daß es keinen Gott gibt außer dem, an den die Kinder Israels glauben; ich bin nun der ergebenen Gottesbekenner einer.‹ – ›Jetzt, wo du bisher widerspenstig warest und der Unheilstifter einer? Heute wollen wir deinen Leib retten, damit du deiner Nachfolge ein Zeichen seiest.‹ Denn wahrlich, viele der Menschen sind über unsere Zeichen hinwegsehend.«

Sure 7 134-136: »Die Kinder Israels aber führten wir über das Meer, und sie kamen zu einem Volk, das Bildwerken ergeben war. Da sprachen sie: ›O Moses, mache uns einen Gott, wie diese Götter haben.‹ Er erwiderte: ›Wahrlich, ihr seid ein törichtes Volk. Fürwahr, zu zertrümmern ist, was diese da haben, Eitles ist, was sie tun.‹ Er sprach: ›Soll ich euch einen Gott suchen außer Gott? Und er bevorzugte euch unter den Weltbewohnern.‹ «

Sure 2 54: »Wir beschatteten euch mit den Wolken und sandten euch Manna und Wachteln: genießet des Guten, womit wir euch versorgt. Nicht gegen uns frevelten sie, aber gegen ihre eigenen Seelen waren sie frevelhaft.«

Sure 2 58: Dann sprachet ihr: ›Wir harren nicht bei einer einzigen Speise aus; rufe deinen Herrn für uns an, daß er uns hervorbringe von dem, was die Erde sprießet, als Gemüse, Gurken, Knoblauch, Linsen und Zwiebeln.‹ Er erwiderte: ›Wollt ihr für das Nahe das Bessere hergeben? Zieht nach Ägypten hinab, wahrlich, da ist euch, was ihr verlanget.‹ Mangel und Armut schlugen auf sie ein, und der Zorn Gottes traf sie. Dies, weil sie an die Verse Gottes nicht glaubten und ohne

Gerechtigkeit die Propheten töteten; dies, weil sie widerspenstig waren und sich auflehnten.«

Sure 2 57: »Dann betete Moses um Trank für sein Volk, und wir sprachen: ›Schlage mit deinem Stab auf den Felsen.‹ Darauf sprudelten aus diesem zwölf Quellen hervor, und alle Leute kannten ihren Trinkplatz. (Wir sprachen:) ›Esset und trinket von der Versorgung Gottes, richtet aber nicht freventlich Unheil auf Erden an.‹ «

Sure 2 60-62: Dann schlossen wir mit euch das Bündnis und erhoben den Berg über euch: ›Nehmet, was wir euch gegeben, in Festigkeit, und gedenket dessen, was darin, auf daß ihr gottesfürchtig seid.‹ Später, nachdem dies geschehen, wart ihr abwendig, und wäre nicht die Gnade Gottes über euch gewesen und seine Barmherzigkeit, ganz gewiß, ihr wäret die dem Untergang Geweihten. Sicherlich wißt ihr von denjenigen unter euch, die den Sabbat entweihten, wie wir zu ihnen sprachen: ›Werdet ausgestoßene Affen.‹ So machten wir sie zur Abschreckung für die Mitwelt und die Nachfolge, zur Ermahnung für die Gottesfürchtigen.«

Sure 7 138-142: »Wir bestimmten Moses dreißig Nächte und ergänzten sie um zehn, so daß der Zeitraum seines Herrn in vierzig Nächten vollendet war. Und Moses sprach zu seinem Bruder Aaron: ›Vertritt mich bei meinem Volk und mache es gut, und folge nicht dem Pfad der Unheilstifter.‹ Als nun Moses zur von uns bestimmten Zeit kam und sein Herr mit ihm redete, sprach er: ›Zeige dich mir, daß ich dich schauen kann.‹ Er erwiderte: ›Nie siehst du mich. Aber schau zum Berg hin, und wenn er fest auf seinem Platz steht, wirst du mich sehen.‹ Als sich dann sein Herr auf dem Berg offenbarte, machte er ihn zu Staub, und Moses stürzte ohnmächtig nieder. Und als er sich erholte, sprach er: ›Preis dir, reuig wende ich mich zu dir, und ich bin der erste der Gläubigen.‹ Er sprach: ›O Moses, ich erkor dich unter den Menschen zu meiner Botschaft und meiner Rede. Nimm denn, was ich dir gebe, und sei der Dankbaren einer.‹ Und wir schrieben ihm auf die Tafeln von allen Dingen, Ermahnung und Darlegung über jede Sache: ›Nimm sie mit Kraft, und heiß dein Volk sie bestens halten.‹ «

Sure 7 146-148: »Und nachher machte das Volk Moses aus seinem Schmuck ein leibhaftiges Kalb, dem Blöken eigen war. Sahen sie denn nicht, daß es zu ihnen nicht redete und sie auf den Pfad nicht rechtleitete? Aber sie nahmen es und waren Frevler. Und als sie tief bereuten und sahen, daß sie irregingen, sprachen sie: ›Wenn unser Herr sich nicht unser erbarmt und uns verzeiht, ganz gewiß sind wir der Untergehenden.‹ « Sure 20 88-99: »Da kehrte Moses zu seinem Volk zurück, zornig und betrübt. Er sprach: ›O mein Volk, verhieß euch euer Herr nicht eine schöne Verheißung? War euch die Zeit zu lang? Oder wollt ihr, daß ein Zorn eures Herrn auf euch falle, indem ihr meine Bestimmung nicht gehalten?‹ Sie sprachen: ›Nicht eigenmächtig brachen wir deine Bestimmung, vielmehr wurde uns die Last inbetreff der Schmucksachen des Volks auferlegt. Wir warfen sie hinein (ins Feuer).‹ Und ebenso warf sie Samiri hinein und brachte ihnen ein leibhaftiges Kalb hervor, das blökte. Sie sagten dann: ›Das ist euer Gott und der Gott Moses, den er vergaß.‹ Sehen sie denn nicht, daß es ihnen kein Wort antwortet, und daß es ihnen nicht Schaden noch Nutzen zu bringen vermag? Und bereits vorher sprach Aaron zu ihnen: ›O mein Volk, nur geprüft werdet ihr damit. Aber euer Herr ist wahrlich der Allerbarmer, so folget mir und gehorchet meinem Befehl.‹ Sie erwiderten: ›Nie hören wir auf, ihm ergeben zu sein, bis Moses zu uns zurückkehrt.‹ Er sprach: ›O Aaron, was hielt dich ab, als du sie irregehen sahest, mir zu folgen? Warst du meinem Befehl ungehorsam?‹ Dieser erwiderte: ›O Sohn meiner Mutter, zerre nicht an meinem Bart und nicht an meinem Haupt. Ich fürchte, du könntest sagen: Spaltung hast du unter den Kindern Israels gestiftet und meine Rede nicht beachtet.‹ Er sprach: ›Und was ist dein Treiben, o Samiri?‹ Dieser erwiderte: ›Ich sah, was jene nicht sahen; da nahm ich eine Handvoll (Staub) von der Spur des Gesandten und warf sie hinein. Meine Seele ließ mich dies schön finden.‹ Er sprach: ›So geh nun; dein (Los) im Leben sei, daß du sagst: nicht anrühren, und wahrlich, dir ist auch eine Androhung, der du nicht entgehst. Und schau auf deinen Gott, vor dem du ergeben standest, wir verbrennen ihn, und als Staub streuen wir ihn in die Flut. Euer Gott nur ist ein Gott, außer dem es keinen Gott gibt; nur er, der alle Dinge in Kenntnis umfaßt.‹ So erzählten wir dir von den Kunden, was einst geschehen, und wir ließen dir von unsrer Seite Ermahnung kommen.«

Sure 2 51: »Dann sprach Moses zu seinem Volk: ›O mein Volk, ihr habt wahrlich gegen eure Seelen gefrevelt, indem ihr euch dem Kalb zugewandt. Kehrt zu eurem Schöpfer zurück und tötet euch selber. Dies zu eurem Besten bei eurem Schöpfer; er wird euch vergeben, denn wahrlich, er ist der Allvergebende, der Allbarmherzige.‹ «
Sure 2 52-53: »Dann erwidertet ihr: ›O Moses, wir glauben dir nicht eher, als bis wir Gott angesichtlich gesehen.‹ Ein Donnergekrach ergriff euch, und ihr habt es gesehen. Dann weckten wir euch aus eurem Tode auf, daß ihr dankbar seid.«
Sure 7 154-156: »Und Moses wählte siebzig Männer aus seinem Volk für unsren Zeitraum, und als eine Erschütterung sie erfaßte, sprach er: ›Herr, wolltest du es, du hättest sie längst vertilgt und mich. Willst du uns nun vertilgen ob dem, was die Toren unter uns getan? Dies ist nur eine Prüfung von dir, womit du irren läßt, wen du willst, und rechtleitest, wen du willst. Du bist unser Beistand, so verzeih uns und erbarme dich unser. Und du bist der beste der Verzeihenden. Und schreibe uns an für das Leben hienieden Gutes und für das Jenseits, denn zu dir werden wir geleitet.‹ Er sprach: ›Meine Strafe treffen lasse ich, wen ich will, und alle Dinge umfaßt meine Barmherzigkeit. Und anschreiben werde ich es denen, die gottesfürchtig sind und Almosen geben, und denen, die an unsre Zeichen glauben. Denen, die den Gesandten folgen, dem Propheten aus dem Volk, den sie bei sich in der Thora beschrieben finden und im Evangelium. Er wird ihnen Fug gebieten und sie vom Schlechten zurückhalten, die guten (Speisen) erlauben und das Unreine verbieten. Nehmen wird er von ihnen ihre Bürde und das Joch, das auf ihnen war. Denen, die an ihn glauben, ihm helfen, ihm beistehen und dem Licht folgen, das mit ihm herabgesandt ist. Diese sind die Glückhabenden.‹ «
Sure 5 23-29: »Dann sprach Moses zu seinem Volk: ›O mein Volk, gedenket der Huld Gottes über euch, indem er unter euch Propheten eingesetzt und Könige, und euch gegeben, was er keinem der Weltbewohner gegeben. O mein Volk, beziehet das geheiligte Land, das Gott euch verschrieben, und kehrt nicht rückwärts um, ihr stürztet sonst verloren zusammen.‹ Sie sprachen: ›O Moses, siehe, ein gewaltiges Volk ist darin, wir möchten es nicht beziehen, bis sie vertrieben sind aus die-

sem; sobald sie aus diesem vertrieben sind, wahrlich, wir wollen es beziehen.‹ Da sprachen zwei Männer von denen, die (Gott) fürchteten, Gott begabte sie mit seiner Huld: ›Ziehet nur gegen sie in das Stadttor, und wenn ihr es betreten habt, wahrlich, ihr seid Sieger. Und auf Gott vertrauet, wenn ihr Gläubige seid.‹ Sie erwiderten: ›O Moses, traun, nie betreten wir es, solange jene darin sind. Gehe du und dein Herr und kämpfet; wir aber sind hier verbleibend.‹ Er sprach: ›O Herr, siehe, ich vermag nur über mich und meinen Bruder, so scheide doch zwischen uns und dem frevelhaften Volk.‹ Da sprach er: ›Wahrlich, verwehrt bleibe es ihnen vierzig Jahre, umherirren sollen sie auf Erden. Und du betrübe dich nicht über das frevelhafte Volk.‹ «

Sure 28 76-82: »Wahrlich, Qarun war vom Volk Moses und erhob sich über sie, denn wir hatten ihm der Schätze so viel verliehen, daß schon deren Schlüssel eine Schar starker Leute niederdrückten. Dann sprach sein Volk zu ihm: ›Sei nicht übermütig, traun, Gott liebt nicht die Übermütigen. Erstrebe mit dem, was dir Gott gegeben, die Wohnung des Jenseits. Vergiß deinen Teil hienieden nicht, aber tu auch Gutes, wie Gott dir Gutes erwiesen. Und begehre nicht Unheil auf Erden, denn wahrlich, Gott liebt nicht die Unheilstifter.‹ Er sprach: ›All dies kam mir durch mein eignes Wissen nur.‹ Wußte er denn nicht, daß Gott vor ihm schon Menschengeschlechter vernichtet hat, die stärker waren als er an Kraft und mehr hatten an Fülle? Und nicht gefragt werden die Schuldigen nach ihren Sünden. Und als er in seinem Schmuck vor seinem Volk einherging, da sprachen die das Leben hienieden begehrten: ›Oh, hätten wir es doch ebenso, wie es Qarun hat; wahrlich, er ist Herr eines großen Glückes.‹ Und die Wissen besaßen, sprachen: ›Weh euch! Die Belohnung Gottes ist besser für den, der gläubig ist und Gutes tut, und nur die Geduldigen werden sie empfangen.‹ Und sinken ließen wir mit ihm die Erde samt seiner Wohnung; ihm war keine Schar, die ihm helfen könnte, außer Gott, er war nicht von den Verteidigten. Und morgens sprachen jene, die gestern seine Stelle wünschten: ›Weh dir; Gott weitet die Versorgung, wem von seinen Dienern er will, und mißt sie auch (kärglich) zu. Wäre uns Gott nicht gnädig, sinken ließe er sie mit uns auch. Weh ihm, kein Glück haben die Ungläubigen.‹ «

Sure 2 63-69: »Dann sprach Moses zu seinem Volk: ›Siehe, der Herr befiehlt euch, daß ihr eine Kuh opfert.‹ Sie entgegneten: ›Hältst du uns zum Spott?‹ Er erwiderte: ›Bewahre mich Gott, zu den Törichten zu gehören.‹ Sie sprachen: ›Rufe für uns deinen Herrn an, er möge uns verständigen, wie diese sei.‹ Er erwiderte: ›Siehe, er sagt, diese Kuh sei weder alt noch jung, mittleren Alters, zwischen beiden. So tut nun, was er geboten.‹ Sie sprachen: ›Rufe für uns deinen Herrn an, er möge uns verständigen, wie ihre Farbe sei.‹ Er erwiderte: ›Siehe, er sagt, die Kuh sei rot, tiefrot sei ihre Farbe, ihre Beschauer ergötzend.‹ Sie sprachen: ›Rufe für uns deinen Herrn an, er möge uns verständigen, wie diese sei, denn siehe, unsre Kühe sind einander ähnlich, und wenn Gott es wünscht, wir möchten richtig geleitet sein.‹ Er erwiderte: ›Siehe, er sagt, es sei eine Kuh, die nicht entwürdigt ist durch Pflügen des Bodens und Bewässerung des Ackers, eine tadellose, kein Fehl an ihr.‹ Sie sprachen: ›Nun kommst du mit der Wahrheit.‹ Sie schlachteten sie; fast aber hätten sie es unterlassen. Habt ihr einen Menschen erschlagen und streitet darüber, so ist es Gott, der enthüllt, was ihr verheimlicht. Und so sprachen wir: ›Schlaget (die Leiche) mit einem Teil (der Kuh), und Gott wird den Toten beleben. Er zeigt euch seine Wunderzeichen, auf daß ihr verständig seid.‹ Bald darauf verhärtete sich euer Herz und war wie ein Stein, oder noch viel härter, denn unter den Steinen ist wohl mancher, aus dem Bäche entspringen, und mancher, der sich spaltet und Wasser hervorbringt, und mancher auch, der aus Gottesfurcht niederstürzt. Aber Gott ist nicht übersehend dessen, was ihr tut.«

Sure 18 59-81: »Dann sprach Moses zu seinem Diener: ›Ich höre nicht auf, bis ich gelangt bin zur Vereinigung der beiden Gewässer, und sollte ich ein Menschenalter gehen.‹ Bis sie zur Vereinigung gelangten, zwischen beiden, vergaßen sie ihren Fisch, der zappelnd seinen Weg ins Meer nahm. Und als sie weitergingen, sprach er zu seinem Diener: ›Hole unser Morgenmahl, denn wir sind nun müde von dieser unsrer Reise.‹ Dieser erwiderte: ›Sieh doch, als wir am Felsen rasteten, da vergaß ich den Fisch. Nur Satan machte mich ihn vergessen, daß ich an ihn nicht dachte, und er nahm wunderbarerweise seinen Weg ins Meer.‹ Jener sprach: ›Das ist (der Ort), den wir suchen.‹ Und sie kehrten um auf ihren Spuren schrittweise. Da fanden sie einen Diener von unsren Dienern, dem wir Barmherzigkeit von uns verliehen und den wir von unsrer Seite Weisheit gelehrt. Moses sprach zu ihm: ›Darf ich dir folgen, auf daß du mich lehrst von dem, was du gelehrt worden bist an Rechtwandel?‹ Dieser erwiderte: ›Du wirst bei mir nicht geduldig ausharren können. Und wie solltest du geduldig ausharren bei dem, dessen Verständnis du nicht erfassest?‹ Jener entgegnete: ›Du sollst mich, so Gott will, geduldig finden, und ich will dir in keiner Sache ungehorsam sein.‹ Dieser sprach: ›Wenn du mir folgen willst – aber frage mich über nichts, bis ich selber dir Auskunft darüber gebe.‹ Da gingen sie beide, bis sie ein Schiff bestiegen, das er durchlöcherte. Jener fragte: ›Du durchlöchertest es, um seine Mannschaft zu ertränken? Du hast nun eine seltsame Sache vollbracht.‹ Dieser erwiderte: ›Sagte ich dir nicht, du würdest bei mir nicht geduldig ausharren können?‹ Jener sprach: ›Fasse mich nicht darum, weil ich vergaß, und lege mir in meiner Sache nicht Schweres auf.‹ Da gingen sie beide, bis sie einen Jüngling trafen, und er erschlug ihn. Jener fragte: ›Du erschlugest einen unschuldigen Menschen, ohne einen Menschen (zu rächen)? Du hast nun eine unerhörte Sache vollbracht.‹ Dieser erwiderte: ›Sagte ich dir nicht, du würdest bei mir nicht geduldig ausharren können?‹ Jener sprach: ›Wenn ich dich nach diesem wiederum etwas frage, dulde meine Gemeinschaft nicht. Du hast nun von mir aus Entschuldigung.‹ Da gingen sie beide, bis sie zu den Bewohnern einer Stadt kamen, und sie baten die Bewohner um Speisung; diese aber weigerten sich, sie zu bewirten. Darauf fanden sie in dieser eine Mauer, die einzustürzen drohte, und er stürzte sie. Jener sprach: ›Wenn du doch wolltest, du könntest dafür eine Belohnung erhalten.‹ Dieser sprach: ›Dies ist die Trennung zwischen mir und dir. Doch will ich dir die Deutung dessen sagen, wobei du dich zu gedulden nicht vermochtest. Was das Schiff betrifft, so gehörte es armen Leuten, die auf dem Meer tätig waren, und ich wollte es schadhaft machen, weil hinter ihnen ein Herrscher her war, der jedes Schiff gewaltsam nahm. Und was den Jüngling betrifft, so waren seine Eltern Gläubige, und wir fürchteten, er könnte sie zu Widerspenstigkeit und Unglauben verleiten. Wir wünschten daher, daß ihr Herr ihnen einen andren gebe, besser als dieser an Lauterkeit und näher an Liebe. Und was die Mauer betrifft, so gehört sie zwei Waisenknaben in der Stadt und darunter liegt ein Schatz für sie; ihr Vater war ein rechtschaffener Mann, und dein Herr will, daß sie ihre Volljährigkeit erlangen und dann ihren Schatz haben. Es war eine Barmherzigkeit deines Herrn, und ich tat es nicht aus eignem Belieben. Dies ist die Deutung dessen, wobei du dich nicht zu gedulden vermochtest.‹ «

Folgende Bemerkungen gehen auf Traditionen Al-Baidawis und anderer Kommentatoren zurück:

Moses soll ein sehr dunkelhäutiger Mann gewesen sein, und als er seine Hand auf Gottes Befehl unter seinem Arm hervorzog, war sie so extrem weiß und glänzend, daß sie noch den Glanz der Sonne übertraf.

Moses hatte einen Sprachfehler, der auf folgenden Vorfall zurückzuführen sein soll. Pharao trug Moses als Kleinkind eines Tages auf dem Arm, als dieser ihm mit solcher Gewalt am Bart zerrte, daß der Pharao in höchsten Zorn geriet und das Kind augenblicklich töten lassen wollte. Seine Frau aber versuchte ihn zu beschwichtigen, indem sie ihm vorhielt, Moses sei noch ein so kleines Kind, daß er beispielsweise auch nicht zwischen einem Rubin und einem Stück glühender Kohle unterscheiden könne. Der Pharao ordnete daraufhin dieses Experiment an, und Moses griff nach dem Stück glühender Kohle und steckte es in den Mund, wobei er sich die Zunge verbrannte. Daraufhin wurde er begnadigt. (Es handelt sich hier um eine leicht abgewandelte jüdische Erzählung.)

Es wird überliefert, daß die ägyptische Hebamme, die bei der Geburt des Moses zugegen war, die Geburt des Jungen zunächst nicht meldete, weil sie durch ein Licht, das bei der Geburt des Kindes zwischen seinen Augen erschienen war, erschreckt war, und weil sie überdies Zuneigung zu dem Jungen empfand, so daß seine Mutter ihn drei Monate lang stillen konnte. Danach sei es aber nicht mehr möglich gewesen, ihn zu verbergen, weil die Kontrollen schärfer geworden seien.

Die Mutter Moses' soll ein Kästchen aus Papyrus gefertigt, es abgedichtet und mit Baumwollstoff ausgefüttert und dann das Kind hineingelegt haben. Dann habe sie es dem Fluß überge-

ben, dessen Nebenarm am Garten des Pharao vorbeifloß. Das Kästchen sei bis in den Fischteich des Gartens getrieben worden, an dem gerade der Pharao mit seiner Frau saß. Der König habe, nachdem das Kästchen geborgen und geöffnet worden war, sofort Zuneigung zu dem Kind gefaßt und den Befehl erteilt, es aufzuziehen.
Einige Autoren überliefern noch eine wunderbare Errettung des Moses vor seiner Aussetzung im Nil. Seine Mutter soll das Kind in einem Ofen versteckt haben, und die Schwester des Moses habe während der Abwesenheit der Mutter in eben diesem Ofen ein Feuer entzündet, ohne das Kind zu bemerken. Es sei dadurch aber nicht zu Schaden gekommen.

Mu'adh ibn Dschabal

Einer der berühmtesten der Gefährten Mohammeds. Er entstammte den Banu →*Khazradsch* und war bei der Schlacht von →*Badr* erst zwanzig Jahre alt. Da er im Koran höchst bewandert war, wurde er in Mekka zurückgelassen, um die Einwohner der Stadt die Grundlagen des Islam zu lehren. Er wurde auch als Steuereintreiber nach Südarabien geschickt und wurde Kadi von Jemen. Nach Mohammeds Tod war er Berater von →*Abu Bakr* und →*'Umar*, und wurde von letzterem zum Statthalter von Syrien ernannt. Er starb in Ta'un 'Amawas.

Mu'ahid

Ein Ungläubiger, dem es von der muslimischen Obrigkeit gestattet ist, in dem Land umherzureisen und seinen Geschäften nachzugehen, das heißt ein →*Dhimmi*.

al-Mu'akhir

Bedeutet »der Unterwerfer« und ist einer der 99 Beinamen oder eines der 99 Attribute Gottes.

Mu'allim

Ein Lehrer in der Schule einer Moschee. *Al-Mu'allimu'l-Awwal*, »Der der erste Lehrer«, ist ein Beiname des Aristoteles. Bei den Sufis wird dieser Name für Adam benutzt, der der erste Prophet gewesen sein soll. Adam trägt bei den Sufis auch den Beinamen *Mu'allimu'l-Mala'ika*, »Lehrer der Engel«, weil es im Koran, Sure 2 31, heißt: »O Adam, nenne du sie (die Engel) bei ihren Namen.«

Mu'awiya

Der sechste →*Kalif* und Begründer der Umaiyaden-Dynastie (Omaijaden). Er war der Sohn des Abu Sufyan, einem der bedeutendsten Gefährten Mohammeds, und wurde nach dem Tod des →*Hasan* Kalif. Er steht bei den Schiiten in schlechtester Erinnerung. Er starb im Jahre 680 n. Chr. und war der erste Kalif, der das Kalifat erblich machte.

AL-MUʿAWWIDHAT

Wörtlich »Die Zuflucht Suchenden«. Die beiden letzten Suren des Korans, Sure 113, die mit den Worten »Sprich: Ich nehme Zuflucht zum Herrn der Morgenröte« beginnt, und Sure 114, deren Anfangsworte »Sprich: Ich nehme Zuflucht zum Herrn der Menschen« lauten.
Mohammed hat angeordnet, daß diese beiden Suren nach jedem vorgeschriebenen Gebet zu sprechen sind.

MUBAH

Wörtlich »erlaubt«. Ein Begriff aus dem religiösen Recht für eine Handlung, die jemand tun oder lassen kann, ohne dafür Lob oder Tadel zu ernten.

MUBARAT

»Gegenseitige Entlastung«. Ein Begriff, der im Scheidungsrecht angewandt wird, wenn ein Mann zu seiner Frau sagt: »Ich bin nun von der Ehe zwischen dir und mir entlastet«, und wenn die Frau dem zustimmt. →*Ehescheidung*

AL-MUBDIʾ

Bedeutet »der Beginnende« und ist einer der 99 Beinamen oder eines der 99 Attribute Gottes.

MUBTADIʿ

Ein Häretiker.

MUDABBAR

Ein Sklave, der nach dem Tod seines Herrn die Freiheit erlangt, weil dieser ihm das zuvor versprochen hatte.

AL-MUDDATHIR

Suratu'l-Muddathir, »Sure vom Bedeckten«, ist der Titel der 74. Sure des Korans, deren ersten beiden Verse lauten: »O Bedeckter. Stehe auf und warne.« Diese Sure wird von manchen für die älteste Sure des Korans gehalten, andere aber halten die 96. Sure für älter.

AL-MUDHILL

Bedeutet »der Zerstörende« und ist einer der 99 Beinamen oder eines der 99 Attribute Gottes.

AL-MUDSCHADILA

Suratu'l-Mudschadila, »Sure

von der Streitenden«, ist der Titel der 58. Sure des Korans, die mit den Worten beginnt: »Gott hörte bereits die Rede jener, die mit dir wegen ihres Mannes stritt und sich vor Gott beklagte.« Dies bezieht sich auf Khaula bint Tha'laba, die Frau des 'Aus ibn Thamit, die »in der Zeit der Unwissenheit« von ihrem Mann geschieden wurde und später zum Propheten kam, um zu fragen, ob die Scheidung gültig gewesen sei.

al-Mudschib
Bedeutet »der Erhörende« und ist einer der 99 Beinamen oder eines der 99 Attribute Gottes.
Sure 11 64: »Wahrlich, mein Herr ist nah und erhörend.«

Mu'dschiza
Ein Wunder, das durch einen Propheten gewirkt wird, im Gegensatz zu →*Karama*, einem Wunder, das durch einen Heiligen gewirkt wird, der kein Prophet ist.

Mudschtahid
Plural *Mudschtahidun*. Wörtlich »ein Strebender«, den höchsten Rang in der Gottesgelehrsamkeit zu erreichen.
Der höchste Titel muslimischer Gelehrter, der entweder vom Volk oder von einem muslimischen Herrscher verliehen wird. Die vier Imame der Sunniten hatten diesen Rang. →*Idschtihad*, →*Idschma'*

Muezzin
Der Rufer zum Gebet. In kleineren Moscheen übt der Imam auch diese Aufgabe aus, in größeren jedoch wird dieses Amt speziell einer bestimmten Person übertragen. Wenn die Moschee ein Minarett hat, ruft der Muezzin von dessen Spitze aus zum Gebet, bei kleineren Moscheen ohne Minarett, vom Eingang aus. Der erste Muezzin war →*Bilal*, der Sohn einer abessinischen Sklavin, und Mohammed soll gesagt haben: »Die Rufer zum Gebet erwartet das Paradies, und wer dieses Amt ausübt, wird vom Höllenfeuer gerettet werden.«

Mufti
Ein Gelehrter, der das →*Gesetz* auslegt.

al-Mughni
Bedeutet »der Bereicherer« und ist einer der 99 Beinamen oder eines der 99 Attribute Gottes.

Muhaddith
1. Jemand, der einen →*Hadith* oder Handlungen und Worte des Propheten berichtet.
2. Einer, der in den Traditionen gelehrt ist.

Muharram-Prozession in Indien

Muhadschir

Von →*Hidschra*, »Flucht«.

1. Jemand, der zusammen mit dem Propheten aus Mekka geflohen ist.

2. Jemand, der aus einem Land flieht, das unter der Herrschaft von Ungläubigen steht.

3. Jemand, der das flieht, was Gott verboten hat.

Muhadschirun

Plural von →*Muhadschir*. Eine Bezeichnung für all jene Konvertiten zum Islam, die mit dem Propheten aus Mekka geflohen sind.

Zu ihnen gehören auch all jene, die sich Mohammed bis zur Einnahme Mekkas in Medina angeschlossen haben. Sie nehmen unter den Gefährten des Propheten den höchsten Rang ein.

al-Muhaimin

Bedeutet »der Beschützer« und ist einer der 99 Beinamen oder eines der 99 Attribute Gottes.

Muhallil

Wörtlich »einer, der etwas gesetzlich macht«. Bezeichnet einen Mann, der eine geschiedene Frau heiratet, damit sie nach einer alsbaldigen Scheidung von ihm ihren früheren Ehemann wieder legal heiraten kann. →*Ehescheidung*

Muhammad

1. →*Mohammed*

2. *Suratu Muhammad*, »Sure von Mohammed«, ist der Titel der 47. Sure des Korans, in deren zweitem Vers es heißt: »Glaubt an das, was Mohammed euch offenbart hat.«

Muharram

Der erste Monat im muslimischen Kalender. Er trägt diesen Namen, weil es sowohl in der vorislamischen als auch in der Zeit Mohammeds als ungesetzlich (*haram*) galt, in diesem Monat Krieg zu führen. Der Monat gilt als sehr glückverheißend, und Mohammed soll gesagt haben:

»Wer am Donnerstag, Freitag und Samstag dieses Monats fastet, der wird siebenhundert Jahresreisen von der Hölle entfernt sein; dem, der in der ersten Nacht des Monats wach bleibt, werden alle Sünden des vergangenen Jahres vergeben sein; und der, der den ganzen ersten Tag des Monats fastet, wird das ganze Jahr vor der Sünde bewahrt bleiben.«

Die ersten zehn Tage des Monats sind der Erinnerung an das Martyrium →*Husains*, des zweiten Sohnes der →*Fatima*, der Tochter Mohammeds, gewidmet.

Diese Trauertage werden nur

Muharram-Zeremonien in Indien

von den schiitischen Muslimen begangen, aber am zehnten Tag des Monats findet bei den Sunniten das 'Aschura'-Fasten statt zur Erinnerung daran, daß an diesem Tag Adam und Eva, die Feder, das Schicksal und Leben und Tod erschaffen wurden.

MUHARRAMAT
Plural von *Muharrama.* Die Personen, mit denen einen Ehevertrag zu schließen ungesetzlich ist. →*Ehe*

MUHRIM
Bezeichnung für den Pilger während der →*Hadsch*, der Pilgerfahrt nach Mekka, wenn er den →*Ihram*, das Pilgergewand, angelegt hat.

AL-MUHSI
Bedeutet »der Zählende« und ist einer der 99 Beinamen oder eines der 99 Attribute Gottes.

MUHTAKIR
Wörtlich »Voraufkäufer«. Jemand, der Getreide und andere lebenswichtige Gebrauchsgüter monopolisiert, was nach dem Gesetz verboten ist. →*Monopol*

MUHTASIB
Der öffentliche Zensor über Religion und Moral, der von einem muslimischen Herrscher eingesetzt wird, um Muslime zu bestrafen, die die Riten und Pflichten ihrer Religion vernachlässigen.

AL-MUHYI
Bedeutet »der Lebensspender« und ist einer der 99 Beinamen oder eines der 99 Attribute Gottes. Erscheint zweimal im Koran. Sure 30 49: »Schau hin auf die Spuren der Barmherzigkeit Gottes, wie er die Erde belebt nach ihrem Tod; wahrlich, so auch belebt er die Toten.« Sure 41 39: »Wahrlich, der sie (die Erde) belebt, belebt gewißlich die Toten auch, denn er ist über alle Dinge mächtig.«

AL-MU'ID
Bedeutet »der Wiederhersteller« und ist einer der 99 Beinamen oder eines der 99 Attribute Gottes.

AL-MU'IZZ
Bedeutet »der Ehrende« und ist einer der 99 Beinamen oder eines der 99 Attribute Gottes.

MUKARI
Bezeichnung für eine Person, die Pferde, Kamele usw. verleiht.

MUKATAB
Ein Sklave, der sich selbst mit Einwilligung des Besitzers freikauft.

MUKHADDARA
Bezeichnung für eine Frau im Stande der rituellen Reinheit. Das Wort wird auch für eine Frau benutzt, die einen Schleier trägt, abgeleitet von *Khidr*, »Vorhang, Schleier«.

MULHID
Einer, der von der Wahrheit abgefallen ist. Ein Ungläubiger.

AL-MULK
Suratu'l-Mulk, »Sure von der Herrschaft«, ist der Titel der 67. Sure des Korans, in deren erstem Vers die Worte erscheinen: »Gesegnet sei der, in dessen Händen die Herrschaft liegt.«

MULLAH
Persische Form des Begriffes →*Maulawi*, »Gelehrter«.

MU'MIN
Plural *Mu'minun*, »der Gläubige«.
1. Der Begriff wird im Koran und in allen muslimischen Büchern allgemein für Mohammedaner gebraucht.
2. »Al-Mu'min«, einer der 99 Beinamen oder eines der 99 Attribute Gottes.
3. »Al-Mu'min«, der Titel der 40. Sure des Korans.

AL-MU'MINUN
»Al-Mu'minun«, »die Gläubigen«, der Titel der 23. Sure des Korans.

AL-MUMIT
Bedeutet »der Tötende« und ist einer der 99 Beinamen oder eines der 99 Attribute Gottes. In Sure 2 26 des Korans heißt es: »Dereinst wird er euch töten, dereinst wird er euch beleben, dereinst werdet ihr zu ihm zurückkehren.«

AL-MUMTAHINA
Suratu'l-Mumtahina, »Sure von der Geprüften«, ist der Titel der 60. Sure des Korans, in deren 10. Vers es heißt:
»O ihr Gläubigen, wenn gläubige Frauen als Flüchtlinge zu euch kommen, dann prüfet sie.«
Al-Baidawi sagt dazu: »Wenn solche Frauen in Medina Asyl suchten, ließ Mohammed sie einen Eid ablegen, daß sie nur von dem Wunsch geleitet seien, sich zum Islam zu bekehren, und daß ihr Entschluß nichts mit Haß auf ihren Ehemann oder mit Liebe zu einem Muslim zu tun habe.«

MUNADSCHAT
Wörtlich »Flüstern, vertrauliches Gespräch«. Im allgemeinen benutzt für das freie Gebet, das nach den gesetzlich vorgeschriebenen gesprochen wird.

MUNAFIQ
Plural →*Munafiqun*, »Heuchler«. Eine Bezeichnung, mit der in der Zeit Mohammeds all jene belegt wurden, die nach außen vorgaben, die Lehre des Propheten angenommen zu haben, die aber insgeheim an ihr zweifelten.

AL-MUNAFIQUN
Suratu'l-Munafiqin, »Sure von den Heuchlern«, ist der Titel der 63. Sure des Korans, deren Eröffnungsverse lauten: »Wenn zu dir kommen die Heuchler, sagen sie: ›Wir bezeugen, du bist der Gesandte Gottes. Und Gott weiß wahrlich, daß du sein Gesandter bist.‹ Doch Gott bezeugt, daß die Heuchler gewißlich Lügner sind. Sie machen ihre Eide zur Hülle und verdrängen vom Pfad Gottes. Wahrlich, schlimm ist, was sie tun! Dies, weil sie gläubig waren, dann aber ungläubig geworden sind. Versiegelt sind ihre Herzen, und sie verstehen nicht.«

MUNASSAF
Wörtlich »auf die Hälfte reduziert«. Traubensaft, der auf weniger als zwei Drittel der ursprünglichen Menge eingekocht wurde. Ist im Islam ein verbotenes alkoholisches Getränk.

MUNF, MANF
Das alte Memphis.

MUNFIQ
Wörtlich »einer, der spendet«. Eine wohltätige Person.
Sure 3 15: »Die Geduldigen, die Aufrichtigen, die Demütigen, die Mildtätigen und die im Morgengrauen um Vergebung Bittenden.«

MUNKAR UND NAKIR
»Der Unbekannte» und »der Verleugnete«. Die beiden Engel, von denen Mohammed sagt, daß sie die Toten besuchen und sie nach ihrem Glauben an den Propheten und seine Religion befragen.
Sie werden beschrieben als zwei schwarze Engel mit blauen Augen. →*Tod*

AL-MUNTAQIM
Bedeutet »der Rächer« und ist einer der 99 Beinamen oder eines der 99 Attribute Gottes.

AL-MUQADDIM
Bedeutet »der Fortschreitende« und ist einer der 99 Beinamen oder eines der 99 Attribute Gottes.

MUQAUQIS
Der offizielle Titel des römischen Statthalters von →*Ägypten.*

Mohammed schickte im Jahre 628 n. Chr. an Dscharih ibn Matta, den Statthalter von Ägypten, eine Botschaft, in der er ihn aufforderte, zum Islam zu konvertieren. Dscharih antwortete höflich und bat Mohammed um die Annahme eines Geschenkes, das aus zwei koptischen Sklavinnen bestand. Eine der beiden schenkte Mohammed →*Hassan,* dem Poeten, und die andere, die →*Maria die Koptin* genannt wurde, behielt er für sich selbst.

AL-MUQIT
Bedeutet »der Wächter« und ist einer der 99 Beinamen oder eines der 99 Attribute Gottes.

AL-MUQSIT
Bedeutet »der Billige« und ist einer der 99 Beinamen oder eines der 99 Attribute Gottes.

MUQTADI
Wörtlich »der Folgende«. Die Person, die bei den vorgeschriebenen Gebeten hinter dem Imam steht und die →*Iqama* rezitiert. →*Gebet*

AL-MUQTADIR
Bedeutet »der Mächtige« und ist einer der 99 Beinamen oder eines der 99 Attribute Gottes. Sure 18 43: »Und Gott ist über alle Dinge mächtig.«

MURAHIQ
Bezeichnung für einen Jungen oder ein Mädchen, der oder das sich dem Pubertätsalter nähert.

MURDSCHI'A
Wörtlich »die Zögerlichen«. Eine muslimische Sekte, die lehrt, daß das Gericht über jeden wahren Gläubigen, der sich einer schweren Sünde schuldig macht, bis zum Tag der Auferstehung aufgeschoben wird; aus diesem Grunde wird von ihnen in dieser Welt über ihn kein Urteil gesprochen, weder ein Freispruch noch ein Schuldspruch.

MURID
Wörtlich »einer, der strebsam oder begierig ist«. Der Schüler eines →*Murschid*, eines Leiters eines mystischen Ordens. Ein Student der Theologie.

MURSAL
Ein Bote oder Gesandter. Ein Begriff, der im Koran häufig für die Propheten gebraucht wird. Er wird nur für die Überbringer inspirierter Bücher benutzt.

AL-MURSALAT
Suratu'l-Mursalat, »Sure von den Ausgesandten«, ist der Titel der 77. Sure des Korans, in deren ersten Versen die Worte erscheinen: »Bei den Engeln, die von Gott ausgesandt worden sind.«

MURSCHID

Von *Raschad*, »gerade Straße«. Ein Leiter. Ein Titel, der dem geistlichen Führer eines muslimischen Ordens verliehen wird.

MURTADD

Jemand, der vom Islam abgefallen ist. Ein Apostat.

AL-MUSABBIHAT

»Die Preisenden«. Zusammenfassende Bezeichnung für die Suren des Korans, die mit Worten der Lobpreisung beginnen (Sure 17, 57, 59, 61, 62, 64, 87). 'Irbad ibn Sariya überliefert, der Prophet habe diese Suren stets vorm Zubettgehen gesprochen und über sie gesagt: »In ihnen ist ein Vers enthalten, der besser als tausend andere ist.« Die meisten Autoren sagen, dieser Vers sei genauso verborgen wie die »Nacht der Macht« (→*Lailatu'l-Qadr*), aber 'Abdu'l-Haqq sagt, daß es sich dabei höchstwahrscheinlich entweder um den letzten Vers der 59. Sure (»Er ist Gott, der Vergeber, der Schöpfer, der Gestalter; sein sind die schönsten Namen. Ihn preist, was in den Himmeln ist und was auf Erden, und er ist der Allgewaltige, der Allweise«) oder den ersten Vers der 57. Sure handelt (»Gott preist, was in den Himmeln ist und was auf Erden, und er ist der Allgewaltige, der Allweise«).

MUSADDIQ

Der Kollektor der →*Zakat*, der gesetzlichen →*Almosen*. In muslimischen Staaten wird er von der Obrigkeit eingesetzt.

MUSAFAHA

Händeschütteln. Ein Brauch, der von Mohammed ausdrücklich empfohlen wurde: »Wenn sich zwei Muslime treffen und sich die Hände reichen, werden ihre Sünden vergeben sein, noch ehe sie auseinander gehen.«

MUSAILAMA

Ein Scharlatan, der in der Zeit Mohammeds auftrat und für sich das Prophetenamt beanspruchte. Er wurde auch *Musailamatu'l-Kadhab*, »Musailama der Lügner«, genannt.
Im Jahre 631 n. Chr. wurde er von seinem Stamm an der Spitze einer Delegation zu Mohammed gesandt und konvertierte zum Islam. Wieder zurück in seiner Heimat, kam ihm der Gedanke, daß er mit Mohammed die Macht teilen könnte und rief sich selbst zum Propheten aus und verkündete, daß er gemeinsam mit Mohammed die Menschheit vom Götzendienst befreien werde. Er publizierte, den Koran imitierend,

angebliche Offenbarungen. Er gewann eine beträchtliche Anhängerschaft und empfand sich bald als Mohammeds ebenbürtiger Partner, was sich in einer Botschaft niederschlug, die er an diesen sandte: »Von Musailama, dem Gesandten Gottes, an Mohammed, den Gesandten Gottes. Nun laß die Erde halb dein und halb mein sein.« Doch letzterer, der sich in einer zu gesicherten Position wußte, als daß er einen Partner gebraucht hätte, schrieb in seiner Antwort: »Von Mohammed, dem Gesandten Gottes, an Musailama, den Lügner. Die Erde gehört Gott allein, er gibt sie seinen Dienern zum Erbe, wie er will, und diese Erben werden jene sein, die ihn fürchten.«
In den wenigen Monaten, die Mohammed nach diesen Ereignissen noch zu leben hatte, gewann Musailama weiter an Einfluß und wurde schließlich zu einer ernst zu nehmenden Bedrohung. Im Jahre 633 n. Chr. schickte →*Abu Bakr* eine große Streitmacht gegen ihn, und es kam zu einer blutigen Schlacht, in der Musailama getötet wurde und zehntausend seiner Anhänger starben. Der Rest kehrte zum Islam zurück.

Musalla
Der kleine Gebetsteppich, auf dem ein Muslim betet.

Ein Musalla (Gebetsteppich)

AL-MUSAWWIR

Bedeutet »der Gestalter« und ist einer der 99 Beinamen oder eines der 99 Attribute Gottes.

MUSCHABBIHA

Wörtlich »Assimilierer«. Eine muslimische Sekte, die eine Ähnlichkeit zwischen Gott und seinen Geschöpfen postuliert.

MUSCHRIK

Plural *Muschrikun*. Jene, die andere neben Gott stellen. Der Begriff wird von modernen Muslimen sowohl für Christen als auch für Götzendiener benutzt, also sowohl für die, die die Dreieinigkeit verehren, als auch für die, die Idole anbeten. Die →*Wahhabiten* nennen auch ihre religiösen Gegner *Muschrikun*, weil sie zu Heiligen um Fürbitte beten. Im Koran wird der Begriff immer auf die mekkanischen Götzendiener angewandt, und der Imam Al-Baghawi sagt, daß Juden und Christen als →*Ahlu'l-Kitab* zu bezeichnen sind und als *Muschrikun* nur jene, die Götzen anbeten.

MUSELMAN

Musalman. Die persische Form des Wortes *Muslim*. →*Islam*

MUSIK

Arabisch *Musiqa*, *Musiqi*, nach Auffassung einiger Autoren ein syrisches Wort.
Nach verbreiteter muslimischer Auffassung widerspricht die Musik den Lehren des Propheten. So überliefert →*Nafi'*, daß, als er mit →*Ibn 'Umar* einst des Weges ging, sie plötzlich die Musik einer Flöte hörten und daß sich Ibn 'Umar daraufhin die Finger in die Ohren steckte. Gefragt, warum er dies tue, antwortete dieser: »Als ich einmal mit dem Propheten zusammen war, und wir das Spiel einer Flöte hörten, steckte er sich die Finger in die Ohren. Dies geschah, als ich noch ein Kind war.«
Viele muslimische Gelehrten stimmen mit diesem Verdikt allerdings nicht überein. So sagt Abu Hanifa: »Wenn jemand eine Laute oder ein Tamburin, eine Flöte oder eine Zimbel, die ihm nicht gehört, zerbricht, dann muß er Schadenersatz leisten, denn der Verkauf dieser Dinge ist gesetzlich.« Seine Schüler Imam Muhammad und →*Abu Yusuf* sind allerdings nicht dieser Meinung.

MUSLIM

1. Von *Islam*. Einer, der den Islam empfangen hat, ein Anhänger der islamischen Religion.
2. Abu'l-Husain Muslim, Sohn des Al-Hadschadschu'l-Qu-

schairi, der Kompilator einer Traditionensammlung, die als →*Sahihu Muslim* bekannt ist, wurde 819 n. Chr. in Naischapur geboren und starb 874 n. Chr. Seine Sammlung und die →*Sahihu'l-Bukhari* werden von den Sunniten als die *Sahihan*, »die beiden Authentischen«, bezeichnet. Sie soll ca. 3000 authentische Traditionen enthalten.

MUSTAHADA

Eine Frau, die an einer Blutung unabhängig von der monatlichen Periode leidet. Sie gilt nicht als unrein und darf ihre Gebete verrichten und ihre sonstigen religiösen Pflichten erfüllen.

MUSTALIQ

Banu Mustaliq. Ein arabischer Stamm in der Zeit Mohammeds, den er 627 n. Chr. unterwarf.

MUSTA'MIN

Wörtlich »einer, der Sicherheit sucht«. Ein Nichtmuslim, der muslimisches Territorium betritt und freies Geleit und Sicherheit vor Feindseligkeiten beansprucht.

MUT'A

Wörtlich »Nießbrauch, Genuß«. Eine →*Ehe,* die gegen Zahlung einer bestimmten Summe nur für eine bestimmte Zeit geschlossen wird. Solche Ehen sind bei den Schiiten bis heute legal, die Sunniten halten sie jedoch für ungesetzlich, da der Prophet, nachdem er sie anläßlich der Schlacht von Khaibar institutionalisiert hatte, sie später wieder verboten habe.

Die Schiiten begründen die Gesetzlichkeit der *Mut'a* nicht nur mit den Traditionen, sondern auch mit folgendem Vers des Korans, Sure 4 28: »Und (verwehrt sind euch) verheiratete Frauen, außer denen, die eure Rechte besitzt (Sklavinnen). Eine Vorschrift Gottes für euch. Und erlaubt ist euch, außer diesem, daß ihr mit eurem Geld Frauen begehrt, zur Ehe und nicht in Hurerei. Und woran ihr euch durch sie erfreut, dafür setzt ihnen zur Belohnung eine Gabe aus. Jedoch ist es für euch kein Vergehen, wenn ihr über die Vorschrift hinaus miteinander Übereinkunft trefft, denn wahrlich, Gott ist allwissend und allweise.«

Zur *Mut'a* gehört ein Vertrag, der die Bedingungen festlegt. Das Subjekt des Vertrages muß eine Muslima, eine Christin oder eine Jüdin sein. Sie muß tugendhaft sein, und man sollte Nachforschungen über ihren

Lebenswandel anstellen, denn es wäre abscheulich, einen Vertrag mit einer Frau zu schließen, die sich der Unzucht hingibt. Es ist auch nicht gesetzlich, einen solchen Vertrag mit einer vaterlosen Jungfrau zu schließen.
Ein →*Brautpreis* muß spezifiziert werden, und wenn es Schwierigkeiten mit der Zahlung gibt, ist der Vertrag ungültig. Ebenso muß der Zeitraum der Gültigkeit des Vertrages fixiert sein, wobei dieser vollständig im Belieben der Vertragspartner steht, es kann sich um ein Jahr, einen Monat oder nur einen Tag handeln. Wenn die Frau schwanger wird, steht das Kind ihrem zeitweiligen Ehemann zu. Streitet dieser aber die Vaterschaft ab, so gibt ihm das Gesetz recht. *Mut'a*-Ehen können nicht geschieden werden, aber nach Ablauf der Zeit sind beide Parteien vollständig getrennt.

al-Muta'ali
Bedeutet »der Erhöhte« und ist einer der 99 Beinamen oder eines der 99 Attribute Gottes.

Mu'tadda
Eine Frau in der →*'Idda*, der Wartezeit nach dem Tode ihres Mannes oder nach einer Scheidung.

al-Mutakabbir
Bedeutet »der Große« und ist einer der 99 Beinamen oder eines der 99 Attribute Gottes.

Mu'tamir
Ein Pilger auf der →*'Umra*.

Mu'taq
Ein freigelassener Sklave.

Mutaqadim
Der Zeitraum, der vergehen muß, bis eine Strafe nicht mehr erfolgt. Verjährungsfrist.

Mutawalli
Wörtlich »jemand, dem Autorität verliehen ist«. Der Rechtsbegriff für eine Person, der die Leitung und Verwaltung einer religiösen Einrichtung anvertraut ist.

Mu'tazila
Wörtlich »Separatisten«. Eine muslimische Sekte, die von Wasil ibn 'Ata' gegründet wurde und sich 728 n. Chr. von der Schule des Hasan al-Basri abtrennte. Ihre wichtigsten Glaubensgrundsätze sind:
1. Sie lehnen alle Ewigkeitsattribute Gottes ab, weil sie glauben, daß die Ewigkeit bereits ein formales Attribut seines Wesens sei und daß die Verwendung solcher Attribute dazu führe, mehrere verschie-

dene Ewigkeiten zu schaffen, was dem Wesen Gottes zuwiderlaufe. Dies war die Kernaussage Wasils, der lehrte, daß, wer Gott ein Ewigkeitsattribut zuschreibe, eine neue Ewigkeit postuliere und in letzter Konsequenz einen neuen Gott.
2. Sie glauben, daß das Wort Gottes *in subjecto* geschaffen worden sei, also in materiellen Buchstaben und realem Klang, das dann als Imitation des Originals in Büchern kopiert wurde.
3. Sie sagen, daß alles, was materiell erschaffen wurde, auch vergänglich ist. Sie lehnen die →*Prädestination* ab, weil sie glauben, daß Gott nicht der Schöpfer des Bösen gewesen sei, sondern daß er nur das Gute geschaffen habe. Der Mensch habe einen freien Willen.
4. Sie glauben, daß, wenn ein Bekenner des wahren Glaubens eine schwere Sünde begangen hat und ohne bereut zu haben stirbt, er ewig verdammt ist, obwohl seine Strafe leichter ausfallen werde als die eines Ungläubigen.
5. Sie leugnen, daß Gott im Paradies je von menschlichen Augen gesehen werden kann.

MUTHALLATH
Wörtlich »gedrittelt«. Ein aromatischer →*Wein,* der hergestellt wird, indem junger Wein auf ein Drittel der Menge eingekocht und dann mit Kräutern gemischt wird. Nach Abu Hanifa ist dieses Getränk gesetzlich.

MUTHLA
Die Verstümmelung eines menschlichen Körpers ist nach dem muslimischen Gesetz verboten außer im Falle der Anwendung des Vergeltungsprinzips.

AL-MU'TI
Bedeutet »der Gebende« und ist einer der 99 Beinamen oder eines der 99 Attribute Gottes.

MU'TIQ
Der Herr, der einen Sklaven freiläßt.

MUTTER
1. Der Koran schreibt liebevolles Verhalten gegenüber der Mutter vor.
Sure 46 14: »Wir verpflichteten den Menschen zur Liebe gegen seine Eltern; seine Mutter trug ihn mit Schmerzen, und mit Schmerzen gebar sie ihn.«
2. Eine Mutter kann nicht gezwungen werden, ihr Kind zu stillen.
3. Müttern ist es nicht erlaubt, ohne Einwilligung ihres Mannes mit ihren Kindern an einen fremden Ort zu ziehen.

Muwahhid

Plural *Muwahhidun*. Einer, der nur an einen Gott glaubt. Ein Begriff, der häufig von Muslimen benutzt wird, um ihren Monotheismus zu betonen.

Muwatta'

Wörtlich »das, was gesammelt wurde«. Der Titel einer Traditionensammlung, die vom Imam →*Malik (3.)*, der 795 n. Chr. starb, kompiliert wurde. Es ist die älteste Sammlung von Traditionen und wird von manchen zu den *Kutubu's-Sitta* gezählt, den »sechs (richtigen) Büchern«. →*Tradition*

Muzzammil

Suratu'l-Muzzammil, »Sure vom Verhüllten«, ist der Titel der 73. Sure des Korans.

N

AN-NABA'

Suratu'n- Naba', »Sure von der Botschaft«, ist der Titel der 78. Sure des Korans, deren erste Verse lauten: »Worüber befragen sie dich? Über die gewaltige Botschaft. Worüber sie uneins sind.«

NABI

1. *Masdschidu'n-Nabi*, »die Moschee des Propheten« in Medina. Gilt als die zweitälteste Moschee des Islam und wird der heiligen Moschee in Mekka (→*Haram*) in bezug auf Dignität zumindest gleichgestellt, weil Mohammed selbst ihren Bau veranlaßt und den Grundstein gelegt hat.
2. Ein →*Prophet*. Jemand, der eine direkte Offenbarung (*Wahy*) durch einen Engel, eine Inspiration des Herzens (*Ilham*) oder durch einen Traum empfangen hat. Ein →*Rasul*, »Botschafter«, ist jemand, dem die Offenbarung durch den Erzengel Gabriel zuteil wurde.

NABIDH

Eine Sorte Dattelwein, dessen Genuß erlaubt ist.

NACHBARN

Arabisch *Dschar*, Plural *Dschiran*. Die →*Sunniten* halten alle Muslime für Nachbarn, die dieselbe Moschee besuchen, für die schiitischen Gelehrten ist jeder ein Nachbar, dessen Haus im Umkreis von vierzig Metern steht, andere sind der Auffassung, daß sich der Begriff auf alle Anwohner bezieht, die in den nächsten vierzig Häusern einer Straße wohnen.

Ein Nachbar besitzt ein →*Vorkaufsrecht* beim Verkauf von Häusern und Grundstücken. Dieses Recht ist im muslimischen →*Gesetz* verankert, weil der Prophet gesagt hat, daß der Nachbar eines Hauses ein Vor-

recht (das heißt nach den unmittelbaren Verwandten des Besitzers) beim Kauf dieses Hauses und daß der Nachbar eines Grundstückes ein Vorrecht beim Kauf dieses Grundstücks hat, und wenn der Nachbar nicht anwesend sein sollte, muß mit dem Verkauf gewartet werden, bis dieser wieder da ist.
Muslime sind nach dem Koran (Sure 4 40) verpflichtet, freundlich zu ihren Nachbarn zu sein. In den Traditionen heißt es, daß Mohammed so häufig vom Engel →*Gabriel* aufgefordert wurde, seine Anhänger zur Freundlichkeit gegenüber ihren Nachbarn zu verpflichten, daß er fast den Eindruck hatte, er (der Engel) wolle Nachbarn zu gegenseitigen Erben machen. Der Prophet soll auch gesagt haben: »Der ist kein wahrer Muslim, der sich satt ißt und seinen Nachbarn hungern läßt.«
→*Abu Huraira* berichtet, daß ein Mann zum Propheten sagte: »Es gibt da eine Frau, die zwar ständig zu Gott betet, die aber schlecht über ihre Nachbarn spricht.« Und der Prophet sprach: »Sie wird ins Feuer kommen.« Und der Mann fuhr fort: »Und da gibt es eine andere Frau, die nur selten betet und kaum Almosen gibt, die aber ihre Nachbarn in Frieden läßt.« Und der Prophet erwiderte: »Sie wird ins Paradies gelangen.«

Nachtgebete →*Gebet*

Nachtreise →*Mi'radsch*

Nad-i 'Ali

Persisch. Ein Amulett, in das ein Gebet zu →*'Ali (2.)* eingraviert ist. Wird häufig von Schiiten benutzt. Das Gebet hat folgenden Wortlaut: »Rufet zu 'Ali, dem Eigner der Wunder!
Bei ihm findet ihr Hilfe aus der Not.
Er wird im Nu wegnehmen Leid und Angst
durch die Mission Mohammeds und seine eigene Heiligkeit.«

an-Nadir

Die Banu Nadir, ein jüdischer Stamm, der in der Gegend von Medina lebte und nach der Schlacht von →*Badr* die Mission Mohammeds akzeptiert hatte. Später fielen sie wieder vom Propheten ab und wurden daraufhin von den Muslimen geschlagen.

an-Nadschariya

Eine muslimische Sekte, die von Husain an-Nadschar gegründet wurde. Ihre Anhänger lehnen, wie die →*Mu'tazila*, alle Ewigkeitsattribute Gottes ab, weil sie glauben, daß die Ewigkeit bereits ein formales Attribut seines Wesens sei und daß die Verwendung solcher Attribute dazu führe, mehrere verschiedene Ewigkeiten zu schaffen, was dem Wesen Gottes zuwiderlaufe. Sie glauben ebenso, daß das Wort Gottes *in subjecto* geschaffen worden sei, also in materiellen Buchstaben und realem Klang, das dann als Imitation des Originals in Büchern kopiert wurde. Und sie leugnen auch, daß Gott im Paradies je von menschlichen Augen gesehen werden kann. Sie teilen allerdings nicht die Auffassungen der Mu'tazila über die →*Prädestination,* sondern vertreten in diesem Punkt die Meinung der Orthodoxen.

NADSCHASA
Ein Rechtsbegriff für alle Arten von Unreinheit.

NADSCHASCHI
Der Negus, der König Abessiniens, der oft in der Geschichte Mohammeds eine Rolle spielt. At-Tabari schreibt: »Nun gab es in Abessinien einen gerechten König mit Namen Nadschaschi. Es war ein Land, mit denen die →*Koreischiten* regen Handel trieben, weil man dort reichlich Nahrung, Schutz und gute Straßen fand.«

NADSCHD
»Hoch«. Das Hochland von →*Arabien.*

AN-NADSCHIYA
Wörtlich »die Geretteten«. Bezeichnet die wahrhaft orthodoxen Muslime. Ein Beiname, den jede muslimische Gruppierung oder Sekte für sich beansprucht.

AN-NADSCHM
Suratu'n-Nadschm, »Sure vom Stern«, ist der Titel der 53. Sure des Korans, die mit den Worten beginnt: »Beim fallenden Stern.«

NADSCHRAN
Ein Gebiet in Südarabien, das von Christen bewohnt war, deren Treue zu ihrem Glauben Gegenstand der folgenden Verse des Korans ist (Sure 85 4-11): »Getötet wurden die Genossen der Grube. Das Feuer hatte Brennstoff. Sie umgaben es sitzend. Und waren Zeugen dessen, was man mit den Gläubigen tat. Sie rächten sich an ihnen deshalb nur, weil sie an Gott glaubten, den Allgewaltigen, den Hochgepriesenen. Dessen die Herrschaft ist über Himmel und Erde. Und Gott ist über alle Dinge Bezeuger. Wahrlich, die die Gläubigen verfolgen und die gläubigen

Frauen und es nicht später bereuen, ihnen ist die Strafe der Hölle, ihnen ist die Qual des Feuerbrandes. Wahrlich, die gläubig sind und gute Werke üben, ihnen sind Gärten, darunterhin Ströme fließen; dies ist eine große Glückseligkeit.«
Diese Verse sind zu einem frühen Zeitpunkt der Mission Mohammeds entstanden und machen seine damals positive Einstellung dem →*Christentum* gegenüber deutlich.
Der Hintergrund dieser Koranverse besteht darin, daß ein der christlichen Provinz Nadschran benachbarter König, der dem jüdischen Glauben anhing, diese Provinz mit einem gewaltigen Heer angriff. Die Christen leisteten zunächst Widerstand, stellten diesen aber ein, als ihnen versprochen wurde, ihnen würde kein Leid geschehen. Daraufhin wurden die Einwohner vor die Alternative gestellt, ihrem Glauben abzuschwören und das Judentum anzunehmen oder zu sterben. Es wurden riesige Gruben ausgehoben und mit brennbarem Material gefüllt, das dann entzündet wurde. Alle Christen, die sich weigerten, ihren Glauben zu verraten, wurden in das Feuer geworfen. Bei diesem Massaker sollen nicht weniger als 20000 Menschen durch die Flammen und das Schwert umgekommen sein.

Nadschsch
»Aufregen«. Eine Methode, den Preis einer Ware hochzutreiben, indem ohne Kaufabsicht ein Angebot gemacht wird, um andere dazu zu veranlassen, ein höheres Angebot zu machen. Diese Praxis ist nach dem muslimischen →*Gesetz* verboten.

Nafi‘
Ein Sklave, der →*Ibn ‘Umar* gehörte. Er hat viele Traditionen überliefert, und seine Autorität steht in hohem Ansehen. Er starb 735 n. Chr.

an-Nafi‘
Bedeutet »der Gewinner« und ist einer der 99 Beinamen oder eines der 99 Attribute Gottes.

Nafs
Bezeichnet im Koran und in den Traditionen das menschliche Bewußtsein.

Nafsa’
Eine Frau im Zustand von →*Nifas*, der Periode nach der Geburt eines Kindes.

an-Nahl
Suratu’n-Nahl, »Sure von den Bienen«, ist der Titel der 16. Sure des Korans.

Nahr

Das gesetzliche Schlachten eines Kamels. →*Schlachten von Tieren*

Nahr

Plural *Anhar*, »Fluß«. Für einen großen Fluß wird auch das Wort *Bahr*, »Meer«, benutzt. →*Meer*

Nach dem muslimischen →*Gesetz* gibt es drei Arten von Flüssen:

1. Flüsse, die niemandem gehören und deren Wasser nicht aufgeteilt ist, etwa wie der Euphrat und der Tigris. Die Verantwortung für solche Flüsse liegt beim Staat, und die Kosten für ihre Unterhaltung (Reinigung, Regulierung, Eindämmung) müssen aus der Staatskasse bezahlt werden, wobei das Geld nicht aus den Einnahmen durch die gesetzlichen Almosen stammen darf, sondern aus denen durch Tributzahlungen und die Kopfsteuer.
2. Flüsse, die in Privatbesitz sind und deren Wasser aufgeteilt ist, auf denen aber trotzdem Schiffe fahren. Die Unterhaltung solcher Flüsse muß von den Besitzern bestritten werden, obwohl die Gewässer auch der öffentlichen Nutzung freistehen.
3. Flüsse, die in Privatbesitz sind und deren Wasser aufgeteilt ist und auf denen keine Schiffe fahren. Die Unterhaltung solcher Flüsse muß allein von den Besitzern bestritten werden.

In Ländern, wo die Kultivierung von Land von der Bewässerung abhängt, ist das Recht auf Wasser, arabisch *Schirb*, häufig Gegenstand von Streitigkeiten, und in den muslimischen Gesetzbüchern und in den Traditionen nimmt dieses Thema einen breiten Raum ein. →*Wasserrecht*

Nahrung

Die die Nahrung betreffenden Vorschriften des Korans finden sich in der zweiten und fünften Sure. Sure 2 167: »O ihr, die ihr glaubt, genießet des Guten, mit dem wir euch versorgt, und danket Gott, daß ihr nur ihm dienet. Nur Verendetes, Blut, Schweinefleisch, und das, wobei außer Gott angerufen worden, sei euch verboten. Wer jedoch gegen seinen Willen gezwungen wird, nicht Übertreter ist er, keine Sünde haftet ihm an, denn siehe, Gott ist allverzeihend und allbarmherzig.« Sure 5 92: »O ihr Gläubigen! Wein und Glücksspiel ... sind nur Schändlichkeiten Satans. Meidet sie, auf daß es euch wohl ergehe!«

Die anderen Nahrungsvorschriften beruhen auf den Traditionen und den Aussprüchen Mohammeds.
Kein Tier – außer Fischen und Heuschrecken – ist gesetzlich, wenn es nicht dem muslimischen →*Gesetz* entsprechend geschlachtet wurde. Dazu wird dem Tier die Kehle durchgeschnitten und dabei ausgerufen: »Im Namen Gottes, Gott ist groß!« Ein so geschlachtetes Tier kann Muslimen auch dann als gesetzliche Nahrung dienen, wenn diese Schlachtung von Christen oder Juden vorgenommen wurde, jedoch nicht, wenn das Tier von einem Götzendiener oder einem Abtrünnigen vom Islam geschlachtet wurde.
Es gibt zwei Arten, ein Tier zu töten: erstens die rituelle Schlachtung und zweitens das Töten durch eine Wunde, die dem Tier etwa bei der →*Jagd* zugefügt wird. In letzterem Fall müssen die Worte »Im Namen Gottes, Gott ist groß!« in dem Moment ausgesprochen werden, wenn der Pfeil die Sehne des Bogens oder die Kugel den Lauf des Gewehres verläßt.
Nach den Traditionen sind alle Vierfüßler, die ihre Beute mit den Zähnen schlagen, und alle Vögel, die mit den Klauen jagen, als Nahrung nicht gesetzlich, denn der Prophet hat es verboten, sie zu essen. Hyänen, Füchse, Elefanten, Wiesel, Pelikane, Geier, Aaskrähen, Raben, Krokodile, Otter, Esel, Mulis, Wespen und allgemein alle Insekten sind verboten. Über die Gesetzlichkeit von Pferdefleisch gibt es einige Differenzen. Fische, die von selbst gestorben sind, sind ebenfalls verboten.

Nakh'

Die Banu'n-Nakh', ein arabischer Stamm, die noch zu Lebzeiten Mohammeds von →*'Ali (2.)* unterworfen wurden.

Nakih

Gesetzliche Bezeichnung eines verheirateten Mannes.

Nakir →*Munkar und Nakir*; →*Tod*

Namen

Arabisch *Ism*, *Laqab*, *Kunya*. Die Lehren Mohammeds beeinflußten die Namensgebung seiner Anhänger beträchtlich, wie die in den Traditionen gesammelten Aussprüche des Propheten zu diesem Thema belegen:
»Die besten Namen in den Augen Gottes sind *'Abdu'llah* (Diener Gottes) und *'Abdu'r-Rahman* (Diener des Barmherzigen).«

»Du sollst deine Sklaven nicht *Yasar* (Überfluß), *Rabah* (Gewinn), *Nadschih* (wohlhabend) oder *Aflah* (glücklich) nennen, denn wenn du nach einem dieser Sklaven fragst und die Antwort ist negativ, weil er nicht da ist, dann heißt das, daß es in deinem Hause keinen Überfluß, keinen Gewinn, keinen Wohlstand und kein Glück gibt.«

»Der abscheulichste Name, den man einem Menschen geben kann, ist *Maliku'l-Amlak* (König der Könige), denn dieser Name steht Gott allein zu.«

»Du sollst nicht zu deinem Sklaven sagen ›Mein Sklave‹ oder zu deiner Sklavin ›Meine Sklavin‹, denn alle deine Sklaven gehören Gott, sondern du sollst sagen ›Mein Junge‹ oder ›Mein Mädchen‹. Und der Sklave soll nicht zu seinem Herrn sagen ›Mein Gebieter‹, sondern ›Mein Herr‹ «.

»Nennt eure Kinder nach dem Propheten (das heißt nach *Mohammed*), aber die besten Namen in den Augen Gottes sind *'Abdu'llah* (Diener Gottes) und *'Abdu'r-Rahman* (Diener des Barmherzigen), und die nächstbesten Namen sind *Harith* (Landmann) und *Humam* (hochgesinnt). Die schlechtesten Namen sind *Harb* (Feindschaft) und *Murra* (Bitterkeit).«

Schuraih ibn Hani' überliefert, daß sein Vater mit seinem Stamm zum Propheten kam, und dieser hörte, daß man ihn *Abu'l-Hakam* nannte. Darauf sagte der Prophet: »Was nennt ihr ihn Hakam? Dieses Wort bedeutet ›Herrscher‹ und ist ein Attribut Gottes.« Und der Prophet befahl ihm, sich fortan *Abu Schuraih* zu nennen, also »Vater des Schuraih«, seines ältesten Sohnes.

Gelehrte Muslime ordnen die muslimischen Namen aber immer noch, durch obige Anweisungen leicht modifiziert, nach dem alten arabischen System. Danach werden Personen bezeichnet:

1. durch einen einfachen Namen wie Mohammed, Musa (Moses), Da'ud (David), Ibrahim (Abraham), Hasan, Ahmad;
2. als Vater oder Mutter einer bestimmten Person, zum Beispiel Abu Da'ud (Vater des David), Umm Salima (Mutter der Salima);
3. als der Sohn einer bestimmten Person, zum Beispiel Ibn 'Umar (Sohn des 'Umar), Ibn 'Abbas (Sohn des 'Abbas);
4. durch eine Kombination von Worten, zum Beispiel Nuru'd-Din (»Licht des Glaubens«), 'Abdu'llah (»Diener Gottes«);
5. durch einen Spitznamen von harmloser Bedeutung, zum

Beispiel Abu Huraira (»Vater des Kätzchens«);
6. durch eine Berufsbezeichnung, zum Beispiel Mansur al-Halladsch (»Mansur der Tuchmacher«);
7. durch den Namen des Geburtsorts, zum Beispiel Al-Bukhari (»geboren in Buchara«).
Diese arabischen Regeln der Namensgebung können für westliche Ohren zu ungewohnten Ergebnissen führen. So lautet der vollständige Name des berühmten Kommentators →*Al-Bukhari,* des Verfassers der bedeutendsten authentischen Traditionensammlung, *Abu 'Abdi'llah Muhammad ibn Isma'il ibn Ibrahim ibn Mughira al-Dschu'fi al-Bukhari*, was bedeutet, daß sein Name Mohammed lautet und daß er der Vater eines Sohnes mit Namen Abdu'llah ist und daß der Name seines eigenen Vaters Ismael lautete, der der Sohn des Ibrahim war, der wiederum der Sohn des Mughira war, der zum Stamm der Dschu'fi gehörte, und daß er selbst in Buchara geboren wurde.

AN-NAML
Suratu'n-Naml, »Sure von der Ameise«, ist der Titel der 27. Sure des Korans, in deren 18. Vers die Worte erscheinen: »Sie kamen auf dem Pfad der Ameisen.«

AN-NAQSCHBANDIYA
Mitgliederstarker Fakirorden, der von Khwadschah Pir Muhammad Naqschband gegründet wurde. →*Fakir*

NAQUS
Ein dünnes rechteckiges Stück Holz, auf das von den Christen zu Mohammeds Zeit mit einem Stab geschlagen wurde, um die Gläubigen zum Gottesdienst zu rufen. Die Gefährten Mohammeds schlugen für diesen Zweck zunächst ein Feuer oder den *Naqus* vor, aber der Prophet entschied sich dann für den →*Adhan*, den Gebetsruf des Muezzins.

AN-NAR
»Feuer«. Wird im Koran häufig für die →*Hölle* benutzt, zum Beispiel Sure 2 22: »Wenn ihr es aber nicht tut, und ganz gewiß tut ihr es nicht, so fürchtet das Feuer, das Menschen und Steine verzehrt, für die Ungläubigen bereitet.«
Alle sunnitischen Kommentatoren verstehen das Feuer der Hölle wörtlich. Dagegen verstehen die Sufis es nur figurativ.

NARAWA
»Ungesetzlich«. Ein persisches

Der Naqus (eine Art Gong) wie in einem Kloster gebräuchlich

Wort, das alles bezeichnet, was im Koran und in den Traditionen ausdrücklich verboten ist. Entspricht dem arabischen *haram*.

AN-NAS

Suratu'n-Nas, »Sure von den Menschen«, ist der Titel der 114. Sure des Korans. Das Wort erscheint im letzten Vers dieser Sure und ist gleichzeitig das letzte Wort des Korans: »Vor Geistern und Menschen.«

NASA'

»Weglassen«. Ein Begriff, der im Koran für das Schaltjahrsystem benutzt wird, das von den alten Arabern benutzt und im Koran verboten wurde.
→*Schaltjahr*

AN-NASA'I

Sunanu'n-Nasa'i oder *Al-Mudschtaba* (»die Ausgewählten«) ist die Bezeichnung einer Traditionensammlung von Abu 'Abdi'r-Rahman Ahmad an-

Nasa'i, geboren 830 n. Chr., gestorben 915 n. Chr. Er erstellte zunächst eine umfangreiche Sammlung von Traditionen, die er *Sunanu'l-Kubra* nannte. Danach revidierte er dieselbe und ließ nur noch Traditionen zu, die von hoher Autorität waren. Diese endgültige Sammlung gehört zu den *Kutubu's-Sitta*, den »sechs richtigen Büchern«.

NASARA
Plural von *Nasran*, »Nazarener«. Sowohl im Koran als auch in den Traditionen die Bezeichnung für die Christen.

NASENRINGE →*Ohrringe*

NASR
Eines der Idole des alten Arabiens, das in Sure 71 23 erwähnt wird. Es hatte die Gestalt eines Adlers.

AN-NASR
Suratu'n-Nasr, »Sure von der Hilfe«, ist der Titel der 110. Sure des Korans, deren fünfter Vers lautet: »Wenn die Hilfe Gottes kommt und der Sieg.«

NAUHA
»Totenklagen«. Personen dafür zu bezahlen, daß sie laut um einen Verstorbenen klagen, ist nach dem sunnitischen →*Gesetz* verboten, denn Abu Sa'idu'l-Khudri hat gesagt: »Der Prophet verflucht sowohl die, die gegen Geld um Tote klagen, als auch die, die diesen Klagen zuhören.«

NAZARENER →*Nasara*

AN-NAZI'AT
Suratu'n-Nazi'at, »Sure von den Entreißenden«, ist der Titel der 79. Sure des Korans, die mit den Worten beginnt: »Bei den plötzlich Entreißenden.« Sie beziehen sich auf den Todesengel und seine Helfer, die den Ungerechten die Seele gewalttätig entreißen, den Gerechten aber sanft entlocken.

NEHEMIA
Wird weder im Koran noch in den Kommentaren erwähnt. Folgende im Koran enthaltene Legende aber scheint sich auf Nehemia (Neh 2 13) zu beziehen (Sure 2 261):
»Oder auch den, der, als er an der Stadt vorüberging, die bis auf ihre Grundfesten verwüstet war, sprach: ›Wie will Gott diese nach ihrem Absterben beleben?‹ Gott ließ ihn sterben, und hundert Jahre später erweckte er ihn und sprach zu ihm: ›Wie lange verweiltest du?‹ Er erwiderte: ›Ich verweilte einen Tag oder den Teil eines Tages.‹ Er entgegnete: ›Nein, du verweil-

test hundert Jahre, und schau auf deine Speise und deinen Trank, doch sind sie nicht verdorben, und schau auf deinen Esel – auf daß wir dich zum Wunderzeichen für die Menschen machen; und schau auf die Gebeine, wie wir sie auferwecken und dann mit Fleisch bekleiden.‹ Als dies ihm klar wurde, sprach er: ›Ich weiß nun, daß Gott über alle Dinge mächtig ist.‹ «

Neid

Arabisch *Hasad.* Das Wort erscheint zweimal im Koran. Sure 2 103: »Viele von denen, die das Buch besitzen, möchten euch wieder zu Ungläubigen machen, nachdem ihr gläubig geworden seid, und zwar aus Neid.«

Sure 113: »Ich suche Zuflucht beim Herrn ... vor dem Neider, wenn er neidet.«

Nestor

Arabisch *Nastur.* Ein christlicher Mönch, der in Syrien lebte und der der Sage nach Zeugnis für Mohammed abgelegt hat. Diese Sage wird von den sunnitischen Autoren nicht akzeptiert.

Neues Testament

Arabisch *Al-'Ahdu'l-Dschadid.* Es gibt weder im Koran noch in den Traditionen irgendeinen Beleg dafür, daß Mohammed je das Neue Testament zu Gesicht bekommen hätte. Die christlichen Schriften werden im Koran als →*Indschil* (Evangelium) bezeichnet, die »Jesus gegeben wurden«, und die Muslime verstehen darunter ein vollständiges Buch ähnlich dem Koran. Siehe Sure 57 27:

»Dann ließen wir unsere Gesandten folgen auf ihren Spuren; wir sandten Jesus, den Sohn Marias, und gaben ihm das Evangelium; und in die Herzen derer, die ihm folgten, legten wir Güte und Barmherzigkeit. Und das Mönchstum, das sie geschaffen, schrieben wir ihnen nicht vor.«

Die einzigen Persönlichkeiten des Neuen Testaments, die im Koran namentlich erwähnt werden, sind Jesus, Maria, Zacharias, Johannes und Gabriel, und es gibt keine Erwähnung der Sakramente der Taufe und des Abendmahls und auch keine der Wunder und Gleichnisse Jesu. Dies ist um so bemerkenswerter, als die Geschichte des Alten Testaments und seine Hauptgestalten im Koran ständig erwähnt werden. →*Altes und Neues Testament*, →*Christentum*

Neujahrstag →*Nou Ruz*

Neumond
Arabisch *Hilal.* Der Begriff wird für die ersten drei Tage nach Erscheinen des neuen Mondes benutzt. Die ersten drei Tage des Monats.

Niesen
Arabisch *'Utas.* Nach der muslimischen Lehre ist es eine heilige Pflicht, auf ein Niesen zu reagieren. Wenn beispielsweise jemand niest und sofort hinterher ausruft: »Gott sei gepriesen!«, dann muß wenigstens einer der Anwesenden antworten: »Gott sei dir gnädig!«
Abu Hanifa überliefert, daß Mohammed gesagt habe: »Wahrlich, Gott liebt das Niesen und haßt das Gähnen.«

Nifaq
→*Heuchelei.* Mit den Lippen den Glauben bekennen und im Herzen ungläubig sein.

Nifas
Der Zustand einer Frau nach der Geburt eines Kindes, in dem sie unrein ist und die vorgeschriebenen Gebete nicht verrichten darf. Bei den Sunniten beträgt diese Zeit vierzig Tage, bei den Schiiten jedoch nur zehn. →*Nafsa'*

Nimrod
Arabisch *Numrud.* Alle muslimischen Kommentatoren sind der Auffassung, daß er der Sohn des Kanaan war und nicht des Kusch, wie es in Genesis 10 8 heißt. Auf ihn wird in folgender Passage des Korans Bezug genommen (Sure 2 260): »Hast du nicht auf jenen gesehen, der mit Abraham über seinen Herrn stritt, Gott habe ihm die Herrschaft verliehen. Abraham sprach dann: ›Mein Herr ist es, der belebt und tötet.‹ Jener erwiderte: ›Auch ich belebe und töte.‹ Abraham entgegnete: ›Aber siehe, Gott bringt die Sonne aus dem Osten, hole du sie aus dem Westen.‹ Da wurde jener, der ungläubig war, verwirrt. Und Gott rechtleitet nicht das Volk der Frevler.«
Sure 21 68-69: »Sie sprachen: ›Verbrennet ihn und helft euren Göttern, wenn ihr Handelnde seid.‹ Da sprachen wir: ›O Feuer, sei kalt und zum Heil für Abraham.‹ «
Nach den muslimischen Kommentatoren hat diese Episode folgenden Hintergrund: Auf Befehl Nimrods wurde in der Nähe von Kusch ein großes Gelände eingefriedet und mit einer gewaltigen Menge Holz gefüllt. Dann wurde das Holz angezündet, und Abraham wurde gefesselt mit Hilfe einer Maschine (die nach der Meinung einiger Kommentatoren

der Teufel erbaut hatte) in die Mitte des Flammenmeers geschossen. Dort wurde er von →*Gabriel* beschützt, der ihm vom Himmel zur Hilfe geschickt worden war, und so verbrannten lediglich seine Fesseln.

Ninive

Arabisch *Ninawa*. Im Koran nicht namentlich erwähnt, aber nach Al-Baidawi ist es die Stadt »mit 100000 Einwohnern oder sogar noch mehr«, in die der Prophet →*Jonas* gesandt wurde (Sure 37 147).

an-Nisa'

Suratu'n-Nisa', »Sure von den Weibern«, ist der Titel der 4. Sure des Korans, in deren erstem Vers das Wort erscheint und die sich zum größten Teil mit diesem Thema beschäftigt.

Nisab

Besitz oder Vermögen, auf den *Zakat*, die gesetzlichen Almosen, erhoben werden. →*Zakat*

Noah

Arabisch *Nuh*. Ein Prophet, dem die Muslime den Ehrentitel *Nabiyu'llah*, »Prophet Gottes«, verliehen haben. Es folgt der Sintflutbericht in der Darstellung des Korans.

Sure 11 27-38: »Bereits sandten wir Noah zu seinem Volk: ›Ich bin euch ein öffentlicher Warner. Daß ihr nur Gott allein verehret, sonst fürchte ich für euch die Strafe des schmerzhaften Tags.‹ Es antworteten aber die Ratsherren seines Volks, die ungläubig waren: ›Wir sehen in dir nur ein Fleischwesen wie wir, und niemand sehen wir dir folgen, bis auf unsre Gemeinen, nur einsichtslos, auch sehen wir an euch nicht des Vorzugs über uns. Nein, wir halten euch für Lügner.‹ Er erwiderte: ›Mein Volk, schaut her, wenn mir deutliche Beweise von meinem Herrn geworden und seine Barmherzigkeit mir von ihm gegeben, die euch aber verborgen bleibt, sollten wir sie euch aufnötigen, und euch ist sie zuwider? Mein Volk, ich verlange von euch keinen Lohn dafür, denn nur bei Gott ist meine Belohnung. Und nie werde ich Verstoßender derer, die glauben, denn wahrlich, sie treffen dereinst mit ihrem Herrn zusammen. Aber ich sehe euch an, ihr seid ein törichtes Volk. Mein Volk, wer hilft mir gegen Gott, wenn ich sie verstoße; denket ihr nicht daran? Ich sage euch nicht, bei mir seien die Schätze Gottes, noch kenne ich die Geheimnisse, auch behaupte ich nicht, ein Engel zu sein. Und ich sage auch nicht zu denen, die eure Augen verachten:

›Nie wird Gott ihnen Gutes gewähren.‹ Gott allein weiß, was in ihrer Seele; ich wäre sonst der Frevler einer. Jene entgegneten: ›Noah, bereits hast du mit uns gestritten, und mehrest nun den Streit mit uns. Laß doch über uns kommen, was du uns angedroht, wenn du bist der Wahrhaftigen einer.‹ Er erwiderte: ›Wahrlich, nur wenn es ihm gefällt, wird Gott es über euch kommen lassen; ihr aber werdet es nicht hemmen. Nicht würde euch mein guter Rat nützen, wollte ich euch gut raten, wenn Gott euch irreführen will. Er ist euer Herr, zu ihm werdet ihr zurückgebracht.‹ Sagen sie, er habe ihn erdichtet, so sprich: ›Habe ich ihn erdichtet, so komme meine Freveltat über mich, frei aber bin ich dessen, was ihr frevelt.‹ Und Noah wird geoffenbart: ›Niemand sonst von deinem Volk wird glauben, als wer bereits glaubt, betrübe dich aber nicht über das, was sie tun.‹ «

Sure 71 27-29: »Und Noah sprach: ›O Herr, laß auf Erden von den Ungläubigen keinen. Ja, wenn du sie läßt, sie verführen deine Diener und zeugen ungläubige Frevler nur. O Herr, vergib mir und meinen Eltern und denen, die mein Haus gläubig betreten, sowie den gläubigen Männern und Frauen; und laß nur die Frevler der Vernichtung anheimfallen.‹ «

Sure 11 39-50: »Baue dir eine Arche vor unsren Augen, nach unsrer Offenbarung und sprich nicht mit mir über diese, die freveln, denn wahrlich, sie sind Ertrunkene. Da baute er die Arche, und sooft eine Schar von seinem Volk an ihm vorüberging, lachten sie über ihn. Da sprach er: ›Wenn ihr auch über uns lachet; wahrlich, wir werden über euch lachen, wie ihr jetzt über uns lachet; später werdet ihr es wissen. Wem die Strafe kommt, den wird sie zu Schanden machen, und dauernde Pein bei ihm weilen.‹ Bis unser Befehl erging, und der Feuerherd sprühte. Wir sprachen: ›Bringe darin von allen Arten je ein Paar, auch dein Hausgesinde, den ausgenommen, über den der Spruch bereits erging, und jeden, der da glaubt.‹ Aber es glaubten mit ihm wenige nur. Er sprach: ›Steiget ein im Namen Gottes, mag sie ihren Lauf nehmen, mag sie ihren Standort behalten; wahrlich, mein Herr ist allverzeihend und allbarmherzig.‹ Und sie schwamm mit ihnen über Wogen wie die Berge. Da rief Noah seinem Sohn zu, der an ferner Stelle weilte: ›Mein Sohn, steig ein mit uns und halte dich nicht zu den Ungläubigen.‹ Dieser erwiderte: ›Ich werde mich auf einen Berg flüchten, der mich vor dem Wasser schützen wird.‹ Jener entgegnete: ›Kein Beschützer vor dem Befehl Gottes ist heute, es sei denn, er erbarmet sich seiner.‹ Da stürzte eine Woge zwischen sie, und er war von den Ertrunkenen. Dann ward gesprochen: ›Erde, verschlucke die Wasser, Himmel, halte inne.‹ Da versiegte das Wasser; der Befehl Gottes war vollbracht, und sitzen blieb sie auf dem →*Dschudi.* Es ward gesprochen: ›Fort mit dem Volk der Frevler.‹ Und Noah rief zu seinem Herrn und sprach: ›Herr, siehe, gehörte doch auch mein Sohn zu meiner Familie; wahrlich, deine Verheißung ist Wahrheit, und du bist der gerechteste der Richter.‹ Er sprach: ›Noah, wahrlich, er gehörte nicht zu deiner Familie, denn siehe, sein Tun war nicht des Guten. Frage mich daher nicht um das, wovon dir keine Kenntnis ist; ich ermahne dich, sei nicht der Törichten einer.‹ Jener sprach: ›Herr, ich nehme meine Zuflucht zu dir, daß ich dich nicht frage um das, wovon mir keine Kenntnis ist; und wenn du mir nicht verzeihest und dich meiner erbarmst, ich bin der Verlustigen einer.‹ Es ward gesprochen: ›Noah, steige herab mit Friedensgruß von uns, und Segen über dich und über Geschlechter von denen, die mit dir sind; und manche Geschlechter werden wir genießen lassen, dann aber wird sie von uns aus qualvolle Strafe treffen.‹ «

Der Kommentator Al-Baidawi sagt, daß Noah die Arche am zehnten Tag des Monats →*Muharram* bestiegen habe, der deshalb ein Fastentag geworden sei. Noah habe zwei Jahre für den Bau der Arche benötigt und habe sich ein halbes Jahr auf ihr befunden. Die Arche habe drei Geschosse gehabt, das untere für die Tiere, das mittlere für die Menschen und das obere für die Vögel. Die Frauen seien von den Männern durch den Körper Adams getrennt gewesen, den Noah mit an Bord der Arche genommen hätte.

Notwehr

Nach dem muslimischen →*Gesetz* gelten für Notwehr und gerechtfertigte Tötung eines Menschen folgende Vorschriften:

Wenn jemand sein Schwert gegen einen Muslim richtet, so ist dieser berechtigt, den Angreifer in Notwehr zu töten, denn der Prophet hat gesagt: »Wer sein Schwert gegen einen Muslim

zieht, nimmt in Kauf, daß sein Blut ohne Sühne vergossen wird.«
Außerdem ist jemand, der sein Schwert zieht, ein Aufrührer, und es ist erlaubt, einen solchen zu töten, denn es heißt im Koran: »Erschlagt jene, die des Aufruhrs schuldig sind, damit dieser erstickt werde.«
Es ist das selbstverständliche Recht eines jeden, sich dann, wenn er selbst mit dem Tode bedroht ist, dies zu vermeiden, indem er den Aggressor tötet. Wenn es jedoch möglich ist, den Angriff abzuwehren, ohne zu diesem Mittel zu greifen, dann ist die Tötung ungesetzlich.

NOU RUZ
Der Neujahrstag. Wird vor allem in Persien gefeiert, wo er ein großer Festtag ist. Er wird am ersten Tag gefeiert, nach dem die Sonne das Frühlingsäquinoktium überschritten hat, und die Festlichkeiten können eine Woche und länger dauern.

NUBUWA
»Prophetie«. Das Amt des →*Nabi (2.)* oder Propheten.

NUH
Suratu Nuh, »Sure von Noah«, ist der Titel der 71. Sure des Korans. →*Noah*

AN-NUR
1. Bedeutet »das Licht« und ist einer der 99 Beinamen oder eines der 99 Attribute Gottes. Erscheint in Sure 24 35 des Korans: »Gott ist das Licht der Himmel und der Erde. Sein Licht gleicht einer in einem Glas befindlichen Leuchte in einer Nische; das Glas ist wie ein leuchtender Stern. Es wird von einem gesegneten Baum gespeist, einem Ölbaum, der kein östlicher ist und kein westlicher, dessen Öl fast leuchtet, auch wenn das Feuer es nicht berührt. Licht ist Licht. Gott leitet zu seinem Licht. Gott prägt den Menschen Gleichnisse, und Gott ist aller Dinge wissend.«
2. *Suratu'n-Nur*, »Sure vom Licht«, ist der Titel der 24. Sure des Korans.

NUZUL
Wörtlich »Abstieg«.
1. Die Teile des Korans, die Mohammed durch den Engel →*Gabriel* vom Himmel herab offenbart wurden.
2. Besitz, der an den Staat fällt, weil ein Erbe fehlt oder weil er konfisziert wurde.

O

Offenbarung →*Prophet*

Ohrringe
Es ist in den muslimischen Ländern allgemeiner Brauch, daß Frauen Ohrringe tragen, und selbst für junge Männer und Kinder ist dies nicht unüblich. Goldene Ohrringe sind jedoch nach den Traditionen verboten, denn →*Abu Huraira* zufolge habe der Prophet gesagt:

Nasen- und Ohrring

»Wer immer wünscht, daß ein Freund einen Ohr- oder Nasenring aus Höllenfeuer trage, der lasse ihn einen Ohr- oder Nasenring aus Gold tragen.«

Omar →*'Umar*

Omen
Ein gutes Omen heißt arabisch *Fa'l*, ein schlechtes *Tiyara*. Mohammed soll gesagt haben: »Schenkt einem schlechten Omen keinen Glauben, jedoch vertraut einem guten.« Daraufhin wurde er gefragt: »Was ist ein gutes Omen?« Und er antwortete: »Jedes gute Wort, das jemand von euch hört.«
Qat'an ibn Qabisa sagt: »Der Prophet hat es verboten, aus dem Lauf der Tiere, dem Flug von Vögeln und dem Werfen von Kieselsteinen Omen zu gewinnen, wie es die Götzenanbeter in Arabien machen.« (Mischkat 21)

Opfer

Es gibt sechs Wörter in der muslimischen Religion, die die Idee des Opfers zum Ausdruck bringen:

1. *Dhabh*. Das Wort bezeichnet allgemein das Schlachten von Tieren, ob dies am großen Opferfest (→*'Idu'l-Adha*) oder zu gewöhnlichen Zeiten für Nahrungszwecke geschieht. Es bedeutet wörtlich »aufschlitzen, durchbohren», »die Kehle eines Lebewesens durchschneiden«. Im Koran wird das Wort benutzt für das Schlachten einer Färse durch Moses (Sure 2 63), für die Ermordung der Söhne Israels durch den Pharao (Sure 2 46), für die Darbringung von Opfern für Götzenbilder (Sure 5 4) und für die Absicht Abrahams, seinen Sohn zu opfern (Sure 37 101).

2. *Qurban*, wörtlich »Annäherung«. Das Wort erscheint zweimal im Koran, einmal für das Brandopfer, das die Juden von Mohammed verlangten (Sure 3 179), und zum anderen für die Opfer der Söhne Adams (Sure 5 30). Das Wort ist im Islam meist das übliche Wort für ein Opfer, und in Persien wird das Opferfest als *'Id-i Qurban*, das »Fest des Opfers«, bezeichnet.

3. *Nahr*. Bezeichnet den Vorgang der Tötung eines Kamels, indem man ihm den Hals durchbohrt. Wird im Koran in Sure 108 1-2 erwähnt: »Siehe, wir gaben dir die Gnadenfülle. So bete nun zu deinem Herrn und opfre ihm.« Al-Baidawi meint, daß dies bedeute, ein Kamel zu opfern, für einen Araber das kostspieligste Opfer. Das →*'Idu'l-Adha* wird auch *Yaumu'n-Nahr* genannt.

4. *Udhiya*. Das Wort erscheint nicht im Koran, sondern nur in den Traditionen. Es ist abgeleitet von *dahw*, *duha*, einem Wort, das die Tageszeit bezeichnet, wenn die Sonne bereits eine erhebliche Höhe erreicht hat, also etwa zehn Uhr morgens. *Udhiya* ist also das Opfer, das am Tage des Opferfestes morgens um zehn Uhr dargebracht wird.

5. *Hadi*. Bezeichnet im Koran Tiere, die zum Opfer nach Mekka gesandt werden müssen, wenn der Pilger nicht in der Lage ist, die Stadt rechtzeitig zu erreichen.

6. *Mansak*. →*Riten*

Es gibt zwei Gelegenheiten, anläßlich derer Muslime Opfer darbringen: *'Idu'l-Adha*, das große Opferfest am zehnten Tag des Monats →*Dhu'l-Hidscha*, und die Geburt eines Kindes.

Nach Meinung Abu Hanifas und anderer muslimischer Autoritäten ist es die Pflicht eines freien und volljährigen Muslims, am Tage des Opferfests ein Opfer darzubringen, sofern er die finanziellen Mittel dazu besitzt und nicht auf Reisen ist. →*Asch-Schafi'i* und andere Gelehrte glauben jedoch, daß es keine Pflicht ist, sondern lediglich eine lobenswerte Handlung.

Das festgesetzte Opfer für eine einzelne Person ist eine Ziege und das für sieben Personen eine Kuh oder ein Kamel. Wenn eine Kuh für weniger als sieben Personen geopfert wird, ist dies erlaubt, nicht jedoch, wenn sich acht in eine Kuh teilen wollen, denn der Anteil, der auf jeden einzelnen entfallen muß, darf nicht weniger als ein Siebtel des Tieres sein.

Die Zeit für das Opfer ist der Morgen des Opferfestes, wenn der →*Imam* die festgesetzten Morgengebete abgeschlossen hat.

Es ist nicht gesetzlich, ein anderes Tier zu opfern als ein Kamel, eine Kuh oder eine Ziege, denn es ist nicht bekannt, daß der Prophet oder seine Gefährten je andere Tiere geopfert hätten.

Nach der Geburt eines Kindes ist ein muslimischer Vater verpflichtet, ein Opfer darzubringen (eine Ziege für ein Mädchen, zwei Ziegen für einen Jungen). Dies geschieht während einer →*'Aqiqa* genannten Zeremonie, die am siebten, vierzehnten, einundzwanzigsten, achtundzwanzigsten oder fünfunddreißigsten Tag nach der Geburt stattfindet und bei der dem Kind erstmals die Haare geschnitten werden und deren Gewicht in Silber den Armen gespendet wird.

Ordination

Es gibt im Islam keine Zeremonie, die mit der Ordination oder der Priesterweihe der christlichen Kirchen vergleichbar wäre. Manchmal wird der →*Imam* einer Moschee dadurch in sein Amt eingeführt, daß ihm einer der Honoratioren des Moscheebezirks einen →*Turban* auf den Kopf setzt. In Zentralasien ist es manchmal üblich, daß bekannte →*Maulawis* ihren Schülern die Lehrerlaubnis dadurch erteilen, daß sie ihnen ebenfalls einen Turban auf den Kopf setzen. Dieser Brauch ist jedoch nicht Teil der islamischen Religion.

Osman

→*'Uthman ibn 'Affan*

P

PACHT →*Boden*, →*Miete*

PARADIES

Das muslimische Paradies heißt *Al-Dschanna*, »der Garten«, das Wort *Al-Firdaus*, »das Paradies«, bezieht sich nur auf einen bestimmten Bezirk des Ortes der Glückseligkeit. Im Koran werden acht Himmel oder Paradiese erwähnt, und obwohl es den Anschein hat, daß es sich dabei lediglich um verschiedene Bezeichnungen ein und desselben Ortes handelt, sind die muslimischen Gottesgelehrten der Überzeugung, daß sie acht verschiedene Stufen der Seligkeit bezeichnen. Diese sind:

1. *Dschannatu'l-Khuld* (Sure 25 16), der Garten der Ewigkeit.
2. *Daru's-Salam* (Sure 6 127), der Ort des Friedens.
3. *Daru'l-Qarar* (Sure 40 42), der Ort, der bestehen bleibt.
4. *Dschannatu'l-'Adn* (Sure 9 73), der Garten Eden.
5. *Dschannatu'l-Ma'wa* (Sure 32 19), der Garten der Zuflucht.
6. *Dschannatu'n-Na'im* (Sure 5 70), die Gärten der Freude.
7. *'Illiyun* (Sure 83 18).
8. *Dschannatu'l-Firdaus* (Sure 43 107), die Gärten des Paradieses.

Die sinnlichen Genüsse des muslimischen Paradieses sind sprichwörtlich, und sie müssen einen beträchtlichen Einfluß auf die Menschen ausgeübt haben, als Mohammed sie ihnen während seiner Mission bekannt gemacht hat. Sie werden im Koran häufig erwähnt, es folgen einige Beispiele.

Sure 76 12-22: »Und (Gott) belohnt sie, weil sie geduldig ausgeharrt, mit Garten und Seide. Darinnen hingelagert auf Ruhebetten, wo sie Sonnenglut nicht sehen und nicht Eiseskälte. Und nahe über ihnen (der Bäume) Schatten, und niedrig hängen deren Früchte nieder. Und man umkreist sie mit Gefäßen aus Silber und Bechern wie Flaschen. Flaschen aus Silber, deren Maß sie messen. Und da reicht man ihnen zum Trinken einen Pokal, dessen Mischung aus Ingwer. Aus einem Quell dort, →*Salsabil* genannt. Und ewige Jünglinge werden um sie kreisen; wenn du sie siehst, du hältst sie für Perlen, hingestreut. Und wo du hinsiehst, du siehst Wonne und ein großes Reich. Über ihnen Gewänder aus grüner Seide und Brokat, geschmückt mit Armspangen aus Silber; und ihr Herr tränkt sie mit reinem Trank. Wahrlich, dies ist euer Entgelt, und eure Bemühung ist bedankt.«

Sure 56 12-39: »In Wonnegärten. Eine Schar von den Früheren. Und wenige von den Späteren. Auf gewirkten Polstern. Gelehnt, einander gegenüber. Es umkreisen sie Jünglinge, unsterbliche. Mit Pokalen und Krügen und Bechern des Flüssigen. Davon sie nicht Kopfschmerz haben noch trunken sind. Und Früchten, von denen sie wählen. Und Fleisch vom Geflügel, von dem sie begehren. Und schwarzäugige (Jungfrauen), wie Perlen in der Muschel. Ein Entgelt für das, was sie getan. Sie hören da keine lose Rede und nichts Sündhaftes. Nur das Wort: ›Frieden, Frieden!‹ Und die Genossen der Rechten. Was ist mit den Genossen der Rechten? Unter dornenfreien Lotosbäumen. Und blütenreichen Akazien. Und gedehntem Schatten. Bei rieselndem Wasser. Und vielen Früchten. Nicht zugezählt und nicht behindert. Auf hohen Polstern. Wir schufen sie in Erschaffung. Und machten sie jungfräulich. Liebreich und gleichaltrig. Den Genossen der Rechten. Eine Schar von den Früheren.«

Sure 55 54-56: »Hingestreckt auf Polstern, deren Einlage aus Brokat, das Pflücken der Gärten nahe. Welche der Wohltaten eures Herrn wollt ihr verleugnen? Darinnen (Jungfrauen) keuschen Blickes, die kein Mensch vor ihnen berührt und kein Geist.«

Sure 47 16-17: »Das Bild des Paradieses, das den Gottesfürchtigen verheißen ist; darin Ströme von Milch, deren Geschmack unvergänglich, und Ströme von Wein, wohlschmeckend für die Trinkenden. Und Ströme von Honig, geläutert. Ihnen sind da Früchte allerlei, von ihrem Herrn.«

Die Beschreibungen der himmlischen Regionen und die der versprochenen Genüsse sind noch ausführlicher und detaillierter in den von den Traditio-

nen überlieferten Aussprüchen des Propheten.
Abu Musa überliefert, der Prophet habe gesagt:
»Wahrlich, im Paradies wird jeder Muslim ein Zelt besitzen, das aus einer einzigen ausgehöhlten Perle gemacht ist, die einen Durchmesser von 60 *Kos* hat; und in jeder Ecke dieses Zeltes befindet sich eine seiner Frauen, und sie können sich nicht gegenseitig sehen, und der Muslim liebt sie abwechselnd.«
Abu Sa'id überliefert, der Prophet habe gesagt: »Und noch der letzte im Paradies wird achtzigtausend Sklaven haben und zweiundsiebzig Frauen und wird ein Zelt besitzen, das aus Perlen, Rubinen und Smaragden gefertigt ist. Wer auf Erden jung oder alt gestorben ist, wird dreißig Jahre alt sein und nicht älter, wenn er das Paradies betritt.«
»Wahrlich, ein Mann im Paradies wird auf siebzig Kissen ruhen, und eine Huri des Paradieses wird zu ihm treten und ihn an der Schulter berühren, und der Mann wird sein Gesicht in ihrer Wange sehen, denn diese ist heller als ein Spiegel. Dann wird der Mann sie grüßen, und sie wird den Gruß erwidern, und er wird sie fragen: ›Wer bist du?‹ , und sie wird antworten: ›Ich gehöre zu denen, die Gott den Tugendhaften versprochen hat.‹ Und sie wird siebzig Gewänder tragen und eine Krone, deren geringste Perle die Erde zwischen Ost und West erhellen kann.«
Eine der Attraktionen des Paradieses ist der Fluß →*Kauthar*. Nach Anas hat der Prophet gesagt: »Es ist ein Fluß, den Gott mir im Paradies gegeben hat. Sein Wasser ist weißer als Milch und süßer als Honig, und auf seinem Wasser sind Vögel, die Hälse wie Kamele haben.«
Es folgen einige Beispiele dafür, wie der Prophet versucht, das Paradies verschiedenen Geschmacksrichtungen anzupassen.
Abu Aiyub berichtet: »Ein Araber kam zum Propheten und sprach zu ihm: ›O Gesandter Gottes, ich liebe Pferde. Gibt es auch Pferde im Paradies?‹ Der Prophet erwiderte: ›Wenn du ins Paradies aufgenommen wirst, wirst du ein Pferd aus Rubin erhalten, das zwei Flügel hat und dich überall hinbringt, wohin du möchtest.‹ «
→*Abu Huraira* sagt: »Der Prophet berichtete von einem Mann im Paradies, der den Herrn um Erlaubnis bittet, Land zu bebauen, worauf Gott spricht: ›Hast du nicht alles, was du dir wünschen könntest?

Wozu willst du noch Land bebauen?‹ Darauf antwortet der Mann: ›Ja, alles ist vorhanden, aber ich liebe den Ackerbau.‹ Daraufhin erhält er die Erlaubnis, Pflanzen anzubauen, und wenn er sät, dann wächst die Frucht schneller als ein Augenzwinkern.«

PENTATEUCH →*Thora*

PEST

Arabisch *Waba'* oder *Ta'un*. Nach den Lehren Mohammeds und der Traditionen ist die Pest eine von Gott gesandte Strafe. Sie ist auch ein Anlaß des Märtyrertums, und ein Muslim, der an einem Ort bleibt, wo die Pest ausgebrochen ist, erringt den Rang eines Märtyrers. Ein Muslim soll nämlich nicht dorthin gehen, wo die Pest herrscht, aber er soll auch nicht fliehen, wenn sie dort ausbricht, wo er gerade ist.

PFAD GOTTES →*Straße Gottes*

PFEIFEN

Arabisch *Muka'*. Wird im Koran in Sure 8 35 erwähnt: »Und ihr (der →*Koreischiten*) Gebet war nichts als Pfeifen und Händeklatschen. So kostet nun die Pein, weil ihr ungläubig waret.« Daraus wird geschlossen, daß das Pfeifen zu den Zeremonien der Götzendiener in den Tagen der Unwissenheit gehörte. Pfeifen gilt deshalb für fromme Muslime generell als ungesetzlich.

PFERDE

Arabisch *Faras*, *Khail*. Mohammed schätzte wie alle Araber Pferde sehr. Anas berichtet, der Prophet habe nichts mehr geliebt als Frauen und Pferde. Nach Abu Qatada hat Mohammed gesagt: »Die besten Pferde sind schwarz und haben eine weiße Stirn und Oberlippe.« Nach Abu Wahhab hielt der Prophet jedoch Pferde mit weißer Stirn und weißen Vorder- und Hinterbeinen für die besten.

Nach den Traditionen gibt es vier Arten von Pferden:

1. *Birdhaun*, *Burdhun*, ein schweres Zugpferd ausländischer Herkunft;
2. *'Atiq*, das arabische Vollblutpferd;
3. *Hadschin*, eine Kreuzung von einer Araberstute und einem fremden Hengst;
4. eine Kreuzung von einer fremden Stute und einem Araberhengst.

Bei Plünderungen steht einem Berittenen der doppelte Anteil zu, jedoch keine weiteren Anteile, wenn er mehrere Pferde besitzt.

PHARAO

Arabisch *Fir'aun*. Der König von Ägypten in der Zeit des Moses. Wird von allen Muslimen als Inbegriff der Verruchtheit angesehen.

Al-Baidawi sagt, daß Fir'aun die allgemeine Bezeichnung für einen Pharao war, so wie jeder römische Kaiser Caesar genannt wurde, und daß der persönliche Name jenes Pharaos Al-Walid ibn Mus'ab gewesen sei, nach anderen Mus'ab ibn Raiyam und nach wieder anderen Qabus, und daß er 620 Jahre alt geworden sei.

Im Koran, Sure 38 11, wird er als *Fir'aun Dhu'l-Autad* bezeichnet, als »Pharao, der Herr der Pfähle«. Einige meinen, die Pfähle weisen auf die Größe seines Reiches hin, andere aber glauben, daß Pfähle zu seinen Folterinstrumenten und Hinrichtungsmitteln gezählt hätten.

Der Pharao ertrank im Roten Meer, und die Kommentatoren sagen, daß →*Gabriel* es seinem Körper nicht erlaubte, auf den Meeresboden zu sinken, sondern daß er immer oben schwamm, als Zeichen und Warnung für die Kinder Israels. →*Moses*

Der Pharao zu Josephs Zeiten soll Raiyan ibn al-Walid al-'Amliqi geheißen haben und ein Nachfahre des Pharaos in Moses' Zeit gewesen sein.

PHILOSOPHIE, MUSLIMISCHE

Arabisch *Falsafa* oder *'Ilmu'l-Hikma*.

Die Philosophie der Araber war im Prinzip nichts anderes als ein Aristotelismus, der mit neoplatonistischem Gedankengut versetzt war. Die Medizin und die Naturwissenschaften der Griechen lernten die Araber insbesondere unter der Herrschaft der →*'Abbasiden* kennen (ab 750 n. Chr.), als medizinische und später (seit der Zeit der Herrschaft des Kalifen Al-Ma'mun in der ersten Hälfte des neunten Jahrhunderts) philosophische Werke von syrischen Christen aus dem Griechischen ins Syrische und Arabische übersetzt wurden.

Die bedeutendsten arabischen Philosophen des Ostens waren: Alkendi (Abu Yusuf Ya'qub ibn Ishaq →*al-Kindi*, geboren in Basra, gestorben etwa 870 n. Chr.), der noch bekannter als Mathematiker und Astrologe war; Alfarabi (Abu Nasr Muhammad ibn Muhammad ibn Tarkhan al-Farabi, geboren gegen Ende des neunten Jahrhunderts in Farab, gestorben 950 n. Chr. in Damaskus), der die Emanationslehre des Neoplatonismus übernahm; Avicenna

(Abu 'Ali al-Husain 'Abda'llah ibn Sina, geboren 980 n. Chr. in Afsenn in der Provinz Rokhara, gestorben 1037 n. Chr. in Hamadan), der einen reinen Aristotelismus vertrat und der jahrhundertelang, sogar bei den christlichen Gelehrten des Mittelalters, das höchste Ansehen als Philosoph und mehr noch als Mediziner genoß; und Algazel (Abu Hamid Muhammad ibn Ahmad →*al-Ghazzali*, geboren 1058 n. Chr. in Ghazzala, gestorben 1111 n. Chr. in Tus), der im Interesse der muslimischen Orthodoxie einen philosophischen Skeptizismus vertrat.
Die wichtigsten arabischen Philosophen des Westens waren Avempace (Abu Bakr Muhammad ibn Yahya ibn Badscha, geboren gegen Ende des elften Jahrhunderts in Saragossa, gestorben 1138 n. Chr.), Abubacer (Abu Bakr Muhammad ibn 'Abdu'l-Malik ibn Tufail al-Qaisi, geboren etwa 1100 n. Chr. in Guadix in Andalusien, gestorben 1185 n. Chr. in Marokko) und Averroës (Abu'l-Walid Muhammad ibn Ahmad ibn Raschid, geboren 1126 n. Chr. in Cordoba, gestorben 1198 n. Chr.). Avempace und Abubacer setzen in ihren Werken die Idee einer unabhängigen, stufenweisen Entwicklung des Menschen voraus. Abubacer sieht den Geist dabei in Opposition zur positiven Religion, obwohl er versichert, daß die Philosophie und die Religion das gleiche Ziel anstreben, nämlich die Vereinigung des menschlichen Geistes mit dem Göttlichen. Averroës, der berühmte Kommentator des Aristoteles, interpretiert die Thesen des letzteren in bezug auf einen passiven und aktiven Geist in einer fast pantheistischen Weise, die die Vorstellung der individuellen Unsterblichkeit ausschließt. Er läßt nur die Existenz eines einzigen aktiven Geistes zu, der der gesamten menschlichen Gattung gehört, der sich aber für begrenzte Zeit auf einzelne Individuen aufsplittert. Jede dieser Emanationen wird aber am Ende wieder von dem Gesamtgeist absorbiert, und nur in dieser Form gibt es eine Unsterblichkeit.

PILGERREISE →*Hadsch*

PILGERREISE, VERHINDERUNG DER →*Ihsaru'l-Hadsch*

PILGERREISEN
Es gibt zwei Arten von Pilgerreisen nach Mekka: die →*Hadsch*, die jeder Muslim einmal im Leben durchführen muß und die im Monat

→*Dhu'l-Hidscha* stattfindet sowie die →*'Umra*, der »Besuch«, der jederzeit stattfinden kann.

Pilze

Arabisch *Kam'*, Plural *Akmu'*, *Kam'a*. →*Abu Huraira* überliefert, daß der Prophet gesagt habe: »Pilze sind wie das Manna, das Gott Moses gesandt hat, und ihr Wasser ist gut für entzündete Augen.«

Pir

Persisches Wort für einen Älteren. Ein Begriff, der für einen →*Murschid*, einen religiösen Führer, gebraucht wird.

Planeten

Arabisch *Saiyara*, »Wandelsterne«. Nach Auffassung der muslimischen Autoren gibt es sieben Planeten, und zwar ist der erste der Mond, der zweite der Merkur, der dritte die Venus, der vierte die Sonne, der fünfte der Mars, der sechste der Jupiter und der siebte der Saturn, wobei jeder Himmelskörper sich in seiner jeweiligen Sphäre um die Erde dreht. Diese Beschreibung der Himmelskörper entspricht der Kosmologie des Ptolemäus. →*Himmel*

Plündern

Arabisch *Ghanima*, *Fai'*. Wenn der Imam oder der militärische Führer einer muslimischen Armee ein Land erobert, ist es ihm freigestellt, den Grund und Boden den früheren Besitzern zu belassen, vorausgesetzt sie zahlen Tribut, oder ihn zwischen seinen Soldaten aufzuteilen. Den beweglichen Besitz der Einwohner darf er ihnen jedoch nicht belassen, sondern dieser muß unter seiner Armee aufgeteilt werden. Vier Fünftel der Beute steht der Truppe zu, und das restliche Fünftel wird in drei Teile aufgeteilt und dient der Versorgung der Waisen und der Unterstützung von Armen und Reisenden. Gefangene sind Teil der Kriegsbeute. Alles Vieh und Güter, die nicht fortgetragen werden können, müssen vernichtet werden. →*Beute*

Poesie

Arabisch *Schi'r*. »Poet, Dichter« arabisch *Scha'ir*, Plural *Schu'ara'*.

Mohammed wies die Vorstellung, er sei ein Dichter, weit von sich. Sure 36 69: »Ihn lehrten wir das Dichten nicht, es würde ihm nicht ziemen; es ist eine Ermahnung nur, eine deutliche Lesung (Koran).« Und Sure 69 39-41: »Und was ihr nicht sehet: Daß dies die Rede ist eines ehrwürdigen Gesandten. Und nicht die Rede eines Dichters – nur wenige, die ihr glaubet.«

Da der Koran in gebundener Sprache geschrieben ist und in großen Teilen echte Poesie darstellt, hat die Erklärung des Propheten, er sei kein Dichter, die Kommentatoren in beträchtliche Verwirrung gestürzt. Aber der Imam Fakhru'd-Din ar-Razi hat eine elegante Lösung für das Problem gefunden. Er sagt, da es für einen Dichter unbedingt erforderlich sei, nicht willkürliche Verse zu verfassen, sondern seine Gedichte bewußt zu gestalten, seien die Verse des Korans, obwohl sie teilweise zweifellos Poesie seien, keine echte Dichtung, weil der Verfasser es nicht bewußt beabsichtigt hatte, in Versen zu schreiben.

Arabische Gelehrte ordnen die arabischen Dichter sechs Perioden zu:

1. *Al-Dschahiliyun*, jene Dichter, die in der »Zeit der Unwissenheit«, also in der vorislamischen Zeit, lebten, wie Zuhair, Tarafah, Imru'l-Qais, 'Amr ibn Kulthum, Al-Harith und 'Antarah.

2. *Al-Mukhdaramun* (wörtlich »die Plagiatoren«), jene, die kurz vor dem Auftreten des Islam geboren wurden und sich ihm anschlossen, wie →*Labid* und →*Hassan,* deren Namen in den Traditionen erwähnt werden.

3. *Al-Mutaqaddimun* (wörtlich »die ersten«), jene, die schon in der Zeit des Islam geboren wurden, deren Eltern aber noch aus der vorislamischen Zeit stammten, wie Dscharir und Farazdaq.

4. *Al-Muwalladun*, jene, deren Eltern bereits geborene Muslime waren, wie Baschar.

5. *Al-Muhdithun*, die dritte Generation der muslimischen Poeten wie Abu Tammam und Bukhtari.

6. *Al-Muta'akhirun* (wörtlich »die letzten«), alle späteren Dichter.

Es gibt sieben Gedichte des alten Arabiens, die als *Mu'allaqat*, »die Aufgehängten«, bezeichnet werden, weil sie an den Wänden des mekkanischen Tempels »aufgehängt« waren. Sie werden auch *Mudhahhabat*, »die Goldenen« genannt, da sie in goldenen Buchstaben geschrieben waren. Ihre Verfasser waren Zuhair, Tarafah, Imru'l-Qais, 'Amr ibn Kulthum, Al-Harith, 'Antarah und Labid.

Labids Gedicht begann mit den Worten: »Wisse, daß alles nichtig ist außer Gott.« Aber als er das erste Mal die ersten Verse der zweiten Sure des Korans las, soll er sein Gedicht zurückgezogen haben und zum Islam übergetreten sein. Mohammed revanchierte sich mit dem

Kompliment, daß der Satz »Wisse, daß alles nichtig ist außer Gott« die wahrsten Worte seien, die je ein Mensch ausgesprochen habe.
In der Frühzeit seiner Mission scheint Mohammed versucht zu haben, die Dichter herabzusetzen. So heißt es in Sure 26 224: »Die in die Irre gehen, folgen den Dichtern.« Und nach den Traditionen soll er gesagt haben: »Ein Bauch voller Eitergeschwüre ist besser als ein Bauch voller Poesie.« Aber nachdem Labid und Hassan zum Islam konvertiert waren, stieg auch die Dichtung in der Gunst des Propheten, was ihn zu der richtigen, aber noch vorsichtigen Aussage veranlaßte: »Die Poesie ist eine Kunst der Komposition, und wenn sie gut ist, ist sie gut, und wenn sie schlecht ist, ist sie schlecht.« Und anläßlich der Schlacht gegen die Banu →*Quraiza* soll er zu dem Dichter Hassan gesagt haben: »Schmähe in deinen Versen die Ungläubigen, und Gabriel wird dir dabei helfen.«
Die ältesten heute zugänglichen Zeugnisse arabischer Literatur stammen aus dem 5. Jahrhundert, dem Jahrhundert vor Mohammeds Geburt. Es handelt sich um kurze Elegien (*Qasidas*) und Schlachtenerzählungen, geschrieben in einer rhythmischen Prosa, die wir ähnlich auch im Koran finden. Die *Hamasa*, das *Kitabu'l-Aghani* und die *Amali* des Abu 'Ali al-Kali sind gute Beispiele dafür, daß die Kunst der rhythmischen Prosa vor Mohammed nicht nur bereits existierte, sondern daß sie bereits einen hohen Grad der Perfektion erreicht hatte. Die Vielfalt der Flexionen, die Regelmäßigkeit der Syntax und die Harmonie der Prosodie belegen den hohen Rang dieser Dichtungen. Dieser hohe Rang der frühen arabischen Dichtkunst wurde auch immer von arabischen Gelehrten eingeräumt, die der Meinung sind, daß das eigentliche Goldene Zeitalter der arabischen Literatur die Zeit kurz vor dem Auftreten des Islam gewesen sei und daß es danach einen stetigen Niedergang gegeben habe.
Das Erscheinen des Korans führte zu einer allmählichen, aber bedeutsamen Veränderung des Geistes und der Form der arabischen Dichtung. Der Koran, der neben seinem Anspruch, göttlichen Ursprungs zu sein, auch noch ein bedeutendes literarisches Kunstwerk darstellte, wurde zum unerreichbaren Vorbild jeder Literatur, und Versuche einiger Skeptiker wie Ibn al-Mukaffa oder

Al-Mutanabbi, den Koran stilistisch zu übertreffen, wurden allein schon deshalb als gescheitert angesehen, weil der Koran inzwischen zum Maßstab der arabischen Grammatik und Rhetorik geworden war.

Der Niedergang der arabischen Dichtkunst läßt sich über den ganzen Zeitraum der Herrschaft der ʻAbbasiden verfolgen (vom 8. bis zum 12. Jahrhundert n. Chr.). Über viele Jahrhunderte hin waren die Förderer der Literatur fremder Herkunft und nicht fähig, die Schönheiten arabischer Dichtkunst zu beurteilen, und die Dichter, die sich von ihnen fördern ließen, mußten sich ihrem Urteil anpassen. Werke, die die Gunst des Fürsten erlangt hatten, wurden zu Vorbildern und imitiert, ohne auf den wahren Wert zu achten. Die Überzeugung, daß die alten *Qasidas* Meisterwerke waren, trug noch zur Verderbnis des Geschmackes bei, denn ihr Aufbau und Gedankengut wurden ohne Originalität sklavisch imitiert, und lediglich durch Wortspiele, weit hergeholte Vergleiche und sprachliche Raffinesse suchte man zu glänzen. Selbstverständlich gab es auch Ausnahmen. So sind die *Qasidas* des Al-Mutanabbi voller Feuer, Originalität und Tiefe der Gedanken; die des Al-Bohtori sind voller Eleganz, die des Abu'l-Aʻla voller Würde und Schönheit, und vor allem die Werke des Ibn al-Farid haben einen hohen literarischen Rang. Neben den *Qasidas* entwickelten sich noch weitere Gedichtsformen, so die *Dubait*, eine Art Distichon, und die *Mawalia*, die beide von den Persern entlehnt wurden, und die *Muwaschaha*, die in Spanien von Ibn ʻAbd Rabbih erfunden wurde. Diese Formen erfreuten sich bald wegen ihrer Neuheit großer Beliebtheit; die *Mawalia* wurde vor allem von den Derwischen übernommen, und die *Muwaschaha* wurde hauptsächlich in Spanien gepflegt und zur Perfektion entwickelt.

POLYGAMIE

Die Polygamie wird vom Koran ausdrücklich gestattet und gilt deshalb als göttliche Einrichtung. Siehe Sure 4 3: »So heiratet von den Weibern, soviel euch beliebt, zwei, drei oder vier; fürchtet ihr aber, nicht gerecht zu handeln, dann eine, oder (Sklavinnen) die unter eurer Hand stehen; dies nähert, damit ihr nicht frevelt.« Aber obwohl die Zulassung der Polygamie in diesem Vers klar und eindeutig erscheint, läßt der Anfangsvers derselben Sure

die Vermutung zu, daß →*Monogamie* als die höhere Form der Ehe einzuschätzen ist: »O ihr Menschen, fürchtet euren Herrn, der euch aus einem einzigen Lebewesen erschaffen; aus diesem erschuf er sein Weib, und aus beiden ließ er Männer und Weiber sich verbreiten.«
Im *'Ain-i Akbari* wird von einem gelehrten Mann berichtet, der achtzehn Frauen heiratete, weil er das Wort *mathna* in Sure 4 3 mit »doppelt« übersetzte, und den Vers dann so las: »So heiratet von den Weibern, soviel euch beliebt, zwei und zwei, drei und drei und vier und vier«, wodurch er auf achtzehn kam. Im selben Werk wird von einem anderen Gelehrten berichtet, der neun Frauen heiratete, weil er im selben Vers 2+3+4 addierte.
Al-Baidawi, die Dschalalan und andere Kommentatoren stimmen alle darin überein, daß die korrekte Lesung des Verses die Zahl der zulässigen Ehefrauen auf vier beschränkt. Auch die Schiiten teilen diese Meinung, obwohl bei ihnen noch die Ehe auf Zeit (→*Mut'a*) zulässig ist.

Potiphar

Der →*Wesir* in Ägypten zur Zeit des Moses und Ehemann der →*Zulaikha'*. →*Joseph*

Prädestination

Arabisch →*Qadar (1.)*, der Begriff, der gewöhnlich in den Traditionen benutzt wird; *Taqdir*, meist in theologischen Werken angewandt. Beides bedeutet wörtlich »ausmessen«, »vorherbestimmen«.
Taqdir, das absolute Festgelegtsein von Gut und Böse, ist der sechste Glaubenssatz des muslimischen Glaubensbekenntnisses. Er impliziert, daß alles, was in der Welt geschehen ist und geschehen wird, ob es gut oder schlecht ist, allein vom Willen Gottes abhängt und seit Beginn der Welt unwiderruflich festgelegt und niedergeschrieben ist.
Dieser Glaubenssatz, der ein wichtiger Aspekt der muslimischen Lehre ist, wird im Koran folgendermaßen gelehrt:
Sure 54 49: »Wahrlich, jedes Ding schufen wir nach Vorbestimmung.«
Sure 3 139: »Es trifft niemand, daß er stirbt, wenn nicht mit dem Willen Gottes, gemäß dem Buch der Bestimmung.«
Sure 87 2: »Der hat alle Dinge geschaffen und ihre Bestimmung festgelegt und leitet sie.«
Sure 8 17: »Nicht ihr erschlugt sie, sondern Gott erschlug sie.«
Sure 9 51: »Nichts wird uns treffen als das, was Gott uns geschrieben.«

Sure 13 30: »Nein, Gottes sind die Angelegenheiten alle.«
Sure 14 4: »Und Gott läßt irregehen, wen er will, und rechtleitet, wen er will.«
Es folgen die Lehren Mohammeds zu diesem Gegenstand, wie sie in den Traditionen von →*Al-Bukhari* und →*Muslim (2.)* überliefert wurden:
»Gott erschuf Adam und berührte mit der rechten Hand seinen Rücken und brachte so eine Familie hervor. Und Gott sprach zu Adam: ›Ich habe diese Familie für das Paradies erschaffen, und ihre Handlungen werden so sein, wie es sich für Bewohner des Paradieses geziemt.‹ Dann berührte Gott abermals Adams Rücken, und er brachte so eine weitere Familie hervor. Und Gott sprach: ›Ich habe diese Familie für die Hölle erschaffen, und ihre Handlungen werden so sein, wie es sich für Bewohner der Hölle geziemt.‹ Darauf sprach ein Mann zum Propheten: ›Welchen Nutzen sollen dann Taten aller Art haben?‹ Und der Prophet antwortete: ›Wenn Gott seinen Diener für das Paradies bestimmt hat, werden seine Taten bis zu seinem Tod so sein, daß er es verdient hat, und wenn Gott jemanden für das Feuer bestimmt hat, werden seine Taten die der Bewohner der Hölle sein, bis er stirbt.‹ «
» ›Es ist keiner unter euch, dessen Platz von Gott nicht festgelegt und niedergeschrieben ist, ob er in die Hölle oder in den Himmel kommt.‹ Darauf sagten seine Anhänger: ›O Prophet, wenn Gott unseren Platz schon festgelegt hat, können wir uns dann darauf verlassen und unsere religiösen und moralischen Pflichten vernachlässigen?‹ Er erwiderte: ›Nein, denn die Rechtschaffenen werden Gutes tun und die Verworfenen Böses.‹ «
»Das erste, was Gott erschuf, war eine Feder, und er sprach zu ihr: ›Schreibe!‹ Und sie fragte: ›Was soll ich schreiben?‹ Und Gott sprach: ›Schreibe auf die Eigenschaften jedes Dinges, das erschaffen werden wird!‹ Und die Feder schrieb alles auf, was war und wird sein bis in Ewigkeit.«
»Fünf Dinge sind es, die Gott für jeden seiner Diener festgelegt hat: die Dauer seines Lebens, seine Taten, seine Wohnorte, seine Reisen und sein Schicksal.«
»Wenn Gott beschlossen hat, daß ein Mensch an einem bestimmten Ort sterben soll, dann richtet er seine Lebensumstände so ein, daß sie ihn dorthin führen.«

»Jemand sprach zum Propheten: ›O Prophet Gottes, sage mir, ob die Talismane, die wir benutzen, oder die Medizin, die wir einnehmen, oder die Schilde, die wir zu unserem Schutz tragen, irgendeine Vorsehung Gottes verändern können.‹ Der Prophet antwortete: ›Auch alle diese Dinge gehören zur Vorsehung Gottes.‹ «

»Der Prophet wurde gefragt, ob die Kinder der Ungläubigen, die in früher Kindheit sterben, in den Himmel oder in die Hölle kämen. Er antwortete: ›Gott weiß am besten, welche ihre Handlungen gewesen wären, wenn sie weitergelebt hätten. Davon hängt alles ab.‹ «

»Der Prophet kam aus seinem Haus, als einige seiner Anhänger gerade über die Vorbestimmung diskutierten. Der Prophet wurde so ärgerlich, daß er im Gesicht rot anlief, und sagte zu ihnen: ›Hat Gott euch angewiesen, über die Vorherbestimmung zu debattieren? Wurde ich deshalb zu euch gesandt? Eure Vorfahren sind vernichtet worden, weil sie über Schicksal und Vorherbestimmung gestritten haben. Ich beschwöre euch, darüber nicht zu diskutieren.‹ «

Die Kernpunkte dieses Glaubenssatzes werden in einem arabischen Traktat wie folgt zusammengefaßt:

»Der Glaube an die Vorbestimmung durch Gott besteht darin, daß wir mit dem Herzen glauben und mit der Zunge bekennen, daß der allerhöchste Gott alles festgelegt hat; daß nichts geschehen kann in dieser Welt, in bezug auf Art und Weise, Gut oder Böse, Gehorsam oder Ungehorsam, Glauben oder Unglauben, Krankheit oder Gesundheit, Reichtum oder Armut, Leben oder Tod, das nicht geschrieben steht auf den Tafeln der göttlichen Beschlüsse. So hat Gott gute Taten, Gehorsam und Glauben vorherbestimmt, und sie sind von ihm gewollt und stehen unter seinem Segen. Auf der anderen Seite hat er böse Taten, Ungehorsam und Unglauben vorherbestimmt, aber sie stehen nicht unter seinem Segen. Wer immer sagt, daß Gott treuen Glauben nicht liebe, oder sagt, daß Gott keine Abneigung gegen das Böse und den Unglauben hege, der ist wahrhaft ein Ungläubiger.«

In bezug auf die Prädestinationslehre gibt es drei verschiedene Richtungen unter den muslimischen Theologen:

1. Die Dschabrianer, so genannt nach dem Wort *Dschabr*, »Zwang«, leugnen jeden freien Willen des Menschen und sagen, daß der Mensch durch die

Macht der unabänderlichen und ewigen Beschlüsse Gottes gezwungen ist, so zu handeln, wie er es tut. Die sagen, daß Gott der absolute Herrscher ist, der, wenn er will, alle Menschen ins Paradies einziehen lassen oder in die Hölle werfen kann. Die Dschabrianer sind eine Abspaltung von den Asch'arianern, mit denen sie in den meisten Punkten übereinstimmen.

2. Die Qadrianer leugnen *Qadr*, Gottes absolute Vorherbestimmung, und sagen, daß das Böse und das Unrecht nicht Gott zugeordnet werden können, sondern dem Menschen, der einen völlig freien Willen besitzt. Gott hat ihm die Fähigkeit gegeben, etwas zu tun oder nicht zu tun. Die Qadrianer sind mit den Mu'taziliten praktisch identisch.

3. Die Asch'arianer glauben, daß Gott einen ewigen Willen hat, der sich sowohl auf seine eigenen Handlungen als auch auf die der Menschen bezieht, und er will das, was er weiß und was auf der Tafel der Vorbestimmung niedergeschrieben ist. Er will sowohl das Gute wie auch das Böse. Bis hierher stimmen die Asch'arianer mit den Dschabrianern überein, aber im Gegensatz zu diesen billigen sie dem Menschen doch einen gewissen freien Willen zu. Der Glauben der →*Sunniten* ist theoretisch asch'arianisch, in der Praxis aber sind sie überzeugte Dschabrianer. Der Standpunkt der Mu'taziliten wird als häretisch angesehen.

Es gibt keinen Glaubenssatz in der islamischen Religion, der so heiß umstritten ist wie die Prädestination.

Präexistenz der Seelen

Wird sowohl im Koran als auch in den Traditionen erwähnt. →*'A'ischa* überliefert, daß Mohammed gesagt habe: »Bevor die Seelen mit den menschlichen Körpern vereinigt wurden, waren sie wie eine große Armee. Danach wurden sie zerstreut und in die Körper der Menschen geschickt.«

Im Koran soll die Stelle Sure 7 171 auf die Präexistenz der Seelen hindeuten: »Dann nahm dein Herr von den Söhnen Adams, aus ihren Rücken, ihre Nachkommenschaft und machte sie zu Zeugen über sich selbst.«

Der Kommentator Al-Baidawi schreibt zu dieser Stelle: »Gott strich Adam über den Rücken und holte aus seinen Lenden seine gesamte Nachkommenschaft hervor, die bis zum Tage der Auferstehung auf die Welt kommen würde, eine Generation nach der anderen. Und diese Seelen waren wie kleine Ameisen, und nachdem sie in Gegenwart der Engel ihre Abhängigkeit von Gott bekannt hatten, wurden sie angewiesen, in die Lenden Adams zurückzukehren.«

Prahlerei

Mohammed soll gesagt haben, »Ich schwöre bei Gott, daß ein Stamm aufhören muß, immer nur die Vorfahren zu preisen, denn in Wirklichkeit waren jene doch nur Kohlen vom Höllenfeuer (das heißt sie waren Götzendiener); und wenn ihr die Prahlerei nicht laßt, dann werdet ihr wahrlich vor dem Auge Gottes häßlicher sein als ein Mistkäfer. Die Menschheit besteht aus den Söhnen (und Töchtern) Adams, und Adam bestand nur aus Erde.« (Mischkat, 22, Kapitel 13)

Prediger

Es gibt vier Wörter für »Prediger«: *Khatib*, *Musakkir*, *Wais* und *Nasih*, wobei ersteres denjenigen bezeichnet, der am Freitag die →*Khutba*, die Predigt, hält, und die drei anderen allgemeine Bedeutung haben.

Heutzutage werden in Moscheen außer freitags selten Predigten gehalten, obwohl es nicht verboten ist und Mohammed selbst sich häufig nach Beendigung der Gebete mit einer Ansprache an die Gläubigen wandte.

Predigt →*Khutba*

Priester

Es gibt in der muslimischen Religion kein Priesteramt und keine Priesterklasse. Der Gebetsleiter der vorgeschriebenen Gebete wird →*Imam* genannt.

Privatsphäre

Die Privatsphäre der Wohnung ist nach den Lehren Mohammeds geschützt. Unangemeldetes und unerwartetes Eindringen in das Haus oder die Privaträume einer Person gilt als große Unhöflichkeit, und das Betreten eines Hauses ohne *Istihsan*, »Bitte um Erlaubnis«, ist ungesetzlich. Sowohl im Koran als auch in den Traditionen gibt es dezidierte Vorschriften in dieser Hinsicht. Sure 24 27-29: »O ihr, die ihr glaubt, tretet nicht in andre Wohnungen als eure, bis ihr um Erlaubnis gefragt und ihre Bewohner gegrüßt. Dies ist für euch besser, daß ihr eingedenk seid. Und wenn ihr darin niemand findet, tretet nicht hinein, bis es euch erlaubt wird. Und wenn euch gesagt wird:

›Zurück!‹ so kehret um. Dies ist schicklicher für euch. Und Gott ist kundig dessen, was ihr tut. Doch ist es von euch kein Vergehen, wenn ihr in unbewohnte Häuser tretet, in denen ihr Nutzung habt. Und Gott weiß, was ihr kundtut und was ihr verschweiget.«

Die Traditionen überliefern zahlreiche Aussagen Mohammeds zu diesem Thema: »Ein Mann fragte den Propheten: ›Muß ich um Erlaubnis fragen, wenn ich das Zimmer meiner Mutter betreten will?‹ Mohammed antwortete: ›Ja.‹ Der Mann erwiderte: ›Aber ich lebe im selben Haus mit ihr.‹ Der Prophet sagte: ›Du mußt auch um Erlaubnis fragen, wenn du mit ihr im selben Haus lebst.‹ Darauf sagte der Mann: ›Aber ich versorge sie.‹ Und Mohammed: ›Wie! Willst du sie etwa nackt sehen? Du mußt um Erlaubnis fragen.‹ «

Der Kalif →*'Umar* sagt, daß der Prophet gelehrt habe, daß, wenn man dreimal vor einem Haus den →*Friedensgruß* entboten und keine Antwort bekommen habe, man sich entfernen müsse.

Nach →*Abu Huraira* hat der Prophet gesagt: »Wenn dich jemand zu sich ruft, dann darfst du sein Haus ohne Erlaubnis betreten.«

PROPHET

Die arabischen Bezeichnungen, die das Prophetenamt beschreiben, sind *Nabi*, Plural *Anbiya'*; *Rasul*, Plural *Rusul*; und *Mursal*, Plural *Mursalun*.

Im Persischen gibt es nur das eine Wort *Peyghambar* (»Abgesandter«), mit dem die drei arabischen Bezeichnungen übersetzt werden.

Das Wort *Nabi* ist identisch mit dem gleichlautenden hebräischen Wort, das nach Gesenius »in einem fort wie ein Brunnen murmeln« bedeutet. Das arabische Lexikon *Qamus* leitet das Wort von *nubu* ab, »erhöht sein«.

Nach den muslimischen Autoren ist ein *Nabi* direkt von Gott inspiriert, während ein *Rasul* bzw. *Mursal* jemand ist, dem eine besondere Mission übertragen wurde.

Mohammed soll gesagt haben, daß es 124000 *Anbiya'* oder Propheten gegeben habe und 315 Gesandte Gottes. Neun dieser Sonderbotschafter Gottes werden *Ulu'l-Asm*, »Eigner der Beständigkeit«, genannt, nämlich Noah, Abraham, David, Jakob, Joseph, Hiob, Moses, Jesus und Mohammed. Sechs von ihnen werden mit einem speziellen Titel geehrt: Adam wird *Safiyu'llah* genannt, »der Auserwählte Got-

tes«, Noah *Nabiyu'llah*, »der Prediger Gottes«, Abraham *Khalilu'llah*, »der Freund Gottes«, Moses *Kalimu'llah*, »der mit Gott spricht«, Jesus *Ruhu'llah*, der Geist Gottes«, und Mohammed *Rasulu'llah*, »der Gesandte Gottes«.
Die Zahl der heiligen Bücher, die der Menschheit offenbart wurden, soll 104 betragen, wovon auf Adam zehn entfallen, fünfzig auf Seth (ein Name, der im Koran nicht erwähnt wird), dreißig auf Enoch, zehn auf Abraham und auf Moses, David, Jesus und Mohammed je eines.
Die hundert Bücher, die Adam, Seth, Enoch und Abraham offenbart wurden, werden →*Sahifa* (»Schrift«) genannt, die vier anderen *Kitab* (»Buch«), aber alles, was ein Muslim aus diesen inspirierten Büchern wissen muß, ist nach muslimischer Auffassung im Koran konzentriert.
Mohammeds Aufzählung der Propheten des Alten und Neuen Testaments ist sowohl in bezug auf die Namen als auch auf die Chronologie außerordentlich verwirrend, und es ist auch für die muslimischen Kommentatoren zweifelhaft, ob etwa Alexander der Große oder Aesop als inspirierte Propheten anzusehen sind.
Im Koran erscheinen die Namen von 28 Propheten:
Adam, Adam; *Idris*, Enoch; *Nuh*, Noah; *Hud*, Heber?; *Salih*, Methusalem; *Ibrahim*, Abraham; *Isma'il*, Ismael; *Ishaq*, Isaak; *Ya'qub*, Jakob; *Yusuf*, Joseph; *Lut*, Lot; *Musa*, Moses; *Harun*, Aaron; *Schu'aib*, Jethro?; *Zakariya'*, Zacharias, der Vater Johannes' des Täufers; *Yahya*, Johannes der Täufer; *'Isa*, Jesus; *Da'ud*, David; *Sulaiman*, Salomon; *Ilyas*, Elias; *Al-Yasa'*, Elisa; *Ayyub*, Hiob; *Yunus*, Jona; *Usair*, Ezra; *Luqman*, Aesop?, wahrscheinlicher Bileam; *Dhu'l-Kifl*, Jesaja oder Obadiah?; *Dhu'l-Qarnain*, Alexander der Große.

PROPHETIN
Nur drei Frauen werden im Islam für Prophetinnen gehalten: Sara, die Mutter des Moses und Maria. Sara wurde die Geburt Isaaks in einer Offenbarung vorhergesagt, der Mutter des Moses wurde die Geburt ihres Kindes von Gott versprochen, und auch Maria wurde die Geburt Jesu durch eine himmlische Botschaft im voraus mitgeteilt.

PRÜGELSTRAFE →*Hadd*, →*Strafe*, →*Qisas*, →*Ta'zir*

PSALMEN →*Zabur*

Pubertät

Ein Junge gilt als in die Pubertät eingetreten, wenn sich bei ihm die üblichen Zeichen der Maturität zeigen (Bartwuchs, Stimmwechsel etc.). Tritt keines dieser Zeichen eindeutig auf, wird seine Pubertät mit Erreichen des achtzehnten Lebensjahres als abgeschlossen angesehen. Für Mädchen gilt dasselbe, nur beträgt das Höchstalter bei ihnen siebzehn Jahre. Diese Regelung entspricht den Lehren des Imams Abu Hanifa. Einige seiner Schüler vertreten jedoch die Ansicht, daß sowohl Jungen wie Mädchen nach Abschluß des fünfzehnten Lebensjahres als erwachsen zu erklären sind. Der frühestmögliche Zeitpunkt der Pubertät wird bei Jungen mit zwölf Jahren und bei Mädchen mit neun Jahren angenommen.

Wenn ein Junge oder ein Mädchen die Pubertät erreicht hat und sich für erwachsen erklärt, muß diese Erklärung akzeptiert werden, und er oder sie unterliegt nun allen für Erwachsene geltenden Gesetzen und Vorschriften sowohl in weltlicher als auch in religiöser Hinsicht.

Q

AL-QABID

Bedeutet »der Beschränkende« und ist einer der 99 Beinamen oder eines der 99 Attribute Gottes.

QADA'

Plural *Aqdiya*, wörtlich »Vollzug«.
1. Das Amt des Kadis oder Richters.
2. Richterspruch.
3. Das Nachholen von versäumten Gebeten.
4. Das Nachholen von versäumten religiösen Pflichten.
5. Der göttliche Ratschluß, der schon seit aller Zeit besteht, und das Eintreffen dieses Ratschlusses.
6. Plötzlicher Tod.

QADAR

Wörtlich »Maß«.
1. Ein Begriff, der in den Traditionen gewöhnlich für »Schicksal«, »Prädestination« gebraucht wird. →*Prädestination*
2. Titel der 97. Sure des Korans.

QADARIYA

Eine muslimische Schule, die die absolute Prädestination leugnet und dem Menschen die Macht (*Qadr*) des freien Willens zugesteht. Sie gehörte zu den Mu'taziliten, ehe sich Al-Wasil von der Schule des Hasan al-Basri trennte. →*Prädestination*

QADHF

Wörtlich »bewerfen«. Einen tugendhaften Mann oder eine unbescholtene Frau des Ehebruchs zu bezichtigen wird mit achtig Peitschenhieben bestraft, im Falle eines Sklaven mit vierzig. Diese Vorschrift basiert auf folgendem Vorfall:
Beim letzten Nachtlager auf dem Rückweg von dem Feldzug gegen die Banu →*Mustaliq* wurden das Zelt und die Sänfte 'A'ischas irrtümlich vorzeitig

von Übereifrigen davongetragen, und ʻA'ischa fand sich plötzlich allein im Dunkeln. Sie beschloß, einfach zu warten, bis der Irrtum bemerkt würde. Nach einiger Zeit fand sie einer der Nachzügler, bot ihr sein Kamel an und geleitete sie so nach Medina. Die Bürger der Stadt zogen ihre eigenen Schlüsse aus diesem Vorfall, und selbst Mohammed wandte sich von ihr ab, und sie kehrte in das Haus ihres Vaters zurück. Nach mehreren Wochen schließlich wurde der Prophet auf übernatürliche Weise von ihrer Unschuld informiert (siehe unten Sure 24 4), und ʻA'ischa kehrte in das Haus Mohammeds zurück, und die Beschuldiger wurden ausgepeitscht. Auf diesem Vorfall beruht die Forderung des Korans, daß zum Beweis von →*Ehebruch* vier Zeugen notwendig sind und daß falsche Zeugen mit achtig Peitschenhieben zu bestrafen sind, denn in Sure 24 4 des Korans heißt es:
»Diejenigen, die verheiratete Frauen der Hurerei bezichtigen und danach nicht vier Zeugen beibringen können, die geißelt mit achtzig Peitschenhieben, und nehmt nie mehr ihr Zeugnis an, denn sie sind Frevler, es sei denn, sie bereuten, was sie getan haben.«

QADI →*Richter*

AL-QADIR
Bedeutet »der Mächtige« und ist einer der 99 Beinamen oder eines der 99 Attribute Gottes.

QADIRIYA
Ein asketischer Fakirorden, der von →*ʻAbdu'l-Qadir al-Dschilani* mit dem Beinamen Pir Dastagir geründet wurde, dessen Grab sich in Bagdad befindet. Er ist der in Asien verbreitetste sunnitische Orden.

AL-QADR
1. *Suratu'l-Qadr*, »Sure von der Nacht der Bestimmung«, ist der Titel der 97. Sure des Korans.
2. →*Prädestination*

QAF
1. Der 21. Buchstabe des arabischen Alphabets.
2. *Suratu Qaf*, »Sure Qaf«, ist der Titel der 50. Sure des Korans.
3. Der Ring von Bergen, der nach dem Glauben östlicher Völker die Erde einfaßt. Die Muslime glauben, daß diese Berge von →*Dämonen* bevölkert sind und daß die Berge aus Smaragd bestehen, wodurch die blaue Farbe des Himmels entsteht. Das Wort bezeichnet auch den Kaukasus.

al-Qahhar

Bedeutet »der Überlegene« und ist einer der 99 Beinamen oder eines der 99 Attribute Gottes.

Qainuqa'

Ein jüdischer Stamm zur Zeit Mohammeds, der in der Nähe von →*Medina* lebte und von den →*Muslimen* unterworfen wurde.

Qais ibn Sa'd

Einer der wichtigsten Gefährten des Propheten. Er entstammte dem Stamme der →*Khazradsch* und war der Sohn des Sa'd, ebenfalls ein Anhänger Mohammeds. Er war ein korpulenter Mann von großer Statur, gelehrsam, weise und mutig. Er kommandierte die Leibwache des Propheten, und unter dem Kalifen →*'Ali (2.)* wurde er Statthalter von Ägypten. Er starb im Jahre 680 n. Chr. in Medina.

al-Qaiyum

Bedeutet »der Erhaltende« und ist einer der 99 Beinamen oder eines der 99 Attribute Gottes.

Qalam

1. *Suratu'l-Qalam*, »Sure vom Griffel«, ist der Titel der 68. Sure des Korans.

2. Wörtlich »Feder«. Die Schreibfeder, mit der Gott alle Taten und Schicksale der Menschen zu Beginn der Schöpfung im voraus niedergeschrieben hat.

Mohammed soll gesagt haben: »Das erste, was Gott erschuf, war eine Feder, und er sprach zu ihr: ›Schreibe!‹ Und sie fragte: ›Was soll ich schreiben?‹ Und Gott sprach: ›Schreibe auf die Eigenschaften jedes Dinges, das erschaffen werden wird!‹ Und die Feder schrieb alles auf, was war und wird sein bis in Ewigkeit.«

Qalandar

Eine persische Bezeichnung für einen Fakir- oder Derwischorden. Ein Asket. →*Fakir*

al-Qamar

Suratu'l-Qamar, »Sure vom Mond«, ist der Titel der 54. Sure des Korans.

Qard

Wörtlich »Schnitt«.

1. Ein Begriff, der im Koran für gute Taten benutzt wird, die um Gottes willen getan werden und für die zukünftiger Lohn zu erwarten ist. Siehe zum Beispiel Sure 5 15: »Und Gott sprach: ›Ich bin mit euch; wenn ihr das Gebet verrichtet, an meine Gesandten glaubet und ihnen helfet und Gott ein schönes Darlehen leihet, so will ich

ganz gewiß eure Missetaten von euch nehmen und euch in Gärten führen, in denen Ströme fließen.‹ «

2. Geld, das zinslos verliehen wird und das zu einem beliebigen Zeitpunkt zurückgezahlt werden kann.

3. Das Wort wird im Persischen und im Urdu auch für Geld benutzt, das gegen Zinsen verliehen wird. Der gesetzlich korrekte Ausdruck für solches Geld ist jedoch *Riba*.

Qari'

Plural *Qurra'*, »Leser«. Jemand, der den Koran korrekt zu lesen versteht und mit *'Ilmu't-Tadschwid*, der Wissenschaft, den Koran zu lesen, vertraut ist. In der Geschichte des Islam gab es sieben berühmte *Qurra'*, die als *Qurra'u's-Sab'a* bekannt sind:

1. Imam Ibn Kathir. Starb 738 n. Chr. in Mekka.

2. Imam 'Asim aus Kufa. Starb 745 n. Chr. in Kufa.

3. Imam Abu 'Umr. Geboren in Mekka 689 n. Chr., gestorben in Kufa 771 n. Chr. Folgender wichtiger Ausspruch ist von ihm überliefert: »Als die erste Kopie des Korans fertiggestellt war und dem Kalifen 'Uthman vorgelegt wurde, sagte dieser: ›Darin sind sprachliche Fehler enthalten. Die Araber der Wüste sollen sie mit ihrer Zunge berichtigen.‹ Dies bedeutet, daß sie die Wörter richtig aussprechen sollen, den geschriebenen Text aber nicht verändern dürfen.«

4. Imam Hamza aus Kufa. Geboren 699 n. Chr., gestorben 773 n. Chr.

5. Imam Al-Kisa'i. Er besaß eine große Reputation als Schriftgelehrter, aber nicht als Dichter. Es war eine stehende Redewendung unter den Gelehrten, daß niemand so wenig von Poesie verstehe wie er. Er soll um 789 n. Chr. in Tus gestorben sein.

6. Imam Nafi'. In Medina geboren, starb 786 n. Chr.

7. Imam Ibn 'Amir. Stammte aus Syrien. Seine Lebensdaten sind unsicher.

Al-Qari'a

Suratu'l-Qari'a, »Sure von der Klopfenden«, ist der Titel der 101. Sure des Korans, die mit den Worten beginnt: »Die Klopfende. Was ist die Klopfende? Und was lehrt dich, was die Klopfende ist?« Dschalalu'd-Din (→*Al-Dschalalan*) meint, es handle sich um ein Epitheton des letzten Tages.

Qarin

Wörtlich »der Verbundene«. Der Dämon, der unlösbar mit

jedem Menschen verbunden sein soll.

Qasama

Wörtlich »Eidleistung«. Ein Eid unter folgenden Umständen:
Wenn jemand an einem bestimmten Ort ermordet aufgefunden wird und der Mörder nicht bekannt ist, die Erben des Opfers jedoch von den Bewohnern der Umgebung des Fundortes Vergeltung für sein Blut verlangen, dann werden fünfzig der Anwohner ausgewählt, die folgenden Eid leisten müssen: »Ich schwöre bei Gott, daß ich diesen Mann nicht getötet habe und daß ich seinen Mörder nicht kenne.«
Dieser Brauch geht auf das mosaische Gesetz zurück (Deut. 21 1-9).

al-Qaswa'

Wörtlich »kupiert«. Mohammeds berühmte Kamelkuh, die ihn bei der Flucht aus Mekka trug.

al-Qawi

Bedeutet »der Starke« und ist einer der 99 Beinamen oder eines der 99 Attribute Gottes.

Qibla

»Etwas Entgegengesetztes«. Die Himmelsrichtung, in die gewandt alle Mohammedaner ihre Gebete verrichten, nämlich Richtung Mekka. Es gibt eine ausdrückliche Anweisung dazu im Koran, Sure 2 136-145:
»Es werden die Toren unter den Menschen fragen: ›Was wendet sie von ihrer Gebetsrichtung ab, nach der sie sich bisher wandten?‹ Sprich: ›Gottes ist Ost und West, er leitet auf den rechten Weg, wen er will.‹ Und so machten wir euch zu einem Mittelvolke, auf daß ihr Zeugen seid gegen die Menschen, und Zeuge gegen euch wird der Gesandte sein. Die Gebetsrichtung aber, nach der du dich bisher wandtest, änderten wir nur deshalb, damit wir den erkennen, der dem Gesandten folgt, von dem, der sich um die Verse wendet. Dies war sicherlich schwer, jedoch nicht denen, die Gott leitet. Und Gott wird euren Glauben nicht zerstören, denn siehe, Gott ist gegen die Menschen allgütig und allbarmherzig. Wir sahen dich dein Gesicht gegen den Himmel richten, nun wollen wir es dir nach einer Richtung wenden, dir genehm: wende dein Gesicht nach der Richtung der heiligen Anbetungsstätte; und wo ihr euch auch befindet, euer Gesicht wendet nach dieser Richtung. Siehe, diejenigen, die die Schrift empfingen, wissen auch, daß dies die Wahrheit

ist von ihrem Herrn. Und Gott ist nicht übersehend dessen, was sie tun. Aber denen, die die Schrift empfingen, könntest du mit noch so vielen Versen kommen, sie folgen deiner Gebetsrichtung doch nicht. Sei aber auch du nicht Anhänger ihrer Gebetsrichtung, denn auch unter ihnen sind die einen nicht Anhänger der Gebetsrichtung der andren. Folgst du aber ihrem Willen, nachdem dir die Erkenntnis geworden, fürwahr, du bist der Frevler einer. Diejenigen, denen wir die Schrift verliehen, kennen ihn, wie sie ihre Kinder kennen, und siehe, doch hat ein Teil von ihnen die Wahrheit verheimlicht, und sie wissen es. Die Wahrheit ist von deinem Herrn, so sei nicht der Zweifler einer. Jeder hat eine Richtung, dahin er sich wendet, ihr aber wählet das Beste. Wo ihr euch auch befindet, Gott wird euch allesamt zurückbringen, denn siehe, Gott ist über alle Dinge mächtig. Und woher du auch kommst, das Gesicht wende nach der Richtung der heiligen Anbetungsstätte, denn siehe, die Wahrheit ist von deinem Herrn, und Gott ist nicht übersehend dessen, was ihr tut. Und woher du auch kommst, dein Gesicht wende nach der Richtung der heiligen Anbetungsstätte, und wo ihr euch auch befindet, das Gesicht wendet nach dieser Richtung, auf daß die Leute keinen Angriffspunkt gegen euch haben, es sei denn diejenigen unter ihnen, die freveln. Fürchtet sie aber nicht, nur mich fürchtet, auf daß meine Huld über euch sei; vielleicht, daß ihr rechtgeleitet werdet.«

Zur Erklärung dieser Verse (die aus verschiedenen Perioden kommen) und der darin angesprochenen Änderung der Gebetsrichtung bemerkt Al-Baidawi, der Kommentator, daß Mohammed, solange er sich in Mekka befand, seine Gebete immer in Richtung →*Ka'ba* verrichtete. Nach seiner Flucht nach Medina jedoch erhielt er von Gott den Befehl, die Gebetsrichtung in Richtung Jerusalem zu ändern. Sechzehn Monate später aber wollte er wieder in Richtung Mekka beten, und er flehte Gott um die Erlaubnis dazu an. Daraufhin sollen ihm die obigen Verse »Wir sahen dich dein Gesicht gegen den Himmel wenden…« offenbart worden sein.

QIBTI

Kopten. Die christlichen Nachfahren der alten Ägypter, abgeleitet von Koptos, einer Stadt in Oberägypten. Maria, die berühmte Sklavin Mohammeds war eine Koptin und heißt in muslimischen Geschichtswerken Mariyatu'l-Qibtiya.

QIMAR

Würfel- oder sonstige Glücksspiele. Sind nach dem muslimischen →*Gesetz* verboten.

QINTAR →*Geld*

QISAS

Von *qasas*, wörtlich »den Fußspuren eines Feindes folgen«. Das Vergeltungsprinzip, die Strafe der Vergeltung, die aber, obwohl gesetzlich vorgeschrieben, durch die geschädigte Person oder im Falle von →*Mord* durch deren Angehörige erlassen werden kann. *Qisas* entspricht dem *Lex talionis* des Moses: »Auge um Auge, Zahn um Zahn etc.«, aber indem Mohammed eine Kompensation des Unrechts durch Geld erlaubte, hat er sich von diesem Prinzip gelöst.

Man unterscheidet bei der Vergeltung erstens Fälle, die das Leben des Opfers gekostet haben, und zweitens Fälle, die das Leben des Opfers beeinträchtigen.

1. Fälle, die das Leben des Opfers gekostet haben.

Nach dem Vergeltungsprinzip wird ein freier Mann für einen freien Mann getötet und ein Sklave für einen Sklaven; ein freier Mann wird auch für den vorsätzlichen Mord an einem Sklaven getötet, wenn dieser der Besitz eines anderen ist.

Nach Abu Hanifa wird ein Muslim für einen Mord an einem Ungläubigen hingerichtet, aber →*Asch-Schafi'i* ist gegensätzlicher Ansicht, denn der Prophet hat gesagt: »Ein Muslim darf nicht für einen Ungläubigen den Tod erleiden.«

Ein Mann wird für eine Frau getötet, ein Vater wird nicht für sein Kind getötet, aber ein Kind muß für den Mord am eigenen Vater sterben. Ein Herr muß für den Mord am eigenen Sklaven und dem Sklaven seines Kindes nicht sterben.

Wenn jemand einen anderen in ein Wasser stößt, aus dem er unmöglich durch Schwimmen entkommen kann, wird nach Abu Hanifa Vergeltung nicht geübt, nach Asch-Schafi'i jedoch muß der Täter ertränkt werden.

Die Akt der Vergeltung wird von dem nächsten Verwandten des Opfers mit einer Waffe ausgeführt, die geeignet ist, dem Delinquenten eine tödliche Wunde zuzufügen.

Wenn jemand das Recht der Vergeltung an seinem Vater oder seiner Mutter erbt, dann verfällt dieses Recht.

2. Fälle, die das Leben des Opfers beeinträchtigen.
Wenn jemand einem anderen absichtlich eine Hand abschlägt, wird ihm seinerseits die Hand abgeschlagen, denn es heißt im Koran, Sure 5 49:
»Wir haben ihnen darin vorgeschrieben: Leben um Leben, Auge um Auge, Nase um Nase, Ohr um Ohr, Zahn um Zahn, für Wunden Vergeltung, und wenn jemand es erläßt, so ist dies seine Sühne.«
Wenn also jemand einem anderen den Fuß abschlägt oder die Nase abschneidet, so geschieht ihm zur Vergeltung dasselbe. Wenn jemand aber einem anderen so auf das Auge schlägt, das es herausspringt, dann wird keine Vergeltung geübt, denn es ist unmöglich, das Auge auf genau dieselbe Weise zu extrahieren. Wenn dagegen das Auge an seiner Stelle bleibt, aber infolge des Schlages erblindet, dann wird Vergeltung geübt, denn in diesem Fall ist die Hauptfolge des Schlages die Erblindung und der Täter wird mit einem glühenden Eisen geblendet.
Vergeltung wird nicht geübt für die Verursachung von Knochenbrüchen (mit der Ausnahme von Zähnen), denn es ist nicht möglich, die Gleichheit der Brüche zu garantieren. Keine Vergeltung wird geübt zwischen einem Mann und einer Frau oder zwischen einer freien Person und einem Sklaven, aber Asch-Schafi'i fordert auch in diesen Fällen die Vergeltung. Vergeltung in bezug auf Körperteile ist auch zwischen Gläubigen und Ungläubigen vorgeschrieben.
Für das Abschneiden der Zunge oder des männlichen Gliedes wird keine Vergeltung geübt.
3. Auf die Vergeltung kann zugunsten eines Schmerzensgeldes verzichtet werden. Wenn sich die Erben eines Getöteten mit dem Mörder auf die Zahlung einer bestimmten Summe Geldes zur Wiedergutmachung der Tat einigen, verfällt die Vergeltung.
Diese Regelung beruht auf einer ausdrücklichen Anweisung des Korans: »Wenn dem Erben des Ermordeten etwas zum Ausgleich aus dem Besitz des Mörders angeboten wird, dann soll er es nehmen.«
Und ebenso soll Mohammed nach den Traditionen gesagt haben: »Der Erbe einer ermordeten Person ist frei, Vergeltung zu üben oder vom Täter eine Entschädigung anzunehmen.«
Das Recht auf Vergeltung liegt nach Auffassung der muslimischen Juristen ausschließlich bei den nächsten Verwandten des Opfers, und diese haben

sogar das Recht, die Tat zu vergeben und ganz auf Vergeltung und auch finanzielle Kompensation zu verzichten.
Wenn jemand der Vergeltung anheimgefallen ist und vor deren Ausführung stirbt, dann erlischt notwendigerweise das Recht auf Vergeltung und es wird keine Entschädigungszahlung aus dem Besitz des Täters mehr fällig.

AL-QISAS
Suratu'l-Qisas, »Sure von der Erzählung«, ist der Titel der 28. Sure des Korans. Sie wird so genannt, weil →*Moses* in ihr seine Abenteuer erzählt.

AL-QIYAMA
Wörtlich »Aufstehen«.
1. Der Tag der →*Auferstehung*
2. *Suratu'l-Qiyama*, »Sure von der Auferstehung«, ist der Titel der 75. Sure des Korans.
3. Die →*Sufis* benutzen den Ausdruck für den Zustand eines Menschen, der für die Welt tot war und zu einem neuen Leben in Gott aufersteht.

QIYAS
Wörtlich »Vergleich«. Der vierte Pfeiler des islamischen Rechts, ein System analoger Deduktionen auf der Grundlage von →*Koran*, Hadith (→*Tradition*) und →*Idschma'*.
Es gibt vier Voraussetzungen für Qiyas:
1. Die zugrunde liegende Vorschrift oder Praxis muß allgemeingültig und nicht speziell sein;
2. Das zu entscheidende Problem muß bekannt und verständlich sein;
3. Die Entscheidung muß sich auf Koran, Hadith oder Idschma' stützen;
4. Die Entscheidung darf nicht dem Koran oder dem Hadith widersprechen.
Es gibt zwei Arten von Qiyas: Qiyas Dschali, evidenter, und Qiyas Khafi, verborgener.
Ein Beispiel für evidenten Qiyas: Wein ist im Koran unter dem Wort *Khamr* verboten, was wörtlich jede berauschende Substanz bezeichnet. Also ist es evident, daß auch andere Rauschmittel wie Opium und andere Drogen verboten sind.
Ein Beispiel für verborgenen Qiyas: In den Traditionen gibt es die Vorschrift, daß eine von vierzig Ziegen als Almosen gegeben werden muß. Für manchen Armen kann es hilfreicher sein, wenn er Geld bekommt. Also darf der Wert der Ziege auch in Geld gespendet werden.

QUBA'
Ein Ort, etwa fünf Kilometer von Medina entfernt, wo Mo-

hammed bei seiner Flucht aus Mekka rastete und den Grundstein für eine →*Moschee* legte. Dies war der erste Ort des öffentlichen Gebets im Islam. Diese Moschee wird im Koran, Sure 9 109, erwähnt:
»Bevorzugter ist eine Anbetungsstätte, vom ersten Tag an auf Gottesfurcht gegründet, daß du darin stehest; darin sind Männer, die sich zu reinigen lieben, und Gott liebt die sich Reinigenden.«
Diese Moschee ist ihrem Rang nach hinter denen von Mekka, Medina und Jerusalem die vierte, und der Prophet soll gesagt haben, daß ein Gebet in ihr soviel zähle wie eine kleine Pilgerfahrt.

AL-QUDDUS
Bedeutet »der Heilige« und ist einer der 99 Beinamen oder eines der 99 Attribute Gottes. In Sure 59 23 heißt es im Koran: »Er ist Gott, außer dem es keinen Gott gibt als er, der König, der Heilige.«

AL-QUDS
»Die Heilige«. Arabischer Name →*Jerusalems.*

QURAISCH
Suratu'l-Quraisch, »Sure von den →*Koreischiten*«, ist der Titel der 106. Sure des Korans.

QURAIZA
Ein jüdischer Stamm, der in Mohammeds Zeit in der Nähe von Medina lebte und sich zunächst bereit erklärte, den Islam anzunehmen, sich dann aber doch distanzierte, was Mohammed zu einer Strafexpedition veranlaßte. Er führte eine Armee von 3000 Mann und 36 Pferden gegen sie. Die Juden wurden fünfundzwanzig Tage belagert und mußten dann kapitulieren. Mohammed überließ die Entscheidung über das Schicksal der Gefangenen seinem Gefährten Sa'd, und dieser verlangte, daß die Männer getötet und die Frauen und Kinder als Sklaven verkauft werden sollten und ihr Besitz unter die muslimische Armee aufzuteilen sei. Mohammed interpretierte diese Entscheidung als Gottesurteil, und so wurden, teilweise in seiner Gegenwart, siebenhundert Männer enthauptet. Eine der weiblichen Gefangenen, deren Mann und männliche Verwandten bei dem Massaker umgekommen waren, reservierte Mohammed für sich. Diese Ereignisse werden im Koran, Sure 33 25-27, wie folgt dargestellt: »Und die ungläubig sind, stieß Gott in ihrem Grimm zurück, sie erlangen nichts Gutes, denn Gott genügt den Gläubigen im Kampf. Und

Gott ist stark und gewaltig. Und er brachte die von den Schriftleuten, die jenen beistehen wollten, von ihren Burgen herab und warf Schrecken in ihre Herzen, daß ihr einen Teil erschluget und einen Teil gefangennahmet. Und er ließ euch ihr Land erben und ihre Wohnstätten und ihre Habe, ein Land, das ihr nie (zuvor) betreten hattet. Und Gott ist über alle Dinge mächtig.«

QURRA'U'S-SAB'A →*Qari'*

R

Ar-Rabb

»Herr«, »Erhalter«, »Helfer«. Ein Wort, das im Koran häufig auf das göttliche Wesen bezogen wird.

Wegen ihrer häufigen Verwendung könnte der Eindruck entstehen, daß es sich bei dieser Bezeichnung um den eigentlichen Namen Gottes handelt, aber die muslimischen Autoren sagen, daß sie nur ein Attribut Gottes sei, ein *Ismu Sifah*, während *Allah* der *Ismu's-Sat*, der »essentielle Name« Gottes, sei. Der Kommentator Al-Baidawi sagt: »*Rabb* bedeutet im wörtlichen Sinne ›aufziehen‹, das heißt etwas zur höchsten Vollkommenheit bringen, und da der Allmächtige alles zur höchsten Vollkommenheit bringt, ist dieses Wort in besonderem Maße auf Gott anwendbar.«

Rabbu'n-Nau'

»Der Herr der Arten«. Ein Engel, der über die unbeseelte und beseelte Natur herrschen soll.

Rabe

Arabisch *Ghurab*. Wird im Koran in Sure 5 34 erwähnt: »Und Gott sandte einen Raben, der in der Erde wühlte, um ihm zu zeigen, wie er verbergen sollte die Schande seines Bruders. Da sprach er: ›Wehe mir, bin ich unfähig, gleich diesem Raben zu sein, die Schande an meinem Bruders zu verbergen?‹ «

Der Genuß von Raben ist nach muslimischem Recht ungesetzlich.

Rabi'u'l-Akhir

»Der letzte Frühlingsmonat«. Der vierte Monat des muslimischen Jahres. →*Monat*

Rabi'u'l-Awwal

»Der erste Frühlingsmonat«. Der dritte Monat des muslimischen Jahres. →*Monat*

Rachel

Eine der Frauen Jakobs und Mutter Josephs. Sie wird im Koran nicht erwähnt, wohl aber in den Kommentaren.

ar-Ra'd

Suratu'r-Ra'd, »Sure vom Donner«, ist der Titel der 13. Sure des Korans, in deren 14. Vers die Worte erscheinen: »Der Donner preist sein Lob.«

Radd

»Zurückweisung, Ablehnung, Ungültigmachung.« Im muslimischen Recht bezieht sich der Begriff auf den Überschuß einer Erbmasse, der nach der gesetzlichen Verteilung der Erbanteile – etwa durch Nichtauffindbarkeit eines Erbberechtigten – verbleibt, der dann proportional auf die anderen Erben verteilt wird.

Raddu's-Salam

Das Erwidern eines Grußes; ist für Muslime untereinander eine gesetzliche Pflicht.

Radsch'a

Wörtlich »Wiederherstellung«. Eine geschiedene Ehefrau wieder aufnehmen, kurz bevor die Frist, wenn die Scheidung endgültig rechtskräftig wird, abgelaufen ist. Die Wiederaufnahme der ehelichen Gemeinschaft.

Radschab

Der »geehrte« Monat, der siebte Monat des muslimischen Jahres, so genannt, weil in ihm in der vorislamischen Zeit Kriege verboten waren. Es wird überliefert, daß der Prophet diesen Monat mit einem schneeweißen Brunnen verglichen habe, der aus dem Himmel selbst fließe, und derjenige, der in diesem Monat faste, werde das Wasser des Lebens trinken. Bei frommen Muslimen ist es üblich, die Nacht des ersten Freitags dieses Monats im Gebet zu verbringen.

Radschim

Wörtlich »der Gesteinigte«. Ein Name des Satans im Koran, Sure 3 31:
»Ich gab ihr den Namen Maria, und siehe, ich empfehle sie und ihre Nachkommenschaft deinem Schutz vor dem gesteinigten Satan.«
Mohammed lehrte, daß der Teufel und seine Engel an den Himmelstoren lauschen, um Informationen über die Zukunft zu erhaschen, und wenn sie von den himmlischen Engeln entdeckt werden, von diesen mit Meteoriten beworfen werden. Auch Abraham soll den Teufel vertrieben haben, indem er ihn mit Steinen bewarf. Diese Legende spiegelt sich in

dem Brauch wider, die Säulen von →*Mina* mit Steinen zu bewerfen. →*Hadsch*

RADSCHM →*Steinigung*

AR-RAFI'
Bedeutet »der Erhöhende« und ist einer der 99 Beinamen oder eines der 99 Attribute Gottes. Sure 3 48: »Gott sprach dann: ›O Jesus, siehe, ich lasse dich sterben; erhebe dich zu mir und reinige dich von denen, die ungläubig sind.‹ «

RAFI' IBN KHADIDSCH
Einer der Gefährten Mohammeds. Er war noch zu jung, um an der Schlacht von →*Badr* teilzunehmen, war aber bei →*Uhud* dabei und wurde von einem Pfeil getroffen, worauf der Prophet zu ihm sagte: »Ich werde an deiner Stelle am Tage des Gerichts antworten.« Er starb im Jahre 693 n. Chr. in Medina im Alter von 86 Jahren.

RAFIDI
Wörtlich »Abtrünniger«. Synonym von *Rafida*, Plural *Rawafid*.
1. Der Begriff bezeichnet eine Gruppe von schiitischen Soldaten, die sich Zaid, dem Sohn 'Alis, des Sohnes des Husain, des zweiten Sohnes des Kalifen →*'Ali (2.)*, angeschlossen hatten und die von Zaid verlangten, er solle →*Abu Bakr* und →*'Umar*, die ersten beiden Kalifen der →*Sunniten*, für unrechtmäßig erklären, was dieser mit den Worten »Sie waren beide Wesire meines Vorvaters Mohammed« verweigerte. Daraufhin fielen sie wieder von Zaid ab und wurden *Rafida* genannt. Zaid hatte danach nur noch vierzehn Getreue, die zusammen mit ihm von Al-Hadschadsch ibn Yusuf, dem Befehlshaber der Armee des Imams Dscha'far, getötet wurden.
2. Der Begriff *Rafidi* wird von sunnitischen Muslimen für alle schiitischen Religionsgruppen benutzt.

RAHBANIYA →*Mönchstum*

RAHIB
Plural *Ruhban*. Ein christlicher Mönch. →*Mönchstum*

RAHIL
Wörtlich »das, was für die Reise geeignet ist«. Ein kleiner Bücherständer, der bei Reisen bequem zusammengeklappt werden kann und oft in Moscheen und muslimischen Schulen als Ständer für den Koran und andere Bücher dient. Er wird auch in Privathaushalten benutzt.

AR-RAHIM

Ar-Rahim bedeutet »der Allerbarmer« und ist einer der 99 Beinamen oder eines der 99 Attribute Gottes. Erscheint im Koran gewöhnlich in Verbindung mit dem Attribut *Ar-→Rahman*

AR-RAHMAN

1. *Ar-Rahman* bedeutet »der Allbarmherzige« und ist einer der 99 Beinamen oder eines der 99 Attribute Gottes. Erscheint im Koran gewöhnlich in Verbindung mit dem Attribut *Ar-→Rahim*
Besonders die Eingangsformel jeder Sure des Korans außer der 9. lautet: »Im Namen Gottes, des Allerbarmers, des Allbarmherzigen.«
Al-Baidawi sagt, daß *Ar-Rahman* ein höherwertiges Attribut als *Ar-Rahim* sei, weil das Wort nicht nur aus fünf Buchstaben besteht im Gegensatz zum letzteren, das nur vier Buchstaben (in arabischer Schrift) hat, sondern auch weil es jenes Attribut universeller Barmherzigkeit zum Ausdruck bringe, die der Allmächtige der gesamten Menschheit entgegenbringe, den Guten und den Bösen, den Gläubigen und den Ungläubigen.
2. *Suratu'r-Rahman*, »Sure vom Allerbarmer«, ist der Titel der 55. Sure des Korans.

RAIHANA →*Rihana*

RA'INA

Ein Wort, dessen Gebrauch im Koran verboten wird, Sure 2 98: »O ihr, die ihr glaubt, sagt nicht: ›Schau uns an‹ (*ra'ina*), sondern ›Blick uns an‹ (*unzurna*). Und gehorchet, denn qualvolle Strafe ist den Ungläubigen.« Beide Wörter haben die gleiche Bedeutung, aber Mohammed hatte eine große Abneigung gegen den Gebrauch des Wortes *ra'ina*, weil nach Al-Baidawi das gleichklingende Wort im Hebräischen eine negative Bedeutung hatte.

RAIYAN

Wörtlich »einer, dessen Durst gelöscht wird«. Das Tor, durch das diejenigen ins Paradies eingehen werden, die den Monat →*Ramadan* einhalten. Wird nicht im Koran erwähnt, sondern nur in den Traditionen.

RAIYAN IBN AL-WALID

Der König von Ägypten in der Zeit des →*Joseph*.

RAK'A

Von *Ruku'*, »sich verneigen, verehren«. Ein Abschnitt des täglichen →*Gebets.*

RAMADAN

Der neunte Monat des mohammedanischen Jahres, in dem täglich vom Sonnenaufgang bis zum Sonnenuntergang strenges Fasten vorgeschrieben ist. Das Wort *Ramadan* ist von *ramd* »brennen«, abgeleitet. Der Monat soll so genannt worden sein, weil er entweder (vor der Kalenderumstellung) immer in der heißen Jahreszeit lag oder weil man annahm, daß das Fasten in diesem Monat die Sünden wegbrennen würde.

Die Einhaltung des Fastenmonats ist eine der fünf Säulen der muslimischen Religion und seine Würde wird von Mohammed mehrfach betont. So sagt er, daß im Ramadan »die Tore des Paradieses weit geöffnet sind, und die Tore der Hölle sind geschlossen und die Teufel an die Kette gelegt, und nur dem, der den Monat einhält, wird es erlaubt sein, den Himmel durch das Tor mit dem Namen Raiyan zu betreten«. Ihnen »werden alle läßlichen Sünden erlassen«. (Mischkat 7 1,1)

Die Anordnungen, die den Monat Ramadan betreffen, finden sich im Koran, Sure 2 179-183:

»O ihr, die ihr glaubt, euch ist eine Fastenzeit vorgeschrieben, wie sie auch denen vor euch vorgeschrieben war, auf daß ihr gottesfürchtig seid. Eine Anzahl bestimmter Tage, und wenn jemand von euch krank ist oder auf der Reise, diese Anzahl an anderen Tagen; die es vermögen, die Speisung eines Armen zur Ablösung. Wer aber freiwillig Gutes tut, es ist zu seinem Besten. Fastet ihr, so ist es besser für euch, wenn ihr es doch verstehen wolltet! Im Monat Ramadan, in dem offenbart worden ist der Koran, die Rechtleitung für die Menschen, die deutliche Lehre von der Führung und der Erlösung; wer von euch in diesem Monat zum erstenmal den Mond sieht, faste dann, und wer krank ist oder auf der Reise, diese Anzahl an anderen Tagen. Gott wünscht euch das Leichte und nicht das Schwere, auf daß ihr diese Anzahl haltet und Gott dafür preiset, daß er euch rechtleitet; daß ihr dankbar seid. Befragen dich meine Diener über mich, ich bin nahe und höre auf das Flehen der Flehenden, wenn sie zu mir stehen; daß sie mir gehorchen und an mich glauben; auf daß sie recht handeln. Freigegeben sei euch in der Fastenzeit die Nacht zum Verkehr mit euren Weibern; sie sind euch ein Gewand, ihr seid ihnen ein Gewand. Gott weiß, daß ihr euch selbst täuscht, aber er vergibt es euch und verzeiht; so beschlafet sie und begehret, was Gott euch vorgeschrieben. Auch esset und trinket bis zum Tagesanbruch, bis ihr einen weißen Faden von einem schwarzen Faden unterscheidet, sodann setzet das Fasten bis zur Nacht fort; und beschlafet sie nicht, sondern verweilet in der Anbetungsstätte. Das sind die von Gott (gesetzten) Grenzen, kommt ihnen nicht nahe. So verdeutlicht Gott den Menschen seine Verse; auf daß sie gottesfürchtig seien.«

Aus den vorstehenden Versen wird deutlich, daß das Fasten beginnt, wenn der neue Mond sichtbar wird. Wenn der Himmel bewölkt ist, und der Mond nicht zu sehen ist, beginnt das Fasten dreißig Tage nach dem Anfang des vorhergehenden Monats.

Der Ramadan muß von jedem Muslim eingehalten werden, außer von Kranken, Schwachen und von schwangeren oder stillenden Frauen. Auch Kinder die noch nicht die →*Pubertät* erreicht haben, sind ausgenommen, ebenso Personen, die eine Reise von mehr als drei Tagen unternehmen. Im Falle von Kranken oder Reisenden muß das Fasten so bald wie möglich nachgeholt werden.

Das Fasten ist äußerst streng und eine echte Kasteiung. Besonders wenn der Ramadan in den Sommer fällt und die Tage lang sind und es zudem noch heiß ist, ist das Verbot, den ganzen Tag auch nur einen Schluck Wasser zu trinken, eine beträchtliche Zumutung. Mohammed bezeichnet diese religiöse Übung als »leicht« (Sure 2 181), was sie im Vergleich zu den Anforderungen der Askese in seiner Zeit vielleicht auch war. Möglicherweise hat Mohammed nicht vorausgesehen, daß die Umstellung vom jüdischen Sonnenkalender mit Schaltjahren auf das muslimische Mondjahr dazu führen würde, daß sich die Monate im Laufe der Zeit innerhalb der Jahreszeiten verschieben würden. Aber muslimische Lexikographen behaupten, daß die Fasten begründet wurden, als der Ramadan im Sommer lag.

Fromme Muslime ziehen sich in diesem Monat für eine gewisse Zeit in die Moschee zurück, vermeiden jegliche weltliche Konversation und beschäftigen sich mit der Lektüre des Korans. Von Mohammed wird gesagt, er habe gewöhnlich die letzten zehn Tage des Monats in der Moschee verbracht.

Folgende Aussagen Mohammeds die Fasten des Ramadans betreffend finden sich in den Traditionen (Mischkat):

»Der Unterschied zwischen unserem Fasten und dem der

Schriftleute (das heißt Juden und Christen) besteht darin, daß wir nur vor der ersten Morgenröte essen (und nicht danach).«
»Fastet nicht, bis ihr den neuen Mond seht, wenn der Mond durch Wolken verdeckt ist, zählt die Tage. – Ein Monat ist neunundzwanzig Tage, so lange fastet nicht, bis ihr den neuen Mond seht. Wenn er durch Wolken verdeckt ist, macht die dreißig Tage voll.«
»Derjenige, der im Monat Ramadan fastet, weil er an Gott glaubt und ihm gehorchen will, wird Vergebung für seine Sünden erlangen, wer die Nachtgebete des Ramadan spricht, wird Vergebung für seine Sünden erlangen, und wer das Gebet in der →*Lailatu'l-Qadr* spricht, wird Vergebung für seine Sünden erlangen.«
»Wenn jemand die Fasten des Ramadan einhält, aber das Lügen nicht lassen kann, dann kümmert Gott nicht, daß er nichts ißt und trinkt.«
»Es gibt viele, die das Fasten einhalten, die dadurch nichts erwerben als Durst, und es gibt viele, die die Nachtgebete verrichten, die dadurch nichts erwerben als Müdigkeit.«

Ramyu'l-Dschimar
Das Bewerfen der Säulen von Mina mit Steinen. Ein religiöser Brauch während der →*Hadsch*, der Pilgerschaft nach Mekka.

Raqaba
Plural *Riqab*, wörtlich »Nakken«. Ein Begriff, der im Koran für einen gefangengenommenen Sklaven benutzt wird, Sure 4 94: »Wer einen Gläubigen irrtümlich tötet, der soll einen gläubigen Nacken freilassen.«

ar-Raqib
Bedeutet »der Beobachtende« und ist einer der 99 Beinamen oder eines der 99 Attribute Gottes.

ar-Raschid
Bedeutet »der Leitende« und ist einer der 99 Beinamen oder eines der 99 Attribute Gottes.

Rasieren
Das Rasieren des Bartes ist nach den Traditionen verboten, denn →*Ibn 'Umar* überliefert, daß der Prophet gesagt habe: » ›Tut immer das Gegenteil von dem, was die Götzenanbeter tun. Laßt eure Bärte lang wachsen, und stutzt eure Schnurrbärte.‹ Das Scheren des Haupthaares ist erlaubt, wenn der ganze Kopf geschoren wird und nicht nur ein Teil desselben, denn der Prophet hat gesagt: ›Schneidet alle Haare ab,

oder laßt das Haupthaar unberührt!‹ «

ar-Rasul

Plural *Rusul*, »Prophet«. Ein Titel, der speziell Mohammed verliehen wird, aber auch alle anderen Propheten bezeichnet, die inspirierte Bücher empfangen haben. →*Prophet*

Ratl

Auch *Ritl.* Etwas, das wiegt oder gewogen wird. Jemand, der keusch ist.
1. Ein Gewicht und ein Hohlmaß.
2. Ein Junge, der noch nicht die Pubertät erreicht hat.
3. Ein alter Mann.

ar-Rauda

Wörtlich »Garten«. Der Garten in →*Medina,* in dem sich Mohammeds Grab befindet. Der Name wird von manchen Autoren auch auf das Grab selbst bezogen.

ar-Ra'uf

Bedeutet »der Sanftmütige« und ist einer der 99 Beinamen oder eines der 99 Attribute Gottes. Erscheint häufig im Koran.

Rawa

Ein persisches Wort für das, was gesetzlich ist.

ar-Razzaq

Bedeutet »der Versorger« und ist einer der 99 Beinamen oder eines der 99 Attribute Gottes.

Rebell

Arabisch *Baghi*, Plural *Bughat.* Ein Rechtsbegriff, der eine Person oder eine Gruppe von Personen bezeichnet, die dem rechtmäßigen →*Imam* den Gehorsam verweigert. Im Falle von Rebellion muß der Imam zunächst die Abtrünnigen auffordern, sich zu besinnen und zum Recht zurückzukehren, ist dies vergeblich, muß er Waffengewalt einsetzen.

Regen

Arabisch *Matar*. Im Koran als eine der besonderen Gnaden Gottes erwähnt. Sure 7 55: »Er ist es, der die Winde sendet als die Verkünder seiner Barmherzigkeit, bis sie die schwere Wolke tragen, die wir auf das rote Land treiben und durch die wir das Wasser entsenden, wodurch wir allerlei Früchte hervorbringen.«
Gebete um Regen heißen *Salatu'l-Istisqa'* und bestehen aus zwei →*Rak'as.*
Anas berichtet, daß der Prophet einmal zusammen mit seinen Gefährten vom Regen überrascht wurde und daß der Prophet daraufhin sein Ge-

wand ablegte, bis er naß war. Auf die Frage, warum er dies getan habe, antwortete er: »Dies ist frischer Regen von unserem Herrn.«

Regenbogen

Arabisch *Qausu Quzah*, wörtlich »der Bogen mit den vielen Farben«. Der Regenbogen wird im Koran nicht erwähnt, jedoch in den Traditionen. So soll Mohammed seinem Volk verboten haben, ihn *Qausu Quzah* zu nennen, weil *Quzah* einer der Namen Satans sei (da dieser viele verschiedene Erscheinungsformen annehmen kann, um die Menschen in Versuchung zu führen). Sie sollten ihn stattdessen *Qausu'llah* nennen (»Bogen Gottes«), weil Gott versprochen habe, die Menschheit vor einer weiteren →*Sintflut* zu bewahren.

Reichtum

Arabisch *Daula*, *Mal*, *Kathratu'l-Mal* (»großer Wohlstand«). Mohammed soll gesagt haben: »Wenn jemand die Reichtümer der Welt auf gesetzliche Weise erstrebt, um nicht betteln gehen zu müssen, um seine Familie zu versorgen oder um seinen →*Nachbarn* Gutes erweisen zu können, dann wird er am letzten Tage vor Gott erscheinen mit einem Gesicht, das so strahlend ist wie der Vollmond. Wer aber die Reichtümer der Welt erstrebt, um damit zu prunken, wird vor Gott in seinem Zorn erscheinen.«

Im Koran heißt es in Sure 18 44: »Vermögen und Kinder sind ein Schmuck des Lebens hienieden, das Bleibende aber, die guten Werke, besser gilt es bei deinem Herrn zur Belohnung, besser zur Hoffnung.«

Sure 8 28: »Und wisset, daß euer Besitz und eure Kinder nur eine Versuchung sind, und daß bei Gott herrlicher Lohn ist.«

In Sure 3 12-13 werden die Besitztümer dieser Welt und die der zukünftigen folgendermaßen gegenübergestellt: »Den Menschen ist ein Trieb zu eigen nach Frauen und Kindern, Anhäufung von Schätzen an Gold und Silber, ausgezeichneten Pferden, Viehherden und Ackerfeldern. Dies aber ist nur Nießbrauch gut für das Leben hienieden, bei Gott aber ist die schöne Rückkehr. Sprich: ›Kann ich euch denn Besseres verkünden als dies: Denen, die gottesfürchtig sind, sind bei ihrem Herrn Gärten bereitet, darunterhin Ströme fließen, worin sie ewig weilen; auch unbefleckte Frauen und das Wohlgefallen Gottes. Und Gott ist schauend auf seine Diener.‹ «

Reine und unreine Tiere

Im muslimischen Recht werden Tiere hinsichtlich ihres Verzehrs in vier Klassen eingeteilt: erstens gehören zu den Tieren, deren Genuß dem Menschen absolut verboten ist (»haram«, gesetzwidrig), vierfüßige Raubtiere und Raubvögel, sowie alle Wassertiere mit Ausnahme der Fische. Merkwürdigerweise werden Elefanten auch zu den Raubtieren gezählt, und ebenso ist der Genuß von Esel- oder Maultierfleisch rechtswidrig! Zur Klasse der »abscheulichen« Tiere gehören etwa Pelikane oder Gabelweihen, weil sie sich von Aas ernähren. In die gleiche Klasse gehören Krokodile, Ottern und Insekten, mit Ausnahme der Heuschrecke. Die dritte Klasse umfaßt Tiere, deren Genuß weder empfohlen noch untersagt (»mubah«) ist, doch gibt es auch hier wieder verschiedene Anschauungen, so ist der Verzehr einer Elster für Abu Hanifa »mubah«, wohingegen der Imam Yusuf ihr Fleisch für »makruh«, abscheulich, hält. Zur Edelklasse der vom Gesetz sanktionierten Tiere (»halal«) gehört der Rest der Tierwelt, außer dem Schwein.

In der wichtigen zweiten Sure steht Näheres dazu (Vers 173-174): »O Gläubige! Genießt von dem Guten, das wir euch zur Nahrung gaben, und dankt Gott dafür, wenn ihr ihn verehrt. Euch ist nur verboten: das, was verendet ist, und Blut und Schweinefleisch und was nicht im Namen Gottes geschlachtet oder Götzen geopfert ist. Wer aber gezwungen, unfreiwillig, ohne böse Absicht und nicht unmäßig davon genießt, der hat damit keine Sünde begangen; denn Gott verzeiht und ist barmherzig.«

Zum Ritual des Schlachtens gehört nach muslimischer Lehre die Anrufung Gottes (»*Bismi 'llah, Allahu akbar*«, »Im Namen Gottes, Gott ist groß«), während der Schlachtende dem Tier mit einem scharfen Messer den Hals durchschneidet.

Reinigung

Nach dem muslimischen →*Gesetz* gibt es folgende Arten der rituellen Reinigung:

1. *Ghusl*. Die Reinigung des ganzen Körpers zur Vorbereitung auf das →*Gebet* nach folgenden Vorkommnissen: nächtlicher Samenerguß, Menses, Koitus, Kindbett.

2. *Ghusl Masnun*. Diese Reinigung des ganzen Körpers beruht auf dem Vorbild des Propheten und nicht auf göttlichem Gebot und wird bei folgenden Gelegenheiten durchgeführt: vor dem Freitagsgebet,

an Festtagen, nach der Waschung von Toten und nach Blutungen.

3. *Wudu'*. Die gewöhnliche Waschung von Händen, Armen, Ohren, Gesicht, Mund usw. vor den täglichen Gebeten.

4. *Tayammum*. Die Benutzung von Sand oder Staub in Ermangelung von Wasser zur Reinigung.

5. *Istindscha'*. Die Reinigung der Geschlechtsteile.

6. *Miswak*. Die Reinigung der Zähne.

7. *Masch*. Das Berühren der Schuhe, wodurch diese symbolisch für das Gebet gereinigt werden.

8. *Tathir*. Die Reinigung von Kleidungsstücken, Gefäßen usw., was gewöhnlich durch Besprühen mit Wasser geschieht. →*Waschungen*

Religion

Die Religion der Anhänger Mohammeds heißt →*Islam* und das Gesetz Gottes Schari'a (→*Gesetz*). Es gibt drei Wörter, die muslimische Autoren für den Begriff Religion benutzen: *Din*, *Milla* und *Madhhab*.

Din bezeichnet die Religion in ihrer Beziehung zu Gott, zum Beispiel *Dinu'llah*, »die Religion Gottes«.

Milla ist die Religion in Beziehung zum Propheten oder zu dem Gesetzgeber, zum Beispiel *Millatu Ibrahim*, »die Religion Abrahams«, oder *Millatu'r-Rasul*, »die Religion des Propheten«.

Madhhab bezeichnet die Religion in Beziehung zu den *Mudschtahidun*, zum Beispiel *Madhhabu Abi Hanifa*.

Der Begriff *Din* ist jedoch allgemein anwendbar, während die beiden anderen in ihrer Anwendung eingeschränkt sind.

Religiöse Pflichten

Nach dem muslimischen →*Gesetz* ist es streng genommen nicht erlaubt, irgendeine Bezahlung für die Ausführung von religiösen Pflichten anzunehmen. Aber diese Vorschrift wird heutzutage fast vollständig außer acht gelassen, und für fast jede religiöse Handlung, die ein Imam vollzieht, werden Gebühren erhoben. Die Lehren der →*Hidaya* zu diesem Gegenstand sind die folgenden:

»Es ist nicht gesetzlich, Bezahlung anzunehmen dafür, die Leute zum Gebet zu rufen, die Pilgerreise durchzuführen, die Pflichten eines Imams zu erfüllen und den Koran oder das Gesetz zu lehren; denn es ist eine allgemeine Regel, daß es keine Bezahlung für Erfüllung einer rein religiösen Pflicht geben darf. Nach Asch-Schafi'i ist es jedoch erlaubt, Bezahlung anzunehmen für die Ausführung einer der beschriebenen religiösen Handlungen, wenn diese nicht zu den Pflichten des Ausführenden gehören und ihm nicht quasi als Amt aufgetragen sind und er sie einfach als Dienstleistung vollbringt.«

RIBA →*Wucher*

RICHTER
Arabisch *Qadi*. Der Richter oder Kadi wird vom Herrscher eines muslimischen Landes eingesetzt und sollte volljährig, gesund und unbescholten sein. Es geziemt sich für einen Muslim nicht, dieses Amt anzustreben, denn der Prophet soll gesagt haben: »Wer immer sich bemüht, zum Kadi ernannt zu werden, der soll übergangen werden, aber den, der das Amt nur widerwillig annimmt, der wird von einem Engel geleitet werden.«
Der Kadi sollte sein Amt an einem öffentlich zugänglichen Ort ausüben, möglichst in der Hauptmoschee; wenn er es in seinem eigenen Haus ausübt, muß er sicherstellen, daß die Öffentlichkeit Zutritt hat. Er darf keine Geschenke annehmen außer von Verwandten und alten Freunden, und er soll auch keine Feste oder Gastmähler bei Fremden besuchen. Zusätzlich zu seinen richterlichen und Verwaltungsaufgaben ist es noch seine Pflicht, Ehen zu schließen und Begräbnisse zu begleiten.
Eine Frau ist berechtigt, das Amt des Kadis auszuüben, außer wenn es um Strafen und Vergeltung (→*Qisas*) geht.

RIDA'
Ein Rechtsbegriff, der den Zeitraum bezeichnet, in dem ein Kleinkind gestillt wird; die Stillzeit.

RIDWAN
Der Name des Gärtners des Paradieses.

RIH →*Wind*

RIHANA
Eine der Konkubinen Mohammeds. Eine Jüdin, deren Mann bei dem Massaker an den Banu Quraiza ermordet worden war. Sie weigerte sich, den muslimischen Glauben anzunehmen, doch wird gesagt, daß sie vor ihrem Tode noch konvertierte.

RITEN
Arabisch *Mansak*, *Mansik*, Plural *Manasik*. Die Riten und Zeremonien, die der religiösen Verehrung dienen. Sure 22 35: »Jedem Volk gaben wir Riten,

daß sie des Namens Gottes gedenken ob dem, was er ihnen an Vieh zur Versorgung gegeben. Euer Gott ist ein einziger Gott, ihm seid ergeben.«
Das Wort *Mansik* bezeichnet meist die Stätte eines Opfers, während *Mansak* für religiöse Bräuche verwendet wird. Der Plural *Manasik* aber bezeichnet beides und kann als »Riten« übersetzt werden.
Die grundlegenden Riten der Muslime sind die Pilgerreise nach Mekka (→*Hadsch*) mit den Zeremonien im Heiligtum, die täglichen →*Gebete*, die Hochzeits- und Begräbniszeremonien und bei den Schiiten die Muharram-Festlichkeiten.

RITL →*Ratl*

RIWAYA
Die Worte eines anderen überliefern. Ein Wort, das sowohl für eine gewöhnliche Erzählung als auch für eine autorisierte Tradition steht.

RIYA'
»Heuchelei, Verstellung«. Wird im Koran verurteilt.
Sure 2 266: »O ihr, die ihr glaubt, entwertet eure Almosengaben nicht durch Vorhaltungen und Vorwürfe, gleich demjenigen, der Almosen gibt, wenn Menschen es sehen, aber nicht an Gott glaubt und an den Jüngsten Tag. Er gleicht einem mit Sand bedeckten Kieselstein; wenn er auch von einem Gußregen befallen wird, er bleibt doch hart. Sie vermögen über nichts, wovon sie gewinnen konnten. Und Gott rechtleitet nicht das Volk der Ungläubigen.«

RÖMER
Arabisch *Ar-Rum*. Gemeint ist das byzantinische bzw. oströmische Reich. Die 30. Sure des Korans, die den Namen *Suratu'r-Rum*, »Sure der Römer«, trägt, gibt einen Hinweis auf die Niederlage der byzantinischen Macht gegen die Perser, der mit einer Prophezeiung zukünftiger Erfolge verbunden sein soll. Der Anfang der Sure lautet: »ALM. Besiegt sind die Römer. Im nächsten Land, aber nach ihrer Besiegung werden sie siegen. In einigen Jahren. Gottes ist die Bestimmung vorher und nachher. Dann freuen sich die Gläubigen der Hilfe Gottes. Er hilft, wem er will, und er ist der Allmächtige, der Allbarmherzige. Die Verheißung Gottes, und Gott läßt seine Verheißung nicht unerfüllt. Doch die meisten Menschen verstehen es nicht.«
Diese Prophezeiung, die unter den Mohammedanern sehr

berühmt ist, gilt vielen Gelehrten als schlagender Beweis, daß der Koran tatsächlich von Gott inspiriert ist.
Im Jahre 615 n. Chr., etwa am Anfang des sechsten Jahres vor der Hidschra, machten sich die Perser, nachdem sie im Jahr zuvor Syrien erobert hatten, zu den Herren von Palästina und nahmen Jerusalem ein, was jener Sieg über die Römer gewesen sein mag, der in dieser Koranstelle angesprochen wird. Es bestand zu dieser Zeit keine Wahrscheinlichkeit, daß die Römer in der Lage sein könnten, ihre Verluste wieder wettzumachen, zumal die Perser in den folgenden Jahren weitere Gebietsgewinne zu verbuchen hatten und schließlich sogar Konstantinopel selbst belagerten. Aber im Jahre 626 n. Chr., dem Jahr, in dem das vierte Jahr nach der Hidschra begann, etwa zehn Jahre nach der Einnahme Jerusalems, gelang den Griechen unter Kaiser Heraklius, als niemand es erwartete, ein bemerkenswerter Sieg über die Perser, durch den diese nicht nur zur Aufgabe ihrer eroberten Gebiete, sondern auch zum totalen Rückzug gezwungen wurden.

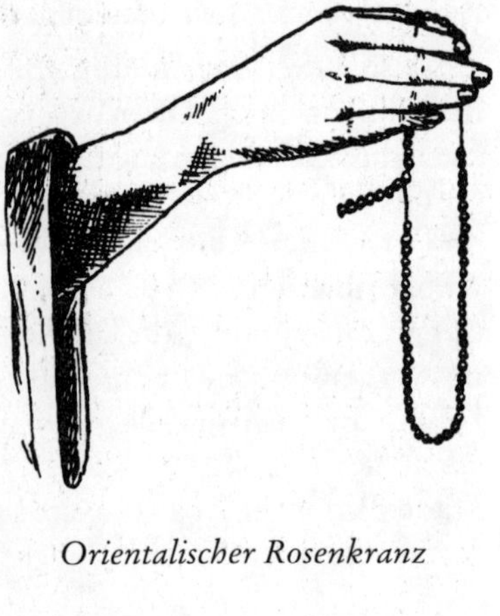

Orientalischer Rosenkranz

Rosenkranz

Arabisch *Subha.* Der muslimische Rosenkranz besteht aus hundert Perlen und dient dazu, die 99 Namen oder Attribute Gottes und zusätzlich den »essentiellen Namen Gottes«, *Allah*, aufzuzählen oder hundertmal den *Tasbih* (»O heiliger Gott«), den *Tahmid* (»Gepriesen sei Gott«), den *Takbir* (»Gott ist groß«) oder irgendein anderes Gebet zu wiederholen.
Die Einführung des Rosenkranzes in das Christentum schreibt Papst Pius V. in einer Bulle (1596 n. Chr.) Dominikus, dem Gründer des Dominikanerordens zu (1221 n. Chr.). Es ist wahrscheinlich, daß die Muslime den Rosenkranz von den Buddhisten übernommen haben, und daß die christlichen Kreuzritter ihn dann mit ins Abendland gebracht haben.
Abu Haqq, der Kommentator,

schreibt, daß die Muslime der frühen Zeit die Namen Gottes mit Hilfe von kleinen Steinen oder der Finger aufgezählt haben, woraus die →*Wahhabiten* schließen, daß Mohammed keinen Rosenkranz benutzt hat.

Rotes Meer
Arabisch *Bahru'l-Ahmar*. Im Koran als *Al-Bahr*, »das Meer«, erwähnt.
Sure 1 47: »Dann spalteten wir für euch das Meer und retteten euch; die Leute Pharaos aber ließen wir ertrinken, und ihr habt es gesehen.«
Sure 10 90: »Und wir ließen die Kinder Israels das Meer überschreiten, und Pharao und seine Streiter folgten ihnen streitsüchtig und feindlich, bis sie ertranken.«
In muslimischen Werken wird das Rote Meer als *Bahru'l-Qulzum* bezeichnet, wobei die Stadt Qulzum das heutige Elat gewesen sein soll.

Rozah
Persische Bezeichnung für »Fasten«.

Rub'
Ein im islamischen Recht gebräuchlicher Ausdruck für das Viertel des Erbanteils der Frau, wenn ihr Mann ohne (direkte) Nachkommen stirbt.

Ruben
Jakobs erstgeborener Sohn. Auf ihn weist Sure 12, Vers 10, des Korans hin: »Da sprach ein Sprecher unter ihnen: ›Tötet den Joseph nicht; werfet ihn in die Tiefe des Brunnens, und aufnehmen wird ihn einer der Reisenden, wenn ihr es tun wollt.‹ « Al-Baidawi sagt, daß Josephs ältester Bruder entweder *Jahusa* oder *Rubil* hieß.

Ruh →*Seele*

Ruhu'llah
»Der Geist Gottes«. Nach dem Koran ein spezieller Ehrentitel Jesu.
Sure 4 169: »Wahrlich, der Messias, Jesus, der Sohn Marias, ist der Gesandte Gottes und sein Wort, das er getan in Maria, und ein Geist von ihm.«

Ruinen
Der Besitzer einer baufälligen Wand in irgendeinem seiner Häuser ist verantwortlich für die Folgen eines Unfalles, der durch den Einsturz dieser Wand entstehen mag, wenn man ihm schon vorher geraten hat, sie einzureißen. Wenn aber etwas von einer schadhaften Mauer herunterfällt, ist der Eigentümer nur verantwortlich, wenn auch der heruntergefallene Gegenstand ihm gehört.

RUKH
Der Name eines sagenhaften riesigen Vogels, der so stark sein soll, daß er einen Elefanten davontragen kann.

RUKU‘
Eine Gebetshaltung während des täglichen →*Gebets.* Eine Verbeugung des Oberkörpers, wobei die Hände auf den Knien ruhen.

AR-RUM
Die arabische Form des lateinischen *Roma* oder *Romanus.* Das antike byzantinische oder oströmische Reich. *Suratu'r-Rum*, »Sure von den Römern«, ist der Titel der 30. Sure des Korans, die mit den Worten beginnt: »Besiegt sind die Römer. Im nächsten Land, aber nach ihrer Besiegung werden sie siegen.« →*Römer*

RUQAIYA
Eine Tochter Mohammeds von seiner Ehefrau →*Khadidscha.* Sie heiratete ‘Utbah, den Sohn des Abu Lahab, und nach der Scheidung von ihm wurde sie die Frau des ‘Uthman, des dritten Kalifen.

RUQBA
Wörtlich »warten«. Eine Schenkung, die unter der Bedingung gemacht wird, daß, wenn der Geber vor dem Empfänger stirbt, die Schenkung im Besitz des Empfängers und seiner Erben bleibt, daß aber, wenn der Empfänger vor dem Geber stirbt, die Sache wieder in den Besitz des Gebers übergeht. Eine solche Schenkung ist nach dem muslimischen →*Gesetz* verboten, weil dadurch beide Seiten in die Versuchung geführt werden, den Tod des anderen zu wünschen.

RUQYA
»Zaubern«. Die Benutzung von magischen Sprüchen.

RUYA’
»Traum, Vision«. Ein Wort, das im Koran für die Visionen Mohammeds benutzt wird.

S

SA‘

Ein Hohlmaß, daß dazu dient, Korn zu messen. Es wird im Koran in Sure 12 72 erwähnt im Zusammenhang mit dem Trinkgefäß, das →*Joseph* im Gepäck seiner Brüder versteckte. Es entspricht dem Vierfachen der Menge von Korn, die beide Hände eines Mannes mittlerer Größe füllen.

SABA’

1. Ein Stamm im Jemen, dessen Siedlungsgebiet Ma’rib genannt wird und der in der 34. Sure des Korans erwähnt wird (*Suratu Saba’*, »Sure von Saba«, ist auch der Titel dieser Sure).
Vers 14: »Auch Saba’ hatte in seinen Wohnstätten ein Zeichen, zwei Gärten, zur Rechten und zur Linken: Esset von der Versorgung eures Herrn und danket ihm. Ein gutes Land und ein gnadenreicher Herr. Aber sie wandten sich ab; da sandten wir über sie einen Sturz der Flut und verwandelten ihre beiden Gärten in zwei Gärten mit bitterer Frucht, Tamarisken und Lotus ein wenig. So vergalten wir es ihnen, dieweil sie ungläubig waren.«
Dieses Ereignis hat wahrscheinlich im zweiten nachchristlichen Jahrhundert stattgefunden.
2. Der Name einer Provinz, auf die in Sure 27 21 verwiesen wird und die mit dem Saba’ des Alten Testaments identisch zu sein scheint:
»Dieser (der →*Wiedehopf*) aber zögerte nicht lange und sprach: ›Ich habe etwas erkundet, was du nicht erkundet; ich komme zu dir aus Saba’ mit sicherer Kunde. Siehe, ich fand da ein Weib über sie herrschen, sie ist mit allen Dingen versehen und hat einen herrlichen Thron. Ich fand sie und ihr Volk die Sonne anbeten außer Gott. Satan ließ

ihnen ihre Werke wohlgefällig sein und verdrängte sie vom Pfad; sie sind nicht rechtgeleitet. Daß sie nicht Gott anbeten, der das Verborgene in den Himmeln hervorbringt und auf Erden, und der weiß, was ihr verberget und was ihr kundtut. Gott, es gibt keinen Gott außer ihm, ist der Herr des herrlichen Throns.‹ «

Sabäer

Arabisch *Sabi'*, Plural *Sabi'un*. Einige arabische Autoren glauben, daß die *Sabi'un* eine Sekte von Ungläubigen gewesen seien, die sich öffentlich als Christen ausgaben, aber insgeheim die Sterne anbeteten. Nach anderen gehörten sie zur Religion des Sabi', des Sohnes Seths, des Sohnes Adams. Wieder andere sagen, daß ihre Religion dem Christentum geähnelt habe, daß ihre Gebetsrichtung aber nach Süden ausgerichtet war. Der *Qamus* sagt, daß sie der Religion Noahs anhingen. Al-Baidawi sagt, daß einige sie für Verehrer der Engel hielten, andere für Sternenanbeter.

Das Wort *Sabi'* bezeichnet auch jemanden, der sich von einer Religion ab- und einer anderen zuwendet, und die Araber pflegten Mohammed *As Sabi'* zu nennen, weil er sich von der Religion der →*Koreischiten* abgewandt und dem →*Islam* zugewandt hatte.

Im Koran werden sie dreimal erwähnt, zum Beispiel Sure 22 17: »Wahrlich, die gläubig sind und die Juden, Sabäer, Christen, Magier oder Götzendiener sind, entscheiden wird Gott zwischen ihnen am Tag der Auferstehung.«

Saba'u'l-Mathani

Wörtlich »die sieben Wiederholungen«. Eine Bezeichnung, die Mohammed selbst der ersten Sure des Korans gegeben hat. Es werden von den Kommentatoren drei mögliche Gründe für diesen Namen angegeben:

1. Die Sure hat sieben Verse, die zweimal offenbart worden sein sollen.
2. Die Sure enthält sieben Wörter, die zweimal auftreten.
3. Die sieben Verse werden während des Gebetes gewöhnlich zweimal gesprochen.

Sabbat

Das Wort im Koran für den jüdischen Sabbat ist *Sabt*, eine korrupte Form des hebräischen *Schabbath*. Das Wort erscheint fünfmal im Koran.

Sure 2 61: »Sicherlich wißt ihr von denjenigen unter euch, die den Sabbat entweihten, wie wir zu ihnen sprachen: ›Werdet ausgestoßene Affen.‹ «

Sure 4 50: »…bevor wir euch verfluchen, wie wir die Sabbatschänder verflucht.«
Sure 4 153: »Und wir sprachen zu ihnen: Schändet nicht den Sabbat.«
Sure 7 163: »Frage sie nach der Stadt, (deren Bewohner) den Sabbat übertraten, als ihnen an ihrem Sabbat Fische angeschwommen kamen, während sie an einem Tag, an dem sie nicht Sabbat hielten, nicht kamen. So prüften wir sie, weil sie gottlos waren.«
Sure 16 125: »Der Sabbat ward für die nur eingesetzt, die darüber stritten.«
Zur Erklärung dieser Verse überliefert der Kommentator Al-Baidawi folgende Tradition: Moses befahl seinem Volk, den Freitag als Ruhetag einzuhalten. Aber die Juden wollten nicht gehorchen und erklärten, sie wollten den Samstag zum Sabbat machen, denn Gott habe an diesem Tag nach der Vollendung der Schöpfung geruht, und so kam es dazu, daß der Sabbat für die eingesetzt ward, die darüber stritten. Und in der Zeit des Königs David hätten in der Nähe von Elath Juden den Sabbat dadurch gebrochen, daß sie im Roten Meer fischten, und sie seien zur Strafe dafür in Affen verwandelt worden. →*Freitag*

SABI' →*Sabäer*

SABILU'LLAH

»Die Straße, der Pfad Gottes«. Ein Ausdruck, der im Koran und in den Traditionen jede gute und gottgefällige Tat bezeichnet, speziell aber die Teilnahme an einem Heiligen Krieg.
Sure 2 149: »Und saget nicht von denen, die für den Pfad Gottes den Tod erlitten, sie seien tot, nein, sie sind lebend, aber ihr versteht es nicht.« →*Dschihad*

SABT →*Sabbat*

AS-SABUR

Bedeutet »der Geduldige« und ist einer der 99 Beinamen oder eines der 99 Attribute Gottes.

SAD

1. Der vierzehnte Buchstabe des arabischen Alphabets.
2. *Suratu's-Sad*, »Sure Sad«, ist der Titel der 38. Sure des Korans, die mit diesem Buchstaben beginnt.

SA'D IBN ABI WAQQAS

Auch Sa'd ibn Malik ibn Wahb az-Zuhri genannt. Er war die siebte Person, die sich zum Islam bekehrte und begleitete Mohammed in allen seinen Schlachten. Er starb im Alter von 79 Jahren und wurde in Medina begraben.

SA'D IBN MU'ADH
Der Anführer der Banu Aus. Er konvertierte zum Islam und starb 627 n. Chr.

SA'D IBN 'UBADA
Einer der Gefährten Mohammeds; er trug bei der Einnahme Mekkas die Fahne des Propheten.

SADSCHADA
Ein kleiner Teppich, eine Matte, oder ein Stück Tuch, auf dem der Muslim seine Gebete verrichtet.

SADSCHDA
Wörtlich »Verehrung«.
1. Der Akt der Anbetung, bei dem der Beter mit der Stirn den Boden berührt.
2. *Suratu's-Sadschda*, »Sure von der Anbetung«, ist der Titel der 32. Sure des Korans, wo es im 15. Vers heißt: »Die nur glauben an unsere Verse, die anbetend niederfallen, wenn sie dessen ermahnt werden, und das Lob ihres Herrn preisen und nicht hochmütig sind.«

SADUM →*Sodom*

SAFAR
Wörtlich »der leere Monat«, der zweite Monat des Jahres, bezieht seinen Namen möglicherweise von der Wortwurzel *safir*, »leer«, entweder weil die Araber in diesem Monat in den Krieg zogen und ihre Wohnungen leer zurückließen oder weil die, die sie angriffen, von ihnen »leer« zurückgelassen wurden. Andere Autoren glauben jedoch, daß das Wort auf *sufar* zurückgeht, was »gelb« bedeutet, weil es zu der Zeit, als der Monat seinen Namen erhielt, Herbst gewesen sei, und die Blätter der Bäume eine gelbe Färbung hatten. Er gilt als der am wenigsten glückverheißende Monat des Jahres, denn in ihm sei Adam aus dem Paradies vertrieben worden. Es war auch in diesem Monat, daß Mohammed krank wurde, an dessen letztem Mittwoch erholte er sich allerdings wieder vorübergehend.

SAFF
Eine gerade Linie oder Reihe von Dingen.
1. Ein Begriff, der für eine Reihe von Betenden benutzt wird.
2. *Suratu's-Saff*, »Sure von der Schlachtlinie«, ist der Titel der 61. Sure des Korans, wo das Wort im 6. Vers im Sinne einer ungebrochenen Schlachtlinie benutzt wird.

AS-SAFFAT
Suratu's-Saffat, »Sure von den Reihenbildenden«, ist der Titel

der 37. Sure des Korans, wo das Wort im ersten Vers auf Engel bezogen wird, die nach Rängen geordnet sind.

SAFIYA

Eine der Frauen Mohammeds. Sie war die Witwe des →*Kinana (2.)*, des Anführers des jüdischen Stammes der →*Khaibar*, der von den Muslimen getötet worden war. Später wollte sich Mohammed von ihr scheiden, aber sie soll gebeten haben, seine Frau bleiben zu dürfen. Sie soll zugunsten ʻA'ischas auf den ihr zustehenden Zeitanteil verzichtet haben, weil sie eine der himmlischen »reinen Frauen« werden wollte.

SAFIYU'LLAH

Wörtlich »der Erwählte Gottes«. Ein Ehrenname Adams, der dem Vater der Menschheit in den Traditionen gegeben wird.

SAFURA'

Die Zippora der Bibel, die Frau des →*Moses*. Nach den muslimischen Traditionen war sie die Tochter des Schuʻaib.

SAHABI

Femininum *Sahabiya*. »Gefährte«. Ein Anhänger oder Gefährte Mohammeds. Die Zahl der Personen, die diese Bezeichnung tragen, wird für den Zeitpunkt des Todes des Propheten mit 144000 angegeben. Nach allgemeiner Auffassung ist jeder, der zum Islam übertrat, den Propheten kennenlernte und ihn, zumindest für kurze Zeit, begleitete, ein Sahabi, ein Gefährte des Propheten.

SAHIBU'Z-ZAMAN

»Herr der Zeiten«. Ein Titel, den die Schiiten dem Imam →*Mahdi* verliehen haben.

SAHIFA

Plural *Suhuf*. Wörtlich »kleines Buch«. Eine Bezeichnung für die hundert Teile der Schrift, die Adam, Seth, Enoch und Abraham offenbart wurden, obwohl sie sich im Koran nur auf die Bücher Abrahams und Moses beziehen. Sure 87 18-19: »Wahrlich, dies steht in den alten Schriften. In den Schriften Abrahams und Moses.«

SAHIFATU'L-AʻMAL

Das »Buch der Handlungen«. Das Buch, das zwei Engel (→*Kiramun Katibun*) über jeden Menschen anlegen, indem sie jeden Menschen begleiten und seine Taten aufzeichnen, einer zur Rechten, der die guten Taten festhält, und einer zur Linken, der die Sünden notiert, und das bis zum Tag des Ge-

richts aufbewahrt wird, wenn es geöffnet wird.
Sure 17 14-15: »Jedem Menschen haben wir sein Geschick an den Nacken geheftet, und am Tag der Auferstehung legen wir ihm ein Buch vor, das er aufgeschlagen findet; lies dein Buch; heute genügt deine eigene Seele als Rechnerin.« →*Auferstehung*

SAHIHU'L-BUKHARI
Der Titel des ersten der →*Sihahu's-Sitta*, der »sechs korrekten« Bücher der sunnitischen Traditionen. Es wurde kompiliert von Abu 'Abdu'llah Muhammad ibn Isma'il ibn Ibrahim ibn al-Mughira al-Dschu'fi al-Bukhari, der im Jahre 810 n. Chr. in Buchara geboren wurde und 870 n. Chr. im Dorfe Khartang bei Samarkand in Mittelasien starb. Diese Sammlung enthält 9882 Traditionen, von denen 2623 als unstreitig echt gelten. Sie ist eingeteilt in 160 Bücher und 3450 Kapitel.

SAHIHU MUSLIM
Der Titel des zweiten der *Sihahu's-Sitta*, der »sechs korrekten« Bücher der sunnitischen Traditionen. Es wurde kompiliert von Abu'l-Husain Muslim ibn al-Hadschadsch al-Quschairi, der 819 n. Chr. in Naischapur geboren wurde und 874 n. Chr. starb. Diese Sammlung enthält 7275 Traditionen, von denen 4000 als unstreitig echt gelten. Die Bücher und Kapitel wurden nicht mehr von ihm selbst geordnet, sondern von seinen Schülern.

SAHUR
Die Mahlzeit, die im Fastenmonat →*Ramadan* vor Tagesanbruch eingenommen wird.

SA'ID IBN ZAID
Einer der Gefährten Mohammeds, der in seiner Jugend zum Islam konvertierte. Er war an allen Unternehmen des Propheten beteiligt außer an der Schlacht von Badr. Er wird zu den →*'Ascharatu'l-Mubaschara*, den zehn Patriarchen des muslimischen Glaubens, gezählt.

SAIHUN
Der Fluß Jaxartes (Syr Darya). Soll einer der Flüsse des Gartens →*Eden* sein.

SA'IR
»Flammendes Feuer«. Ein spezieller Ort der Qualen in der →*Hölle*, der den →*Sabäern* vorbehalten sein soll.

SAIYIDEN
Bezeichnung für die Nachkommenschaft →*Fatimas*, der Tochter Mohammeds, und des

→*'Ali (2.)*, die noch einmal in zwei Zweige geteilt ist, nämlich in jeweils die Nachkommen Hasans und Husains, der beiden Söhne von 'Ali und Fatima.

SAKHR

Der Dschinn oder Teufel, der einst in den Besitz von Salomons magischem Ring gelangt sein soll. Danach habe er sich vierzig Tage lang für den König ausgegeben, dann sei er geflohen und habe den Ring ins Meer geworfen, wo er von einem Fisch verschluckt worden sei. Dieser Fisch sei dann gefangen worden und zu Salomon gelangt, wodurch er sein Königreich zurückgewonnen habe.

AS-SAKHRA

»Felsen«. Der heilige Felsen in Jerusalem, auf dem der Tempel

Der Felsendom in Jerusalem

errichtet war und auf dem heute der *Qubbatu's-Sakhra*, der »Felsendom« steht, der auch irrtümlicherweise 'Umar-Moschee genannt wird. Dieser Felsen soll dem Paradies entstammen und der Grundstein der gesamten Welt sein, allen Propheten soll er Gebetsstätte gewesen sein, und er ist nach der →*Ka'ba* für Muslime der heiligste Ort der Welt.

Der Felsendom wurde von dem Kalifen 'Abdu'l-Malik in den Jahren 688 bis 691 n. Chr. auf dem *Sakhra* errichtet. Im Jahre 831 n. Chr. restaurierte der Kalif Al-Ma'mun das Gebäude und errichtete eine äußere Umfassungsmauer. Im Jahre 1016 n. Chr. wurde der Bau durch ein Erdbeben teilweise zerstört und erneut restauriert. 1112 n. Chr. fiel Jerusalem in die Hände der Kreuzritter, und diese christianisierten das Gebäude und nannten es *Templum Domini*. Im Jahre 1187 n. Chr. eroberte Saladin die Stadt zurück und machte die von den Christen vorgenommenen Veränderungen wieder rückgängig.

Sakina

Das, was in der Bundeslade enthalten war, die im Koran in Sure 2 249 erwähnt wird: »Ihr Prophet sprach zu ihnen: ›Sehet, ein Zeichen seiner Herrschaft ist, daß zu euch kommen wird die Bundeslade (→*Tabut*), darin die Majestät eures Herrn ist und Reliquien (*Sakina*), die die Angehörigen Moses und die Angehörigen Aarons hinterlassen haben; Engel werden sie tragen. Siehe, hierin ist euch sicherlich ein Zeichen, wenn ihr Gläubige seid.‹ «

Der Kommentator Al-Baidawi sagt zu diesem Vers: »Die Bundeslade enthielt die Bücher des Moses (die →*Thora*), die aus Buchsbaumholz gefertigt und vergoldet waren und die drei Ellen in der Länge und zwei Ellen in der Breite maßen.« Andere Autoren jedoch meinen, daß sich in der Lade ein Idol befand, aus Smaragd oder Saphir gefertigt, mit dem Kopf und dem Schwanz einer Katze und mit zwei Flügeln. Wieder andere glauben, daß die Lade Bilder der Propheten von Adam bis Moses enthalten habe, und schließlich gibt es noch die Meinung, daß sich in ihr die Gesetzestafeln, der Stab des Moses und Aarons Turban befunden hätten.

Salam

1. Ein Vertrag, bei dem die Zahlung des Preises sofort zu erfolgen hat und die Lieferung der Ware später erfolgen kann.
2. »As-Salam« bedeutet »Der

Frieden, der Friedvolle« und ist einer der 99 Beinamen oder eines der 99 Attribute Gottes.
3. »As-Salam 'alaikum«, »Der Friede sei mit euch«, ist der übliche Gruß unter Muslimen.

AS-SALAT
Plural *Salawat*. Persisch *Namaz*, Plural *Namazha*. →*Gebet*

SALATU'L-DSCHINAZA
Die Gebete bei einer Beerdigung. →*Totengebete*

SALATU'L-DSCHUM'A
Wörtlich »Das Gebet der Versammlung«, das Freitagsgebet. Es besteht aus zwei →*Rak'as* im Anschluß an das tägliche Mittagsgebet.

SALATU'L-ISTIKHARA
Gebet um Erfolg oder Beistand. Jemand, der vor einem besonders schwierigen Problem steht, verrichtet zwei →*Rak'as* und legt sich dann schlafen. Im Schlaf erhofft er sich die Eingebung, die ihm zur Lösung seines Problems verhilft.

SALATU'L-ISTISQA'
Gebet zur Zeit einer Dürre, bestehend aus zwei →*Rak'as*.

SALATU'L-KHAUF
»Das Gebet der Angst«. Wird in Kriegszeiten verrichtet. Es besteht aus zwei →*Rak'as*, die nacheinander von den militärischen Einheiten verrichtet werden.

SALATU'L-KHUSUF
Gebet von zwei →*Rak'as* , die bei einer →*Mondfinsternis* gesprochen werden.

SALATU'L-KUSUF
Gebet von zwei →*Rak'as*, die bei einer Sonnenfinsternis gesprochen werden.

SALATU'L-MARID
»Gebet der Kranken«. Wenn ein Gläubiger zu krank ist, seine Gebete im Stehen zu verrichten, ist es ihm erlaubt, in liegender oder sitzender Stellung zu beten, vorausgesetzt, er hat die vorgeschriebenen →*Waschungen* vorgenommen. In diesem Falle ist vorgeschrieben, daß er die nötigen Verbeugungen usw. im Geiste ausführt.

SALATU'L-MUSAFIR
»Gebet für einen Reisenden«. Zwei →*Rak'as*, die anstelle der üblichen Zahl beim Mittags-, Abend- und Nachtgebet gesprochen werden.

SALATU'R-RAGHA'IB
»Gebet um erwünschte Dinge«. Zwei →*Rak'as*, die von jemandem gesprochen werden, der

sich eine weltliche Sache wünscht. Nach Auffassung der orthodoxen Muslime sind solche Gebete verboten.

Salatu's-Safar
»Reisegebet«. Eine verkürzte Form der vorgeschriebenen Gebete, die nur Reisenden erlaubt ist.

Salatu't-Tarawih
Gebet von zwanzig →*Rak'as*, die im Monat →*Ramadan* jeden Abend unmittelbar nach dem fünften Tagesgebet verrichtet werden.

Salib
Kruzifix, Kreuz.

Salih
Ein Prophet, der dem Koran zufolge zu den Stämmen →*'Ad* und Thamud geschickt wurde. Al Baidawi sagt, er sei der Sohn des 'Ubaid, Sohn des Asaf, Sohn des Masih, Sohn des 'Ubaid, Sohn des Hadhir, Sohn des Thamud gewesen.
Sure 7 71-77: »Und zu den Thamuditen ihr Bruder Salih, der sprach: ›O mein Volk, verehret Gott, ihr habt keinen Gott außer ihm. Nun ist euch ein deutlicher Beweis von eurem Herrn gekommen, diese Kamelin Gottes ist euch ein Zeichen. Lasset sie, daß sie auf der Erde Gottes fresse, und berührt sie nicht in Bösem, qualvolle Strafe würde euch erfassen. Bedenket, daß er euch zu Nachfolgern gemacht nach den 'Aditen und euch eine Stätte auf Erden gegeben. Von den Ebenen nehmet ihr Burgen und in den Bergen höhlet ihr Wohnungen. Gedenket der Wohltaten Gottes und handelt nicht übel, unheilstiftend auf Erden.‹ Es sprachen die Ratsherren, die hochmütig waren unter seinem Volk, zu denen, die geringer waren, zu denen, die unter ihnen glaubten: ›Wißt ihr, daß Salih ein Abgesandter ist von seinem Herrn?‹ Diese erwiderten: ›Wahrlich, wir sind Gläubige dessen, womit er gesandt ist.‹ Da sprachen die, die hochmütig waren: ›Wir sind Leugnende dessen, woran ihr glaubt.‹ Und sie lähmten die Kamelin, trotzten so dem Befehl ihres Herrn und sprachen: ›O Salih, bringe über uns, was du uns angedroht, wenn du bist der Gesandten einer.‹ Da erfaßte sie eine Erschütterung, und morgens lagen sie in ihrer Wohnung brüstlings hingestreckt. Er aber wandte sich von ihnen und sprach: ›O mein Volk, ich verkündete euch die Botschaft meines Herrn und riet euch gut, doch ihr liebt nicht die treuen Berater.‹ «

SALIK

Wörtlich »Reisender«. Ein Begriff, der von den Mystikern für einen Gläubigen benutzt wird, der die himmlische Reise angetreten hat.

SALOMON

Arabisch *Sulaiman*. Sowohl nach dem Koran als auch nach den Traditionen war Salomon für seine Macht und Weisheit berühmt. Es folgt die Darstellung, die der Koran über ihn gibt.

Sure 21 81-82: »Und (dienstbar machten wir) Salomo einen Sturmwind, auf seinen Befehl zum Land eilend, in dem wir Segen gestiftet (nämlich Syrien). Und wir sind jedes Ding wissend. Und auch von den Satanen manche, die für ihn (im Meer nach Juwelen) tauchten und Werke außerdem verrichteten. Wir aber waren ihre Überwacher.«

Sure 38 29-39: »Und dem David gaben wir Salomo; ein trefflicher Diener, er war bußfertig. Als ihm vorgeführt wurden am Abend die edlen Rennpferde, da sprach er: ›Lieber war mir (irdisch) Gut als die Erinnerung meines Herrn, bis sich verborgen hat (die Sonne) hinter den Schleier. Bringt sie mir her.‹ Und er begann mit dem Niederhauen auf Schenkel und Hals. Auch prüften wir Salomo und setzten auf seinen Thron eine Gestalt; dann war er reuig. Und sprach: ›O Herr, verzeihe mir und gib mir ein Reich, wie es keinem nach mir zukommen soll. Wahrlich, du bist der Spender.‹ Und wir machten ihm einen Wind dienstbar, der auf seinen Befehl sanft wehte, wohin er ihn wollte. Und die Satane alle, als Bauer und Taucher. Und andre auch, in Ketten gefesselt. Das ist unsre Gabe; spende nun oder karge, keine Rechenschaft. Und wahrlich, ihm ist Nähe bei uns und herrliche Rückkehr.«

Sure 27 15-45: »Und David auch und Salomo gaben wir Weisheit, und sie sprachen: ›Preis Gott, der uns vorgezogen vielen seiner gläubigen Diener.‹ Und Salomo beerbte David und sprach: ›O ihr Menschen, der Vögel Sprache ist uns gelehrt worden, und alles uns gegeben. Wahrlich, das ist eine offenbare Gnade.‹ Und geschart wurden zu Salomo seine Truppen, aus Geistern, Menschen und Vögeln; sie alle geschlossen. Bis sie zum Tal der Ameisen kamen, da sprach eine Ameise: ›O ihr Ameisen, tretet in eure Häuser, auf daß Salomo und seine Truppen euch nicht zertreten und es nicht merken.‹ Und er lächelte heiter über ihre Rede und sprach: ›O Herr, rege mich an, für deine Huld zu danken, mit der du mich begnadet und meine Eltern, und Gutes zu tun, was dir gefällig; und führe mich in deiner Barmherzigkeit zu deinen rechtschaffenen Dienern.‹ Und als er die Vögel musterte, sprach er: ›Was ist mir, ich sehe den Wiedehopf nicht, er ist wohl abwesend? Strafen will ich ihn ganz gewiß mit schwerer Strafe, oder ich schlachte ihn, oder er komme mir mit einer klaren Entschuldigung.‹ Dieser aber zögerte nicht lange und sprach: ›Ich habe etwas erkundet, was du nicht erkundet; ich komme zu dir aus Saba' mit sicherer Kunde. Siehe, ich fand da ein Weib über sie herrschen, sie ist mit allen Dingen versehen und hat einen herrlichen Thron. Ich fand sie und ihr Volk die Sonne anbeten außer Gott. Satan ließ ihnen ihre Werke wohlgefällig sein und verdrängte sie vom Pfad; sie sind nicht rechtgeleitet. Daß sie nicht Gott anbeten, der das Verborgene in den Himmeln hervorbringt und auf Erden, und der weiß, was ihr verberget und was ihr kundtut. Gott, es gibt keinen Gott außer ihm, ist der Herr des herrlichen Throns.‹ Er sprach: ›Wir wollen sehen, ob du die Wahrheit geredet oder der Lügner bist einer. Geh mit diesem meinem Brief und wirf ihn ihnen zu, dann wende dich von ihnen und beobachte, was sie erwidern.‹ Sie sprach: ›O ihr Ratsherren, mir ist ein ehrenvoller Brief zugekommen. Er ist von Salomo, und ist im Namen Gottes, des Allerbarmers, des Allbarmherzigen: Erhebt euch nicht wider mich, kommt zu mir ergeben.‹ Sie sprach: ›O ihr Ratsherren, ratet mir in meiner Angelegenheit; ich beschließe keine Sache, solange ihr nicht zugegen seid.‹ Sie sprachen: ›Wir sind Leute von Kraft und Leute von starker Macht, doch der Befehl ist dein; sieh nun zu, was du befiehlst.‹ Sie sprach: ›Wahrlich, dringen Könige in eine Stadt ein, sie verwüsten sie und machen die Mächtigen ihrer Bewohner unterwürfig; so würden auch sie tun. Ich will ihnen nun Abgesandte mit Geschenken senden und warten, womit die Abgesandten zurückkehren.‹ Und als sie zu Salomo kamen, sprach er: ›Wollt ihr mich in Besitz bereichern? Was Gott mir gegeben, ist besser, als was er euch gegeben. Nein, freut ihr euch mit euren Geschenken. Kehret zu ihnen zurück. Wir werden zu ihnen mit Truppen kommen, denen sie nicht widerstehen können, und sie schmählich aus (ihrem Land) jagen; sie sind gering.‹ Er sprach: ›O ihr Ratsherren, wer von euch holt mir ihren Thron, bevor sie zu mir als Ergebene kommen?‹ Da sprach ein Ifrit von den Geistern: ›Ich hole ihn dir, ehe du von deinem Platz aufstehst; ich bin dazu stark und zuverlässig.‹ Da sprach einer, der Schriftkenntnis hatte: ›Ich hole ihn dir, ehe du deinen Blick gewendet.‹ Und als er ihn vor sich stehen sah, sprach er: ›Das ist von der Gnade meines Herrn, womit er mich prüfen will, ob ich dankbar bin oder undankbar. Und wer dankbar ist, ist nur für sich selber dankbar, wer aber undankbar ist, wahrlich, mein Herr ist reich genug und freigebig.‹ Er sprach: ›Macht ihr ihren Thron unkenntlich; wir wollen sehen, ob sie rechtgeleitet ist oder von denen, die nicht rechtgeleitet sind.‹ Als sie nun kam, ward zu ihr gesagt: ›Ist dein Thron wie dieser?‹ Sie erwiderte: ›Es ist so, als wäre er es.‹ – ›Uns ist die Kenntnis vor ihr verliehen worden, und wir sind Gottergebene. Und was sie außer Gott verehrte, verführte sie, denn sie war aus einem Volk von Ungläubigen.‹ Ihr ward dann gesagt: ›Tritt in den Saal ein.‹ Und als sie ihn sah, hielt sie ihn für ein tiefes Gewässer und entblößte ihre Schenkel. Da sprach er: ›Es ist ein Saal, mit Glas getäfelt.‹ Sie sprach: ›O Herr, ich habe meine Seele befrevelt, nun bin ich mit Salomo Gott ergeben, dem Herrn der Weltbewohner.‹ «

Sure 34 11-13: »Und Salomo (gaben wir) den Wind, morgens einen Monat und abends einen Monat, und fließen ließen wir ihm eine Quelle von Erz; auch von den Geistern manche, die vor ihm arbeiteten, mit dem Willen seines Herrn. Und wer von ihnen von unsrem Befehl abweicht, kosten lassen wir ihn die Pein des Höllenfeuers. Sie machten für ihn, was er begehrte: Hallen und Bildsäulen, Schüsseln wie die Teiche und feststehende Kessel: ›Wirket, Leute Davids, dankbar! Aber nur wenige meiner Diener sind die Dankbaren.‹ Und als wir über ihn den Tod beschlossen hatten, da zeigte ihnen nur ein Erdwürmchen seinen Tod, indem es seinen Stab zernagte. Und als er niederstürzte, gewahrten die Geister, hätten sie das Geheimnis gekannt, sie würden bei der schmachvollen (Straf-)Arbeit nicht verweilt haben.«

Die Kommentatoren →*Al-Dschalalan* und Al-Baidawi machen folgende Bemerkungen zu dem vorstehenden Bericht des Korans:

Die Geister haben Salomon zwei Löwen gemacht, die zu Füßen seines Throns lagen, und zwei Adler, die ihm zu Häupten saßen. Wenn er sich auf dem Thron niederließ, streckten die Löwen ihre Tatzen aus, und die Adler breiteten ihre Schwingen aus, um ihn zu beschatten. Der Thron habe auf einem Teppich aus grüner Seide gestanden, der so groß war, daß alle seine Streitkräfte darauf stehen konnten, die Menschen zu seiner Rechten, die Dschinnen zu seiner Linken. Auf den Befehl Salomons transportierte der Wind den Teppich mit dem Thron und allen darauf stehenden Truppen wohin er es wollte, wobei die Armee der Vögel über ihnen flog und eine Art Baldachin bildete, um die Menschen vor der Sonne zu schützen.

Nachdem David den Grundstein des Tempels in Jerusalem gelegt hatte, starb er und überließ seinem Sohn Salomon die Vollendung des Werkes. Dieser beauftragte Dämonen für diese Arbeit. Als Salomon merkte, daß sein Tod nahe war, betete er zu Gott, daß sein Tod vor den Dämonen verborgen bleiben möchte, weil sie sonst den Tempel nicht vollenden würden. Gott ließ Salomon also sterben, als er, auf seinen Stab gestützt, seine Gebete verrichtete, und in dieser Stellung blieb er ein ganzes Jahr stehen. Die Dämonen glaubten, er sei noch am Leben, und führten ihre Arbeit zu Ende. Ein Wurm hatte inzwischen das Innere des Stabes, auf den sich Salomon stützte, so weit ausgehöhlt, daß er nach Ablauf des Jahres zusammenbrach und den Tod des Königs enthüllte.

Salomon soll, nachdem er den Bau des Tempels in Jerusalem vollendet hatte, eine Wallfahrt nach Mekka unternommen haben und sich danach in den Jemen begeben haben, wo er, angetan von der Schönheit des Landes, in der Nähe von San'a' rastete. Da er aber Wasser für die Waschungen brauchte, verlangte er nach dem Wiedehopf, denn dessen Aufgabe sei es gewesen, Wasser zu finden, da man annahm, daß er so scharfe Augen habe, daß er sogar unterirdisches Wasser entdecken könnte.

Salsabil

Wörtlich »der sanft Fließende«. Ein Brunnen im →*Paradies,* aus dem die Gläubigen trinken werden. Wird im Koran in Sure 76 17-19 erwähnt: »Und da reicht man ihnen zum Trinken einen Pokal, dessen Mischung aus Ingwer. Aus einem Quell dort,

Salsabil genannt. Und ewige Jünglinge werden um sie kreisen; wenn du sie siehst, du hältst sie für Perlen, hingestreut.«

AS-SAMAD
Bedeutet »der Ewige« und ist einer der 99 Beinamen oder eines der 99 Attribute Gottes.

AS-SAMI'
Bedeutet »der Hörende« und ist einer der 99 Beinamen oder eines der 99 Attribute Gottes. Erscheint häufig im Koran.

SAN'A'
Eine Stadt im Jemen, deren Herrscher, Abrahatu'l-Aschram, im Geburtsjahr Mohammeds mit einem großen Heer und einigen Elefanten gegen Mekka marschierte, um das dortige Heiligtum zu zerstören. Seither wird dieses Jahr als das »Jahr des Elefanten« bezeichnet.

SANDALEN →*Schuhe*

SAQAR
»Sengende Hitze«. Eine im Koran erwähnte Abteilung der →*Hölle,* die nach dem Kommentator Al-Baidawi den →*Magiern* vorbehalten ist.

SARA
Die Frau Abrahams. Wird im Koran nicht namentlich genannt, wird aber in Sure 11 74 erwähnt: »»Und sein Weib danebenstehend lachte, als wir ihr den Isaak verkündeten und nach Isaak den Jakob.«

SARAQA →*Diebstahl*

SARAZENEN
Eine von christlichen Autoren benutzte Bezeichnung für die Anhänger Mohammeds, wobei nicht nur Araber, sondern auch Angehörige anderer Nationen gemeint sind.
Die Herkunft dieses Wortes ist unsicher, denn das griechische Wort *Sarakenos* wurde schon lange vor Mohammed von Ptolemäus und Plinius für bestimmte orientalische Volksstämme benutzt.
Manche Etymologen leiten es vom arabischen *Scharq*, »die aufgehende Sonne, der Osten« ab, andere von *Sahra'*, »Wüste«, also »die Leute aus der Wüste«. Weniger ernst zu nehmen ist etwa die Ableitung des Wortes vom arabischen *Saraqa*, »Diebstahl«, was auf den diebischen Charakter dieses Volkes hinweisen soll, oder die Erklärung, daß das Wort von Sara, der Frau Abrahams, hergeleitet sei.

SARIQ →*Diebstahl*

Satanische Verse

Zwei Verse der 53. Sure des Korans werden so genannt, weil sie in der ursprünglichen Gestalt vom Teufel stammen sollen. In der Anfangszeit seiner Mission suchte Mohammed offensichtlich einen Kompromiß mit seinem Volk, das Götzen verehrte, indem er ihren Göttern einen Platz als Vermittler in seinem religiösen System einräumen wollte. Er setzte sich eines Tages zu den Koreischiten, die neben der →*Ka'ba* versammelt waren, und rezitierte die 53. Sure:

»Was meint ihr von Lat und 'Uzza?
Und von Manat, der dritten, der andren (Gottheit)?
Diese sind die erhabenen Frauen,
und auf ihrer Fürbitte ruht unsere Hoffnung.«

Die Koreischiten waren erstaunt und erfreut, als sie diese Anerkennung ihrer Gottheiten vernahmen, und als Mohammed den Schlußvers der Sure sprach: »Fallet nieder vor Gott und verehret ihn!«, da fiel die gesamte Versammlung zu Boden und betete.

Alle waren hocherfreut über das, was Mohammed gesagt hatte, und sie sprachen: »Nun wissen wir, daß es allein der Herr ist, der das Leben gibt und nimmt und der erschafft und Hilfe gibt. Und daß unsere Göttinnen bei ihm Fürsprache für uns einlegen. Da du ihnen nun eine wichtige Rolle eingeräumt hast, sind wir zufrieden, dir zu folgen.«

Aber ihre Worte beunruhigten Mohammed, und er zog sich zur Meditation zurück. Dann soll ihm der Engel →*Gabriel* erschienen sein, und dieser habe den ersten der Verse, die hier kursiv erscheinen, als vom Teufel stammend bezeichnet und ihm die richtigen Verse offenbart, die nun lauten:

»Was meint ihr von Lat und 'Uzza?
Und von Manat, der dritten, der andren (Gottheit)?
Habt ihr die Knaben und er die Mädchen?
Dies wäre eine ungerechte Verteilung.
Namen sind es nur, die ihr ihnen gegeben, ihr und eure Väter. Gott sandte hierzu keine Ermächtigung, sie folgten einem Wahn nur und was die Seelen begehren.«

Damit kehrte Mohammed zur Verurteilung des Götzendienstes zurück, von der er nie wieder abwich. →*Götzendienst*, →*Mohammed*

Sauda

Eine der Frauen Mohammeds.

Die Tochter des Zama'a, die Witwe des Sakran, eines Koreischiten und Gefährten des Propheten. Mohammed heiratete sie zwei Monate nach dem Tod →*Khadidschas.*

SAUL

Arabisch *Talut.* König von Israel. Im Koran als König erwähnt, dem Gott die Herrschaft über das Volk Israel verlieh und der mit einem hohen Maß an Wissen und Persönlichkeit ausgestattet war.

Sure 2 247-252: »Hast du nicht gesehen auf die Versammlung aus den Kindern Israels nach Moses? Sie sprachen zu ihrem Propheten: ›Entsende uns einen König, wir wollen für den Pfad Gottes kämpfen.‹ Er entgegnete: ›Kann es vielleicht geschehen, daß euch der Krieg vorgeschrieben wird und ihr nicht kämpfet?‹ Sie erwiderten: ›Wie sollten wir für den Pfad Gottes nicht kämpfen, sind wir doch aus unsren Wohnstätten verjagt worden samt unsren Kindern?‹ Als ihnen aber der Krieg vorgeschrieben wurde, wandten sie sich um, bis auf wenige von ihnen. Gott aber ist wissend in betreff der Frevler. Ihr Prophet sprach zu ihnen: ›Siehe, bereits entsandte euch Gott den Talut zum König.‹ Sie entgegneten: ›Wieso soll er die Herrschaft über uns erhalten, wo wir doch für die Herrschaft würdiger sind als er, und er besitzt keine Fülle an Vermögen?‹ Er erwiderte: ›Siehe, Gott wählte ihn über euch und stattete ihn aus mit Größe an Wissen und Körper. Gott verleiht die Herrschaft, wem er will, und Gott ist allumfassend und allwissend.‹ Ihr Prophet sprach zu ihnen: ›Siehe, ein Zeichen seiner Herrschaft ist, daß zu euch kommen wird die Bundeslade, darin die Majestät eures Herrn ist und Reliquien, die die Angehörigen Moses und die Angehörigen Aarons hinterlassen haben; Engel werden sie tragen. Siehe, hierin ist euch sicherlich ein Zeichen, wenn ihr Gläubige seid.‹ Als Talut dann mit seinen Kriegern auszog, sprach er: ›Siehe, Gott wird euch durch einen Fluß prüfen: wer aus diesem trinkt, ist nicht der meinigen, und wer nicht aus diesem kostet, wahrlich, er ist der meinigen, es sei denn eine Handvoll aus flacher Hand.‹ Und sie tranken aus diesem, nur wenige ausgenommen. Als er und mit ihm diejenigen, die glaubten, ihn überschritten, sprachen sie: ›Wir haben heute keine Kraft gegen Goliath und seine Krieger.‹ Die aber mit Gott zusammenzutreffen glaubten, sprachen: ›Wie oft schon hat mit dem Willen Gottes eine kleine Schar eine große besiegt, und Gott ist mit den Geduldigen.‹ Und als sie gegen Goliath und seine Krieger hervortraten, sprachen sie: ›Herr unser, gieße Geduld über uns, festige unsre Füße und hilf uns gegen das Volk der Ungläubigen.‹ Darauf schlugen sie sie mit dem Willen Gottes in die Flucht, und David tötete den Goliath. Und Gott verlieh ihm Herrschaft und Weisheit und lehrte ihn, was er wünschte. Und wenn Gott nicht die Menschen in Schranken hielte, die einen durch die anderen, ganz gewiß wäre die Erde zugrunde gegangen. Aber Gott ist gnadenreich gegen die Weltbewohner.«

Saum

»Fasten«. Das allgemeine arabische Wort für das Fasten, ob es im Monat →*Ramadan* stattfindet oder zu einem anderen Zeitpunkt.

Saumu't-Tatawwu'

Freiwilliges Fasten außerhalb des Monats →*Ramadan.*

Saut →*Dirra*

Scha'ban

Der Monat der Trennung (auch *Schahru'n-Nabi*, »der Monat des Propheten« genannt), der achte Monat des muslimischen Jahres, heißt so, weil in ihm die vorislamischen Araber aufbrachen, um nach Wasser zu suchen, denn als noch das Sonnenjahr Gültigkeit besaß, fiel der Monat in den Juni und Juli. Auf den fünfzehnten Tag dieses Monats fällt →*Schab-i Barat*, »die Nacht des Berichts«, in der Gott alljährlich alle Taten der Menschen aufzeichnet. Mohammed befahl seinen Anhängern, in dieser Nacht zu wachen und zu beten.

Schab-i Barat

Die persische Bezeichnung für den fünfzehnten Tag des Monats →*Scha'ban,* »die Nacht des Berichts«, im Arabischen *Lailatu'n-Nisf min Scha'ban* genannt, »die Nacht in der Mitte des Scha'ban«.

Die Nacht, in der Gott alljährlich alle Taten der Menschen aufzeichnet. Auch alle Kinder, die in diesem Jahr geboren wurden, werden registriert. Mohammed befahl seinen Anhängern, in dieser Nacht zu wachen und zu beten und am nächsten Tag zu fasten. Aber statt Fasten werden in großen Teilen der islamischen Welt Festlichkeiten abgehalten, und große Summen werden für Feuerwerke ausgegeben.

Auf diese Nacht sollen sich

auch der 2. und 3. Vers der 44. Sure des Korans beziehen, wo es heißt: »Siehe, wir sandten es nieder in der gesegneten Nacht; wir waren Warnende. In dieser werden alle Dinge entschieden in Weisheit.« Einige Kommentatoren sind jedoch der Auffassung, daß damit *Schab-i Qadr*, die Nacht des 27. Tages des Monats Ramadan, gemeint sei. *Schab-i Barat* wird häufig mit *Lailatu'l-Qadr* oder, wie diese Nacht in Indien genannt wird, *Schab-i Qadr* verwechselt.

SCHAB-I QADR

→*Lailatu'l-Qadr*

SCHACH

Nach der →*Hidaya* ist es »ein wahres Greuel, Schach oder Würfelspiele um Geld zu spielen.«

SCHADOR →*Kleidung*

ASCH-SCHAFI'I

Imam Muhammad ibn Idris asch-Schafi'i, der im Jahre 767 n. Chr. in Askalon in Palästina geboren wurde, war der Begründer einer der vier orthodoxen sunnitischen Rechtsschulen. Er lehre in Bagdad und in Ägypten und starb 819 n. Chr. in Kairo. Er entwickelte die Methodik der Bewertung der Echtheit von Traditionen und brachte als erster die islamische Rechtsprechung in ein geschlossenes System. Seine wichtigsten Werke waren *Sunan* und *Masnad*, Arbeiten über das muslimische Recht, die noch heute in hohem Ansehen stehen. Sein wichtigster Schüler war Imam Ahmad →*ibn Hanbal*, der später selbst eine eigene Rechtsschule begründete.

SCHAGHAR

Eine Doppeleheschließung, die unter den bäuerlichen Arabern bis heute üblich ist. Sie besteht darin, daß beispielsweise jemand die Schwester oder Tochter eines anderen heiratet und gleichzeitig dieser die Schwester oder Tochter des ersteren zur Frau nimmt. Auf diese Weise ersparen sich beide Seiten die Zahlung des Brautpreises. Diese Form gekoppelter Eheverträge ist nach dem muslimischen Gesetz strikt verboten.

SCHAH

Persisch »König«. Ein Titel, der gewöhnlich Mitgliedern eines asketischen Ordens verliehen wird.

SCHAHADA

Märtyrertum. →*Märtyrer*

SCHAHID

1. Bedeutet »der Zeuge« und ist

einer der 99 Beinamen oder eines der 99 Attribute Gottes.
2. →*Märtyrer*

SCHAHINSCHAH
Persischer Titel des Königs von Persien: »König der Könige«. Dieser Titel ist nach den Traditionen streng verboten, denn Mohammed soll gesagt haben: »König der Könige ist der abscheulichste Name, der einem Menschen gegeben werden kann, denn es gibt keinen anderen König der Könige als Gott.«

SCHAITAN →*Teufel*

ASCH-SCHAKUR
Bedeutet »der Dankbare« und ist einer der 99 Beinamen oder eines der 99 Attribute Gottes.

SCHALTJAHR
Arabisch *Nasi'*. Ein System des Austauschs der Monate, wodurch der letzte der drei aufeinander folgenden heiligen Monate, der Monat Muharram, säkular wurde und der Monat Safar heilig. Es bestand auch die Möglichkeit, daß der isolierte heilige Monat Radschab säkular wurde und der Monat Scha'ban an seiner Stelle heilig. Dadurch wurde es möglich, daß in den heiligen Monaten Muharram und Radschab Krieg geführt werden durfte. Dieser Brauch wurde von Mohammed im Jahre 632 n. Chr. verboten.
Im Koran heißt es in Sure 9 36-37: »Siehe, die Zahl der Monate ist bei Gott zwölf, im Buch Gottes, seit dem Tage, an dem er die Himmel geschaffen und die Erde; vier von diesen sind heilig. Dies ist der feste Kultus, und versündigt euch nicht an diesem. Aber bekämpfet die Götzendiener durchaus, wie sie euch durchaus bekämpfen, und wisset, daß Gott mit den Gottesfürchtigen ist. Die Verlegung aber ist ein Zuwachs des Unglaubens, worin irregehen, die ungläubig sind. Frei geben sie ihn in dem einen Jahr und heiligen ihn in dem anderen, um auszugleichen die Zahl dessen, was Gott geheiligt; und so geben sie frei, was Gott geheiligt. Wohlgefällig ist ihnen das Böse ihres Tuns; aber Gott rechtleitet nicht das Volk der Ungläubigen.«
Ein echtes Schaltjahrsystem hat es in der arabischen Welt nur kurzzeitig gegeben. →*Hidschra*, →*Jahr*

ASCH-SCHAMS
Suratu'sch-Schams, »Sure von der Sonne«, ist der Titel der 91. Sure des Korans, die mit diesem Wort beginnt.

SCHAR' →*Gesetz*

SCHARAB
In seiner ursprünglichen Bedeutung »das, was betrunken macht«. Ein Getränk. Wird meist auf →*Wein* und andere berauschende Getränke bezogen. In der mystischen Literatur bezeichnet das Wort *Scharab*, »Wein«, die Herrschaft der göttlichen Liebe über das Herz des Menschen.

SCHARH
Wörtlich »Auslegung«. Bezeichnung für einen Kommentar oder eine Anmerkung, die zur Erläuterung irgendeines Buches oder Aufsatzes geschrieben wird, im Unterschied zu dem Wort →*Tafsir*, das nur einen Korankommentar bezeichnet. Diese Anmerkungen werden gewöhnlich in den Text hineingeschrieben oder als Marginalien an den Rand des Buches plaziert.

SCHARIʿA
Das Gesetz, das sowohl die Vorschriften des Korans als auch die der traditionellen Lehren Mohammeds enthält. →*Gesetz*

SCHART
Die Bedingungen eines Vertrages, z.B. eines Ehevertrages.

SCHAWWAL
Wörtlich »Schwanz«, ist der zehnte Monat des muslimischen Jahres, und arabischen Lexikographen zufolge wird er so genannt, weil er in der Zeit seiner Benennung in die Jahreszeit fiel, als die Kamelkühe im siebten oder achten Monat trächtig waren und nun ihre Schwänze hoben. Die Araber hielten ihn für einen ungeeigneten Monat, um Heiratsverträge abzuschließen, aber Mohammed ignorierte diese ungünstigen Prognosen und heiratete in diesem Monat →*'A'ischa.* Der erste Tag dieses Monats ist →*'Idu'l-Fitr*, »das Fest der Beendigung des Fastens«.

SCHAʿYA' →*Jesaja*

SCHEICH
Arabisch *Schaikh*, Plural *Schuyukh*, *Aschyakh* oder *Maschayikh*. Ein verehrungswürdiger alter Mann. Ein Mann, der über fünfzig Jahre alt ist. Ein Mann von Autorität. Der Vorsteher eines Derwischordens.

SCHEIDUNG →*Ehescheidung*

SCHEREN DES HAUPTHAARES →*Rasieren*

SCHERZE
Arabisch *Mizah*. Man sagt, daß Mohammed gerne gescherzt

habe, aber →*Ibn ʿAbbas* überliefert, daß der Prophet gesagt habe: »Mache keine Scherze mit deinem Muslim-Bruder, um ihn zu verletzen.

Anas berichtet, daß der Prophet einmal zu einer alten Frau sagte: »Keine alte Frau wird in das Paradies gelangen.« Die Frau fragte, warum das so sei, und der Prophet erwiderte: »Weil im Koran geschrieben steht: ›Wir haben sie alle zu Jungfrauen gemacht.‹ Also wird es keine alten Frauen im Paradies geben.«

Schiʿa

Wörtlich »Anhänger«. Die Schiiten. Die »Anhänger« des →*ʿAli (2.),* des Ehemannes Fatimas, der Tochter Mohammeds. Die Schiiten glauben, daß ʿAli der erste legitime Imam oder Kalif war, der Nachfolger Mohammeds, und sie verweigern daher Abu Bakr, ʿUmar und ʿUthman, den ersten drei Kalifen der →*Sunniten,* die Anerkennung und halten sie für Usurpatoren. Sie werden auch →*Imamiya* genannt, weil sie der Überzeugung sind, daß die muslimische Religion im wahren Wissen des Imams, des rechtmäßigen Führers der Gläubigen, bestehe. Die sunnitischen Muslime nennen sie die →*Rafidi,* die »Abtrünnigen« von der Wahrheit. Die Schiiten halten sich jedoch für die wahrhaft orthodoxen Muslime und beanspruchen für sich – wie übrigens auch die Sunniten – den Titel *Mu'minun,* »die Rechtgläubigen«.

Die Tendenz zur Spaltung, die sich schon zu Lebzeiten Mohammeds abzeichnete, brach sich nach dessen Tod mit voller Gewalt freie Bahn, und die rapiden Fortschritte, die seine Nachfolger in der Erlangung imperialer Macht erzielten, verstärkten noch ihre Ambitionen. Die großen und radikalen Gegensätze, die zwischen den Sunniten und den Schiiten bestehen, haben ihre Ursache darin, daß letztere den göttlich sanktionierten Anspruch ʿAlis auf das Kalifat vertreten, das Recht, die Nachfolge Mohammeds nach dessen Tod anzutreten. ʿAlis rechtmäßige Ansprüche gründeten sich nach ihrer Auffassung auf seine enge verwandtschaftliche Bindung an den Propheten, denn er war ein Cousin des Propheten und hatte dessen Lieblingstochter Fatima geheiratet, und außerdem hatte Mohammed nach ihrer Überzeugung ʿAli ausdrücklich zu seinem Nachfolger bestimmt, und zwar einem direkten göttlichen Befehl folgend.

Der Korantext, der den Anspruch begründen soll, daß das Kalifenamt auf göttlichen Befehl hin der Familie des Propheten vorbehalten sei, findet sich im 118. Vers der 2. Sure, der lautet: »Und dann prüfte der Herr Abraham mit Worten, und er erfüllte sie. Da sprach er: ›Ich mache dich zum Imam über die Menschheit.‹ Und Abraham fragte: ›Auch meine Nachkommen?‹ Gott erwiderte: ›Mein Bündnis umfaßt nicht die Missetäter.‹ «

Nach schiitischer Auffassung beweist dieses Zitat, daß das Imamat bzw. das Kalifat eine göttliche Institution ist und daß der Inhaber dieses Amtes von Abraham abstammen muß. Dies räumen auch die Sunniten ein, denn nach ihrer Meinung muß ein rechtmäßiger Kalif aus dem Stamme der Koreischiten kommen (→*Kalif*), aber aus den Worten »Mein Bündnis umfaßt nicht die Missetäter« schließen die schiitischen Gelehrten auf den übernatürlichen Charakter des Kalifats und postulieren, daß der durch göttlichen Ratschluß erwählte Führer aller Muslime ohne Makel ist und absolut unfähig, eine Sünde zu begehen. Deshalb ist die Urerschaffung ʿAlis ein schiitisches Dogma. Der Autor der *Hayatu'l-Qulub* sagt: »Der Prophet hat gesagt, daß der Allerhöchste ihn und ʿAli und Fatima und Hasan und Husain noch vor der Erschaffung Adams erschaffen hat, als es noch keinen Himmel, keine Erde, keine Dunkelheit, kein Licht, keine Sonne, keinen Mond, kein Paradies und keine Hölle gab.«

Es gibt in den schiitischen Traditionen eine Reihe von sehr ausführlichen Berichten über die Ernennung ʿAlis zum Nachfolger des Propheten. So heißt es etwa in der *Hayatu'l-Qulub*:

»Als die Zeremonien der Pilgerreise abgeschlossen waren, brach der Prophet zusammen mit ʿAli und den anderen Muslimen in Richtung Medina auf. Als sie →*Ghadir* Khum erreichten, ließ der Prophet halten, obwohl dieser Ort nie ein Halteplatz für Karawanen gewesen war, weil es hier kein Wasser und kein Futter für die Tiere gab. Der Grund für das Verweilen an diesem Ort war eine direkte Botschaft des Allmächtigen.

Da der Tag sehr heiß war, gab der Prophet die Anweisung, den Schutz einiger dorniger Bäume aufzusuchen. Dann ließ er einige Kamelsättel zu einer Art Kanzel aufschichten, bestieg diese und versammelte die Leute um sich. Dann rief er ʿAli an seine rechte Seite und begann seine Rede, nachdem er Gott gepriesen hatte, mit der Ankündigung seines eigenen Todes. Danach sagte er: ›Ich hinterlasse euch das Buch Gottes, das euch, wenn ihr ihm folgt, niemals fehlleiten wird. Ich hinterlasse euch die Mitglieder meiner Familie, die niemals von dem Buch Gottes getrennt werden können, bis sie und das Buch mit mir am Brunnen Kauthar wieder vereinigt werden.‹ Dann rief er mit lauter Stimme aus: ›Bin ich euch nicht teurer als euer eigenes Leben?‹ Und alle Zuhörer erwiderten: ›Ja!‹ Daraufhin hob er ʻAlis Hände in die Höhe und sprach: ›Wer mich aus vollem Herzen als seinen Herrn anerkennt, der erkenne auch ʻAli als solchen an! O Herr, beschütze ʻAli! Sei der Feind derer, die seine Feinde sind, hilf allen, die ihm helfen, und verlasse alle, die ihn verlassen!‹ «

In demselben Text heißt es auch:

»Bestimmte Autoritäten – sowohl schiitische als auch sunnitische – sagen, daß nach dem Tode des Propheten die heuchlerischen →*Muhadschirun* und →*Ansar* wie Abu Bakr, ʻUmar und ʻAbdu'r-Rahman ibn ʻAuf sich – statt der Familie des Propheten Beistand zu leisten – bei den Banu Saudah trafen und den Plan verabredeten, das Kalifat an sich zu reißen. Die meisten von ihnen versäumten es, die Totengebete am Grabe des Propheten zu verrichten, obwohl ʻAli sie zu diesem Zwecke gerufen hatte. Ihr Plan war es, →*Abu Bakr* zum Kalifen zu machen, und darauf hatten sie bereits zu Lebzeiten des Propheten hingearbeitet. Die Ansar wollten allerdings Saʻd ibn al-Abadah zum Kalifen haben, aber sie wurden von den Muhadschirun überstimmt. ʻAli erhielt die Nachricht, daß Abu Bakr zum Kalifen ausgerufen war, gerade in dem Moment, als er das Grab des Propheten mit Erde füllte.«

Die Schiiten glauben, daß zu diesem Zeitpunkt Fatima, die Tochter Mohammeds und Ehefrau ʻAlis, von Gott bestimmte Offenbarungen empfangen habe, die später in den Besitz des letzten Imams, des →*Mahdi*, übergegangen und noch in seinem Besitz seien.

Es muß nicht eigens betont werden, daß die Sunniten keine einzige dieser Traditionen anerkennen.

Die starke Hand des sunnitischen Kalifen →*ʻUmar* hielt die Ansprüche ʻAlis in der Schwebe, aber nach seinem Tode wurde ʻAli das Kalifat angeboten, allerdings unter der Bedingung, daß er nach den Vorschriften des Korans und denen der sunnitischen Traditionen zu regieren habe. Da ʻAlis Antwort nicht als befriedigend eingeschätzt wurde, fiel die Wahl auf ʻUthman. Als dieser dann aber 656 n. Chr. ermordet wurde, gelangte ʻAli schließlich doch noch zum Kalifat, und zwar zu den eigenen Bedingungen, obwohl →*ʻA'ischa,* die Lieblingsfrau Mohammeds, die einen beträchtlichen Einfluß im Islam errungen hatte, seiner Kandidatur erheblichen Widerstand entgegensetzte.

Eine der ersten Amtshandlungen ʻAlis war die Zurückrufung Muʻawiyas aus Syrien. →*Muʻawiya* weigerte sich zu gehorchen und beanspruchte das Kalifat für sich selbst, wobei er von ʻA'ischa unterstützt wurde. ʻAli wurde im Jahr 661 n. Chr. in Kufa ermordet, und sein Sohn →*Hasan* wurde zu seinem Nachfolger gewählt, der jedoch zugunsten Muʻawiyas von dem Amt zurücktrat, wobei vereinbart war, daß Hasan nach dem Tode Muʻawiyas wieder in das Kalifenamt zurückkehren sollte. Insgeheim hatte Muʻawiya aber keineswegs die Absicht, diese Vereinbarung einzuhalten, sondern er plante, daß sein Sohn →*Yazid* sein Nachfolger werden sollte, was auch nach seinem Tode im Jahre 680 n. Chr. geschah. Yazid übernahm das Amt des Imams oder Kalifen, ohne gewählt worden zu sein.

Aus diesem Vorgang entsprang das große Schiiten-Schisma, das bis in die heutige Zeit den Islam spaltet.

Für die Schiiten gibt es nur folgende rechtmäßige Imame oder Kalifen:

1. ʻAli, der Schwiegersohn Mohammeds
2. Hasan, der älteste Sohn ʻAlis und Fatimas
3. Husain, der zweite Sohn ʻAlis und Fatimas
4. Zainu'l-ʻAbidin, der Sohn Husains
5. Muhammad al-Baqir, Sohn des Zainu'l-ʻAbidin
6. Dschaʻfaru's-Sadiq, der Sohn des Muhammad al-Baqir
7. Musa al-Kazim, der Sohn des Dschaʻfar
8. ʻAli ar-Rada, der Sohn des Musa
9. Muhammad at-Taqi, der Sohn des ʻAli ar-Rada
10. ʻAli an-Naqi, der Sohn des Muhammad at-Taqi
11. Hasan al-ʻAskari, der Sohn des ʻAli an-Naqi
12. Muhammad, der Sohn des Al-ʻAskari, oder der Imam Mahdi, der nach dem Glauben der Schiiten noch lebt, obwohl

er sich von der Welt zurückgezogen hat, und wieder als der →*Mahdi* in den letzten Tagen der Menschheit als Herrscher zurückkehren wird.
In der Regierungszeit dieser zwölf Imame hat es noch zwei bedeutende Abspaltungen bei den Schiiten gegeben. Die erste erfolgte nach dem Tode des Zainu'l-'Abidin, als ein Teil der Schiiten sich seinem Sohn Zaid anschloß, der so zum Begründer der *Zaidiya* wurde. Die zweite fand nach dem Tode des Sadiq statt, der seinen ältesten Sohn Isma'il enterbt hatte, wodurch das Kalifat an Musa al-Kazim, seinen zweiten Sohn, fiel. Die Anhänger des Isma'il wurden forthin →*Isma'iliya* genannt. Der weitaus größte Teil der Schiiten erkennt jedoch Musa und seine Nachfolger als Imame an.
Man kann prinzipiell drei Hauptgruppen schiitischer Muslime unterscheiden:
1. Die *Ghulat*, die Zeloten, die die Imame aus grenzenloser Verehrung zu übermenschlichen Wesen machen;
2. Die *Zaidiya*, die sich nach der Ernennung von Muhammad al-Baqir abspalteten und Zaid folgten, und
3. Die →*Imamiya*, die Dscha'far Sadiq das Recht zuerkennen, seinen Sohn Isma'il von der Erbfolge auszuschließen, und die die Hauptgruppe der schiitischen Muslime bilden.
Aus diesen drei Hauptströmungen haben sich zahllose Untergruppierungen und Sekten gebildet, und von den sprichwörtlichen 73 Sekten des Islam sollen allein 32 schiitische sein. Einge meinen sogar, es gäbe allein 73 schiitische Sekten.
Es folgt eine Aufzählung der wichtigsten Unterschiede zwischen sunnitischem und schiitischem Glaubensgut:
1. Die unterschiedliche Anerkennung der Kalifen bzw. Imame, wurde bereits oben dargestellt.
2. Die Schiiten pflegen eine tiefe Verehrung des Kalifen 'Ali, und einige ihrer Sekten halten ihn für eine Inkarnation der Gottheit, während aber alle ihn für den Zweiten hinter dem Propheten halten. 'Ali war ihrer Auffassung nach der vollkommenste und größte Mensch.
3. Die Schiiten besitzen bis in die Neuzeit →*Mudschtahids*, »erleuchtete Gelehrte«, deren Entscheidungen in Fragen des religiösen und weltlichen Gesetzes als unfehlbar gelten, während die Sunniten der Auffassung sind, daß es in den gegenwärtigen Zeiten der

Spaltung des Islam keine solchen Autoritäten mehr geben kann.

4. Die Schiiten feiern die ersten zehn Tage des Monats →*Muharram* zur Erinnerung an →*Husain* und →*Hasan*, während die Sunniten lediglich den zehnten Tag dieses Monats zur Erinnerung an die Erschaffung Adams feiern.

5. Die Schiiten akzeptieren auch die →*Magier* als ein Volk, dem eine göttliche Offenbarung zuteil wurde, während die Sunniten nur die Christen, die Juden und die Muslime als solche anerkennen.

6. Die Schiiten erlauben →*Taqiya*, (»Selbstschutz«), einen frommen Betrug, der darin besteht, daß sie ihren Glauben verbergen oder verleugnen dürfen, um religiöser Verfolgung zu entgehen.

7. Es gibt zahlreiche kleinere Unterschiede in der sunnitischen und schiitischen Gebetspraxis und in den Zeremonien. →*Gebet*

8. Außerdem gibt es zahlreiche Unterschiede in der Auslegung und Praxis des Gesetzes, auf die bei den einzelnen Stichwörtern eingegangen wird.

SCHICKSAL →*Prädestination*

SCHIITEN →*Schi'a*

SCHIRAH
Suratu'sch-Schirah, »Erschlossen wir nicht«, ist der Titel der 94. Sure des Korans, die mit den Worten beginnt: »Erschlossen wir nicht deine Brust?« Man nimmt an, daß sich dies auf Mohammeds Kindheit bezieht, als sein Herz von Sünde gereinigt wurde.

SCHIRB →*Wasserrecht*

SCHIRK
»Idolatrie, Heidentum, Polytheismus«. Nach wahhabitischer Lehre gibt es vier Arten von *Schirk*: *Schirku'l-'Ilm*, anderen als Gott Wissen zuschreiben; *Schirku't-Tasarruf*, anderen als Gott Macht zuschreiben; *Schirku'l-'Ibada*, geschaffene Gegenstände verehren; *Schirku'l-'Ada*, Zeremonien durchführen, in denen anderen als Gott Vertrauen entgegengebracht wird.

SCHIRKA
»Partnerschaft«. Der Begriff bezeichnet den Zusammenschluß von zwei oder mehr Personen zur Verfolgung eines bestimmten Zweckes. Er bezieht sich im muslimischen Recht sowohl auf Verträge wie auf Partnerschaften.

SCHITH →*Seth*

Schlachten von Tieren
→*Dhabh*

Schlafen
Ein Muslim schläft üblicherweise mit dem Kopf in Richtung Mekka.
Abu Dharr berichtet, daß er einmal auf dem Bauche liegend geschlafen habe und daß der Prophet ihn mit den Worten geweckt habe: »O Dschundub, dies ist die Art, wie der Teufel schläft!«
'Abbab sagt, daß er den Propheten auf dem Rücken liegend und mit übergeschlagenen Beinen schlafen gesehen habe, aber →*Dschabir* sagt, daß der Prophet diese Schlafhaltung verboten habe.

Schleier →*Kleidung*

Schönheit der Frauen
Al-Ishaqi zitiert die Analyse einer arabischen Schönheit von einem anonymen Autor: »Vier Dinge einer Frau sollten schwarz sein: das Haar, die Augenbrauen, die Wimpern, die Iris; vier weiß: die Haut, das Weiße der Augen, die Zähne, die Beine; vier rot: die Zunge, die Lippen, der Gaumen, die Wangen; vier rund: der Kopf, der Hals, die Unterarme, die Knöchel; vier lang: der Rücken, die Finger, die Arme, die Beine; vier breit/groß: die Stirn, die Augen, die Brust, die Hüften; vier fein: die Augenbrauen, die Nase, die Lippen, die Finger; vier dick: das Gesäß, die Schenkel, die Waden, die Knie; vier klein: die Ohren, die Brüste, die Hände und die Füße.«

Schöpfung
Im Koran wird öfter an die Schöpfung des Universums erinnert. So in der zweiten Sure, Vers 29-30: »Ihr wart ohne Leben, Gott hat euch Leben gegeben; er wird euch sterben lassen, und er wird euch dereinst wieder zum Leben rufen – dann werdet ihr zu ihm zurückkehren. Er ist es, der für euch alles auf Erden erschuf, der den Himmel weitete und sieben Himmel bildete: Er, der Allkundige.« In Sure 41, Vers 10 ff. heißt es: »Glaubt ihr nicht an den, der die Erde in den ersten zwei Tagen der Woche erschuf, wollt ihr ihm wohl Götzenbilder an die Seite setzen? Nur er ist der Herr aller Weltenbewohner. Er hat feste Berge in die Erde eingesetzt, welche sich hoch über sie erheben, und er hat sie gesegnet, und er legte in sie in vier Tagen die Nahrung für alle Wesen, welche danach verlangen. Dann wandte er sich zum Himmel hin, welcher noch dampfender Nebel war, und

sprach zu ihm und zur Erde: ›Kommt freiwillig oder wider euren Willen.‹ Sie antworteten: ›Wir kommen in freiwilligem Gehorsam.‹ Und er bildete sie in zwei Tagen zu sieben Himmeln und teilte jedem Himmel seine Aufgabe zu, und wir schmückten den untersten Himmel mit Leuchten aus und stellten eine Wache hin (Sonnen und Milchstraße). Dies ist die Ordnung des Allmächtigen und Allweisen.«
In Sure 35, Vers 12 heißt es: »Gott schuf euch zuerst aus Staub, dann aus einem Samentropfen und schied euch in zweierlei Geschlechter«, und in Sure 13, Vers 3-5: »Gott ist es, der die Himmel erhöhte, ohne sie auf sichtbare Säulen zu stützen, dann seinen Thron bestieg und die Sonne und den Mond zu seinem Dienste zwang. Alle Himmelskörper haben ihren bestimmten Lauf. Er ordnet alle Dinge und zeigt seine Zeichen deutlich, damit ihr überzeugt sein könnt, daß ihr einst vor euren Herrn kommen werdet. Er ist es, der die Erde ausbreitete und unwandelbare Berge und Flüsse schuf und von jeder Fruchtart zweierlei Sorten. Er macht, daß die Nacht den Tag bedeckt. In all diesem sind deutliche Beweise für nachdenkende Menschen. Auf der Erde gibt es Teile, die das Wasser trennt, und Teile, die verbunden sind. Da gibt es ferner Weingärten, Samen und Palmbäume, die einzeln stehen oder zu mehreren aus einer Wurzel emporwachsen.«
Gemäß den Traditionen (Mischkat, 24) schuf Gott die Erde am Samstag, die Berge am Sonntag, die Bäume am Montag, alle unangenehmen Dinge am Dienstag, das Licht am Mittwoch, die Tiere am Donnerstag, und →*Adam,* die »Krone der Schöpfung« am Freitag nachmittag nach dem Gebet.

SCHRIFT, ARABISCHE

Arabisch *'Ilmu'l-Khatt.* Die arabische Schrift entstand aus der altsemitischen Konsonantenschrift wahrscheinlich im dritten Jahrhundert n. Chr. Die muslimischen Traditionen setzen den Zeitpunkt der Entstehung später an, so gibt es eine Tradition, die von →*Ibn Khallikan* überliefert ist, welche die Erfindung dieser Schrift einem Moramir in Anbar zuschreibt. Sie soll kurz danach im Jahre 560 n. Chr. nach Mekka gekommen sein. Andererseits soll aber etwa →*'Abdu'l-Muttalib* in seinen jungen Jahren (also etwa 520 n. Chr.) einen schriftlichen Hilferuf nach Medina geschickt haben, und auch an-

dere Autoren nehmen an, daß die Schrift schon früher in Mekka bekannt war.
Die arabische Schrift ähnelt der hebräischen bzw. phönizischen Schrift und verläuft von rechts nach links. Sie besitzt 28 Konsonantenzeichen, von denen drei auch als lange Vokale benutzt werden können, und zusätzlich drei kurze Vokalzeichen, die allerdings selten verwendet werden. →*Abdschad*

SCHRIFT, HEILIGE

Arabisch *Al-Kitabu'l-Muqaddas*, »das heilige Buch«, oder *Kalamu'llah*, »das Wort Gottes«. Obwohl diese Begriffe von den Muslimen im allgemeinen auf den Koran bezogen werden, bezeichnen sie jedoch genaugenommen alle Schriften, die vom Koran als Wort Gottes anerkannt werden, und damit gehören für Muslime neben dem Koran sowohl das Alte wie auch das Neue Testament zur Heiligen Schrift. →*Altes und Neues Testament*

SCHRIFTTUM, MUSLIMISCHES

Arabisch →*'Ilmu'l-Adab*.
Die ältesten heute zugänglichen Zeugnisse arabischer Literatur stammen aus dem 5. Jahrhundert, dem Jahrhundert vor Mohammeds Geburt. Es handelt sich um kurze Elegien und Schlachtenerzählungen, geschrieben in einer rhythmischen Prosa, die wir ähnlich auch im Koran finden. Die *Hamasa*, das *Kitabu'l-Aghani* und die *Amali* des Abu 'Ali al-Kali sind gute Beispiele dafür, daß die Kunst der rhythmischen Prosa vor Mohammed nicht nur bereits existierte, sondern daß sie bereits einen hohen Grad der Perfektion erreicht hatte. Die Vielfalt der Flexionen, die Regelmäßigkeit der Syntax und die Harmonie der Prosodie belegen den hohen Rang dieser Dichtungen.
Das Erscheinen des Korans führte zu einer allmählichen, aber bedeutsamen Veränderung des Geistes und der Form der arabischen Literatur. Der Koran, der neben seinem Anspruch, göttlichen Ursprungs zu sein, auch noch ein bedeutendes literarisches Kunstwerk darstellte, wurde zum unerreichbaren Vorbild jeder Literatur, und Versuche einiger Skeptiker wie Ibn al-Muqaffa oder Al-Mutanabbi, den Koran stilistisch zu übertreffen, wurden allein schon deshalb als gescheitert angesehen, weil der Koran inzwischen zum Maßstab der arabischen Grammatik und Rhetorik geworden war.
Außerdem entwickelte sich in dieser Zeit eine neue Klasse von

Literatur, da Mohammed die Anweisung gegeben hatte, seine Aussprüche und mündlichen Lehren getreu zu überliefern. Die *Ahadith*, »die Aussprüche Mohammeds«, wurden als Ausflüsse göttlicher Inspiration verstanden, und so wurde alles festgehalten, was der Prophet sprach und tat und sogar das, wozu er schwieg, denn alles konnte als Maßstab für ein gottgefälliges Handeln des Menschen dienen. So entstand bald eine wahre Flut von unüberschaubar vielen mehr oder minder echten Berichten über das Wirken und die Reden des Propheten. →*Tradition*

Die Grundeinstellung der Führer des Islam in diesen frühen Tagen gegenüber der Literatur war eindeutig feindlich, wenn sie sich nicht im Einklang mit den Lehren ihrer Religion befand. Wenn auch in den folgenden Jahrhunderten die Sarazenen die liberalen Förderer von Literatur und Wissenschaft waren, so kann kein Zweifel sein, daß in den Tagen der ersten vier Kalifen nicht nur Desinteresse an Literatur bestand, sondern daß alles verfolgt wurde, was nicht dem Islam selbst entsprungen war. Alles, Wissenschaft, Geschichte und Literatur, hatte dem Standard zu entsprechen, der vom Koran und den Lehren des Propheten gesetzt war.

Aber mit der Ausbreitung des Islam und dem damit verbundenen Zuwachs an Macht und Reichtum entwickelte sich im Laufe der Zeit eine gewisse Liberalität, die auch mehr Freiheiten für künstlerisches und wissenschaftliches Schaffen zuließ. Überdies gewann zur Zeit der Umaiyaden-Kalifen der Geist der alten Griechen Einfluß auf das muslimische Denken.

'Abdu'l-Malik, der fünfte Kalif der Umaiyaden-Dynastie (684 n. Chr.), war selbst ein Dichter und sammelte an seinem Hof die bedeutendsten Literaten seiner Zeit um sich. Sogar der christliche Dichter Al-Akhtal nahm einen bedeutenden Platz in dieser erlauchten Runde ein.

Aber erst unter dem →*'Abbasiden*-Kalifen Al-Mansur begann das eigentliche goldene Zeitalter der arabischen Literatur des Ostens. Er machte die Bekanntschaft des griechischen Arztes George, der an seinen Hof eingeladen wurde und dem die →*Sarazenen* die Grundlagen ihrer späteren herausragenden Leistungen in der Medizin verdanken.

Der berühmte Kalif Harun ar-Raschid (786 n. Chr.), der Held der Geschichten aus tausendundeiner Nacht, war insbesondere ein Förderer der Wissenschaften. Er war immer von Gelehrten umgeben, und immer, wenn er eine Moschee erbaute, gründete er auch eine dazugehörige Gelehrtenschule. Unter den Geschenken, die er Karl dem Großen gemacht hat, soll sich eine hydraulische Uhr befunden haben. Der Leiter seiner Schulen und des gesamten Erziehungssystems in seinem Reich war Johannes ibn Massua, ein nestorianischer Christ aus Damaskus.

Des Regierungszeit Ma'muns (813 n. Chr.) wird die klassische Periode der arabischen Literatur genannt. Der Kalif Ma'mun war selbst ein Gelehrter, und er wählte sich die bedeutendsten Wissenschaftler aus Ost und West zu Gefährten. Bagdad wurde ein Zentrum von Dichtern, Philosophen, Historikern und Mathematikern aus allen Ländern und jeder Religion. Unter den Gelehrten an seinem Hof waren Al-Kindi, ein christlicher Schriftsteller, und →*Al-Kindi*, der Philisoph. Außerdem sammelte Ma'mun in großem Stil Bücher aller Sprachen, ließ sie übersetzen und Abschriften anfertigen. Forscher, Lehrer, Übersetzer und Kommentatoren prägten den Charakter Bagdads, das zu der Zeit eher einer riesigen Akademie glich als der Hauptstadt einer großen Eroberernation.

Der Kalif Al-Wathiq (841 n. Chr.) förderte in erster Linie Poesie und Musik.

Al-Mustansir, der vorletzte 'Abbasiden-Kalif (1226 n. Chr.), errichtete in Bagdad eine Moschee mit einer Hochschule, die in ihrer Zeit nicht ihresgleichen in der muslimischen Welt hatte.

Bagdad war in der Zeit der 'Abbasiden das Zentrum der muslimischen Gelehrsamkeit, aber Basra und →*Kufa* standen der Hauptstadt kaum nach an Reputation und Zahl ihrer Gelehrten, und auch →*Damaskus*, Aleppo, Isfahan und Samarkand waren bedeutende Wissenschaftszentren. So soll ein Gelehrter den Ruf nach Samarkand mit Bedauern abgelehnt haben, weil der Transport seiner Bücher 400 Kamele erfordert hätte.

Unter den →*Fatimiden*-Kalifen (908-1171 n. Chr.) wurde Ägypten zum zweiten Mal ein Hort der Literatur. In Alexandria gab es mehr als zwanzig Gelehrtenschulen, und Kairo, das im Jahre 955 n. Chr. von Al-Mu'izz gegründet worden war, besaß bald eine königliche Bibliothek mit über 100000 Handschriften.

Aber es war in Spanien, wo die arabische Literatur länger in Blüte stand als in Bagdad und Kairo. Die Städte Cordoba, Sevilla und Granada, die für einige Jahrhunderte unter muslimischer Herrschaft standen (Cordoba von 755 bis 1236 n. Chr. und Granada bis 1484 n. Chr.), lagen in ständiger Rivalität in bezug auf die Bedeutung ihrer Akademien und Bibliotheken. Muslimische Historiker sagen, daß allein Cordoba nicht weniger als 170 bedeutende Männer hervorgebracht habe und daß die dortige Bibliothek, 961 n. Chr. von Al-Hakam II. gegründet, 400000 Bände besessen habe.

Muhammad, der erste Kalif von Granada, war ein Förderer der Literatur, und die berühmte Akademie der Stadt stand lange unter der Leitung von Schamau'd-Din aus Murcia, einem der berühmtesten Literaten der Zeit.

Die Förderung der Literatur in Spanien ging so weit, daß es im andalusischen Königreich nicht weniger als siebzig Bibliotheken gab, die der Öffentlichkeit zugänglich waren, und siebzehn bekannte Hochschulen.

Die *Geschichtswissenschaft*, die in der frühen Zeit des Islam so vernachlässigt war, wurde von den späteren Muslimen mit Nachdruck wiederbelebt. Es gibt eine riesige Zahl von Werken aus diesem Literaturbereich. Das *Kaschfu'z-Zunun*, eine Bibliographie, zählt mehr als 1300 Geschichtswerke auf, Annalen, Chroniken und Biographien. Der erste Historiker, von dem ein größerer Teil seines Werkes erhalten ist, ist Ibn Ishaq, der im Jahre 768 n. Chr. starb. In seine Fußstapfen trat Ibn Hischam, gestorben 828 n. Chr., der die Arbeit Ibn Ishaqs zu seiner Grundlage machte. Ein anderer bedeutender muslimischer Historiker war Ibn Sa'd, der allgemein unter dem Namen Katibu'l-Waqidi bekannt ist. Abu Dscha'far ibn Dscharir at-Tabari wirkte in der letzten Hälfte des 9. Jahrhunderts und wird gelegentlich als »Livius der Araber« bezeichnet. Er wirkte in Bagdad und starb 923 n. Chr. At-Tabari verfaßte nicht nur eine Lebensbeschreibung Mohammeds, sondern schrieb auch eine Geschichte der Entwicklung des Islam unter den frühen Kalifen. Abu'l-Faradsch, ein christlicher Arzt aus Armenien, Abu'l-Fida und Ibn Katib aus Granada waren bekannte Historiker der späteren Zeit. Die Schriften des Ibn Husain aus Cordoba sollen 160000 Seiten umfaßt haben!

Die *Poesie* war seit frühester

Zeit eine Lieblingsbeschäftigung des arabischen Volkes, und folglich gab es fast unzählige Dichter. →*Poesie*

Auf das Studium der *Medizin* legten die Araber besonderen Wert. Es war durch den griechischen Mediziner George am Hof des Kalifen Al-Mansur eingeführt worden. Die orthodoxen Muslime verhinderten oder erschwerten jedoch das Studium der Anatomie, da sie Leichensektionen verboten, weil die Berührung von Toten zur Unreinheit führe. Trotzdem gelangen der muslimischen Medizin beträchtliche Fortschritte. So war zum Beispiel die Operation des grauen Stars eine vielgeübte Praxis.

Die *Botanik* wurde als Untergebiet der Medizin von den Arabern studiert, und die muslimischen Botaniker haben zahlreiche Heilpflanzen entdeckt, die den Griechen noch nicht bekannt waren. Ibn al-Baitar aus Malaga, der 1248 n. Chr. in Damaskus starb, war der bekannteste arabische Botaniker. Al-Buruni, der 941 n. Chr. starb, lebte fast vierzig Jahre in Indien, um Botanik und Chemie zu studieren.

Der erste große arabische *Chemiker* war Dschabir aus Haran in Mesopotamien, der im achten Jahrhundert lebte. Ihm schreibt man die Entdeckung der Schwefelsäure, der Salpetersäure und des Königswassers zu.

Die *Astronomie* wurde, insoweit sie für die →*Astrologie* gebraucht wurde, sehr intensiv betrieben. Der Kalif Ma'mun widmete sich selbst dieser Wissenschaft, und unter seiner Patronage wurde in Bagdad der polare Erdumfang mit ca. 38600 km bestimmt (richtiger Wert 40009 km). Die Schiefe der Ekliptik wurde mit 23,5 Grad sehr genau ermittelt (richtiger Wert 23 Grad, 27 Minuten), aber es wurden keine Erkenntnisse über das Sonnensystem gewonnen, die über die Lehren des Ptolemäus hinausgingen. Außerdem errichteten die sarazenischen Astronomen Observatorien für die Sternenbeobachtung. So baute der berühmte Astronom und Mathematiker Dschabir (1196 n. Chr.) eine Sternwarte in Sevilla, die heute noch besteht.

Die *Algebra* erfuhr zahlreiche Bereicherungen durch arabische Wissenschaftler. So verfaßten Ibn Musa und Dschabir originelle Werke über die sphärische Geometrie, und Al-Kindi übersetzte *De sphaera mota* des Autolykos und schrieb ein eigenes Werk mit dem Titel *De sex quantitatibus*.

SCHU'AIB

Die muslimischen Kommentatoren halten Schu'aib im allgemeinen für den Schwiegervater des →*Moses*, der in der Schrift Reuel (Rageul) oder Jethro genannt wird. Er soll seinem Schwiegersohn Moses jenen Stab gegeben haben, mit dem er in Ägypten und in der Wüste verschiedene Wunder gewirkt hat, und soll ihm auch gute Ratschläge gegeben haben, weshalb er den Beinamen *Khatibu'l-Anbiya'*, »Prediger der Propheten«, erhielt.

Sure 7 83-91: »Und zu den Midianiten ihr Bruder Schu'aib, der sprach: ›O mein Volk, verehret Gott, ihr habt keinen Gott außer ihm. Nun ist euch ein deutlicher Beweis von eurem Herrn gekommen. Gebt volles Maß und Gewicht und schmälert den Menschen nicht ihr Eigentum. Stiftet kein Unheil auf Erden, nachdem sie hergerichtet ist. Dies ist besser für euch, wenn ihr Gläubige seid. Und lagert nicht drohend an jedem Weg, indem ihr den vom Pfad Gottes verdrängt, der an ihn glaubt, und Krümme erstrebet. Bedenket, wie ihr nur wenige waret, und er euch vermehrt hat. Und schauet, wie war der Enderfolg der Unheilstifter. Und wenn ein Teil von euch an das glaubt, womit ich gesandt bin, und ein Teil nicht glaubt, so wartet denn, bis richten wird Gott zwischen uns, und er ist der beste Richter.‹ Es erwiderten die Ratsherren, die hochmütig waren unter seinem Volk: ›Verjagen werden wir dich, o Schu'aib, und die mit dir glauben, aus unsrer Stadt, oder ihr kehret zu unsrem Bekenntnis zurück.‹ Er sprach: ›Auch wenn wir sträubend sind? Schon hätten wir über Gott Lüge ersonnen, kehrten wir zu eurem Bekenntnis zurück, nachdem Gott uns aus diesem gerettet. Uns kommt es nicht zu, daß wir zu diesem zurückkehren, es sei denn, Gott, unser Herr, wünscht dies. Alle Dinge umfaßt unser Herr in Weisheit, auf Gott vertrauen wir. Herr unser, richte zwischen uns und unsrem Volk in Wahrheit, und du bist der beste Richter.‹ Es sprachen die Ratsherren, die unter seinem Volk ungläubig waren: ›Folgt ihr Schu'aib, wahrlich, ihr seid dann Verlorene.‹ Da erfaßte sie eine Erschütterung, und morgens lagen sie in ihrer Wohnung brüstlings hingestreckt. Die Schu'aib lügenhaft schalten, es war, als wohnten sie nicht darin; die Schu'aib lügenhaft schalten, sie waren die Verlorenen. Er aber wandte sich von ihnen und sprach: ›O mein Volk, ich verkündete euch die Botschaft meines Herrn und riet euch gut; wie sollte ich mich über ein ungläubiges Volk betrüben.‹ «

Asch-Schu'ara'

Suratu'sch-Schu'ara', »Sure von den Dichtern«, ist der Titel der 26. Sure des Korans. So genannt, weil am Ende dieser Sure die arabischen Dichter einer scharfen Kritik unterzogen werden.

Schuhe

Die Schuhe, Sandalen oder Stiefel auszuziehen, bevor man eine Moschee oder ein Haus betritt, ist nach dem muslimischen Gesetz nicht vorgeschrieben, obwohl diese Sitte in vielen islamischen Ländern verbreitet ist.
Es gibt eine große Zahl von Traditionen mit hoher Autorität, die belegen, daß Mohammed seinen Anhängern erlaubte, mit bedeckten Füßen zu beten.
Schaddad ibn Aus überliefert, daß der Prophet gesagt habe: »Tut bei eurem Gebet das Gegenteil von dem, was die Juden tun, denn sie beten nie mit Schuhen an den Füßen.«
Abu Sa'id al-Khudri berichtet, daß der Prophet, als er einst mit seinen Gefährten betete, plötzlich seine Schuhe auszog und sie an seine linke Seite stellte. Als die Anwesenden dies sahen, taten sie das gleiche, und als das Gebet beendet war, fragte der Prophet: »Warum habt ihr eure Schuhe ausgezogen?« Sie antworteten: »Wir sind deinem Beispiel gefolgt.« Darauf sprach der Prophet: »Wahrlich, der Engel Gabriel kam zu mir und wies mich auf einen kleinen Schmutzflecken auf einem meiner Schuhe hin. Wenn also jemand von euch eine Moschee betritt, dann betrachte er genau seine Schuhe, und wenn er Schmutz an ihnen entdeckt, dann säubere er sie und bete danach in ihnen.«
'Amr ibn Schu'aib berichtet, daß er den Propheten manchmal mit Schuhen und manchmal ohne Schuhe beten sah.
In der →*Hidaya* wird vorgeschrieben, daß unsaubere Schuhe vor dem Gebet mit Sand abgerieben werden müssen. Wenn dies zur Reinigung nicht ausreicht, kann der Muslim sie zeremoniell reinigen, indem er mit drei angefeuchteten Fingern einmal über ihre Oberseite fährt. →*Masah*
Nach den Traditionen sollte ein Muslim, wenn er sich auf den Boden setzt, seine Schuhe ausziehen und sie auf die Seite stellen. Dabei sollte er erst den rechten und danach den linken Schuh ausziehen.

Schulden

Im muslimischen Recht gibt es zwei Wörter für Schulden: *Dain* bezeichnet Geld, das unter festen Rückzahlungskonditionen verliehen wurde, und *Qard* solches, an das keine Bedingungen geknüpft sind. Einkerkerung wegen Nichtrückzahlung von Schulden ist gesetzlich.

Beim Tode eines Schuldners sieht das →*Gesetz* vor, daß nach Abzug der Beerdigungskosten erst die Schulden beglichen werden müssen, ehe die Erbschaft angetreten werden kann. →*Dain*, →*Qard*

Schule →*Erziehung*

asch-Schura

Suratu'sch-Schura, »Sure von der Beratung«, ist der Titel der 42. Sure des Korans. Bezieht sich auf den 36. Vers, wo den Gläubigen aufgetragen wird, sich gegenseitig zu beraten.

Schurb

Wörtlich »Trinken«. Ein Begriff, der für das Trinken von Wein benutzt wird, was nach dem muslimischen →*Gesetz* verboten ist. →*Trunkenheit*, →*Wein*

Schwangerschaftsdauer

Nach der Lehre des Korans beträgt die kürzestmögliche Schwangerschaftsdauer sechs Monate, und folglich hat jedes Kind, das später als sechs Monate nach der Eheschließung geboren wird, Anspruch auf Legitimität.

Was die längstmögliche Dauer der Schwangerschaft betrifft, gibt es einige merkwürdige Regelungen im muslimischen Gesetz. Die Schiiten betrachten auf der Grundlage einer Entscheidung 'Alis zehn Mondmonate als die längstmögliche Schwangerschaftszeit, und dies wird heute auch von den Sunniten anerkannt. Aber Abu Hanifa betrachtet zwei Jahre als maximale Schwangerschaftsdauer, und der Imam Asch-Schafi'i erweiterte diesen Zeitraum auf vier Jahre, der Imam Malik auf fünf und sogar auf sieben Jahre! Man sagt, daß diese sunnitischen Gelehrten ihre Auffassung auf die legendäre Geburt des Zuhak Tazi gründen, der, wie überliefert wurde, vier Jahre nach seiner Zeugung geboren wurde. Aber muslimische Theologen sind der Auffassung, daß die alten Gesetzeskommentatoren der sunnitischen Schule lediglich von rein menschlichen Erwägungen und nicht von Mißachtung der Naturgesetze geleitet wurden, denn ihre Hauptabsicht sei es gewesen, einen Mißbrauch der die Scheidung und die Nichtanerkennung von Kindern betreffenden Gesetzesvorschriften zu verhindern.

SCHWARZER STEIN

→*Al-Hadscharu'l-Aswad*

SCHWEIN

Arabisch *Khinzir*, Plural *Khanazir*. Der Genuß von Schweinefleisch wird den Muslimen im Koran mehrfach strengstens verboten (Sure 2 168; 5 4; 6 146; 16 116).

In den Traditionen heißt es: »Wenn Jesus, der Sohn der Maria, als gerechter König zu eurem Volk vom Himmel herabsteigt, wird er das Kreuz zerbrechen und alle Schweine töten.«

SCHWÖREN →*Eid*

SCHWUR →*Eid*

SEELE

Es gibt im Koran zwei Wörter, die die Seele des Menschen bezeichnen: *Ruh* und *Nafs*.

Sure 17 87: »Und sie werden dich über den Geist (*Ruh*) befragen. Sprich: ›Der Geist kommt auf Befehl meines Herrn. Und euch ist von der Kenntnis nur wenig gekommen.‹ «

Sure 3 24: »Jeder Seele (*Nafs*) wird vergolten werden, was sie verdient hat.«

Die muslimischen Theologen unterscheiden nicht zwischen *Ruh* und *Nafs*, wohl aber die Philosophen. *Nafs* scheint dem griechischen *Psyche*, »Seele, Leben«, zu entsprechen, und menschliche Lebewesen werden als *An-Nafsu'n-Natiqa*, »die Seele, die spricht«, bezeichnet, Tiere als *An-Nafsu'l-Haiwaniya*, »das tierische Leben«, und Pflanzen als *An-Nafsu'n-Nabatiya*. *Ruh* entspricht etwa dem griechischen *Pneuma*, »Geist«. So besteht die menschliche Natur aus der Dreiheit *Dschism*, »Körper«, *Nafs*, »Seele«, und *Ruh*, »Geist«.

Al-Kamalan, die Kommentatoren, berichten, daß Juden zu Mohammed kamen und ihn nach dem Geist befragten. Der Prophet sagte zu ihnen: »Der Geist weht nach dem Willen meines Herrn, aber man weiß nicht viel über ihn.« Daraus gehe hervor, daß es für einen begrenzten Verstand unmöglich sei, die Natur des Geistes zu verstehen.

Bei den muslimischen Autoren gibt es sehr unterschiedliche Meinungen über den Status der Seele oder des Geistes des Menschen nach seinem Tode, jedoch sind sie sich einig, daß zum Zeitpunkt seines Todes der Todesengel (Malaku'l-Maut) die Seele des Sterbenden von seinem Körper trennt, und zwar bei einem Rechtschaffenen mit großer Vorsicht und Behutsamkeit, bei einem Frevler aber gewaltsam und rücksichtslos. Nach dem Tode treten die Seelen in das Stadium ein, das →*Barzakh* genannt wird und das den Zeitraum vom Tod bis zur →*Auferstehung* umfaßt.

Die Seelen der Gläubigen werden in drei Klassen eingeteilt: erstens die Seelen der Propheten, die unmittelbar nach dem Tode ins Paradies eingehen, zweitens die der Märtyrer, die nach den Traditionen Mohammeds in den Kröpfen grüner Vögel, die sich von den Früchten des Paradieses nähren und das Wasser des Paradieses trinken, die Auferstehung erwarten, und drittens die Seelen aller anderen Gläubigen. Über ihren Status herrscht große Uneinigkeit unter den Gelehrten. Einige sagen, daß sie für die Dauer von sieben Tagen – oder auch während der gesamten Zeit bis zur Auferstehung – in der Nähe ihrer Gräber bleiben. Als Beleg hierfür wird Mohammed zitiert, der immer die Seelen der Verstorbenen zu grüßen pflegte, wenn er an einem Friedhof vorbeikam. Andere glauben, daß sich alle Abgeschiedenen zusammen mit Adam im untersten Himmel befinden, weil der Prophet sie anläßlich seiner Nachtreise durch den Himmel (→*Mi'radsch*) dort gesehen habe. Wieder andere meinen, die Seelen der Gläubigen hielten sich in der Gestalt von weißen Vögeln unter dem Thron Gottes auf (was auf einer jüdischen Tradition beruht).

Al-Baidawi sagt, daß die Seelen der Frevler in eine Schlucht mit dem Namen →*Sidschin* gebracht würden. Außerdem gibt es eine Tradition, nach der Mohammed gesagt habe, daß die Seelen der Frevler bis zum Tag des Gerichts Qualen zu erdulden hätten.

Seelenwanderung →*Tanasukh*

Sekten, muslimische

Arabisch *Firqa*, Plural *Firaq*. Schon Mohammed selbst hat vorausgesagt, daß sich seine Nachfolger in zahlreiche Sekten aufsplittern würden.

'Abdu'llah ibn 'Umar überliefert, daß der Prophet gesagt habe: »Wahrlich, auch meinem Volk wird das widerfahren, was auch den Kindern Israels widerfahren ist. Die Kinder Israels wurden in zweiundsiebzig

Sekten aufgesplittert, und mein Volk wird in dreiundsiebzig Sekten geteilt sein. Jede dieser Sekte wird zur Hölle fahren, außer einer einzigen.« Darauf hätten ihn seine Anhänger gefragt: »O Prophet, und welche wird das sein?« Und dieser antwortete: »Die Religion, zu der ich und meine Gefährten uns bekannten.«

Die Zahl hat bis heute allerdings bei weitem die Vorhersage des Propheten überschritten, und die Sekten des Islam übertreffen an Anzahl und Vielfalt sogar die der christlichen Religion. Scheich 'Abdu'l-Qadir sagte, daß es mindestens einhundertfünfzig muslimische Sekten gebe.

Die Sunniten beanspruchen für sich selbst die Bezeichnung →*Nadschiya*, »die Geretteten« (was allerdings auch alle anderen religiösen Gruppen tun), aber innerhalb der sunnitischen Hauptgruppe gibt es vier Untergruppen, die allgemein als »orthodox« bezeichnet werden und die sich in erster Linie durch geringfügige Abweichungen im Bereich des Ritus und der Gesetzesinterpretation unterscheiden. Diese vier orthodoxen Gruppen oder Schulen sind:

1. Die *Hanafiya*, gegründet vom Imam Abu Hanifa, der im Jahre 699 n. Chr. in Kufa geboren wurde, zu einer Zeit, als noch vier der Gefährten Mohammeds lebten. Er ist das große Licht der Rechtsprechung, und er begründete zusammen mit seinen Schülern Imam Abu Yusuf und Imam Muhammad die hanafitische Schule der Rechtsprechung.

2. Die *Schafi'iya*, gegründet von Imam Muhammad ibn Idris asch-Schafi'i, der im Jahre 767 n. Chr. in Askalon in Palästina geboren wurde.

3. Die *Malakiya*, gegründet von Imam Malik, der 716 n. Chr. in Medina geboren wurde. Er war mit Abu Hanifa befreundet und galt als der gelehrteste Mensch seiner Zeit.

4. Die *Hanbaliya*, gegründet von Abu 'Abdi'llah Ahmad ibn Muhammad ibn Hanbal, der im Jahre 780 n. Chr. in Bagdad geboren wurde. Er war ein Schüler des Asch-Schafi'i. Aus dieser Schule haben sich später die Wahhabiten entwickelt.

Die Schüler dieser vier großen Imame produzierten in der Folgezeit eine wahre Flut von Gesetzeskommentaren und anderen Werken, die sich alle im Detail unterschieden, aber in den Grundprinzipien übereinstimmten.

Der *Ghiyasu'l-Lughat* gibt die folgende Aufstellung der von

Mohammed vorhergesagten dreiundsiebzig Sekten, aufgeteilt in sechs Hauptgruppen mit je zwölf Sekten, und zusätzlich als 73. die *Nadschiya*, die oben behandelten orthodoxen Sunniten.

I. Die *Rafidiya*, die »Separatisten«, sind unterteilt in:

1. *'Alawiya*, die sagen, daß der Kalif 'Ali ein Prophet gewesen sei.
2. *Abadiya*, die sagen, daß der Kalif 'Ali göttlichen Wesens sei.
3. *Schu'aibiya*, die sagen, daß 'Ali der erste und der beste aller Kalifen gewesen sei.
4. *Ishaqiya*, die sagen, daß das Zeitalter der Prophetie noch nicht vorüber sei.
5. *Zaidiya*, die sagen, daß die Gebetsleitung nur ein Nachkomme 'Alis übernehmen darf.
6. *'Abbasiya*, die sagen, daß 'Abbas, der Onkel Mohammeds, der einzige rechtmäßige Kalif gewesen sei.
7. *Imamiya*, die sagen, daß niemals der Welt ein Imam der Banu Haschim fehlen werde.
8. *Narisiya*, die sagen, daß es Blasmephie sei, wenn jemand von sich behauptet, daß er besser als andere sei.
9. *Tanasukhiya*, die an die Seelenwanderung glauben.
10. *La'iniya*, die die Namen Talhab, Zubair und 'A'ischa verfluchen.
11. *Radschi'iya*, die sagen, daß 'Ali in den Wolken verborgen sei und wieder zur Erde zurückkehren werde.
12. *Murtadiya*, die sagen, daß es einem Muslim erlaubt sei, gegen den Imam zu kämpfen.

II. Die *Kharidschiya*, die »Fremden«, sind unterteilt in:

1. *Azraqiya*, die sagen, daß es heutzutage für Menschen nicht mehr möglich sei, eine göttliche Vision zu empfangen, da die Tage der Offenbarungen vorbei seien.
2. *Riyadiya*, die sagen, daß der Mensch durch gute Werke gerettet werde und nicht durch den Glauben.
3. *Tha'labiya*, die sagen, daß Gott den Handlungen der Menschen indifferent gegenüberstehe, so, als ob er schliefe.
4. *Dschazimiya*, die sagen, daß der wahre Glauben noch nicht offenbar geworden sei.
5. *Khalfiya*, die sagen, daß die Flucht sogar vor der doppelten Überzahl von Feinden für einen Muslim eine Todsünde sei.
6. *Kuziya*, die sagen, daß der Körper des Menschen nicht zum Gebet bereit sei, wenn er nicht vorher vollständig gereinigt wurde.
7. *Kanziya*, die sagen, daß Geben von Almosen nicht unbedingt erforderlich sei.
8. *Mu'tazila*, die sagen, daß

böse Taten nicht dem Gesetz Gottes entsprächen und daß deshalb die Gebete eines Sünders von Gott nicht akzeptiert würden, daß der Glauben des Menschen freier Wille sei, daß der Koran geschaffen wurde und daß Almosengeben und Gebete den Toten nichts nützen.

9. *Maimuniya*, die sagen, daß der Glaube an das Ungesehene absurd sei.

10. *Muhkamiya*, die sagen, daß Gott der Menschheit niemals seinen Willen offenbart habe.

11. *Siradschiya*, die sagen, daß das Beispiel der Heiligen ohne Bedeutung sei.

12. *Akhnasiya*, die sagen, daß es keine Strafe für die Sünde gebe.

III. *Dschabariya*, die »Leugner des freien Willens«, sind unterteilt in:

1. *Mudtariya*, die sagen, daß sowohl das Gute als auch das Böse von Gott stamme und der Mensch allein verantwortlich für seine Taten sei.

2. *Af'aliya*, die sagen, daß der Mensch für seine Taten verantwortlich sei, obwohl die Macht, zu handeln und zu schaffen, allein bei Gott liege.

3. *Ma'iya*, die sagen, daß der Mensch einen völlig freien Willen besitze.

4. *Tariqiya*, die sagen, daß allein der Glaube, unabhängig von den Taten des Menschen, ihn errette.

5. *Bakhtiya*, die sagen, daß es nicht gesetzlich sei, anderen Menschen zu geben, da jeder Mensch bekomme, was ihm Gott zubillige.

6. *Mutamanniya*, die sagen, daß gute Taten die Quelle von Glück und Wohlstand in der Welt seien.

7. *Kaslaniya*, die sagen, daß Strafe und Belohnung dem Menschen nur auf Grund seiner Taten zugemessen werden.

8. *Habibiya*, die sagen, daß, wie ein Freund seinem Freund niemals Schlechtes zufügen würde, auch Gott, welcher der Gott der Liebe sei, niemals seine eigene Schöpfung strafen werde.

9. *Khaufiya*, die sagen, daß, wie ein Freund seinem Freund niemals einen Schrecken einjagen würde, auch Gott sein Volk nicht durch das Gericht in Schrecken versetzen würde.

10. *Fikriya*, die sagen, daß Kontemplation besser als Gebet sei und Gott mehr gefalle.

11. *Hasabiya*, die sagen, daß es in der Welt kein Fatum und keine Prädestination gebe.

12. *Hudschatiya*, die sagen, daß, da alles in der Welt von Gott sei und Gott alles tue, der Mensch nicht für sein Tun, ob gut oder schlecht, verantwortlich zu machen sei.

IV. *Qadariya*, die »Bekenner des freien Willens«, sind unterteilt in:

1. *Ahadiya*, die die Gebote Gottes anerkennen, aber nicht die der Propheten.

2. *Thanawiya*, die sagen, daß es zwei ewige Prinzipien gebe, Gut und Böse; das Gute stamme von Yasdan, das Böse von Ahriman.

3. *Kaisaniya*, die sagen, daß unser Handeln von Gott stamme oder nicht.

4. *Schaitaniya*, die die Personalität des Satans leugnen.

5. *Scharikiya*, die sagen, daß der Glauben ungeschaffen sei.

6. *Wahmiya*, die sagen, daß die Handlungen des Menschen keine Konsequenzen nach sich zögen, ob sie gut oder schlecht seien.

7. *Ruwaidiya*, die sagen, daß die Welt ewig bestehen werde.

8. *Nakisiya*, die sagen, daß es gesetzlich sei, gegen den Imam oder den Kalifen zu kämpfen.

9. *Mutabarriya*, die sagen, daß die Buße von Sündern von Gott nicht akzeptiert wird.

10. *Qasitiya*, die sagen, daß der Erwerb von Wohlstand und Gelehrsamkeit eine von Gott befohlene Pflicht sei.

11. *Nazamiya*, die sagen, daß es erlaubt sei, von dem Allmächtigen als eine Sache zu sprechen.

12. *Mutawallifiya*, die sagen, daß es nicht feststehe, ob das Böse Gottes Willen entspricht oder nicht.

V. Die *Dschahimiya*, die Anhänger des Dschahim ibn Safwan, sind unterteilt in:

1. *Mu'attaliya*, die sagen, daß die Namen und Attribute Gottes geschaffen seien.

2. *Mutarabisiya*, die sagen, daß die Macht, das Wissen und die Absichten Gottes geschaffen seien.

3. *Mutaraqibiya*, die sagen, daß Gott einen Ort habe.

4. *Waridiya*, die sagen, daß jemand, der in die Hölle kommt, niemals wieder herauskomme und daß ein Gläubiger niemals in die Hölle müsse.

5. *Harqiya*, die sagen, daß die zur Hölle verdammten Menschen derartig brennen werden, daß sie in kurzer Zeit vernichtet sein werden.

6. *Makhluqiya*, die sagen, daß alle heiligen Schriften der Juden, Christen und Muslime geschaffen seien.

7. *'Ibariya*, die sagen, daß Mohammed ein Gelehrter und ein Philosoph gewesen sei, aber kein Prophet.

8. *Faniya*, die sagen, daß sowohl der Himmel als auch die Hölle verschwinden werden.

9. *Zanadiqiya*, die sagen, daß die Nachtreise des Propheten (→*Mi'radsch*) nur in seinem

Geiste stattgefunden habe und daß die Welt ewig bestehen und es keinen Tag des Gerichts geben werde.

10. *Lafziya*, die sagen, daß der Koran kein inspiriertes Buch sei, daß seine Lehren aber von Gott stammten.

11. *Qabriya*, die sagen, daß es keine Strafe im Grabe gebe.

12. *Waqifiya*, die sagen, daß es nicht sicher sei, ob der Koran geschaffen oder ungeschaffen sei.

VI. Die *Murdschi'a*, die »Zauderer«, sind unterteilt in:

1. *Tariqiya*, die sagen, daß nichts notwendig sei außer dem Glauben.

2. *Scha'iya*, die sagen, daß derjenige gerettet sei, der nur ein einziges Mal das Glaubensbekenntnis gesprochen hat.

3. *Radschiya*, die sagen, daß es zur Frömmigkeit nicht des Gebets bedürfe noch guter Werke.

4. *Schakkiya*, die sagen, daß ein Mensch nicht sicher sein könne, ob er glaubt oder nicht, weil der Glaube reiner Geist sei.

5. *Nahiya*, die sagen, daß der Glaube Wissen sei und daß derjenige, der die Gebote Gottes nicht kennt, keinen Glauben habe.

6. *'Amaliya*, die sagen, daß der Glauben nur in guten Werken bestehe.

7. *Manqusiya*, die sagen, daß der Glauben manchmal zu- und manchmal abnimmt.

8. *Mustathniya*, die sagen, daß der Glauben eines Menschen nur vom Willen Gottes abhänge.

9. *Asch'ariya*, die sagen, daß analytisches Denken in Glaubensdingen ungesetzlich sei.

10. *Bid'iya*, die sagen, daß es die Pflicht jedes Menschen sei, dem Herrscher zu gehorchen, auch wenn dieser unmoralische Befehle gibt.

11. *Mushabbihiya*, die sagen, daß Gott Adam buchstäblich nach seinem Bild geschaffen habe.

12. *Haschawiya*, die sagen, daß es im muslimischen Recht keinen Unterschied zwischen *wadschib*, *sunna* und *mustahabb* gebe.

VII. Die *Nadschiya*, »die Geretteten«, vervollständigen die Zahl dreiundsiebzig (siehe oben).

Der Autor des *Scharhu'l-Muwaqif* zählt acht Hauptgruppen innerhalb des muslimischen Glaubens auf:

1. Die Mu'tazila
2. Die Schiiten
3. Die Kharidschiten
4. Die Murdschi'a
5. Die Nadschariya
6. Die Dschabariya
7. Die Mushabbibiya
8. Die Nadschiya.

Selbstmord

Arabisch *Qatlu Nafsi-hi.* Wird nicht im Koran erwähnt, aber nach den Traditionen ist Selbstmord verboten, denn Mohammed soll gesagt haben: »Wer sich selbst tötet, wird das Feuer der Hölle erleiden.« Und: »Wer sich selbst tötet, wird für immer vom Paradies ausgeschlossen sein.« Es ist auch überliefert, daß Mohammed einem Selbstmörder die Begräbnisriten verweigerte, aber in islamischen Ländern ist es trotzdem üblich, einen Selbstmörder wie jeden anderen Toten zu bestatten.

Sem

Arabisch *Sam.* Einer der Söhne des Noah. Wird im Koran nicht erwähnt, sein Name erscheint jedoch in den Kommentaren.

Seth

Arabisch *Schith.* Der dritte Sohn Adams. Nach muslimischem Glauben ein inspirierter Prophet, dem Gott fünfzig Teile der Schrift offenbart hat.

Im vierten Jahrhundert gab es in Ägypten eine gnostische Sekte, die sich Sethianer nannte und Seth als göttliche Emanation ansah. Möglicherweise ist Mohammed dadurch angeregt worden, Seth für einen Propheten zu halten.

Siddiq

»Einer, der die Wahrheit spricht«. Wird im Koran für Idris benutzt (der im allgemeinen mit Enoch identifiziert wird), der als Mann von großer Wahrheitsliebe dargestellt wird. *As-Siddiq* ist ein Titel, der dem ersten Kalifen →*Abu Bakr* von Mohammed persönlich verliehen worden sein soll.

Sidratu'l-Muntaha

Wörtlich »der Lotos-Baum des Äußersten«. Ein Baum des siebten Himmels, der seine Wurzeln im sechsten Himmel hat. Seine Früchte sind groß wie Wasserkannen und seine Blätter wie Elefantenohren. →*Paradies*

Sure 53 8-18: »Dann näherte er (Gabriel oder der Engel) sich und kam heran. Er war zwei Bogenschüsse entfernt oder näher. Und er offenbarte seinem Diener, was er offenbarte. Was er sah, das Herz erlog es nicht. Wollt ihr ihm abstreiten, was er gesehen? Und bereits sah er ihn bei einem andren Herabsteigen. Beim Lotosbaum, am Endziel. Daneben der Aufenthaltsgarten. Da bedeckte den Lotosbaum, was ihn bedeckte. Es irrte (sein) Blick nicht und schweifte nicht. Nun sah er von den Zeichen seines Herrn das große.«

Sidschill
Ein Register, ein Gerichtsbeschluß, ein Urteil. Im Koran bezeichnet das Wort den Engel, der das Register, das die Schicksale der Menschen enthält, verwaltet, oder das Register selbst. Sure 21 104: »An jenem Tag rollen wir den Himmel zusammen, wie gerollt wird die Schriftrolle. Wie wir das Geschöpf zuerst hervorgebracht, so lassen wir es wiederkehren.«

Sidschin
Eine tiefe Schlucht, in der das Verzeichnis der Taten der Gottlosen aufbewahrt wird, oder das Verzeichnis selbst.
Im Koran heißt es in Sure 83 7-8: »Wahrlich, das Buch der Frevler ist in Sidschin. Was lehrt dich, was Sidschin ist? Ein geschriebenes Buch.«

Sieben Salams
Sieben Verse des Korans, in denen das Wort *Salam*, »Friede«, vorkommt:
Sure 36 58: »Friede sei das Wort, das Gott zu den Rechtschaffenen spricht.«
Sure 37 77: »Friede sei Noah und allen Geschöpfen.«
Sure 37 109: »Friede sei Abraham.«
Sure 37 120: »Friede sei Moses und Aaron.«
Sure 37 130: »Friede sei Elias.«
Sure 37 181: »Friede sei seinen Gesandten.«
Sure 97 5: »Friede sei bis zum Anbruch des Morgens.«
Diese Verse werden von frommen Muslimen gesprochen, wenn sie krank sind oder sich in einer Gefahr befinden. In manchen Teilen der islamischen Welt ist es üblich, diese Verse aufzuschreiben, sie dann von dem Papier abzuwaschen und das Waschwasser als magischen Trank gegen alles Übel zu trinken.

Siegel der Prophetie
→*Khatimu'n-Nubuwa*

Sifa
Plural *Sifat*. Ein Attribut. Bezeichnung der Attribute Gottes. Auch der Koran wird als eine *Sifa* des Allmächtigen angesehen.
Ismu's-Sifa ist die Bezeichnung für die einzelnen der 99 Attribute Gottes.

Sifatiya
Von *Sifat*, »Attribute«. Eine orthodoxe muslimische Glaubensgruppe oder Schule. Der orthodoxe sunnitische Muslim bezeichnet sich als *Sifati*, »Attributist« (im Gegensatz zu den *Mu'taziliten*, die den Glauben, daß die göttlichen Attribute ewig seien, ablehnen), und ist

der Überzeugung, daß die Attribute Gottes ewig und unveränderlich zum Wesen des Allmächtigen gehören.

As-Sihahu's-Sitta

Auch *Al-Kutubu's-Sitta* genannt, die »sechs korrekten Bücher«. Diese Bezeichnung tragen die sechs zuverlässigsten Traditionensammlungen, die von den →*Sunniten* anerkannt sind:

1. Muhammad Isma'il →*al-Bukhari*, 870 n. Chr.,
2. →*Muslim (2.)* ibn al-Hadschadsch, 874 n. Chr.,
3. Abu 'Isa Muhammad →*at-Tirmidhi*, 892 n. Chr.,
4. →*Abu Da'ud* as-Sidschistani, 888 n. Chr.,
5. Abu 'Abdi'r-Rahman →*an-Nasa'i*, 915 n. Chr. und
6. Abu 'Abdi'llah Muhammad →*Ibn Madscha*, 886 n. Chr.

Es soll insgesamt 1465 Sammlungen von Traditionen geben, obwohl die sechs oben aufgeführten die gebräuchlichsten sind.

Die Sammlungen von Al-Bukhari und Muslim genießen bei den Sunniten die höchste Reputation und werden deshalb auch *As-Sahihan*, »die beiden Authentischen«, genannt.

Sikandar

Das persische Wort für Alexander. Gemeint ist Alexander der Große. →*Dhu'l-Qarnain*

Sikh

Vom Pandschabi-Wort *Sikh* oder *Sikha* (Sanskrit *Schischya*), »Schüler«. Die Religion der Sikhs im Pandschab.

Die Sikh-Religion wurde von Nanak begründet, der 1469 n. Chr. in Nankana in der Nähe von Lahore geboren wurde und 1538 oder 1539 n. Chr. starb. Sein Ziel war es, eine Synthese zwischen dem Islam und dem Hinduismus herzustellen. Seine Lehren sind im *Adi Granth*, dem heiligen Buch der Sikhs, niedergelegt, das um 1604 n. Chr. vom Guru Ardschun zusammengestellt wurde.

Zentralpunkt der Sikh-Religion ist die Einheit Gottes. Den zahllosen Göttern des hinduistischen Pantheons wird ein Status zugeordnet, der sie etwa mit Engeln gleichsetzt.

Die Seele des Menschen gilt als ein Strahl des göttlichen Lichtes, und folglich ist sie von Natur aus frei von Sünde. Die Sünde wird verursacht durch eine Kraft, die Maya, »Verblendung«, genannt wird, und diese Kraft verhindert, daß sich die Seele von der Materie lösen kann. Damit sich die Seele von der Verblendung reinigen kann, muß sie viele Folgen von Tod und Wiedergeburt durchlaufen. In der Sikh-Religion ist wie im Buddhismus nicht die Erreichung des Paradieses das höchste Ziel, sondern die vollständige Auflösung der individuellen Existenz, und die höchste Erfüllung ist erst erreicht, wenn man sagen kann: »Ich bin eins mit dem, was war, was ist und was sein wird.«

Die Sikhs wurden in ihrer frühen Geschichte von zehn religiösen Lehrern (Gurus) geführt, deren Namen und Todesdatum in nachfolgender Liste aufgeführt sind (alle Zeitangaben n. Chr.):

Guru Nanak	† 1538
Guru Angad	† 1552
Guru Amar-Das	† 1574
Guru Ram-Das	† 1581
Guru Ardschun	† 1606
Guru Har-Govind	† 1638
Guru Har-Rai	† 1660
Guru Har-Kisan	† 1664
Guru Tegh-Bahadur	† 1675
Guru Govind Singh	† 1708

Nach dem Tode des Gurus Govind Singh wurde das heilige Buch *Adi Granth* selbst zum unpersonellen ewigen Wegweiser.

Der letzte Guru hatte auch die Khalsa (»Bund der Reinen«) begründet, deren Mitglieder ihr Haar ungeschnitten tragen und ihrem Namen den Zusatz »Singh«, »Löwe«, anfügen.

Silsila

Wörtlich »Kette«.

1. Die Nachfolgekette eines religiösen Ordens, die bis zu einem bedeutenden Religionsführer oder einem der vier rechtgeleiteten Kalifen zurückverfolgt werden kann.
2. Eine ungebrochen gültige →*Tradition.*

Simon Petrus

Im Koran nicht namentlich erwähnt, aber Al-Baidawi sagt, daß er der Apostel war, der den beiden Jüngern (es sollen Johannes und Judas gewesen sein), die in Antiochia im Gefängnis waren, zu Hilfe kam, von dem es in Sure 36 13 heißt: »Und wir stärkten sie durch einen dritten.«

Simsar

Im muslimischen Recht die Bezeichnung für einen Makler oder Agenten.

Sinai

Arabisch *Saina'*, im Koran *Turu Saina'* oder *Turu Sinin.*

Der Berg Sinai wird im Koran als der Berg erwähnt, auf dem →*Moses* von Gott die →*Gesetzestafeln* in Empfang nahm (Sure 7 146), und als der Ort, an dem Gott die Propheten versammelte und einen Vertrag mit ihnen schloß. In Sure 95 2

schwört Gott »beim Berge Sinai«, und in Sure 23 20 heißt es: »Und den Busch, der aus dem Berge Sinai hervorwächst, der das Öl hervorbringt und Tunke zur Mahlzeit.«
Al-Baidawi sagt, daß Moses die Gesetzestafeln auf einem Berg namens Dschabal Zubair empfing.

SINGEN
Arabisch *Ghina'*, »Gesang«. Unter den muslimischen Theologen gilt Singen generell als ungesetzlich, und diese Einschätzung beruht auf einer von →*Dschabir* überlieferten Tradition, nach der Mohammed gesagt haben soll: »Das Singen und das Hören von Gesang erzeugt Heuchelei in den Herzen der Menschen, wie der Regen das Korn auf dem Felde wachsen läßt.«
Scheich 'Abdu'l-Haqq sagt über diese Tradition, daß dieselbe keinerlei Autorität besitze, und fügt hinzu: »Die Kommentatoren stimmen darin überein, daß es keine einzige Tradition gibt, die das Singen verbietet.«
Die →*Sufis,* die in ihren Gottesdiensten auch den Gesang verwenden, sind der Auffassung, daß Mohammed nur Lieder zweifelhaften Charakters verboten habe.
Trotzdem stehen die meisten bedeutenden Gelehrten dem Gesang mit Abneigung gegenüber.

SINTFLUT
Arabisch *Tufan*. Die Geschichte der Sintflut wird im Koran als »geheime Kunde, die wir euch offenbaren« (Sure 11 51) bezeichnet. Ihre Darstellung findet sich dort an folgenden Stellen:
Sure 69 11: »Wahrlich, als das Wasser überflutete, trugen wir euch in der schwimmenden (Arche). Daß wir sie euch zur Ermahnung machen, und das verwahrende Ohr sie verwahret.«
Sure 54 9-21: » Der Lüge zieh vor ihnen schon das Volk Noahs; sie schalten unsren Diener lügenhaft und sprachen: ›Besessener!‹ Und er wurde verjagt. Und er rief seinen Herrn an: ›Ich bin überwältigt, so verteidige mich.‹ Da öffneten wir die Pforten des Himmels mit sich ergießendem Wasser. Und die Erde ließen wir Quellen sprudeln, daß die Wasser sich begegneten, nach dem festen Ratschluß. Und wir trugen ihn auf einem Gefüge aus Brettern und Nägeln. Es fuhr dahin unter unsren Augen; ein Entgelt für den, der geleugnet ward. Und wir ließen es als Zeichen zu-

rück; aber ist jemand ermahnt? Doch wie war meine Strafe und Drohung! Und leicht machten wir den Koran zur Ermahnung, aber ist jemand ermahnt? Die ʻAditen ziehen der Lüge; aber wie war meine Strafe und Drohung! Wahrlich, wir sandten über sie einen gewaltigen Sturmwind an einem furchtbaren, unheilvollen Tag. Der die Menschen niederwarf, so daß sie entwurzelten Palmenstämmen glichen. Und wie war meine Strafe und Drohung!«

Sure 11 27-51: »Bereits sandten wir Noah zu seinem Volk: ›Ich bin euch ein öffentlicher Warner. Daß ihr nur Gott allein verehret, sonst fürchte ich für euch die Strafe des schmerzhaften Tags.‹ Es antworteten aber die Ratsherren seines Volks, die ungläubig waren: ›Wir sehen in dir nur ein Fleischwesen wie wir, und niemand sehen wir dir folgen, bis auf unsre Gemeinen, nur einsichtslos, auch sehen wir an euch nicht des Vorzugs über uns. Nein, wir halten euch für Lügner.‹ Er erwiderte: ›Mein Volk, schaut her, wenn mir deutliche Beweise von meinem Herrn geworden und seine Barmherzigkeit mir von ihm gegeben, die euch aber verborgen bleibt, sollten wir sie euch aufnötigen, und euch ist sie zuwider? O mein Volk, ich verlange dafür kein Geld von euch; mein Lohn ist allein bei Gott, und ich verstoße nicht die Gläubigen. Siehe, begegnen werden sie ihrem Herrn, jedoch sehe ich, daß ihr ein unwissendes Volk seid. Und, o mein Volk, wer hülfe mir wider Gott, wenn ich sie verstöße? Wollt ihr euch denn nicht ermahnen lassen? Und nicht spreche ich zu euch: Bei mir sind Gottes Schätze; auch nicht: Ich weiß das Verborgene; auch spreche ich nicht: Ich bin ein Engel. Und ich spreche nicht von denen, die eure Augen verachten: Nimmer wird Gott ihnen Gutes geben. Gott weiß sehr wohl, was in ihren Seelen ist; siehe, sonst gehörte ich wahrlich zu den Sündern.‹ Sie sprachen: ›O Noah schon hast du mit uns gestritten und viel des Streitens mit uns gemacht. So bring uns, was du androhst, so du zu den Wahrhaften gehörst.‹ Er sprach: ›Bringen wird es euch Gott nur, wann er will, und ihr könnt ihn nicht schwächen. Und nicht frommte euch mein Rat, wollte ich euch raten, wenn Gott euch irreführen will. Er ist euer Herr, und zu ihm müßt ihr zurückkehren.‹ Oder sprechen sie: ›Er hat ihn ersonnen?‹ Sprich: ›Habe ich ihn ersonnen, so komme auf mich meine Schuld; ich aber habe nichts mit eurer Verschuldung zu schaffen.‹ Und Noah wird geoffenbart: ›Niemand sonst von deinem Volk wird glauben, als wer bereits glaubt, betrübe dich nicht über ihr Tun. Und baue dir die Arche vor unseren Augen und nach unserer Offenbarung, und sprich mir nicht weiter von den Ungerechten; siehe, sie sollen ertrinken.‹ Und er machte die Arche, und sooft die Häupter seines Volkes an ihm vorübergingen, verspotteten sie ihn. Er sprach: ›Verspottet ihr uns, siehe, so werden wir über euch spotten, wie ihr spottet. Und wahrlich, dann werdet ihr wissen, zu wem eine Strafe kommt, die ihn mit Schande bedeckt, und auf wen eine immerwährende Strafe niederfährt.‹ So begab es sich, bis daß unser Befehl kam und der Ofen siedete. Wir sprachen: ›Bring von allem ein Pärchen hinein und deine Familie, mit Ausnahme dessen, über den der Spruch zuvor erging, und die Gläubigen.‹ Mit ihm aber glaubten nur wenige. Und er sprach: ›Steigt in sie hinein. Im Namen Gottes sei ihre Fahrt und ihre Landung! Siehe, mein Herr ist wahrlich nachsichtig und barmherzig.‹ Und sie zog mit ihnen einher in Wogen gleich Bergen. Und Noah rief zu seinem Sohn, der sich abseits hielt: ›Mein Söhnchen, steig mit uns ein und sei nicht einer der Ungläubigen.‹ Er sprach: ›Ich will mich auf einen Berg begeben, der mich vor dem Wasser schützen wird.‹ Er sprach: ›Keiner ist heute vor Gottes Befehl geschützt außer dem, dessen er sich erbarmt hat.‹ Da stürzte eine Woge zwischen sie, und er war von den Ertrunkenen einer. Dann ward gesprochen: ›O Erde, verschlucke die Wasser, o Himmel, halte inne!‹ Da versiegte das Wasser; der Befehl Gottes war vollbracht, und sitzen blieb sie auf dem →*Dschudi.* Es ward gesprochen: ›Vorbei mit dem Volk der Frevler.‹ Und Noah rief zu seinem Herrn und sprach: ›Herr, siehe, gehörte doch auch mein Sohn zu meiner Familie; wahrlich, deine Verheißung ist Wahrheit, und du bist der gerechteste der Richter.‹ Er sprach: ›O Noah, wahrlich, er gehörte nicht zu deiner Familie, denn siehe, sein Tun war nicht des Guten. Frage mich daher nicht um das, wovon dir keine Kenntnis ist; ich ermahne dich, sei nicht der Törichten einer.‹ Jener sprach: ›Herr, ich nehme meine Zuflucht zu dir, daß ich dich nicht frage um das, wovon mir keine Kenntnis ist; und wenn du mir nicht verzeihest und dich meiner erbarmst, bin ich der Verlorenen einer.‹ Es ward gesprochen: ›O Noah, steige herab mit Friedensgruß von uns, und Segen über dich und über Geschlechter von denen, die mit dir sind; und manche Geschlechter werden wir genießen lassen, dann aber wird sie von uns aus qualvolle Strafe treffen. Dies ist der geheimen Kunden eine, die wir dir offenbaren; du wußtest es bisher nicht, noch dein Volk.‹ «

SIRAT

Wörtlich »Weg«. Das Wort erscheint achtunddreißigmal im Koran, und zwar fast immer im Sinne von *As-Siratu'l-Mustaqim*, »der rechte Weg« der Religion, zum Beispiel Sure 3 44:
»Ich komme zu euch mit einem Zeichen von eurem Herrn; fürchtet Gott und hört auf mich. Wahrlich, Gott ist mein Herr und euer Herr, so verehret ihn. Dies ist der rechte Weg.«
In den muslimischen Traditionen und anderen Schriften wird er meist auf die Brücke über das Höllenfeuer bezogen, die als schmaler denn ein Haar und schärfer als ein Schwert beschrieben wird. Die Rechtschaffenen überqueren diese Brücke schnell wie der Blitz, die Frevler aber stürzen in das Feuer.

AS-SIRATU'L-MUSTAQIM

»Der rechte Weg«. →*Sirat*

SIRIUS

Arabisch *Asch-Schi'ra*, »Hundsstern«. Gott wird im Koran in Sure 53 55 *Rabbu'sch-Schi'ra* genannt, »Herr des Hundssterns«. Die Kamalan genannten Kommentatoren sagen, daß diese Erwähnung darauf beruhe, daß die Banu Khuza'a in der Zeit vor Mohammed den Hundsstern als Gottheit verehrt hätten.

SITZEN

Arabisch *Dschulus*. In den Traditionen wird sehr genau dargestellt, wie Mohammed zu sitzen pflegte.
→*Ibn 'Umar* sagt: »Ich sah ihn, wie er mit angezogenen Knien auf dem Boden saß, die Fußflächen auf der Erde und mit den Armen seine Beine umfassend.«
→*Dschabir* sagt: »Ich sah wie er zurückgelehnt dasaß, einen Arm auf ein Kissen gebettet.«
Und noch einmal Dschabir: »Der Prophet pflegte nach dem Morgengebet mit untergeschlagenen Füßen dazusitzen, bis die Sonne aufging.«
Beim öffentlichen Gebet pflegen die Muslime auf dem Boden zu sitzen. Bei gesellschaftlichen Anlässen sitzen Leute von

untergeordneter sozialer Stellung niedriger als Ranghöhere.

Sklaverei

Arabisch *'Ubudiya.* »Sklave« heißt *'Abd* oder *Mamluk*; »Sklavin« *Ama.* Der im Koran üblicherweise für »Sklave« benutzte Begriff ist *Ma malakat aimanu-kum*, »das, was eure rechte Hand besitzt«.

Mohammed fand die Sklaverei als bestehende gesellschaftliche Einrichtung vor, sowohl bei den Juden als auch bei den Arabern; im Koran wird sie daher als gegeben vorausgesetzt, jedoch nicht institutionalisiert.

Die Lehren des Korans in bezug auf die Sklaverei:

1. Muslime dürfen soviele Sklavinnen als Konkubinen haben, wie sie wollen.

Sure 4 3: »So heiratet von den Weibern, soviel euch beliebt, zwei, drei oder vier; fürchtet ihr aber, nicht gerecht zu handeln, dann eine, oder (Sklavinnen) die unter eurer Hand stehen; dies nähert, damit ihr nicht frevelt.«

Sure 4 29: »Ist jemand von euch mit seinem Vermögen nicht imstande, gläubige Ehefrauen zu heiraten, so nehme er von denen, die unter eurer Hand stehen (Sklavinnen), von gläubigen Dienerinnen.«

Sure 33 49: »O Prophet, wir erlaubten dir deine Frauen, denen du ihre Morgengabe gegeben (Sklavinnen), über die deine Rechte verfügt, die Gott dir unterstellt.«

2. Muslime dürfen verheiratete Frauen besitzen, wenn es sich um Sklavinnen handelt.

Sure 4 28: »Verboten sind euch verheiratete Frauen, es sei denn diejenigen, die unter eurer Hand stehen.«

→*Al-Dschalalan,* die Kommentatoren sagen zu diesem Vers: »Das heißt, es ist erlaubt, mit Frauen geschlechlich zu verkehren, die in Gefangenschaft geraten sind, auch wenn ihre Männer noch leben.«

3. Die hilflose Stellung eines Sklaven im Verhältnis zu seinem Herrn wird im Koran in Sure 16 77 deutlich gemacht: »Gott prägt ein Gleichnis von einem leibeigenen Sklaven, der über nichts vermag, und einem, den wir versorgt mit schöner Versorgung und der davon spendet heimlich und öffentlich. Gleichen sie einander? Preis Gott, nein. Aber die meisten wissen es nicht.«

4. Muslime sollen ihre Sklaven gut behandeln.

Sure 4 40: »Zu den Eltern seid lieb sowie zu Verwandten, Waisen, Armen, zu dem Nachbarn, der nahe ist, und dem Nachbarn, der ferne ist, dem Genossen an der Seite, dem Wanderer und zu denen, die unter eurer Hand stehen.«

5. Wenn ein Sklave in der Lage ist, sich selbst freizukaufen, dann ist es die Pflicht eines Muslims, ihn freizugeben.

Sure 24 33: »Und wenn welche von denen, über die eure Rechte verfügt, einen Freibrief wünschen, dann schreibt ihnen diesen, wenn ihr von ihnen Gutes wisset, und gebet ihnen vom Besitz Gottes, den er euch gegeben.«

Aus diesen Vorschriften des Korans wird deutlich, daß alle im Krieg gefangengenommenen weiblichen oder männlichen Sklaven der rechtmäßige Besitz ihres Herrn sind.

Aus den *Traditionen* läßt sich entnehmen, daß Mohammed Gefangene gewöhnlich entweder tötete oder zu Sklaven machte. Wenn ein Gefangener noch auf dem Schlachtfeld zum Islam übertrat, war er ein freier Mann. Wenn er jedoch erst später konvertierte, befreite ihn dies nicht mehr aus der Sklaverei. Sklaven, die zum islamischen Glauben übertreten, erhalten nicht automatisch die Bürgerrechte, außer wenn ihr Herr ein Ungläubiger ist. In einem solchen Fall allerdings hat der Übertritt zum Islam ihre alsbaldige Freilassung zur Folge.

Der Prophet empfiehlt die Freilassung von Sklaven, und besonderer Segen liegt auf einer solchen Handlungsweise; allerdings bezieht sich diese Empfehlung ausschließlich auf Sklaven muslimischen Glaubens.

Nach →*Abu Huraira* soll der Prophet gesagt haben: »Wer einem muslimischen Sklaven die Freiheit gibt, den wird Gott Glied für Glied aus dem Höllenfeuer auslösen.«

Abu Dharr soll den Propheten gefragt haben, welchen Sklaven man am besten freilassen solle, und Mohammed habe geantwortet: »Den, der am teuersten war und der dem Herrn der liebste ist.«

Ein Araber fragte einst den Propheten, welcher der sicherste Weg ins Paradies sei, und Mohammed antwortete: »Lasse einen Sklaven frei oder hilf einem Sklaven dabei, sich freizukaufen.« (Siehe auch weiter unter Freilassung von Sklaven.)

Weitere Aussprüche Mohammeds zum Thema Sklaverei:

»Es ist gut für einen Sklaven, wenn er regelmäßig zu Gott betet und die Arbeit für seinen Herrn ordentlich erledigt.«

»Wenn ein Sklave sich von dir freigekauft hat, dann sollst du ihn danach nicht mehr in deine Gegenwart lassen.«

»Seine Sklaven gut zu behandeln ist ein Weg zum Wohlstand, sie schlecht zu behandeln aber ist ein Weg in den Ruin.«

»Wenn jemand seinen Sklaven schlagen will, dieser aber im Namen Gottes um Verzeihung bittet, dann sehe er von der Bestrafung ab.«

»Es ist die Pflicht eines Herrn, seine Sklaven mit Kleidung und Nahrung zu versorgen, und er soll ihnen nichts auftragen, wozu sie nicht in der Lage sind.«

»Wenn eine Sklavin ein Kind von ihrem Herrn hat, dann ist sie nach seinem Tode frei.«

»Wenn jemand einen Sklaven freiläßt und dieser hat Besitz, dann gehört dieser Besitz dem Herrn, außer wenn der Herr bestätigt, daß der Besitz zum Zeitpunkt der Freilassung dem Sklaven gehörte.«

Sklavenhandel ist nach dem muslimischen Recht nicht nur erlaubt, sondern ein bedeutender Teil des Handelsrechts, in dem Sklaven ein reines Handelsgut sind. Die beiden folgenden Traditionen sind in bezug auf die Praxis Mohammeds in dieser Hinsicht von Interesse:

'Imran ibn al-Husain sagt: »Ein Mann ließ bei seinem Tod sechs Sklaven frei, und diese waren auch sein einziger Besitz. Der Prophet rief sie zu sich, teilte sie in drei Gruppen auf und ließ das Los werfen. Danach wurden zwei Sklaven freigelassen, und die vier anderen blieben in Sklaverei. Der Prophet aber sprach sehr ärgerlich über den Mann, der sie freigelassen hatte.«

→*Dschabir* sagt: »Wir pflegten zur Zeit des Propheten und Abu Bakrs die Mütter von Kindern zu verkaufen, aber 'Umar hat dies zu seiner Zeit verboten.«

Die *Freilassung von Sklaven* ist nach dem muslimischen Recht in folgenden Formen möglich:

1. *'Ataq*. Wörtlich »Macht«. Bezeichnet im Gesetz die bedingungslose und augenblickliche Freilassung eines Sklaven durch seinen Herrn. Diese Handlung ist gesetzlich, wenn sie durch eine freie, geistig gesunde und volljährige Person vorgenommen wird, die der tatsächliche Besitzer des Sklaven ist. Wenn eine solche Person zu ihrem Sklaven sagt: »Du bist frei«, »Du bist *mu'taq*«, »Du bist Gott geweiht« oder eine ähnliche Formulierung benutzt, dann ist der Sklave *ipso facto* augenblicklich frei, auch wenn der Besitzer die Worte nicht im Sinne einer Freilassung gemeint hatte.

2. *Kitaba*. Wörtlich »Schrift«. Bezeichnet die Freilassung eines Sklaven, der sich selbst frei-

kauft. Beruht auf einer Vorschrift des Korans, Sure 24 33: »Und wenn welche von denen, über die eure Rechte verfügt, einen Freibrief wünschen, dann schreibt ihnen diesen, wenn ihr von ihnen Gutes wisset, und gebet ihnen vom Besitz Gottes, den er euch gegeben.«
Die Freilassung in diesem Fall ist jedoch nicht zwingend vorgeschrieben, sondern gilt nur als empfehlenswert. Ein auf solche Weise freigelassener Sklave wird →*Mukatab* genannt, bis die Freikaufsumme vollständig bezahlt ist. In der Zeit zwischen dem Versprechen der Freilassung und der vollständigen Bezahlung der vereinbarten Summe genießt der *Mukatab* zwar eine gewisse Freiheit, unterliegt aber weiterhin gewissen Restriktionen. So kann er sich zwar frei bewegen, darf aber zum Beispiel ohne die Erlaubnis seines Herrn nicht heiraten.
3. *Tadbir.* Wörtlich »Vorkehrung, Plan«. In der Sprache des Gesetzes bezeichnet das Wort ein Versprechen des Besitzers eines Sklaven, ihn nach dem eigenen Tod freizulassen. Wenn der Herr zu dem Sklaven sagt: »Du bist ein *Mudabbir*«, dann kann der Sklave nach dem Tod seines Besitzers für sich und die Kinder, die ihm in der Zwischenzeit möglicherweise geboren wurden, die Freiheit beanspruchen.
4. *Istilad.* Wörtlich »das Recht der Nachkommen«. Ein juristischer Begriff, der den Akt der Anerkennung eines von einer Sklavin geborenen Kindes bezeichnet, wodurch dieselbe die Freiheit erlangt. Die Frau wird dann *Ummu'l-Walad* genannt, »die Mutter der Nachkommen«, und hat den Status einer Ehefrau inne, und auch ihr Kind ist frei.
5. Außerdem gibt es noch die Institution der Freilassung eines Sklaven zur Sühne einer Sünde. Wenn zum Beispiel jemand den →*Ramadan* nicht einhält, besteht die Buße dafür entweder in der Freilassung eines Sklaven oder darin, sieben Arme zu speisen.
Sklaven besitzen keine zivile Freiheit, sie stehen vollständig unter der Autorität ihres Besitzers, welchen Glaubens, Geschlechts und Alters dieser auch sein mag. Ein Sklave darf keinen Besitz haben, wenn ihm dies von seinem Herrn nicht erlaubt wird. Der Besitzer ist sein absoluter Herr, und er kann, wenn es ihm gefällt, von der Person und den Fähigkeiten seines Sklaven beliebigen Gebrauch machen. Die Kinder einer Sklavin gehen wieder als Sklaven in den Besitz des Herrn

über, es sei denn, daß dieser sie als leibliche Kinder anerkennt, in welchem Falle sie den ehelichen Kindern gleichgestellt werden.
Der Herr kann, bis auf einige Ausnahmefälle, seine Sklaven nach Gutdünken verkaufen oder verschenken, und er kann sie verheiraten, wie er will, darf sie allerdings nach einer Verheiratung nicht mehr trennen.
Die Ergreifung eines entflohenen Sklaven ist eine lobenswerte Tat, und die Person, die ihn festgenommen hat, soll ihn zur Obrigkeit bringen und eine Belohnung in Empfang nehmen.
Das Zeugnis einer Person, die Besitz eines anderen ist – ein Sklave also –, ist vor Gericht nicht zugelassen, da eine Zeugenaussage ein autoritativer Vorgang ist. Da ein Sklave keine Autorität über seine eigene Person hat, kann er *a fortiori* keine Autorität über andere haben.
Da die Rechte und die Möglichkeiten eines Sklaven geringer sind als die einer freien Person, sieht das →*Gesetz* als eine Art Ausgleich vor, daß ein Sklave in vielen Fällen bei Gesetzesübertretungen nur mit der Hälfte des Strafmaßes zu rechnen hat wie ein Freier. Was allerdings die Strafe für →*Diebstahl* betrifft, gibt es keinen Unterschied zwischen einem freien Muslim und einem Sklaven, und die Hand des Sklaven wird ebenso abgeschlagen wie die des Freien.

SKULPTUREN
Die Herstellung von geschnitzten, gemeißelten oder gehauenen Figuren ist unter dem Überbegriff *Ansab* (»Idole«) nach dem Koran verboten (Sure 5 92).

SODOM
Arabisch *Sadum*, »Die Stadt des Lot«. Die Stadt wird im Koran nicht namentlich genannt, aber die Kommentatoren sind sich einig, daß sie zu den »umgestürzten Städten« gehört, die in Sure 9 71 und 69 9 erwähnt werden. Bei den Muslimen ist die Stadt mit der »Sodomie« assoziiert, dem Verbrechen wider die Natur, das auf arabisch *Liwata* heißt. Homosexualität ist nach dem muslimischen Gesetz verboten.

SODOMIE
Nach Auffassung der muslimischen Rechtsgelehrten ist Sodomie das Ergebnis von höchst schlechtem Geschmack und äußerster Gefühlsverrohung. Sie wird aber nicht als so schwerwiegend wie Hurerei eingeschätzt, und der Sodomit

wird mit einer leichten Strafe (→*Ta'zir*) belegt, das beteiligte Tier aber wird getötet; handelt es sich um eine eßbare Spezies, wird es verbrannt.
Hier ist das muslimische Recht wesentlich liberaler als das mosaische Gesetz: Nach ihm wurde ein Sodomit in jedem Falle getötet.

SOHN
Arabisch *Ibn*, Plural *Banu*; *Walad*, Plural *Aulad*.
Ein Sohn darf vor Gericht nicht zugunsten seiner Eltern aussagen. Ein Sohn kann nicht der Sklave seines Vaters sein. Ein Vater kann seinen Sohn töten, ohne wegen Mordes bestraft zu werden.
Nach dem muslimischen Erbrecht teilen sich mehrere Söhne zu gleichen Teilen in das Erbe des Vaters, wobei dem ältesten Sohn der Säbel, der Koran, der Siegelring und die Ehrenkleider des Vaters zufallen.

SONNENFINSTERNIS →*Mondfinsternis*

SPEIEN →*Spucken*

SPINNE
Arabisch *'Ankabut*. Al-'Ankabut ist der Titel der 29. Sure des Korans, in deren 42. Vers das Gleichnis von der Spinne zu finden ist: »Das Gleichnis derer, die Beschützer außer Gott annehmen, ist als wenn eine Spinne sich ein Haus macht. Wahrlich, das schwächste der Häuser ist gewiß das Haus der Spinne. Wollten sie es doch verstehen!«

SPITZNAMEN
Arabisch *Nabaz*, Plural *Anbaz*. Jemanden mit Spitz- oder Spottnamen zu belegen, ist vom Koran verboten. Sure 49 11: »O ihr, die ihr glaubt, nicht spotten sollen Leute über Leute, vielleicht sind diese besser als jene, und nicht Weiber über Weiber, vielleicht sind diese besser als jene. Verleumdet euch nicht (gegenseitig) und beschimpft euch nicht mit Spottnamen.«
Dieser Vers soll entstanden sein, als →*Safiya,* eine der Frauen Mohammeds, sich beklagte, daß die anderen Frauen sie wegen ihrer jüdischen Herkunft aufgezogen hatten. Mohammed soll ihr geantwortet haben: »Warum erwiderst du ihnen nicht: ›Aaron ist mein Vater, Moses ist mein Onkel, und Mohammed ist mein Mann.‹ «

SPUCKEN
Nach den Traditionen müssen Muslime zur linken Seite hin ausspucken und den Speichel mit Erde bedecken. In der Mo-

schee auszuspucken ist nicht erlaubt. →*Gebet*

Mohammed soll gesagt haben: »Wenn du beim Gebet stehst, dann spucke nicht vor dich, denn du befindest dich dann in Gottes Gegenwart. Spucke auch nicht zu deiner rechten Seite, denn dort steht ein Engel. Spucke also zur linken Seite oder unter deine Füße und wirf Erde darüber.«

Standarten

Arabisch *'Alam*, Plural *A'lam*. Über die von Mohammed benutzten Standarten wird in den Traditionen folgendes gesagt:

Mohammedanische Standarten

→*Dschabir* berichtet: »Der Prophet zog in Mekka mit einer weißen Fahne ein.«
→*Ibn 'Abbas* sagt: »Der Prophet hatte zwei Standarten, eine große schwarze und eine kleine weiße.«
Al-Bara' ibn 'Azib überliefert: »Die Fahne war, wie ich mich erinnere, quadratisch und schwarz mit verschiedenfarbigen Mustern.«
In der Auseinandersetzung zwischen den Schiiten und den Sunniten wählten die Fatimiden Grün als die Farbe ihrer Fahnen, während die Banu Umaiya weiße Fahnen hatten. Das Zeichen des Halbmondes wurde erst nach der Einnahme von Byzanz zu einem muslimischen Emblem, denn der Halbmond war schon lange Zeit vorher ein Symbol der Unabhängigkeit Konstantinopels gewesen. →*Halbmond*
Im Monat →*Muharram* werden anläßlich der Feierlichkeiten zu Ehren von →*Husain* und →*Hasan* besondere Muharram-Standarten getragen, die sehr vielfältig in ihrer Form und Gestalt sein können.
Nach den Traditionen wird der →*Mahdi* in den letzten Tagen der Menschheit mit einer schwarzen Fahne erscheinen, und es hat den Anschein, daß die schwarze Fahne das ursprüngliche Signum des Islam gewesen ist, obwohl die Wahhabiten von jeher grüne Fahnen getragen haben.

STATUEN →*Skulpturen*

STEINIGUNG
Arabisch *Radschm*. Nach dem muslimischen Gesetz steht die Strafe der Steinigung nur auf →*Ehebruch* (nach dem mosaischen Gesetz wurden auch Götzenanbeter und Meineidige gesteinigt). Diese Strafe beruht nicht auf dem Koran, der für dieses Delikt hundert Peitschenhiebe vorsieht (Sure 24 2), sondern auf den Traditionen. So soll Mohammed gesagt haben: »Gott hat befohlen, einen Mann oder eine Frau, die unverheiratet sind und Unzucht begehen, mit hundert Schlägen und der Verbannung aus ihrer Stadt für ein Jahr zu strafen, wenn sie aber verheiratet sind, mit hundert Schlägen und Steinigung.«
Die →*Hidaya* legt folgende Regeln für die Durchführung einer Steinigung fest:
»Es ist notwendig, daß der zu steinigende Ehebrecher an einen verlassenen Ort gebracht wird, wo es keine Häuser und keinen kultivierten Boden gibt, und die Steinigung muß so durchgeführt werden, daß die

Zeugen mit der Steinigung beginnen, dann der Imam folgt und schließlich die Zuschauer. Dies entspricht der Art, wie sie 'Ali berichtet hat, außerdem ist der Umstand, daß die Zeugen beginnen sollen, eine Vorsichtsmaßnahme, denn es könnte sein, daß jemand einen anderen leichtfertig des Ehebruchs bezichtigt hat und daß er in dem Moment, wenn er die Strafe selbst vollziehen muß, sein Unrecht einsieht, seine Zeugenaussage zurückzieht und die Hinrichtung so ganz verhindert wird. Der Vollzug der Strafe ist auch dann hinfällig, wenn ein Zeuge stirbt oder verschwindet. Dies gilt nur, wenn die Verurteilung des Angeklagten auf der Grundlage von Zeugenaussagen stattfand, nicht aber, wenn sie auf Grund seines Geständnisses erfolgte. In diesem Falle beginnt der Imam oder der Kadi mit der Steinigung, und danach folgen die anderen, denn so hat es 'Ali berichtet. Wenn eine Frau gesteinigt werden soll, dann sollte ein hüfttiefes Loch in den Boden gegraben werden, in das sie hineinsteigen muß, denn so hat es der Prophet befohlen, als Ghamdiya gesteinigt wurde, und auch 'Ali befahl, ein Loch zu graben, als man Schuraha Hamdiani steinigte. Es ist jedoch unwesentlich, ob ein Loch gegraben wird oder nicht, denn der Prophet gab nie eine Anweisung in dieser Hinsicht und die Blöße der Frau ist durch ihre Kleidung hinreichend bedeckt. Jedoch ist es lobenswert, ein Loch für sie zu graben, denn auf diese Weise wird der Anstand im höchsten Maße gewahrt.

Es ist nicht gesetzlich, die zu steinigende Person vor der Exekution zu fesseln, außer diese ist ohne diese Maßnahme nicht durchführbar.

Der Leichnam der hingerichteten Person wird behandelt wie jeder andere Verstorbene, das heißt, die vorgeschriebenen Waschungen und Zeremonien sind wie immer durchzuführen.«

Sterben

Es gibt sehr genaue Vorschriften, wie ein muslimischer Sterbender zu behandeln ist. So sollen die Angehörigen den Kopf des Sterbenden wenn möglich so legen, daß er in Richtung Mekka blickt. Wenn das zu unbequem für ihn ist, so soll sein Körper in diese Richtung gelegt und sein Kopf leicht erhöht gelagert werden. Dann sollte die *Kalimatu 'sch-Schahada* rezitiert und die 36. und die 13. Sure aus dem Koran vorgelesen werden. Wenn er verschieden ist, soll sein Mund festgebunden werden, man soll seine Augen schließen und seine Arme ausgestreckt neben den Körper legen. Der Leichnam soll mit Duftwasser eingerieben werden, und keine unreine Person darf sich ihm nähern. Augenblicklich sollen die Vorbereitungen zur Leichenwaschung eingeleitet werden. →*Tod*

Steuern

Es gibt in den muslimischen Gesetzbüchern drei Bezeichnungen für Steuern: 1. *'Uschr*, »der Zehnte«, 2. *Kharadsch*, »Tribut«, und 3. *Dschizya*, »Kopfsteuer«.

1. *'Uschr.* Ländereien, deren Besitzer zum muslimischen Glauben übertreten oder die der →*Imam* unter den Truppen aufteilt, sind *'uschri*, das heißt der Steuer unterworfen, die den zehnten Teil der jährlichen Erträge ausmacht.

2. *Kharadsch.* Ländereien, die der Imam mit Waffengewalt erobert, danach aber wieder den ursprünglichen Besitzern zurückgegeben hat, sind *kharadschi*, das heißt tributpflichtig, denn es ist notwendig, daß die Ungläubigen einen Teil ihres Besitzes abzugeben haben, um den Strafcharakter deutlich zu machen. Die Höhe dieses Tributs variiert, sollte jedoch die Hälfte des jährlichen Ertrages nicht überschreiten.

3. *Dschizya*, die Kopfsteuer, die muslimische Herrscher von Untertanen erheben, die einer anderen Religion angehören, aber den Schutz des Staates beanspruchen. Von ihr gibt es zwei Arten : eine, die freiwillig, und eine andere, die zwangsweise gezahlt wird. Die Höhe der ersteren wird frei ausgehandelt. Die zweite wird vom Imam in eroberten Ländern den dortigen Bewohnern auferlegt und beträgt für einen reichen Mann vier Dirhem im Monat, für einen normal Begüterten zwei Dirhem im Monat und für einen Armen einen →*Dirham* im Monat. Die Steuer wird nur von Juden, Christen und Magiern erhoben, die arabischen Götzendiener und Glaubensabtrünnige müssen getötet werden. Nach Abu Hanifa wird sie nur von Männern verlangt, nach Asch-Schafi'i auch von Frauen und Kindern. Jemand, der die Kopfsteuer zahlt und dadurch unter dem Schutz des muslimischen Staates steht, wird →*Dhimmi* genannt.

Stillen

Nach Abu Hanifa beträgt die Säuglingszeit 30 Monate, seine

Schüler Yusuf und Muhammad veranschlagen sie auf zwei Jahre, Zufar auf drei Jahre.
Wenn eine Frau ein fremdes Kind stillt, werden alle zukünftigen ehelichen Verbindungen zwischen der Frau und dem Kind und ihren Verwandten bis zum vorgeschriebenen Grad ungesetzlich. Dasselbe gilt für den Fall, daß eine Frau zwei Kinder verschiedenen Geschlechts gleichzeitig stillt.

STOLZ

Arabisch *Kibr.* Ist nach dem Koran verboten. Sure 17 39: »Und wandle nicht voll Stolz auf Erden, denn nicht spalten wirst du die Erde, auch nicht zu den Bergen an Höhe gelangen.«

STRAFE

Die Strafen für Verbrechen und Vergehen sind im muslimischen Recht in drei Klassen eingeteilt: I. *Hadd*, II. *Qisas*, III. *Ta'zir*
I. →*Hadd*, Plural *Hudud* (wörtlich »das, was festgelegt ist«), bezeichnet die körperliche Strafe, deren Maß von Mohammed im Koran und in den Traditionen festgelegt wurde.
Diese Strafen sind:
1. Für Ehebruch: Steinigung;
2. Für Unzucht: 100 Peitschenhiebe;
3. Für die falsche Beschuldigung einer verheirateten Person wegen Ehebruchs: 80 Peitschenhiebe;
4. Für Apostasie: der Tod;
5. Für das Trinken von Wein: 80 Peitschenhiebe;
6. Für Diebstahl: Abschneiden der rechten Hand;
7. Für einfachen Straßenraub: Verlust der Hände und Füße; für Straßenraub in Verbindung mit Mord: Tod entweder durch das Schwert oder Kreuzigung.
II. →*Qisas*, wörtlich »Vergeltung«, ist die Strafe, die, obwohl gesetzlich festgelegt, durch die geschädigte Person oder im Falle von Mord durch deren Angehörige erlassen werden kann. Sie ist anwendbar im Falle von Mord und Körperverletzung. *Qisas* entspricht der Lex talionis des Moses: »Auge um Auge, Zahn um Zahn etc.«, aber indem Mohammed eine Kompensation des Unrechts durch Geld erlaubte, hat er sich von diesem Prinzip gelöst (Koran, Sure 2 173).
III. →*Ta'zir* ist die Strafe, die der Entscheidung des Kadis oder Richters überlassen bleibt.

STRASSE GOTTES

Arabisch *Sabilu'llah.* Ein Ausdruck, der im Koran und in den Traditionen jede gute und gottgefällige Tat bezeichnet, speziell aber die Teilnahme an einem Heiligen Krieg. →*Sabilu'llah*

STRASSENRAUB
Straßenraub ist nach dem mohammedanischen →*Gesetz* ein verruchtes Verbrechen, dessen Strafe im Koran, Sure 5 37, festgelegt wird: »Nur das ist die Vergeltung derer, die Gott bekämpfen und seinen Gesandten und Verderben auf Erden anstreben, daß sie erschlagen werden oder gekreuzigt, oder ihnen Hände und Füße wechselseitig abgeschlagen werden oder sie aus dem Land verbannt werden.«
Nach der →*Hidaya* gibt es vier Arten von Straßenräubern:
1. Diejenigen, die gefangen werden, ehe sie geraubt oder gemordet haben. Diese werden von der Obrigkeit in Haft genommen, bis ihre Reue evident ist.
2. Diejenigen, die geraubt, aber keinen Mord begangen haben. Ihnen wird die rechte Hand und der linke Fuß abgeschlagen.
3. Diejenigen, die gemordet, aber nicht geraubt haben. Sie werden zum Tode verurteilt.
4. Diejenigen, sie sowohl geraubt als auch gemordet haben. Bei diesen steht es dem Richter frei, ihnen erst die rechte Hand und den linken Fuß abzuschlagen und sie anschließend durch das Schwert oder durch Kreuzigung hinzurichten oder sie sofort ohne vorherige Amputation dem Tode zu überantworten.
Wenn auch nur ein einziges Mitglied einer Räuberbande des Mordes schuldig ist, werden alle anderen Bandenmitglieder ebenfalls zum Tode verurteilt.

STROM →*Nahr*

STUMMHEIT
Ein Stummer ist in jeder Hinsicht voll geschäftsfähig. Er kann mit Zeichen einen Ehevertrag abschließen und sich scheiden, er kann kaufen und verkaufen, und er kann Strafantrag stellen, allerdings nicht in einem Falle von Mord, der →*Qisas* (Vergeltung) nach sich ziehen würde. Dies gilt nur für Fälle von angeborener Stummheit, nicht in jenen von nachträglichem Sprachverlust.
Ein Stummer kann sich auch per Zeichensprache zum Glauben bekennen oder ihn ablehnen.

STUNDE
Arabisch *As-Sa'a.* Ein Begriff, der häufig im Koran für den Tag des Gerichts gebraucht wird, zum Beispiel Sure 6 31: »Wenn plötzlich die Stunde über sie kommt.«

SUBHA →*Rosenkranz*

Sufa

Banu Sufa. Ein Volksstamm im alten Arabien. Die Nachkommen von Tabikha und Elyas.

Sufis

Arabisch Singular *Sufi*, Plural *Sufiya*, die persische Pluralform ist *Sufiyan.* Angehörige jener Gruppierungen von muslimischen Mystikern, die sich zu den Prinzipien des →*Tasawwuf* bekennen. Die Etymologie des Wortes *Tasawwuf* ist unklar, und in der Literatur finden sich vier verschiedene Ableitungen:

1. vom arabischen *Suf*, »Wolle«, nach den Gewändern aus Wolle, die von vielen muslimischen Asketen getragen werden;
2. von *Safu*, »Reinheit«, als Hinweis auf das Ziel der Sufis, die metaphysische Reinheit zu erreichen;
3. vom griechischen *Sophia*, »Weisheit«;
4. von Sufa, einem arabischen Stamm, der in der »Zeit der Unwissenheit« sich von der Welt zurückzog und sich ganz dem Tempeldienst in Mekka widmete.

Die Sufis zerfallen in zahllose Sekten, was seinen Ausdruck in der Vielfalt der Derwisch- und Fakirorden findet; aber obwohl sie sich in Namen und religiösen Gebräuchen unterscheiden, stimmen sie doch fast alle in den Grundzielen ihrer Religion überein.

Die Grundlehren der Sufis.

1. Nur Gott existiert. Er ist in allen Dingen, und alle Dinge sind in ihm.
2. Alles sichtbare und unsichtbare Seiende ist eine Emanation Gottes und ist nicht wirklich verschieden von ihm.
3. Religionen sind im Grunde unwichtig; sie sind lediglich Möglichkeiten, die zu Wahrheiten führen können. Unter ihnen gibt es nützlichere und weniger nützliche, und der Islam gehört zu ersteren.
4. Es besteht im Grunde kein Unterschied zwischen dem Guten und dem Bösen, denn alles ist eins, und Gott ist der wahre Urheber aller menschlichen Handlungen.
5. Es ist Gott, der den menschlichen Willen bestimmt; der Mensch ist folglich nicht frei in seinem Handeln.
6. Die Seele existierte vor dem Körper und wird dort während der Lebenszeit des Menschen wie in einem Käfig gefangengehalten. Das wahre Ziel des Sufis sollte daher der Tod sein, denn dann kehrt seine Seele in den Schoß der Göttlichkeit zurück.
7. Durch diese Metempsychose werden Seelen gereinigt, die noch nicht bereit zur Wieder-

vereinigung mit der Göttlichkeit waren.

8. Ohne die Gnade Gottes kann niemand diese spirituelle Vereinigung erreichen, die Gnade aber kann man durch beharrliches Gebet erringen.

9. Die Hauptbeschäftigung der Sufis in der Zeit, in der sie in einem Körper gefangen sind, ist die Meditation über die Einheit Gottes, die Erinnerung an die Namen Gottes und das Fortschreiten auf der Reise des Lebens.

Die sufitische Reise.

Das menschliche Leben gleicht einer Reise (*Safar*), und der Gottsucher gleicht einem Reisenden (→*Salik*).

Die Aufgabe des Reisenden ist es, sich um die Erlangung des vollkommenen Wissens über Gott zu bemühen, das aus allen Dingen zu ihm spricht, denn die Seele ist in einem Exil von ihrem Schöpfer, und die menschliche Existenz ist eine Zeit der Verbannung. Der einzige Zweck des Sufismus besteht darin, die Seele Stufe um Stufe nach oben zu führen, bis das ersehnte Ziel erreicht ist, die vollkommene Vereinigung mit dem göttlichen Sein.

Der Naturzustand jedes Menschen ist das Menschsein (*Nasut*); in diesem Zustand hat er das Gesetz (→*Schari'a*) zu beachten. Aber dies ist die niedrigste Form der spirituellen Existenz, und so muß sich jeder Sucher nach dem wahren Wissen auf die Reise begeben, die ihn über verschiedene Stufen (*Manazil*) zum Ziel führt.

Die verschiedenen Stufen werden von den sufitischen Autoren unterschiedlich beschrieben, aber folgende Grundzüge gelten ziemlich allgemein:

Die erste Stufe ist wie gesagt das Menschsein (*Nasut*), in der alle Vorschriften der jeweiligen Religion zu beachten sind.

Die zweite Stufe ist die Natur der Engel (*Malakut*), wohin ein Pfad der Reinheit (*Tariqa*) führt.

Die dritte Stufe ist der Besitz von Macht (*Dschabrut*), die über Wissen (*Ma'rifa*) zu erreichen ist.

Die vierte Stufe ist die Auslöschung (→*Fana'*), das heißt das Aufgehen in der Gottheit, wohin die Wahrheit (→*Haqiqa*) führt.

Suhail ibn 'Amr

Einer der wichtigsten Führer der →*Koreischiten*. Er nahm an der Schlacht von →*Badr* teil und wurde bei dieser Gelegenheit gefangengenommen. Nach der Einnahme von Mekka trat er zum Islam über. Er soll etwa 640 n. Chr. gestorben sein.

SÜHNE

Sühne und Buße für Sünden, vernachlässigte Pflichten und andere Verfehlungen werden in der muslimischen Religion vom Opfer streng getrennt.

Im Koran gibt es zwei Wörter, die für »Sühne« stehen: *Kaffara*, von *kafr* (»verbergen«), und *Fidya*, von *fida* (»wechseln«).

Kaffara erscheint in den folgenden Versen:

Sure 5 49: »Und darin (Exodus 21 23) schrieben wir ihnen vor: Leben um Leben, Auge um Auge, Nase um Nase, Ohr um Ohr, Zahn um Zahn und Sühne für die Wunden. Wer es als Almosen vergibt, dem ist es eine Sühne. Wer aber nicht Recht spricht nach dem, was Gott herniedergesandt hat, ist ein Ungerechter.«

Sure 5 91: »Gott wird euch nicht strafen für ein unbedachtes Wort in euren Eiden, jedoch wird er euch für das bestrafen, was ihr absichtlich falsch beschworen habt. Als Sühne dafür sollt ihr zehn armen Leuten die Nahrung geben, die ihr gewöhnlich eurer Familie auftischt, oder sie kleiden oder einen Gefangenen befreien. Wer aber nicht die Mittel dazu hat, der faste drei Tage. Dies ist die Sühne eurer Eide, wenn ihr geschworen habt.«

Sure 5 96: »O ihr Gläubigen! Tötet kein Wild, wenn ihr auf der Pilgerfahrt seid. Und wer von euch dies absichtlich tut, der soll es ersetzen durch Vieh im gleichen Wert nach dem Spruch von zwei gerechten Männern unter euch, und es soll als Opfer zur Ka'ba gebracht werden. Oder er muß als Sühne die Armen speisen oder ersatzweise fasten, daß er die Konsequenzen seiner Tat schmecke. Gott vergibt das Vergangene, doch an dem, der es wiedertut, wird Gott Rache nehmen; denn Gott ist mächtig und sein die Rache.«

Fidya kommt in folgenden Versen vor:

Sure 2 180: »Wenn einer von euch krank ist oder auf Reisen, der faste die gleiche Anzahl von Tagen zu einer anderen Zeit; wer aber in der Lage ist zu fasten und es nicht tut, soll zur Sühne einen Armen speisen. Und wer freiwillig Gutes tut, dem soll Gutes geschehen, und Fasten ist gut für euch – wenn ihr es versteht.«

Sure 2 192: »Vollzieht die Pilgerfahrt und den Aufenthalt an den heiligen Stätten zur Ehre Gottes, wenn ihr aber durch eure Feinde daran gehindert seid, sendet ein kleines Opfer dorthin, und schneidet eure Haare nicht, bis das Opfer dort

angekommen ist. Wer aber von euch krank ist, der muß Sühne leisten durch Fasten, Almosen oder ein Opfer.«
Sure 57 13-14: »An jenem Tag sprechen die Heuchler und Heuchlerinnen zu den Gläubigen: ›Wartet auf uns, auf daß wir unser Licht an eurem entzünden.‹ Es wird gesagt werden: ›Kehrt um und sucht euch selbst ein Licht.‹ Aber zwischen ihnen wird eine Mauer mit einem Tor errichtet werden, und innen ist die Gnade und außen die Strafe. Sie werden schreien: ›Sind wir nicht bei euch gewesen?‹ Sie aber werden sprechen: ›Ja, aber ihr habt euch in Versuchung begeben, habt gezögert und gezweifelt, und eure Hoffnungen haben euch betrogen, bis Gottes Befehl kam, und in bezug auf Gott hat euch der Betrüger betrogen.‹ « – »An jenem Tage soll deshalb von euch und denen, die nicht glaubten, keine Sühne angenommen werden. Eure Wohnung ist das Feuer. Dies soll euer Herr sein, und schlimm ist die Reise dorthin.«
Allgemein definieren die Theologen die Begriffe *Kaffara* und *Fidya* als die Sühne, die Gott gebührt, während *Diya* und *Qisas* diejenige ist, die den Menschen zukommt. →*Geldbuße*, →*Opfer*

SULAIM

Banu Sulaim. Einer der mächtigsten Stämme im alten Arabien. Stammt von den Banu ʿAdwan ab.

SULAIMAN →*Salomon*

SULTAN

Ein Titel, den in neuerer Zeit der Herrscher der Türkei trug. Die wörtliche Bedeutung des Wortes ist »Stärke« oder »Macht«, und in diesem Sinne wird es auch im Koran benutzt, zum Beispiel Sure 54 29: »Meine Stärke hat mich verlassen.«

SÜNDE

Arabisch *Dhanb*, *Khati'a*, *Ithm*. Die muslimischen Gelehrten teilen die Sünden in zwei Hauptklassen ein, in *Kabira*, »schwere« Sünden, und *Saghira*, »läßliche« Sünden. Schwere Sünden sind jene Missetaten, für die ein Muslim, wenn er nicht Buße getan hat, in die den Muslimen vorbehaltene Abteilung der →*Hölle* kommt, während es sich bei den läßlichen Sünden um die Verfehlungen handelt, die auf die Unzulänglichkeit der menschlichen Natur zurückzuführen sind.
Unter den muslimischen Autoren besteht keine Einigkeit über die genaue Zahl der schweren

Sünden, aber im allgemeinen sind es siebzehn:

1. *Kufr*, Unglauben
2. Gewohnheitsmäßiges Begehen läßlicher Sünden
3. Verzweifeln an Gottes Erbarmen
4. Sich vor dem Zorn Gottes sicher fühlen
5. Falsche Zeugenaussage
6. *Qadhf*, einen Muslim fälschlich des Ehebruchs beschuldigen
7. Einen Meineid leisten
8. Zauberei
9. Wein trinken
10. Aneignung des Besitzes von Waisen
11. Zinsen verlangen
12. Ehebruch
13. Verbrechen wider die Natur
14. Diebstahl
15. Mord
16. In der Schlacht vor einem ungläubigen Feind fliehen
17. Ungehorsam gegenüber den Eltern.

Es folgen Aussagen Mohammeds zum Thema Sünde, wie sie in den Traditionen überliefert sind.

»Der ist kein Gläubiger, der Ehebruch begeht, der stiehlt, der berauschende Getränke trinkt, der raubt, der unterschlägt, wenn ihm Beutegut der Ungläubigen anvertraut wird. Hütet euch! Hütet euch!«

»Halte dich fern von sieben verderblichen Dingen, nämlich erstens etwas mit Gott gleichzusetzen, zweitens von der Magie, drittens jemanden ohne Grund zu töten, viertens Zinsen auf Geld zu nehmen, fünftens dir den Besitz eines Waisenkindes anzueignen, sechstens am Tage der Schlacht fortzulaufen und siebtens eine unschuldige Frau des Ehebruchs zu bezichtigen.«

»Setze nichts mit Gott gleich, auch wenn sie dich dafür töten oder verbrennen. Lehne dich nicht gegen deine Eltern auf, auch wenn sie von dir verlangen, deine Frauen, deine Kinder und deinen Besitz zu verlassen. Vernachlässige nicht die Gebete zu Gott, denn wer dies tut, verliert den Schutz Gottes. Trinke niemals Wein, denn dieser ist die Wurzel allen Übels. Halte dich dem Laster fern, denn es ruft den Zorn Gottes hervor. Laufe in der Schlacht nicht davon, auch wenn du getötet werden solltest. Wenn eine Pest über die Menschen kommt, und du bist in ihrer Mitte, dann bleibe dort. Sorge für deine Kinder und züchtige sie, damit sie gutes Betragen lernen, und erziehe sie in der Furcht Gottes.«

Sündenfall

Adams Sündenfall wird im Koran folgendermaßen dargestellt: Sure 2 33: »Und wir sprachen: ›O Adam! Bewohne nun mit deinem Weib den Garten, und esset von ihm in Hülle und Fülle, was immer ihr wollt, aber nähert euch nicht jenem Baume, sonst tut ihr Unrecht.‹

Aber Satan machte sie straucheln und verursachte ihre Verbannung von dem Ort, an dem sie waren. Und wir sprachen: ›Hinab mit euch! Der eine von euch ist des anderen Feind. Auf der Erde sei für eine Zeit eure Wohnung und euer Unterhalt.‹ «

Sure 7 18-24: »Und, o Adam, wohne du mit deinem Weib im Paradies und esset, wovon ihr wollt, aber nähert euch nicht jenem Baume, sonst tut ihr Unrecht.

Und es flüsterte ihnen der Satan ein, er wolle ihnen ihre Nacktheit zeigen, denn die sei vor ihnen verborgen worden. Und er sagte: ›Diesen Baum hat euch der Herr nur verboten, weil er nicht will, daß ihr Engel werdet oder ewig lebt.‹

Und er versicherte ihnen: ›Wahrlich, ich bin der, der euch guten Rat bringt.‹

Und so verführte er sie durch seine List, und als sie von dem Baume gekostet hatten, sahen sie ihre Nacktheit, und sie hefteten Blätter des Paradieses zusammen, um ihre Nacktheit zu bedecken. Und der Herr sprach zu ihnen: ›Habe ich euch nicht diesen Baum verboten, und habe ich euch nicht gesagt, daß Satan euer Feind ist?‹

Sie antworteten: ›O unser Herr! An uns selbst haben wir unrecht gehandelt, und wenn du uns nicht vergibst, werden wir verloren sein.‹

Er sagte: ›Hinab mit euch! Der eine von euch ist des anderen Feind. Auf der Erde sei für eine Zeit eure Wohnung und euer Unterhalt.‹

Er sprach: ›Auf der Erde sollt ihr leben, auf der Erde sollt ihr sterben, und aus ihr sollt ihr wieder befreit werden.‹ «

Sure 20 114-120: »Und wir schlossen vor langer Zeit einen Bund mit Adam, doch er vergaß ihn, und wir fanden keine Festigkeit in ihm.

Und als wir zu den Engeln sprachen: ›Fallt nieder und verehrt Adam‹, da fielen sie nieder, und nur Iblis (→*Teufel*) weigerte sich. Und wir sagten: ›O Adam, sieh, dieser ist dein Feind und der deiner Frau. Lasse dich von ihm nicht aus dem Paradies treiben, auf daß du elend werdest.

Denn dir ist bestimmt, daß du dort nicht Hunger leidest und nicht nackt bist,

auch sollst du nicht dürsten

und nicht unter der Hitze leiden.‹
Aber Satan flüsterte ihm zu: ›O Adam, soll ich dich zum Baum der Ewigkeit und des immerwährenden Reiches führen?‹
Und sie aßen beide davon, und sie wurden ihrer Nacktheit gewahr, und sie hefteten Blätter des Gartens aneinander, und Adam wurde seinem Herrn ungehorsam und ging den falschen Weg.
Später erwählte der Herr sich ihn, wandte sich ihm zu und führte ihn.«
Die muslimischen Kommentatoren sind durch diese Darstellung des Sündenfalles in nicht geringe Verlegenheit gebracht. Nach der Schilderung des Korans scheint es, daß das →*Paradies* sich im →*Himmel* befand und nicht auf der Erde, und die Tradition, daß Adam auf die Insel Ceylon fiel, als er aus dem Paradies verstoßen wurde, scheint diese Darstellung zu stützen. Und so ist Al-Baidawi auch der Auffasung, daß der Garten Eden sich im Himmel befand und daß der Sündenfall geschah, bevor →*Adam* und →*Eva* unsere Erde bewohnten, obwohl andere Gelehrte der Überzeugung sind, daß der Garten Eden sich im Land der Philister oder in Faris befand und daß Adam aus ihm vertrieben wurde und sich in Richtung Hindustan aufmachte. →*Eden*
Über die Folgen des Sündenfalls für die menschliche Spezies gibt es bei den muslimischen Kommentatoren keine Aussagen.

SÜNDENVERGEBUNG

Die Begriffe, die die Vergebung der Sünden durch den Allmächtigen bezeichnen, sind *'Afw*, *Maghfira* und *Ghufran*. Der Akt der Bitte um Vergebung heißt →*Istighfar*.
Der Koran lehrt zu diesem Thema folgendes:
Sure 53 32-33: »Und Gottes ist, was in den Himmeln ist und was auf Erden, daß er denen, die bös handelten, lohne, was sie getan, und die gut handelten, mit Gutem belohne. Die schweren Sünden meiden und Schändlichkeiten, bis auf Versehen – wahrlich, dein Herr ist umfassend in der Verzeihung.«
Sure 67 12: »Wahrlich, die ihren Herrn fürchten im geheimen, ihnen ist Verzeihung und großer Lohn.«
Sure 33 71: »Er (Gott) wird eure Werke gedeihen lassen und euch eure Sünden vergeben. Und wer Gott gehorcht und seinem Gesandten, der ist mit großer Seligkeit beglückt.«
Sure 35 8: »Für die, die glauben

und recht handeln, für die ist Vergebung.«

Sure 8 29: »O ihr, die ihr glaubt, wenn ihr Gott fürchtet, so wird er euch Erlösung gewähren, von euch eure Sünden nehmen und euch verzeihen, denn Gott ist Eigner großer Gnade.«

Reue wird wird im Koran mit dem Wort *Tauba* bezeichnet, das nach dem Imam An-Nawawi »das Herz von der Sünde abwenden« bedeutet. Das Wort erscheint häufig im Koran, zum Beispiel:

Sure 4 20: »Wenn (Männer) unter euch solches (Unzucht) begehen, so bestrafet sie beide, und wenn sie Buße tun und sich bessern, so lasset ab von ihnen, denn wahrlich Gott ist allverzeihend und allbarmherzig.«

Sure 25 71: »Und wer sich bekehrt und Gutes übt, wahrlich, er wendet sich in Bekehrung zu Gott.»

Es folgen Lehren der Traditionen zum Thema Vergebung und Reue, die allerdings weit über den Koran hinausgehen (Mischkat 10 3):

»Ein Mann, der zu den Kindern Israels gehörte, hatte neunundneunzig Menschen getötet, und danach wollte er wissen, ob es Vergebung für ihn geben könne. Er traf einen Mönch und fragte ihn: ›Würde meine Reue akzeptiert werden?‹ Der Mönch antwortete: ›Nein.‹ und der Mann tötete auch den Mönch. Und er befragte weiter verschiedene Menschen, ob seine Reue Anerkennung finden könne. Schließlich sagte ein Mann zu ihm: ›Komme in die und die Stadt.‹ Zu dieser Zeit war er schon vom Tod gezeichnet, und er versuchte, die Stadt auf den Knien zu erreichen, aber er starb auf dem Weg dorthin. Daraufhin stritten die Engel der Rache und die der Gnade über ihn. Und Gott befahl, daß sich die Stadt, die er erreichen wollte, näher bei seinem Leichnam befinde, als der Ort, von dem er geflohen war. Und Gott sprach zu den Engeln: ›Meßt den Abstand zwischen seinem Körper und den beiden Städten!‹ Und die Engel fanden, daß er dem Ort, zu dem er unterwegs war, um eine Handspanne näher war als dem Ort, von dem er kam. Daraufhin wurde ihm vergeben.«

»Ein notorischer Sünder hat nicht gesündigt, auch wenn er siebzigmal am Tag gesündigt hat, wenn er um Vergebung bittet, denn um Vergebung bitten bedeckt alle Sünden.«

»Gott hat gesagt: ›Wahrlich, wenn jemand vor mich tritt, und er hat Sünden begangen wie der Staub der Erde, aber er hat mir nichts beigesellt, so werde ich ihm Vergebung ge-

währen wie der Staub der Erde.‹ «
»Mein Herz ist voll Trauer, und ich bitte Gott mehr als hundertmal am Tag um Vergebung.«
»Wahrlich, wenn ein wahrer Gläubiger eine Sünde begeht, dann entsteht ein schwarzer Fleck in seinem Herzen. Wenn er bereut und um Vergebung bittet, wird dieser schwarze Fleck wieder weggewischt. Aber wenn er weiter sündigt, wird dieser Fleck immer größer, bis das ganze Herz schwarz ist. Dann ist dieser Fleck wie Rost, wie Gott im Koran gesagt hat: ›Ihre Herzen werden rostig von ihren Werken.‹ «
»Da waren zwei Männer der Kinder Israels, von denen der eine Gott verehrte und der andere ein Sünder war. Der erste versuchte den anderen von seinem sündhaften Lebenswandel abzubringen, indem er zu ihm sprach: ›Höre auf zu sündigen!‹ Der andere aber erwiderte: ›Überlasse das meinem Herrn.‹ Darauf antwortete der erste: ›Ich schwöre bei Gott, daß er dir deine Sünden nicht immer vergeben wird und daß du nicht das Paradies sehen wirst.‹ Daraufhin sandte Gott seinen Engel zu ihnen, der ihre Seelen holte und vor Gott brachte, und Gott sprach zu dem Sünder: ›Komm ins Paradies!‹ Und zu dem anderen sprach er: ›Glaubst du etwa, du könntest mein Erbarmen mit meinem Diener verhindern?‹ Und zu den Engeln sprach er: ›Werft ihn ins Feuer!‹ «

SUNNA

Wörtlich »Weg, Pfad, Lebensweise«. Der Begriff bezeichnet in der muslimischen Religion Gebräuche und die Lebensweise und speziell die Traditionen, die auf den Aussprüchen und Handlungen des Propheten beruhen. Die auf den Traditionen beruhenden Gesetze werden bezeichnet als *Sunnatu'l-Fi'l*, das, was der Prophet getan hat, *Sunnatu'l-Qaul*, das, was er vorgeschrieben hat, und *Sunnatu't-Taqrir*, das, was in der Gegenwart des Propheten getan oder gesagt wurde, ohne daß er es verboten hat.
Man kann die Aussprüche und Handlungen des Propheten einteilen in erstens diejenigen, die sich auf die Religion beziehen, zweitens die, welche durch seine speziellen Lebensumstände bedingt sind, drittens die, die auf allgemeingesellschaftliche Verhältnisse anwendbar sind, und viertens diejenigen, die sich auf die Kunst der Staatsführung beziehen. Wenn Mohammed

Aussagen zur Religion machte, wurden seine Worte als inspiriert angesehen, und auch wenn er eine religiöse Handlung vornahm, nahm man an, daß sein Tun von der Inspiration geleitet gewesen sei. Aber in Hinsicht anderer Bereiche wird seine Autorität sehr verschieden eingeschätzt und ist jedenfalls Gegenstand der theologischen Diskussion. So soll der Prophet selbst gesagt haben: »Ich bin auch nicht mehr als ein Mensch. Wenn ich etwas in bezug auf die Religion befehle, dann gehorcht; wenn ich euch aber etwas über die Dinge der Welt sage, dann spreche ich als normaler Mensch.«

SUNNITEN

Singular *Sunni*, wörtlich »einer, der dem Weg folgt«. Einer, der den Traditionen verbunden ist. Die größte der Hauptgruppen des Islam. Die Sunniten erkennen die ersten vier Kalifen als rechtmäßige Nachfolger des Propheten Mohammed an, sie berufen sich auf die *Kutubu's-Sitta*, die »sechs authentischen« Bücher der Traditionen, und sie gehören jeweils zu einer der vier großen Schulen der Rechtsprechung, die von den Imamen Abu Hanifa, Asch-Schafi'i, Malik und Ahmad ibn Hanbal begründet wurden. Das Wort *Sunni* ist ursprünglich eine persische Form, deren Plural *Sunniyan* lautet und dasselbe bedeutet wie das arabische *Ahlu's-Sunna*, »die Leute des Weges«. Das Wort *Sunna* bedeutet »Weg« und wird auf das Beispiel Mohammeds bezogen.

Sunniten sind also die, die den Traditionen verbunden sind, und obwohl keine der übrigen islamischen Hauptgruppen die Traditionen ablehnt, hat sich der Rest der muslimischen Welt damit abgefunden, daß diese eine Gruppe diese Bezeichnung für sich beansprucht. Das führt dazu, daß die Schiiten, deren Glaubenslehren sogar noch stärker als die der Sunniten auf den Traditionen basieren, von vielen westlichen Autoren fälschlicherweise für eine Glaubensgemeinschaft gehalten werden, die die Traditionen ablehne.

Eine eingehende Gegenüberstellung der Unterschiede zwischen Sunniten und Schiiten findet sich unter dem Stichwort →*Schi'a*.

SURE

Arabisch *Sura*, wörtlich »Reihe, Serie«. Der Begriff wird ausschließlich für die Bezeichnung der Kapitel des Korans benutzt, von denen es 114 gibt.

Jedes einzelne Kapitel bzw. jede Sure wird nach einem Wort, das darin vorkommt, benannt, zum Beispiel *Suratu'l-Hadid*, »Die Sure vom Eisen«.

SUTRA
Wörtlich »das, mit dem man etwas verbirgt oder verdeckt«. Ein Gegenstand, den der Betende in Richtung Mekka vor sich haben soll, damit andere nicht seine Aufmerksamkeit vom Gebet ablenken. Dies kann ein Stock sein oder irgend etwas, das über eine Elle lang und drei Zentimeter breit ist.

SUWA' →*Sa'*

T

Ta'awwudh

Ausruf, bedeutet übersetzt: »Ich suche Zuflucht bei meinem Herrn vor dem verfluchten Satan.« Ein Teil der täglichen Gebete.

Tabak

Arabisch *Dukhan*. Der Tabak gelangte am Anfang des siebzehnten Jahrhunderts aus Amerika über die westeuropäischen Länder in die Türkei, nach Arabien und in andere asiatische Länder. Seine Gesetzlichkeit für Muslime ist umstritten. Die →*Wahhabiten* waren immer der Überzeugung, daß er ungesetzlich ist, und auch andere Muslime zweifeln an seiner Legalität, doch sein Genuß hat sich in fast allen muslimischen Ländern durchgesetzt. In Indien darf sogar in Moscheen geraucht werden, in Afghanistan und Zentralasien ist er generell verboten.

Tabbat

Suratu Tabbat, »Verderben sollen...«, ist der Titel der 111. Sure des Korans.

Tabib

Ein Doktor der Medizin. Einer, der At-Tibb, »die Wissenschaft der Medizin«, praktiziert. Ein Mediziner wird auch als *Hakim*, wörtlich »Philosoph«, bezeichnet.

Tabi'un

Plural von *Tabi'*. Diejenigen, die mit den Gefährten des Propheten gesprochen haben. Die von ihnen überlieferten Traditionen haben eine hohe Autorität und sind Teil der →*Sunna*, des traditionellen Gesetzes.

Tabut

1. Die Bundeslade, die im Koran in Sure 2 249 erwähnt wird: »Ihr Prophet sprach zu ihnen: ›Sehet, ein Zeichen seiner Herr-

schaft ist, daß zu euch kommen wird die Bundeslade (*Tabut*), darin die Majestät eures Herrn ist und Reliquien (→*Sakina*), die die Angehörigen Moses und die Angehörigen Aarons hinterlassen haben; Engel werden sie tragen. Siehe, hierin ist euch sicherlich ein Zeichen, wenn ihr Gläubige seid.«

2. Ein Sarg für die Beerdigung eines Verstorbenen.

3. Die szenische Darstellung der Beerdigung des →*Husain*.

4. Der Kasten, in dem das Kind Moses von seiner Mutter dem Nil anvertraut wurde, um es vor dem →*Pharao* zu retten. Sure 20 37-41: »Wir waren dir ein anderes Mal gnädig. Als wir deiner Mutter eingaben, was ihr eingegeben ward: ›Lege ihn in eine Kiste und wirf sie ins Meer (= den Nil); das Meer wird ihn ans Ufer spülen, und aufnehmen wird ihn ein Feind von mir, ein Feind von ihm. Ich habe dir meine Liebe zugewandt, daß du unter meinen Augen aufwächst.‹ «

TADBIR

Wörtlich »Vorkehrung, Plan«. In der Sprache des Gesetzes bezeichnet das Wort ein Versprechen des Besitzers eines Sklaven, ihn nach dem eigenen Tod freizulassen. Wenn der Herr zu dem Sklaven sagt: »Du bist ein *Mudabbir*«, dann kann der Sklave nach dem Tod seines Besitzers für sich und die Kinder, die ihm in der Zwischenzeit möglicherweise geboren wurden, die Freiheit beanspruchen.

TADSCH

»Krone, Diadem«. Die muslimischen Kalifen trugen nie eine Krone, und dieses Wort wird in der muslimischen Theologie nicht benutzt. Die sufitischen Fakire benutzen es als Bezeichnung für die Kopfbedeckung eines Ordensvorstehers, die im allgemeinen von konischer Form ist. →*Kulah*

TAFSIR

Wörtlich »Erklärung«. Ein Kommentar zu einem Buch, im engeren Sinne ein Korankommentar.

TAG

Der mohammedanische Tag beginnt mit Sonnenuntergang. So ist beispielsweise unser Donnerstagabend der Beginn des muslimischen Freitags. Das arabische Wort *Yaum* bezeichnet den 24stündigen Tag, das Wort *Nahar* den Tag im Gegensatz zur Nacht (*Lail*).

Von den Wochentagen gelten der Montag, der Mittwoch, der Donnerstag und der Freitag als gute und glückverheißende Tage, die restlichen als Unglückstage. Der Freitag ist der Tag, der von Mohammed zum Tag der gemeinsamen Lobpreisung in der Hauptmoschee bestimmt wurde. →*Freitag*

TAG DES GERICHTS

Arabisch *Qiyama* →*Auferstehung*

AT-TAGHABUN

Suratu't-Taghabun, »Sure von der Übervorteilung«, ist der Titel der 64. Sure des Korans, deren 9. Vers lautet: »An jenem Tag wird er euch versammeln, für den Tag der Versammlung, das ist der Tag der gegenseitigen Übervorteilung.«

TAGHLIB

Banu Taghlib. Ein arabischer Volksstamm, der in der Zeit Mohammeds in Mesopotamien lebte und sich zum Christentum bekannte. Mohammed schloß mit ihnen einen Vertrag, nach dem sie selbst Christen bleiben, aber ihre Kinder nicht mehr christlich taufen durften.

TAGHUT

Ein Idol, das im Koran erwähnt wird, zum Beispiel Sure 4 54: »Sie glauben an Dschibt und Taghut.« Dschalalu'd-Din sagt, daß *Taghut* ein Idol der →*Koreischiten* gewesen sei, das bestimmte abtrünnige Juden anbeteten, um ersteren zu schmeicheln.«

TA HA

Suratu Ta Ha, »Sure T H«, ist der Titel der 20. Sure des Korans, die mit diesen Buchstaben beginnt. Ihre Bedeutung ist unsicher. Einige glauben, der erste Buchstabe stünde für *Tuba*, »Seligkeit«, und der zweite für *Hawiya*, dem Namen der untersten Stufe der →*Hölle. Tah* ist auch eine Interjektion, die Schweigen gebietet, und könnte hier Aufmerksamkeit für die folgende Verkündigung herstellen wollen.

TAHARA →*Reinigung*

TAHDHIB

Eine schiitische Sammlung von Traditionen, die von Abu Dscha'far Muhammad kompiliert wurde, der 1074 n. Chr. starb.

TAHIR

Eine Frau im Stande der Reinheit. →*Reinigung*

AT-TAHIYAT

»Der Gruß«. Teil des rituellen Gebets, im Knien gesprochen.

TAHLIL

Der Ausruf »Es gibt keinen

Gott außer Gott!« →*Abu Huraira* überliefert, daß der Prophet gesagt habe:
»Wer hundertmal ›Es gibt keinen Gott außer Gott!‹ rezitiert, der wird in gleicher Weise belohnt werden wie einer, der zehn Sklaven freiläßt, und hundert Sünden werden ihm vergeben werden, und die Worte sind ein Schutz vor dem Teufel.«

TAHMID

Der Ausruf »Gott sei gelobt!«
'Umar ibn Schu'aib überliefert, daß der Prophet gesagt habe: »Wer hundertmal ›Gott sei gelobt!‹ ausruft, der wird in gleicher Weise belohnt werden wie einer, der hundert Reiter für einen Heiligen Krieg zur Verfügung gestellt hat.«

TAHRIF

Bedeutet Entstellung, Verfälschung eines Textes, besonders einer heiligen Schrift. Als muslimische Rechtsgelehrte die heiligen Schriften der Juden und Christen kennenlernten und merkten, daß es unmöglich ist, den Inhalt des Korans mit dem der genannten Schriften in Einklang zu bringen, begannen sie die Christen zu beschuldigen, entweder Worte oder Bedeutung einer Textstelle verfälscht zu haben. Zum Beispiel hätten sie das Wort Ahmad aus den Prophezeiungen entfernt (welches den Propheten Mohammed meint) und dafür den Ausdruck »Sohn Gottes« (mit der Schilderung der Kreuzigung und Auferstehung Christi) gesetzt. Die Mehrheit der berühmtesten Kommentatoren ist allerdings eher bereit, die Existenz von drei unabhängigen monotheistischen Religionen und ihre Propheten anzuerkennen. Der Koran spricht jedenfalls mit Ehrerbietung und Respekt von den heiligen Schriften der Juden und Christen, die ja historisch gesehen um Jahrhunderte älter als der Koran sind, zum Beispiel die Septuaginta, die Vulgata, die syrische, koptische und armenische Version der Bibel.

AT-TAHRIM

Suratu't-Tahrim, »Sure von der Versagung«, ist der Titel der 66. Sure des Korans, die mit den Worten beginnt: »O Prophet, weshalb versagst du dir, was Gott dir erlaubt, indem du erstrebest das Wohlgefallen deiner Weiber?« Das Thema dieser Sure war es, Mohammed von der Verpflichtung gegenüber seiner Frau zu entbinden, der er geschworen hatte, sich von seiner koptischen Sklavin Maria zu trennen.

Ta'if

Eine Stadt, die Mohammed im Jahre 630 n. Chr. belagerte, aber wegen ihrer starken Befestigungen nicht einnehmen konnte, worauf er wieder abzog, nachdem er die berühmten Weingärten der Stadt verbrannt hatte.

Taiy

1. Ein arabischer Volksstamm, der im Jahre 632 n. Chr. zum Islam übertrat.
2. Hatim at-Ta'iy, ein christlicher Beduine, der für seine Gastfreundlichkeit berühmt und Gegenstand der arabischen Dichtung ist. Er lebte noch vor der Zeit Mohammeds, aber sein Sohn 'Adi konvertierte zum Islam und wird zu den Gefährten des Propheten gezählt.

at-Takathur

Suratu't-Takathur, »Sure von der Mehrsucht«, ist der Titel der 102. Sure des Korans, deren erste Verse lauten: »Es vergnügt euch die Mehrsucht. Bis ihr die Begräbnisplätze aufsuchet.«

Takbir

Der Ausruf »*Allahu akbar!*«, »Gott ist groß!« Wird häufig im täglichen Gottesdienst und bei Begräbnissen benutzt.

Takbiru't-Tahrima

Der erste →*Takbir* im Gottesdienst nach der Predigt, nach dem sich der Fromme ins Gebet versenken muß.

Takiya

Wörtlich »Kissen, Ort der Ruhe«.

1. Ein Ort, an dem sich ein Heiliger einmal aufgehalten hat. In Zentralasien sind solche Orte häufig nur durch ein paar Steine und einem Wimpel gekennzeichnet, aber sie werden in Ehren gehalten.
2. Ein Kloster oder ein Haus, in dem Fakire und Asketen wohnen.
3. Eine Herberge oder ein Rasthaus.

at-Takwir

Suratu't-Takwir, »Sure von der Faltung«, ist der Titel der 81. Sure des Korans, die eine feierliche Ankündigung des Gerichtstages mit den Worten einleitet: »Wenn sich faltet die Sonne.«

Talaq

1. Die →*Ehescheidung*
2. Der Titel der 65. Sure des Korans, die dem Thema der Ehescheidung gewidmet ist.

Talbiya

Wörtlich »Warten auf Befehle«. Die Rezitation folgender Worte während der Pilgerreise nach

Mekka (→*Hadsch*): »Ich stehe auf, um dir zu dienen, o Gott! Ich stehe auf! Ich stehe auf! Es gibt niemanden, der dir gleicht! Ich stehe auf, um dir zu dienen! Wahrlich, dein ist das Lob, die Wohltätigkeit und das Königreich! Niemand ist dir gleich!« Es scheint, daß dieser Hymnus schon vor der Zeit Mohammeds bei den arabischen Götzendienern in Gebrauch war (Mischkat 11 2,1).

TALHA
Ein Sohn des 'Ubaidu'llah und Großneffe des →*Abu Bakr*. Er gehörte zu den bedeutendsten Gefährten Mohammeds und wird zu den →*'Ascharatu'l-Mubaschara*, den »zehn Pariarchen« des muslimischen Glaubens gezählt. Er rettete Mohammed in der Schlacht bei →*Uhud* das Leben. Er starb im Jahre 657 n. Chr. im Alter von 64 Jahren und wurde in Basra beigesetzt.

TALIB
Wörtlich »ein Suchender«. Ein Forscher. Die allgemeine Bezeichnung für einen Studenten der Theologie ist *Talibu'l-'Ilm*.

TALIONSPRINZIP →*Qisas*

TALISMAN
Arabisch *Tilsam*, Plural *Talasim*. Das deutsche Wort ist von dem arabischen abgeleitet. Der Begriff bezeichnet mystische Zeichen oder auch Siegel und Steine, in die solche Zeichen eingraviert sind. Die Zeichen sind astrologischen Ursprungs oder von sonstigem magischem Charakter. Talismane werden als Schutz gegen das Böse benutzt oder um Unheil abzuwenden. Manchmal werden sie auch mit einem Schatz vergraben, um diesen zu beschützen. →*Amulette*, →*Exorzismus*

TALQIN
Wörtlich »Lehren«. Eine Ermahnung oder Unterweisung in der Religion. Ist ein Teil des Begräbnisrituals.

TALUT →*Saul*

TAMATTU'
Wörtlich »Ernte von Vorteilen«. Bezeichnet eine →*'Umra* und eine →*Hadsch*, die unmittelbar nacheinander durchgeführt werden, um die jeweiligen Verdienste zu »ernten«.

TAMDSCHID
Die Gebetsformel »Es gibt keine Macht und Stärke außer in Gott, dem Höchsten und Erhabenen.« →*Abu Huraira* überliefert, daß der Prophet gesagt habe: »Sprecht möglichst oft

die Worte: ›Es gibt keine Macht und Stärke außer in Gott, dem Höchsten und Erhabenen‹, denn diese Worte gehören zu den Schätzen des Paradieses. Gott wird dem Beter siebzig Tore öffnen, um den Übeln der Welt zu entrinnen, deren geringstes die Armut ist.«

TAMIM
Ein unabhängiger arabischer Volksstamm mekkanischer Herkunft, der bei Mekka und →*Hunain* auf der Seite Mohammeds kämpfte.

TANASUKH
1. Im muslimischen Recht der Tod von mehreren Erben vor der Aufteilung eines Erbes.
2. *At-Tanasukh*. Die Metempsychose oder das pythagoräische System der Seelenwanderung. Spielt im muslimischen Glauben keine Rolle.

TANZEN
Tanzen gilt allgemein als ungesetzlich, obwohl es weder im Koran noch in den Traditionen ausdrücklich verboten ist. Nach →*Al-Bukhari* soll Mohammed es am Feiertag ausdrücklich gestattet haben; bei den →*Sufis* ist es sogar eine religiöse Übung, während die sunnitischen Traditionen es als ungesetzlich betrachten.

TAQDIR
Wörtl. »messen«. Die Lehre von Fatum und →*Prädestination*.

TAQIYA
Wörtlich »Selbstschutz«. Bei den Schiiten ein gesetzlich zugelassener frommer Betrug, der darin besteht, daß sie ihren Glauben verbergen oder verleugnen dürfen, um religiöser Verfolgung zu entgehen.
Die schiitischen Traditionen berichten, daß der Imam Sadiq gefragt worden sei, ob Mohammed selbst jemals Gebrauch von der *Taqiya*, der »religiösen Verstellung«, gemacht habe, und der Imam antwortete: »Nicht mehr, nachdem ihm der folgende Vers offenbart worden war (Sure 5 71): ›O du Gesandter, mache alles öffentlich, was dir von deinem Herrn offenbart worden ist. Wenn du dies nicht tust und seine Botschaft nicht predigst, dann wird Gott dich nicht gegen die Übeltäter schützen, denn Gott leitet nicht die Ungläubigen.‹ Als der Allerhöchste dem Propheten seinen Schutz gegen alle Unbill versprach, da brauchte der Prophet sich nicht mehr zu verstellen, obwohl er das zuvor gelegentlich getan hatte.«

TAQWA
Masdschidu't-Taqwa, wörtlich

»die Moschee der Frömmigkeit«. Eine Moschee in →*Quba'*, etwa fünf Kilometer vom Zentrum Medinas entfernt. Hier soll Mohammed auf seiner Flucht nach Medina gerastet haben.

Tarhasch →*Kleidung*

at-Tariq

Suratu't-Tariq, »Sure vom Nachtwandler«, ist der Titel der 86. Sure des Korans, die mit folgenden Worten beginnt: »Beim Himmel und dem Nachtwandler. Was lehrt dich, was der Nachtwandler ist? Der lichtdurchdringende Stern.« Nach Al-Wahidi wurden diese Worte offenbart, als Abu Talib zur Zeit des Abendessens von einer Sternschnuppe erschreckt wurde. Es hat allerdings den Anschein, daß die Beschreibung eher auf einen Planeten oder Fixstern passen würde.

Tarwiya

Wörtlich »den Durst löschen« oder »Beachtung schenken«. Der achte Tag der →*Hadsch*, der Pilgerreise nach Mekka. Er heißt so, entweder weil man an diesem Tag die Kamele tränkt oder weil →*Abraham* an diesem Tag der Vision Beachtung schenkte, die ihm den Befehl gab, seinen Sohn →*Ismael* zu opfern.

Tasawwuf

Das Wort bezeichnet die Grundlehren der →*Sufis*, der muslimischen Mystiker.

Taschahhud

Wörtlich »Zeugnis«. Ein Bekenntnis zum islamischen Glauben während der vorgeschriebenen Gebete, bei dem der Gläubige kniet und den Zeigefinger der rechten Hand ausstreckt als Zeugnis für die Einheit Gottes. Es hat folgenden Wortlaut: »Ich bezeuge, daß es keinen Gott außer Gott gibt, und ich bezeuge, daß Mohammed der Gesandte Gottes ist.«

Taslim

Der Segen am Ende der üblichen Gebetsform: »Der Segen und die Gnade Gottes sei mit euch.«

at-Tatfif

»Kurzes Maß nehmen«. Der Titel der 83. Sure des Korans, die mit den Worten beginnt: »Wehe den Maßkürzenden! Die, wenn sie sich von Leuten zumessen lassen, volles Maß verlangen. Es ihnen aber kürzen, wenn sie ihnen messen oder wiegen. Denken diese nicht daran, daß sie auferweckt werden. Zum großen Tag? Dem Tag, an dem die Menschen ste-

hen werden vor dem Herrn der Weltbewohner.«
Einige Kommentatoren sehen in diesen Versen Hinweise auf medinische Verhältnisse und glauben deshalb, daß diese Sure in Medina entstanden ist.
Aber in Zusammenhang mit den offensichtlich mekkanischen Versen – wie etwa ab Vers 29: »Wahrlich, die Sündigen lachen derer, die gläubig sind. Und blinzeln einander zu, wenn sie an ihnen vorübergehen. Und wenn sie zu ihren Angehörigen zurückkehren, kehren sie höhnend zurück. Und wenn sie sie sehen, sagen sie: ›Wahrlich, diese sind Irrende.‹ Und sie sind nicht als Wächter über sie gesandt« – scheint es offenkundig zu sein, daß der Stolz und der Hochmut der Mekkaner, gegründet auf ihrem aus trüben Quellen stammenden Wohlstand, mit den armseligen Verhältnissen der Anhänger des Propheten kontrastiert wird.

TATHIR
Die Reinigung einer Sache, die zeremoniell unrein ist.

TÄTOWIERUNGEN
Mohammed hat den Brauch der arabischen Götzendiener verboten, in die Hände ihrer Frauen Muster zu stechen und sie mit Holzkohle, Indigo und anderen Farben auszumalen.

TAUFE
Dem Ritual der Taufe (Aufnahme in die Gemeinschaft der Christen) entspricht bei den Juden wie bei den Muslimen die →*Beschneidung.*
Der einzige Hinweis auf die Taufe im Koran findet sich in Sure 2 132: »Wir haben die Taufe Gottes, und wer wäre besser im Taufen als Gott?« Das hier mit »Taufe« übersetzte Wort *Sibgha* (wörtlich »Tau«) bezieht sich nach Auffassung des Kommentators Al-Baidawi auf die christliche Taufe, denn »die Nasara (Christen) hatten die Angewohnheit, ihren Nachwuchs in ein gelbes Wasser zu tauchen, das sie Al-Ma'mudiya nannten und von dem sie sagten, daß es sie reinige und als Christen bestätige«.

TAURAT →*Thora*

AT-TAUWAB
Bedeutet »der Verzeihende« und ist einer der 99 Beinamen oder eines der 99 Attribute Gottes. Beispiele für Gottes Bereitschaft, den Menschen zu verzeihen, finden sich an folgenden Stellen im Koran:
Sure 2 35: »Und Adam lernte von seinem Herrn Worte, auf die er

sich ihm wieder zuwandte, denn wahrlich, er ist der Allverzeihende, der Allbarmherzige.«
Sure 2 51: »Dann sprach Moses zu seinem Volk: ›O mein Volk, ihr habt wahrlich gegen eure Seelen gefrevelt, indem ihr euch dem Kalb zugewandt. Kehrt zu eurem Schöpfer zurück und tötet euch selber. Dies zu eurem Besten bei eurem Schöpfer; er wird euch vergeben, denn wahrlich, er ist der Allvergebende, der Allbarmherzige.‹ «
Sure 9 119: »Und auch den dreien, die zurückgeblieben waren, bis ihnen eng ward die Erde, wie weit sie auch ist, beengt waren die Seelen, und sie sahen ein, daß es keine Zuflucht vor Gott gibt als zu ihm. Da wandte er sich ihnen zu, auf daß sie sich bekehrten. Wahrlich, Gott ist der Allvergebende, der Allbarmherzige.«

TAWAF

Die Zeremonie der siebenmaligen Umkreisung der Ka'ba in Mekka anläßlich der →*Hadsch*.

TA'WIDH

Wörtlich »fliehen«. Ein Amulett. Eine goldene oder silberne Dose, die Zitate aus dem Koran oder aus den Traditionen enthält und die auf der Brust, im Nacken, am Arm oder um die Hüfte getragen wird.

TAYAMMUM

Wörtlich »etwas zu tun beabsichtigen«. Die Durchführung der Reinigungszeremonie mit Hilfe von Sand an der Stelle von Wasser, wenn dieses nicht zur Verfügung steht. Sure 5 9: »Seid ihr jedoch krank oder auf Reisen oder wart ausgetreten oder habt Frauen berührt und ihr findet kein Wasser, so nehmt reinen feinen Sand und säubert euer Gesicht und eure Hände damit. Gott will euch damit keine Last aufbürden, sondern euch reinigen und seine Gnade an euch vollbringen, damit ihr dankbar werdet.«

TA'ZIR

Von *'Azr*, »Rüge, Zurückweisung«. *Ta'zir* bedeutet im ursprünglichen Sinne »Verbot«, auch »Lehre«, und ist die Züchtigung für Vergehen, deren Ahndung im Koran und in den Traditionen nicht ausdrücklich festgelegt ist. →*Hadd*
Es folgen die Grundprinzipien von *Ta'zir* nach dem sunnitischen Recht:
1. Der Hauptzweck von *Ta'zir* ist die Besserung und das Vermeiden von Wiederholung. So erlaubt es der Koran ausdrücklich, daß ein Ehemann seine Frau züchtigen darf, um sie zu bessern und zu warnen. In den Traditionen wird auch berich-

tet, daß der Prophet einen Mann züchtigte, der einen anderen meineidig genannt hatte. Die Strafe sollte in allen Fällen von aggressiven Handlungen verhängt werden, um zu vermeiden, daß sie zur Gewohnheit werden. Form und Maß der Züchtigung sind völlig offen und liegen in der Entscheidung des Kadis, wobei es von Persönlichkeit und Charakter des Delinquenten abhängt, ob eine Ermahnung ausreicht oder ob eine Haftstrafe oder gar die Prügelstrafe angebracht ist.

2. Es gibt vier Stufen der Züchtigung: Die erste wird bei den Edelsten der Edlen angewandt (also Fürsten und Schriftgelehrten) und besteht in einer sanften Ermahnung, indem etwa der Kadi zu einem von ihnen sagt: »Ich höre, daß du das und das getan hast«, um ihn zu beschämen. Die zweite gilt für die Edlen (Heerführer und Provinzbefehlshaber), die entweder wie oben ermahnt werden oder aber der öffentlichen Verachtung ausgesetzt werden. Die dritte Stufe gilt für die Mittelklasse und besteht entweder in obiger Anprangerung oder in Haft. Und die letzte Stufe, die auf die unterste Stufe der Gesellschaft angewandt wird, kann in Anprangerung, Haft oder Prügelstrafe bestehen.

3. →*Abu Yusuf* ist der Auffassung, daß der Herrscher eines Landes die Züchtigung auch in Form einer Gebühr, deren Höhe von der Schwere des begangenen Unrechts abhängt, vornehmen darf. Aber diese Meinung wird von vielen Gelehrten nicht geteilt.

4. Imam Timur Taschi sagt, daß eine Züchtigung, wenn sie auf reinem Gottesrecht beruht, von jedermann vorgenommen werden darf, denn als man Abu Dscha'far Hinduani fragte, ob jemand, der seine Frau mit einem anderen beim Akt des Ehebruchs ertappt, diesen erschlagen dürfe, habe Abu Dscha'far geantwortet: »Wenn der Ehemann weiß, daß ernste Vorhaltungen und Schläge ausreichen, den Missetäter von einer zukünftigen Wiederholung seines Tuns abzuhalten, dann darf er ihn nicht erschlagen; wenn er aber Grund hat anzunehmen, daß nur der Tod eine solche Wiederholung verhindern kann, dann darf der Ehemann ihn erschlagen, und wenn seine Ehefrau mit der Handlung einverstanden war, dann darf er auch sie umbringen.« Daraus folge, daß jedem erlaubt sei, einen anderen mit Schlägen zu züchtigen, auch wenn kein Vertreter der Obrigkeit zugegen sei. Außerdem habe der

Prophet gesagt: »Wer unter euch das Böse sieht, der entferne es mit seinen Händen, und wenn er dies nicht kann, dann verbiete er es mit der Zunge.« Eine Züchtigung sei genau dasselbe wie eine Entfernung des Bösen mit den Händen, und deshalb sei eine Züchtigung auch etwas anderes als eine Strafe, denn eine solche zu verhängen liege nur in der Macht der Obrigkeit oder eines Richters.

5. Eine Züchtigung ist immer dann durchzuführen, wenn der Imam dies für angebracht hält.

6. Wenn jemand einen Muslim beleidigt, indem er ihn Esel oder Schwein nennt, dann ist er nicht zu bestrafen, weil diese Ausdrücke keinesfalls diffamierend für die Person sind, an die sie gerichtet sind, da es offensichtlich ist, daß es sich bei ihr weder um einen Esel noch um ein Schwein handelt. Im 19. Jahrhundert hat sich die rechtliche Beurteilung allerdings geändert, so daß es sich nun doch um eine Beleidigung handelt. Andere Rechtsgelehrte halten es nur dann für eine Beleidigung, wenn die so titulierte Person ein Würdenträger ist, und in diesem Fall muß der Beleidiger gezüchtigt werden.

7. Nach Abu Hanifa und Imam Muhammad beträgt bei einer Züchtigung die Höchstzahl der Peitschenhiebe neununddreißig und die Mindestzahl drei. Nach Abu Yusuf ist die Höchstzahl fünfundsiebzig.

8. Die Peitschenhiebe müssen mit äußerster Stärke ausgeführt werden, denn wenn auch bei der Zahl der Hiebe Milde walten soll, so gilt dies nicht für ihre Stärke, denn sonst würde der Zweck der Züchtigung verfehlt. Deshalb dürfen die Schläge auch nicht dadurch gemildert werden, daß sie auf verschiedene Körperteile verteilt werden.

9. Wenn jemand an den Folgen einer obrigkeitlich angeordneten Züchtigung stirbt, so ist niemand dafür verantwortlich, und es muß kein Blutgeld gezahlt werden, denn die Obrigkeit hat das Recht, eine solche Maßnahme zu befehlen, und ist nicht zu besonderen Vorsichtsmaßnahmen verpflichtet. In diesem Falle gilt dasselbe wie bei einem Aderlaß, an dessen Folgen ein Patient stirbt, wo der Ausführende auch nicht für den Tod seines Patienten verantwortlich ist. Anders ist es jedoch, wenn eine Ehefrau an den Folgen einer Züchtigung durch ihren Ehemann stirbt, denn diese Züchtigung ist nur erlaubt und nicht vorgeschrieben, und eine Handlung, die

nur erlaubt ist, unterliegt der Vorsichtspflicht.

TA'ZIYA

Wörtlich »Trost«. Ein Modell des Grabmals von →*Hasan* und →*Husain* in Kerbela, das von den Schiiten bei der Muharram-Prozession getragen wird. Sie besteht gewöhnlich aus einem leichten Holzrahmen, der mit bemaltem Papier verkleidet ist, und ist von innen und außen beleuchtet. Sie hat, den Vermögensverhältnissen des Besitzers entsprechend, oft beträchtliche Ausmaße. →*Muharram*

TAZKIYA

Wörtlich »Reinigung«.

1. Entrichtung der →*Zakat*, der gesetzlichen Almosen.
2. Die Befragung von Zeugen, um ihren Charakter zu bewerten.

TESTAMENT

Arabisch *Wasiya*, Plural *Wasaya*, was nach der Interpretation muslimischer Rechtsgelehrter bedeutet:

»Die Übertragung des Besitzes an einer Sache nach dem Tode in der Weise, als ob jemand zu einem anderen sagen würde: ›Gib diese Sache, die mir gehört, nach meinem Tode dieser bestimmten Person.‹ «

Der Erblasser wird *Musi* genannt, Femininum *Musiya*, der Begünstigte *Musa la-hu* und das Legat *Musa bi-hi*. Der Testamentsvollstrecker heißt *Wasi*, Plural *Ausiya'*.

Ein Testament kann mündlich formuliert werden, es ist jedoch besser, wenn es schriftlich vorliegt. Zwei männliche oder ein männlicher und zwei weibliche Zeugen sind nötig, um das mündliche oder schriftliche Testament zu beglaubigen.

Im folgenden werden die wichtigsten Regeln für die Abfassung und Vollstreckung von Testamenten nach dem muslimischen Recht dargestellt:

Ein testamentarisches Vermächtnis ist nur bis zu einem Drittel der Gesamterbschaft möglich, es sei denn, die gesetzlichen Erben erklären ihr Einverständnis, und es ist lobenswert, keine Legate zu machen, wenn diese arm sind.

Ein Vermächtnis an einen Erbberechtigten ist nicht ohne Zustimmung der anderen Erben möglich, und falls ein testamentarisch Begünstigter den Erblasser tötet, ist das Vermächtnis zu seinen Gunsten hinfällig.

Ein Vermächtnis an einen Teil der Erben ist ungültig. Das Vermächtnis eines Muslims zugunsten eines →*Dhimmis*, das heißt eines Juden oder Christen, der den Schutz des Staates

genießt, ist gültig und umgekehrt.
Das Vermächtnis einer insolventen Person ist hinfällig, ebenso das eines Kindes oder eines Sklaven.
Ein Vermächtnis zugunsten eines Ungeborenen ist ebenfalls ungültig, aber →*Asch-Schafi'i* sagt, daß es gültig sei.
Eine Sklavin darf mit einem Vermächtnis bedacht werden, aber nicht ihre Kinder.
Ein Vermächtnis kann durch eine ausdrückliche Erklärung des Erblassers vor Zeugen widerrufen werden, aber die bloße Leugnung des Vermächtnisses bedeutet noch keine Annullierung.
Ein Legat, das vom Magistrat zugeteilt wurde, fällt an die Erben des Begünstigten, falls dieser stirbt.

Die Drittel-Regelung:
Wenn jemand einer Person ein Drittel seines Vermögens testamentarisch vermacht und einer anderen Person ebenfalls ein Drittel und die Erben stimmen dieser Regelung nicht zu, dann werden die beiden Legate auf insgesamt ein Drittel gekürzt.
Wenn jemand einer Person ein Drittel seines Vermögens testamentarisch vermacht und einer anderen Person ein Sechstel und die Erben stimmen dieser Regelung nicht zu, dann wird ein Drittel des Vermögens in drei Teile geteilt, und der erste bekommt zwei Teile davon und der zweite ein Teil.
Das Erbteil des Sohnes als Legat einem anderen zu vermachen ist nicht zulässig, wohl aber die Vermachung des Äquivalentes dieses Erbteils. Wenn jemand sagt: »Ich gebe dir das Erbteil meines Sohnes als Legat«, so ist dies ungültig. Wenn er aber sagt: »Ich gebe dir das Äquivalent des Erbteils meines Sohnes als Legat«, dann ist das erlaubt.
Ein Legat, das zwei Personen gemeinsam gemacht wurde, fällt insgesamt der einen Person zu, wenn die andere inzwischen gestorben ist.
Ein Vermächtnis, das ein armer Mann gemacht hat, ist gültig, wenn er später reich geworden ist.
Das Vermächtnis eines Gegenstandes, der zum Zeitpunkt des Todes des Erblassers nicht in seinem Besitz oder in seiner Verfügung ist, ist ungültig.
Eine Schuldanerkenntnis auf dem Sterbebett ist gültig bis zur Höhe eines Drittels des Gesamtbesitzes.
Ein Erbe, der nach der Aufteilung der Erbschaft ein Legat zugunsten eines anderen anerkennt, muß dieses Legat aus seinem Anteil bezahlen.

Testamentarische Bestimmungen für fromme Zwecke:
Bei der Erfüllung von testamentarischen Bestimmungen, die frommen Zwecken dienen, gehen die Pflichten, die auf göttlichen Befehlen beruhen, freiwilligen guten Taten vor.

Wenn jemand testamentarisch festlegt, daß die Wallfahrt, zu der er verpflichtet ist und die er noch nicht ausgeführt hat, nach seinem Tode von Dritten durchgeführt werden soll, dann müssen seine Erben eine Person bestimmen und ihr die nötigen Mittel zu diesem Zweck zur Verfügung stellen.

Wenn die im Testament bestimmten Zwecke gleichrangig sind, muß den Anweisungen des Erblassers gefolgt werden.

Wenn ein Legat, das für die Pilgerreise nach Mekka bestimmt war, verlorengeht, dann muß es bis zu einem Drittel des Gesamterbes ersetzt werden.

Testamente von Juden oder Christen:
Die Testamente von Juden oder Christen, die eine Kopfsteuer für ihren Schutz bezahlen (→*Dhimmis*), sind gültig und unterliegen im allgemeinen denselben Bestimmungen wie die von Muslimen.

Generell kann ein Ungläubiger nicht von einem Gläubigen erben und ein Gläubiger nicht von einem Ungläubigen, aber ungläubige Bürger eines muslimischen Staates können voneinander erben. Es spielt dabei keine Rolle, ob sie derselben Religionsgemeinschaft angehören oder nicht; denn alle Ungläubigen werden in dieser Hinsicht als einer Klasse zugehörig angesehen. Ein Muslim kann aber einem Dhimmi oder einem anderen Ungläubigen ein Legat vermachen und umgekehrt, wenn es sich nicht um feindliche Fremde handelt. Die Testamente von Dhimmis unterliegen den gleichen Beschränkungen wie die von Muslimen, so daß Legate an erbberechtigte Personen nicht zulässig sind und Legate, die ein Drittel der Erbmasse überschreiten, ungesetzlich sind.

Das Testament eines Dhimmi ist in weltlichen Dingen gültig. Von nicht weltlichen Belangen gibt es nach Abu Hanifa vier Arten: Erstens jene, die dem Weg zum Allmächtigen dienen. Sie sind auch für Dhimmis gültig. Wenn also ein Kitabi (→*Ahlu' l-Kitab*) in seinem Testament die Anweisung gibt, seine Sklaven auf seine Kosten freizulassen, daß ein Teil seines Besitzes den Armen und Kranken zugute kommen soll oder daß auf seine Kosten eine Lampe im Tempel von Jerusalem entzündet werden soll, so sind diese Vermächtnisse gültig.

Zweitens gibt es Zwecke, die sowohl für Muslime als auch für Dhimmis sündhaft sind, und Legate für solche Zwecke sind gültig, wenn sie für genau bestimmte Personen ausgesetzt sind und wenn sie als Geschenke deklariert sind und keinen Bezug zu dem Zweck haben; sind die Empfänger nicht genau spezifiziert, ist das Legat ungesetzlich. Wenn also ein Dhimmi ein Drittel seines Vermögens gefallenen Frauen oder Sängern o. ä. vermachen will, ist das Legat gültig, wenn die Namen der Empfänger genau genannt sind, wenn nicht, ist es ungültig.

Drittens gibt es Zwecke, die für Muslime gesetzlich sind, für Dhimmis aber sündhaft. Wie im vorigen Fall muß hierbei das Legat als Geschenk deklariert sein und bestimmten Personen zukommen, um gültig zu sein. Wenn beispielsweise ein Dhimmi einem Muslim als Legat die Kosten seiner Pilgerreise nach Mekka vermachen will, so ist dies gültig, wenn der Empfänger genau bezeichnet ist und ihm das Legat als Geschenk vermacht wird, an das keine Bedingung geknüpft ist, daß er also die Pilgerreise machen kann oder auch nicht.

Viertens gibt es Zwecke, die für einen Muslim sündig sind und für einen Dhimmi dem Gesetz entsprechend oder gar verdienstvoll, und solche Legate sind nach Abu Hanifa gültig, ob sie spezifiziert sind oder nicht, aber nach anderen Autoritäten ungültig, wenn sie nicht spezifiziert sind. Wenn zum Beispiel ein Dhimmi ein Drittel seines Vermögens für den Bau einer Kirche oder Synagoge spendet, ist dieses Vermächtnis nach diesen Autoritäten ungesetzlich, da es in den Augen von Muslimen sündig ist, gleichgültig, ob die Empfänger spezifiziert sind und es als Geschenk deklariert ist, aber nach Abu Hanifa ist es in jedem Falle gesetzlich.

Nutznießung:

Wenn ein Legat in der Nutznießung eines Gegenstandes besteht, muß dieser Gegenstand dem Begünstigten zur Nutzung überlassen werden, es sei denn, daß er den einzigen Besitz des Erblassers darstellt. Wenn es sich dabei zum Beispiel um einen Sklaven handelt, geht der Besitz abwechselnd von dem testamentarisch Begünstigten auf die anderen Erben über; oder wenn der Besitz ein Haus ist, bewohnen die Erben und der Vermächtnisnehmer es proportional ihren Erbanteilen gemeinsam. Das Vermächtnis verfällt beim Tode des Begünstigten.

Das Vermächtnis des Produktes eines Gegenstandes berechtigt den Begünstigten nicht dazu, diesen Gegenstand selbst persönlich zu benutzen oder ihn zu vermieten.

Das Vermächtnis der Früchte eines Gartens berechtigt nur zur Nutzung der existierenden Früchte, es sei denn, die Nutzung wäre ausdrücklich für immer festgelegt worden, und das Vermächtnis der Nutzung der Produkte eines Tieres berechtigt in jedem Falle nur zur Nutzung der existierenden Produkte.

Der Testamentsvollstrecker:
Eine Person, die in der Gegenwart des Erblassers ihre Ernennung zum Testamentsvollstrekker akzeptiert hat, kann sie nachträglich nicht mehr zurückweisen; schweigt sie zu dem Vorschlag, läßt dies ihr die Möglichkeit zu einer Ablehnung, aber jeder Hinweis auf eine Zustimmung bindet sie an die Ausübung dieses Amtes. Wird in einem Falle der Ablehnung diese erst nach dem Ableben des Erblassers ausgesprochen, wird ein Testamentsvollstrecker vom Magistrat eingesetzt.

Wenn ein Sklave, ein Verbrecher oder ein Ungläubiger zum Testamentsvollstrecker ernannt wurde, muß der Magistrat ebenfalls eine geeignete Person als Ersatz einsetzen.

Die Einsetzung eines Sklaven des Erblassers zum Testamentsvollstrecker ist dann gültig, wenn noch keiner der Söhne des Erblassers die Volljährigkeit erlangt hat.

Wenn sich der Testamentsvollstrecker als unfähig erweist, seinem Amt gerecht zu werden, muß ihm der Magistrat einen Assistenten zur Seite stellen. Dies kann aber nur geschehen, wenn der Beweis seiner Unzulänglichkeit erbracht ist. Die Erben können also nicht einfach die Ersetzung eines unbequemen Testamentsvollstrekkers verlangen.

Sind zwei Testamentsvollstrekker eingesetzt, kann der eine nicht ohne die Zustimmung des anderen entscheiden, es sei denn in Angelegenheiten, die keinen Aufschub dulden.

Wenn zwei Testamentsvollstrecker eingesetzt sind und einer von ihnen stirbt, muß der Magistrat einen Nachfolger bestimmen, wenn der Erblasser dies nicht selbst getan hat.

Ein Testamentsvollstrecker darf in Abwesenheit der Kreditgeber einen Sklaven aus dem Besitz des Erblassers verkaufen, um die Schulden auf dem Erbe

zu decken, wenn der Sklave nicht selbst mit Schulden belastet ist.
Ein Testamentsvollstrecker, der einen Gegenstand aus dem Besitz des Erblassers verkauft hat, der sich später als der Besitz eines anderen herausstellt, ist dem Besitzer für den Preis, den er erzielt hat, verantwortlich. Ist dieser Gegenstand nicht mehr herbeizuschaffen, kann er sich an dem Erben, dem der Gegenstand zugefallen war, schadlos halten.

TESTAMENTSVOLLSTRECKER

→*Testament*

TEUFEL

Der Teufel stammt nach allgemeiner Auffassung von Dschann, dem Vater der bösen Geister (→*Dämonen*), ab, und habe den Namen ʿAzazil getragen und Macht über das Tier- und Geisterreich gehabt. Als Gott Adam schuf, weigerte sich der Teufel, sich vor diesem niederzuwerfen, und wurde daher aus dem Garten →*Eden* vertrieben. Daraufhin wurde über ihn das Todesurteil verhängt, auf seine Bitte jedoch ausgesetzt bis zum Jüngsten Gericht. In der siebten Sure, in der der Teufel den Namen Iblis trägt, heißt es: »Wir haben euch erschaffen, dann gebildet und darauf zu den Engeln gesagt: ›Fallet vor Adam nieder!‹ Und sie fielen nieder, bis auf Iblis, der sich weigerte, Adam zu verehren. Gott fragte ihn: ›Was hindert dich daran, ihn zu verehren, wie ich es auch dir befahl?‹ Dieser antwortete: ›Weil ich besser bin als Adam, hast du mich doch aus Feuer und ihn nur aus Erde geschaffen.‹ Gott erwiderte: ›Fort von hier, deinen Hochmut darfst du hier nicht zeigen, darum hinaus mit dir, denn wahrlich, du bist der Niedrigen einer.‹ Da sagte Iblis: ›Oh, gib mir doch Aufschub bis zum Tag des Jüngsten Gerichts.‹ Und Gott erwiderte: ›Siehe, du sollst zu denen gehören, die einen Aufschub erhalten.‹ Dann sprach Iblis: ›Weil du mich von hier verjagt hast, will ich den Menschen auf dem rechten Weg auflauern und sie von vorn und von hinten überfallen und von rechts und von links, so daß du die allermeisten undankbar finden sollst.‹ Gott antwortete ihm und sprach: ›Fort mit dir, du sollst verachtet und verstoßen sein! Wenn einer von ihnen dir folgen wird, dann will ich die Hölle mit euch allen füllen.‹ « →*Adam*
Nach dem Koran ist der Teufel aus Feuer, Adam aber aus Erde erschaffen worden.
Es gibt zwei Wörter, die der

Koran für den großen Geist des Bösen benutzt: erstens *Schaitan*, ein arabisches Wort, das von *Schatn*, »Widerspruch«, abgeleitet ist, also »einer, der widerspricht«; zweitens *Iblis*, von *Balas*, »üble oder verworfene Person«, »der Böse«. Die erste Bezeichnung erscheint im Koran 52mal, die zweite nur 9mal, wobei in einigen Fällen beide Ausdrücke für ein und dieselbe Person gebraucht werden.

Theologie

Arabisch *'Ilmu'l-Ilahi*, »die Wissenschaft von Gott«. In den Traditionen wird der Begriff *'Ilm*, »Wissen«, speziell für das Wissen über den Koran benutzt.

Scheich 'Abdu'l-Haqq sagt in seinen Bemerkungen über den Begriff *'Ilm*, daß religiöses Wissen in der Vertrautheit mit dem Koran und den Traditionen bestehe.

Die muslimische Theologie läßt sich in folgende Bereiche aufteilen:

1. *'Ilmu't-Tafsir*, das Wissen über den Koran und seine Kommentare.
2. *'Ilmu'l-Hadith*, das Wissen über die Traditionen.
3. *'Ilmu'l-Usul*, das Wissen von den »Wurzeln«, den Grundlagen der muslimischen Religion. Die Wissenschaft der Exegese des Korans und der Traditionen.
4. *'Ilmu'l-Fiqh*, das muslimische Recht.
5. *'Ilmu'l-'Aqa'id*, die scholastische Theologie, basierend auf den sechs Grundlagen des muslimischen Glaubens: die Einheit Gottes, die Engel, die Bücher, die Propheten, die Auferstehung und die Prädestination.

→*'Ilm*

Thiqa

Wörtlich »vertrauenswürdig«. Ein Begriff, der beim Studium der Traditionen für einen vertrauenswürdigen Überlieferer von Traditionen gebraucht wird.

Thora

Die fünf Bücher Moses, der Pentateuch. Im Koran und in allen muslimischen Werken werden die fünf Bücher Moses immer als *Taurat* bezeichnet.

Der Autor des *Kaschfu'z-Zunun* schreibt: »Die Thora ist das inspirierte Buch, das Gott dem Moses offenbart hat, und es gibt davon drei bekannte Ausgaben: 1. Die *Tauratu's-Saba'in*, (die Thora der siebzig), die von zweiundsiebzig jüdischen Schriftgelehrten aus dem Hebräischen ins Griechische übersetzt wurde. (Es wird von christlichen Autoren eingeräumt, daß zunächst nur das Gesetz, das heißt der Pentateuch, übersetzt wurde.) Sie ist später ins Syrische und Arabische übersetzt worden. 2. Die *Tauratu'l-Qarra'in wa Rabaniyin*, (die Thora der Schriftgelehrten und Rabbiner). 3. Die *Tauratu's-Samira*, (die samaritanische Thora).

Derselbe Autor schreibt auch, daß die muslimischen Gelehrten, die diese drei Thora-Ausgaben verglichen hätten, zu dem Ergebnis gekommen seien, daß sie zwar inhaltlich übereinstimmen und die Einheit Gottes lehren, daß in ihnen aber nichts über die vorgeschriebenen Gebete, das Fasten, die Pilgerreise, das Almosengeben und auch nichts über Himmel und Hölle zu finden sei, was der Autor als Beleg dafür ansieht, daß die Juden die Thora geändert hätten.

Obwohl Mohammed die Thora in seine Lehren aufgenommen hatte, vermitteln jedoch einige Traditionen den Eindruck, daß er es nicht gerne sah, wenn man sie in seiner Gegenwart las. So ist überliefert, daß →*'Umar* mit einem Exemplar der Thora zu Mohammed kam und zu ihm sagte: »Dies ist eine Ausgabe der Thora.« Mohammed schwieg, und 'Umar begann darin zu lesen. Nach einer Weile sagte →*Abu Bakr:* »Deine Mutter weint um dich. Siehst du nicht, daß der Prophet ärgerlich ist?« Daraufhin blickte 'Umar auf und sah, daß das Gesicht des Propheten sich verfinstert hatte, und er sagte: »Gott schütze mich vor seinem Zorn und dem Zorn seines Propheten. Ich bin zufrieden mit Gott als meinem Herrn, mit dem Islam als meinem Glauben und mit Mohammed als meinem Propheten.« Da erwiderte Mohammed: »Wenn Moses leben und meine Prophezeiungen kennenlernen würde, dann würde er mir folgen.«

Tiere

Im Koran, Sure 24 46, heißt es: »Und Gott schuf alle Geschöpfe aus Wasser; unter ihnen manches, das auf seinem Bauch geht, unter ihnen manches, das auf zwei Füßen geht, unter ihnen manches, das auf vieren geht.«

Es wird angenommen, daß bei der →*Auferstehung* alle unvernünftigen Tiere zum Leben erweckt werden, dem Gericht unterworfen und dann ausgelöscht werden. Sure 6 38: »Es gibt kein Tier auf Erden, keinen Vogel, der mit seinen Flügeln dahinfliegt, der nicht euresgleichen an Art wäre. Wir ließen in der Schrift nichts fort. Dann werden sie zu ihrem Herrn versammelt werden.«

Tierkreiszeichen

Arabisch *Mintaqatu'l-Burudsch*, »der Gürtel (die Zone) der Burgen«. Werden im Koran dreimal erwähnt.
Sure 85 1: »Beim Himmel mit den Sternburgen!«
Sure 25 62: »Gelobt sei er, der die Tierkreisbilder in den Himmel gesetzt und daran eine Leuchte geschaffen und den strahlenden Mond.«
Sure 15 16-18: »Sternburgen setzten wir ihnen bereits an den Himmel, schmückten sie für die Beschauer. Und behüteten sie vor jedem gesteinigten Satan. Doch wer Erlauchtes stiehlt, den verfolgt leuchtendes Flammenmeer.«
Zur Erklärung der letzten Verse merken die Kommentatoren an, daß die Teufel vor dem Himmelstor lauschen, um Fetzen über zukünftige Ereignisse aufzuschnappen, und daß sie, wenn sie von den Engeln entdeckt werden, von diesen mit Sternschnuppen bombardiert werden.
Die Namen der Tierkreiszeichen sind:

1. *Hamal*, Widder
2. *Thaur*, Stier
3. *Dschauza'*, Zwillinge
4. *Saratan*, Krebs
5. *Asad*, Löwe
6. *Sunbala*, Jungfrau
7. *Mizan*, Waage
8. *'Aqrab*, Skorpion
9. *Qaus*, Schütze
10. *Dschadi*, Steinbock
11. *Dalw*, Wassermann
12. *Hut*, Fisch

at-Tin

»Feige«. Name der 95. Sure des Korans, in deren Eingangsvers es heißt: »Ich schwöre bei der Feige und der Olive.«

at-Tirmidhi

Die *Dschami'u't-Tirmidhi*, »die Sammlung des Tirmidhi«. Eines der sechs gültigen Bücher der sunnitischen Traditionen, kompiliert von Abu 'Isa Muhammad ibn 'Isa ibn Saura at-Tirmidhi, geboren im Jahre 825 n. Chr. in Tirmidh, gestorben 892 n. Chr.

Töchter

Arabisch *Bint*, Plural *Banat*. Im Erbrecht wird die Stellung einer Tochter durch den Koran, Sure 4 12, gesichert. »Was eure Kinder angeht, befiehlt euch Gott, euren Söhnen den Anteil von zwei Töchtern zu geben, und wenn mehr als zwei Töchter da sind, dann sollen sie zwei Drittel dessen bekommen, was der Vater hinterlassen hat, aber

wenn nur eine Tochter da ist, soll sie die Hälfte bekommen.«
Die *Siradschiya* interpretiert das obige auf folgende Weise: »Töchter, die von Verstorbenen bedacht wurden, erben in drei Fällen: Die Hälfte geht an die einzige Tochter, zwei Drittel an zwei oder mehr Töchter, und wenn ein Sohn da ist, bekommt er den Anteil von zwei Töchtern und sie den Rest.«
Das Volljährigkeitsalter wird bei einer Tochter durch die natürlichen Zeichen der →*Pubertät* und der Frauwerdung definiert. Fehlen diese Zeichen, erreicht sie die Volljährigkeit nach Abu Hanifa nicht vor dem achtzehnten Lebensjahr, aber nach der Auffassung der Imame Muhammad und Yusuf schon mit fünfzehn Jahren.
In bezug auf die Freiheit einer Tochter, den Ehepartner selbst zu bestimmen, sagt Scheich 'Abdu'l-Haqq in seinem Traditionenkommentar: »Alle Autoritäten stimmen darin überein, daß eine jungfräuliche Tochter bis zur Pubertät völlig der Entscheidungsgewalt ihres Vaters oder gesetzlichen Vormundes untersteht, aber wenn eine Tochter verwitwet, nachdem sie das Pubertätsalter erreicht hat, steht es ihr vollständig frei, zu heiraten, wen sie will.« Es gebe jedoch verschiedene Auffassungen über die Freiheit einer Tochter, den Ehemann zu bestimmen, wenn sie die Pubertät erreicht hat und noch unverheiratet ist. Abu Hanifa sage, sie sei auch dann in ihrer Entscheidung frei, andere Autoritäten aber verträten die gegenteilige Auffassung.
Nach der Lehre des Propheten »gibt eine jungfräuliche Tochter ihr Einverständnis zur Heirat durch Schweigen«. Ebenso sagt er, »daß eine Frau in reifen Jahren nach ihrem Einverständnis gefragt werden muß, und wenn sie schweigt, ist ihr Schweigen Einverständnis, aber wenn sie nicht einverstanden ist, darf sie nicht gezwungen werden«. Aber diese Tradition steht im Widerspruch mit einer anderen, in der er sagt: »Es gibt keine Hochzeit ohne das Einverständnis des Vormundes.«
Der Verfasser des *Akhlaq-i Dschalali* sagt, es sei nicht wünschenswert, daß Mädchen lesen und schreiben lernen, und diese Auffassung wird bis heute von vielen Mohammedanern geteilt, obwohl es als gut angesehen wird, wenn die Mädchen es lernen, den Koran und die liturgischen Gebete zu rezitieren.
Dem Vater einer Tochter, der sie nicht frühzeitig verheiratet, werden Vorwürfe gemacht,

denn Mohammed soll gesagt haben: »Es steht geschrieben im Buch Moses, daß derjenige, der seine Tochter nicht verheiratet, wenn sie das zwölfte Lebensjahr erreicht hat, für alle Sünden verantwortlich ist, die sie je begehen mag.«

Die alten Araber nannten die Engel »Töchter Gottes« und wehrten sich gegen weibliche Nachkommenschaft, indem sie ihre neugeborenen Töchter lebendig begruben. Diese Praxis verdammt Mohammed im Koran, Sure 16 59: »Und sie widmen Gott ihre Töchter! Ruhm sei ihm! Aber sie verlangen sie nicht für sich selbst. Denn wenn einem von ihnen die Geburt einer Tochter mitgeteilt wird, legen sich dunkle Schatten auf seine Miene und er ist traurig. Soll er sie widerwillig behalten oder sie im Staub begraben?«

Tod

Arabisch *Maut, Wafut*. Der Koran lehrt eindeutig, daß die Stunde des Todes für jedes Lebewesen ein für allemal festgelegt ist.

Sure 16 63: »Als Gott die Menschen für ihre bösen Taten bestrafen wollte, wollte er kein einziges lebendes Wesen auf der Erde zurücklassen. Aber dann gewährte er ihnen Aufschub bis zu einem festgelegten Zeitpunkt. Und wenn ihre Zeit kommt, dann können sie sie weder um eine Stunde hinauszögern noch beschleunigen.«

Sure 3 182: »Jede Seele muß den Tod kosten, und am Tage der Auferstehung wirst du deinen Lohn bekommen.«

Nach den Traditionen hat Mohammed gelehrt, daß es sündhaft ist, sich den Tod herbeizuwünschen: »Wünsche dir nicht den Tod, selbst wenn du ein Wohltäter bist, denn vielleicht vermehrst du deine guten Taten durch deine länger gelebten Tage, und auch nicht, wenn du ein Sünder bist, denn möglicherweise gewinnst du im Laufe deines weiteren Lebens Gottes Vergebung.«

Eines Tages sagte der Prophet: »Wer Gott gerne trifft, den trifft auch Gott gerne, und wer Gott ungern trifft, den trifft auch Gott ungern.« Darauf sagte →*'A'ischa:* »Wir alle lieben den Tod nicht und halten ihn für einen großen Jammer.« Der Prophet erwiderte: »Ihr versteht mich nicht. Wenn der Tod sich einem Gläubigen naht, dann gibt Gott ihm den Geist der Entsagung, und so kommt es, daß es nichts gibt, das der Gläubige dann so liebt wie den Tod.«

Al-Bara' ibn 'Azib, einer der

Gefährten des Propheten berichtet: »Wir gingen mit dem Propheten zu der Bestattung eines der Diener, und wir kamen an das Grab, kurz bevor der Tote beerdigt wurde. Der Prophet setzte sich nieder, wir taten dasselbe, die Köpfe gesenkt. Wir waren so still, daß Vögel auf unseren Köpfen hätten sitzen können. Der Prophet hatte einen Stock in der Hand, mit dem er ständig in den Sand zeichnete. Dann hob er den Kopf und sprach zwei- oder dreimal zu uns: ›Suchet Gottes Schutz vor der Strafe des Grabes!‹ Dann fuhr er fort: ›Wahrlich, wenn ein Muslim von der Welt scheidet und seine Seele der Ewigkeit anvertraut, dann steigen Engel mit weißen Gesichtern vom Himmel herab. Man könnte sagen, ihre Gesichter sind die Sonne, und sie bringen ein Leichentuch aus dem Paradies mit. Sie setzen sich in Blickweite des Verstorbenen nieder. Danach kommt der Todesengel zu dem Toten, läßt sich zu seinen Häupten nieder und spricht: O reine Seele, komm in Gottes Vergebung und Freude! Dann kommt die Seele heraus, leicht, wie Wasser aus dem Krug rinnt, und der Todesengel nimmt sie und übergibt sie den Engeln, in deren Händen ein Leichentuch liegt, und sie legen sie in das Tuch, und ein Duft entströmt der Seele, der dem besten Moschus gleicht, der auf der Welt zu finden ist. Dann tragen die Engel die Seele nach oben, und jeder andere Engel, der ihnen begegnet fragt: Wer war der Besitzer dieser reinen Seele? Und sie antworten: Der und der, der Sohn von dem und dem. Und sie nennen dabei die besten Namen, die er in der Welt getragen hat. Dann erreichen sie mit ihm die niedrigste Ebene des Himmels, und die Engel fordern, daß ihm geöffnet werden soll, und so geschieht es. Und sie tragen ihn weiter hinauf bis zum siebten Himmel, wo Gott spricht: Schreibt den Namen meines Dieners in das Buch →*'Illiyun* und bringt seine Seele wieder hinab zur Erde, zu seinem Körper, der in der Erde begraben ist, denn ich habe den Menschen aus Erde erschaffen, und er kehrt wieder zu ihr zurück, und später werde ich ihn wieder zurückholen. Dann wird die Seele wieder in ihren Körper gebracht, und zwei Engel (→*Munkar und Nakir*) kommen zu dem Toten und fordern ihn auf, sich aufzusetzen, und fragen ihn: Wer ist dein Herr? Er antwortet: Mein Herr ist Gott. Dann fragen sie: Was ist deine Religion? Er sagt:

Der Islam. Sie fragen: Wer ist der, der dir gesandt ist? Er sagt: Er ist der Prophet Gottes. Sie fragen: Was ist dein Beweis für seine Sendung? Er antwortet: Ich habe das Buch Gottes gelesen, und ich habe daran geglaubt, und ich bezeuge, daß es wahr ist. Darauf erschallt eine Stimme vom Himmel, die sagt: Mein Diener hat wahr gesprochen, deshalb werft ihm ein Bett vom Himmel herab und kleidet ihn in Gewänder des Paradieses und öffnet ihm die Tür zum Paradies. Dann kommen Frieden und Wohlgerüche des Paradieses auf ihn herab, und sein Grab vergrößert sich, so weit das Auge reicht. Dann kommt ein Mann von angenehmem Äußeren zu ihm, wohlgekleidet und parfümiert, und spricht: Freue dich daran, was dich zu dem gemacht hat, was du bist; dies ist der Tag, der dir versprochen wurde. Und der Tote fragt ihn: Wer bist du, der du ein vollkommen schönes Gesicht hast? Und der andere antwortet: Ich bin deine guten Taten. Darauf ruft der Verstorbene aus: O Herr, laß den Tag der Auferstehung schnell kommen um meinetwillen.

Aber, wenn ein Ungläubiger stirbt und seine Seele der Ewigkeit anvertraut, dann kommen Engel mit schwarzen Gesichtern zu ihm, und sie haben Sackleinen dabei. Sie setzen sich in Blickweite des Verstorbenen nieder. Danach kommt der Todesengel zu dem Toten, läßt sich zu seinen Häupten nieder und spricht: O unreine Seele, komm in Gottes Zorn! Dann rast die Seele im Körper des Ungläubigen, und der Todesengel muß sie herausreißen und übergibt sie den Engeln, die sie in das Sackleinentuch wickeln, und ein Gestank entströmt der Seele, der dem stinkendsten Kadaver auf der Welt gleicht. Dann tragen die Engel die Seele nach oben, und sie treffen keinen Engel, der nach dem Besitzer dieser unreinen Seele fragt. Dann erreichen sie mit ihm die niedrigste Ebene des Himmels, und die Engel fordern, daß ihm geöffnet werden soll, aber das kann nicht geschehen.‹

Darauf wiederholte der Prophet den folgenden Vers: ›Die Tore der himmlischen Gefilde werden verschlossen bleiben, und sie werden nicht das Paradies betreten, solange kein Kamel durch ein Nadelöhr geht.

Und Gott spricht: Schreibt seinen Namen in das Buch →*Sidschin*. Dann wird die Seele mit Gewalt auf die Erde geworfen, und zwei Engel (→*Munkar und Nakir*) kommen zu dem

Toten und fordern ihn auf, sich aufzusetzen, und fragen ihn: Wer ist dein Herr? Er antwortet: Ich weiß es nicht. Dann fragen sie: Was ist deine Religion? Er sagt: Ich weiß es nicht. Sie fragen: Wer ist der, der dir gesandt ist? Er sagt: Ich weiß es nicht. Darauf erschallt eine Stimme vom Himmel, die sagt: Er lügt, deshalb breitet ein Bett von Feuer über ihn und öffnet ihm das Tor zur Hölle. Dann kommen die Glut und die heißen Stürme der Hölle auf ihn herab, und sein Grab verkleinert sich so, daß ihm die Rippen gequetscht werden. Dann kommt ein Mann von schrecklichem Äußeren zu ihm, verwahrlost gekleidet und übelriechend, und spricht: Freue dich daran, was dich zu dem gemacht hat, was du bist; dies ist der Tag, der dir versprochen wurde. Und der Tote fragt ihn: Wer bist du, der du so gräßlich aussiehst? Und der andere antwortet: Ich bin deine bösen Taten. Darauf ruft der Verstorbene aus: O Herr, laß den Tag der Auferstehung spät kommen um meinetwillen.‹ «

TODESENGEL →*'Izra'il*, →*Tod*

TOLERANZ, RELIGIÖSE

Die muslimischen Gelehrten sind sich einig, daß die arabischen Götzendiener zur Zeit des Propheten keine religiöse Toleranz zu erwarten hatten. Die einzige Wahl, die sie hatten, war die Übernahme des muslimischen Glaubens oder der Tod. Die Gelehrten sind sich aber nicht einig darüber, inwieweit Idolatrie bei nichtarabischen Völkern geduldet werden darf. Tatsächlich werden hinduistische Ungläubige in allen muslimischen Ländern geduldet, und Juden und Christen werden toleriert, wenn sie eine Kopfsteuer (→*Dschizya*) bezahlen. Letztere werden →*Dhimmis* genannt.

Folgenden Beschränkungen sind Nichtmuslime unterworfen, die durch Zahlung der Kopfsteuer den Schutz des Staates genießen:

Ihnen ist es verboten, Pferde zu reiten, Waffen zu besitzen und die gleiche Kleidung zu tragen wie die Muslime. Außerdem müssen sie äußerlich sichtbar den *Kistidsch* tragen, einen Gürtel oder eine Kordel aus Wolle (nicht etwa aus Seide), die um die Hüfte geschlungen wird.

Die Frauen der *Dhimmis* müssen auf der Straße und in öffentlichen Bädern von denen der Muslime ferngehalten werden. Die Türen der Häuser der *Dhimmis* sollten gekennzeich-

net sein, damit ein muslimischer Bettler, der bei ihnen vorspricht, nicht für sie betet!
Einige Gelehrte sind der Auffassung, daß *Dhimmis* überhaupt nicht reiten dürfen, außer im Falle absoluter Notwendigkeit, und daß sie in einem solchen Falle absteigen müssen, wenn sie einem Muslim begegnen.
Der Bau von Kirchen oder Synagogen auf muslimischem Territorium ist nach den Traditionen ungesetzlich. Es ist den Juden oder Christen zwar gestattet, alte Synagogen oder Kirchen, die noch aus der vorislamischen Zeit stammen, zu renovieren, nicht aber, neue zu bauen, denn, wie Abu Hanifa sagt, »der Bau von Kirchen und Synagogen auf muslimischem Boden ist von der Tradition verboten«. Dasselbe gilt für Klöster und Eremitagen. Die Errichtung von Gebetsstätten innerhalb des eigenen Besitzes ist erlaubt.

TOTENGEBETE →*Gebete für die Toten*

TRADITION

Es ist der Glaube aller Muslime, ob sie Sunniten, Schiiten oder Wahhabiten sind, daß der Prophet zusätzlich zu den Offenbarungen, die im Koran enthalten sind, die *Wahy ghair Matlu* (wörtlich »eine ungeschriebene Offenbarung«) empfangen hat, wodurch er in der Lage war, mit göttlicher Autorität versehene Entscheidungen in religiösen Fragen zu treffen. Die auf Mohammed zurückgehenden Traditionen gelten also als uninspirierte Wiedergabe inspirierter Aussprüche des Propheten. Das arabische Wort für diese Traditionen ist *Hadith*, Plural *Ahadith*, »Ausspruch«, und *Sunna*, Plural *Sunan*, »Brauch«. Das Wort *Hadith* in seiner Singularform wird heute von muslimischen und christlichen Autoren für die Sammlungen der Traditionen benutzt. Sie enthalten Berichte darüber, was Mohammed tat, was Mohammed vorschrieb und was in der Gegenwart Mohammeds getan wurde, ohne daß er es verbot. Außerdem enthalten sie beispielhafte Aussprüche und Taten der Gefährten des Propheten.
Folgende Zitate Mohammeds aus den Traditionen zum Thema dieses mündlichen Gesetzes machen deutlich, welchen Stellenwert er ihm beimessen wollte:
»Wenn der Prophet Gottes etwas für ungesetzlich erklärt, dann ist das so, als ob Gott selbst es für ungesetzlich erklärt hätte.«

»Ich bin nichts als ein Mensch, aber wenn ich etwas anordne, was die Religion betrifft, dann nehmt es an, und wenn ich etwas anordne, was weltliche Dinge betrifft, dann bin ich nur ein Mensch.«

»Wahrlich, das beste Wort ist das Wort Gottes, und die beste Lebensregel ist die, die euch Mohammed gibt.«

»Ich habe euch zwei Dinge hinterlassen, und ihr werdet euch nicht irren, solange ihr daran festhaltet. Das eine ist das Buch Gottes, das andere das Gesetz seines Propheten.«

»Meine Worte können nicht das Wort Gottes aufheben, aber sein Wort kann meine Worte aufheben.«

»Manche meiner Worte heben andere auf.«

Mohammed gab dezidierte Anweisungen zu der Art, wie seine Aussprüche überliefert werden sollten. So soll er zu →*Ibn 'Abbas* gesagt haben: »Übermittle an andere Personen keines meiner Worte, von dem du nicht sicher bist, daß es absolut richtig ist. Wahrlich, wer meine Worte falsch weitergibt, der wird einen Platz im Feuer finden.«

Aber alle islamischen Gelehrten räumen ein, daß trotz dieser ernsten Warnung ihres Propheten viele unechte Traditionen überliefert worden sind. →*Abu Da'ud* etwa, der nur 4800 Traditionen bearbeitete, die eine sorgfältige Auswahl aus 500000 darstellten, merkte an, daß er nur diejengen wiedergebe, »die authentisch scheinen oder zumindest fast«. Von den 40000 Personen, die an der Überlieferung der Traditionen beteiligt waren, erkennt →*Al-Bukhari* nur 2000 als verläßlich an.

In Anbetracht dieser Unzuverlässigkeit der Überlieferung wurde ein System von Kriterien entwickelt, nach denen Traditionen bewertet werden. Dabei spielen die Glaubwürdigkeit, Integrität und Gelehrsamkeit der an der Überlieferung Beteiligten eine wichtige Rolle, ebenso die ursprüngliche Quelle und die Überlieferungsform, und es muß nachweisbar sein, daß die Überlieferungskette ungebrochen ist, das heißt, daß der Weg der Überlieferung von ihrem Ursprung bis zum letzten Glied in der Kette zu verfolgen sein muß.

Wer die erste Sammlung von Traditionen erstellte und als Buch publizierte, ist umstritten. Einige meinen, es sei 'Abdu'l-Malik ibn Dschuraidsch in Mekka gewesen, der im Jahre 767 n. Chr. starb. Andere glauben, der Verfasser der ersten Sammlung sei der Imam Malik gewesen, der im Jahr 795 n. Chr.

starb. Die Arbeit des Imams Malik genießt noch heute größtes Ansehen, und obwohl sie nicht zu den sechs Standardwerken gezählt wird, gilt sie vielen als ursprüngliche Quelle der Nachfolgewerke.

Die folgenden Sammlungen sind die *Sihahu's-Sitta*, die »sechs korrekten« Bücher, die von den Sunniten anerkannt sind:

1. Muhammad Isma'il →*al-Bukhari*, 870 n. Chr.;
2. →*Muslim (2.)* ibn al-Hadschadsch, 874 n. Chr.;
3. Abu 'Isa Muhammad →*at-Tirmidhi*, 892 n. Chr.;
4. →*Abu Da'ud* as-Sidschistani, 888 n. Chr.;
5. Abu 'Abdi'r-Rahman →*an-Nasa'i*, 915 n. Chr.;
6. Abu 'Abdi'llah Muhammad →*Ibn Madscha*, 886 n. Chr.

Es soll insgesamt 1465 Sammlungen von Traditionen geben, obwohl die sechs oben aufgeführten die gebräuchlichsten bei den Sunniten sind.

Diese Sammlungen werden von den Schiiten nicht anerkannt, sondern ihr religiöses und ziviles Recht basiert auf folgenden Werken:

1. *Kafi* von Dscha'far Muhammad ibn Ya'qub, 941 n. Chr.;
2. *Man la yastahdiruhu'l-Faqih* von Scheich 'Ali, 991 n. Chr.;
3. *Tahdhib* von Scheich Abu Dscha'far Muhammad ibn 'Ali ibn Husain, 1074 n. Chr.;
4. *Istibsar* vom selben Autor;
5. *Nahdschu'l-Balagha* von Saiyid ar-Radi, 1016 n. Chr.

Trauerzeit

Die Trauerzeit für die Verstorbenen ist auf drei Tage beschränkt, in denen von den Freunden und Verwandten des Toten erwartet wird, daß sie die betroffene Familie besuchen, Gebete für den Verstorbenen verrichten und Worte des Beileids sprechen. Für die Witwe jedoch beträgt die Trauerzeit vier Monate und zehn Tage (→*'Idda*). In dieser Zeit ist es allen Betroffenen vorgeschrieben, auf das Benutzen von Parfüm und das Tragen von Schmuck zu verzichten. Totenklagen sind strikt verboten, sind aber nichtsdestoweniger in weiten Teilen des Islam allgemeiner Brauch.

Traum

Nach der Tradition soll der Prophet gesagt haben: »Ein guter Traum kommt von Gottes Gnaden, aber ein schlechter Traum kommt vom Satan, deshalb sollt ihr eure guten Träume einem lieben Freund erzählen; wenn ihr aber einen schlechten Traum hattet, dann erzählt niemandem davon, sondern spuckt dreimal über eure linke Schulter und sucht Schutz im Gebet vor der Bosheit Satans; dann wird euch nichts Böses zustoßen.« – »Die wahrsten Träume sind die, die ihr im Morgengrauen habt.« – »Gute Träume sind Teil der Prophetie.« (Mischkat, 21)

TRIBUT →*Dschihad*, →*Dschizya*

TRINKEN
Es gibt ein Kapitel in den Traditionen, daß sich ausschließlich mit diesem Thema beschäftigt. Aus dem Beispiel des Propheten leiten sich folgende Regeln ab: »Der Prophet hat das Trinken von Wasser im Stehen verboten.« Er selbst habe beim Trinken dreimal Atem geholt und über diese Methode gesagt, daß sie den Magen kühle, den Durst lösche und dem Körper Gesundheit und Kraft schenke. Weiter habe der Prophet gesagt: »Wer aus einem silbernen Becher trinkt, der trinkt vom Höllenfeuer.«

TRINKGEFÄSSE
Es gibt vier Arten von Trinkgefäßen, aus denen Muslime nach dem Willen des Propheten nicht trinken dürfen. Es handelt sich dabei um heute nicht mehr übliche Gefäße, die offensichtlich ursprünglich dazu dienten, daß alkoholische Getränke aus ihnen getrunken wurden.
Wenn ein Hund aus einem Gefäß trinkt, muß es siebenmal gereinigt werden. →*Hunde*

TROMPETE
Arabisch *Sur*. Nach dem Koran, Sure 39 68, werden am Tag der Auferstehung zwei Trompetenstöße ertönen: »Geblasen wird in die Trompete, und ohnmächtig stürzt (oder stirbt), wer in den Himmeln ist und auf Erden, ausgenommen, den Gott wünscht. Dann wird wiederum geblasen, und sie stehen und warten.«
Al-Baidawi sagt, daß es nur zwei Trompetenstöße geben wird, andere Kommentatoren sind der Überzeugung, daß es drei sein werden: der Stoß des Entsetzens, der Stoß der Prüfung und der Stoß der Auferstehung. →*Auferstehung*

TRUNKENHEIT
Das Trinken von →*Wein* und Branntwein ist nach muslimischem Recht streng verboten. Wenn ein Muslim Wein trinkt und zwei Zeugen dies bestätigen oder wenn sein Atem nach Wein riecht oder wenn er im betrunkenen Zustand angetroffen wird, dann soll er mit 80 Hieben bestraft werden.

TUHR

Die Phase der Reinheit bei einer Frau.

TUR

1. Ein Berg, der im Koran in Sure 2 60 erwähnt wird: »Dann schlossen wir mit euch das Bündnis und erhoben den Berg über euch.« Hierunter wird im allgemeinen der Berg Sinai verstanden, aber Al-Baidawi sagt, es handle sich um den *Dschabal Zubair*.

2. *Suratu't-Tur*, »Sure vom Berg«, ist der Titel der 52. Sure des Korans.

TURBAN

Arabisch *'Imama*. Der Turban, der aus einer festen runden Kappe, die manchmal eine beträchtliche Höhe haben kann, und einem langen Musselintuch besteht, das oft eine Länge von zwanzig Metern erreicht und um die Kappe gewunden wird, ist in allen muslimischen Ländern ein Zeichen von Autorität und Ehrbarkeit, und es gilt als respektlos, barhäuptig zu Gott zu beten. Scheichs und religiöse Würdenträger tragen grüne Turbane. Die koptischen Christen in Ägypten tragen blaue Turbane, wozu sie durch ein Edikt aus dem Jahre 1301 n. Chr. verpflichtet sind. In manchen Gebieten des Islam ist es üblich, einen Herrscher zu ernennen, indem ihm ein Turban aufgesetzt wird.

Das Aussehen des Turbans variiert beträchtlich, und in der muslimischen Literatur heißt es, daß es über tausend verschiedene Methoden gibt, den Turban zu binden. In ihnen spiegeln sich nicht nur nationale und religiöse Unterschiede wider, sondern sie geben auch Auskunft über die soziale Stellung des Trägers.

TUWA

Ein heiliges Tal, das im Koran erwähnt wird.

Sure 20 11-13: »Und als er herankam, ward gerufen: ›O Moses! Siehe, ich bin dein Herr; ziehe deine Schuhe aus, denn du bist im heiligen Tal Tuwa. Ich habe dich auserwählt, so höre auf das, was dir offenbart wird.‹ «

Sure 79 15-17: »Kam dir nicht die Kunde von Moses? Einst rief ihm sein Herr zu im heiligen Tal Tuwa: ›Geh zu Pharao, denn er ist widerspenstig.‹ «

Muslimische Turbane

U

ʿUBADA IBN AS-SAMIT
Wurde von →*Abu Bakr* damit beauftragt, die verstreuten Abschnitte des Korans zu sammeln.

ÜBLE NACHREDE
Das, was über eine nicht anwesende Person hinter ihrem Rücken in der Absicht, sie zu verletzen, gesagt wird, aber der Wahrheit entspricht, wird *Ghiba* genannt, wenn es eine falsche Anschuldigung, also reine Verleumdung ist, →*Buhtan*.
→*Abu Huraira* sagt: »Dem Propheten wurde die Frage gestellt: ›Weißt du, was üble Nachrede ist?‹ Er antwortete: ›Alles Schlechte, das über einen Muslim gesagt wird.‹ Dann fragte man: ›Aber was ist, wenn es sich um die Wahrheit handelt?‹ Und er antwortete: ›Wenn es wahr ist, ist es *Ghiba*, wenn es unwahr ist, ist es *Buhtan*.‹ «
Mohammed sagte zu dem Thema weiterhin: »Die besten Diener Gottes sind jene, die von Gott sprechen, wenn du sie triffst. Die schlechtesten seiner Diener sind jene, die Gerüchte verbreiten, um Unheil zu stiften und Freunde auseinanderzubringen und die die Schwächen von guten Menschen aufspüren.« – »Die beste Sühne für üble Nachrede ist, zu Gott zu beten und zu sprechen: ›O mein Gott, verzeihe mir und jenen, die ich beleidigt habe.‹ «

ʿUBUDIYA →*Sklaverei*

ʿUDSCH
Der Sohn des ʿUq. Ein Riese, der zur Zeit Adams geboren worden sein soll, der die →*Sintflut* überlebte, weil das Wasser ihm nur bis zu den Hüften reichte, und der zur Zeit des Moses gestorben sei,

weil ihm dieser seinen Stab auf die Füße geworfen hatte. Er soll 3500 Jahre alt geworden sein. Er entspricht wahrscheinlich dem Og der Bibel.

UHNUKH

Der *Enoch* des Alten Testaments, wahrscheinlich der *Idris* des Korans.

UHUD

Auch *Ohod*. Ein Hügel, etwa fünf Kilometer von Medina entfernt. Berühmt wegen der Schlacht, die dort im Jahre 625 n. Chr. stattgefunden hat, in der Mohammed von den →*Koreischiten* geschlagen wurde.

UKAIDAR

Der christliche Anführer der Dumah, der von Khalid 630 n. Chr. gefangengenommen wurde. In den Traditionen heißt es: »Khalid nahm Ukaidar gefangen, weil der Prophet verboten hatte, ihn zu töten. Und auch der Prophet tötete ihn nicht, sondern sie schlossen Frieden miteinander, nachdem jener die Kopfsteuer gezahlt hatte.«

'UKUF

Wörtlich »Zurückbleiben«. Ein Begriff, der das dem Gebet gewidmete Leben eines Menschen bezeichnet, der immer in der Moschee bleibt.

'ULEMA'

'Ulama', Plural von →*'Alim*, »ein Wissender, ein Gelehrter«. In seiner Pluralform wird das Wort als Titel benutzt für jene Körperschaften aus den hervorragendsten Vertretern der islamischen Theologie, die unter dem Vorsitz ihres *Schaikhu'l-Islam* das theokratische Element der Regierungen muslimischer Länder darstellen und die durch ihre Entscheidungen zu religiösen und rechtlichen Fragen (→*Fatwa*), die sowohl das private als auch das öffentliche Leben berühren, einen beträchtlichen Einfluß ausüben.

ULU'L-'AZM

»Die Besitzer der Beständigkeit«. Ein Titel, der im Koran bestimmten Propheten verliehen wird. Nach den Kommentatoren sind dies Noah, Abraham, David, Jakob, Joseph, Hiob, Moses, Jesus und Mohammed.

UMAIYADEN

Arabisch *Banu Umaiya* oder *Ad-Daulatu'l-Umawiya*. Die Kalifen-Dynastie, die von 661 n. Chr. bis 750 n. Chr. in Damaskus regierte. Sie wurde von →*Mu'awiya* begründet, der der Urenkel des Koreischiten Umaiya war. Mu'awiya, der Sohn des Abu Sufyan, übernahm das Kalifenamt nach dem Tod des Hasan und machte Damaskus zu seiner Hauptstadt. Die Dynastie bestand aus vierzehn Kalifen (siehe nachfolgende Tabelle).

Die Kalifen-Dynastie der Umaiyaden

1.	Mu'awiya I.	661	(Belagerung von Konstantinopel; macht Damaskus zur Hauptstadt des Islam)
2.	Yazid I.	679	(Vernichtung der Anhänger Husains und dessen Tod)
3.	Mu'awiya II.	683	(Abgesetzt)
4.	Marwan I.	683	(Vergiftet)
5.	'Abdu'l-Malik	684	(Die ersten arabischen Münzen)
6.	Al-Walid I.	705	(Eroberung von Afrika und Spanien.)
7.	Sulaiman	715	(Niederlage vor Konstantinopel; stirbt an Kummer)
8.	'Umar	717	(Vergiftet)
9.	Yazid II.	720	(Seine Generäle haben große militärische Erfolge)
10.	Hischam	724	(Karl Martell stoppt den Vormarsch der Araber im Westen; Aufstieg der 'Abbasiden)
11.	Al-Walid II.	743	(Von Verschwörern getötet)
12.	Yazid III.	744	(Starb an der Pest)
13.	Ibrahim	744	(Abgesetzt)
14.	Marwan II.	744	(Letzter Kalif; bis 749)

Die 'Abbasiden eroberten unter den Brüdern Ibrahim und Abu'l-'Abbas Khorasan und weigerten sich, Marwan II. anzuerkennen. Dieser wurde von ihnen geschlagen und floh nach Ägypten, wo er 750 n. Chr. erneut geschlagen und von seinen Widersachern getötet wurde. Abu'l-'Abbas wurde zum neuen Kalifen ausgerufen.

Umana'

Plural von *Amin*, »Gläubiger«. Ein Titel, den die Sufis jenen Frommen geben, die ihre religiösen Erfahrungen für sich behalten. Sie werden auch *Malamatiya* genannt, jene, die lieber mißverstanden werden, als mit ihrer Frömmigkeit zu protzen.

‘Umar

‘Umar ibn al-Khattab, der zweite Kalif, der →*Abu Bakr* 634 n. Chr. im Kalifat nachfolgte. Er wurde nach einer erfolgreichen zehnjährigen Regierungszeit im Jahre 644 n. Chr. von Firez, einem persischen Sklaven, ermordet. Seine Konversion zum Islam erfolgte im sechsten Jahr der Sendung Mohammeds, und der Prophet nahm ‘Umars Tochter →*Hafsa* zu seiner dritten Frau.

‘Umar ragt unter den frühen Kalifen deshalb besonders heraus, weil er es war, der hauptsächlich zur Ausbreitung des Islam beigetragen hat. Unter ihm vertrieben die großen Generale Abu ‘Ubaida, Khalid ibn al-Walid und Yazid die Oströmer aus Syrien und Phönizien, Sa‘d ibn Abi Waqqas, Qaqa’ah und Nu‘man vollendeten die Eroberung des Irak und die Niederwerfung des persischen Reiches, und ‘Amr ibn al-‘As (gemeinhin Amru genannt) unterwarf Ägypten und Teile der libanesischen Küste, nachdem er als Befehlshaber in Palästina nach einer langen Belagerung Jerusalem in den Besitz des Kalifen gebracht hatte.

‘Umars Name ist auch deshalb eng mit der Geschichte des Islam verknüpft, weil er eine wichtige Rolle bei der ersten Sammlung der verstreuten Korantexte unter Abu Bakr spielte und weil er die muslimische Zeitrechnung der →*Hidschra* einführte.

Umm

Plural *Ummat*, *Ummahat*. »Mutter«. Das Wort wird auch häufig in Zusammensetzungen benutzt, zum Beispiel *Ummu’l-Qura*, »die Mutter der Städte«, bezeichnet Mekka, oder *Ummu’l-‘Ulum*, »die Mutter der Wissenschaft«, ist die Grammatik.

Umm Habiba

Eine der Frauen Mohammeds. Die Tochter des Abu Sufyan und die Witwe des ‘Ubaidu-’llah, der nach Abessinien emigriert war, dort zum Christentum übertrat und als Bekenner dieses Glaubens starb.

Umm Kulthum

Die jüngste Tochter Mohammeds von seiner Frau Khadidscha. Sie war verheiratet mit ihrem Cousin ‘Utaiba, dem Sohn des Abu Lahab, trennte sich jedoch von ihm und wurde nach dem Tod ihrer Schwester Rukaiya die Frau des 'Uthman, des späteren Kalifen. Sie starb ein oder zwei Jahre vor Mohammed, der nach ihrem Tod zu sagen pflegte, daß er 'Uthman so sehr liebe, daß er diesem, hätte er noch eine dritte Tochter, sie ihm auch zur Frau geben würde.

Umm Salama

Eine der Frauen Mohammeds. Die Witwe des Abu Salama, der bei der Schlacht am →*Uhud* verletzt wurde und später an den Verwundungen starb. Mohammed heiratete sie vier Monate danach.

Umma

»Volk, Nation«. Das Wort erscheint häufig im Koran, zum Beispiel: *Ummatu Ibrahim*, das Volk Abrahams; *Ummatu 'Isa*, Das Volk Jesu; *Ummatu Muhammad*, das Volk Mohammeds.

Ummi

Eine im Koran in Sure 7 156 auf Mohammed bezogene Bezeichnung: »Denen, die dem Gesandten folgen, dem Propheten aus dem Volk (*An-Nabiyu'l-Ummi*).«

Die Kommentatoren sind sich nicht einig, wie das Wort abgeleitet ist, folgende sind die geläufigsten Erklärungen:

1. Von *Umm*, »Mutter«, das heißt einer, der wie ein Neugeborenes ist.
2. Von *Umma*, »Volk«, das heißt einer, der so unwissend wie das Volk ist.
3. Von *Ummu'l-Qura*, ein Beiname Mekkas, das heißt jemand, der aus Mekka stammt.

Es hat den Anschein, als ob Mohammed als unwissend und ungebildet gelten wollte, um die Eleganz der Sprache des Korans ins Wunderbare zu erhöhen.

Ummu'l-Kitab

Wörtlich »die Mutter des Buches«.

1. Eine Bezeichnung, die die Traditionen der ersten Sure des Korans geben.
2. In Sure 3 5 bezeichnet der Begriff den Koran selbst.
3. In Sure 13 39 scheint sich der Begriff auf die Tafeln zu beziehen, auf denen die Gesetze Gottes und die Schicksale aller Menschen aufgezeichnet sind.

Ummu'l-Qura

Wörtlich »Mutter der Städte«. Ein Beiname Mekkas. Eine Metropole.

Ummu'l-Walad

Im muslimischen Recht eine Bezeichnung für eine Sklavin, die ihrem Herrn ein Kind geboren hat und auf Grund dieser Tatsache nach dessen Tod frei wird. →*Sklaverei*

'UMRA

Eine kleinere Pilgerreise oder ein Besuch der heiligen Stätten in Mekka, wobei die Zeremonie der Umschreitung der →*Ka'ba* durchgeführt wird, die Opfer etc. aber wegfallen. Sie ist eine verdienstvolle Handlung, besitzt aber bei weitem nicht den Rang der →*Hadsch*, der gesetzlich vorgeschriebenen Pilgerreise nach Mekka. Die 'Umra kann jederzeit durchgeführt werden außer zu der Zeit, die für die Hadsch reserviert ist.

UNBEFLECKTE EMPFÄNGNIS

Nach Mischkat 1 3,1 hat Mohammed gesagt: »Außer Maria und ihrem Sohn gibt es kein Kind Adams, das nicht bei seiner Geburt vom Teufel berührt wird und durch diese Berührung einen lauten Schrei ausstößt.« (Diese Lehre impliziert, daß nicht nur Jesus unbefleckt empfangen wurde, sondern auch Maria selbst.) →*Jesus*

UNEHELICHKEIT

Ein uneheliches bzw. außereheliches Kind hat nach muslimischem Recht keinen legalen Vater; daher erlaubt das Gesetz dem Vater auch keine Einmischung in die Angelegenheiten seines illegitimen Kindes, selbst in Fragen der Erziehung nicht. Es kann den Vater nicht beerben, ist aber der rechtmäßige Erbe seiner Mutter.

UNGESETZLICH

Arabisch *haram*. →*Gesetz*

UNGLÄUBIGE

Es gibt verschiedene Worte, die einen Ungläubigen bezeichnen:
1. →*Kafir.* Einer, der die Wahrheit verbirgt oder leugnet.
2. *Muschrik*, Plural *Muschrikun*. Jene, die andere neben Gott stellen. Der Begriff wird von modernen Muslimen sowohl für Christen als auch für Götzendiener benutzt, also sowohl für die, welche die Dreieinigkeit verehren, als auch für die, die Idole anbeten. Die →*Wahhabiten* nennen auch ihre religiösen Gegner *Muschrikun*, weil sie zu Heiligen um Fürbitte beten. Im Koran wird der Begriff immer auf die mekkanischen Götzendiener angewandt, und der Imam Al-Baghawi sagt, daß Juden und Christen als →*Ahlu'l-Kitab* zu bezeichnen sind und als *Muschrikun* nur jene, die Götzen anbeten.
3. *Mulhid*. Einer, der von der Wahrheit abgefallen ist. Ein Ungläubiger.

4. *Zandiq*. Ein Ungläubiger.
5. *Munafiq*, Plural →*Munafiqun*, »Heuchler«. Eine Bezeichnung, mit der in der Zeit Mohammeds all jene belegt wurden, die nach außen vorgaben, die Lehre des Propheten angenommen zu haben, die aber insgeheim an ihr zweifelten.
6. *Murtadd*. Jemand, der vom Islam abgefallen ist. Ein Apostat.
7. *Wathani*. Ein Heide oder Götzendiener.

UNREINHEIT →*Reinigung*

UNTERHALT
Arabisch *Nafaqa*. Bezeichnet in der Sprache des Gesetzes alles, was zum Leben notwendig ist, also Nahrung, Kleidung und Unterkunft, obwohl es Autoren gibt, die den Begriff ausschließlich auf Nahrung beziehen.
Es gibt drei Gründe für die Pflicht zum Unterhalt: 1. Ehe, 2. Verwandtschaft, 3. Besitz (im Falle eines Sklaven).
Ein Ehemann hat die Pflicht, seine Frau bzw. Frauen angemessen zu versorgen, vorausgesetzt, sie verhalten sich nicht widerspenstig und auflehnend und haben sich dem Schutz ihres Mannes unterstellt.
Wenn der Ehemann in Armut fällt, so daß er nicht mehr für seine Frau sorgen kann, ist das noch kein Scheidungsgrund, aber der Richter ist verpflichtet anzuordnen, daß die Ehefrau sich selbst mit dem Lebensnotwendigen versorgt, wobei die so entstehende Schuldsumme zu Lasten des Mannes geht.
Ein Vater ist allein für den Unterhalt seiner Kinder verantwortlich.
Eine Mutter kann nicht gezwungen werden, ihr Kind zu stillen. Eine Verpflichtung besteht nur, wenn keine Amme verfügbar ist oder das Kind sich weigert, die Milch einer anderen Person anzunehmen, es sei denn, sie ist aus gesundheitlichen oder ähnlichen Gründen dazu nicht in der Lage.
Wenn weder der Vater noch das Kind über Vermögen verfügen, kann die Mutter verpflichtet sein, ihr Kind zu stillen.
Die Unterhaltspflicht ist auch dann für den Vater gültig, wenn das Kind einer anderen Religion angehört; dasselbe gilt für einen Ehemann in bezug auf seine Ehefrau.
Der Unterhalt für seine Kinder obliegt dem Vater nur, wenn diese kein unabhängiges Vermögen besitzen.
Wenn der Vater eines Kindes arm ist, der Großvater väterlicherseits wohlhabend und das

Vermögen des Kindes nicht verfügbar, dann kann der Großvater verpflichtet werden, für den Unterhalt des Kindes aufzukommen, wobei der Vater für die aufgewendete Summe haftet, sich aber später durch das Vermögen des Kindes Ausgleich verschaffen kann. Besitzt das Kind kein eigenes Vermögen, muß er für den Unterhalt des Kindes ohne jeglichen Esatzanspruch aufkommen.

Wenn männliche Kinder stark genug sind, für ihren Unterhalt zu arbeiten, ohne erwachsen zu sein, kann der Vater sie arbeiten lassen und ihren Unterhalt aus ihrem Verdienst bestreiten. Mädchen müssen jedoch nicht arbeiten.

Ein Vater ist verpflichtet, seine weiblichen Kinder so lange zu unterhalten, bis sie verheiratet sind. Er ist jedoch nicht verpflichtet, für seine erwachsenen Söhne zu sorgen, außer wenn sie durch Krankheit hilfsbedürftig werden. Ebenso muß ein Vater die Frau seines Sohnes versorgen, wenn der Sohn jung, arm oder zu schwach ist.

Unzucht

Arabisch *Zina'*. Der Begriff umfaßt sowohl Unzucht mit einer unverheirateten Person als auch →*Ehebruch* mit einer verheirateten Person.

Die Unzucht muß durch Beweise oder durch ein Geständnis bestätigt werden. Als Beweis sind vier Augenzeugen nötig; wenn jemand eine Frau mit tadellosem Ruf der Unzucht bezichtigt und dies nicht beweisen kann, muß er mit 80 Peitschenhieben bestraft werden. →*Qadhf*

Wenn sich jemand zur Unzucht bekennt, muß er dieses Bekenntnis viermal bei verschiedenen Gelegenheiten vor dem Kadi wiederholen, wobei die Umstände genau dargestellt werden müssen, damit kein Irrtum möglich ist. Außerdem kann diese Selbstbeschuldigung jederzeit widerrufen werden, und der Widerruf muß akzeptiert werden.

Die Strafe für Unzucht sind 100 Peitschenhiebe (50 für einen Sklaven). Die Strafe wird bei einem Mann im Stehen, bei einer Frau, die nicht entkleidet werden darf, im Sitzen vollzogen. Die Schläge sollen mit mäßiger Kraft ausgeführt werden und dürfen nicht alle denselben Körperbereich treffen.

In manchen Ländern wird für Unzucht zusätzlich zur Auspeitschung noch die →*Verbannung* verhängt, besonders, wenn es sich um Wiederholungstäter handelt, um so der Prostitution vorzubeugen.

Das Gesetz basiert auf folgender Koranstelle, Sure 24 2-5: »Die Hure und der Hurer, jedem von ihnen verabreicht hundert Streiche, kein Mitleid über sie erfasse euch im Dienst Gottes, wenn ihr an Gott glaubt und an den Jüngsten Tag. Und es sollen einige Gläubige ihrer Strafe beiwohnen. Ein Hurer soll nur eine Hure heiraten oder eine Götzendienerin; auch die Hure soll nur einen Hurer heiraten oder einen Götzendiener. Verboten ist dies den Gläubigen. Und die züchtige Frauen verleumden und keine vier Zeugen beibringen, ihnen verabreicht achtzig Streiche, und nimmer nehmet von ihnen Zeugnis an. Diese sind Missetäter. Die ausgenommen, die nachher bereuen und sich bessern; denn wahrlich, Gott ist allverzeihend und allbarmherzig.«

'Uqbah ibn 'Amir al-Dschuhani

Bedeutender Gefährte Mohammeds. Er starb 678 n. Chr. als Statthalter von Ägypten.

al-'Uqulu'l-'Aschara

Wörtlich »die zehn Intelligenzen«. Zehn Engel, die nach der Meinung muslimischer Philosophen in folgender Weise von Gott geschaffen wurden: Zunächst erschuf Gott einen Engel, der einen zweiten und einen Himmel erschuf; dieser erschuf wieder einen Engel und einen Himmel und so fort, bis es zehn Engel und neun Himmel gab. Der letzte Engel erschuf dann die ganze Welt.

'Urs

1. Die Hochzeitsfeierlichkeiten im Unterschied zu *Nikah*, der Hochzeitszeremonie. →*Ehe*
2. Der Begriff bezeichnet auch die Zeremonien, die an den Todestagen berühmter Heiliger üblich sind.

'Uschr

Der Zehnte, der dem Staat zusteht. →*Steuern*

'Uthman ibn 'Affan

Der dritte Kalif, der 'Umar 643 n. Chr. im Kalifat nachfolgte und 656 n. Chr. mit 62 Jahren von Muhammad, dem Sohn des Abu Bakr, und seinen Mitverschwörern ermordet wurde. Er wird von den Muslimen Dhu'n-Nurain, »der Besitzer zweier Lichter«, genannt, weil er zwei Töchter Mohammeds, →*Ruqaiya* und →*Umm Kulthum,* zur Frau hatte. Sein Hauptverdienst in der Sache des Islam bestand in der von ihm veranlaßten zweiten und endgültigen Revision des Korans.

V

Vater

Nach dem sunnitischen →*Erbrecht* erbt der Vater ein Sechstel des Nachlasses seines Sohnes oder Enkels, stirbt der Sohn unverheiratet, fällt alles an den Vater.

Was das Gesetz der Vergeltung betrifft, wird es bei einem Vater, der seinen Sohn tötet, nicht angewandt, denn Abu Hanifa hat gesagt: »Da der Vater die entscheidende Ursache der Existenz seiner Kinder ist, wäre es nicht angemessen, wenn eines seiner Kinder die Ursache seines Todes wäre.« Darum ist es auch einem Sohn verboten, seinen Vater im Kriege zu töten, wenn dieser sich in der gegnerischen Armee befindet, oder einen Stein auf ihn zu werfen, wenn er wegen Ehebruchs gesteinigt wird.

In Gerichtsprozessen darf ein Vater nicht als Zeuge für oder gegen seine Kinder auftreten.

Verbannung

Diese wird nach dem Imam →*Asch-Schafi'i* für Hurerei als Strafe verhängt (alle anderen Rechtsgelehrten verlangen hierfür jedoch die →*Steinigung*); sie wird auch als Bestrafung für Straßenräuber eingesetzt.

Verbotene Frucht

Wird im Koran in Sure 2 33 erwähnt: »Wir sprachen dann: ›O Adam, bewohne du und dein Weib den Garten und esset davon in Fülle, soviel ihr wollt, aber nähert euch nicht diesem Baum, ihr seid sonst der Frevler.‹ «

Über die Art dieses Baumes gibt es bei den Kommentatoren verschiedene Auffassungen. Husain sagt, manche sagten, es sei ein Feigenbaum gewesen, andere meinten, es handele sich um einen Weinstock, die meisten aber glaubten, es sei Weizenhalm gewesen. →*Adam*

Verbotene Verwandtschaftsgrade

Nach dem Koran gibt es sieben Verwandtschaftsgrade, bei denen eine Eheschließung verboten ist:
1. Mutter, 2. Tochter, 3. Schwester, 4. Tante väterlicherseits, 5. Tante mütterlicherseits, 6. Tochter der Schwester, 7. Tochter des Bruders.
Ebenfalls ungesetzlich ist es für einen Muslim, die Schwester oder die Tante seiner Frau zu heiraten, solange diese lebt. Ebenso ist es verboten, eine Ehe mit seiner Milchschwester einzugehen. →*Ehe*

Verbrennung

Verbrennung als Todesstrafe ist im muslimischen Recht strikt verboten, da der Prophet gesagt hat: »Straft nicht mit der Strafe Gottes. Wahrlich, nur Gott kann mit dem Feuer strafen, niemand sonst.« (Mischkat 14, 5. Kapitel)
Trotzdem hatte der Kalif →*'Ali (2.)* einige Abtrünnige mit dem Feuertode bestraft. Auch ist das Verbrennen von Toten verboten, denn die Traditionen lehren, daß ein Leichnam Schmerzen wie ein Lebender empfindet; allerdings wird die Seele eines Verbrannten nicht daran gehindert, ins →*Paradies* zu gelangen.

Vergebung der Sünden

→*Sündenvergebung*

Vergebung von Unrecht

Wird im Koran in Sure 42 38 erwähnt: »Und Vergeltung des Bösen ist Böses desgleichen; doch wer verzeiht und friedlich ist, dessen Lohn ist auf Gott. Wahrlich, er liebt die Frevler nicht. Wer aber nach einem ihm zugefügten Unrecht sich verteidigt – gegen diese ist keine Ursache. Ursache ist gegen die nur, die sich gegen die Menschen vergehen und auf Erden freveln ohne Recht; diese da, ihnen qualvolle Strafe. Wer aber geduldig ist und vergibt, wahrlich, dies geschieht durch Ratschluß der Dinge.«

Vergeltung →*Qisas*

Verhaltensformen

Die Traditionen legen großen Wert auf die genaue Art und Weise, in der Mohammed ging, saß, schlief und aufstand, aber ihre Darstellungen sind nicht immer einheitlich. Zum Beispiel berichtet 'Abbad, daß er den Propheten auf dem Rücken und mit übereinandergeschlagenen Beinen schlafen sah, während →*Dschabir* sagt, daß Mohammed diese Schlafhaltung ausdrücklich verboten habe.

Mäßigkeit im Verhalten wird im Koran, Sure 17 39, empfohlen: »Gehe nicht stolz über die Erde«, was nach Auffassung der Kommentatoren bedeutet, daß der Gläubige beim Gehen weder seinen Kopf noch seine Arme hochwerfen soll. Sure 25 64: »Die Diener des Allgnädigen sind jene, die bescheiden über die Erde hinschreiten und jedem, der sich an sie wendet, Frieden wünschen.«

Fakir Dschani Muhammad As'ad gibt folgende Richtlinien für die allgemeinen Verhaltensformen:

»Man sollte beim Gehen nicht eilen, denn dies ist ein Zeichen von Leichtfertigkeit; aber man sollte auch nicht zu langsam gehen, denn das läßt auf Schwerfälligkeit schließen. Man soll weder anmaßend herumstolzieren noch sich wie eine Frau oder ein Eunuch gebärden, sondern immer ein Mittelmaß einhalten. Man vermeide es, vor- und zurückzugehen, denn das zeigt Unschlüssigkeit an, und ständig den Kopf gesenkt zu halten, denn dies signalisiert Trauer oder Ängstlichkeit. Beim Reiten sind dieselben Regeln zu beachten. Im Sitzen soll man nicht die Beine ausstrecken und kein Bein über das andere schlagen. Niemals soll man niederknien, außer wenn man seinem König oder seinem Vater oder einer ähnlichen Respektsperson die Referenz erweist. Man lasse nie seinen Kopf auf seinem Knie oder seiner Hand ruhen, denn das ist ein Zeichen von Depression oder Trägheit. Man vermeide es herumzuzappeln oder sich zu strecken. Beim Ausspucken und bei der Reinigung seiner Nase sei man bedacht, daß niemand es sehen oder hören kann.

Wenn man in eine Versammlung kommt, setze man sich weder höher noch niedriger, als es dem eigenen Rang entspricht. Ist man selbst der Ranghöchste der Gesellschaft, kann man sich dahin setzen, wo man will, denn sein Platz muß immer der höchste sein, wo er auch sein mag. Wenn man unabsichtlich einen falschen Platz gewählt hat, wechsele man ihn, sobald man den Fehler bemerkt hat. Ist der einem gebührende Platz belegt, kehre man zu seinem alten Platz zurück, ohne die anderen zu stören und ohne sich zu erbosen.

In der Gegenwart von männlichen oder weiblichen Dienern entblöße man nichts außer den Händen und dem Gesicht; die Körperteile von den Knien bis zum Nabel entblöße man nie, außer zu Waschungen oder ähnlichem.

Man soll niemals in Gegenwart von anderen schlafen oder auf dem Rücken liegen, insbesondere weil dadurch die Gewohnheit des Schnarchens begünstigt wird.
Sollte einen auf einer Gesellschaft die Müdigkeit zu überwältigen drohen, so sollte man sie zu bekämpfen versuchen, indem man eine Geschichte erzählt oder sich an einer Diskussion beteiligt. Wenn man aber mit Leuten zusammen ist, die selbst einschlafen, so soll man ihre Gesellschaft ertragen und sie nicht verlassen.
Das Ziel des ganzen ist dies: Man benehme sich so, daß man niemanden verärgert oder belästigt.«

VERKAUF →*Bai'*

VERLEUMDUNG →*Qadhf*

VERLOBUNG →*Khitba*

VERSCHWENDUNG
Ein Verschwender wird vom Koran verurteilt. Sure 17 28: »Verschwende nicht verschwenderisch, denn die Verschwender waren immer die Brüder des Teufels, und der Teufel ist dem Herrn immer undankbar.« Sure 7 29: »O Menschenkinder, legt euren Schmuck in jeder Moschee an, eßt und trinkt, aber seid nicht verschwenderisch, denn der Herr liebt die Verschwendung nicht.«

VERSTELLUNG →*Riya'*

VERSTÜMMELUNG →*Muthla*

VERTRAG
Arabisch *'Ahd.* Das Einhalten von Verträgen wird im Koran vorgeschrieben (Sure 8 58; 9 4), aber wenn ein muslimischer Herrscher mit Ungläubigen einen befristeten Friedensvertrag schließt (zum Beispiel für zehn Jahre) und später zu der Überzeugung kommt, daß es im muslimischen Interesse liegt, diesen Vertrag zu brechen, so darf er nach dem Gesetz den Krieg wieder aufnehmen, nachdem er dem Gegner dies unter Einhaltung einer angemessenen Frist mitgeteilt hat.

VERTRAUENSBRUCH
Im muslimischen →*Gesetz* wird Vertrauensbruch nicht so streng geahndet wie einfacher →*Diebstahl.* Wenn also ein Gast seinen Gastgeber bestiehlt, während er sich in seinem Haus aufhält, wird seine Hand nicht amputiert und die Strafe wird ins Ermessen des Gerichts gestellt (Hidaya, vol. 2, Abschnitt 93-102).

VERUNTREUUNG →*Khiyana*

VIEH
Arabisch *An'am*. Wird in der 40. Sure, Vers 80/81 erwähnt: »Gott ist es, der euch das Vieh gegeben hat, einerseits zum Reiten, andererseits zur Nahrung. Auch ist es euch sonst noch nützlich, und ihr werdet auf den Tieren wie auf Schiffen getragen.«

VIELWEIBEREI →*Polygamie*

VÖGEL
Es wird von den Muslimen allgemein angenommen, daß alle Gattungen von Vögeln und viele andere, wenn nicht alle Tiere, eine eigene Sprache besitzen. Im Koran steht, daß der König →*Salomon* die Sprache der Vögel kannte: »O ihr Menschen, uns wurde die Sprache der Vögel gelehrt.« (27. Sure, Vers 16)

VORHERBESTIMMUMG →*Prädestination*

VORKAUFSRECHT
Arabisch *Schuf'a*, wörtlich »Anhängsel«. Das Vorkaufsrecht für eine Sache beruht auf den Lehren Mohammeds. Es gilt nicht für bewegliche Güter, sondern ausschließlich für Immobilien. Dieses Recht steht an erster Stelle dem Mitbesitzer oder Partner, an zweiter Stelle dem, der Versorgungseinrichtungen oder Zubringer, wie Wasseranschluß oder Zufahrtsstraßen, mit dem Besitzer teilt, und drittens dem →*Nachbarn* zu.

VORMUNDSCHAFT
Es gibt zwei Arten von Vormundschaft für einen Minderjährigen: *Wilaya* oder Vormundschaft über den Besitz, die Erziehung und die Verheiratung des Mündels, und →*Hidana* oder Vormundschaft über die Versorgung des Kindes.
Vormund wird man durch natürliches Recht, durch ein Testament oder durch richterlichen Beschluß.
Das Recht auf die Vormundschaft über die Verwaltung und Erhaltung des Besitzes eines Kindes steht zunächst dessen Vater zu, dann dem Bevollmächtigten des Vaters, dann dem Großvater väterlicherseits, dann dem Bevollmächtigten des Großvaters, danach dem Bevollmächtigten des Bevollmächtigten und schließlich der Staatsmacht bzw. deren Vertreter, dem Kadi oder Richter. Wenn alle angeführten natürlichen Vormundschaftskandidaten oder deren Vertreter fehlen, ist es die Aufgabe des Kadi, einen Vormund über den Besitz

eines Kindes einzusetzen. Entfernte Verwandte väterlicherseits und die Verwandten der mütterlichen Linie haben keinen Anspruch auf die Vormundschaft über den Besitz, außer sie werden durch den Gesetzesvertreter dazu ernannt oder es entspricht dem Willen des Erblassers, der durch glaubwürdige Personen bezeugt wird. Sie dürfen aber die Vormundschaft über die Erziehung und die Eheschließung des Mündels übernehmen. Das Recht der Mutter auf Vormundschaft erlischt allerdings, wenn sie eine zweite Ehe eingeht, tritt jedoch wieder in Kraft, wenn sie sich scheiden läßt oder wieder Witwe wird.

Als allgemeine Regel gilt, daß ein Vormund oder Vermögensverwalter eines Minderjährigen Verträge in dessen Namen abschließen kann, von denen mit hoher Wahrscheinlichkeit zu erwarten ist, daß sie vorteilhaft sind und dem Mündel keinen Schaden zufügen.

Einem Vormund ist es gestattet, Geld für den Unterhalt und die Erziehung seines Mündels zu leihen, auch wenn dazu der Besitz des Kindes verpfändet werden muß. Die so entstandene Schuld muß aus dem Besitz des Minderjährigen oder später, wenn er volljährig geworden ist, von ihm selbst beglichen werden.

Es ist nicht gesetzlich, wenn ein Vormund Besitz seines Mündels zur Deckung einer eigenen Schuld oder der eines seiner Kinder verpfändet (Hidaya). Dem Vater eines minderjährigen Kindes ist dies jedoch erlaubt; jedoch behält das Kind den Anspruch auf die Summe. Allerdings kann das Kind des Vaters diesen Pfandvertrag nicht kündigen, auch wenn das Geld nicht zum eigenen Wohle aufgewandt wurde.

Die Mutter gilt als die am besten geeignete Person für die Vormundschaft über die Versorgung (*Hidana*) ihres Kindes, auch wenn sie von ihrem Mann getrennt lebt, außer sie wäre eine Abtrünnige im Glauben, geisteskrank oder unzuverlässig. Als nächster steht der Großmutter mütterlicherseits, wie alt sie auch sein mag, das Recht auf *Hidana* zu; wenn sie verstorben oder mit einem Fremden verheiratet ist, fällt dies Recht an die Vollschwester der Mutter, dann an die Halbschwester der Mutter, dann an die Tochter der Vollschwester der Mutter und danach an die Tochter der Halbschwester der Mutter. Danach folgt die Tante mütterlicherseits und schließlich die Tante väterlicherseits.

Wenn es nötig sein sollte, einen Jungen der weiblichen Vormundschaft zu entziehen, oder wenn es keine weiblichen Personen in seiner Verwandtschaft gibt, die diese Aufgabe übernehmen können, dann geht das Vormundschaftsrecht an die männlichen Verwandten väterlicherseits über. An erster Stelle steht der Vater, dann folgt der Großvater väterlicherseits, wie alt er auch sein mag, dann der Vollbruder des Vaters, danach der Halbbruder des Vaters, dann der Sohn des Vollbruders des Vaters, anschließend der Sohn des Halbbruders des Vaters, schließlich die Onkel des Vaters. Aber obwohl ein Knabe der Obhut eines Onkels väterlicherseits gegeben werden kann, sollte ihm jedoch kein Mädchen anvertraut werden.

Keine männliche Person hat einen Anspruch auf die Vormundschaft über ein weibliches Mündel, das in einem der verbotenen Verwandtschaftsgrade zu ihm steht.

Die Vormundschaft einer weiblichen Person über einen Jungen endet, wenn er sieben Jahre alt geworden ist, und bei einem Mädchen, wenn es die →*Pubertät* erreicht hat.

Die männliche Vormundschaft für einen Jungen währt bis zu seiner Pubertät, bei einem Mädchen nicht bis zur Pubertät, sondern nur so lange, bis man es sich selbst überlassen kann, und man annehmen darf, daß es auf sich selbst aufpassen kann.

Wenn ein Mädchen keine Verwandten hat, die die Vormundschaft übernehmen können, ist es die Pflicht des Kadi, sie sich vorstellen zu lassen und zu entscheiden, ob man ihr erlauben kann, allein zu leben. Wenn nicht, sollte er sie in die Obhut von vertrauenswürdigen Frauen geben.

Wenn eine Mutter es ablehnt, die Vormundschaft über ein Kind ohne Bezahlung anzunehmen, kann diese jemand anderem übertragen werden.

W

Waba' →*Pest*

Wadi'a
Bezeichnet in der Sprache des Gesetzes anvertrautes Gut. Derjenige, der einem anderen eine Sache anvertraut, heißt *Mudi'*, (Treuhandgeber) der, dem sie anvertraut wird, *Muda'* (Treuhänder).
Nach der →*Hidaya* gelten für solche Sachen folgende Regeln:
Ein Treuhänder ist für das von ihm in Obhut genommene Gut nicht verantwortlich, solange er sich keiner Veruntreuung schuldig macht, und der Verlust der Sache zwingt ihn nicht zur Wiedergutmachung des Schadens, wenn er daran keine Schuld trägt, denn der Prophet sagt: »Ein ehrlicher Treuhänder trägt keine Verantwortung.«
Ein Treuhänder kann das ihm anvertraute Gut an eine andere Person weitergeben, solange es sich bei dieser um ein Mitglied seiner Familie handelt. Gibt er es aber an einen Fremden weiter, wird er dafür verantwortlich.
Wenn ein Treuhandgeber das hinterlegte Gut zurückfordert und der Treuhänder es nicht herausgeben will, macht dieser sich der Veruntreuung schuldig.
Wenn der Treuhänder die anvertraute Sache so mit seinem eigenen Besitz vermischt (zum Beispiel Öl oder Getreide), daß sie nicht mehr eindeutig davon getrennt werden kann, so kann der Treuhandgeber die Hälfte des Ganzen für sich beanspruchen. Wenn die Vermischung jedoch durch ein Unglück passiert, bekommt der Treuhandgeber den ihm gebührenden proportionalen Anteil.
Wenn der Treuhänder auf Befragung die in treuhänderische Obhut übernommene Sache verleugnet, macht er sich der Veruntreuung schuldig. Dies gilt jedoch nicht, wenn er sie ei-

nem Fremden gegenüber verleugnet, denn dann kann er das in der Absicht tun, die Sache zu schützen.
Wenn zwei Personen jemandem eine Sache anvertrauen, darf der Treuhänder sie nicht einer der beiden Personen allein wieder herausgeben, es sei denn in der Gegenwart der anderen.

WADSCHIB
Wörtlich »das, was vorgeschrieben ist«. Ein Begriff, der im muslimischen Recht jene Vorschriften bezeichnet, deren Nichteinhaltung eine Sünde bedeutet, deren Leugnung aber nicht unbedingt mit Unglauben gleichzusetzen ist. Wenn beispielsweise ein Muslim am →*'Idu'l-Adha* kein Opfer darbringt, begeht er eine Sünde. Wenn er sagt, dieses Opfer sei keine göttliche Institution, dann ist er ein Sünder, aber kein Ungläubiger. Und wenn jemand das Fasten des Ramadan nicht einhält, ist er ebenfalls ein Sünder, wenn er aber sagt, dieses Fasten sei keine göttliche Einrichtung, ist er ein Ungläubiger, denn das Opferfest ist *wadschib*, das Fasten aber *fard*.

AL-WADSCHID
Bedeutet »der Findende« und ist einer der 99 Beinamen oder eines der 99 Attribute Gottes.

AL-WADUD
Bedeutet »der Liebende« und ist einer der 99 Beinamen oder eines der 99 Attribute Gottes.

WAFFENVERKAUF
An Rebellen Waffen zu verkaufen ist verboten, weil dies einer Hilfestellung zum Treuebruch oder Aufstand gleichkomme. Es ist jedoch nicht verboten, Material zur Herstellung von Waffen an sie zu verkaufen.

AL-WAHHAB
Bedeutet »der Gebende« und ist einer der 99 Beinamen oder eines der 99 Attribute Gottes.

WAHHABITEN
Die Anhänger einer reformatorischen muslimischen Bewegung, die von Muhammad ibn 'Abdu'l-Wahhab begründet wurde, der 1691 n. Chr. in Ayina geboren wurde.
Muhammad lehrte, angesichts verbreiteter abergläubischer Tendenzen und einer immer mehr um sich greifenden Laxheit in der muslimischen Lehre jener Zeit, die Rückkehr zu den Wurzeln des Islam, und er hatte damit, vor allem in Zentralarabien, beträchtlichen Erfolg. Er gewann die Unterstützung des einflußreichen Stammesfürsten Ibn Sa'ud (gestorben 1766 n. Chr.), der Muhammads Tochter

heiratete, die die Mutter des berühmten Wahhabiten-Anführers ʻAbdu'l-ʻAziz wurde, der nach dem Tode seines Vaters die wahhabitische Armee von Sieg zu Sieg führte, bis er 1803 n. Chr. ermordet wurde. Der größte Kriegsheld der Wahhabiten aber war Saʻud, der älteste Sohn des ʻAbdu'l-ʻAziz, dem es 1806 gelang, Mekka und Medina einzunehmen, die neun Jahre in den Händen der Wahhabiten blieben. Nach dem Tode des Saʻud im Jahre 1814 übernahm sein Sohn ʻAbdu'llah das Kommando über die Wahhabiten, der aber 1818 n. Chr. von einer türkischen Armee unter Ibrahim Pascha besiegt und hingerichtet wurde. Danach verloren die Nachfahren des Ibn Saʻud die Führung an die Familie der Raschid, und erst 1902 gelang es ʻAbdu'l-ʻAziz ibn Saʻud wieder für sein Haus die Macht zu übernehmen. Heute ist die Lehre der Wahhabiten die führende religiöse Doktrin in dem von ihm begründeten Königreich Saudi-Arabien.

Die Wahhabiten bezeichnen sich selbst als →*Muwahhid*, »Unitarier«, und nennen andere Muslime →*Muschrik*, »jene, die andere Gott gleichsetzen«. Die Grundprinzipien der wahhabitischen Lehre sind:

1. Die Wahhabiten erkennen nicht die Entscheidungen der vier orthodoxen Hauptschulen des Islam an, sondern sie sagen, daß jeder, der lesen und den Koran und die heiligen Traditionen verstehen kann, in Sachen der Lehre selbst entscheiden kann. Daher lehnen sie →*Idschma*ʻ für die Zeit nach dem Tode der Gefährten Mohammeds ab.

2. Sie glauben, daß nur Gott die Geheimnisse der Menschen kennen kann und daß man deshalb keine Gebete an einen Heiligen oder einen Propheten richten solle, daß man aber *für* einen Propheten zu Gott beten könne.

3. Sie glauben, daß Gott am Jüngsten Tage Mohammed die Erlaubnis (*Idhn*) geben werde, für sein Volk Fürbitte einzulegen. Die Sunniten sind der Überzeugung, daß diese Erlaubnis bereits erteilt wurde.

4. Sie halten es für ungesetzlich, die Gräber verstorbener Heiliger mit Lichtern zu schmücken, an ihnen zu beten und sie zu umschreiten. Sie lehnen sogar jeden Akt der Verehrung am Grab des Propheten in Medina ab.

5. Nach ihrer Auffassung sollten Frauen wegen ihres Hanges zum unmäßigen Weinen nicht die Gräber von Verstorbenen besuchen.

6. Nur folgende Feiertage sollten eingehalten werden: *'Idu'l-Fitr*, *'Idu'l-Adha*, *'Aschura'* und *Al-Lailatu'l-Mubaraka*.
7. Sie feiern nicht Mohammeds Geburtstag.
8. Sie bringen keine Opfer (*Nadhr*) an Grabmälern dar.
9. Sie zählen die neunundneunzig Namen Gottes an den Fingern ab und nicht mit Hilfe eines →*Rosenkranzes*.
10. Sie verstehen die im Koran vorkommenden Ausdrücke »Gott sitzt« und »die Hand Gottes« wörtlich und nicht figurativ, wobei sie aber sagen, daß es nicht möglich sei, zu sagen, in welcher Weise Gott sitze oder in welchem Sinne er eine Hand besitze, und deshalb macht einem Wahhabiten die christliche Doktrin der Dreieinigkeit oder die Sohnschaft Christi weniger Schwierigkeiten als einem Sunniten.

AL-WAHID

Bedeutet »der Eine« und ist einer der 99 Beinamen oder eines der 99 Attribute Gottes.

WAHNSINNIGE

Das arabische Wort *Madschnun* schließt alle geistesgestörten Personen ein, ob sie nun so geboren wurden oder ob sie es später wurden. Nach dem mohammedanischen Gesetz kann ein Wahnsinniger weder für Raub noch für Mord zur Verantwortung gezogen werden. *Zakat* (gesetzliche Almosen) können nicht von ihm erhoben werden, noch darf er im Krieg fallen. Die Apostasie eines Wahnsinnigen führt nicht zum Wechsel des Glaubens, wie er überhaupt in allen Belangen, ob zivilen oder religiösen, weder vor Gott noch vor den Menschen als verantwortlich gilt.

WAHRSAGEREI

Nach Mu'awiya ibn Hakam soll Mohammed auf die Frage, ob es erlaubt sei, Wahrsager nach der Zukunft zu befragen, geantwortet haben: »Wenn du dem Islam anhängst, darfst du keine Wahrsager aufsuchen.«
→*Magie*

WAISE

Arabisch *Yatim*, Plural *Yatama*. Im muslimischen Recht wird der Begriff für ein Kind, dessen Vater gestorben ist, benutzt.
Mohammed gab im Koran spezielle Anweisungen für die Behandlung von Waisen. Sure 4 2-7: »Gebet den Waisen ihr Eigentum, aber nicht Schlechtes statt Gutes vertauschen, und zehrt nicht ihr Vermögen auf zu eurem Vermögen; wahrlich, dies ist ein schweres Verbrechen. Und fürchtet ihr, unrecht an

den Waisen zu handeln, so heiratet von den Weibern, soviel euch beliebt, zwei, drei oder vier; fürchtet ihr aber, nicht gerecht zu handeln, dann eine, oder (Sklavinnen) die unter eurer Hand stehen; dies nähert, daß ihr nicht frevelt. Und gebt den Weibern ihre Morgengabe als Hochzeitsgeschenk, und wenn sie selber euch etwas davon erlassen, so verzehret es, verdaulich und bekömmlich. Den Unverständigen aber gebt nicht das Vermögen, das Gott euch zum Unterhalt anvertraut hat, sondern verpfleget sie davon und kleidet sie, auch redet mit ihnen gebührliche Worte. Prüfet die Waisen, bis sie Heiratsfähigkeit erlangt haben, und wenn ihr an ihnen Verständigkeit wahrnehmet, so übergebt ihnen ihr Vermögen; sie sollen es aber nicht verschwenderisch und eilfertig verzehren, wenn sie großjährig geworden. Wer reich ist, enthalte sich dessen, wer aber arm ist, zehre davon gebührlich. Wenn ihr ihnen ihr Vermögen übergebt, nehmet Zeugen. Gott aber genügt als Rechenschafter.«

al-Wakil
Bedeutet »der Rechtsbeistand« und ist einer der 99 Beinamen oder eines der 99 Attribute Gottes.

Walahan
Der Dämon, der die Menschen während der Durchführung der →*Waschungen* belästigt.

Wali
Plural *Auliya'*, »Einer, der sehr nahe ist«.

1. Heilige Männer, Heilige. Sure 10 63: »Ist es etwa nicht so, daß über die Freunde Gottes keine Furcht kommt und sie nicht betrübt sein werden?«
2. Ein nächster Verwandter.
3. Ein Wohltäter oder Helfer.
4. »Al-Wali«, »der Helfer«, ist einer der 99 Beinamen oder eines der 99 Attribute Gottes.

Wali
Plural *Wulat*.

1. Ein Prinz oder Regent. Bezeichnet eine Person, die ein muslimisches Land im Auftrag des Kalifen regiert.
2. »Al-Wali«, »der Herrscher«, ist einer der 99 Beinamen oder eines der 99 Attribute Gottes.

Walima
Das Hochzeitsfest. Das Hochzeitsfrühstück, das am Morgen nach der Hochzeit gegeben wird. Der Brauch beruht auf dem Beispiel des Propheten, der dies anläßlich seiner Verheiratung mit →*Safiya* zum erstenmal getan haben soll.

→*Ibn Mas'ud* sagt, daß der

Prophet das Hochzeitsfest als göttliche Institution angesehen habe und daß er deshalb der Ansicht gewesen sei, daß derjenige, der zu einem solchen Fest eingeladen werde, die Einladung auch annehmen müsse.

Waqi'a

Wörtlich »das Unvermeidliche«.

1. Ein Begriff, der für Unfälle oder unabänderliche Lebensumstände benutzt wird.
2. Der Tag des Gerichts. Siehe im Koran Sure 56 1-2: »Wenn eintrifft die Unvermeidliche, so ist ihr Eintreffen nicht zu leugnen.«
3. *Suratu'l-Waqi'a*, »Sure von der Eintreffenden«, ist der Titel der 56. Sure des Korans.

al-Waqidi

Abu 'Abdi'llah Muhammad ibn 'Umar al-Waqidi, ein bedeutender muslimischer Historiker. Geboren 748 n. Chr. in Medina, gestorben 822 n. Chr. Man sagt von ihm, daß er eine Bibliothek hinterlassen habe, die 600 Kisten Bücher umfaßte.

Waqs

Plural *Auqas*. Bezeichnet jeden Besitz unterhalb der Grenze, ab der →*Zakat*, die gesetzlichen Almosen, gezahlt werden müssen.

Waqt

Die gegenwärtige Zeit der Menschen im Gegensatz zu *Al-Waqtu'd-Da'im*, der ewigen Existenz Gottes.

al-Waqtu'd-Da'im

Wörtlich »die ewige Zeit«. Die ewige Existenz Gottes im Gegensatz zu *Waqt*, die gegenwärtige Zeit der Menschen.

Waraqa

Waraqa ibn Naufal ibn Asad ibn 'Abdi'l-'Uzza, der Cousin der Khadidscha, dem sie als erstem von den Offenbarungen oder Träumen, die ihrem Mann Mohammed widerfahren waren, berichtete. →*Mohammed*

al-Warith

Bedeutet »der Erbende« und ist einer der 99 Beinamen oder eines der 99 Attribute Gottes.

Waschungen

Werden von Mohammed als »die Hälfte des Glaubens und Schlüssel zum Gebet« bezeichnet (Mischkat) und werden im Koran vorgeschrieben, so in Sure 5, Vers 7: »O ihr Gläubigen, bevor ihr euch zum Gebet anschickt, wascht euer Gesicht, eure Hände bis zum Ellbogen, reibt eure Köpfe feucht ab, und reinigt eure Füße bis zu den Knöcheln hinauf; habt ihr euch

In Ägypten gebräuchliches Waschgefäß

durch Beischlaf verunreinigt, so wascht euch ganz. Seid ihr jedoch krank oder auf Reisen oder wart ausgetreten oder habt Frauen berührt und ihr findet kein Wasser, so nehmt reinen feinen Sand und säubert euer Gesicht und eure Hände damit. Gott will euch damit keine Last aufbürden, sondern euch reinigen und seine Gnade an euch vollbringen, damit ihr dankbar werdet.«

Die magische Zahl 3 spielt auch bei den Waschungen eine wichtige Rolle. Nachdem der Gläubige die Ärmel seines Gewandes bis über die Ellbogen hochgekrempelt hat, wäscht er zunächst dreimal seine Hände, dann spült er dreimal den Mund aus, nachdem er mit seiner Rechten Wasser geschöpft hat. Danach schöpft er (wiederum dreimal) mit der rechten Hand Wasser und zieht es in die Nase hinauf, um es anschließend hinauszublasen, wobei er die Nasenflügel durch Daumen und Zeigefinger der Linken zusammendrückt.

Vor den Waschungen spricht der Gläubige ein Gebet: »Ich werde mich jetzt von aller Unreinheit des Körpers befreien, um das Gebet vorzubereiten, diese heilige Pflicht, die meine Seele dem Thron des Allerhöchsten näherbringen wird. Im Namen des großen und mächtigen Gottes. Lob sei Gott, der uns die Gnade gewährt hat, Muslime zu sein. Islam ist die Wahrheit, und Ungläubigkeit ist Falschheit.«

Beim Waschen der rechten Hand: »O mein Gott, lege mir am Tag des Jüngsten Gerichts das Buch meiner Taten in die Rechte und prüfe es mit Wohlwollen.«

Beim Reinigen der Nasenlöcher: »O mein Gott, wenn ich Dir ein wohlgefälliger Anblick bin, dann erfülle mich mit den Wohlgerüchen des Paradieses.«

Beim Waschen der linken Hand: »O mein Gott, lege mir am Tag der Auferstehung nicht das Buch meiner Taten in meine Linke.«

Die Schiiten wischen bzw. reiben die Füße nur ab (wie im obigen Vers vorgeschrieben), während die Sunniten sie waschen. Auch das Zähneputzen gehört zu den religiösen Pflichten.

Mohammed pries die Segnungen der Waschungen hoch:

Waschgefäße, wie sie in Afghanistan und Indien gebräuchlich sind

»Wer sie gründlich durchführt, befreit den Körper von aller Sünde, auch wenn sie noch unter seinen Fingernägeln sitzen sollte. Am Tage der Auferstehung sollen die Menschen mit blitzblanken Gesichtern, Händen und Füßen erscheinen, und Juwelen werden überall dort hängen, wo das Wasser des *Wudu'* hingekommen ist.« (Mischkat III 1)

In allen großen Moscheen sind daher Brunnen, Zisternen oder Tanks, die das für die Waschungen benötigte Wasser zur Verfügung stellen.

al-Wasi'

Bedeutet »der Allumfassende« und ist einer der 99 Beinamen oder eines der 99 Attribute Gottes.

Sure 2 248: »Gott ist allumfassend und allwissend.«

Wasila

Der Name der höchsten Stufe des Paradieses, die nach Mohammeds Angaben für eine einzige Person reserviert sein soll, die er zu sein hoffte.

Wasita

Ein Agent, ein Makler, ein Vermittler.

Wasser

Arabisch *Ma'*, Plural *Miyah*, *Amwah*. Im Koran heißt es in Sure 21 31: »Sehen die nicht, die ungläubig sind, daß die Himmel und die Erde zusammengefügt waren und wir sie getrennt und aus dem Wasser alle Lebewesen geschaffen?« Al-Baidawi sagt dazu, daß dies bedeute, daß entweder alle Lebewesen aus Wasser geschaffen wurden oder daß das Hauptelement aller Lebewesen das Wasser sei.

Muslimische Autoren sagen, daß es sieben Arten von Wasser gebe, die sowohl für Waschungen als auch zum Trinken geeignet und erlaubt seien: Regenwasser, Quellwasser, Brunnenwasser, Hagelwasser, Schneewasser, Seewasser und Flußwasser. Jede Art von Wasser, die zum Trinken gesetzlich erlaubt ist, ist auch für Waschungen erlaubt, und umgekehrt. Eis ist nicht gesetzlich.

Wasserrecht

Arabisch *Schirb*, »Recht auf Wasser«. Nach dem muslimischen Recht gibt es vier Arten von Wasser:

1. Das Wasser der Meere, auf das jeder Mensch gleiches und uneingeschränktes Recht hat, denn das Meer ist Allgemeingut wie die Luft zum Atmen und das Licht der Sonne.
2. Das Wasser großer Flüsse wie des Euphrat oder des Nils.

Jeder Mensch besitzt das absolute Recht, davon zu trinken, und ein bedingtes Recht, es zur Bewässerung seiner Felder zu benutzen. Wenn also jemand Land urbar machen will und zu diesem Zweck einen Kanal von dem Fluß zu seinem Land zieht, so darf er das ohne weiteres tun, wenn dies keine nachteiligen Folgen für andere hat. Dasselbe gilt für den Bau einer Wassermühle am Ufer eines Flusses.

3. Wasser, an dem mehrere Personen Besitzrecht haben. In diesem Falle ist das Trinken nach wie vor jedermann erlaubt, aber die Nutzung des Wassers zu Bewässerungszwecken unterliegt gewissen Einschränkungen, die weiter unten behandelt werden.

4. Wasser, das in Reservoirs aufbewahrt wird. Dieses Wasser ist Privatbesitz. In Zeiten der Dürre jedoch kann es für die Allgemeinheit beansprucht werden.

Das Gesetz über die Aufteilung des Wassers zum Zwecke der Bewässerung ist besonders in regenarmen Gegenden von besonderer Bedeutung. Das Recht auf ein bestimmtes Gewässer ist ein eigenständiges Rechtsgut und ist nicht an den Besitz des entsprechenden Bodens gebunden. So ist es möglich, daß jemand ein Grundstück mit einem Gewässer verkauft, das Recht auf das Wasser aber für sich behält.

Niemand ist berechtigt, den Lauf eines Gewässers, das über seinen Boden fließt, zu ändern oder zu sperren. Wenn es Streitigkeiten über die Verteilung von Wasser gibt, ist es die Pflicht des Richters, jeder einzelnen der Parteien einen proportionalen Anteil am Wasser zuzusprechen, der der Größe seines Landes entspricht; denn da es der Zweck des Wassers ist, das Land zu bewässern, ist es nur gerecht, wenn jeder der Anlieger einen angemessenen Anteil bekommt. Ein Bach darf nicht zum Vorteil eines einzelnen aufgestaut werden, wenn die anderen nicht ihre Zustimmung geben. Ebenso darf er keine Wassermühle mit dem Gewässer betreiben, ohne die Einwilligung aller Betroffenen zu besitzen. Dieselbe Einschränkung gilt für wassergetriebene Maschinen oder eine Brücke.

Ein Partner darf nicht ohne Einverständnis der anderen den Verteilungsmodus des Wassers ändern oder die Zahl der Zuläufe, über die er seinen Anteil an Wasser erhält, erhöhen. Auch darf er sein Wasser nicht auf Land umleiten, für das es nicht bestimmt ist, noch darf er Zuläufe schließen.

Ein Wasserrecht kann nicht zur Bezahlung des Brautpreises und auch nicht zur Begleichung der Schulden eines Verstorbenen verwendet werden. Außerdem ist erwähnenswert, daß jemand, der die Felder seiner Nachbarn durch die Bewässerung seines eigenen Landes überflutet, zu keinerlei Schadenersatz verpflichtet ist, wenn er sich keiner Überschreitung seiner Rechte schuldig gemacht hat.
Siehe auch →*Nahr*

WASWASA
Wörtlich »Eingebung«. Eine Einflüsterung des Teufels, die Machenschaften des Teufels. Mohammed hat gesagt:
»Außer Maria und ihrem Sohn gibt es kein Kind Adams, das nicht bei seiner Geburt vom Teufel berührt wird und durch diese Berührung einen lauten Schrei ausstößt. Und es gibt keinen Menschen, dem nicht ein Teufel beigesellt ist, der ihn verfolgt und zum Bösen verleiten will.«

WATHAN
Ein Idol.

WATHANI
Ein Heide oder Götzendiener.

WA'Z
Eine Predigt.

WAZIFA
Von *Wazf*, »tägliche Nahrungsration«.
1. Bezeichnet die Teilmenge des Korans, die ein frommer Muslim täglich lesen sollte. Der Koran ist in dreißig *Siparahs* aufgeteilt, die die tägliche *Wazifa* für den Monat →*Ramadan* darstellen.
2. Eine Pension oder ein Stipendium, das einem Frommen ausgesetzt wird.
3. Steuern, die in bestimmten Teilbeträgen eingezogen werden.

WEIHRAUCH
Arabisch *Bakhur*. Der Gebrauch von Weihrauch gehört nicht zu den ursprünglichen Bräuchen des Islam, obwohl die Traditionen die Verwendung von Weihrauch bei Beerdigungen gestatten. Er ist jedoch fester Bestandteil der muslimischen Heiligenverehrung.

WEIN
Wein wird unter dem Sammelbegriff →*Khamr*, der alle Rauschmittel bezeichnet, im Koran verboten.
Sure 2 216: »Sie werden dich betreffs des Weines und betreffs des Glücksspiels befragen. Sprich: ›In diesen ist schwere Sünde und auch Nutzen für die

Menschen, jedoch gewichtiger ist ihre Sündhaftigkeit als ihre Nützlichkeit.‹ «
Sure 5 92: »O ihr Gläubigen! Wein und Glücksspiel ... sind nur Schändlichkeiten Satans. Meidet sie, auf daß es euch wohl ergehe!«
→*Al-Dschalalan,* die Kommentatoren, sind der Auffassung, daß nur Wein verboten ist, der das Gehirn benebelt und den Körper schwanken macht. Aber alle anderen muslimischen Gelehrten halten jede Art von Wein für verboten.
Imam Abu Hanifa sagt: »Diese Lehre beruht auf einer Vorschrift des Propheten, der gesagt hat: ›Wer Wein trinkt, soll jedesmal ausgepeitscht werden, wenn er dies tut.‹ «
Wenn ein Muslim Wein trinkt und er wird ertappt, wenn sein Atem noch nach Alkohol riecht, oder er kommt vor den Kadi, während er noch berauscht ist, und zwei Zeugen bestätigen, daß er Wein getrunken hat, wird er mit Auspeitschung bestraft. Das Strafmaß beträgt für einen freien Mann achtzig Peitschenhiebe, für einen Sklaven vierzig.
Es gibt mehrere Geschichten über den Anlaß, der dazu führte, daß Mohammed den Genuß des Weines verbot. Eine davon lautet: »Mohammed besuchte einen Freund, in dessen Haus eine Hochzeit gefeiert wurde. Er setzte sich zu den Gästen und beobachtete, daß sie fröhlich und ausgelassen waren, daß sie liebevoll und aufmerksam miteinander umgingen, und er führte dies auf die entspannende und befreiende Wirkung des Weines zurück, der bei dieser Gelegenheit getrunken wurde. Und so segnete er den Wein als ein Mittel, das die Liebe zwischen den Menschen fördere. Aber als er am nächsten Tag in das Haus zurückkehrte, bekam er einen anderen Eindruck von der Sache, denn er fand Blut auf dem Boden, eine abgeschnittene Hand und andere Körperteile, und man berichtete ihm, dies wären die Folgen der Auseinandersetzungen und Kämpfe, die durch die Wirkung des Weines ausgelöst worden waren. Daraufhin änderte Mohammed seine Meinung, und er verwandelte seinen ursprünglichen Segen in einen Fluch und verbot seinen Anhängern den Wein für immer.«
Dieses Verbot des Genusses von Wein war für viele der Zeitgenossen des Propheten ein ernstes Hindernis, sich dem Islam zuzuwenden. Es gab damals allerdings viele Araber, die wie die Juden und Christen den Wein vollständig ablehnten,

weil sie ihm eine negative Wirkung auf die Moral und – angesichts des dortigen Klimas – die Gesundheit zusprachen oder weil sie sich nicht zu närrischen oder demütigenden Handlungen hinreißen lassen wollten. So wird berichtet, daß Qais, der Sohn des Asim, eines Nachts versuchte, nachdem er reichlich dem Wein zugesprochen hatte, den Mond zu fangen, und bei diesem Versuch schließlich auf das Gesicht fiel. Als man ihm am nächsten Morgen berichtete, woher seine Gesichtsverletzungen stammten, legte er ein feierliches Gelöbnis ab, nie wieder Wein anzurühren.

Weissagung

Arabisch *Kahana*. Weissagungen sind im Islam verboten, denn es heißt in der Tradition, die Mu'awiya ibn Hakim überliefert: »Ich sprach zum Propheten: ›O Bote Gottes, früher taten wir etliche Dinge in der Zeit unserer Unwissenheit, deren wir uns heute nicht mehr so sicher sind. Zum Beispiel wandten wir uns an Wahrsager, wenn wir wissen wollten, was die Zukunft bringt.‹ Der Prophet antwortete: ›Jetzt habt ihr doch den Islam angenommen und daher dürft ihr sie nicht mehr um Rat fragen.‹ Dann sagte ich: ›Und wenn wir ein schlimmes Omen gesehen hatten?‹ Da sagte der Prophet: ›Wenn ihr euch von einem schlechten Omen verwirren ließt, dann war das falsch, laßt euch hinfort nicht mehr an der Arbeit hindern, die ihr euch vorgenommen habt.‹ Dann sagte ich noch: ›Und wir haben doch auch Linien auf dem Erdboden gezogen.‹ Und der Prophet sprach: ›Es gab einen unter den Propheten, der Linien zog, daher sage ich dir, wenn du solche Linien wie er ziehen kannst, ist es gut, wenn nicht, ist es vergeblich.‹ «

→*'A'ischa* sagt: »Die Leute fragten den Propheten nach Weissagern, ob sie die Wahrheit sprächen oder nicht. Und er antwortete: ›Ihr dürft kein Wort glauben, von dem, was sie sagen.‹ Die Leute aber erwiderten: ›Aber, o Prophet, manchmal ist das, was sie sagen, aber die Wahrheit!‹ Der Prophet antwortete: ›Manchmal stiehlt einer der bösen Geister die Wahrheit und trägt sie ins Ohr der Weissager. Aber sie vermischen hundert Lügen mit dieser einen Wahrheit.‹ «

Wesen

Nach muslimischer Lehre gibt es drei verschiedene Arten von intelligenten Wesen:

1. Engel, aus Licht geschaffen,

2. Dämonen (*Dschinnen*), aus Feuer geschaffen,
3. Menschen, aus Erde geschaffen.
Daneben gibt es Wesen, die nicht mit Vernunft begabt sind, wie die Tiere, von denen es oft heißt, sie seien »aus Wasser« (aus einem Samentropfen) entstanden. →*Dämonen*

Wesir

Arabisch *Wazir.* Der höchste Minister eines muslimischen Staates, der für die Durchführung der Staatsgeschäfte verantwortlich ist. Der erste Berater des Herrschers. Über die Etymologie des Wortes gibt des verschiedene Meinungen. Einige leiten es von *Wizr*, »Last, Bürde« ab, weil der Wesir die Bürde des Staates zu tragen hat; andere von *Wazar*, »Zuflucht«, weil der Herrscher bei ihm immer Rat suchen kann; und noch andere von *Azr*, »Rücken, Kraft«, weil der Wesir seinem Herrscher den Rücken stärkt.
Khalil az-Zahir überliefert, daß der Prophet gesagt habe: »Wer immer die Herrschaft über die Muslime innehaben wird, dem wird, wenn Gott ihn begünstigt, ein tüchtiger Wesir beigegeben werden. Der Wesir wird ihn erinnern, wenn er seine Pflicht vergißt, und wird ihn unterstützen, wenn er sich ihrer erinnert. Aber einem schlechten Herrscher gibt Gott einen übelmeinenden Wesir, der ihn nicht erinnert, wenn er seine Pflicht vergißt, und ihn nicht unterstützt, wenn er sich ihrer erinnert.«

Wiedehopf

Arabisch *Hudhud.* Der Vogel der nach dem Koran →*Salomons* Botschaft an die Königin von Saba überbrachte.
Sure 27 20: »Und als er die Vögel musterte, sprach er: ›Was ist mir, ich sehe den Wiedehopf nicht, er ist wohl abwesend? Strafen will ich ihn ganz gewiß mit schwerer Strafe, oder ich schlachte ihn, oder er komme mir mit einer klaren Entschuldigung.‹ Dieser aber zögerte nicht lange und sprach: ›Ich habe etwas erkundet, was du nicht erkundet; ich komme zu dir aus Saba' mit sicherer Kunde. Siehe, ich fand da ein Weib über sie herrschen, sie ist mit allen Dingen versehen und hat einen herrlichen Thron. Ich fand sie und ihr Volk, die Sonne anbeten außer Gott. Satan ließ ihnen ihre Werke wohlgefällig sein und verdrängte sie vom Pfad; sie sind nicht rechtgeleitet. Daß sie nicht Gott anbeten, der das Verborgene in den Himmeln hervorbringt und auf

Wiedehopf

Erden, und der weiß, was ihr verberget und was ihr kundtut. Gott, es gibt keinen Gott außer ihm, ist der Herr des herrlichen Throns.‹ Er sprach: ›Wir wollen sehen, ob du die Wahrheit geredet oder der Lügner bist einer. Geh mit diesem meinem Brief und wirf ihn ihnen zu, dann wende dich von ihnen und beobachte, was sie erwidern.‹ «

Die Kommentatoren →*Al-Dschalalan* und Al-Baidawi interpretieren Salomons Frage »Was ist mir, ich sehe den Wiedehopf nicht, er ist wohl abwesend?« folgendermaßen: Salomon soll, nachdem er den Bau des Tempels in Jerusalem vollendet hatte, eine Wallfahrt nach Mekka unternommen haben und sich danach in den Jemen begeben haben, wo er, angetan von der Schönheit des Landes, in der Nähe von San'a' rastete. Da er aber Wasser für die Waschungen brauchte, verlangte er nach dem Wiedehopf, denn dessen Aufgabe sei es gewesen, Wasser zu finden, da man annahm, daß er so scharfe Augen habe, daß er sogar unterirdisches Wasser entdecken könne.

WIEDERVERHEIRATUNG

Die erneute Eheschließung mit dem von ihr geschiedenen Mann ist für eine Frau nur dann möglich, wenn er die Scheidungsformel höchstens zweimal ausgesprochen hat. Hat er sie dreimal ausgesprochen, dann kann er diese Frau nur dann erneut heiraten, wenn diese zuvor einen anderen Mann geheiratet hat, die Ehe vollzogen und dann wieder geschieden wurde oder der neue Mann gestorben ist. Dies ist sowohl sunnitisches als auch schiitisches Recht.

Eine Witwe kann erst nach Ablauf von vier Monaten und zehn Tagen nach dem Tod ihres früheren Mannes wieder heiraten. →*'Idda*

Für den Mann gibt es keine derartige Wartezeit.

WIND

Arabisch *Rih*, Plural *Riyah*. Im Koran werden vier Winde erwähnt: *Sarsar*, ein Wirbelsturm (Sure 69 6), *'Aqim*, ein trockener Wind (Sure 51 42), *Lawaqih*, befruchtende Winde (Sure 15 22), *Mubaschirat*, regenbringende Winde (Sure 30 47).

Es ist überliefert, daß der Prophet gesagt habe, daß ihm bei der Schlacht am Graben ein Ostwind geholfen habe und daß der Stamm →*'Ad* von einem Westwind vernichtet wurde. Aus den Traditionen scheint hervorzugehen, daß der Prophet überhaupt etwas abergläubisch in bezug auf den Wind war. So berichtet →*'A'ischa,* daß der Prophet regelmäßig, wenn dunkle Wolken aufzogen, die Gesichtsfarbe wechselte, aus dem Haus ging und aufgeregt auf und ab lief und daß sich seine Aufregung erst legte, wenn der Sturm vorbei war. Als sie einmal ihre Verwunderung über sein Verhalten äußerte, antwortete er ihr: »O 'A'ischa, möglicherweise sind das dieselben Winde wie die, die 'Ad vernichtet haben.«

WISSENSCHAFTEN →*Schrifttum, muslimisches*

WITR

Wörtlich »eine ungerade Zahl«. *Witr* →*Rak'as* sind eine ungerade Zahl von →*Rak'as*, nämlich

3, 5 oder 7, die nach dem Nachtgebet und vor dem Morgengebet verrichtet werden können. Imam Abu Hanifa sagt, sie seien *wadschib*, das heißt von Gott autorisiert, obwohl dies durch kein Koranzitat zu belegen ist. Imam Asch-Schafi'i hält sie nur für *sunna*.

WITWEN

Arabisch *Armala*. Die Trauerzeit um ihren verstorbenen Gatten beträgt für eine Witwe nach dem muslimischen Gesetz vier Monate und zehn Tage. Danach darf sie wieder heiraten, vorausgesetzt, sie ist nicht von ihrem früheren Mann schwanger. Der Erbanteil einer Witwe beträgt ein Achtel des Vermögens ihres verstorbenen Mannes, wenn ein Kind da ist, und ein Viertel, wenn kein Kind da ist. Obwohl ein Mann bis zu vier Frauen haben darf, ist der Erbanteil aller Frauen zusammen der gleiche wie der einer Frau allein, das heißt sie müssen sich in das Achtel bzw. Viertel des Vermögens teilen.

Wenn ein Muslim, dessen Frau vorher eine Christin gewesen war, sterben sollte und diese erscheint vor dem Kadi und erklärt, daß sie nun dem muslimischen Glauben angehöre, die anderen Erben aber das Gegenteil aussagen, dann muß den anderen Erben geglaubt werden und die Witwe von ihren Rechten ausgeschlossen werden.

WOCHE

Arabisch *Usbu'*, *Subu'*. Die muslimische Woche beginnt mit dem Sonntag und endet mit dem Samstag. Im Koran heißt es in Sure 7 52: »Gott erschuf die Himmel und die Erde in sechs Tagen.« Und in Sure 16 125: »Der Sabbat wurde nur für die gemacht, die darüber stritten«, was nach Al-Baidawi bedeutet, daß der Sabbat für die Juden geschaffen wurde, die mit Moses über ihn diskutierten. Es gibt im Koran keine Vorschrift, die die Einhaltung des Sabbats verlangt. →*Tag*, →*Sabbat*, →*Freitag*

WOHLSTAND →*Reichtum*

WOHLTÄTIGKEIT

Wird von Mohammed als ein Bestandteil des Glaubens betrachtet, so berichtet Amr ibn 'Abarata: »Ich fragte den Propheten, was der Islam sei, und er antwortete: ›Reinheit der Rede und Gastfreundschaft.‹ Dann fragte ich: ›Und was ist Glaube?‹ Da sprach er: ›Geduld und Wohltätigkeit.‹ «

WORT GOTTES →*Inspiration*, →*Altes und Neues Testament*, →*Prophet*, →*Koran*

WUCHER

Arabisch *Riba*. Das Wort bezeichnet jeden Profit, der durch das Verleihen einer Sache erzielt wird, gleichgültig, ob es sich dabei um Geld, Waren oder irgendeinen anderen Besitz handelt. Die Lehren des Korans zu diesem Thema finden sich in Sure 2 276:

»Diejenigen aber, die Wucher zehren, werden nur so auferstehen wie die vom Satan Besessenen. Dies deshalb, weil sie sagten, Handel und Wucher gleichen einander; aber Gott erlaubte den Handel und untersagte den Wucher. Wenn einer ihn aufgibt, eine Ermahnung von seinem Herrn, so ist vorüber, was geschehen, und seine Angelegenheit kommt vor Gott; wer aber rückfällig wird, diese sind Genossen des Feuers, ewig weilen sie darin.«

Nach den Traditionen soll Mohammed gesagt haben:

»Verflucht sei der, der Wucherzinsen nimmt, der Wucherzinsen zahlt, der Wucherzinsen schreibt und der Wucherzinsen bezeugt, denn sie sind alle gleich.«

»Wahrlich, der Reichtum, der durch Wucher gewonnen wurde, ist klein an Verdienst, so groß er auch sein mag.«

Riba bezeichnet in der Sprache des Gesetzes einen »Überschuß« entsprechend dem gesetzlichen Hohlmaß- oder Gewichtsstandard bei einem von zwei gleichartigen Artikeln, die Gegenstand eines Austauschvertrages sind, in dem dieser Überschuß eine notwendige Bedingung ist, diesem aber kein Ausgleich gegenübersteht. Der Tausch von zwei Fuhren Gerste gegen eine Fuhre Weizen ist also nicht verboten, weil die beiden Artikel nicht gleichartig sind. Der Wert und die Qualität der Waren spielen im muslimischen Recht in dieser Hinsicht keine Rolle, weil die Vorschriften sich ausschließlich auf das Gewicht und das Volumen beziehen.

WUDSCHUD

»Existenz«. Die Philosophen nennen drei Formen der Existenz:

Wadschibu'l-Wudschud, eine notwendige Existenz – Gott.

Mumkinu'l-Wudschud, eine mögliche Existenz – die Schöpfung.

Mumtani'u'l-Wudschud, eine unmögliche Existenz – etwas, das Gott gleich ist.

WUDU'

Die Waschungen, die vor den gesetzlich vorgeschriebenen Gebeten durchgeführt werden müssen. Im Koran heißt es in

Sure 5 8: »O ihr, die ihr glaubt, wenn ihr euch zum Gebet hinstellt, waschet euch das Gesicht und die Hände bis zum Ellbogen, und reibet euch den Kopf und die Füße bis zu den Knöcheln.« Dementsprechend gelten vier Waschungen als göttliches Gebot: 1. das Gesicht von der Stirn bis zum Kinn und bis zu den Ohren zu waschen; 2. die Hände und die Unterarme bis zu den Ellbogen zu waschen; 3. mit der feuchten Hand ein Viertel des Kopfes abzureiben; 4. ebenso die Füße bis zu den Knöcheln abzureiben.

Die Sunniten waschen die Füße, die Schiiten, offensichtlich genauer der Vorschrift entsprechend, wischen bzw. reiben sie nur ab. Wenn bei dieser Waschung nur der geringste Teil der vorgeschriebenen Bereiche unberührt bleibt, ist die Waschung unvollständig, und die folgenden Gebete sind ungültig.

Wunden

Arabisch *Schidschadsch*, Plural von *Schadscha*. Das muslimische Recht befaßt sich ausschließlich mit Gesichts- und Kopfwunden, alle anderen sind Gegenstand der privaten →*Vergeltung*.

Nach der →*Hidaya* gibt es zehn Arten von *Schidschadsch*:

1. *Harisa*, eine Schramme, bei der kein Blut hervortritt,
2. *Damdsch'a*, eine Schramme, bei der Blut hervortritt, das aber nicht fließt,
3. *Damiya*, eine Schramme, bei der Blut fließt,
4. *Badi'a*, ein Schnitt durch die Haut,
5. *Mutalahima*, ein Schnitt ins Fleisch,
6. *Simhaq*, eine Wunde, die die Kopfhaut verletzt,
7. *Musiha*, eine Wunde, die den Knochen freilegt,
8. *Haschima*, eine Schädelfraktur,
9. *Munaqqila*, eine Fraktur, die es nötig macht, einen Teil des Schädelknochens zu entfernen,
10. *Amma*, eine Wunde, die die Hirnhaut verletzt.

Nach den Vorschriften des Propheten ist bei *Musiha* ein Zwanzigstel des Sühnegeldes fällig, das bei einem Mord zu zahlen ist, ein Zehntel bei *Haschima*, drei Zwanzigstel bei *Munaqqila* und ein Drittel bei *Amma*. Alle anderen Bußgelder bleiben dem Richter überlassen.

Wunder

Übernatürliche Kräfte, die Menschen gegeben sind, werden von muslimischen Lexikographen als *Khariqu'l-'Adat* bezeichnet, »Dinge, die dem Normalen zuwiderlaufen«. In

der muslimischen Theologie werden sie mit acht Wörtern bezeichnet:
1. *Aya*, »Zeichen«, das einzige Wort, mit dem im Koran Wunder bezeichnet werden (siehe Suren 13 27, 29 48, 54 2);
2. *Mu'dschiza*, »Schwächung«, das, was die Gegner gegenüber der Wahrheit schwach macht; ein Begriff, der nur auf Wunder von Propheten bezogen wird;
3. *Irhas*, »einen Grundstein legen«, wird für ein Wunder benutzt, das ein Prophet wirkt, bevor er sein Prophetenamt angetreten hat;
4. *'Alama*, »Zeichen«, dasselbe wie *Aya*, wird für Zeichen der bevorstehenden →*Auferstehung* benutzt;
5. *Karama*, »Wohltat«, wird für Wunder von Heiligen benutzt, die sie zum Wohle anderer und zum Beweis ihrer Heiligkeit wirken;
6. *Ma'una*, »Unterstützung«, bezeichnet ebenso Wunder von Heiligen;
7. *Istidradsch*, »stufenweises Fortschreiten«, bezeichnet Wunder, die mit der Duldung Gottes mit Hilfe des Teufels gewirkt werden;
8. *Ihana*, »Schande«, ebenfalls Wunder, die mit Hilfe des Teufels zustande kommen, die sich aber als Schmach und Schande für den Wirkenden erweisen.

Aus dem Koran geht nicht hervor, daß Mohammed jemals für sich die Macht, Wunder wirken zu können, beanspruchte; im Gegenteil, er versicherte, daß es nicht seine Aufgabe sei, Zeichen und Wunder als Beweis für seine Mission zu benutzen. Das scheint eindeutig aus folgenden Versen des Korans hervorzugehen:
Sure 29 49: »Sie sagen: ›Wenn ihm nicht ein Wunderzeichen von seinem Herrn herniedergesandt wird.‹ Sprich: ›Nur bei Gott sind die Wunderzeichen, ich bin ein öffentlicher Warner nur.‹ «
Sure 13 27-30: »Die ungläubig sind, sagen: ›Wenn ihm nicht ein Wunderzeichen von seinem Herrn herabgesandt wird.‹ Sprich: ›Wahrlich, Gott läßt irren, wen er will, und leitet zu sich, wer bereut. Die da glauben und deren Herzen sich beruhigen bei der Erinnerung Gottes. Wie sollten die Herzen sich nicht beruhigen bei der Erinnerung Gottes? Die da glauben und gute Werke üben – Heil ihnen und schöne Rückkehr.‹ So haben wir dich zu einem Volk gesandt, dem bereits Völker vorangegangen, auf daß du ihnen vorlesest, was wir dir geoffenbart. Sie aber glauben nicht an den Allerbarmer. Sprich: ›Es ist mein Herr, es

gibt keinen Gott außer ihm, auf ihn vertraue ich, zu ihm ist meine Rückkehr.‹ Und wäre es auch ein Koran, durch den in Bewegung gesetzt würden die Berge, sich spalten würde die Erde, und redend gemacht würden die Toten. Nein, Gottes sind die Angelegenheiten alle. Wollen denn, die da glauben, nicht zu zweifeln unterlassen, daß Gott, wollte er es nur, rechtleiten könnte die Menschen allesamt?«

Sure 17 92-97: »Sie sagen: ›Wir glauben dir nicht eher, bis du uns einen Quell aus der Erde sprudeln lassest. Oder dir ein Garten wird aus Palmen und Trauben und in seiner Mitte Ströme sprudelnd fließen. Oder du über uns den Himmel in Stücken stürzen lassest, wie du uns angedroht, oder Gott und die Engel als Bürgen bringest. Oder dir ein Haus wird aus Gold, oder du zum Himmel hinaufsteigest. Und nie glauben wir an deinen Aufstieg, bis du uns ein Buch herniederbringest, das wir lesen können.‹ Sprich: ›Preis meinem Herrn, bin ich denn andres als ein Fleischwesen, ein Gesandter?‹ Und nichts hält die Menschen davon ab, zu glauben, wenn ihnen die Rechtleitung kommt, als daß sie sagen: ›Sandte Gott ein Fleischwesen als Gesandten?‹ Sprich: ›Wären auf Erden friedlich einherwandelnde Engel, ganz gewiß würden wir ihnen als Gesandten einen Engel vom Himmel gesandt haben.‹ «

Aber trotz dieser eindeutigen Verneinung jeder Fähigkeit, Wunder vollbringen zu können, gibt es mindestens vier Stellen im Koran, von denen Muslime glauben, daß sie sich auf vom Propheten gewirkte Wunder beziehen:

1. Die Spaltung des Mondes, Sure 54 1-2: »Es naht die Stunde, gespalten ist der Mond. Und wenn sie ein Zeichen sehen, wenden sie sich ab und sagen: ›Zauberwerk.‹ Und sie schelten es lügenhaft und folgen ihren Lüsten.«

Al-Baidawi sagt in seinem Kommentar zu diesen Versen: »Einige sagen, daß die Ungläubigen dies Zeichen vom Propheten verlangt hätten und der Mond daraufhin gespalten wurde, aber andere meinen, daß sich diese Verse auf ein Zeichen der bevorstehenden Auferstehung beziehen und daß es sich um eine prophetische Aussage handelt.«

2. Die Unterstützung, die die Muslime in der Schlacht von →*Badr* erfahren haben, Sure 3 120-121: »Damals sprachest du zu den Gläubigen: ›Genügt es euch nicht, daß euer Herr euch

beisteht mit dreitausend herabgesandter Engel? Ja, wenn ihr geduldig seid und gottesfürchtig und jener jählings über euch kommt, euer Herr steht euch bei mit fünftausend gezeichneter Engel.‹ «

Diese »gezeichneten Engel« waren nach der Auffassung der Kommentatoren Engel, die auf schwarzen und weißen Pferden ritten und weiße und gelbe Turbane trugen, deren Enden zwischen ihren Schultern herabfielen.

3. Die berühmte Nachtreise, Sure 17 1: »Preis ihm, der bei Nacht mit seinem Diener reiste von der heiligen Anbetungsstätte zu der entfernten Anbetungsstätte (das heißt von Mekka nach Jerusalem).« →*Mi'radsch*

4. Der Koran selbst, der nach muslimischem Glauben das größte Wunder des Islam ist, und es hat kein größeres gegeben, und es wird kein größeres geben. Zum Beleg wird Sure 29 48 zitiert: »Ja, er ist ein deutlicher Beweis in der Brust derer, denen Kenntnis geworden, und nur die Frevler verleugnen unsere Verse.«

Obwohl diese Beispiele nur schwerlich der Wunderkraft des Propheten zuzuschreiben sind, berichten die Traditionen von zahlreichen Gelegenheiten, bei denen der Prophet in Gegenwart seiner Anhänger Wunder gewirkt haben soll. Folgende werden in den Traditionen von →*Al-Bukhari* und →*Muslim (2.)* berichtet:

1. Nachdem der Prophet während der Flucht aus Mekka Suraqa verflucht hatte, sank dessen Pferd bis zum Bauch in den harten Boden ein.

2. Der Prophet markierte bei Badr exakt die Stellen, an denen jeder einzelne Götzendiener erschlagen werden würde. Anas berichtet, daß nicht einer von ihnen über die Stelle hinauskam, die der Prophet für ihn bezeichnet hatte.

3. Er heilte das gebrochene Bein des 'Abdu'llah ibn Atiq durch Handauflegung.

4. Er verwandelte festen Boden durch einen einzigen Axthieb in einen Haufen Sand.

5. Er sättigte tausend Menschen mit einem einzigen Zicklein und einem →*Sa'* Gerste.

6. Er beschaffte bei der Schlacht von →*Hudaibiya* auf wunderbare Weise Wasser.

7. Zwei Bäume bewegten sich auf wunderbare Weise fort, um dem Propheten Schatten zu spenden.

8. Er machte →*Dschabir* allein durch sein Gebet zu einem guten Reiter.

9. Eine hölzerne Säule weinte

so, daß sie fast in zwei Teile zerbrach, weil der Prophet sich nicht an sie anlehnen wollte.
10. Ein lahmes Pferd wurde schnell, nachdem der Prophet es geritten hatte.
11. Siebzig oder achtzig Menschen wurden mit nur ein paar Broten und etwas Butter gesättigt.
12. Siebenhundert Männer wurden durch einen einzigen Kuchen gesättigt.
Die folgenden Wunder werden von verschiedenen Autoren überliefert:
1. Die Berge und Bäume bei Mekka begrüßten den Propheten mit den Worten: »Friede sei mit dir, o Abgesandter Gottes!«
2. Ein Baum bewegte sich so, daß er dem Propheten Schatten bot, als dieser unter ihm schlief.
3. Der Prophet heilte einen besessenen Jungen mit den Worten: »Fahre aus aus ihm!«
4. Ein Wolf wurde vom Propheten zum Sprechen gebracht.

WUQUF

Bezeichnung der Zeremonien, die während der Pilgerreise nach Mekka (→*Hadsch*) auf dem Berg →*'Arafat* durchgeführt werden.

Y

Ya Hu

»O Er!«, was bedeutet: »O Gott!« Ein Ausruf, der von Derwischen und Fakiren häufig in ihren Gebetsübungen verwendet wird. Das Personalpronomen 3. Pers. Sg. m *hu*, »er«, ist eine Bezeichnung für Gott, das heißt »er, der ist«.

Ya Sin

Suratu Ya Sin, »Sure Y S«, ist der Titel der 36. Sure des Korans. Die Sure beginnt mit diesen beiden Buchstaben, deren Ursprung und Bedeutung unbekannt ist. Al-Baidawi meint, vielleicht bedeuten sie »*Ya Insan*!« (»O Mensch!«). Die →*Dschalalan* glauben, der Sinn dieser Buchstaben sei nur Gott bekannt. Mohammed sagte, diese Sure sei »das Herz des Korans«, und folglich genießt sie höchste Wertschätzung. Sie wird gewöhnlich für Sterbende gelesen.

Yadu'llah

»Hand Gottes«. Der Ausdruck erscheint im Koran.

Sure 5 69: »Und die Juden sagen, die Hand Gottes sei gefesselt.«

Sure 48 10: »Wahrlich, die dir Treue schwören, Gott nur schwören sie Treue, und Gottes Hand ist über ihren Händen.«

Dieser Ausdruck ist Gegenstand einer Kontroverse unter den Muslimen. Die →*Wahhabiten* sagen, daß es falsch sei, ihn nur als figurativen Ausdruck anzusehen, denn Gott könne sehr wohl eine Hand besitzen, auch wenn nicht erklärbar sei, in welcher Weise sie sich vorzustellen wäre. Andere Muslime halten dies aber nur für eine rein figurative Umschreibung der göttlichen Macht.

Yahud

Der Plural von *Yahudi*, »Juden«. Das Wort wird im Koran

neben *Banu Isra'il* als Bezeichnung für die Juden benutzt.

YAHYA →*Johannes der Täufer*
Der Sohn des →*Zacharias,* dessen Geburt in Sure 19 1 ff. beschrieben wird und von dem es in Sure 3 34 heißt: »Siehe, Gott verkündet dir den Johannes, zur Bestätigung des von Gott kommenden Wortes, ehrwürdig und keusch, und ein Prophet, der Rechtschaffenen einer.«

AL-YAQIN
»Gewißheit«. Ein Ausdruck, der Glaube und sicheres Wissen beinhaltet und der im Koran als Bezeichnung der Stunde des Todes erscheint.
Sure 74 44-48: »Sie sprachen: ›Wir gehörten nicht zu den Betenden. Und wir speisten nicht die Armen. Und wir schwatzten mit den Schwätzern. Und wir nannten lügenhaft den Tag des Gerichts. Bis uns kam die Gewißheit.‹ «
Sure 15 99: »Dient dem Herrn, bis ihr die Gewißheit erlangt.«
Die Muslime unterscheiden drei Stufen der spirituellen Erkenntnis:
1. *'Ilmu'l-Yaqin*, das was mit Hife der intellektuellen Fähigkeiten erkannt wird;
2. *'Ainu'l-Yaqin*, das, was man mit den Augen erkennt;
3. *Haqqu'l-Yaqin*, das, was man mit dem Herzen erkennt, die höchste Stufe der spirituellen Erkenntnis.

YA'SUB
Wörtlich »Fürst, Herr«. Der König der Bienen. Ein Titel, der →*'Ali (2.)* verliehen worden ist. Ebenso der Name eines der Pferde Mohammeds.

YATHRIB
Der alte Name →*Medinas,* einmal im Koran erwähnt, in Sure 33 13. Nach den Traditionen änderte der Prophet den Namen Yathribs in *Madinatu'n-Nabi*, »die Stadt des Propheten«, weil *Yathrib* ein Name der Schande und Schmach war.

YATIM →*Waise*

YAUM
Der vierundzwanzigstündige Tag, im Unterschied zu *Nahar*, der Tag im Gegensatz zur Nacht.
Die sieben Tage der Woche tragen folgende Namen:
Yaumu'l-Ahad, erster Tag, Sonntag;
Yaumu'l-Ithnain, zweiter Tag, Montag;
Yaumu'th-Thalatha', dritter Tag, Dienstag;
Yaumu'l-Arba'a', vierter Tag, Mittwoch;

Yaumu'l-Khamis, fünfter Tag, Donnerstag;
Yaumu'l-Dschum'a, sechster Tag, Freitag;
Yaumu's-Sabt, siebter Tag, Samstag.

YAUMU'D-DIN
»Tag des Gerichts«.

AL-YAUMU'L-AKHIR
»Der letzte Tag«. Der Tag des Gerichts.

YAUMU'L-'ASCHURA'
Der zehnte Tag des Monats →*Muharram*. →*'Aschura'*

YAUMU'L-DSCHAM'
»Der Tag der Versammlung«. Der Tag des Gerichts. Sure 64 9: »An jenem Tag wird er euch versammeln für den Tag der Versammlung, das ist der Tag der gegenseitigen Übervorteilung.«

YAUMU'L-FASL
»Der Tag der Trennung«. Der Tag des Gerichts. Sure 77 13-14: »Für den Tag der Trennung. Und was lehrt dich, was der Tag der Trennung ist?«

YAUMU'L-FITR
»Der Tag des Abruchs des Fastens«. →*'Idu'l-Fitr*

YAUMU'L-HARA'
»Der Tag des steinigen Landes«, wird in den Traditionen erwähnt. Der Tag, an dem →*Yazid* ein Heer nach Medina schickte, das die Stadt in Schutt und Asche legte.

YAUMU'L-HASCHR
»Der Tag der Versammlung«. Der Tag des Gerichts. →*Haschr*

YAUMU'L-HISAB
»Der Tag der Abrechnung«. Der Tag des Gerichts. Sure 40 28: »Moses sprach: ›Ich nehme Zuflucht zu meinem Herrn und eurem Herrn vor jedem Hoffärtigen, der nicht glaubt an den Tag der Abrechnung.‹ «

YAUMU'L-INQITA'
»Der Tag des Stillstands«. Der Tag, an dem alles endet. Im muslimischen Recht ist dies der Tag, an dem jeder, der sich illegal in den Besitz einer Sache gebracht hat, diese zurückerstatten oder Schadenersatz leisten kann.

YAUMU'L-KHULUD
»Der Tag der Ewigkeit«. Sure 1 33: »Tretet darin ein in Frieden, dies ist der Tag der Ewigkeit.«

YAUMU'L-KHURUDSCH
»Der Tag des Auszuges«. Der Tag des Gerichts. Sure 50 41: »Den Tag, an dem sie den Schrei hören in Wahrheit. Das ist der Tag des Auszuges.«

Yaumu'l-Qarr

»Der Tag der Ruhe«. Der Tag nach dem Tag, an dem während der →*Hadsch* die Opfer dargebracht wurden, an dem sich die Pilger ausruhen.

Yaumu'l-Qiyama

»Der Tag des Aufstehens«. Der Tag der →*Auferstehung*

Yaumu'l-Wa'id

»Der Tag der Drohungen«. Der Tag des Gerichts. Sure 50 19: »Und geblasen wird in die Posaune: Das ist der Tag der Drohungen.

Yaumun Ma'lumun

»Ein bekannter Tag«, das heißt Gott bekannt. Der Tag des Gerichts. Sure 56 50: »Versammelt werden sie zur Frist eines bekannten Tages.«

Yaumu'n-Nahr

»Der Tag der Opfer«. Eine Bezeichnung für das Opferfest. →*'Idu'l-Adha*

Yaumu's-Sabu'

»Der Tag des Sabu'«. Abu Huraira berichtete vor dem Propheten und anderen Leuten von einem Wolf, der aus einer Herde eine Ziege riß, die der Hirte aber befreite. Da habe der Wolf gesagt: »Wer aber wird deine Ziege am Tag des Sabu' beschützen, wenn niemand da ist außer mir?« Daraufhin hätten die Leute ausgerufen: »Der Wolf spricht!« Und der Prophet habe gesagt: »Ich glaube, daß der Wolf gesprochen hat.«

Abu'l-Haqq sagt, daß es verschiedene Meinungen darüber gebe, was der Tag des Sabu' gewesen sei. Die einen hielten ihn für einen Tag des Aufruhrs, andere aber für einen Festtag der alten Araber, an dem das Vieh sich selbst überlassen blieb.

Yaumu't-Taghabun

»Der Tag der gegenseitigen Übervorteilung«. Der Tag des Gerichts. Sure 64 9: »An jenem Tag wird er euch versammeln, für den Tag der Versammlung, das ist der Tag der gegenseitigen Übervorteilung.«

Al-Baidawi sagt dazu: »Sowohl die Rechtschaffenen als auch die Bösen werden sich gegenseitig enttäuschen, indem sie ihre Positionen vertauschen und die Bösen bestraft werden und die Rechtschaffenen belohnt werden.«

Yaumu't-Talaq

»Der Tag der Begegnung«. Der Tag des Gerichts.

Sure 40 15: »Auf Stufen erhaben, Inhaber des Throns, der den Geist seines Geheißes über den ergießt, den er von seinen

Dienern wünscht, auf daß er warne vor dem Tag der Begegnung.

Yaumu'T-Tanad
»Der Tag des gegenseitigen Zurufs«. Der Tag des Gerichts. Sure 40 34: »Und, o mein Volk, ich fürchte für euch den Tag des gegenseitigen Zurufs.«

Yazid
Der Sohn des →*Mu'awiya.* Der zweite Kalif aus dem Hause der →*Umaiyaden,* der von 679 bis 683 n. Chr. regierte.

Yunus
Suratu Yunus, »Sure von Jonas«, ist der Titel der 10. Sure des Korans. →*Jonas*

Yusuf
Suratu Yusuf, »Sure von Joseph«, ist der Titel der 12. Sure des Korans. →*Joseph*

Z

AZ-ZABANIYA

Wörtlich »Wachen«. Die Engel, die die →*Hölle* bewachen, deren Anführer Malik sein soll. Sure 96 17-18: »Mag er seine Schar herbeirufen. Wir werden die Höllenwache rufen.«

ZABIR

Eine Bezeichnung des Berges →*Sinai.* Al-Baidawi sagt, auf diesem Berg habe Gott mit Moses gesprochen.

ZABUR

Plural *Zubur*. Vom hebräischen *Simrah*, »Psalm, Lied«. Die Bezeichnung der Psalmen Davids, unter der sie dreimal im Koran erwähnt werden.

Sure 4 161: »Und David gaben wir die Psalmen.«

Sure 17 57: »Und die Psalmen gaben wir David.«

Sure 21 105: »Und nach dem Gesetz (*Dhikr*) schon schrieben wir in den Psalmen (*fi'z-Zaburi*): ›Die Erde erben werden meine Diener, die Rechtschaffenen.‹ «

Bei der letzten Koranstelle scheint es sich um ein Zitat aus dem 37. Psalm, Vers 29, zu handeln (was das einzige direkte Zitat aus dem Alten und Neuen Testament im Koran wäre), und in diesem Falle würde das Wort *Dhikr* natürlich »Thora« bedeuten. Unter den muslimischen Kommentatoren gibt es beträchtliche Meinungsunterschiede in bezug auf die Bedeutung der Begriffe *Dhikr* und *Zabur* in diesem Zusammenhang.

Der Kommentator Al-Baidawi sagt, es gebe drei Betrachtungsweisen: Sa'id ibn Dschubair und Mudschaiyid interpretierten *Zabur* als alle inspirierten Bücher und *Dhikr* als die Gesetzestafeln; Ibn 'Abbas sage, mit *Zabur* sei die Thora gemeint und mit *Dhikr* die

Bücher, die danach gekommen seien, und Scha'bi sage, daß *Zabur* das Buch Davids gewesen sei und *Dhikr* das des Moses.

ZACHARIAS

Arabisch *Zakariya'*. Der Vater von →*Johannes dem Täufer* und der Onkel Marias, der Mutter Jesu. Wird mehrmals im Koran erwähnt.

Sure 3 32-36: »Da nahm ihr Herr sie gnädig an und ließ sie zu einer herrlichen Pflanze emporwachsen. Und Zacharias zog sie groß. Als aber Zacharias, sooft er in ihre Kammer eintrat, bei ihr Speise fand, fragte er sie: ›O Maria, woher hast du dies?‹ Sie erwiderte: ›Es ist von Gott, denn siehe, Gott versorgt, wen er will, ohne zu rechnen.‹ Da flehte Zacharias zu seinem Herrn und sprach: ›O Herr, gib mir deinerseits ein gutes Kind, denn du bist hörend auf das Gebet.‹ Da riefen ihm die Engel zu, während er in der Kammer stand und betete: ›Siehe, Gott verkündet dir den Johannes, zur Bestätigung des von Gott kommenden Wortes, ehrwürdig und keusch, und ein Prophet, der Rechtschaffenen einer.‹ Da sprach er: ›O Herr, wie soll mir ein Sohn werden, wo das Alter mich bereits erreicht hat, und meine Frau unfruchtbar ist?!‹ Er erwiderte: ›So ist es; Gott verfährt, wie ihm beliebt.‹ Dieser sprach: ›O Herr, laß mir ein Zeichen werden.‹ Er erwiderte: ›Es sei dir ein Zeichen: drei Tage wirst du mit den Menschen nur durch Gesten sprechen. Gedenke stets deines Herrn und preise ihn abends und morgens.‹ «

Sure 19 1-12: »Erinnerung an die Barmherzigkeit deines Herrn gegen seinen Diener Zacharias. Als er einst seinen Herrn mit heimlichem Ruf anrief, sprach er: ›O Herr, siehe, schwach ist nun mein Gebein, mein Haupt leuchtet vor Grauhaarigkeit. Und noch nie war ich unglücklich, o Herr, beim Gebet zu dir. Nun aber fürchte ich um meine Angehörigen nach mir, denn mein Weib ist unfruchtbar. So gib mir von dir aus einen Vertreter. Der mich beerbe und die Familie Jakobs beerbe, und mache ihn, o Herr, dir wohlgefällig.‹ – ›O Zacharias, siehe, wir verkünden dir einen Knaben namens Johannes. Wir haben keinen seines Namens zuvor geschaffen.‹ Jener sprach: ›O Herr, wie soll mir ein Knabe werden, wo doch unfruchtbar ist mein Weib, und ich bereits des Alters Schwäche erlangt habe?‹ Er erwiderte: ›So sprach dein Herr: dies ist für mich ein Leichtes, habe ich zuvor auch dich geschaffen, und du warst

ein Nichts.‹ Jener sprach: ›O Herr, gib mir ein Zeichen.‹ Er erwiderte: ›Dein Zeichen sei, daß du wohlseiend drei Nächte mit den Menschen nicht redest.‹ Da trat er aus dem Heiligtum vor sein Volk und deutete ihnen: ›Preiset (Gott) morgens und abends.‹ «
Sure 21 89-90: »Auch Zacharias, als er zu seinem Herrn rief: ›O Herr, laß mich nicht kinderlos, wenn du auch bist der beste Beerber.‹ Da erhörten wir ihn und gaben ihm Johannes, denn wir machten sein Weib fruchtbar.«

ZAHID
Wörtlich »abstinent«. Ein Asket.

AZ-ZAHIR
Bedeutet »der Offenbare« und ist einer der 99 Beinamen oder eines der 99 Attribute Gottes.

ZAHLUNGSUNFÄHIGKEIT
Die Insolvenz eines Schuldners wird durch Gerichtsbeschluß festgestellt, und nach einem solchen Beschluß ist das Vermächtnis einer solchen Person ungültig. Verzichten jedoch die Gläubiger auf ihre Ansprüche, bleibt das Vermächtnis gültig.

ZAID IBN AL-HARITH
Mohammeds freigelassener Sklave und Adoptivsohn. Zaid, ein Sklavenjunge, den Khadidscha ihm zum Geschenk gemacht hatte, war der Sohn von Haritha, die zu den Banu 'Udhra gehörte, einem Stamm, der im Süden Syriens beheimatet war. Er war in Gefangenschaft geraten und an Khadidschas Großvater als Sklave verkauft worden. Als Haritha hörte, daß ihr Sohn Mohammeds Sklave war, kam sie nach Mekka und bot Mohammed eine große Summe Geld zum Freikauf Zaids an. Mohammed befragte Zaid, ob er gehen oder bleiben wolle, und dieser entschied sich zu bleiben. Darüber war Mohammed so erfreut, daß er Zaid freiließ und ihn adoptierte.
Als der Prophet eines Tages Zaid besuchen wollte und ihn nicht antraf, fiel sein Auge zufällig auf Zainab, Zaids Frau, die er kurz zuvor geheiratet hatte, und er war so beeindruckt von ihrer Schönheit, daß er ausrief: »Gelobt sei Gott, der die Herzen der Männer dorthin richtet, wo er will.« Zainab, die den Eindruck, den sie auf den Propheten gemacht hatte, bemerkt hatte, berichtete ihrem Mann nach dessen Rückkehr von den Umständen der Begegnung. Zaid beschloß, sich von Zainab zugunsten seines Freundes und Wohltäters scheiden zu lassen. Aber nach dem arabischen Sittengesetz waren die

Vorschriften über die Beziehungen zwischen dem Adoptivvater und den adoptierten Kindern so streng, daß dieses Vorhaben unmöglich schien. So konnte nur eine göttliche Offenbarung aus dieser häuslichen Schwierigkeit heraushelfen, die auch prompt in Form von Sure 33 36-38 eintraf: »Es ziemt nicht, daß ein gläubiger Mann und eine gläubige Frau, wenn Gott und sein Prophet eine Sache beschlossen, eigne Wahl in der Sache haben. Und wer Gott trotzt und seinem Gesandten, der irrt in offenbarer Irrung. Dann sagtest du zu dem, dem Gott gnädig war und auch du gnädig warst: ›Behalte dein Weib und fürchte Gott.‹ Du verbargest in deiner Seele, was Gott kundtun wollte, und fürchtetest die Menschen, wo du doch richtiger Gott nur fürchten solltest. Als dann Zaid ihrethalben Beschluß faßte, vereinigten wir euch, damit nicht für die Gläubigen die Frauen ihrer Adoptivsöhne zum Vergehen seien, wenn diese ihrethalben Beschluß gefaßt. Und der Befehl Gottes ist vollbracht. Keine Sünde haftet dem Propheten an inbetreff dessen, was ihm Gott bestimmt hat als Brauch Gottes gegen jene, die vor ihm waren. Und der Befehl Gottes ist eine unabänderliche Bestimmung.«

Zaid fiel im Jahre 630 n. Chr. in der Schlacht von Mu'ta, als er die Fahne des Islam trug.

ZAINAB

1. Eine der Frauen Mohammeds, die Tochter des Khuzaima und die Witwe des 'Ubaid, Mohammeds Cousin, der bei der Schlacht von →*Badr* gefallen war. Sie heiratete Mohammed im dritten Jahr der →*Hidschra.* Zainab war bekannt für ihre Mildtätigkeit und wurde deshalb *Ummu'l-Masakin* genannt, »Mutter der Armen«. Sie und →*Khadidscha* waren die einzigen Frauen Mohammeds, die vor ihm starben.

2. Eine der Frauen Mohammeds. Die Tochter des Dschahsch und die geschiedene Frau seines Adoptivsohns Zaid ibn Haritha. Als der Prophet eines Tages Zaid besuchen wollte und ihn nicht antraf, fiel sein Auge zufällig auf Zainab, und er war so beeindruckt von ihrer Schönheit, daß er ausrief: »Gelobt sei Gott, der die Herzen der Männer dorthin richtet, wo er will.« Zainab, die den Eindruck, den sie auf den Propheten gemacht hatte, bemerkt hatte, berichtete ihrem Mann nach dessen Rückkehr von den Umständen der Begegnung. Zaid beschloß, sich von Zainab zugunsten seines Freundes und

Wohltäters scheiden zu lassen. Aber nach dem arabischen Sittengesetz waren die Beziehungen zwischen dem Adoptivvater und den adoptierten Kindern so streng, daß dieses Vorhaben unmöglich schien. So konnte nur eine göttliche Offenbarung aus dieser häuslichen Schwierigkeit heraushelfen, die auch prompt in Form von Sure 33 36-38 eintraf: »Es ziemt nicht, daß ein gläubiger Mann und eine gläubige Frau, wenn Gott und sein Prophet eine Sache beschlossen, eigne Wahl in der Sache haben. Und wer Gott trotzt und seinem Gesandten, der irrt in offenbarer Irrung. Dann sagtest du zu dem, dem Gott gnädig war und auch du gnädig warst: ›Behalte dein Weib und fürchte Gott.‹ Du verbargest in deiner Seele, was Gott kundtun wollte, und fürchtetest die Menschen, wo du doch richtiger Gott nur fürchten solltest. Als dann Zaid ihrethalben Beschluß faßte, vereinigten wir euch, damit nicht für die Gläubigen die Frauen ihrer Adoptivsöhne zum Vergehen seien, wenn diese ihrethalben Beschluß gefaßt. Und der Befehl Gottes ist vollbracht. Keine Sünde haftet dem Propheten an inbetreff dessen, was ihm Gott bestimmt hat als Brauch Gottes gegen jene, die vor ihm waren. Und der Befehl Gottes ist eine unabänderliche Bestimmung.« Durch diese Offenbarung wurde ein Skandal verhindert, und nach den Traditionen pflegte Zainab sich zu rühmen, die einzige Frau im Harem des Propheten zu sein, deren Ehe von Gott selbst gestiftet worden sei.

ZA'IR

Ein Pilger zum Grabe Mohammeds in Medina im Unterschied zum →*Hadschi*, dem Pilger zu den heiligen Stätten in Mekka.

ZAKAT

In seinem ursprünglichen Sinne bedeutet das Wort »Reinigung«. *Zakat* sind die gesetzlichen Almosen, die jeder Muslim zu entrichten hat. Diese Pflicht beruht auf einer ausdrücklichen Anweisung des Korans (siehe Sure 2 77) und gehört zu den fünf Säulen der religiösen Praxis des Islam.

Diese religiöse Pflicht gilt für jede Person, die frei, volljährig, geistig gesund und ein Muslim ist, vorausgesetzt sie ist im Besitze von Vermögen, das in der Sprache des Gesetzes *Nisab* genannt wird, und zwar für mindestens die Dauer eines ganzen Jahres. Nisab, der festgelegte Teil eines Vermögens, auf den Zakat erhoben wird, hängt von

der Art des Besitzes ab, wie im folgenden dargelegt werden wird.
Zakat wird nicht erhoben von einer Person, deren Schulden ihrem gesamten Vermögen entsprechen oder es übersteigen. Zakat wird nicht erhoben auf lebensnotwendige Dinge wie Wohnungen, Kleidung, Wohnungseinrichtung, auf Vieh, das lediglich dem Lebensunterhalt dient, auf Sklaven, die als Diener arbeiten, auf Waffen, die gebraucht werden, auf wissenschaftliche und theologische Bücher von Gelehrten und auf das Werkzeug von Handwerkern.
1. Zakat auf Kamele. Zakat wird nicht auf weniger als fünf Kamele erhoben, und bei fünf Kamelen beträgt die Abgabe eine Ziege oder ein Schaf, vorausgesetzt die Kamele weiden im Freien und werden nicht im Stall gehalten, denn auf Stalltiere wird keine Zakat erhoben. Für fünf bis neun Kamele beträgt die Abgabe eine Ziege, für zehn bis vierzehn zwei Ziegen, für zwanzig bis vierundzwanzig drei Ziegen, von fünfundzwanzig bis fünfunddreißig eine einjährige Kamelkuh, von sechsunddreißig bis fünfundvierzig eine zweijährige Kamelkuh, von sechsundvierzig bis sechzig eine dreijährige Kamelkuh, von einundsechzig bis fünfundsiebzig eine vierjährige Kamelkuh, von sechsundsiebzig bis neunzig zwei zweijährige Kamelkühe und von einundneunzig bis einhundertundzwanzig zwei dreijährige Kamelkühe. Übersteigt die Anzahl der Kamele einhundertundzwanzig, wird die Zakat der vorstehenden Regel entsprechend errechnet.
2. Zakat auf Kühe, Bullen und Büffel. Auf weniger als dreißig Stück Vieh wird keine Zakat erhoben, und für dreißig Stück Vieh, das den größten Teil des Jahres auf der Weide verbracht hat, beträgt die Abgabe ein einjähriges Kalb, bis vierzig ein zweijähriges Kalb, und wenn die Zahl größer ist, proportional dieser Regel. So besteht das übliche Verfahren, große Viehherden abzuschätzen, darin, sie in Dreißigstel und Vierzigstel aufzuteilen und den einzelnen Bruchteilen jeweils ein einjähriges bzw. zweijähriges Kalb zuzuordnen.
3. Zakat auf Schafe und Ziegen. Auf weniger als vierzig Stück wird keine Zakat erhoben, bis zu einer Anzahl von einhundertundzwanzig beträgt die Abgabe eine Ziege oder ein Schaf, wenn das Vieh den größten Teil des Jahres auf der Weide gestanden hat. Von hunderteinundzwanzig bis zweihun-

dert beträgt die Abgabe zwei Ziegen oder Schafe, darüber je ein Tier pro Hundert.

4. Zakat auf Pferde. Wenn Hengste und Stuten den größten Teil des Jahres zusammen auf der Weide stehen, steht es dem Besitzer frei, einen Dinar pro Kopf der Herde oder fünf Prozent des Gesamtwertes der Herde als Zakat abzuführen. Keine Zakat wird auf Herden erhoben, die jeweils ausschließlich aus Hengsten oder Stuten bestehen. Auf Pferde und Maultiere wird nur Zakat erhoben, wenn sie Handelsobjekte sind. Ebenso wird keine Zakat auf Militärpferde und Last- und Zugtiere erhoben.

5. Zakat auf Silber. Auf Silber im Wert von weniger als zweihundert Dirham wird keine Zakat erhoben, wer aber diese Summe ein ganzes Jahr lang besitzt, muß fünf Dirham entrichten. Die nächsten zweihundert Dirham sind frei, und ab vierhundert Dirham beträgt die Abgabe ein Dirham pro jeweils weitere vierzig Dirham Silber.

6. Zakat auf Gold. Auf Gold im Wert von weniger als zwanzig →*Mithqal* wird keine Zakat erhoben, und die Abgabe für diese Summe beträgt einen halben Mithqal. Für je vier Mithqal darüber hinaus werden jeweils zwei Qirat fällig.

Zakat wird auch auf Schmuck und andere Gegenstände aus Silber oder Gold fällig.

7. Zakat auf Handelswaren. Handelsgüter müssen geschätzt werden, und eine Abgabe von 2,5 Prozent ist zu entrichten, wenn der Gesamtwert zweihundert Dirham übersteigt.

8. Zakat auf Minen oder vergrabene Schätze. Auf Gold-, Silber-, Eisen-, Blei- oder Kupferminen ist eine Abgabe von zwanzig Prozent fällig. Entdeckt jemand jedoch eine Mine auf seinem eigenen Grund und Boden, ist keine Zakat zu entrichten. Findet jemand einen vergrabenen Schatz, muß er ebenfalls ein Fünftel als Zakat entrichten. Auf Edelsteine ist keine Zakat fällig.

9. Zakat auf landwirtschaftliche Produkte. Auf alle Früchte der Erde ist Zakat in Höhe von einem Zehntel zu entrichten, wenn der Boden durch Regen oder Überschwemmungen bewässert wird. Bei künstlicher Bewässerung ist nur ein Zwanzigstel fällig. Keine Zakat wird erhoben auf Produkte aus Holz, Bambus oder Gras. Wilder Honig und wilde Früchte sind jedoch abgabepflichtig.

Die Abgaben werden von einer speziell dazu ernannten Person eingesammelt, obwohl es dem Gesetz entspricht, daß jemand seine Zakat persönlich entrichtet. Wenn eine Person eine eidesstattliche Erklärung über ihren abgabepflichtigen Besitz abgibt, muß dies akzeptiert werden.

Es gibt sieben Personengruppen, die die Empfänger von Zakat sein können:

1. Personen, die zwar etwas besitzen, deren Gesamtvermögen aber nicht zakatpflichtig ist;
2. Personen, die völlig besitzlos sind;
3. Der Sammler der Zakat;
4. Sklaven;
5. Schuldner;
6. Diener Gottes, das heißt Teilnehmer am Heiligen Krieg;
7. Reisende.

AZ-ZALZALA

Titel der 99. Sure des Korans, in der es heißt, daß ein Erdbeben den Beginn der letzten Tage ankündigen wird.

ZAMZAM

Der heilige Brunnen im Bereich der Moschee von Mekka. Er soll der Brunnen sein, von dem →*Hagar* und →*Ismael* in der Wildnis getrunken haben (Genesis 16 4).

Der Ursprung des Wortes ist unsicher. Einige muslimische Kommentatoren leiten es von »*Zamm! Zamm!*«, »Fülle! Fülle!«, ab, was Hagar zu Ismael gesagt habe, als sie das Wasser sahen.

Das Gebäude, in dem sich der Brunnen befindet, steht nahe der Maqam Hanbali und wurde im Jahre 1661 n. Chr. errichtet. Es hat einen quadratischen Grundriß und hat von Norden her einen Eingang, der in den Raum führt, der den Brunnen enthält. Der Raum ist mit verschiedenfarbigem Marmor ausgekleidet, und neben ihm, aber mit einem separaten Eingang, gibt es einen weiteren, kleineren Raum, in dem sich ein steinernes Reservoir befindet, das einen Vorrat des Brunnenwassers enthält. Die Pilger trinken aus diesem Reservoir, indem sie mit ihrem Trinkgefäß durch ein kleines Fenster reichen, das die beiden Räume miteinander verbindet. Die Öffnung des eigentlichen Brunnens ist eingefaßt von einer etwa 1,50 Meter hohen, runden Mauer, die einen Durchmesser von etwa 3 Metern hat und mit einem Geländer gesichert ist. Auf dieser Mauer stehen die Leute, die das Wasser mit Ledereimern aus dem Brunnen nach oben ziehen und dann in amphorenartige Tonkrüge füllen. Diese Krüge werden in einer langen Reihe entlang den gepflasterten Wegen, die zur →*Ka'ba* führen, aufgestellt.

Das Wasser des Brunnens Zamzam genießt in der muslimischen Welt höchste Wertschätzung, obwohl es zweifellos nicht von bester Qualität ist, salzig-bitter schmeckt und Durchfall verursachen kann. Es wird zum Trinken und für Waschungen, nicht aber für profanere Zwecke benutzt. Die Mekkaner raten den Pilgern, mit diesem Wasser ihre Fasten zu beenden. Das Wasser wird in die entferntesten Erdregionen exportiert. Fromme Muslime benetzen ihre Augen mit diesem Wasser, um ihre Sehkraft zu stärken, und trinken in der Stunde ihres Todes einige Tropfen davon.
Der Name *Zamzam* ist auch eine Gattungsbezeichnung für Brunnen, die im Bereich einer Moschee liegen. So ist der Brunnen Zamzam von Medina der zweitberühmteste Brunnen der islamischen Welt.

ZANANAH
Ein persisches Adjektiv, das von *Zan*, »Frau«, abgeleitet ist. Das, was die Frauen angeht. Es bezeichnet den Haushalt eines Muslims, seine Frauen und Kinder und die Räume, in denen sie sich aufhalten. →*Harem*

ZANDIQ
1. Ein Begriff, der den Zustand hoffnungsloser Ungläubigkeit bezeichnet. Einige sagen, das Wort sei vom persischen *Zandin* abgeleitet, was »Frauenreligion« bedeutet. Andere sind der Auffassung, daß das Wort eine Ableitung von *Zand* oder *Zend* sei, das heißt der Interpretation des Buches des Zarathustra.
2. Ein Ungläubiger.

ZANDSCHABIL
»Ingwer«. Mit diesem Geschmack sind die Getränke des Paradieses aromatisiert. Siehe Koran, Sure 76 16: »Und da reicht man ihnen zum Trinken einen Pokal, dessen Mischung aus Ingwer.«

ZANN
Plural *Zunun*, »Meinung, Verdacht«. Im muslimischen Recht die Annahme, daß ein Verdacht wohlbegründet, wenn auch nicht beweisbar ist. Das Wort erscheint im Koran in Sure 49 12: »O ihr, die ihr glaubt, haltet euch fern vom Argwohn, denn wahrlich, mancher Argwohn ist Sünde.«

ZAQQUM
Ein Baum der →*Hölle,* der im Koran beschrieben wird.
Sure 37 60-64: »Ist dies eine bessere Stätte als die des Höllenbaums? Wir schufen ihn zur

Prüfung für die Frevler. Er ist ein Baum, aus der Tiefe des Feuerpfuhls emporgestiegen. Dessen Früchte sind, als wären sie Satansköpfe.«
Sure 44 43-44: »Wahrlich, der Höllenbaum. Er ist die Speise des Sünders.«
Sure 56 51-53: »Dann sollt ihr, ihr Irrenden und Lügenzeiher, vom Höllenbaum essen. Und die Bäuche damit füllen.«
Zaqqum bezeichnet auch einen Baum mit Dornen, dessen Früchte süß schmecken und eine blutstillende Wirkung haben und aus deren Stein Öl gewonnen wird.

ZAUBEREI →*Magie*

ZEHNTER →*Steuern*

ZEREMONIEN →*Riten*

ZEUGENAUSSAGEN →*Beweis*

ZIHAR
Wörtlich »Vergleich mit dem Rücken«. Eine Form von Verfluchung, die die Trennung von Ehemann und Ehefrau zur Folge hat, bis Buße getan ist. Die übliche Formel lautet: »Du bist für mich wie der Rücken meiner Mutter.«
Vor der Einführung des Islam stand *Zihar* für Scheidung, aber Mohammed machte eine zeitlich begrenzte Trennung daraus, zu deren Beendigung eine Buße geleistet werden muß, die in der Freilassung eines Sklaven, zweimonatigem Fasten oder der Speisung von sechzig Personen bestehen kann.
Sure 58 1-5: »Gott hörte bereits die Rede jener, die mit dir wegen ihres Mannes stritt und sich vor Gott beklagte. Und Gott hörte euer Gepräch, denn wahrlich, Gott ist allhörend und allschauend. Die von euch zu ihren Frauen Mutterrücken sagen – sie sind nicht ihre Mütter; ihre Mütter sind jene nur, die sie geboren. Sie sprechen nur ein verwerfliches Wort und Falschheit. Und wahrlich, Gott ist allvergebend und allverzeihend. Und die zu ihren Frauen Mutterrücken sagen, dann aber zurücknehmen, was sie gesagt, (ihnen sei auferlegt) die Befreiung eines Sklaven, bevor sie einander berühren. Dies ist, wessen ihr ermahnt werdet, und Gott ist kundig dessen, was ihr tut. Wem dies aber nicht möglich ist, dem (sei auferlegt) ein Fasten von zwei Monaten hintereinander, bevor sie einander berühren; und wer dies nicht vermag, dem (sei auferlegt) die Speisung von sechzig Armen. Dies, auf daß ihr an Gott glaubet und seinen Gesandten. Das sind die Bestim-

mungen Gottes; und den Ungläubigen qualvolle Strafe.«

Zinsen →*Wucher*

Ziyara

Abgeleitet von der Wurzel *zara,* »besuchen«. Bedeutet »Besuch«, besonders des Grabes des Propheten oder eines muslimischen Märtyrers oder Heiligen. In Indien und Zentralasien bezeichnet das Wort, immer *Ziyarat* ausgesprochen, auch den Ort des Besuches bzw. das Grab des Heiligen.

Obwohl sich die →*Wahhabiten* und andere muslimische Puristen an das Verbot des Propheten halten, Gräber zum Zweck der Verehrung zu besuchen, ist dieser Brauch so verbreitet, daß er schon fast als Teil der muslimischen Religion gelten kann. Und tatsächlich ist es schwer vorstellbar, daß ein religiöser Lehrer von Mohammeds Denkungsart prinzipiell eine Praxis abgelehnt haben soll, die den Bedürfnissen des menschlichen Herzens so entspricht. Es gibt deshalb keinen Grund, die Echtheit folgender Traditionen anzuzweifeln.

Buraida schreibt, der Prophet habe gesagt: »Früher habe ich euch verboten, die Gräber zu besuchen, aber nun könnt ihr es tun.«

→*Abu Huraira* hat gesagt: »Der Prophet besuchte das Grab seiner Mutter, und er weinte daselbst und veranlaßte die, die bei ihm waren, ebenfalls zu weinen. Dann sprach er: ›Ich habe den Herrn um Vergebung für sie gebeten, aber der Wunsch wurde mir nicht erfüllt; dann habe ich den Herrn gebeten, ihr Grab besuchen zu dürfen, und der Wunsch wurde mir erfüllt. Besucht deshalb die Gräber, denn sie erinnern euch an den Tod.‹ «

Buraida überliefert: »Der Gesandte Gottes lehrte sie, wenn sie zu den Gräbern gingen, die Worte zu sprechen: ›Friede euch, ihr Bewohner dieser Behausungen der Gläubigen. Wir werden euch noch darin übertreffen, Gott um Erlösung zu bitten für euch und für uns.‹ «

→*Ibn ʿAbbas* überliefert: »Der Prophet kam in Medina an einigen Gräbern vorbei, und er wandte sich ihnen zu und sprach: ›Friede mit euch, ihr Bewohner der Gräber. Vergebe Gott uns und euch. Ihr seid unsere Vorhut, und wir folgen euch in euren Fußstapfen.‹ «

→*ʿA'ischa* berichtet, daß jedesmal, wenn sie die Nacht mit dem Propheten verbrachte, er gegen Morgen zum Friedhof in Medina ging und dort sprach: »Friede mit den Wohnungen ei-

nes gläubigen Volkes. Die Zeit, die euch versprochen ist, kann bald kommen. Gott vergebe den Menschen, die hier liegen.« Sie fragte ihn: »Was soll ich sagen, wenn ich die Gräber der Verstorbenen besuche?« Und er antwortete: »Sprich: ›Friede den Wohnungen der Gläubigen, und Gott habe Erbarmen mit denen, die vorangegangen sind, und mit uns, die ihnen folgen.‹ «
Muhammad ibn Nu'am überliefert, der Prophet habe gesagt: »Wer das Grab seines Vaters und das seiner Mutter oder eines von beiden jeden Freitag besucht, dessen Sünden sind vergeben, und er wird als Frommer ins Buch eingetragen.«
→*Ibn Mas'ud* berichtet, der Prophet habe gesagt: »Ich habe euch verboten, Gräber zu besuchen, aber nun dürft ihr sie besuchen, denn sie lösen euch von der Welt und erinnern euch an die Welt, die kommen wird.«
Angesichts dieser Zitate kann es nicht verwundern, daß die Praxis, Gräber zu besuchen, einen bedeutenden Aspekt des muslimischen religiösen Lebens ausmacht und daß das Grab des Begründers des Islam und die Begräbnisstätten der bedeutendsten Bekenner des Glaubens Objekte höchster Verehrung sind. Die Mekka-Pilger (außer den Wahhabiten) reisen stets nach Medina weiter, um sein Grab zu besuchen und ihn um seine Fürbitte anzuflehen, und in allen muslimischen Ländern gibt es *Ziyarats*, zu denen Gläubige reisen, um den jeweiligen Heiligen um Fürsprache zu bitten.
In Städten und großen Bevölkerungszentren sind die *Ziyarats* gewöhnlich große Bauten, aber auf dem Lande handelt es sich meist um höchst einfache Gräber, markiert mit einigen Wimpeln und eingefaßt mit einer niedrigen Mauer, um den heiligen Ort vor Verunreinigung zu bewahren. Oftmals findet der Reisende im Osten eine *Ziyarat* direkt neben einer Straße in der Einöde, wo vielleicht ein Mekka-Pilger an Krankheit gestorben oder von Räubern erschlagen wurde, was in beiden Fällen bedeutet, daß er den Märtyrertod gestorben ist. →*Märtyrer*
Ziyarats gelten auch als Orte, wo man Heilung für Krankheiten und körperliche Gebrechen finden kann. Einige sind gut für Rheumatismus, andere gelten als Heilstätten für Pocken, und manche sollen sogar die Folgen des Bisses eines tollwütigen Hundes heilen. Einige Gräber werden bevorzugt von kinderlosen Frauen aufgesucht.

Zölibat

Arabisch *'Uzuba*. Wird von Mohammed wiederholt verurteilt und als niedrigere Lebensform im Vergleich zum Ehestand bewertet; so soll der Prophet nach den Traditionen gesagt haben:
»Wenn ein Diener Gottes heiratet, erfüllt er die Hälfte seiner Religion.«
Als Mohammed einmal einen Mann fragte, ob er verheiratet sei, und dieser verneinte, fragte der Prophet ihn weiter: »Bist du denn gesund?« Als dieser bejahte, erwiderte der Prophet: »Dann bist du einer der Brüder des Teufels.«
Weiter wird überliefert, daß, als einer der Gefährten des Propheten namens 'Uthman ibn Maz'un den Wunsch äußerte, ein zölibatäres Leben zu führen, Mohammed es ihm verbot. Folglich sind auch die Mitglieder der muslimischen asketischen Orden in der Regel verheiratet.

Zoroastrismus

Die alte Religion Persiens, die nur einmal im Koran (Sure 22 17) als die Religion der →*Magier* erwähnt wird. Die meisten muslimischen Autoren, besonders die schiitischen, glauben, daß sie früher eine Offenbarung Gottes empfangen haben, die ihnen aber später wieder verlorenging.

Zubair ibn al-'Auwam

Cousin Mohammeds, einer der ersten, der den Islam annahm. Er gehörte zu den zehn Personen, denen der Prophet versprach, daß ihnen das →*Paradies* sicher sei. Er wurde im Jahre 628 n. Chr. getötet.

Zuhd

Abstinenz, religiöses Leben, sich im Dienste Gottes üben, insbesondere sich beim Essen zurückhalten, die Leidenschaften beherrschen.

az-Zukhruf

Az-Zukhruf, »Goldprunk«, ist der Name der 43. Sure des Korans, in der die Worte erscheinen, Vers 34: »Und wenn nicht vermieden werden sollte, daß die Menschen eine einzige Gemeinde bilden, ganz gewiß machten wir jedem, der den Allerbarmer verleugnet, silberne Dächer auf die Häuser, auch Treppen, daraufzusteigen. Und zu ihren Häusern Tore, auch Kissen, darauf sie lagern. Und Goldprunk.«

Zulaikha'

Die Frau des →*Potiphar.* Al-Baidawi sagt, daß sie auch *Ra'il* genannt wurde. Die Geschichte

von der Versuchung des →*Joseph* durch die Frau des Potiphar findet sich im Koran, Sure 12 23-35:
»Und die, in deren Haus er war, hegte Begehren nach ihm; da verschloß sie die Türen und sprach: ›Komm her!‹ Er erwiderte: ›Behüte Gott; er ist mein Herr und verschönte meinen Aufenthalt, er läßt die Frevler nicht Glück haben.‹ Aber schon verlangte sie nach ihm und auch er nach ihr, hätte er nicht eine deutliche Warnung seines Herrn gesehen. Dies um von ihm Böses und Schändliches abzuwenden, denn wahrlich, er war unsrer treuen Diener einer. Da liefen beide voreinander zur Tür, und sie zerriß sein Hemd von hinten; und als sie ihren Herrn vor der Tür fanden, sprach sie: ›Was andres sei der Lohn dessen, der deiner Familie Übles zufügen wollte, als Einkerkerung oder qualvolle Strafe?‹ Er sprach: ›Sie hegte Begehren nach mir.‹ Da bezeugte ein Bezeugender aus ihrer Familie: ›Ist sein Hemd zerrissen von vorne, so spricht sie wahr, und er ist der Lügner einer. Und ist sein Hemd zerrissen von hinten, so lügt sie, und er ist der Wahrhaftigen einer.‹ Und als er sah, daß sein Hemd von hinten zerrissen war, sprach er: ›Das ist eure Weiberlist; traun, eure Weiberlist ist groß! Joseph, übergehe dies, aber du, Weib, suche Vergebung für deine Schuld, wahrlich, du bist der Sündhaften eine.‹ Und die Frauen in der Stadt sprachen: ›Die Frau des Gewaltigen hat Begehren nach ihrem Diener, er hat ihr Herz mit Liebe erfüllt. Wir sehen sie in offenbarer Irrung.‹ Als sie nun ihren Spott hörte, da sandte sie nach ihnen und bereitete ihnen ein Gastmahl, und einer jeden von ihnen reichte sie ein Messer. Dann rief sie: ›Komm zu ihnen heraus.‹ Und als sie ihn sahen, bewunderten sie ihn und schnitten sich die Hände, indem sie sprachen: ›Gott bewahre, das ist kein Fleischwesen, das ist ein erhabener Engel.‹ Da sprach sie: ›Das ist er, um den ihr mich getadelt. Ich hatte Verlangen nach ihm, er aber sträubte sich. Doch tut er nicht, was ich ihm befehle, ganz gewiß wird er eingekerkert, und sein soll er der Erniedrigten einer.‹ Er sprach: ›Herr, lieber ist mir der Kerker als das, wozu sie mich auffordern. Doch wendest du ihre List von mir nicht ab, ich könnte jugendhaft zu ihnen werden und sein der Törichten einer.‹ Und sein Herr erhörte ihn und wandte ihre List von ihm ab. Wahrlich, er ist der Allhörende,

der Allwissende. Dann schien es ihnen recht, nachdem sie schon der Zeichen gesehen, ihn eine Zeitlang in den Kerker zu tun.«

AZ-ZUMAR

Suratu'z-Zumar, »Sure von den Scharen«, ist der Titel der 39. Sure des Korans, in deren 73. Vers die Worte erscheinen: »Aber geführt werden die, die ihren Herrn gefürchtet, zum Paradies scharenweise.«

ZWANG

Das mohammedanische Recht kennt Ausnahmeregelungen in Fällen, wenn eine Person unter Zwang handelt. So darf ein aufgezwungener Vertrag gebrochen werden. Auch begeht ein Muslim keine Sünde, wenn er unter Zwang verbotenes Fleisch ißt. Ebenso ist er unschuldig, wenn er sich als Ungläubiger ausgibt, wenn ihm der Verlust von Leib und Leben droht. Nach Abu Hanifa ist eine unter Zwang erfolgte Scheidung von einer Ehefrau gültig, doch stimmen andere Autoritäten mit ihm in diesem Punkt nicht überein.